Einleitur

Soll eine Liebe oder eine Passion, eine
mer« beginnen, müssen zuvor die ric]
che Worte. Denn sie sollen verführeris
schön und vertrauenerweckend, verlangend und wahr. Steck-
den Bedingungen des Gelingens ein Betrug. Wer der Wirkung von
Worten verfallen soll, den muß das Verlangen hypnotisieren und der
Schein der Wahrheit blenden. Das Paradox dieses Gesetzes brachte
Nietzsche auf die Formel: »Was als wahr wirken soll, darf nicht wahr
sein.«

Doch als dürfte ein Nietzsche niemals recht bekommen, arbeiten
seit Jahrhunderten Philosophen, Theologen, Juristen, Mediziner und
Dichter daran, das betrügerische Spiel der Verführung, der Illusionen, Lockungen und Täuschungen durch truglose Sprachen zu
bannen. Gesetze, Schwüre, Zeichenlehren, Wissenschaften und Seelensprachen rücken immer wieder in kleinen Armeen gegen den Betrug. In diesem Bündnis sind die Wahrheit und die Liebe, wie es
scheint, einander auf ewig verfallen. Seit Platon geben sie sich gegenseitig ihre Namen und hören auch nicht auf, glückliche Familien und
ideale Gesellschaften gründen zu wollen (ideale Gesellschaften sind
Familien, und Familien sind Liebesgemeinschaften). Alle radikalen
Unternehmungen und Versuche, die Sprache wieder vom Betrug der
mythischen oder philosophischen, der religiösen oder literarischen,
der aristokratischen oder bourgeoisen Worte und Sätze zu reinigen,
stehen im Bann der einzigen Pragmatik, durch die sich Wahrheit und
Liebe zu erkennen geben: das richtige Sprechen. Die Geschichte läßt
sich als ein Zyklus und als ein Recycling unablässiger Anstrengungen
erkennen, das richtige Sprechen aus dem Verfall der Lügen, Routinen,
Konventionen und erkalteten Worte zu erlösen: Sophisten, Platoniker, Christen, Neuplatoniker, Scholastiker, Mystiker, Protestanten,
Pietisten, Empfindsame, Sturm-und-Drang-Dichter, Romantiker,
Marxisten, Symbolisten, Surrealisten, Existentialisten, Spontis und
New Age-Propheten verkörpern die effektivsten Kollektive in dieser
Geschichte der Recyclings: Alle brachten ihre neuen und erneuerten
Sprachen zur Rettung der Liebe in die Welt. Doch wird die Liebe nie-
mals von der Wahrheit getragen, sondern von einer Sprache des Verlangens, durch die sich die Paare zu erkennen glauben. Solche Spra-
chen können jedoch niemals eine Wahrheit garantieren, sondern
allenfalls das Ereignis des Sprechens dirigieren. Wer sich vornimmt,

die Wahrheit seines Gefühls zu artikulieren, gelangt niemals bis zum ersten Wort. Das wußte (wie viele andere) auch der junge Jean-Paul Sartre; seiner Geliebten Simone Jolivet gestand er im Jahre 1926:

> Wenn ich eine echte Empfindung habe, ein Gefühl, das ich für artikulierbar halte, bin ich absolut unfähig, es auszudrücken: entweder ich stammle, oder ich sage genau das Gegenteil von dem, was ich wollte – oder ich drücke dieses Gefühl mit geschwollenen Sätzen aus, die nichts besagen –, oder aber, und das ist das häufigste, ich äußere gar nichts, ich fliehe vor jeder Äußerung: das ist das klügste.[1]

Es gibt keine Äquivalenz von Gefühlen, Affekten, Gedanken und ihrem verbalen Ausdruck: Es gibt höchstens den Zufall und das Glück, daß der Ausdruck so klingt wie die Wahrheit. Das ist die Kunst und der unvermeidliche Betrug. Wer ihn denunziert, möchte das endgültige Schweigen über die Welt verhängen; wer ihn anerkennt, versucht Frieden zu schließen mit der Tatsache, daß die Sprache Verbindungen herstellt zwischen Körpern, aber niemals zwischen Sachverhalten.

Aus der Geschichte des ewigen und vergeblichen Kampfes gegen den Betrug berichtet dieses Buch. Der Bogen geht von Sokrates bis Wittgenstein, von Homer bis Pynchon, von Moses bis Papst Johannes Paul II., vom Talmud bis zur Sexualpädagogik, von Hippokrates bis Freud, von Ovid bis Shere Hite. Es sind Berichte von Ereignissen und Wiederholungen. Denn da die Geschichte des Betrugs nicht endet, müssen die Sprachen der Liebe weiter in regelmäßigen, heute immer knapper bemessenen Abständen erneuert werden. Bereits auf dem Weg von den Lippen zum Ohr beginnt der Sinn der Worte zu zerfallen. Hegel bemerkte schon vor zweihundert Jahren, daß sich die Halbwertzeiten der Wahrheit unablässig verkürzen.[2] Unsere neuen und perfekten Kommunikationsmittel bestimmen die Häufigkeit und das Tempo dieser Recyclings. Daher muß der Blick auf die Historie der erotischen Kommunikation und auf die Erneuerungen des Trugs auch die Mittel und die Maschinen ins Auge fassen, über die die Liebenden ihre Verbindungen herstellen: Briefe, Telephone, Radios, Schallplatten, Fernsehapparate. Doch da ihnen alle diese Nachrichtenverbindungen nicht gehören, schalten sie sich ein in die Verkündigungen und in das Geplapper dieser Übertragungen. Dabei erliegen sie den Interferenzen, die zwischen den dauernd wechselnden Sprachen des Intimen, die aus den Büchern, Zeitungen und Sendungen stürzen, und ihrem Repertoire an Worten, Wendungen, Seufzern, Sentenzen und Tönen stattfinden. Wie die Mode benötigen auch die Sprachen des Verlangens bald in jeder Saison ein anderes Design, damit die Illusionen der Liebe nicht aufhören. Ohne das Phantom des

Manfred Schneider

Liebe und Betrug

Die Sprachen
des Verlangens

Carl Hanser Verlag

ISBN 3-446-16575-4
Alle Rechte vorbehalten
© 1992 Carl Hanser Verlag München Wien
Satz: Fotosatz Reinhard Amann, Aichstetten
Druck und Bindung: Friedrich Pustet, Regensburg
Printed in Germany

Für Sabine

Inhalt

Authentischen wäre der Betrug verloren. Soll dies denn niemals enden? Werden die Geschlechter niemals unbefangen truglose Worte tauschen?

Seit zweihundert Jahren beliefert diese Sorge die ungeordnete Welt immer wieder mit neuen Lösungsvorschlägen. Wie soll aber der Trug aus der Sprache geräumt werden, wenn selbst das Schweigen noch Ungeheuer hervorbringt? Man könnte die ganze moderne Sprachphilosophie, die von Rousseau ihren Ausgang genommen hat, unter der Frage zusammenfassen: Wie könnte der Satz »Ich liebe dich« als wahrer Satz Gültigkeit erlangen? Zwei Beispiele. Rousseau war der Ansicht, daß der Satz gar nicht gesprochen werden darf.[3] (Man kann das auf dem Umschlag dieses Buches nachlesen.) Eine Liebe, die so wahr ist, wie dieser Satz behauptet, spräche von selbst und entwickelte ihre eigenen unverwechselbaren Zeichen. – Heute hat sich der Verdacht verlagert: Die Worte lügen, weil sie unrettbar vom Rauschen der Bedeutungen ergriffen sind. In Thomas Pynchons früher Erzählung *Entropie* erklärt das ein junger Skeptiker namens Saul:

Sag einem Mädchen *I love you*. Keine Probleme mit zwei Dritteln davon, ein geschlossener Regelkreis. Nur du und sie. Aber dieses widerwärtige Vier-Buchstaben-Wort in der Mitte, *das* ist der Punkt, auf den du achten mußt. Mehrdeutigkeit, Redundanz. Völlige Bedeutungslosigkeit womöglich. Streuverluste. All das ist Rauschen. Das Rauschen macht dir dein Signal kaputt, sorgt für Unordnung im Regelkreis.[4]

In diesem Buch findet sich daher keine Definition der Liebe, erst recht keine des Betrugs. Man wird das vermissen, denn wie will man sonst wissen, wovon die Rede ist? Aber wer weiß überhaupt, wovon die Rede ist, wenn von Liebe oder Betrug gesprochen wird? Liebe und Betrug beginnen genau dort, wo jemand zu einem anderen die Sprache des Verlangens spricht. Nur der Zufall entscheidet, ob diese Sprache vernommen wird oder nicht, ob ein anderer darauf hört oder nicht. Niemand jedoch weiß, ob sie wahr gesprochen ist. Denn selbst wer die Sprache in betrügerischer Absicht spricht, kann zuletzt von seinen eigenen Worten heimgesucht und überwältigt werden, wenn sie ihn an die Unwahrheit binden und sie wahr werden lassen. Dies widerfuhr schon so manchem Verführer, wie etwa dem Vicomte de Valmont aus den *Gefährlichen Liebschaften*. Vorsicht ist geboten. Gegenwärtig, soviel läßt sich sagen, sind die kleinen Worte die stärksten. Um mit dem Verführer Kafka zu sprechen: Die »Kraftausdrücke« und die »Riesenworte« erwecken besonderen Verdacht. In der Familie Felice Bauers beobachtete Kafka diese gefährlichen Sprachgewohnheiten, und er schrieb an die Verlobte:

(...) merkwürdig ist, daß Ihr einerseits diese vor Riesenhaftigkeit leeren Worte wählt (den Mädchen scheinen sie unter schwerem Atem wie große Ratten aus dem kleinen Mund zu kommen), andererseits aber auch gerne matte, wenig bezeichnende Worte bevorzugt, und so in einer Art Riesentempo nicht eigentlich darstellt, sondern die richtige Darstellung umläuft.[5]

Dieses Buch durchquert mit kleinen Worten die riesige Geschichte der Vergeblichkeit, die Worte und Zeichen der Liebe festzulegen – auf eine wahre Grammatik oder eine verbindliche Semiotik oder eine untrügliche Sprache der Erregungen. Die Darstellung bewegt sich entlang an Geschichten, Mythen, Gesetzen, Ereignissen, um über diese Schaltstellen oder Verknotungen der Geschichte die Zeiten zusammenzuziehen. Dies ist gegenüber der ungeheuerlichen Menge von Reden, die in der Vergangenheit geführt wurden, eine eigentlich unmögliche Unternehmung: ein kleines, eng geknüpftes Netz. Das soll die Zeit mit ihren unzählbaren Szenen und Worten gewesen sein? Vor der Komplexität der Zeiten und Räume erstirbt jedes Wort, das so groß oder so alt sein will wie sein Gegenstand. Doch mit jedem richtigen Begriff, mit jedem gelungenen Satz verlieren die blinden Mächte der Zeit an Einfluß. Soll man denn eine Geschichte jedes Steins schreiben? Es gibt vielmehr einen Bedarf an Erkenntnissen darüber, daß wir seit Jahrhunderten mit den immergleichen Problemen kämpfen, daß wir die Ämter der Philosophen, Richter, Dichter, Psychologen geschaffen haben, ohne ihnen die richtigen Aufgaben zu übertragen. Diese Behörden arbeiten jetzt nach ihren eigenen Gesetzen. Es müssen wenigstens die alten Fragen bisweilen neu gestellt werden. Sollte die Chance, daß sich für Augenblicke im Denken des Lesers eine kleine frische Leuchtspur bildet, dieses Wagnis nicht rechtfertigen?

Dieses Buch ist nicht nur die Summe eigener und fremder Sätze, über die der Text, die Anmerkungen und das Literaturverzeichnis Rechenschaft ablegen, sondern auch das Ergebnis zahlreicher Anregungen, stiller Hinweise und engagierter Hilfen. Jeder Autor sitzt auf den Schultern seiner Vorgänger, dieses Buch kommt aus den Händen vieler Freunde und Mitarbeiter. Ich danke namentlich Ulrich Brinkmeier, Rüdiger Campe, Peter Friedrich, Johannes-Peter Meier, Michael Niehaus, Volker Pruß, Anton Schütz, Martin Stingelin und Wolfgang Tietze für Anregungen und für die Hilfe bei der Materialbeschaffung. Die Materie des Textes ging ihrerseits durch viele Stadien, unter anderen auch durch ein elektronisches. Bei der Einrichtung meines PC half mir Friedrich Kittler, bei der Redaktion und elektronischen Verarbeitung des Textes halfen mir Astrid Meirose, Katrin Osbelt und Volker Pruß, denen ich besonders dankbar bin.

Ganz herzlich danken möchte ich schließlich auch Michael Krüger, der an dieses Buch bereits glaubte, lange bevor es geschrieben war.

1. Die Unmöglichkeit des Anfangens

Stockungen (1): Privatdozenten

Liebesgeschichten beginnen anders als Weltschöpfungen. Glaubt man den Protokollen der biblischen Propheten und Apostel, so kannte Gott kein Zögern, bevor er die Worte sprach, aus denen die ersten und letzten Unterschiede hervorgingen: Himmel und Erde, Licht und Finsternis, Flüssiges und Festes, Sonne und Mond, Leben und Tod, Gut und Böse, Ja und Nein. Zuletzt spaltete er die Menschenwelt in Mann und Frau. Die Einrichtung des Geschlechter-Unterschieds verband ihr Schöpfer jedoch mit der Anweisung, daß er getilgt werden soll, indem sich beide wieder in ein Fleisch verwandeln. Wenn aber zwei daran gehen, gemäß dieser Devise ihre Verschiedenheit in einem Fleisch zu begraben, dann ist ein solcher Anfang schwerer als der allererste: Im Anfang der Liebe steht die Stockung. Nie sind sich zwei Menschen ferner als vor dem ersten der Sätze, die sie in ein Fleisch verwandeln könnten. In der Partie, die sie spielen müssen, hängt alles am ersten Zug. Die alten Regeln verlangen, daß der Mann die Eingangs-Worte spricht, um die Szene zu eröffnen und die Klimax der Blicke, Worte, Berührungen, Küsse bis hin zur Fleischwerdung anzustoßen. Aber was soll er sagen? Er steht ohne Souffleur allein und ahnt: Ein solcher erster Satz trägt die volle Last des Schicksals, noch bevor er überhaupt gesprochen wird. Gewichte hängen an allen Organen der Liebe, am schwersten aber an der Zunge. Dieser Schicksalsaugenblick, da schlagartig ein Kanal zwischen zwei Körpern eröffnet werden soll, versammelt in sich die ganze Wahrheit der Welt. Von Lukrez bis Knigge und weiter gehen die Reden über die ursprüngliche Stummheit des Begehrens. Die Stockung, da alle Sinne das magische Potential des ungesprochenen Wortes prüfen, ist der wahre Anfang, nämlich das Intervall seiner Unmöglichkeit. Denn die Situation steckt so voller Ungewißheit und Rätsel, daß sie auf ein Zauberwort wartet, um sich aus dem Chaos zu erheben. Niemand kann indessen sagen, wie es lautet. Aber der Bruchteil einer Sekunde genügt, um zu erweisen, ob das Wort richtig war. »Die ganze Liebeskunst läuft nach meiner Ansicht darauf hinaus, genau das zu sagen, was der augenblickliche Grad an Trunkenheit erheischt«, erklärte der große Liebestheoretiker Stendhal, der das Unglück der Stockungen häufig genug durchlitten hat. Aber wer liefert die Inspiration? Stendhals Rezept: Man soll »seiner Seele Gehör geben«.[1]

Nichts ist falscher, denn die Sprachen der Seele und die Anweisungen, sie zu sprechen, entstammen Büchern. Die Seelen jedoch vergessen das. Nur im Sinne der Romantik, die Sprachursprünge und Sprachwirkungen verklärte, kommen Worte oder Sätze, die eine Stockung beenden, aus einer Tiefe des Menschen. Neuzeitliche Sprachtheorie erläutert hier sehr viel nüchterner, daß es Sprechakte sind, die entweder gelingen oder auch nicht.[2] Solche Sprechakte sind rituelle Formeln, die jenseits aller Wahrheit (der Seelensprachen) stehen. Sie ordnen Verhältnisse und strukturieren Beziehungen. Das macht sie, wie man sehen wird, zum Betrug so geeignet. Denn darin hat Stendhal wieder recht: Das Wort, das eine Situation erotisch verwandelt, muß so klingen wie eine Seelensprache. Und wie klingt die? Das kann auch der klügste Linguist der Welt nicht sagen. Alles, was er wissen kann, versammelt sich in der kleinen Weisheit: Wer diese Worte nicht irgendwann hervorzubringen vermag, wird unglücklich. Es fehlt ihm der Mut, etwas aufs Spiel zu setzen. Es fehlt ihm die Gabe zum Betrug. Denn unwiderruflich gilt hier Nietzsches Satz: »Was als wahr wirken soll, darf nicht wahr sein.«[3] Als Zeichen der Unfähigkeit zur Lüge ist die Stockung ein Symptom der Wahrheit; ihre Zeit darf nur nicht ewig dauern. Das kann man sogar in den Märchen der Madame d'Aulnoy nachlesen:

Fanfarinet war äußerst geistreich; doch als er die schöne Prinzessin Frühling in ihrem ganzen Reiz und voller Majestät erblickte, da konnte er vor lauter Entzücken nicht mehr sprechen und brachte nur gestotterte Worte hervor; man hätte denken können, er sei betrunken, dabei hatte er gewiß nichts als eine Tasse Schokolade zu sich genommen. Verzweifelt stellte er fest, daß er in einem Augenblick die Ansprache vergessen hatte, die er jeden Tag geübt hatte.[4]

Die Unmöglichkeit des Anfangens beruht auf einem mehr oder minder klaren Wissen. Im Krieg und in der Liebe ist Wissen nur Ballast. Mit Hurra in die Schlacht stürmen heißt: den Tod übertönen, nämlich das Bewußtsein für Nachrichten blockieren. Sturmangriffe in der Liebe gelingen jedoch nur selten, obgleich Männer- und Frauenträume die schönsten Szenarios von Eroberungsakten entwerfen. Eroberer verfügen über die Dummheit oder die Kraft, die Komplexität von Situationen zu reduzieren. Man kennt das Beispiel Alexanders des Großen, der den Gordischen Knoten mit dem Schwert durchschlug. Die Situation, in der ein Wort das Spiel der Liebe eröffnen soll, ist von höchster Komplexität, aber wer sprechen muß, darf sich davon nicht überwältigen lassen. Um das richtige Wort zu finden, ohne die feinen Fäden und Implikationen der Szene zu zerschlagen, müßte er ein Dichter sein. Solche Dichter erscheinen nur in Texten. Entweder geistern sie als Erfindungen durch Geschichten. Oder sie liefern als Versager des Augenblicks das ungesprochene Wort schriftlich nach. Der Dichter lebt so von der Lizenz der Nachträglichkeit. Wer dagegen das »Zauberwort« immer schon auf der Zunge trägt, der ist ein Komödiant. So gibt es Soldaten, Komödianten und Poeten in der Liebe. Diese drei sind die Helden einer ersten Klassifikation. Über die Klasse der Regisseure (Priester, Philosophen, Politiker, Ärzte, Beamte) wird auch zu sprechen sein; aber nur Heldengeschichten eignen sich fürs Erzählen, nämlich für die Theorie. Sigmund Freud beispielsweise wünschte, ein Poet zu sein, ehe er zum einflußreichsten Theoretiker der Liebe im 20. Jahrhundert wurde. In seinem Brief an die Braut Martha Bernays wenige Tage nach ihrer Verlobung schrieb er, daß er sich durch Übung von den Stockungen der Rede freizumachen hoffte:

Mein teures, heißgeliebtes Mädchen
Ich wußte es, erst wenn du entfernt sein wirst, würde mir der ganze Umfang meines Glückes und leider auch das ganze Maß meiner Entbehrung zum Bewußtsein kommen. Ich kann es noch immer nicht fassen, hätte ich nicht das zierliche Kästchen und das süße Bild vor mir liegen, ich hielte es für einen gaukelnden Traum und fürchtete mich vor dem Erwachen. Aber die Freunde sagen, es sei Wahrheit, und ich selbst, ich weiß mich an Einzelheiten zu erinnern, so reizend, so fremdartig beglückend, wie die Traumphantasie sie nie zu ersinnen vermag. Es muß wohl wahr sein. Martha ist mein, das süße Mädchen, von dem alle mir mit Verehrung sprechen, das beim ersten Zusammensein trotz allen Sträubens meinen Sinn gefangennahm, um das ich zu werben mich fürchtete, und das im hochsinnigen Vertrauen mir entgegenkam, den Glauben an meinen eigenen Wert mir erhöht und neue Hoffnung und Arbeitskraft mir geschenkt hat, als ich ihrer am dringendsten bedurfte.
Wenn Du wieder kommst, süßes Mädchen, werde ich die Befangenheit und Steifheit, die mich in Deiner teuren Gegenwart beengten, überwunden haben. Wir werden uns wiederum allein in Eurem so netten Zimmerchen finden, mein Mädchen wird sich in den braunen Lehnstuhl niederlassen, aus welchem wir gestern so plötzlich emporgeschreckt sind, ich zu ihren Füßen auf dem runden Schemel, und wir werden von der Zeit sprechen, da nicht der Wechsel von Tag und Nacht, nicht das Eindringen Fremder, kein Abschied und keine Besorgnis uns trennen wird.[5]

Die Zeilen aus dem Jahre 1882 geben einen Begriff davon, was für den sechsundzwanzigjährigen angehenden Privatdozenten auf dem Spiele stand, als er irgendwann seine Hemmung (das »Sträuben«) durch das Wagnis beendete, zu der hübschen Martha ein aus Stockungen (»Befangenheit« und »Steifheit«) geborenes Wort zu sprechen.

Ihr »Ja« konzentrierte in einer Silbe eine ganze »talking cure«, wie eine andere junge Dame die vielleicht eben 1882 erfundene Psychoanalyse taufen sollte. Das kleine Zeichen – eine andere kluge junge Dame bemerkte einmal, daß die Menschen die ganze Sprache auf das »Ja« einschränken möchten[6] –, Marthas Zustimmung steigerte in der Seele des jungen Freud nicht nur den Glauben an den eigenen Wert, sondern schenkte ihm auch neue Hoffnung und Arbeitskraft. Besseres könnten zweihundert Stunden auf der Couch auch nicht leisten. Zwei Jahre später jedoch wird Freud der Braut vorhalten, sie habe den Fehler begangen, »Ja zu sagen, ohne mich zu lieben.«[7] Vermutlich übernahm er von ihr diese Lehre in seine Praxis. Denn genau nach dieser Devise arbeiten Psychoanalytiker.

So blieb auch Marthas und Sigmunds Verlobungszeit eine nicht enden wollende Hemmung. Denn so lange die Differenz von Tag und Nacht, die elementare Unterscheidung des ersten Schöpfungstages und Zeichen der Geschiedenheit der Unverheirateten, für die Liebenden nicht erlischt, so lange stehen sie unter der Herrschaft des Dritten, des »Fremden«, der eindringen kann und jene Besorgnis auslöst, die sich bei der Trennung wiederholt. Für Sigmund Freud und Martha Bernays sollte die Verlobung vier Jahre währen. Doch dieses Stocken über die Distanz Wien-Hamburg überspielten die beiden durch einen kontinuierlichen Fluß von Briefen. Ganz wie das Photo der Verlobten dienten die beinahe täglich abgesandten und empfangenen Zeilen als Zertifikate. Ihre Adressaten hießen sie zwischen dem Imaginären und Realen vermitteln. So hörte der Poet Freud Marthas Briefe und Bilder zu ihm sagen: »Geduld, Geduld, ich bin nur ein Zeichen, ein Schatten aufs Papier geworfen, das Wesen selbst kommt wieder (...).«[8]

Freud war als Liebender kein Soldat, kein Komödiant, sondern ein Dichter. Jedenfalls beschwor er die Macht der Künstler, »alle Frauenherzen mühelos aufzuschließen«[9]. Soldaten siegen oder verlieren als Virtuosen des Erscheinens, als Genies des Verschwindens. Komödianten bilden sich zu Schaustellern der Seelensprache. Dichter hingegen krönt das Schicksal zu Metaphernkönigen der Stockung. Im Realen wissen sie das erlösende Wort nicht zu sprechen; aber ihr Mangel erzeugt einen ungeheuren Buchstabenfluß, der diesen Ausfall tröstend kommentiert. Man höre die Schatten sprechen, die der junge Dichter Thomas Mann aufs Papier geworfen hat. In einem Brief aus dem Jahre 1904 erläuterte er seiner späteren Frau Katja Pringsheim, warum er als Werbender kein Krieger und kein Komödiant zu sein vermochte:

Ich weiß ja, weiß es so schrecklich gut, wie sehr *ich* schuld bin an der »Art von Unbeholfenheit oder so etwas« (dieses rührende »oder so etwas«!), die Sie mir gegenüber so leicht empfinden, wie sehr ich durch meinen »Mangel an Harmlosigkeit«, an Unbefangenheit, an Unbewußtheit, durch die ganze Nervosität, Künstlichkeit und Schwierigkeit meines Wesens es jedermann, auch dem Wohlmeinendsten, erschwere, mir näher zu kommen oder überhaupt auf leidlich behagliche Art mit mir fertig zu werden; und das betrübt mich umso mehr, wenn ich, was bei all dem ganz unglaublich oft geschieht, jenes wärmere Interesse, das man Sympathie nennt, aus dem Verhalten der Leute gegen mich herausfühle...

...Daß es meine Schuld ist; und daher mein unablässiges Bedürfnis, mich vor Ihnen zu commentiren, zu erklären, zu rechtfertigen. Kann sein, daß dies Bedürfnis ganz überflüssig ist. Sie sind ja klug, sind einsichtig aus Güte – und aus ein wenig Neigung. Sie wissen, daß ich mich, persönlich, menschlich, nicht gleich auch von jungen Leuten habe entwickeln können, daß ein (Talent) als Vampyr: blutsaugend, absorbirend wirken kann.[10]

Vampire sind imaginierte Störgeister, die gewaltsam in jenen geschlossenen Transfer von Säften und Worten, der die Liebe sein will, einbrechen. Jeder Ausfall, jede Störung in den Kanälen des intimen Verkehrs nimmt das Gesicht von bösen Geistern an. Dies gilt von den Anfängen der Literatur (und der Liebe) bis zu ihrem Ende in unserem Jahrhundert. Nicht das Talent absorbiert vampirhaft das Blut, sondern das Gespenst der Befangenheit hindert daran, in Gegenwart anderer erlösende Worte zu sprechen. Das ist die Wahrheit der Dichter. Ihre »Unbeholfenheit«, ihre »Steifheit«, »Befangenheit«, wie die Synonyme der Stockung alle lauten, verweisen darauf, daß es unmöglich ist, in der Liebe zu einem Anfang zu kommen. Genealogisch ist das Dichter-Talent die Brechung des Wunsches, ein Soldat zu sein, dem Frauen als Beute zufallen. Die zivilisierte Gestalt der Gebrochenheit trägt in sich den Wunsch, daß die *Liebe* der Frauen dem Autornamen als Prämie zufällt. Mit diesem verhängnisvollen Tausch fand das Gesetz der Unmöglichkeit, in der Liebe zu einem Anfang zu kommen, im Repertoire der Dichterunglücke ein tausendfaches Echo. Überhaupt spricht vieles dafür, daß frustrierte Ritter die mittelalterliche Liebessprache erfunden haben.[11] Doch ist es allgemein gültig: Immer schon entwerfen und beherrschen fremde Hände das Szenario, worin zwei ihre Unterschiedenheit in einem Fleisch begraben wollen. Nach unseren alttestamentarischen Akten befahl es Gott, und alle wachen mit allen als Polizisten darüber, daß diese Gesetze und Befehle auch befolgt werden. Was Freud seiner Verlobten versichert: Man werde sich nicht mehr durch den Wechsel von Tag und Nacht, nicht mehr durch das Eindringen Fremder »emporschrecken«

lassen, ist unmöglich. Die Fremden sind immer dabei. Die Fremden, die über die Subjekt-Gefühle Angst oder Besorgnis die Zweierszene beherrschen, arbeiten als Agenten der Kultur. Wenn sich gar die Liebhaber selbst als Ärzte oder als Dichter zu Repräsentanten der Kultur aufschwingen wollen, dann haben sie es am schwersten.

In der frühen Erzählung von Maksim Gorki *Warenjka Olessowa* schafft es Ippolit Sergejewitsch Polkanow, ein Privatdozent der Botanik, nicht, jenes Wort zu sprechen, das die vitale, fröhliche, stolze, eigensinnige, schöne Warenjka in seine Geliebte verwandeln könnte. Sie gesteht ihm unumwunden, daß er ihr gefiele, sie zeigt sich von seinen Reden entzückt, aber sie konfrontiert ihn ungeniert mit ihrem Ideal des Mannes als Helden: »Ein Mann muß groß und stark sein; laut sprechen, große feurige Augen haben, kühn sein in seinen Gefühlen, keine Hindernisse kennen. ›Gewollt-getan!‹ Das nenne ich einen Mann.«[12] Ein solcher Mann ist ein Privatdozent der Botanik nicht. Aber statt ihrer Offerte zu folgen, indem er die Heldenrolle durch die Komödiantencharge ersetzt, empört er sich darüber, daß Warenjka ihr Verlangen nach einem Helden oder Verbrecher aus Romanen speist, die solche Helden siegen lassen. Die Literaturwelt ist voller Klagen darüber, daß Frauen die Liebe aus Romanen erlernt haben; dabei verfolgten diese Bücher keinen anderen Zweck. Der Privatdozent verfällt rettungslos der Hemmung, weil er das Wort der Verführung als eine Kulturmission betrachtet. Sein ganzes halbverleugnetes Begehren verfilmt er statt dessen in nächtlichen Phantasien; oder er erstarrt zum Voyeur, als er durch Zufall das Mädchen beim Baden beobachtet. Aber ausgerechnet diese Augenlust überläßt er dem Exzeß und vermag sie nicht geheimzuhalten. Nachdem ihn Warenjka deshalb aus Wut und Scham beinahe totgeprügelt hat, da erstirbt ihm selbst die Entschuldigung auf den Lippen. Dabei hatte Warenjka das hyperkluge Wort von der Liebessprache gefunden, das alle Oppositionen in das »Ja« auflösen möchte, in das gleiche »Ja« (das Schlüsselwort aller stockungslosen Verbindungen), das Molly Bloom am Ende von James Joyces *Ulysses* spricht.[13]

Manche freilich sind noch tiefer von der Unmöglichkeit und der Stockung erfaßt. Kein vampirisches Dichtertalent absorbiert ihre Kräfte, sondern eine völlig unbekannte Macht. Die Macht ist zwar überhaupt das Unbekannte, bisweilen aber lüftet sie ihr Anonymat. Eine solche Offenbarung vollzieht sich in dem Bekenntnis eines Mannes, das auf der von Sigmund Freud, dem Gehemmten, erfundenen Couch getan wurde: Ein Neurotiker beichtet auf die Frage des Psychoanalytikers nach seinen Gefühlen:

also ich ich eh/ ich kann das nach außen nicht zeigen, kann also auch nicht Gefühl zeigen nach außen hin, nur/ eh/ ich bin fürchterlich leicht verwundbar, nur ich/ laß mir das dann nicht anmerken/ und eh/ eh n Beispiel ein ein ir ir irgend etwas eh eh bemerken, was ein anderer Mensch vielleicht gar nicht so merkt/ das verletzt mich dann derart, dann brüt ich da wochenlang drüber nach, wie ist das gemeint gewesen, was hast du denn falsch gemacht und so weiter/ und eh/ bei mir da dauert es auch sehr lange, bis ich eh jemanden/ sagen wir mal irgenwie eh/ eh über Gefühl Gefühle näher über Gefühle irgendwelcher Art reden kann/ und zwar (lacht) kann man auch (lacht) kann man eigentlich gar nicht sagen/ ich hab immer Angst, ich würde mir was vergeben dabei/ ich würde mich blamieren und das eh/ das könnte ein Dritter erfahren und der lacht lacht dann dadrüber/ das ist/ wohl die tiefere Wurzel dabei/ und eh/ ich weiß, ich hab mir das schon eh eh/ andere sagen immer das wäre Gefühlskälte und so weiter/ und/ ich mein aber in Wirklichkeit wehre ich nur, das ist nur ne Abwehr/ daß n anderer andere oder anderer das eh/ mich nicht verwunden kann/ und/ manchmal ist/ meine Art, ich geb das zu, das ist manchmal verletzend, wenn man bei irgend eh/ wenn man das verbergen will mit aller Gewalt und/ eh/ dann wird man eben verletzt, nur daß n anderer das nicht merkt, wie s wirklich um einen bestellt ist/ (. . .)
(. . .) eh nur ich mein, ich hab ja aus meinen Fehlern auch gelernt und/ ich bemüh mich ja jetzt, ja, ich arbeite ja auch an mir selbst rum eh eh eh daß ich wenigstens schon was fertigbringe eh/ ein anderer Mensch will ja auch schon mal ein nettes Wort oder irgendwas hören/ aber das bring ich jetzt Gottseidank fertig nur s hat auch eh/ hier sehr lange gedauert bis ich soweit war/ zwar immer aus dem/ Gefühl heraus nu ja hinterher wird dadrüber gesprochen und andere belachen sich dann dadrüber/ deswegen (lacht) ich habe auch nie n eh eh eh eh wie man das früher sagte solche eh solche Liebesbriefe habe ich nie geschrieben, nur aus dem/ aus der Angst heraus, das könn könnte in fremde Hände kommen und eh die belachen sich dann über dich/ nicht weil ich das nicht ausdrücken könnte oder irgendwas nicht/ eh nur aus dem Gefühl heraus/ wenn das n Dritter liest, der belacht sich hinterher dadrüber/ (. . .)
ich weiß nicht, vielleicht ist das alles n bissel verklemmt oder/ eh was und eh/ ich weiß es nicht, aber mir geht's nun mal so/.[14]

Dieses Protokoll einer gebeichteten Unmöglichkeit gibt zugleich das Schaubild der Stockungen, von denen es spricht. Der Patient ist das ganze Gegenteil eines Soldaten. Die Angst vor Verletzungen beansprucht allen Atem und läßt ihn nur aus kleinen Pausen hervorpfeifen. So hat er sich in eine Festung verwandelt, die ihn vorm Lachen schützt. Und wer sich vor Gelächter fürchtet, verwandelt sich auch niemals in einen Komödianten. Allein die fingierte Liebe des Psychoanalytikers gibt ihm die Chance, als stammelnder Poet zu erklären, daß er eigentlich über die Ausdrucksfähigkeit zum »netten Wort« und zum Liebesbrief verfüge. Nur bleiben die Worte ungesprochen und bleiben die Briefe ungeschrieben, weil alle diese Worte und Texte das Gespenst des lachenden Dritten erscheinen lassen. Wer aber ist dieser Dritte? Offenbar der Patient selbst, denn beidemale, da er vom Lachen dieses Dritten spricht, kommt es auch aus seinem Mund. Aber dieses Lachen wohnt nicht in seinen Herzenstiefen. Es wird durch ihn hindurch von jener Macht angeschlagen, die befohlen hat, daß man ein Fleisch werden soll, ohne aber die Sätze zu soufflieren, die dies in die Wege leiten. Nur das Stocken gehört ihm ganz allein. So spricht auf der Couch kein Soldat, kein Komödiant, sondern ein Poet, der nicht schreibt. Einer, dessen Stockung so lange währt, wie keine Zeit es erlaubt.

Die Fremden (Freud), die Leute (Th. Mann), der Dritte (Patient) sind keine Personen, sondern Namen der anonymen Macht, die das Stocken herausfordert und überwacht. Und da diese Macht der Stockung im Sprechen selbst zu Hause ist, liegt die Vermutung nahe, daß die Sprache das Hindernis errichtet, das einen nicht Soldat und nicht Komödiant sein lassen will. In den Situationen der Liebe kommt es darauf an, den Part des Dritten, des Fremden, der Leute selbst zu übernehmen. Den Part des Anderen übernehmen heißt: die Sprache der Liebe sprechen. Und heißt zugleich: vergessen und vergessen machen, daß ein Anderer der Autor der Sprache der Liebe ist (und nicht die Seele, wie Stendhal meint). Hemmung, Zwang, Stockung entspringen der Kultur, die autorlos und daher mächtig ist. Damit die Körper zweier Liebenden die Zeichen ihrer Unterschiedenheit begraben, müssen sie durch das Feuer der Sprache. Die Worte, die sie tauschen, wenn sie Glück haben, sind nicht ihre Worte. Aber gerade darum verkörpern die beiden Sprechenden zugleich das Notariat, das über die Gültigkeit des Gesagten befindet. Die Worte müssen stimmen, sonst brennen die schönsten Leidenschaften vergeblich. Nietzsches Satz beherrscht die Szene: »Was als wahr wirken soll, darf nicht wahr sein.«

Die Stockung ist der Augenblick der Prüfung, der Augenblick der Wahrheit und des Gesetzes. Zwei weitere berühmte Stockende seien als Zeugen gerufen. Der erste der beiden ist der dritte Privatdozent in dieser Galerie der Gehemmten. Faust tritt hier nicht in einer Stockung der erotischen Rede auf, sondern als Übersetzer der Rede schlechthin, der Ur-Rede Gottes. Auf diese Übersetzung wirft er sich ganz offenbar aus erotischer Frustration. Vor dem störenden Hintergrundgeräusch aus der Gurgel des Pudels, das wie ein Signal aus dem Trockengebiet der Wünsche ergeht, greift er nach dem griechischen Original des Johannesevangeliums. Als Substitut der Liebe hat sich Gottes Wort schon immer empfohlen:

Aber ach! schon fühl' ich, bei dem besten Willen,
Befriedigung nicht mehr aus dem Busen quillen.
(...)
Doch dieser Mangel läßt sich ersetzen:
Wir lernen das Überirdische schätzen,
Wir sehnen uns nach Offenbarung,
Die nirgends würd'ger und schöner brennt
Als in dem Neuen Testament.
Mich drängt's, den Grundtext aufzuschlagen,
Mit redlichem Gefühl einmal
Das heilige Original
In mein geliebtes Deutsch zu übertragen.
Geschrieben steht: »Im Anfang war das *Wort*!«
Hier stock' ich schon! Wer hilft mir weiter fort?[15]

Das Stocken verkündet stumm die Geltung der Wahrheit. Nicht irgendeiner Wahrheit, sondern eben der Wahrheit selbst, die Gott durch seine Zeugen von sich sagen läßt. Genauer ist es das Intervall zwischen zwei Zeichen, zwischen dem absoluten Wort und seiner Übersetzung in die Sprache der Menschen. Faust verkörpert nicht nur den exemplarischen Helden der deutschen Dichtung, sondern darin auch den beispiellos Stockenden. Wer jenen Anfang nachzusprechen versucht, da Gott ohne differierendes Zögern die Welt durch sein Wort sättigte, der erfährt den Unterschied: daß er eben vor diesem Zeugnis steckenbleibt; das Stocken befördert Faust zum Notar der Wahrheit, daß die Wahrheit unübersetzbar bleibt, gerade wenn sie übersetzt wird.

Oder das Stocken verkündet die Macht des Gesetzes. Das bezeugt ein anderer namhafter Held der deutschen Literatur. Sein lakonischer Name ist K., und er ist der Held des *Prozeß*-Romans von Franz Kafka. Wir blenden uns ein in die Szene, da dieser K. auch Held einer Liebesaffäre zu werden versucht. Gegen Ende des ersten Kapitels befindet sich K. im Zimmer von Fräulein Bürstner. Er hat ihr die Komödie seiner Verhaftung vorgespielt und möchte, daß dies bruchlos in eine Liebeskomödie übergeht; doch die junge Dame spielt nicht mit. Ein solcher Übergang eröffnet sich nicht ohne ein Zauberwort, aber es kommt K. nicht von den Lippen. Da steht er unverhofft vor einem neuen Übergang:

Er faßt wieder nach ihrem Handgelenk, sie duldete es jetzt und führte ihn so zu Tür. Er war fest entschlossen, wegzugehen. Aber vor der Tür, als hätte er nicht erwartet, hier eine Tür zu finden, stockte er, diesen Augenblick benützte Fräulein Bürstner, sich loszumachen, die Tür zu öffnen, ins Vorzimmer zu schlüpfen und von dort aus K. leise zu sagen: »Nun kommen Sie doch, bitte. Sehen Sie« – sie zeigte auf die Tür des Hauptmanns, unter der ein Lichtschein hervorkam – »er hat angezündet und unterhält sich über uns.« »Ich komme schon«, sagte K., lief vor, faßte sie, küßte sie auf den Mund und dann über das ganze Gesicht, wie ein durstiges Tier über das endlich gefundene Quellwasser hinjagt. Schließlich küßte er sie auf den Hals, wo die Gurgel ist, und dort ließ er die Lippen lange liegen.[16]

Warum stockt K. ausgerechnet vor der Türe? Oder stockt nicht jeder, bevor er die Schwelle eines fremden Raumes übertritt? Offenbar hat K. dreifach Grund zu zögern, bevor er die Raumgrenze überschreitet. Die Türschwelle macht Fräulein Bürstner durch ihren Hinweis auf den lauschenden Nachbarn zum Zeichen des Gesetzes; aber die Zimmergrenze markiert auch den Übergang zum Tier, wie sich zeigen wird; und so ist es auch nur ein Schritt noch bis in den Tod. K. überschreitet wortlos die Schwelle, da er die Rede des Übergangs nicht herausbringt. Wenn nichts gesagt wird, übernimmt das Schicksal die Führung und treibt alles Ungeordnete ins Amorphe. Drei Stadien: sprachlos, animalisch, tot. Beim Kuß, der zwischen den Leibern den Kanal der Sprache für Momente schließt, meldet sich in K. bereits das Tier, das dann mit der Heftigkeit seines Verlangens aus ihm hervorbricht. Seine Lippen wandern bedrohlich an die Gurgel des Mädchens, als wollte er zum tödlichen Biß ansetzen. Einmal über die Schwelle der Scham getreten, ist die Rückkehr ausgeschlossen. Überschritten sind das Gesetz und damit die Marke des Lebens, wie die letzten Worte K.s im Roman anzeigen. (Kafka hat das erste und letzte Kapitel des *Prozeß*-Manuskripts zugleich verfaßt.) K. spricht die letzten Worte im Augenblick, da die Henker ihre Hand an seine Gurgel legen. Die Szene der Hinrichtung steckt voller Reminiszenzen an die Szene des Kusses: »»Wie ein Hund!« sagte er, es war, als sollte die Scham ihn überleben.«
Dieses Tierwerden, vor dem Kafka selbst mit allen seinen Figuren zurückschreckt, dieses Stocken vor dem Schritt über die Grenze der Scham, den ihnen das Verlangen aufnötigt, ist ein klares Indiz dafür, daß in der Liebe die Paradoxie des Gebotes erlitten wird, ein Fleisch zu werden, wo doch alle Kultur auf ebendem Gegensatz der beiden Geschlechter errichtet ist. Kein Wunder, daß stets Tiere im Spiel sind – Fausts Pudel oder das Tier, in das sich Menschen verwandeln. Das Szenario der menschlichen Paarung bevölkern alle Arten von Tieren, Hunde, Pferde, Vögel. Sie sind stumme (allenfalls knurrende oder zwitschernde) Zeugen der Rückverwandlung in ein Fleisch oder des vergeblichen Versuches, vor jenen Augenblick zurückzukehren, da Gott die Unterschiede erfand. Die Scham überlebt immer, weil sie bereits vorher da war. Die Scham ist ein Synonym des Unterschiedes, den Gott in die Welt gebracht hat.

Die Sprachen der Liebe

Das ewige Zögern vor dem Tierwerden hinderte Kafka nicht daran, die animalischen Sprachen zu studieren. Der Gesang von Josephine, der Sängerin, die dem seltsamen Volk der Mäuse angehört, ist eigentlich kein Gesang, sondern nur ein Pfeifen, wie es alle Mäuse beherrschen oder auch gedankenlos hervorbringen. Josephines Geheimnis beruht darauf, daß sie mit ihrem Gesang außerhalb des Gesetzes zu stehen glaubt.[17]

Kafkas forschender Hund zeigt sich vom Gesang der Musikhunde betört, obgleich es eigentlich »Lärm« ist, was sie hervorbringen. Ihre Wirkung, ihr Zauber kommt daher, daß sie sich »gegen das Gesetz« vergingen.[18] Der Gesang der Menschen, wenn sie lieben, wenn sie über die Schwelle ihrer Unterschiedenheit getreten sind, ergeht auch als ein unartikuliertes Geräusch der Natur. Die elementare Sprache der Liebe, die die Menschen als Fleisch zu sprechen pflegen, unterscheidet sich nicht vom Zwitschern der Vögel oder von Josephines Pfeifen. Der geistige Gehalt der Kommunikation bei der Paarung ist bei allen Lebewesen identisch.

Stottern und Stocken stehen am Anfang, das Zwitschern des Fleisches am Ende der erotischen Nachrichten. Daneben führen die Handbücher wenigstens zwei weitere Sprachen der Liebe. Muß man aber das »Zwitschern« zu den Sprachen zählen, das Stöhnen, das Jammern, die Anrufung Gottes? Allerdings, denn die »Sprachen der Wollust« sind seit mehr als zweitausend Jahren theoriefähig.[19] Ebenso lange schon werden sie aufgezeichnet und grammatikalisiert. Und heute sind die Signale der Lust und Ekstase in das Zeitalter der technischen Reproduzierbarkeit eingetreten. Die Pornographie der optischen und akustischen Datenträger Film, Video geben dem Rauschen der Lust die Ehre der Speicherung und Wiederholbarkeit, und wer die hört und sieht, verwandelt sich in einen Beobachter und Linguisten der zwitschernden Körper. Solche Beobachtung schenkt beispielsweise die Erkenntnis, daß nicht selten Gottes Wort, das Fleisch geworden ist, im Augenblick der Ekstase wieder zwitschernd aus den Leibern hervortritt; diesem Gesetz erliegt die Gattin des Titelhelden in Tomasi di Lampedusas Roman *Der Leopard*. Sie ruft stets »Jesusmaria« als Signal der höchsten Lust.[20] Nicht sehr viel anders äußert sich die von Josefine Mutzenbacher observierte Nachbarin Frau Rheintaler.[21] Stocken, Lachen, Jubelrufe, Flüche gehören einer Klasse von Zeichen an, die an Gott und seine Nachfolger gerichtet sind. Im übrigen ähneln die modernen Sprachen der Unmittelbarkeit, die in den neuesten Liebesschulen gelehrt werden, diesem Elementarcode des Zwitscherns.

Damit liegen die Lexika und Grammatiken der beiden anderen Sprachen der Liebe aufgeschlagen: Dies sind die Sprachen des Wissens und die Sprachen der Unmittelbarkeit (z. B. Stendhals Seelensprache). Um es gleich festzuhalten: Das Zwitschern des Fleisches ist vielleicht skandalös, aber es kennt (außer der ungefährlichen Simulation) keinen Betrug; seine Regeln und Repertoires arbeiten ohne Fallen und Intrigen. Hingegen sind die beiden anderen Sprachen durchsetzt und verzerrt vom Betrug, und damit fallen sie in das Untersuchungsfeld der Wissenschaft. Es gibt in diesen beiden Klassen jeweils mehrere Sprachen: Um zu funktionieren, benötigen sie ganz offenbar die Erneuerung und das Recycling.

Eine alte und ehrwürdige Tradition unterschied nicht zwischen der Sprache des Wissens und der Sprache der Liebe. Liebe, Wahrheit und Wissen versammelte Platons Philosophie in einer einzigen Rede. Der Sokrates des *Symposions* will diese Erkenntnis über die Einheit von Liebe, Wahrheit und Wissen aus dem Munde der Mantineischen Priesterin Diotima erfahren haben.[22] Diotima verkörpert selbst die Verbindung, von der sie spricht, denn sie unterrichtete Sokrates auch in »Liebessachen«. Nach Diotimas Lehre zieht Eros die »Lichtfäden« (Hegel) zwischen den ewigen Wahrheiten (Urbildern) und ihren irdischen Kopien. Die Funktion des Eros definiert sie dann auch wörtlich als »Dolmetschen« zwischen den menschlichen Zeichen und den ewigen Ideen. Die Mission des Eros ist somit von völlig gleicher Art wie jene, vor der der Dolmetscher Faust so dramatisch stockte: absolute, unlesbare Informationen zu übersetzen. Zwischen dem »heiligen Original« und dem »geliebten Deutsch« vermittelt Faust durch ein »redliches Gefühl« – erotische Methexis ist der philosophische Name dieser Sprache des Wissens. Die absoluten Zeichen (Steuerzeichen), die Faust zu übersetzen versucht, bilden freilich kein unverständliches Ideengemurmel, sondern die Direktive eines Gottes, der Wahrheit und Liebe in einem zu sein beansprucht. Das johannitische Evangelium erklärt die Verwandlung von Gottes Wort, der wahren Rede schlechthin, in das Fleisch des Sohnes als einen Akt der Liebe, nämlich der Mitteilung. Jesus ist der christliche Zwilling des Dämons Eros gemäß Diotimas Lehre. Den Rest besorgen die Kommentare der Juristen. Die christlichen Sprachtheorien über die Einheit von Wahrheit und Wissen, die durch Liebe übersetzt (Platon) oder mitgeteilt (Johannes) werden, handeln daher stets auch von Betrug. Solch universale Wissenschaften führen dank ihrer Vernünftigkeit ein detailliertes Register über die falschen Lieben und die betrügerischen Mitteilungen. Gottes Anwälte und Richter hatten jahrhundertelang alle Hände voll zu tun, um die falsche von der wahren Liebe zu unterscheiden.

Es war ohne Zweifel ein genialer Schachzug, Wahrheit und Liebe so unumschränkt in das Ressort der Götter zu überführen! Niemand vermochte das zu wiederholen. Sokrates und Christus fanden erst wieder in Sigmund Freud einen Nachfolger. Doch zwischen Platon und Freud, zwischen dem *Symposion* und den *Drei Abhandlungen zur Sexualtheorie* verzeichnet die Geschichte in ihren Akten eine ganze Reihe von Liebessprachen: höfische des Hochmittelalters, aristokratische im siècle classique, aufklärerische, empfindsame, romantische, psychologische, medizinische, über die auch jeweils zu sprechen sein wird. Doch hält der Leser hier keine Geschichte der Liebestheorien in Händen, sondern eine Chronik der Unternehmungen, die Macht als Wissen von der Liebe zu maskieren. Der erotische Kanal trägt die Fingerabdrücke unzähliger Beamter.

Zwar haben die übrigen Entmachtungen der Liebe, nämlich die Sprachen des Wissens, bis zum Erscheinen Freuds Eros und Wahrheit nicht mehr auf ein philosophisches Synonym gebracht; dennoch lassen sie alle ihr Wissen tief in der Wahrheit, in der Vernunft, in der Natur des Menschen Wurzeln fassen. Daher entwickeln sie ihre großen Wirkungen, ihre jeweils kulturprägenden Effekte. Paradoxerweise bevorzugt alle Liebespädagogik den Befehlston. Wo Befehle ergehen, dort spricht schamlos die Macht. Und nur die Macht hat eine faßbare Natur, während die Wahrheit lediglich Wirkungen erzielt: Stockungen, Verletzungen, Neurosen, Wahnsinn, Ruhm.

Die großen Sprachen des Wissens sind ebenso blutige wie mystifikatorische Geschenke. Sokrates wollte seine Liebeswahrheit von einer geheimnisvollen Priesterin erfahren haben, und er selbst büßte dafür mit dem Tode. Die christliche Liebesstiftung wurde ebenso durch Blut bezahlt wie die Liebestheorie des berühmten mittelalterlichen Klerikers Abaelard. Die Werther-Liebe, Goethes unvergleichliche Erfindung, forderte reihenweise Opfer. Zweierlei kennzeichnet diese Sprachen des Wissens: Sie deklarieren sich als das ganz andere der falschen Sprachen (Kriterium der Differenz), und sie beglaubigen ihre Gültigkeit durch Opfer (Kriterium des Ersatzes). Das platonische Liebeswissen ist das ganz andere des gemeinen Begehrens. Gottes Liebeswissen ist das ganz andere der falschen jüdischen Gesetze. Die Liebe ist stets das andere, das andere des Begehrens, das andere der Wollust, in der Literatur des 18. Jahrhunderts ist sie das andere der Konvention, im 19. Jahrhundert ist sie das andere der Sprache. Im Jahrhundert, das nun an sein Ende gelangt, nennt sich die Liebe das andere der vielen falschen Verbote der Vergangenheit.[23]

Richard Wagners Musikdrama *Tannhäuser* rekonstruiert aus romantischer Sicht den Streit des Mittelalters über die Liebe: Welches

Wissen, welche Sprache der Liebe ist die wahre? Der legendäre Sängerstreit auf der Wartburg gibt den Rahmen dieser Debatte, die zwischen namhaften Sängern ausgefochten wird. Der Landgraf setzt seine eigene Tochter als Preis. Der soll sie gewinnen, der das »Wesen« der Liebe ergründen und am »würdigsten« zu besingen weiß. Wer das Geraune Diotimas in die schönsten Paradigmen überträgt, wird politisch und erotisch prämiert. Man sage nur nicht, das sei keine Erotik. Es ist eine Erotik, die größere Spannung aufbaut, als alle abgefeimten Spiele aus dem Lexikon *More Joy of Sex*. Und so legen Wagners Rittersänger los. Wolfram von Eschenbach nennt die Liebe einen »Wunderbronnen«; Walther von der Vogelweide möchte den »Wunderbronnen« als Allegorie der »Tugend« verstanden wissen; Bitterolf erklärt die Liebe zu einer Kampfesdroge. Doch Tannhäuser hält in seinem Liebeslied, das schon die Göttin Venus entzückt hat, dagegen: Liebe ist kein kulturelles Wissen, sondern subjektives; die Wahrheit der Liebe verdankt sich der Erfahrung des Genusses.[24] Der Skandal dieser Lesart ist bekannt. Eine ganze Hofgesellschaft verwandelt sich in eine Empörungsgemeinde mit Neigung zur Lynchjustiz. Tannhäusers Vergehen (ein neues Paradigma braucht den Skandal und die Sanktion) wird umständlich und aufwendig gesühnt. Der zur Reue gezwungene Sänger reist in Gesellschaft des Pilgerchors vergeblich zum Papst, um sich entsühnen zu lassen; Elisabeth opfert sich für den geliebten Sünder. Auf der symbolischen Ebene des Musikdramas geben beide ihr Leben dahin für eine Musik, deren Schöpfer sie ebenfalls für Liebe (und universale Sprache) hält.[25] Die Einrichtung dieses Wissensmediums Musik durch Männer- und Frauenopfer setzt Wagner im *Lohengrin* und im *Parsifal* fort. Als das wahre Opfer bezeichnet er sich freilich selbst.[26] Auf diese Weise stiftet das Musikdrama, wovon es handelt: eine Liebessprache jenseits der Artikulation und des Wissens, untrüglich erkennbar an den zwei Grundzügen solcher Stiftung: Unterschiedenheit und Opferung. Tannhäuser / Wagners Sprache unterscheidet sich durch Authentizität, durch Bindung an den Sängerköper von den falschen, lediglich zitierenden Sprachen (Wolframs oder auch Meyerbeers), und sie wird durch ein Opfer in der Welt etabliert. Gerade das Beispiel der Musik gibt einen grundlegenden Zug in der Sprache des Wissens zu erkennen: Sie ist wirksam, d. h. sie stellt Verbindungen her, weil sie das richtige Wissen enthält. Die Verführung durch die Sprache des Wissens erfolgt als Rede über die wahre Liebe.

Weiterhin liefert Tannhäusers Lied ein Beispiel für die neuzeitliche Erfindung, die hier die Sprache der Unmittelbarkeit heißt. Während die Rivalen des Sängerhelden ein elaboriertes Wissen (paradigmatische Varianten der platonischen und johannitischen Sprachen) vortragen, erklärt Tannhäuser den Speicher der Erfahrung zur Quelle seines Wissens. Er rüstet sich bereits mit den Waffen des modernen Dichters für den Wettkampf. Obwohl erst das 18. Jahrhundert die »Seelensprachen« und die »Naturtöne des Herzens« erfinden wird, sollen hier alle Liebessprachen, die nicht von der Wahrheit der Liebe, sondern von Tatsachen im Innern oder am Äußern des Subjekts handeln, als Sprachen der Unmittelbarkeit behandelt werden. Selbstverständlich operieren auch diese Natursprachen oder Spontisprachen mit Lexika und Grammatiken. Aber das soll ihnen nicht angemerkt werden. Die Sprache der Unmittelbarkeit muß aus der Seele des Sprechers hervorkommen wie das Blut aus einer Wunde. (Wunden gehören zu den machtvollsten Sprachen der Unmittelbarkeit.) Dennoch bleibt sie Sprache und kann nie die reine Emanation der Liebe oder des Begehrens werden, das sie zu sein vorgibt. Sonst würden sie auch gar nicht verstanden. Aber sie löst sich nicht aus dem Paradox. Für die großen Sprachen des Wissens, für die platonischen, christlichen, rhetorischen, literarischen Sprachen, gilt, daß sie denjenigen, der sie vollkommen beherrscht, als Liebenden erkennbar machen; diese Schwelle ließ sich nicht so leicht überschreiten; hingegen wollen die Sprachen der Unmittelbarkeit mit aller Macht von diesen Kunst- und Wissenssprachen unterschieden sein. Zweifache Einmaligkeit ist ihr grammatisches und lexikalisches Gesetz: Einmaligkeit der Empfindung sowie Einmaligkeit des Ausdrucks (der Übersetzung). Dieses doppelte Paradox der Authentizität ist das Einfallstor ganzer Heerscharen von Betrügern.

Die Sprachen des Wissens privilegieren die Gebildeten, Kleriker, Priester, Privatdozenten; die Sprachen der Unmittelbarkeit dagegen eröffnen ihr Exerzierfeld den Komödianten und Dichtern. Welche Sprache aber spricht der dritte Prototyp dieser Klassifikation? Der Soldat bevorzugt die unmißverständliche Sprache der Macht. In seiner Grammatik herrscht der Imperativ, ein Modus, der keine Stockung kennt. Ein Imperativ kämpft nicht mit den Phantomen der Wahrheit, sondern geht allein auf Wirkungen aus. Sonst entsteigen die Komödianten den gezierten und den schönen Sprachen, dem eben aktuellsten Lexikon der hohen Liebeswissenschaften; aber auch die Sprachen der Unmittelbarkeit standen, ehe sie ihre Niederlassungen in den Seelen nahmen, in Büchern. Die Choreographie der Paarung kommt seit langem aus den Bibliotheken. So legte ein mittelalterlicher Kleriker mit Namen Andreas Capellanus im ersten Buch seines Traktats *De amore*[27] gleich eine ganze Serie von vorbildlichen Dialogen nieder. Die Texte sollten Männern und Frauen in der

Situation, da man »Liebe erwirbt«, die Zunge anleiten. Die lateinisch verfaßte Abhandlung entstand offenbar im Umkreis des Hofes von Blois, wo Marie de Champagne, die Gönnerin des bedeutendsten mittelalterlichen Dichters, Chrétien de Troyes, residierte.[28] Der Traktat bildet eine durchaus pragmatische, an strengen Regeln orientierte Liebeslehre. Er gehört damit in die Klasse der Sprachen des Wissens. Anders als die Instruktionen Ovids[29], die Geschmeidigkeit und Phantasie in allen Taktiken und Künsten der Verführung lehrten, bedient die Schrift des Capellanus Leser und Leserinnen mit einer Kasuistik von Redeformen. Den Zug der »Unmittelbarkeit«, nämlich der Anwendungsfähigkeit, legt Andreas nicht in Verhaltensanleitungen für unterschiedliche Situationen; seine Dialogvarianten berücksichtigen vielmehr ständische Unterschiede. Gemäß der hierarchischen Gliederung der literaturfähigen Gesellschaft in Bürger, niederen Adel und Hochadel erfordert die Realitätsanpassung in zwei Richtungen ausdifferenzierte Dialogformen. Die Stände erkannten sich daran, daß sie das geläufige Wissen voneinander artikulierten sowie die sozialen Unterschiede hervorhoben. Aber diese notwendige Konzession an die Regeln ständischer Kulturunterschiede verbindet Andreas mit einer bemerkenswerten Toleranz gegenüber sozialen Grenzüberschreitungen. Denn die Dialoge geben nicht nur Modelle für Werbungen innerhalb des gleichen Standes wieder, sondern auch für Anknüpfungen über Standesschranken hinweg. Alle neun Kombinationsmöglichkeiten der Versuchung sind berücksichtigt, und neun gelehrte und galante Dialoge geben Sprechanweisungen, die über den Abgrund der Stockung hinweghelfen sollen; aber auch diese Hilfe versagt bisweilen: Denn es gibt durchaus Männer, die beim Anblick der Erwählten kein Wort mehr hervorbringen und alles vergessen, was sie schön entworfen und sorgfältig auswendig gelernt haben. Auf diese Weise machen sie sich natürlich lächerlich. Daher soll nur ein mutiger und wohlgebildeter Mann die Unterhaltung mit seiner Erwählten selbst beginnen.[30] Zur Verführungsrhetorik und zu den ständischen Varianten des ostentativen Wissens gesellt sich im zweiten Buch des Andreas eine von Damen ausgeführte höfische Kasuistik über die richtigen und falschen Verhaltensweisen in der Liebe. Interessanter noch als dieser Gerichtshof in Liebessachen, der wie eine literarische Frühform unserer Familiengerichte tagt, erscheint die anschließende psychologische Zeichenlehre des Verliebtseins. Wie die antike Wissenschaft bevorzugt Andreas eine sentenziöse Schreibweise. Drei Beispiele: »Wer wahrhaft liebt, erbleicht beim Anblick des Geliebten.« Oder: »Beim unerwarteten Anblick des geliebten Wesens erbebt das Herz der Liebenden.« »Wer von Liebe gequält wird, der ißt und schläft weniger.«[31] In dieser psychologischen Aphoristik kündigt sich bereits jene Körperwissenschaft an, die heute das Liebeswesen verwaltet. Im Mittelalter schöpfte solche Semiotik der erotisierten Leiber aus einem Inventar von Liebespathologien, das auch schon die antike Literatur gepflegt hatte, das aber in der Epoche der höfischen Liebeskultur eine ganze Gesellschaft erfaßte.[32] Aus eigener Kraft richtet sie dieses Wissen in Konversationen ein, die von Andreas und den höfischen Dichtern zu elitären Gebrauchsreden ausgefeilt wurden. Solche erotischen Gebrauchsreden eignen sich vorzüglich für den Betrug. Doch zunächst funktionieren sie als ein Auswahlcode. Zu diesem Zweck wurde als Selektionsmittel eine komplexe Syntax eingebaut. Man vernehme die von Andreas Capellanus erdachte Variante für die Adresse des Ritters an eine Frau seines Standes:

Welch edles Wesen wird an Ihnen sichtbar, welch schöne höfischen Eigenschaften zeichnen Sie aus! Der Augenschein, der mich Ihrer wohlgeborenen Art versichert, gibt mir den Mut, alles, was ich auf dem Herzen habe, ohne Furcht vor Eurem Zorn auch zu sagen.[33]

Das ist freilich nur der Anfang. Er ist möglich und gerät nicht ins Stocken, weil er längst schon gemacht wurde. Die Werbungsrede beruft sich auf eine andere Semiotik der Unmittelbarkeit (die edle Art der Dame) und ergeht somit als fingierte Replik. Doch die hat eben ihre Sicherungen. Andreas läßt die höfische »Anmache« über dreißig Seiten laufen, und ein Ritter, der nach diesem Modell um eine Dame zu werben gedachte, hatte eine umfangreiche Rolle zu memorieren. Diese Sprache zog ihre Autorität aus einer langen literarischen Tradition und verstärkte sich durch höfische Institutionalisierung. So wurden die Modell-Dialoge des Andreas auch noch mehrere Jahrhunderte später für verbindlich gehalten, und ihr Refrain war gewiß die erste Strophe mancher Affäre bis ins 16. Jahrhundert. Es ist sogar noch die Übersetzung eines Abschnitts aus *De amore* ins Frühneuhochdeutsche um 1470 überliefert.[34] Die hochgradig gegeneinander ausdifferenzierten Sprachen der Stände und Adelsklassen bildeten eine linguistische Barriere für den überzeitlichen Typus des Betrügers, der sich auf rasche (soldatische) Verführung spezialisiert hat.

Bereits das Mittelalter kannte die Konkurrenz der »soldatischen« und der »literarischen« Liebestypologie. In einem um 1150 entstandenen Gedicht, das die berühmte Sammlung der *Carmina burana* überliefert, wird ein solcher Streit als Dialog zweier Mädchen über die Vorzüge des Ritters oder des Gebildeten in der Liebe ausgetragen. Dieses Gedicht mit einem Titel, der die Namen der beiden streitenden Mädchen *Phyllis et Flore* festhält, imitiert die Methode der scholastischen Dialektik; nach langem Pro und Contra zwischen den Mädchen entscheidet nämlich Amor den Streit, indem er feststellt: Nur durch eine von den Klerikern vermittelte Kenntnis der alten Liebeskultur kann auch ein Ritter den Liebesdienst leisten.[35]

Ihre Dauerhaftigkeit verdanken diese antiken und mittelalterlichen Sprachen der Liebe dem langsamen Tempo, worin sich die Umwälzung der kulturellen Normen vollzog. Tempi historischen Wandels hängen unmittelbar von der Speicher- und Übertragungsgeschwindigkeit des Nachrichtenverkehrs ab.[36] Die Liebeskultur der Epochen, da Schriften noch als Raritäten zirkulierten, verfiel ebenso langsam wie die Autorität der Sprachen der Wahrheit, aus denen die Sprachen der Unmittelbarkeit und der Verführung ihre Kräfte zogen. Die Übertragungsgeschwindigkeit von Liebesdoktrinen und von Mitteilungen zwischen räumlich getrennten Liebenden (Post) sind Elementardaten für die Zeiten ihrer Gültigkeit. Ohne Druck und ohne Post gäbe es die neuzeitliche Liebessprache nicht. Die Epoche der Telephone, Videos und Computer läutet darum auch ihr unaufhörliches Ende ein. Die Erfindung der Drucktechnik und ihre allmählich industriell verstärkten Produktivkräfte bildeten den ersten Beschleunigungsfaktor für die Kommunikation und also für die Entropie der Liebeskultur. Ihre Sprachen und Wahrheiten verfallen heute geradezu mit rasender Geschwindigkeit. Zwar ist eine der beiden Bedingungen, die für die Stiftung einer neuen Sprache der Wahrheit gegolten hat, das Opfer, nicht mehr in Kraft; die Sprache der Wahrheit verschlingt ihre letzten Opfer und damit eine der Bedingungen ihrer Möglichkeit. In diesem Zusammenhang heißt die Wahrheit von Aids, daß ganz andere Opfer eine neue Sprache (hygienischer) Wahrheit erzeugen. Hingegen gilt immer noch die andere Regel, daß eine neue Sprache der Unmittelbarkeit eine Grammatik und ein Lexikon haben muß, die sich unterscheiden. Getragen werden die Unterschiede von kulturellen Milieus oder von Unterschieden zwischen Generationen.

Aus welchem neuen und letzten Wissen die Sprache der Wahrheit unserer Tage sich ihr Prestige besorgt, das macht eine Diotima des 20. Jahrhunderts klar. Eine Frau mit dem Namen von Platons Liebeslehrerin gehört zum Personal in Robert Musils Roman *Der Mann ohne Eigenschaften*. Mit bürgerlichem Namen Ermelinda Tuzzi, wird sie von Ulrich, dem eigenschaftslosen Helden und Protagonisten einer Inzestliebe im Roman, Diotima genannt. Der dritte Teil des Buches befördert Diotima, der Mission ihres Namens gemäß, tatsächlich zur Leiterin einer »Weisheitsschule der Liebe«.[37] In dieser Funktion erklärt sie ihrer Schülerin Bonadea, wiederum einer zeitweiligen Geliebten Ulrichs, die »höchste Kunst der Liebe«, die allerdings eine moderne Form angenommen hat: Sexualwissenschaft.

Und an solche Ausdrücke erinnerte sich ihre Schülerin nun mit Genauigkeit. Kritische Beleuchtung der Umarmung, körperliche Klärung der Lage, reizbare Zonen, Weg zur Höchstbeglückung der Frau, gut disziplinierte, auf ihre Partnerin achtsame Männer…[38]

Für dieses höchst ironische Kapitel machte sich Musil, wie sein Nachlaß zeigt, ausführliche Exzerpte aus verschiedenen sexualkundlichen Büchern seiner Zeit. Ihre Autoren heißen Sophie von Lazarsfeld, van de Velde, Magnus Hirschfeld.[39] Mit klarer Sicht auf den historischen Bruch fixierte Musil den Status der modernen Sprache der Wahrheit. Das neue Wissen, mag man sagen, ist keine Sprache mehr, sondern eine Wissenschaft, die ihren Weg über eine lange Reihe von Ärzten bis hin zu Kinsey, Masters / Johnson, Shere Hite[40] genommen hat. Doch ist jede Wissenschaft eine Sprache, denn jede Wissenschaft ist eine Institution. Institutionelle Wirkungen bilden sich aus als Definitionen und Begrenzungen eines Sachverhaltes. Die große alte Liebesthematik wird in dieser Sexualwissenschaft zu einem Wissen von Körpern und Reaktionsweisen. Da dieses Wissen als Physiologie an seine natürliche Grenze gelangt, entwickeln sich an seiner Statt heute unzählige neue Sprachen der Unmittelbarkeit. Sie nehmen zwar in dieser Wissenschaft ihren Ausgang, erheben indessen den Anspruch, wiederum eine Kultur und eine ästhetische Regelung von Kommunikationsakten hervorzubringen. Es ist im Kern die Kultur des Orgasmus, die heute den Angehörigen der gebildeten und literarisierten Klassen eingeschrieben wird. Lonnie Garfield Barbach widmet ihr Buch For Yourself den »Frauen in den präorgasmischen Trainingsgruppen« und allen Frauen, »die ihr sexuelles Potential und ihre Persönlichkeit entwickeln wollen«.[41] Auf dem Boden ausgetesteter Physiologien, im Milieu neugewonnener sexueller Freiheiten und dank pharmazeutisch gebannter Schwangerschaftsängste wächst und gedeiht eine neue Poetik des Fleischwerdens, die mit großem Lärm die leeren Räume erfüllt. Denn das Gesetz, das seit Jahrtausenden die Liebe zu der Wahrheit verdammt, daß sie das andere sein muß, daß ihre Wahrheit die Differenz und das Opfer sei, greift auch mit Macht nach den unverheirateten, entkrampften, liebesfrohen zeitgenössischen Körpern und programmiert sie mit den neuen Doktrinen. Als letzten Unterschied lernen sie: Falsch war, daß sie möglicherweise gar keinen Orgasmus hatten; oder daß sie nicht wußten, daß sie einen hatten, und falsch war auch, daß sie nicht alle Möglichkeiten von

Steigerung und Verfeinerung der sensorischen Intensitäten wahrnehmen. Befehle, als Ratschläge getarnte Liebestechniken, bemeistern sich im Zeichen der Differenzierung einer nur für Momente sprachlosen und unorganisierten Welt der Freiheit. In diesem Augenblick, da eine ganze Kultur, eine erotische Kultur der symbolischen Vermittlungen und Steigerungen, im Vakuum der sexuellen Körperlisten verschwindet, eröffnet sich ein letzter Blick auf die alten Lexika und Grammatiken der Liebe.

Die Position des Dritten

Dieser oder diese Dritte – die Position selbst ist geschlechtsneutral – hatten bereits ihre kleinen Auftritte in den Dramen der Stockung. Sie erschienen dort vor allem als Störfaktoren, als Interventionsmächte, die den Fluß der zärtlichen Zeichen unterbrechen oder gar nicht erst in Gang kommen lassen. Insofern können sie ebenso reale, imaginäre wie symbolische Gestalt annehmen. Natürlich treten diese Dritten oft zufällig in ihre Position ein oder werden durch Intrigen in die Position gebracht, die das Spiel der Liebe stets freihält.[42] Wer keine zärtlichen Worte sprechen kann, wer keine Liebesbriefe schreibt, weil ihm immer das Lachen eines Dritten dazwischenschallt, der ist von der Macht der eigenen Scham überwältigt. Die Paranoia der Scham bevorzugt akustische Gespenster. Zum Lachen gehören, wie Freud gezeigt hat[43], stets drei (die Mindestzahl), und die Position dieses Dritten ist Sende- oder Empfangsstation des Lachens. Das Lachen maskiert eine heimliche Lust. Einst wurden die Götter vom eifersüchtigen Hephaistos herbeigerufen, um zu sehen, wie dieser seine Frau Aphrodite und den Kriegsgott Ares mitten im lustvollsten und beschämendsten Augenblick des Ehebruchs durch ein feines unzerreißbares Netz gefangenhielt. Die Pornographie (Zeigen und Speichern von Sexualbetätigungen in Bildern) beginnt mit mechanischen Techniken. Bei diesem Anblick brachen die Götter in unmäßiges Gelächter aus.[44] Solches Gelächter, vor dem die Scham ihre Stockungen errichtet, klingt immer, als käme es vom Himmel. Dies bezeugen bisweilen die unscheinbarsten Formeln. Man erinnere sich an die Szene im ersten Kapitel von Kafkas *Prozeß*. Dort spricht Fräulein Bürstner zu K., in dessen Augen bereits das animalische Begehren zu leuchten scheint, indem sie auf den Lichtschein unter der Türe des Nachbarn weist: »Sehen Sie, (...) er hat angezündet und unterhält sich über uns.«[45] Nur Gott kann sich über etwas unterhalten, was Augen und Ohren entzogen ist. Und nur Gott verweist über die Unterscheidung von Dunkel und Licht auf die Gegenwart des Gesetzes. Gott ist der Dritte von Anfang an, aber er gibt allenthalben Gelegenheit, diese Position an seiner Statt einzunehmen. Die Position heißt: schon dagewesen sein, ehe die beiden Darsteller überhaupt voneinander wissen. Der Dritte macht es eben unmöglich anzufangen. Er hat wie Hephaistos bereits seine Netze gespannt, ehe die Liebenden einander sehen und umfassen. Doch die in der *Odyssee* erzählte Geschichte vom eifersüchtigen Hephaistos zeigt den Dritten ganz bildlich auch in der Funktion des Kupplers. Die lachenden Götter gestehen sich insgeheim, wie gern sie mit Ares tauschen würden.[46] Das Dreierspiel erlaubt Ersetzungen auf allen Positionen.

Im Jahre 1751 reist der Dichter Friedrich Gottlieb Klopstock nach Kopenhagen. Sein Ruhm als Verfasser des Bibel-Epos *Der Messias* hatte ihm ein Stipendium des dänischen Königs eingebracht. Auf dem Wege nach Kopenhagen besucht Klopstock in Braunschweig seinen Freund Nikolaus Dietrich Gieseke. Dabei kommt die Rede auf die nächste Reisestation Hamburg, wo der junge Autor den älteren Dichter Friedrich von Hagedorn besuchen will. Über dieses Gespräch berichtet aus der Erinnerung eine Zeitgenossin:

Klopstock kommt in Br[aunschweig] spaziert mit G[ieseke] im Garten. »Höre Kl[opstock], du must in Hamb[urg] ein Mädchen besuchen die heißt Mollern.« Ich gehe nicht nach Hamb[urg] um Mädchens zu sehen, *nur* Hagedorn will ich sehn; »Ach Klopstock *das* Mädchen must du sehn daß ist so ein ganz ander Mädchen als andre, sie ließt den Mess[ias] mit Entzücken, sie kent dich schon, sie erwartet dich, nun noch lang u breit Meta beschrieben; Klopst[ock] geräth dabey in tiefes Nachsinnen. Giseke bemerckts: Nun macht dich die Beschreibung so aufmerksam? geh nur nicht hin u verlieb dich in sie; sie ist schon verlobt. (Giseke hatte Vermuthungen hievon, die er als Gewißheit glaubte.) »Gib mir ihre Adresse (...).«[47]

Der Ratschlag hat die Wirkung eines Befehls. Wie dieser Dritte, der nur zufällig den Namen Gieseke trägt, die Funktion des Kupplers einnimmt, das zeigt sich am Fortgang der Geschichte. Klopstock gehorcht (und besucht das Mädchen) und gehorcht nicht (indem er sich verliebt). Giesekes Marschbefehl setzt auch Klopstocks Absichten außer Kraft. Auf einer Gesellschaft spricht er kaum ein Wort mit dem verehrten Hagedorn, sondern alle Aufmerksamkeit gilt dem Mädchen. Es stellte sich auch heraus: Meta ist gar nicht verlobt. Aus Metas Feder ist eine Darstellung dieses Besuchs überliefert, den Klopstock im Auftrag des Dritten abstattete:

Nun mache ich die Thür auf, nun sehe ich ihn – – – – Ja, hier müste ich Empfindungen malen können. – Sein Anblick frapirte mich in dem eigentlichsten
Verstande. Ich hatte schon viele Fremde gesehn, aber niemals hatte ich ein
solches Schrecken, einen solchen Schauer (ich weis nicht wie ich mich ausdrücken soll) empfunden. Ich hatte gar nicht die Meynung, daß ein ernsthaf-
ter Dichter finster u mürrisch aussehn, schlecht gekleidet seyn, u keine
Manieren haben müsse; aber ich stellte mir doch auch nicht vor daß der Ver-
fass[er] des Mess[ias] so süß aussähe, u so bis zur Vollkommenheit schön
wäre. (Denn das ist Kl[opstock] in meinen Augen, ich kanns nicht helfen,
daß ichs sage. Aber Ihnen kann ichs auch sagen.) Er stutzte auch. Wir schwiegen alle beyde eine kleine Weile länger still, [als] man in einem solchen Falle
sonst thut. Endlich sagte er: Hr. Giseke hat mir gesagt, daß ich die Erlaubnis
hätte, Ihnen aufzuwarten.[48]

Es ist alles gerichtet, die Netze sind gespannt; die Leserin wartet auf
den Dicher; der Dichter ist durch das Verbot, sich zu verlieben, vorbereitet, sich zu verlieben. Der erste Augenblick des Sehens läßt beider Rede in den Abgrund der Stockung stürzen. Und als der Dichter
endlich spricht, da beruft er sich auf Gieseke, auf den Dritten, auf den
Vertreter des Gesetzes, der »erlaubt« hat, was sich jetzt an lodernden
Phantasien gebildet hat. Er hat alles eingefädelt. Denn es war auch
Gieseke, der Meta Klopstock die ersten drei Gesänge des *Messias* zu
lesen besorgt hatte und ihr gesagt haben soll: »Das wäre *ganz* der
Freund für die Mollern«.[49] Der Autor des *Messias* erscheint ihr dann
auch so »vollkommen« und »süß«, wie es ein Doppel Gottes (der
auch Urheber des Messias ist) sein muß.

   Die Geschichte ist von tiefer Einfachheit. Schon komplizierter entwickelt sich die fiktive Geschichte zwischen einer anderen Klop-
stock-Leserin und jenem Opfer, dem die *Leiden des jungen Werthers*
auferlegt werden. Die Verliebtheit zwischen Werther und Lotte
scheint auf einem Ball zu beginnen, doch ist auch dort längst alles
vorbereitet. Wie Werther selbst erzählt:

(. . .) es wurde ausgemacht, daß ich eine Kutsche nehmen, mit meiner Tänzerin und ihrer Base nach dem Ort der Lustbarkeit hinausfahren und auf dem
Wege Charlotten S. mitnehmen sollte. Sie werden ein schönes Frauenzimmer
kennen lernen, sagte meine Gesellschafterin (. . .). Nehmen Sie sich in
acht, versetzte die Base, daß Sie sich nicht verlieben! Wieso? sagt ich. Sie ist
schon vergeben, antwortete jene, an einen sehr braven Mann, der weggereist
ist, seine Sachen in Ordnung zu bringen nach seines Vaters Tod und sich um
eine ansehnliche Versorgung zu bewerben. Die Nachricht war mir ziemlich
gleichgültig.[50]

Das ist nicht wahr. Die Nachricht macht Werther vielmehr zu ihrem Sklaven. Zwar wird er gewarnt, doch die Warnung vor dem Verlieben ist im Effekt eine Aufforderung. Denn im Traum (im Unbewußten) gibt es keine Darstellung des »Nein«, erklärt Freud.[51] Und zugleich wird Werther durch die angeblich gleichgültige Nachricht bereits zu einem Dritten gemacht. Denn dem Zweiten dieser Konstellation, dem Verlobten, muß er sich auf schicksalhafte Weise ähnlich fühlen: Wie Albert ist Werther in Erbschaftsangelegenheiten auf Reisen. Die Nachricht von Alberts gleichlautender Mission ernennt ihn zum Doppel und Vertreter des abwesenden Verlobten. Und so schließt den sich öffnenden Kreis um Lotte und Werther bald ein anderer Dritter, es ist ein Gesandter des Himmels, der ihre symbolische Verbindung zu besiegeln vermag, die durch die Warnung längst gestiftet ist. Gegen Ende des Gewitters, das die Tanzgesellschaft überrascht, schauen Lotte und Werther aus dem Fenster:

Sie sah gen Himmel und auf mich, ich sah ihr Auge tränenvoll, sie legte ihre Hand auf die meinige und sagte – Klopstock! Ich versank in dem Strome der Empfindungen, den sie in dieser Losung über mich ausgoß. Ich ertrugs nicht, neigte mich auf ihre Hand und küßte sie unter den wonnevollsten Tränen. Und sah nach ihrem Auge wieder – Edler! hättest du deine Vergötterung in diesem Blicke gesehn, und möcht ich nun deinen so oft entweihten Namen nie wieder nennen hören![52]

Der Dritte ist hier ein symbolischer und imaginärer in einem: Dichter und Gott zugleich. Als später Albert wieder zurückkehrt und Lotte heiratet, da sieht sich Werther nach und nach in die Position jenes symbolischen/imaginären Dritten gedrängt, der eigentlich der Stifter und Notar seiner Liebe war: Er verwandelt sich selbst in einen Autor (Übersetzer Ossians) und in einen Messias (vor seinem Selbstmord vergleicht er sich mit Christus, da er »den kalten schröcklichen Kelch« trinken soll[53]). Solche Wirkungen entfalten Ratschläge, sich nicht zu verlieben. Werther wurde selbst zum Dritten, weil er sich in der Position des Liebhabers nicht halten konnte. Da er also ein verdrängter Zweiter war, hatte er auch nichts zu lachen. Solches Lachen, mythisches und paranoisches Urgeräusch aus Göttermund, vernimmt man in diesem Roman kaum. Nur im ersten Brief an den Freund spricht Werther von einem solchen Lachen. Es traf ein Mädchen, das sich unglücklich in Werther verliebt hatte, während er bei den Reizen ihrer Schwester »Unterhaltung« fand:

Habe ich nicht ihre Empfindungen genährt? Hab ich mich nicht an denen ganz wahren Ausdrücken der Natur, die uns so oft zu lachen machten, so wenig lächerlich sie waren, selbst ergötzt?[54]

Die Position dessen, der sich unterhält (wie Kafkas Hauptmann), der über die wahren Zeichen der Natur lachen muß und über das, was sich einfach zeigt, hält hier ein Dritter mit Aspirationen auf die oberste Stellung. Werther geht in den Tod, um eben dieses Lachen zu ersticken.

Klopstock und Werther sind nicht nur durch Reden von Dritten auf den Weg geschickt, sie treten nicht nur ein in die Liebesmission der vor dem Verlieben Gewarnten, sondern sie sind selbst Missionare wie der Messias, der oberste Missionar Gottes. Wie ihnen die Literaturgeschichte testiert, haben sie als Missionare neue Sprachen der Liebe in die Welt gebracht. Zugleich erscheinen sie in der Funktion der Kuppler und Notare. Ihre Namen oder ihre Worte stiften Verbindungen und besiegeln sie. Lotte spricht nur den Namen Klopstocks aus, schon ist die Verbindung über den Kanal eines wechselseitigen Tränenstroms hergestellt und gesichert. Aber der fiktive Werther selbst wird als Protokollant dieses Kanals Sprachstifter und Missionar. Ein Zeugnis seines Wirkens enthält der folgende Auszug aus dem Brief des vierundzwanzigjährigen Clemens Brentano an die zwanzigjährige Karoline von Günderode. Man schreibt das Jahr 1802, und es ist Frühling:

Gute Nacht, Du lieber Engel! Ach, bist Du es, bist Du es nicht, so öffne alle Adern Deines weißen Leibes, daß das heiße, schäumende Blut aus tausend wonnigen Springbrunnen spritze, so will ich Dich sehen und trinken aus den tausend Quellen, trinken, bis ich berauscht bin (. . .). Drum beiße ich mir die Adern auf, und will Dir es geben, aber Du hättest es tun sollen und saugen müssen. Öffne Deine Adern nicht, Günderödchen, ich will sie aufbeißen. O ich bin ein arabisches Roß, warum nicht, wenn ich Dich hier hätte, und Du solche Hochzeiten feiern sähest neben mir, so sollte Mondnacht und Frühling uns das Echo sein (. . .).
Ich trinke Deine Gesundheit mit jedem Blick, den ich in den Frühling tue, und jeder meiner Gedanken an Dich ist eine Gesundheit, die ich dem Frühling zutrinke. (. . .). Lebe wohl und habe den Mut, nur darum zu weinen, daß Du nicht bei mir bist im Fleische, sondern nur in Gedanken, denn beide sind eins und nur im Abendmahl genießen wir den Gott, denn alles Wort muß Fleisch werden, auch dies Wort der Liebe.[55]

Die Worte, die hier gemäß der johannitischen Devise, an der sich der Übersetzer Faust so abgemüht hatte, Fleisch werden sollen, entstammen dem Lexikon und der erotischen Grammatik Werthers. Durch das Gitter seiner Sprache erklären und besiegeln die Leser und Leserinnen ihre Leidenschaften als Opfer und als das ganz andere. Ihre Papiere beflecken sich mit dem Blut, das die Reden metaphorisch hervorstürzen lassen. Allerdings bringen es nur Frauen bis zu dem

Punkt, wo wirkliches Blut zur Besiegelung von Buchstaben fließt. Karoline gehört zu ihnen. Doch wird sie nicht den Worten von Clemens verfallen. Aber die Konstellation ist exemplarisch: Der Briefautor Werther ist der Dritte bei diesem literarischen Verführungsversuch, man hört ihn geradezu durch die Zeilen des jungen Clemens seufzen. Etwa seine Worte im Brief vom 16. März:

Wenn ich Blut sähe, würde mirs besser werden. Ach ich hab hundertmal ein Messer ergriffen, um diesem gedrängten Herzen Luft zu machen. Man erzählt von einer edlen Art Pferde, die, wenn sie schröcklich erhitzt und aufgejagd sind, sich selbst aus Instinkt eine Ader aufbeißen, um sich zum Atem zu helfen. So ist mirs oft, ich möchte mir eine Ader öffnen, die mir die ewige Freiheit schaffte.[56]

Drei Missionare sind somit in den Blick getreten, drei Liebende, drei Gesandte des göttlichen Wortes: Klopstock, Werther, Brentano. Und alle drei rücken in der Mission des Geistes den Frauen auf den Leib. Hinter ihnen erscheint der Dritte mit den changierenden Zügen des Gottes / Autors. Es ist ein vollkommenes Muster, dessen Vorbilder und Fortsetzer später noch genannt werden sollen. Aber man erinnert sich: Die Vorstellung des Auto-Vampirismus, die Clemens in seinem Brief in Bilder bringt, hat Thomas Mann wiederaufgenommen. Vampire sind die Gespenster, in die sich der Autor-Geist verwandelt, wenn die Übertragung des Begehrens nicht funktioniert.

Geist / Goethe wirft als Dritter seine gespenstischen Schatten auf die Korrespondenz des jungen romantischen Dichters mit der unglücklichen zarten Stiftsdame Karoline von Günderode. Karoline war selbst eine Dichterin, und Geist / Goethe stand auch als ihr Ideal und Notar im Hintergrund. Und als Kuppler. Denn die Werther-Sprache diente als Geheimcode der Leidenschaft, der im ersten Drittel des 19. Jahrhunderts allenthalben eingesetzt wurde und wirkte. Man weiß: Heute bilden sich weder aus Dichterworten noch aus Tränenströmen die Verbindungen zwischen den Körpern der Liebenden. Jedes Paar unterwirft sich dem Gesetz der Intimität, daß die Liebe das ganz andere des gemeinen Sprechens sei, indem es eine eigene Sprache erfindet. Wenigstens ein winziges Lexikon von Namen, die nur ihnen gehören. Am Rande dieser Sprachen droht das Lachen der Dritten. Aber es bedarf keines Selbstmordes mehr, um die Wahrheit dieser Sprache zu sichern. Daß über Werther auch gelacht wurde, das zeigen die zeitgenössischen Parodien Nicolais.[57] Ungewollt wurde er zum Dritten mancher Liebesdramen, zum Vampir eines Begehrens, das vor der Gewalt der Wahrheitsforderung verzweifelt.

Heute besetzen wir die Position des Dritten neu: Über die wertherischen und die romantischen Leidenschaften geht längst der verständnislose Lärm des Leser-Lachens.

Paktschlüsse und ihre Notare

Der Tod, der Selbstmord, der das Gelächter der Dritten zum Schweigen bringt, ist das schwärzeste Siegel im Buche der Wahrheit. Es gibt auch Dritte und Beziehungsstifter, die weniger blutige Beziehungen ermöglichen. Eine häufige und bemerkenswerte Erscheinung in der Position des Dritten ist der Hund. Viele freilich bemerken ihn nicht, da er heute längst ausgedient hat: eine von der Zeit geschlossene Behörde des Ernstes wie der Hofnarr. In einer solchen Rolle hat Anton Tschechow einen kleinen Spitz porträtiert, als Emblem und Teilhaber am Titel seiner Erzählung *Die Dame mit dem Hündchen*. Was hätte das Hündchen zu erzählen? In Jalta erfüllen wie alle Kurgäste auch ein vierzigjähriger verheirateter Bankangestellter und die sehr viel jüngere Frau eines Verwaltungsbeamten die Zeremonien der Langeweile. Niemand wird von dem Verhältnis, das die junge Anna Sergejevna und Dimitrij Gurov eingehen werden, etwas ahnen. Nur der Spitz, den Anna wie ihr Wahrzeichen mit sich spazierenführt, ist der Zeuge. Er ist der Dritte von vornherein. Und weil er nicht lachen kann, sondern nur knurren, läßt er die Stockung bei der ersten Begegnung der beiden gar nicht spürbar werden: Eines Abends sitzen Anna und Dimitrij zufällig in einem Gartenrestaurant Tisch an Tisch:

(...) als die Dame sich, drei Schritt von ihm entfernt, am Nebentisch niederließ, fielen ihm all diese Geschichten von den leichten Siegen, von Ausflügen in die Berge ein, und plötzlich bemächtigte sich seiner der verführerische Gedanke an eine rasche, flüchtige Verbindung, an einen Flirt mit der unbekannten Frau, deren Namen er nicht kannte.
Freundlich lockte er den Spitz zu sich heran, und als dieser kam, drohte er ihm mit dem Finger. Der Spitz knurrte. Gurov drohte ihm wieder.
Die Dame blickte ihn an und senkte sogleich wieder die Augen.
»Er beißt nicht«, sagte sie und errötete.
»Darf man ihm einen Knochen geben?« Und als sie bejahend nickte, fragte er liebenswürdig: »Sind Sie schon lange in Jalta?«[58]

Bis zum Ende der Geschichte behalten die beiden das Geheimnis ihrer, wie sie zunächst meinen, flüchtigen, aber schließlich unabsehbar folgenreichen Beziehung für sich. Doch der Spitz war nicht nur ihr erstes gemeinsames Zeichen, sondern auch der Notar des Schicksals,

Abb. 1: Jan van Eyck,
Die Arnolfini-Hochzeit,
1434.
Auf der Zentralachse:
der Künstler und die
Nase des Hundes.

das hier kein Spiel ohne Einsatz dulden mochte. Denn eigentlich beginnt die Geschichte mit einem spielerischen Kontakt zwischen Gurov und dem kleinen Tier, das die beiden Zeichen versteht: Locken
und Necken. Doch als sie errötend die Worte spricht: »Er beißt
nicht«, da haben sie und der kleine Hund die Position getauscht. Die
folgende Frage nämlich, ob man ihm einen Knochen geben darf,
richtet sich nicht an den Hund, und sie bietet auch keine wirkliche
Gabe an (jedenfalls ist davon nicht mehr die Rede). Die Frage testet
die Möglichkeit des Übergangs vom Wort zum Fleisch. Der kleine
Spitz, der in die Position des Dritten gerückt ist, hockt dort als Behörde der Versprechungen. Aber ein Zeuge von Versprechungen
macht diesen Pakt verbindlicher, als die beiden ahnen.

Ein schlichter Sachverhalt, der sich leicht begreift. Der sich aber
auch leicht übersieht, denn wer weiß, daß ein Hund ein Zeuge oder
auch Notar sein kann? Man blicke auf das berühmte Gemälde des
Ehepaares Arnolfini von Jan van Eyck. Das frisch getraute Paar markiert mit seinen ineinandergelegten Händen das Zentrum des Bildes,
Zeichen der geschlossenen Verbindung. Die übrigen Elemente des

Abb. 2: Vittore Carpaccio, *Der heilige Augustinus*, um 1502.
Der Lichtstrahl geht über die Federspitze zur Hundenase.

Gemäldes treten um diesen Schwerpunkt zusammen zu einem Spiel
von Zeugenschaften. Über dem Spiegel im Hintergrund hat der Maler Nachricht von seiner Anwesenheit hinterlassen; zugleich bestätigt
das in dem Konkavspiegel der hinteren Wand festgehaltene Bild der
Raumtotalität genau diese Aussage. Nach alter Tradition als Zeichen
der Treue ins Bild gebracht, orientiert der kleine Hund im Vorder-
grund seine Sinne nicht nach der Position, wo der Maler gestanden
hat, sondern blickt in eine andere Richtung. Daß er blickt, der kleine
Malteserhund, leidet keinen Zweifel. Aber wohin? Eine traditionsrei-
che mythische Vorstellung begabt Hunde mit dem Talent, Götter und
Geister wahrzunehmen. In der *Odyssee* erscheint Athene einmal nur
für ihren Schützling Odysseus sichtbar. Hingegen nimmt Telemachos sie nicht wahr; daß aber der heimgekehrte Held keiner Halluzination unterliegt, das zeigen die Hunde des Sauhirten Eumäos, die
sich winselnd zurückziehen.[59] Das Motiv der hündischen Begabung,
Götter und Geister zu melden, zieht sich durch die abendländische Literatur bis hin zu Kleist, der den spiritistischen Talenten der Hunde
unter anderem im *Bettelweib von Locarno* ein literarisches Denkmal errichtet.[60] Und noch ein anderes Dokument, Vittore Carpaccios Gemälde des Heiligen Augustinus in seiner Zelle, zeigt ein Hündchen,
das in gleicher Blickrichtung wie der Kirchenvater zum Fenster
schaut, wo die Strahlen des Geistes eintreten, um an der Spitze der

Feder von Augustinus fokussiert zu werden. Die Privilegien der Heimsuchung durch Geister und Götter benötigen Notariate: So wie das Malteserhündchen des Augustinus die Infiltration des Heiligen Geistes bezeugt, so wie der knurrende Pudel in Fausts Studierzimmer die spirituellen Auswirkungen bei den Übersetzungen des johannitischen Logos testiert, so beurkundet auch der kleine Malteserhund in van Eycks Gemälde des Ehepaars Arnolfini die Anwesenheit des Geistes, in dessen Namen die Ehe geschlossen wurde.[61] Als Zeuge des Versprechens, das sich die beiden Eheleute gaben, als Zeichen gewordener Treueschwur, ist der Hund ein Dritter; aber er fungiert auch als Notar: Als (mythisch beamteter und beglaubigter) Protokollant von spirituellen Ereignissen bezeugt er die Gegenwart des Geistes. Oder genauer noch: die Gegebenheit des Geistes, der ja nach alter Auffassung, gemäß der patristischen Lesart des Chrysostomos, ein *Kanal* ist.[62] Stünde Goethes Faust auf der Höhe alter und moderner Medientheorie, so könnte er übersetzen: Im Anfang war der Kanal, über den das Wort seine Kraft zur Differenzierung des Unterschiedslosen entwickeln konnte. Aber Faust ist kein Informationstheoretiker, sondern ein Begehrender, der in seinen Stockungen spürt, daß das Begehren durch den Kanal hindurch muß, um einen Namen zu bekommen. Der Name seiner Wünsche bleibt ihm lange unbekannt; erst als der Pakt mit dem Teufel geschlossen ist (der sich aus der Gestalt des Pudels zunächst in ein Gespenst verwandelt hat[63], in einen Störfaktor), kann am Ende der Name des Wunsches erscheinen: Gretchen. Gretchen ist eine Übersetzungsvariante des unübersetzbaren Wortes, das den Übergang, die Rückkehr der Rede ins Fleisch ermöglicht. Hund, Teufel, Geister, Götter als Dritte und Notare des Liebes- und Ehepakts erhielten in der Neuzeit einen weiteren Konkurrenten: den Autor. Als Beispiel soll hier eine berühmte Autorgeschichte zitiert werden, die sich geradezu aufdrängt, weil zwei Namen bereits genannt wurden, die in dieser Geschichte wiederkehren: Goethe und Gretchen.

Goethe erzählt die Geschichte im 5. Buch des ersten Teils von *Dichtung und Wahrheit*, und er gibt darin offensichtlich selbst ein Beispiel für die zwei Richtungen der Rede, die der Titel ankündigt. Der junge Goethe träumte ja stets von Dichterruhm, wenn er sich ein »wünschenswertes Glück« vorzustellen suchte[64]. Er hatte sich unter seinen Altersgenossen in Frankfurt bereits einen guten Ruf als Gelegenheitsdichter verschafft. Eines Tages gestehen ihm die Freunde, daß sie eine nur zum Beweis seines Talents abgefaßte Versepistel (das fiktive Liebesgeständnis eines Mädchens) mißbraucht haben. Das kunstvoll abgefaßte Dichtwerk versahen sie mit dem Absendernamen eines wirklichen Mädchens und schickten es als fingierten Originalbrief an einen verliebten Gecken. Dieser fiel auf die Mystifikation herein. Goethe wird nun gebeten, bei dem Betrugsunternehmen weiter mitzuspielen und nacheinander erst die Antwort des jungen Mannes und dann auch wieder die Antwort des Mädchens zu verfassen. Trotz einiger Skrupel willigt der junge Dichter ein. Vielleicht ahnt er schon, daß ihn die Intrige aus der distanzierten Dichterposition hinauskatapultiert: Der letzte Text aus seiner eigenen Feder wird den Autor in seufzendes Fleisch verwandeln. Inzwischen nämlich hat sich der junge Dichter verliebt, ausgerechnet in die Tochter des Hauses, wo man die Intrigen eingefädelt und fortgesponnen hat. Seine Verliebtheit reicht aber niemals über die stille Post der Blicke hinaus. Jeder Gedanke, das Wort an sie zu richten, fällt in den Abgrund der Hemmung. So verfaßt er den Text des letzten Briefes (eine fiktive Antwort des Mädchens) in der Phantasie, daß seine heimlich geliebte Schöne namens Gretchen an ihn schreibt:

Ich glaubte alles so aus ihrer Gestalt, ihrem Wesen, ihrer Art, ihrem Sinn heraus geschrieben zu haben, daß ich mich des Wunsches nicht enthalten konnte, es möchte wirklich so sein (...). So mystifizierte ich mich selbst (...).[65]

Während er noch am Text dieses letzten Briefes feilt, tritt eben die imaginierte Autorin an den Tisch und tadelt den Autor, daß er sich an einem solchen falschen Spiel beteiligt. Sie habe, erklärt sie dazu, auch von sich aus eine Teilnahme verweigert, als man sie nämlich bat, ihre Handschrift für den Betrug herzugeben. Nun liest sie den Entwurf, lobt ihn und beklagt, daß kein besserer Gebrauch davon gemacht werde. Der junge Dichter, der zuvor nie gewagt hat, ein Wort an das verehrte Geschöpf zu richten, geht nun das Wagnis ein und ruft:

»(...) wie glücklich müßte der sein, der von einem Mädchen, das er unendlich liebt, eine solche Versicherung ihrer Neigung erhielte!« – »Es gehört freilich viel dazu«, versetzte sie, »und doch wird manches möglich.« – »Zum Beispiel«, fuhr ich fort, »wenn jemand, der Sie kennt, schätzt, verehrt und anbetet, Ihnen ein solches Blatt vorlegte, und Sie recht dringend, recht herzlich und freundlich bäte, was würden Sie tun?« – Ich schob ihr das Blatt näher hin, das sie schon wieder mir zugeschoben hatte. Sie lächelte, besann sich einen Augenblick, nahm die Feder und unterschrieb. Ich kannte mich nicht vor Entzücken, sprang auf und wollte sie umarmen. – »Nicht küssen!« sagte sie; »das ist so was Gemeines; aber lieben, wenn's möglich ist.«
(...)
Ich konnte mich nicht von ihr losreißen; sie aber bat mich so freundlich, indem sie mit beiden Händen meine Rechte nahm und liebevoll drückte. Die Tränen waren mir nicht weit: ich glaubte ihre Augen feucht zu sehn; ich

drückte mein Gesicht auf ihre Hände und eilte fort. In meinem Leben hatte ich mich nicht in einer solchen Verwirrung befunden.

(...) Ich las meine poetische Epistel hundertmal durch, beschaute die Unterschrift, küßte sie, drückte sie an mein Herz und freute mich dieses liebenswürdigen Bekenntnisses.[66]

Die Geschichte stammt noch aus der Zeit vor der Einführung der Seelensprachen in die deutsche Literatur. Aber Autoren waren bereits Autoren, und Liebesbriefe notierten ihre Effekte in Herzen und auf Körpern. Zwischen abgeschriebene und eigene Bekenntnisse fuhr noch nicht die Unterscheidung der Authentizität. Vor der Einführung der Seelensprache genügte es, einen fiktiven, für Zwecke verfaßten Text zu signieren. Schon gingen aus seiner künstlichen Tiefe lauter Echtheiten hervor. Die Wirkungen, die das Wort auf dem Wege von der Signatur bis zum Fleische (diesmal auf Umwegen) hervorruft, trügen nicht: Die Pollutionen der Augen gaben im 18. Jahrhundert das sichere Anzeichen der Leidenschaft.

Ein Text ist ein Pakt, der signiert wird, nicht mit Blut wie das Zertifikat, das sich Mephistopheles holt, aber keineswegs minder verbindlich. Die Übereinstimmungen und Varianten mit dem faustischen Werben um sein Gretchen zeigen, daß hier die Autorfunktion als paktformulierende Instanz an die Stelle des Hundes/Teufels getreten ist. Exakt an dem Ort, wo der junge Goethe nach Auskunft der autobiographischen Erzählung sein Gretchen nicht »anzureden, noch weniger zu begleiten wagte«[67], am Ausgang der Kirche, tut dies der Faust des Dramas. Seine Worte kommen jetzt, nach Intervention der mephistophelischen Künste, die er sich vertraglich gesichert hat, ohne Angst und Stocken.

Im Anfang war der Kanal. Das zeigt einmal die Geschichte von Fausts Johannes-Übersetzung, da im Kanal des Geistes das Gespenst des Teufels sitzt. Über die Sprache Gottes senden sich nicht ohne weiteres die Lockzeichen des Begehrens. Dafür errichtet Mephistopheles in der Hexenküche ein teuflisches Interface, wo Faust in einem Spiegel den »Inbegriff von allen Himmeln«[68] zu sehen vermeint. Ein platonisches Delirium, von der Hölle veranstaltet. Fausts ungebrochene Logos-Gläubigkeit soufiliert ihm den Gedanken, das schönste Bild müsse auch über einen Kanal Gottes gelaufen sein. Und Mephistopheles gibt ihm recht; indem er auf die ersten Effekte der Schöpfer-Worte zurückkommt, erklärt er:

> Natürlich, wenn ein Gott sich erst sechs Tage plagt,
> Und selbst am Ende Bravo sagt,
> Da muß es was Gescheites werden.[69]

Im 18. Jahrhundert treten die Autoren-Reden an die Stelle der Gottes-reden, und die Episode aus *Dichtung und Wahrheit* gibt ein zweites Bei-spiel dafür, daß die Kanäle vor den Mitteilungen der Worte gebaut sind. Gewiß gehen Texte über leichter handhabbare Nachrichten-wege als Geisterreden. Aber nicht alle: Sie müssen einen Autor haben und eine Unterschrift. Dann zeigt sich, daß ein Dichter-Text, wenn er als Kanal zwischen Körpern eingerichtet wird, auf beiden Seiten Fleisch-Effekte verzeichnet. Es gibt keine höhere Zeugenschaft für die Wirkung von Dichterworten als Dichterworte. Der eigene Text, durch eine weibliche Hand ins Wirkliche eingeführt, wird zu einem Pakt, dessen Worte sich ins Fleisch eingraben. Partner und Notar des Paktes ist der Autor, denn die Liebe gilt einem, der die Sprache der Liebe sprechen kann – nicht als Seelensprache, sondern als auf den Leib geschriebene Dichtersprache.

Nicht immer gelingen solche glücklichen Doppelbesetzungen. Nicht immer kann sich der Autor zugleich als Notar seiner eigenen Liebespakte engagieren. Bisweilen versteinert ihn das Schicksal zum Denkmal des stummen Zeugen; und dann erlöst ihn erst der Tod aus seiner Notarsfunktion. In Edmond de Rostands Komödie *Cyrano de Bergerac* wird eine solche Geschichte im Gewand einer »heroischen Komödie« auf die Bühne gebracht.[70] (Das Kino hat zu diesem Thema keinen Zugang gefunden.) Das Versdrama, das im Jahre 1897 urauf-geführt wurde und zu einem der meistgespielten französischen Thea-terstücke avancierte, vermag zwar die künstlichen Sprachen der Liebe ins Komische zu ziehen, nicht aber die Funktionen, die zu ihr gehören, und die Dysfunktionen, die sie auslösen. *Cyrano de Bergerac* ist eine Komödie der Hemmungen mit einem gänzlich unkomödian-tischen Schluß, der einfach alle Stockungen begräbt. Der Titelheld, ein ebenso häßlicher wie geistreicher Mann, verkörpert die seltene Doppelrolle des Haudegen und Dichters. Aber selbst die Verdopp-lung der Verführerkompetenzen stärkt nicht unbedingt den eroti-schen Erfolg. Cyrano wagt es nicht, seiner schönen Cousine Roxane den Hof zu machen, weil ihn seine ungeheure Nase daran hindert. Er fürchtet das Gelächter. Zwar behauptet er mit heroischer Selbstver-achtung das Monopol des Spottes über seine unförmige Nase, denn er unterliegt dem Zwang, selbst reihenweise Bonmots darüber zu er-finden[71]; aber der Spott, den dieses obszöne Organ seiner Geliebten eintragen könnte, der läßt ihm jeden Satz der Liebe auf der Zunge er-starren. Roxane ist überdies in den schönen Gardekadetten Christian verliebt. Dieser wiederum liebt auch sie, aber er leidet an einer ande-ren Stockung: Nach eigenem Eingeständnis vermag er nicht von Liebe zu sprechen. Und Roxane erhebt in dieser Hinsicht die höchsten Ansprüche: Sie ist eine Précieuse, ihr versammeln sich alle Gewißheiten des Gefühls in ausgefeilten Wendungen und gezierten Phrasen. Das Stück spielt im 17. Jahrhundert, aber der Spott Molières über die Preziösen hat Roxane noch nicht gestreift. Cyrano verfügt über diese Sprache und stellt sie dem gleichfalls in Roxane verliebten Christian zur Verfügung. In einer denkwürdigen Szene vor dem Haus der schönen Frau spricht Cyrano den Text, der aus Christians Lexikon und Grammatik niemals hervorkäme. Geschützt von der Dunkelheit, unerkennbar durch Flüstern, souffliert der Dichter die zarten Worte, während Christian nur das gestische Spiel beisteuert. So wenigstens kann Cyrano Roxane sagen, was er in eigenem Namen nicht hervorbrächte und was Christians simulierte Autorschaft bedeckt. Die Allianz der beiden Hemmungen bringt die Verbindung zustande, und Roxane, die überdies noch von einem wirklichen Soldaten der Liebe, dem Grafen de Guiche, bedrängt wird, fädelt gleich die Eheschließung ein. Aber nur Augenblicke darauf tritt der düpierte Kommandant de Guiche in die Szene und holt die beiden Soldaten, Christian und Cyrano, ins Feld. Nun verfaßt der Dichter auch für seinen jungen Freund die täglich fälligen Liebesbriefe und bringt sie sogar durch die feindlichen Reihen hindurch auf den postalischen Weg. Roxane zeigt sich dank ihrer Empfänglichkeit für schön gesetzte Worte von diesen *billets doux* so unwiderstehlich spiritualisiert, daß sie gar ihrer Liebe zum schönen Äußeren Christians entsagt und sich entschließt, nur noch dessen Geist zu lieben. Damit ist sie, ohne es zu ahnen, dem Autor mit der großen Nase verfallen. Doch obwohl Cyrano jetzt Anspruch auf Roxanes Liebe hätte, erweist er seinem Freund auch noch einen letzten Liebesdienst. Als Christian tödlich verletzt wird und die inzwischen ins Feld nachgereiste Roxane das blutende Haupt des Geliebten in Armen hält, da drückt er dem Sterbenden noch einen zärtlichen Abschiedsbrief in die Hände, den Roxane findet und erschüttert liest. Blut und Schrift – kein Gott könnte sich glaubwürdiger äußern. So diktiert Cyrano dem Freund buchstäblich auch noch den letzten Seufzer. Nach Christians Tod geht Roxane ins Kloster, wo sie der alte Mann mit der Nase über fünfzehn Jahre hinweg allwöchentlich besucht. Das Geheimnis des Betruges hält er aber noch unentsiegelt in seinem Herzen. Bis auch sein letzter Tag kommt: Cyrano ist von einem seiner vielen Feinde heimtückisch verletzt worden und ahnt sein Ende. Jetzt bittet er sich von Roxane, die von seiner Wunde nichts ahnt, Christians Abschiedsbrief aus, den sie ihm bislang nie gezeigt hat. Obwohl sich inzwischen tiefe Nacht über die Szene gesenkt hat, zitiert Cyrano den vollständigen Text. Da endlich begreift Roxane, daß die Abschiedsworte Christians, letzte Bekräftigungen einer unvergänglichen Liebe, ursprünglich aus der Feder (und dem Herzen) des häßlichen Freundes stammen. Seine Stimme ist ihr untrüglicher Beweis, obgleich der Sterbende erst noch zu leugnen versucht. Sie begreift auch, daß sie nicht den Geist Christians, sondern den Geist des Dichters und Autors der vielen Briefe geliebt hat. Sie verspricht nun, in tiefer Trauer beide Männer zu lieben.

Rostands Komödie, zwischen Burleske und ernstestem Spiel, zwischen Parodie und Sprachphilosophie hin- und herlaufend, ist vielleicht die edelste Betrugsgeschichte der Literatur. Sie versammelt ein Personal von schweratmenden Liebenden zu einer vollständigen Typen-Revue der Liebe. Alle sind zur Stelle, der Soldat, der Komödiant, der Dichter, und keiner kommt zum Zuge. Indem den Figuren alles abverlangt wird an Selbstverleugnung, verwandelt sich auch das grobschlächtige Motiv der großen Nase zu einem notwendigen Element des Spiels, wo es darum geht, daß sich zwei Gehemmtheiten gegenseitig zur Wahrheit und zum Betrug verhelfen. Cyrano, der Autor im Hintergrund, sprach stets in seinem und im Namen Christians. Seine Worte diktierten einen Vertragstext, der beinahe unmittelbar zum Eheschluß führte. Dies aber war die Bedingung seines eigenen Sprechens. Die Identifikation mit dem Zweiten macht ihn als Dritten zu einem Aktionär am Glück Christians. Erst im Zeichen des Todes überwindet Cyrano jene Hemmung, die nichts anderes ist als die Anmeldung des Todes, wie wir von Kafka wissen. Jetzt kann er im eigenen Namen die Sprache der Liebe sprechen, nachdem er mehr als fünfzehn Jahre lang den Freund mit der Kraft der Dichterworte alimentiert hatte. Roxane, die inzwischen gestanden hatte, daß ihr Autoren schöner Worte mehr wert sind als Eigentümer schöner Körper, muß die Geschichte ihres Herzens neu schreiben. Das Notariat des Todes verlangt die Revision. Der Tod, der die Position des Dritten eröffnet hat, der die Rede des Dichters hervorbringt, der die Funktion der Notare und die Beamtenschaft der Hunde unter sich vereinigt, der Tod tilgt von den Worten des Dichters alle Schatten des Betrugs.

2. Universelle Sprachen

Stockungen (2): Stotterer

»Das stumme Begehren kündigt Wollust an«, glaubte Lukrez zu wissen.[1] Bei einer stummen Ankündigung darf es jedoch nicht bleiben. Das Verlangen muß für sich wirksame und vernehmliche Worte mobilisieren, um an sein Ziel zu gelangen; doch die Ungewißheit, ob es eine erfolgreiche Mission wird, befällt jedes Wort und jeden Atemzug. Die Leerzeiten der Stockungen und der Stummheiten bezeugen nur die Unübersetzbarkeit der Nachrichten, die im Körper des Begehrenden herumwirbeln. Bereits die ältesten erotischen Handbücher warnen vor den sprachlosen Intervallen, die gleich die erste Szene eines Liebesdramas ruinieren können. Ein Jahrhundert kopiert es vom vorhergehenden. So erklärte schon Andreas Capellanus der höfischen Gesellschaft des 12. Jahrhunderts, daß viele Männer im entscheidenden Augenblick von ihrer Rede im Stich gelassen werden.[2] Die Lehre von den Aphasien und den unglücklichen Spasmen der Männerzungen wandert aus den Kompendien über die untrüglichen Zeichen des Begehrens alsbald weiter in die Gesetzbücher der Liebe und schließlich in die Ratgeber für den erfolgreichen Verführer. So erklärt die Spezialistin des Betrugs, die Marquise de Merteuil, in Choderlos de Laclos' Roman *Gefährliche Liebschaften*: »Auch erweckt das stammelnde Sprechen leichter den Eindruck jenes Aufgewühltseins und Verwirrtseins, in dem die wahre Überredungskunst der Liebe besteht.«[3] Beobachtungen und betrügerische Kniffe maskieren sich später als Wissen und Regel. Denn die zum Gesetz erhobene Beobachtung von den Ausfällen männlicher Augen und Zungen im Zustand der Verliebtheit zerstört in Christoph Willibald Glucks Version von *Orpheus und Eurydike* das Glück des mythischen Paares. Orpheus hat die Götter durch die Macht seiner Klage erweicht und darf seine Geliebte, die einem Schlangenbiß zum Opfer gefallen war, aus der Totenwelt wieder ins Leben zurückführen; doch die Erlaubnis ist mit der Auflage verbunden, die Gerettete weder mit Blicken noch mit Worten über den Stand der Leidenschaften zu benachrichtigen. Der Bote und Gott Amor hält über den Sinn dieser Auflage eine kurze Vorlesung aus den alten Liebeslehren: »Du weißt, daß die Liebhaber im Anblick der Begehrten bisweilen vor Verwirrung und Angst wie mit Blindheit geschlagen sind und kein Wort hervorbringen können.«[4] Der durchsichtige Versuch, den Künstler zu hysterisieren, scheitert bekanntlich an Eurydike. Sie kann die lange Nachrichtensperre an Auge und Ohr nicht ertragen. Die Uhren des Verlangens zeigen auch kürzeste Unterbrechungen der erotischen Post als Ewigkeiten an. Glucks Oper mit dem Libretto Ranieri de Calzabigis wurde 1762 uraufgeführt. Keine dreißig Jahre später erklärte der Freiherr von Knigge in seinem Regelwerk *Über den Umgang mit Menschen* (1790), wie die Szene des Geständnisses zwischen ihm und ihr auszusehen habe:

Ist endlich das längst im Busen pochende Bekenntnis den furchtsamen Lippen stotternd entflohn, und mit gebrochnen, halb erstickten Worten, von einem bis ins Innerste dringenden Händedrucke begleitet, beantwortet worden; dann lebt man vollends erst ganz füreinander.[5]

Diese Direktiven haben offenbar die Reden des männlichen Verlangens unterwandert. Der Kulturimperativ, der dem Liebenden die erste Sprecherrolle reserviert hat, lähmt offenbar eine ganze, statistisch erhebliche Männergruppe, bei der das Stocken habituell geworden ist: Das sind die Stotterer. Nahezu alle Statistiken, die in den europäischen Ländern über die Verteilung dieses Sprachfehlers geführt werden, errechnen die gleiche Ungleichheit: Auf hundert männliche Stotterer kommen überall höchstens zehn Frauen mit der gleichen Dysfunktion.[6] Eine alte Mythologie und eine neue Wissenschaft von den Sprachhemmungen erkennen übereinstimmend, daß das Stottern keine Schwäche, sondern ein übermäßiger Kontrollmechanismus ist.[7] Die unbekannte Macht, die dem Stotterer die Wörter seiner Rede zerreißt, kommt aus seinem eigenen Argwohn. Bestimmte Situationen verwandeln ihn in einen unglücklichen Perfektionisten.[8] Feierlicher noch könnte man den Stotterer auch als das Opfer der abendländischen logozentrischen Ordnung bezeichnen. Ausgerechnet wenn die Wahrheit einen ihrer Namen vernehmen soll, hetzt sie die Furien gegen die Zunge ihres Priesters. Der göttliche Logos will sich dann selbst nicht hören. Aber auch die Meister des glatten Wortes erleben bisweilen ein Fiasko – wie der routinierte Verführer Rodolphe Boulanger, der erste Liebhaber der schönen Emma in Flauberts Roman *Madame Bovary*. Rodolphe gehört nach unserer Klassifikation zu den Komödianten. Doch nach kurzer Zeit schon suchen ihn die ersten Müdigkeiten bei der zärtlichen Konversation heim: »Er hatte sich diese Dinge schon so häufig sagen gehört, daß sie für ihn allen Neuigkeitsreiz verloren hatten.«[9] Rodolphe litt gottlob weder an Stockungen noch an Sprachfehlern, sondern an Überdruß, den ihm die Repetitionen seiner Rolle verursachten. So geht es Männern, denen immer wieder gesagt wird, sie seien ein Gott.[10] Dabei hält es Gott selbst seit Ewigkeiten aus, die immergleiche Versicherung anzuhören. Man kann aber auch anders sagen: Aus dem Munde der Philosophen vernimmt der Logos die Wahrheit über sich selbst und langweilt sich vermutlich wie der Liebhaber der Madame Bovary, der sich und Emma die immergleichen verliebten Worte sprechen hörte. Dagegen kämpft der Stotterer mit der Unmöglichkeit, sein Sprechen in einem adäquaten Verhältnis zur Komplexität der Welt einzurichten. Denkt er nur daran, was er sagen müßte, um der Wahrheit das Wort zu erteilen, und vergleicht er den Bedarf an Worten mit dem, was gleich seinem Munde entfahren wird, dann übermannt ihn die Blockade seiner Zunge. Stocken und Stottern sind Schicksalszeichen für Dichter: Bestimmte Teile des artikulatorischen Apparates wollen die Sätze nicht in die Bahn des Hörbaren passieren lassen und verweisen die Opfer an die Schrift. Befiehlt der Stotterer seinem neuronalen Zentrum, das die Steuerungsfunktion der Reden innehat, auch hundertmal das schöne Gleiten der Sätze: Es will nicht gelingen. Innerhalb des Feedback-Systems, das Sprechen ist, stört eine überscharf eingestellte Kontrollfunktion den Fluß der Worte durch die Leerzeiten der Stokkung. Es gibt offenbar auch ein Gewissen der Zunge. Gegen diese Steuerungsmacht vermag nur Übersteuerung etwas: Einschlägige Experimente erweisen, daß Stotterern geholfen werden kann, wenn man den Feedback-Vorgang beim Sprechen durch Geräuschüberlagerung stört. Ein Kopfhörer zum Beispiel, über den weißes Rauschen in der Stärke von 90 dB eingespielt wird, verringert das Stottern auf 25 Prozent.[11]

Diese Erkenntnis ist ohne Zweifel nicht ganz neu. So war der große athenische Politiker und Redner Demosthenes ursprünglich Stotterer. Plutarch berichtet in seiner Biographie von den Unglücksfällen, die die Karriere des jungen Demosthenes gar nicht erst beginnen lassen wollten. Bei seiner ersten öffentlichen Rede wurde er ausgelacht, weil er viel zu gekünstelte Sätze sprach. »Hinzu kam vermutlich noch die Schwäche seiner Stimme, die Undeutlichkeit der Aussprache und ein gar zu kurzer Atem, der durch Zerreißung der Perioden den Sinn der Rede verwirrte.«[12] Demosthenes bekämpfte dieses Übel mit einer ganzen Reihe von Übungen. Unter anderem ging er häufig ans Meer, um unter dem Brausen und Rauschen der Wellen Verse zu rezitieren.[13] Bei anderer Gelegenheit nutzte er sogar den eigenen Atem, um jenes Rauschen zu erzeugen, das die Kontrolle durch das Gewissen der Zunge neutralisierte: Er stieg steile Wege hinauf und sprach dabei keuchend mit seinem Begleiter.[14] Plutarch berichtet leider nichts über die Wirkung des Demosthenes auf Frauen: Ob er vielleicht eine Deklaration beim Bergsteigen oder gar am Meer gemacht hat? Die Biographie hält nur fest, daß Demosthenes von der

»Macht der Beredsamkeit, die alles bezwingen und mit sich fortrei-
ßen kann«, fasziniert war.[15] Der Sprachfehler war auch kein einfaches
körperliches Leiden, sondern Folge eines ungewöhnlichen Ehrgeizes
und exzessiven Machtwunsches.

Und wie steht es mit den wenigen stockenden Frauen? Die Literatur, das Archiv der Gesetze und Ereignisse, kennt offenbar keine weibliche Stotterin. Gibt es also kein Gewissen der weiblichen Zunge? Die
Literatur hält ein Dokument in Reserve, das eine weibliche Liebesdeklaration mit jenem sonst für Männer so charakteristischen Zungen-
Fiasko beginnen läßt. Es ist eigentlich eine wahnsinnige Geschichte,
denn sie wird von Shakespeares äußerst merkwürdigem und macht-
politisch verwirrtem König Lear in Szene gesetzt. Lear hat sein
großes Reich für drei Töchter aufgeteilt. Um die Erbstücke nicht nur
nach den Prinzipien der Gerechtigkeit, sondern auch nach Verdienst
zu übertragen, fordert er seine Töchter zu einem Wettbewerb auf. Er
will wissen: »Welche von euch liebt mich wohl am meisten?«[16] Gone-
ril und Regan sagen, was sich sagen läßt: Unsere Liebe läßt sich nicht
sagen. Cordelia hingegen deklariert die Unsagbarkeit ihrer Zunei-
gung durch Schweigen. Der blöde König begreift das jedoch nicht
und besteht auf einer hörbaren Erklärung; aber seine jüngste Tochter
will das Fiasko nur noch einmal bestätigen: »Ich kann mein Herz
nicht auf meine Lippen heben.«[17] Vielleicht verlangt hier auch nicht
ein Vater das Unmögliche, sondern der königliche Staat. Die Geschichte schenkt dem Beobachter viele Anschauungsbeispiele für die
Erkenntnis, daß der Staat die ihm gewidmeten Deklarationen im allgemeinen nicht auf Glaubwürdigkeit hin prüft.

Ist nun mit dem herzergreifenden Stocken Cordelias bereits das
Kapitel von den weiblichen Sprachstörungen geschlossen? Stotternde Frauen bleiben eine Rarität. Dennoch ist das Stottern keineswegs ein rein männliches Privileg. Vielmehr stürzt jede Rede, die die
Wahrheit der Liebe oder die Wahrheit überhaupt auf die Lippen zu laden versucht, in diesen Abgrund. Es ist der gleiche Abgrund, in den
sich die enträtselte Sphinx geworfen hat. Das Rätsel, das Frauen sind
oder stellen, zehrt an einer anderen unsagbaren Wahrheit. Auf eine
einfache Formel gebracht, bestimmt sich die weibliche Position nach
dem Willen der Priester und Philosophen so: das unmögliche Wahre
nicht sagen, sondern sein, damit andere es sagen. In diesem Sein haben auch weibliche Stockungen ihren Platz. In einem *Versuch über die
Charakteristik des weiblichen Geschlechts* aus den Jahren 1797/1801
wird das weibliche Stocken den Naturzeichen zugeschlagen:

Die Sache ist ganz natürlich. Das sanftere, zurückhaltendere und schüchterne Wesen gehört zur Grazie des anderen Geschlechts, wodurch es in der Regel mehr bleibende Wunder als durch die Schönheit selbst thut. Zu viel Lebhaftigkeit, oder auch zu viel Entgegenkommen wird leicht theatralisch (...).[18]

Das ist ein psychologischer Satz aus dem 18. Jahrhundert, den der alte Lear noch nicht verstehen konnte. Er hatte offenbar nur die bekannte Lehre von der Lügenhaftigkeit der Frauen studiert. Ihr hat Strindberg die definitive Form gegeben: »Denn die (...) Unwahrhaftigkeit der Frau ist grenzenlos, sie kann nicht ein einziges wahres Wort sagen.«[19] Sie kann es nicht sagen, sie kann es allenfalls sein. Die weibliche Wahrheit stockt daher nicht in ihrem diskursiven Fluß. Das weibliche Stocken ist die Lockung des Rätsels.

Verlockung: Die Macht des Rätsels

Die Liebe, über die gesprochen werden kann, spielt im Reich der Ereignisse. Die Formel des erotischen Ereignisses lautet: Zwischen zwei zufällig auf ihrer Bahn sich kreuzenden Körpern wird ein Kanal errichtet, und der wiederum hat nur die Funktion, für ein- oder n-mal sich selbst zu beseitigen, um aus den beiden Körpern ein zweistimmig zwitscherndes Fleisch werden zu lassen. Ereignisse sind Modi des Realen. Sie erfolgen zufällig und können stets nur im nachhinein notwendig heißen. Wenn Hans und Grete sich seit den Kindertagen kennen, so spielt ihre Liebesgeschichte jenseits der Papiere, auf die die *faits divers* der Novellisten und Journalisten niedergehen. Seitdem richtige Geschichten geschehen und erzählt werden (in Epen, Romanen, Novellen), reserviert sich der Zufall seinen Stammplatz. Seine Domäne sind Anschlüsse und Unterbrechungen, die beiden Tongeschlechter in der erotischen Musik. Zufälle organisieren das Unwahrscheinliche und Unmögliche. Die Stockung gehört zur Phänomenologie des Unwahrscheinlichen. Damit es aber überhaupt zum Wahrscheinlichen kommt und zur Domestizierung des Unmöglichen, gibt es die Illusion.

Die Illusionen, die Täuschungen, der Betrug, die Phantasmen, die Paranoia operieren im Feld des Zufalls. Alles setzen sie daran, den Punkt des Zufälligen in eine lange Linie zu dehnen. Lacan spricht sehr schön vom »Schwebepunkt der Liebe«[20], wenn die Verliebten sich daran machen, ihre vom Zufall gefügte Verbindung in ein Werk der Notwendigkeit umzuschreiben. Unisono stimmen sie den Gesang der Schicksalsfügungen an. »Ja, wir waren einst Mann und

Weib«[21], schreibt Goethe an Wieland, um die rätselhafte Macht der Frau von Stein über sich zu erklären. Eine andere Version: »Ich habe bis vor kurzem daran denken müssen, daß ich Dich sicher mein ganzes Leben lang unbewußt geliebt habe«[22], gesteht Elizabeth Barrett ihrem Geliebten Robert Browning, und dieser Glaube an eine von der Hand des Anderen gelenkte Mission ließ aus dem Dichterpaar die größte literarische Liebesverbindung des englischen 19. Jahrhunderts hervorgehen. Die Protokollantin einer anderen beispiellosen, von Götterhand gelenkten Künstlerehe, Cosima Wagner, erklärte ihren Kindern auf der ersten Seite des *Tagebuches* das »Werk der Liebe«, das an ihr geschehen sei, mit den Schopenhauer-Worten: »Eine Wiedergeburt, eine Erlösung, ein Ersterben alles Nichtigen und Schlechten in mir (...).«[23] Und auch der Wagner-Adept Thomas Mann versicherte seiner Braut Katja Pringsheim, nachdem das Stocken der ersten Konversationen verflogen war, daß er in ihr ganz gewiß seine »vorbestimmte Braut und Gefährtin« gefunden habe.[24]

Solche Umschriften des Zufälligen in Notwendigkeiten gehören nicht allein zu den Paradoxien der romantischen Liebe, wie Niklas Luhmann in seinem bahnbrechenden Buch *Liebe und Passion* erklärt.[25] Über Recodierungen dieser Art prozessiert die abendländische Schriftkultur ihren Sinn. Zufall als Notwendigkeit schreiben heißt: das Kontingente bändigen. Alle bedrohlichen Einbrüche des Zufalls in den gleichmäßigen Lauf der Dinge, Unfälle, Verbrechen, Krankheit, Katastrophen, Tod, trägt die Vernunft in ein entweder narratives oder serielles Kontinuum ein. So weist sich die unerträgliche Macht des Unvorhersehbaren in die Schranken des Sinns.

Zur Auszehrung des Zufalls kursieren daher bereits auf den Vorfeldern der Anbahnungen, die die Geschlechter dann ihrer vom Schicksal vorgeschriebenen Aufgabe überantworten, bestimmte Zeichen und Codes. Sie sind elementarer, aber auch universeller als die verschiedenen Liebesdoktrinen und Sprachen, die im Verlauf der Jahrhunderte unablässig umgebaut und durch die Recyclings der Wissenschaften oder Literaturen gejagt wurden. Zu ihnen zählt jene über den ganzen Erdball verstreute Semiotik, die Frauen dazu verurteilt, ein Rätsel zu sein, nämlich eine Lockung, um den männlichen Forscher- und Eroberer-Blick, der die Welt abtastet, zu fixieren.

In der zweiten seiner beiden Erzählungen *Florentinische Nächte* gibt Heinrich Heine ein schönes Beispiel für die romantische Einrichtung dieses Rätsels, aus dem dann das 19. Jahrhundert seine wuchernde Emblematik der *femme fatale* entwickelte. Das weibliche Rätsel verkörpert in dieser Episode eine Tänzerin namens Laurence. Sie gehört zu einer Künstlerfamilie, die mit ihren merkwürdigen Mitgliedern und Darbietungen (auch ein Hund tritt auf) die Aufmerksamkeit des Erzählers erregt, als er eben gleichgültig und mißgelaunt in London das Rauschen der Themse durch Augen und Ohren laufen läßt. Der Tanz des hübschen Mädchens aktiviert nun seine Sinne, weil ihre Bewegungen etwas Rätselhaftes auszudrücken scheinen:

> (...) die äußeren Bewegungsformen schienen Worte einer besonderen Sprache, die etwas Besonderes sagen wollte. Was aber sagte dieser Tanz? Ich konnte es nicht verstehen, so leidenschaftlich auch diese Sprache sich gebärdete (...). Ich der sonst die Signatur aller Erscheinungen so leicht begreift, ich konnte dennoch dieses getanzte Rätsel nicht lösen.[26]

Die Rätselwirkung nimmt allmählich zu, weil Laurence ihre Augen bisweilen auf den Erzähler richtet und volle Wirkung erzielt: »Ich war wie verzaubert von diesem Blicke.«[27] Die Klimax der Erotik ist selbstverständlich die (verschwiegene) Lösung des Rätsels, nach der der Erzähler vergeblich sucht. Laurence wird noch mit einer Reihe weiterer romantischer Eigenschaften (das sind Mängelzeichen) ausgestattet: Sie ist eine Künstlerin, ihre Herkunft bleibt im dunkeln, möglicherweise ist sie sogar ein »Totenkind«, und von ihrer Jugend weiß sie später nur leidvolle Fragmente. So wirken lauter Unbekanntheiten als Anziehungskräfte. Freilich bleibt der Blick die Zentrale ihres Geheimnisses. Nun liefert gerade der Blick die genaue Analogie zur semiotischen Arbeitsweise des Rätsels. Blicke haben als isolierte Ereignisse keine Bedeutung. Nur Kontexte oder Beziehungen geben ihnen einen Sinn. Hingegen ist ein Rätsel zumeist ein Kontext ohne Zeichen wie das berühmte Rätsel der Sphinx: Welches Tier geht am Morgen auf vier Füßen, am Mittag auf zweien und am Abend auf dreien? Die Frage konstruiert einen aus Metaphern (Paradigmen) und Metonymien (Syntagmen) gebildeten Kontext und läßt das Zeichen, das ihn organisiert (den Menschen), fehlen.[28] Wer also wie Heines Erzählfigur einen rätselhaften Blick und einen geheimnisvollen Kontext (Tanz) empfängt, der erhält die gleiche Nachricht gleich zweimal verschlüsselt. Erst wenn er die gesamte Geschichte der armen Laurence gehört haben wird, dann kann er nachträglich die Rätselpost ihrer Augen und ihres Tanzes entziffern.

Mancher löst hingegen das Rätsel des Blicks, ohne den Kontext, der den Schlüssel des Geheimnisses enthält, zu befragen. Er hört nur auf die Paranoia, die jedem Verliebten die gewünschte Antwort gibt. So glaubt der kleine verliebte Marcel in Prousts *Suche nach der verlorenen Zeit*, daß das huldvolle Lächeln und die zerstreuten Blicke der Herzogin von Guermantes an ihn allein adressiert sind:

Und – o über die wunderbare Unabhängigkeit des menschlichen Blicks, der nur durch ein so loses, so langes, so dehnbares Band mit dem Antlitz verbunden ist, daß er sich weit von ihm entfernt bewegen kann – während Madame de Guermantes in der Kapelle über den Gräbern der Toten ihres Hauses saß, schweiften ihre Augen bald hierhin und bald dorthin, glitten an den Pfeilern empor, hafteten selbst auf mir wie ein flüchtiger Sonnenstrahl im Kirchenschiff (...). Da sie aber nun nicht die vom Willen gelenkten und mit einer bestimmten Bedeutung beladenen Blicke aussenden konnte, wie man sie Menschen zuwirft, die man kennt, (...) erinnerte ich mich wieder an den Blick (...), den sie auf mir hatte ruhen lassen, und ich sagte mir: »Ganz sicher bin ich ihr besonders aufgefallen.« Ich glaubte, ich gefalle ihr, sie werde noch nach Verlassen der Kirche an mich denken und meinetwegen vielleicht am Abend traurig sein in Guermantes.[29]

Die Paranoia ist der Wahn der Adressierung: Blicke, Worte, Zeichen, deren Kontext unzugänglich bleibt, werden im Delirium der Verliebtheit den eigenen Geschlechtseigenschaften gutgeschrieben. Doch die Paranoia gehört einfach zum erotischen Spiel, in dem alle Lockungen erst einmal unadressiert sind. Der Wahn, die Illusion bilden ihre Bestimmungsorte.

Franz Kafka erfaßte dies vielleicht noch genauer als Proust. In der ersten Phase seiner Korrespondenz mit Felice Bauer bat er die junge Frau, die er bis dahin nur einmal gesehen hatte, immer wieder darum, ihm Photos zu schicken. Als er endlich einmal ein Gruppenphoto der Familie, mit Felice im Zentrum, in Händen hielt, da bedankte er sich mit einem ausführlichen Kommentar, der das Datum der Nacht vom 6. zum 7. Dezember 1912 trägt:

Diese Photographie, Liebste, bringt Dich mir wieder ein großes, großes Stück näher. Ich würde es für ein recht altes Bild halten. (Du schreibst nichts zur Erklärung des Bildes und willst mich vielleicht in eine Falle locken; aber Glück und Dankbarkeit macht mich kühn und ich fürchte mich nicht.) Das Ganze sieht übrigens in der Beleuchtung, Gruppierung, und Laune der Abgebildeten ganz geheimnisvoll aus (...). Ich kann mir leicht vorstellen, daß die ganze Familie beiseite tritt und sich entfernt, daß nur Du allein zurückbleibst und ich mich über den großen Tisch zu Dir hinüberlehne, um Deinen Blick zu suchen, zu erhalten und vor Glück zu vergehn.[30]

Kafka ist der größte Theoretiker der Lockung. Keiner sonst kam der Lösung des Rätsels so nahe, daß das Rätsel (Kontexte ohne Zentralzeichen) und die Lockung völlig analog funktionieren. Das von der Absenderin Felice nicht weiter erläuterte Photo entwickelt eben wegen seiner Kontextlosigkeit bei der Betrachtung zunehmende Verlokkungskräfte: Es bringt die Geliebte näher, oder psychologisch korrekt: Es zieht ihn tief in ihren Bannkreis. Die Attraktion ist so groß, daß der Betrachter in der Ferne versucht, das Geheimnis (Kontext, Umgebung) in der Phantasie zu eliminieren, um dann ihren Blick auf dem Photo zu suchen und allein zu konsumieren. Für solche Verlockungen gibt es nicht nur in Kafkas Texten unzählige Beispiele, sondern sein ganzes Werk selbst ist eines.[31] In den *Tagebüchern* findet sich ein Erzählfragment mit dem Titel *Verlockung im Dorf*. Erzählt wird von einem Mann, der an einem Sommerabend in einem unbekannten Dorf ein Nachtquartier sucht. Nach längerem Umherirren findet er schließlich ein einfaches Lager auf dem Dachboden eines Bauernhofes. Neben ihm auf dem Stroh schlafen auch ein paar Kinder. Die Nachtruhe des Mannes wird indessen durch einen kleinen Hund gestört. Es ist ein Rätseltier mit »lockigen Haaren« und einem Kopf, in den die Augen »locker« eingesetzt sind. So viel Lockung (Geheimnis) stört den Schlaf des Mannes, denn das Bild des Hundes dringt auch durch seine geschlossenen Augenlider. Als er aber versucht, das Tier fortzubringen, werden die Kinder wach. Alle stehen auf, und gemeinsam tragen sie den Hund zu seiner Eigentümerin. Und hier nun eröffnet sich eine neue Rätselszene, die das Erzählfragment beschließt:

In einem vor uns sich öffnenden Zimmer mit einigen weit offenen Fenstern saß bei einem Tisch eine zarte Frau und schrieb beim Licht einer großen schönen Stehlampe. »Kinder!« rief sie erstaunt, mich sah sie noch nicht, ich blieb vor der Tür im Schatten. Die Kinder stellten den Hund auf den Tisch, sie liebten die Frau wohl sehr, immerfort suchten sie ihr in die Augen zu sehn, ein Mädchen ergriff ihre Hand und streichelte sie (. . .). Der Hund stand vor ihr auf dem Briefbogen, auf dem sie eben geschrieben hatte, und streckte ihr seine zitternde kleine Zunge entgegen, die man knapp vor dem Lampenschirm deutlich sah.[32]

Unlesbar, was die Frau schreibt, unsichtbar ihr Blick, nach dem die (liebenden) Kinder verlangen, rätselhaft das Verhalten des lockigen Hundes, unbekannt der Ort: All dies macht wieder die Verlockungsmacht der Frau aus. Es sind Leerstellen und ein unerreichbarer Blick. Nicht anders ergeht es Kafkas Odysseus: Er wird nicht von singenden, sondern schweigenden Sirenen verlockt:

Sie aber – schöner als jemals – streckten und drehten sich, ließen das schaurige Haar offen im Winde wehen und spannten die Krallen frei auf den Felsen. Sie wollten nicht mehr verführen, nur noch den Abglanz vom großen Augenpaar des Odysseus wollten sie so lange als möglich erhaschen.[33]

Alle hier angeführten kleinen Dokumente über weibliche Lockungen oder über die Lockung des Weiblichen kombinieren die gleichen Elemente: Es gibt unlesbare oder unbekannte Zeichen (Laurences Tanz, die Gedanken der Madame de Guermantes, der Brief der »zarten Frau«) oder ausgebliebene Mitteilungen (Felice Bauers unkommentiertes Photo, das Schweigen der Sirenen); und es gibt Blicke, die innerhalb dieser rätselhaften Kontexte gesucht, gefunden, entziffert oder eben nicht entziffert werden.

Frauen *sind* Rätsel erst in der Moderne. Aber von alters her stellen sie Rätsel (dar), was nicht minder gefährlich war. Ödipus löste unter Einsatz seines Lebens das Rätsel der Sphinx, einer weiblichen Unholdin, und brach den Bann dieser Macht. Das war die Geburtsstunde der Philosophie. Giorgio Colli erinnert in einem schönen Buch über die *Geburt der Philosophie* daran, daß in den vorschriftlichen Ursprüngen das Wissen der Weisen selbst in Rätselform überliefert wurde. Ehe die Philosophie in Person des Helden Sokrates ihr Nicht-Wissen eingestand, kultivierte sie dieses Nichtwissen in Rätselform.[34] Das Geständnis des Nichtwissens wollte nur sagen: Ab sofort gilt allein das Geständnis! Und daran hat sich bis heute nichts geändert. Der Held gewinnt die Frau nicht mehr durch Lösung eines Rätsels (oder einer Aufgabe), sondern durch das Pseudo-Geständnis: »Ich liebe dich.« Sokrates hat das Verhör, mit dem sich die Liebenden noch heute foltern, erfunden.

Dennoch fordert das Verhör weniger Opfer als die alte Rätselkonkurrenz, in der es auf Leben und Tod ging. Colli erinnert an die von Heraklit berichtete Geschichte, daß Homer vor Ärger gestorben sein soll, als er das Rätsel des Symphosius nicht lösen konnte:

Ihn täuschten nämlich jene jungen Leute, die Läuse zerdrückt hatten und ihm sagten: »Was wir gesehen und gefangen haben, lassen wir zurück; was wir nicht gesehen und nicht gefangen haben, tragen wir bei uns.«[35]

Das Rätsel der Frau stammt aus dem Labor, das die Philosophen der Neuzeit bewohnen. Hingegen gibt es die Verbindung von Rätsel und (unverheirateter) Frau schon sehr lange. Eine weitverzweigte indoeuropäische Tradition setzt die weibliche Lockung – die Attraktion des Helden – als Brautgewinnungsrätsel in Szene. Das Märchen von der Prinzessin Turandot, die sich keinem Bewerber verheiraten will, der nicht drei von ihr gestellte Rätsel löst, hält diese Tradition fest. Es geht auf Liebe und Tod, denn wer nicht alle drei Rätsel löst, der hat sein Leben verwirkt. Zu diesem großen Traditionskomplex der »Halslösungsrätsel«, bei denen das Leben auf dem Spiele steht, gehören die berühmten Fragen des biblischen Simson ebenso wie die »Versuchung« des Königs Salomo durch die Königin von Saba. Neben der in unzähligen Varianten überlieferten Frage der Sphinx zählt auch die Aufgabe der Libussasage zu den Bewährungsmärchen. Brautgewinnungsepisoden finden sich in den *Gesta Romanorum* ebenso wie in den Rätselgeschichten der *Tausendundeine Nacht*-Sammlung, von denen durch Gozzi, Schiller und Puccini vor allem die Turandot-Erzählung bekannt ist.[36] Dieses durch weite Kulturräume gestreute Motiv der agonalen Rätsellösung ging nicht nur in mythische, legendäre oder märchenhafte Überlieferungen ein; vielmehr verweisen die Rätsel von der Brautgewinnung selbst noch einmal auf bestimmte Hochzeitsbräuche wie etwa beim sogenannten Kranzsingen.[37] Das Rätsel der Brautgewinnung verdoppelt im sprachlichen Spiel den empirischen Vorgang der Lockung (des umgekehrten Rätsels), die ein unverheiratetes Mädchen zu sein hat. Blicke, Lächeln, Gesten füllen das semiotische Reservoir solcher Rätsel-Lockungen. Sie appellieren an den paranoiden Passanten, der sich dann wie der Erzähler von Heines Novelle adressiert wähnt. Näherhin ist es ein Anruf an den Helden, die Todesangst, das Stocken auf sich zu nehmen: die Eroberung zu wagen. Wie sehr (weibliche) Verlockung und (männliche) Eroberung aufeinander bezogen sind, spricht Annette von Droste-Hülshoff in einem Gedicht an:

> Wär ich ein Jäger auf freier Flur,
> Ein Stück nur von einem Soldaten,
> Wär ich ein Mann doch mindestens nur,
> so würde der Himmel mir raten;
> Nun muß ich sitzen so fein und klar,
> Gleich einem artigen Kinde,
> Und darf nur heimlich lösen mein Haar
> Und lassen es flattern im Winde.[38]

Diesen Code der Lockung kennt offenbar jedermann, sein semiotisches Geheimnis blieb bislang unangetastet. Mit ihrem zweiten griechischen Terminus heißen Rätsel auch *griphoi*, nämlich Fangnetze. Unverholen bekennt sich etwa das Mädchen in Carl Orffs Oper *Die Kluge*, die das alte Märchen von der klugen Bauerstochter bearbeitet, zu dieser Funktion des Rätsels. Es fragt in einer Dreierkombination negativer Paradigmen: »Nicht geritten, nicht gegangen, nicht geflogen.« Die unbekannte Lösung (der Fisch) soll als allegorischer Köder den König ins Netz der Frage locken.[39] In diesem Feld der Lockung operieren (fiktive und reale) Frauen als Rätselzeichen, die ihre Verlockungmacht erst dann einbüßen, wenn sie um ihre magischen Kräfte gebracht werden: Sie werfen sich wie die Sphinx, wie die Loreley in den Abgrund der Landschaft oder der Ehe. Indem Frauen in einen symbolischen Kontext (Erzählung oder Familie) eingetragen sind, haben sie entweder ihr Ziel erreicht oder verfehlt: Männer in diesen Abgrund zu schicken. Im Abgrund verbirgt sich das Geheimnis, nämlich das Nicht-Wissen. So flehte Kafka Felice Bauer an, ihm in ihren Briefen von allem zu berichten, was in ihrem Alltag vorfiel, von ihrem Frühstück, von ihrer Arbeit, von den Kollegen, von der Aussicht aus dem Bürofenster. Einfache Fakten reichten nicht aus, sein Informationsbedürfnis zu befriedigen, nämlich ihre Anziehungskraft zu neutralisieren:

Aber was hilft mir dann wieder die Kenntnis Ihrer Theaterbesuche, wenn ich nicht alles weiß, was vorherging und was folgte, wenn ich nicht weiß, wie Sie angezogen waren, welcher Tag der Woche war, wie das Wetter gewesen ist, ob Sie vorher oder nachher genachtmahlt haben, was für einen Platz Sie hatten, in welcher und wie begründeten Laune Sie waren und so fort, wie weit sich nur denken läßt. Natürlich ist es unmöglich, mir das alles zu schreiben, aber so ist eben alles unmöglich.[40]

Das Unmögliche verweigert, die Kontexte aller erzählbaren Ereignisse in den Briefen mitzuliefern. Aber das Unmögliche ist auch hier nur die Kehrseite eines absoluten Bedürfnisses: Ohne Kontexte blieben alle Mitteilungen beunruhigende Verlockungen. Es wird keinen Ausweg geben, denn jene Beruhigung, die Ehe heißt, war für Kafka eine andere Unmöglichkeit. Die Beziehung zu Felice mit ihren dramatischen Wendepunkten entsprang jener Selbsttäuschung, die Kafka wenige Tage nach der ersten Begegnung mit ihr im Haus der Familie Brod nichtsahnend in seinem *Tagebuch* dokumentierte: »Während ich mich setzte, sah ich sie zum erstenmal genauer an, als ich saß, hatte ich schon ein unerschütterliches Urteil.«[41] Das »unerschütterliche Urteil« reißt ein Loch, durch das nun unaufhörlich Schriftstücke hin und her gereicht werden. Statt einer Selbstkritik der Urteilskraft beginnt ein Briefwechsel von ungeheurer Dichte und Intensität, der aber seinen raschen Wechsel nur darum aufrechterhalten kann, weil das Rätsel *funktioniert*. Wie funktioniert dieses Rätsel? Es funktioniert als eine permanente Verlockung, die Diskurse hervorbringt. Frauen der Neuzeit müssen Rätselfrauen sein, nicht damit sie Männer ins Verderben ziehen, sondern damit sie Texte anlocken. Die Rätselfrau ist ein Depot für den Philosophendiskurs. Kronzeuge hierfür ist Immanuel Kant, der in seiner *Anthropologie* die Erkenntnis niederlegte: »Der Mann ist leicht zu erforschen, die Frau verrät ihr Geheimnis nicht.«[42]

Während die alten Weisen dem Rätsel gegenüberstanden und ihr Wissen in einer riskanten Konfrontation zu bewähren hatten, baute die Moderne diese Konstellation um. Nicht dem Rätsel steht die Weisheit gegenüber, sondern dem sogenannten Geheimnis der Frau.[43] Dies besteht in nichts als der Deskontextualisierung, die im 18. und 19. Jahrhundert mit einer beispiellosen Leidenschaft betrieben wurde. Deskontextualisierung ist Erotisierung und Provokation des Begehrens / Diskurses.

Das andere Zeichen, das ganz dem Blick und seiner umgekehrten Rätsellogik entspricht, ist das Lächeln. Madame de Guermantes hat es als Signal ihrer unspezifischen Huld gegenüber allen Anwesenden in der Kirche von Combray aufgesetzt, und nur der kleine Marcel las es ihr als persönliches Geschenk von den Lippen. Wie ein solches Zeichen ohne Adresse nicht nur eine kindliche Paranoia anspricht, sondern ein ganzes Interpretationsdelirium auslösen kann, zeigt die Karriere von Leonardo da Vincis Gioconda, deren Lächeln sich in den Augen ihrer romantischen und nachromantischen Betrachter beinahe zur Pforte der Hölle verwandelte. Im *Tagebuch* der Brüder Goncourt findet man unter dem 11. März 1860 eine Frau beschrieben, die nicht nur über den berühmten Rätselblick gebietet, sondern auch ihren Mund zum gefährlichen Doppel des Mona-Lisa-Lächelns geformt hat:

Alle Frauen sind Rätsel; sie aber ist die rätselhafteste von allen. Sie gleicht ihrem Blick, der niemals ruht und in dem innerhalb einer einzigen Sekunde die verschiedensten Blicke auftauchen. Alles ist unbegreiflich an diesem Geschöpf (. . .). Man meint in ihr (. . .) eines dieser triebhaften, ausschweifenden Wesen zu sehen, die wie eine Zaubermaske das nachterfüllte Lächeln der Gioconda tragen.[44]

Der englische Kunstkritiker Walter Pater, in dessen Schule auch Oscar Wilde, ein anderer Sänger des animalischen und diabolischen Lächelns, gehen sollte, gab dann mit seiner Beschreibung des Leonardo-Gemäldes die Gioconda und ihre physiognomischen Rätsel für alle Dichterhalluzinationen frei: »Gleich dem Vampir ist sie mehrmals tot gewesen und hat die Geheimnisse des Grabes erfahren.«[45] Der französische Schriftsteller Jean Lorrain wagte schließlich in seinem Roman von 1899 *Monsieur de Phocas* die Behauptung, daß die Dirnen auf den Straßen von Paris das Lächeln der Mona Lisa auf den Lippen trügen, um ihre Kunden anzulocken.[46]

Das berühmte Buch von Mario Praz über die »schwarze Romantik« enthält eine kleine Monographie über die literarische Inflationierung des Gioconda-Lächelns.[47] Das Lächeln als Zeichen ohne Kontext verträgt alle Zuschreibungen, die seine erotische Wirkung behaupten. Aber daneben läßt sich die tausendfache Dechiffrierung dieses indifferenten Zuges als Modell für die Attraktionskraft betrachten, wie Rätselzeichen Diskurse anlocken und generieren. Sie setzen den Wissenswunsch in Bewegung. Daher konnte das Lächeln der Mona Lisa sogar in Ludwig Wittgensteins *Bemerkungen über die Philosophie der Psychologie* zu einem philosophischen Beispiel avancieren. Dort erklärt Wittgenstein präzise, daß die Rede von dem »rätselhaften Lächeln der Mona Lisa« nur als Frage nach der Situation, in der so gelächelt werden könnte, aufzufassen wäre.[48]

Erotisierung erfolgt über eine Reduzierung von Kontexten. Nach diesem Gesetz funktioniert auch der Striptease. Nicht die Nacktheit (überflüssiges Ergebnis) fesselt die Blicke, sondern die steigende Spannung (der Wunsch zu wissen) durch allmähliches Niederlegen von (Kon)Textilien. Vorläufer dieses Spiels entwickelten sich in der Malerei, wo seit dem 17. Jahrhundert ganze Heerscharen von nackten oder leichtbekleideten Schwestern Dornröschens in arkadische Landschaften verstreut wurden. Im allgemeinen trifft man keine schlafenden Mädchen oder mit Haarpflege befaßten Frauen in der freien Natur. Doch das Museum der galanten Malerei füllt ganze Säle mit idyllischen Dekors, worin die nur von Männerblicken bedeckten schlafenden Frauen gebettet wurden. Das literarische 18. Jahrhundert hielt dieses Motiv auf andere Weise im Spiel. Die Mädchen und Frauen der Literatur wurden entweder auch in Schlaf versenkt[49] oder zu Waisen gemacht. Das ist die familiäre Deskontextualisierung. Nahezu alle Heldinnen der Literatur im 18. und frühen 19. Jahrhundert treten als Waisen oder Halbwaisen an: Pamela, Marianne, das Fräulein von Sternheim, Werthers Lotte, Gretchen, Ottilie etc. Die Entführungsgeschichten dieser literarischen Epoche operieren mit den gleichen semiotischen Elementen: Nicht die Liebe macht Lessings Emilia Galotti verführbar, sondern ihre Entführung (familiale Deskontextualisierung) steigert das Begehren des Verführers. Die in der Literatur leergelassenen Väterpositionen lassen sich nicht sozialgeschichtlich wiederbesetzen. Sie gehören zum Inventar der Verlockungspolitiken.

Dieser Code schreibt sich nun im Laufe des 19. Jahrhunderts fort. Die lockenden Frauen der romantischen Literatur treten seltener als Familienwaise, häufiger als Kulturwaise in die Literatur ein – ganz wie Laurence oder wie die von Heine sogenannten Elementargeister, die Melusinen, Undinen, Loreleyen, die aus der Natur hervorwachsen und nach Liebe, nämlich nach Kontexten zu verlangen scheinen. Während die Literatur die Rätselhaftigkeit und Gefährlichkeit der

Abb. 3. Dante Gabriel Rossetti, *Bruna Brunelleschi*,
1878.
Die Verlockungsmacht der
Frisuren.

Frauen durch dämonische Zutaten steigert, entwickelt die Malerei
neue Inventare von Rätselzeichen, zu denen auch das durch Annette
von Droste-Hülshoff in Reime gebrachte flatternde Haar gehört. Im
19. Jahrhundert werden wehende und wilde Haare zu einem ubiquitären Emblem weiblicher Verlockungsmacht: Laurence, deren Haare
wie »Rabenflügel« flattern, oder Loreley oder Wagners Kundry oder
Kafkas Sirenen sind so frisiert. Seit Mitte des Jahrhunderts wählen
alle Frauen, die im Dienst der erotischen Geheimnisse arbeiten,
schwere, nicht selten zu machtvollen Knoten verschlungene Haarmoden. Viele Bilder Rossettis oder Edward Burne-Jones' zeigen
Frauen, die ihren Kopfschmuck wie Harnische tragen oder deren
Haar, von Lichteffekten verstärkt, eine geheimnisvolle Ausstrahlung
entwickelt. Der Titelheld in Thomas Manns Erzählung *Der kleine
Herr Friedemann* tritt der schönen Frau von Rinnlingen gegenüber:
»Vom Erker her fiel eine Lichtsäule, in welcher der Staub tanzte, gerade auf ihr schweres, rotes Haar, so daß es einen Augenblick goldig
aufleuchtete.«[50] Das genügt, um Herrn Friedemanns Anrede nach
wenigen Worten unrettbar ins Stocken geraten zu lassen. Frau von
Rinnlingen repräsentiert ganze Mänadenzüge von Frauen, die mit ihren kaskadenhaft fallenden Haaren durch das Fin de siècle geistern
und Männern wie dem kleinen Herrn Friedemann das Fürchten und
das Sterben lehren. Auch der Mythos vom Schlangenhaar der Medusa verbreitet seinen düsteren Glanz in der Literatur der Jahrhun-

dertwende. Der drittklassige Lyriker Hugo Salus besaß immerhin die Kunstfertigkeit, Dornröschen zur Medusa zu dämonisieren; sein von Heinrich Vogeler illustriertes Gedicht *Dornröschen* beginnt mit der Strophe:

> Und da ich dich wollte im Sturme umfangen,
> Da löste das Band deiner Locken sich,
> Und lachend warfst du die hüpfenden Schlangen
> Vor dein Gesicht und höhntest mich.[51]

Der Historiker Claude Quiguer widmet in seinem Buch über *Femmes et machines* im Jugendstil den Frauenhaaren ein ganzes Kapitel, das die Überschrift trägt: »Das Netz des Bösen. Das goldene Fließ«.[52]

Das goldene Fließ der *Femmes fatales* gehört nicht mehr in die Klasse der Rätselzeichen. Ihre Ökonomie kennt keine Knappheit und keine Leerstellen, sie eliminiert keine Zentralzeichen und tilgt keine Kontexte (das Stocken innerhalb eines Bildes); vielmehr leiten die wuchernden Haar-Semiotiken über zur Ökonomie der Fülle, des Überflusses: So wirtschaftet die Verführung.

Die Inflationierungen und das Erscheinen von Überfluß-Zeichen im Feld der weiblichen Strategien am Ende des 19. Jahrhunderts verweisen auf eine rasante Sklerotisierung des Rätsels als Emblem des Weiblichen. Längst haben sich auch Männer aus der klassischen Verführerposition in die Domäne des Rätsels eingekauft. Aber ein letztes Beispiel soll hier zitiert werden, weil es besonders schön und anschaulich das Modell resümieren hilft. In Rainer Maria Rilkes *Aufzeichnungen des Malte Laurids Brigge* (1910) stellt sich das Erzählen aus seiner Unmöglichkeit wieder her. Die Unmöglichkeit konzentriert sich in dem Problem, von einer Frau zu erzählen:

Damals zuerst fiel mir auf, daß man von einer Frau nichts sagen könne; ich merkte, wenn sie von ihr erzählten, wie sie sie aussparten, wie sie die anderen nannten und beschrieben, die Umgebungen, die Örtlichkeiten, die Gegenstände bis an eine bestimmte Stelle heran, wo das alles aufhörte, sanft und gleichsam vorsichtig aufhörte mit dem leichten, niemals nachgezogenen Kontur, der sie einschloß. (...) *Sehen* eigentlich konnte ich sie nur, wenn Maman mir die Geschichte erzählte, die ich immer wieder verlangte –.
– Dann pflegte sie jedesmal, wenn sie zu der Szene mit dem Hunde kam, die Augen zu schließen und das ganz verschlossene, aber überall durchscheinende Gesicht irgendwie inständig zwischen ihre beiden Hände zu halten, die es kalt an den Schläfen berührten.[53]

Das Bild der Frau selbst läßt sich nicht beschwören, sondern nur Kontexte (Umgebungen, Örtlichkeiten) legen sich um das leere Zentrum einer Erzählung von ihr. Allein als die Geschichte von dem Hund erzählt wird, füllt sich dieses Vakuum. Nachdem das Mädchen gestorben war, erspürte das Haustier offenbar einmal den Geist der Toten und begrüßte sie nach Hundeart mit allen Zeichen der Freude, so daß alle glaubten, die Verstorbene sei wiederauferstanden. Nur Hunde, die nach alter Vorstellung Götter und Geister wahrnehmen, vermögen auch eine Frau über ein Rätselzeichen zu identifizieren. Denn diese Ingeborg in Rilkes Roman verkörpert das Rätsel ganz nach dem semiotischen Modell: Sie läßt sich nur als Kontext ohne Zentrum beschwören. Warum aber taucht in diesem Zusammenhang wieder der Hund auf – als Dritter, als Zeuge, als Notar, als Polizist, als Psychiater, als Dichter, als Philosoph? Es ist ein Rätsel innerhalb der Rätselgeschichte. Denn jede Erkenntnis, jede Interpretation innerhalb unserer Kultur spielt implizit mit dem Rätsel oder Geheimnis zur Konstitution einer Frage. Dies gilt auch für dieses Buch. Aber es kann sich beispielsweise auf Sigmund Freud berufen. Freud leitete den (männlichen) Forschertrieb von der Sexualneugierde des Kindes her.[54] Was will der (männliche) Zögling wissen? Sein Blick sucht unverwandt an jene Stelle vorzudringen, wo es nach üblicher Lesart nichts zu sehen gibt. Freud sprach ganz unschuldig auch einmal vom Rätsel des weiblichen Genitals.[55] Von hier aus erschließt sich dann seine wiederkehrende Formel, die nahezu alle Fragen der Psychoanalyse als Rätsel anspricht. Die Neugierde des Knaben schwingt in der Forschungsleidenschaft des Wissenschaftlers fort. Die Genealogie der menschlichen Neugierde nimmt ihren Ausgang von jener Entscheidung der Gattung, nicht mehr nach Hundeart auf vier Beinen zu laufen und die anderen nicht mehr über den Geruch der Genitalzonen zu identifizieren. Das genealogische Datum fällt präzise mit dem Übergang zusammen, den das Rätsel der Sphinx anspricht: Vom Morgen zum Mittag, von der vierbeinigen zur zweibeinigen Gangart. Nach Freud operiert die (männliche) Episteme nach dem Modell der Peep-Show: Auf einen blanken Punkt blicken, im leeren Kanal des Rätsels das Wissen halluzinieren.

Verführung: Effekte des Überflusses

Wie die Verlockung benutzt die Verführung eine Universalsprache. Sie ist nahezu zeitlos und läßt sich innerhalb des Kultur-Modells beschreiben. Die idealtypische Szene, die hier analysiert wird, kommt also durch Illusionierung zustande. Das Rätsel (die Frau, das Unwissen, das Loch, das Problem) lockt einen Interessenten an, einen, der es liebt, wie Heine oder Freud oder Kafka oder Heidegger über das Geheimnis Oder wie Sokrates. Alle Philosophenreden gehen an diesen Ort des Nichts, den das Rätsel offenläßt. Daß dieses Rätsel strukturell mit den erotischen Attraktionen und diese wiederum mit dem Nichts des weiblichen Genitals übereinstimmen, läßt sich an beliebiger Stelle nachweisen. Man schlage die erste Seite von Sören Kierkegaards *Tagebuch eines Verführers* auf. Dort warnt der Tagebuchautor sein künftiges Opfer, dem er den Namen der Lear-Tochter Cordelia geben wird, mit einer literarischen Anspielung vor seiner Neugierde:

Vorsicht, meine schöne Unbekannte! Vorsicht; aus einer Kutsche auszusteigen, ist keine leichte Angelegenheit, bisweilen ist es ein entscheidender Schritt. Ich könnte Ihnen eine Novelle von Tieck leihen, aus der Sie erfahren würden, daß sich eine Dame beim Absteigen von einem Pferd derart in eine Verwicklung verstrickte, daß dieser Schritt ihr ganzes Leben bestimmte.[56]

Die Novelle, auf die in diesen Zeilen angespielt wird, ist Tiecks Erzählung *Die wilde Engländerin*. Man könnte diese kleine Geschichte als Variante der Märchen und Mythen von der Brautgewinnung durch Rätsellösung lesen. Die schöne Heldin Florentine lehnt es wie Prinzessin Turandot aus jungfräulichem Stolz und aus intellektueller Überheblichkeit ab, einem ihrer vielen Bewerber das Jawort zu geben. Statt Dichtern und poetischen Leidenschaften wendet sie ihr Herz »verwickelten algebraischen Aufgaben« zu. Das 19. Jahrhundert gab eine Frau, die keine Romane und Gedichte las, für die erotische Kommunikation verloren. Ihr Körper ließ sich an keine Sprache anschließen. Das nimmt ein literarisch gesteuertes Schicksal nicht so einfach hin. Zuletzt muß Florentine doch wider Willen einen Mann, den ihr der Zufall bescherte, akzeptieren. Ein Lord, der sich auch schon vergeblich um sie beworben hatte, wurde zum unerwünschten Zeugen eines weiblichen Unfalls, der ihr beim Absteigen vom Pferd zustieß. Ihr Kleid blieb dabei im Sattel hängen, und das vom Zufall auserwählte männliche Augenpaar erblickte sie für Sekunden halbnackt. Fremde Augen bemächtigten sich auf diese Weise eines Geheimnisses, das sie allenfalls mit ihrem Gatten hätte teilen wollen. Diesen Mann, auch »wenn er der elendeste Laffe« wäre, wollte sie nun heiraten oder sterben, denn ihm hatte sich ihr Geheimnis offenbart – oder, wie eine biblische Metonymie schonender sagt: Er hatte sie durch Zufall *erkannt*.[57] Die durch einen (unliterarischen) Zufall gestiftete Ehe läßt der Erzähler aber dann doch erfolgreich sein.

Diesen etwas kryptischen Verweis auf Tiecks Erzählung setzt der fiktive Autor in Kierkegaards *Tagebuch eines Verführers* an den Anfang seines Protokolls, um die Zielrichtung des literarischen Unternehmens anzudeuten. Die Verführung, gibt er so zu verstehen, antwortet auf eine imaginäre Verlockung, und sie löst ein Rätsel. Seine Eintragungen halten zwar den täglichen Fortgang des Experiments fest, aber jeder Schritt gibt Anlaß für einen moralphilosophischen Exkurs. Die strategischen Operationen, die erforderlich sind, um das Mädchen Cordelia zu erkennen, verlaufen als Selbstbeweis der Macht, der Philosophenmacht. Indem Kierkegaard seinen Verführer ausgerechnet Platons *Phaidros* studieren läßt, bekennt er sich zum sokratischen Vorbild. Die begehrten Jünglinge oder Mädchen ermöglichen ganz pragmatisch die Rede der Wahrheit. Wie bei allen zynischen Verführerreden durchmessen die Worte den Körper eines Opfers und Hörers, um an die endgültige Adresse (Gott, den Staat, das Volk, die Frauen) zu gelangen. Ein anderer Zyniker der Wahrheit, der Autor der *Fröhlichen Wissenschaft,* Friedrich Nietzsche, definierte die Szene (das Kulturmodell) von Verlockung und Verführung vorsichtig, wenn auch unmißverständlich:

Vielleicht ist die Wahrheit ein Weib, das Gründe hat, ihre Gründe nicht sehen zu lassen? Vielleicht ist ihr Name, griechisch zu reden, Baubo?...[58]

Die Wahrheit ist nicht Baubo, die weibliche Entsprechung des Phallus. Auch nicht deren Verschleierungen und Metonymien. Vielmehr verkörpert Baubo, das Idol des weiblichen Geschlechts, den Begehrenslauf in dem Kanal zwischen dem männlichen Blick, der über das abendländische Wissen verfügt, und dem Rätsel, das ihn anzieht. Das virtuelle Bild, die Halluzination, die Paranoia im Rauschen dieses Kanals, bringt die Wahrheit zur Erscheinung.

Das ist alles schöne Theorie. So läßt sich das Modell beschreiben. Die Verführung hat außerdem noch eine Pragmatik. Nun steht also der Verführer, der Held, der Philosoph, der Dichter vor der Lockung der Sphinx, der Frau, des Rätsels, und er beginnt zu sprechen. Von den Komplikationen (Stockung, Stottern, Verstummen) war bereits die Rede. Wie aber muß seine Rede beschaffen sein? Ökonomisch gesprochen: Auf die Verknappung, auf die Mängel, auf die Lücken, auf das Fehlen muß er mit Überfluß, Vergeudung, Reichtum antworten. Bereits Andreas Capellanus erklärte für die Partei der Verführer, daß Redegewandtheit und Reichtum die sichersten Mittel seien, um Liebe zu gewinnen.[59] Und sein Vorgänger Ovid sprach die für römische Ohren offenbar skandalöse Wahrheit aus, daß reiche Männer über die Kunst der Liebe eigentlich gar nichts zu wissen brauchten. Seine Liebeslehre sei für die Armen geschrieben.[60] Reichtum bewerkstellt die Verführung von allein und bedarf keiner strategischen Aufrüstung. Nur wer kein Geld hat, der muß überzeugen und verführen. Alle Lehren (erotische, philosophische, religiöse) treffen sich in der Überzeugung, daß die Verführung eine kunstvolle Rede ist. Platon teilt in seinem Dialog *Sophistes* sämtliche Reden zwei Klassen zu, der öffentlichen und der privaten. Die öffentliche Rede sei Beratung und die private sei Verlockung oder Verführung.[61] Doch auch die öffentliche Beratung tritt zwangsläufig ein in das Spiel der Verführung. Denn daß die Überzeugung durch erotische Wirkungen den fremden Willen entleert, das gestehen alle antiken und modernen Theorien der rhetorischen Macht bereitwillig ein. Man muß daher die Unterscheidung zwischen guter und schlechter Liebe treffen. Sokrates unternahm aus diesem Grunde immer wieder den angestrengten Versuch, die wahre und die falsche Erotik auseinanderzuhalten: die sokratische, die aus Liebe zur Wahrheit spricht, und die sophistische, die nur aus Geldgier ihren Dienst tut. Auch hier bilden Liebe und Geld ein traditionsreiches Oppositionspaar. Mit Hilfe dieses Gegensatzes betonen dann in der platonischen Doktrin Wahrheit und Betrug ihre Unvereinbarkeit. Man weiß: Geld und falsche Worte wirken stets durch Mengen. Daher melden neue Wahrheitsdoktrinen ihren Anspruch gerne mit einer Vorschrift zur Verknappung der lexikalischen Ressourcen an. Die Rhetorik erkennt hingegen ihre Verführungsmacht in dem, was später die *copia verborum*[62] heißen wird, die Wortmengen, die Wortfülle, die gestapelten Zeichen.

Die sophistische Theorie der Verführung stellte unverhohlen die erotische Wirkungsweise der Rede nicht auf Wahrheit, sondern auf physiologische Prozesse innerhalb des Köpers ab. Der große Sophist Gorgias verteidigte in seiner *Lobrede auf Helena* (einer rhetorischen Kunstübung) die schöne Frau gegen den Vorwurf der Welt, daß sie mit ihrer Untreue den Trojanischen Krieg ausgelöst habe. Gorgias unterstrich, daß Helena ganz offenbar das Opfer einer Überredung geworden ist. Damit muß sie als unschuldig gelten. Reden verfügen nämlich über die gleiche Wirkkraft wie der Zwang:

Im selben Verhältnis steht die Wirkkraft der Rede zur Ordnung der Seele wie das Mischungsverhältnis von Drogen zur körperlichen Konstitution. Denn wie andere Drogen andere Säfte aus dem Körper austreiben, und die einen Krankheit, die anderen aber das Leben beenden, so erregen unter Reden die einen Leid, die andern Genuß und dritte Furcht (...) und noch andere berauschen und verzaubern die Seele mit üblen Überzeugungskräften.[63]

Die Machtwirkungen der Rede, des begreiflicherweise unübersetzbaren *logos*, gehen über die gleichen Bahnen, erregen die gleichen

Hitzen und Abkühlungen wie Liebesleidenschaft, wie Musik oder wie Gift. Die Verführung unterwandert nach dieser an Hippokrates orientierten Theorie schleichend und unwiderstehlich die Vernunft durch die Droge des Wortes. Die Autorität der medizinischen Beobachtung über die Wortwirkungen innerhalb des physiologischen Säftesystems war bedeutend genug, daß auch die platonische Wissenschaft die falschen und betrügerischen Nachrichten als Invasion von schädlichen Stoffen in den Körper denunzierte. Sokrates griff in seinen regelmäßigen Polemiken gegen die Sophisten darauf zurück. Indem er Wahrheit und Betrug stets in Bildern von Gesundheit und Krankheit auseinanderhielt, galt ihm die sophistische Rede als gefährliches Gift, mithin als das, was sie von sich selbst auch behauptete.[64] Seitdem gehören die Droge der Rede (der Verführung) und das Gift der Richter (die Sanktion der Verführung) zu den Requisiten jener prozessualen Ordnung, die seit zweieinhalbtausend Jahren bemüht ist, Wahrheit und Betrug zu unterscheiden. Christus, der die Pharisäer »Hypokriten« schimpfte, nämlich Schauspieler, Lügner, Sophisten, wurde seinerseits als Verführer (Matthäus 27,63) verleumdet; und wenn er auch nicht wie sein Vorgänger Sokrates durch den Giftbecher zu Tode gebracht wurde, so verweist doch das rekurrente Motiv des Kelches, den er zu leeren hatte, auf die Ordnung des Gerichts und der Strafe (Jeremias 49,12, und Offenbarung 14,10). Den Kelch von Gottes Zorn trinken, hieß in der Sprache des Alten wie Neuen Testaments eine Sanktion, die gegen die herrschende Hypokrisie in der Welt gerichtet ist: Gottes Zorn verabreicht den Schauspielern (Vergiftern) der Wahrheit im Kelch das Gegengift.[65]

So behaupteten auch nicht nur die Richter, die den weisen Mann zum Schierlingsbecher verurteilten, daß Sokrates seine Zuhörer verführt habe. Schwach blieb sein Verteidigungsargument, daß die Erotik seiner Rede ihre Wirkung nur innerhalb der Vernunft entfaltete. Verschiedene Vernünfte meldeten ganz andere Ergebnisse. Alkibiades beispielsweise erklärte im *Symposion*, daß ihm bei den Reden des Sokrates das Herz heftiger schlüge als den Korybanten im Zustand der Ekstase.[66] Auch vernünftige Worte können ein Delirium erzeugen. Angesichts dieser schwierigen Lage, daß der Körper den Tricks der Verführung nicht widerstehen kann und Wahrheit und Betrug ganz gleich behandelt, mußte das Immunsystem, das auf schädliche Reden ablehnend reagiert, in die Vernunft vorverlegt werden. So verschrieb sich Sokrates dem Propädeutikum der Hörer (vornehmlich der Jünglinge), damit sie auf trügerische oder falsche Reden richtig zu reagieren lernten. Die Geschichte von Liebe und Betrug ist eine Geschichte der Politiken, die dieses Unterscheidungsvermögen mit immer neuen Programmen wiedererrichten.

Die Lage bleibt jedoch schwierig. Denn was sagt der Verführer, sofern ihn nicht das Stocken hindert? Er sagt die Wahrheit. Dies ist die Gemeinsamkeit so verschiedener Verführungsspezialisten wie Sokrates, Christus, Augustinuns, Andreas Capellanus, de Sade, Goethe, Don Juan, Nietzsche. Sie alle sprechen über die Liebe im Namen der Wahrheit. Die Verführerreden selbst unterliegen dem Gesetz, daß sie das Wissen von der Liebe als *fait divers* ihres Herzens verkünden müssen. Auch hierbei hört Gott unaufhörlich nur sich selbst sprechen. Die Verführung läßt ihre Opfer auf der Bahn des Wissens in den Abgrund gleiten. Die Mengen (Geld, Wortmassen, Blut) dienen der Beglaubigung.

Unter diese Regel fällt beispielsweise eine der ungeheuerlichsten Verführungsszenen, die die Weltiteratur kennt: Glosters Werbung um Anna, die Witwe des von ihm ermordeten Prinzen Eduard, in Shakespeares *Richard III.* Gloster macht es sich zur Ehre, nicht auf die günstige Situation zu warten. Er spricht die trauernde Frau eben in dem Augenblick an, da sie den Sarg ihres Schwiegervaters, des gleichfalls von Gloster ermordeten Eduard VI., im Trauerkondukt durch die Stadt begleitet. Das Wagnis gehört zur Grundausrüstung des zynischen Verführers. Der Libertin macht es sich immer leicht; der Verführer setzt etwas aufs Spiel. Im Gespräch mit Anna bedient sich Gloster erfolgreich eines alten rhetorischen Mittels: Er versucht gar nicht, seine Verbrechen zu leugnen, sondern er legt sie einfach den Reizen der begehrten Frau zur Last.

> Eu'r Reiz allein war Ursach dieser Wirkung,
> Eu'r Reiz, der heim mich sucht' in meinem Schlaf
> Von aller Welt den Tod zu unternehmen
> Für eine Stund' an eurem süßen Busen.[67]

Die ungeheuerlichen Taten des Mannes, die gewalttätige Vergeudung von Menschenleben, tauchen durch einfache Umbuchung plötzlich in der Bilanz ihres erotisches Wertes auf: Über das Begehren läßt sich nicht raffinierter Konto führen. Doch die Rhetorik (Buchhaltung) des Verlangens fordert zusätzliche Beglaubigungsakte, und Gloster bietet sich daher in einer theatralischen Geste der trauernden Frau zur Rache an. Die Verführung nimmt ihre Kraft zur Entleerung eines fremden Willens aus dem demonstrativen Angebot des Selbstopfers. Der gute Schauspieler wettet auch mit dem Schicksal: Die feierliche Offerte des eigenen Körpers verleiht selbst den unwahrscheinlichsten Äußerungen ein gewaltiges Prestige. Gloster ist ein Schauspieler, denn er hat sich zuvor selbst vorgenommen, auch diese Werbung nur zur Beschleunigung seiner Pläne zu nutzen; mit dem Erfolg hat er sich selbst die Macht seiner Rede bewiesen: »Ward je in dieser Laun' ein Weib gefreit?« Gloster ist das Unwahrscheinlichste gelungen. Sein Unternehmen bewies, worum es geht: Die Macht der Rede erzeugt ihre eigene Wahrheit.

Aber es konnte doch nur wahrscheinlich werden, weil er die Verführerregel beherrschte, die die Verausgabung der Worte und Werte verlangt. Diese Form des Imponierens durch Verausgabung gehört in die Logik des *Potlatsch*.[68] Der Potlatsch veranstaltet eine geregelte Konkurrenz der Großzügigkeit. Dieses Ritual wurde bei verschiedenen Völkern an der amerikanischen Nordwestküste beobachtet: Aus Anlaß eines Festes machte einer der Beteiligten, der Anspruch auf besonderes Prestige und Macht erhob, möglicherweise seinem Rivalen ein großzügiges Geschenk, das den anderen zugleich herausforderte und verpflichtete. Sollte nun dessen Antwort etwas wert sein, so mußte sie die erste Gabe möglichst weit übertreffen. Durch solche Geschenkrivalitäten oder auch durch demonstrative Vergeudung konnten beim Potlatsch riesige Werte und sogar Menschenleben vernichtet werden. Georges Bataille spricht in seinem Kommentar zu dieser Ökonomie der Verausgabung davon, daß beim Potlatsch positives Vermögen »zum Verlust bestimmt« werde, um auf diesem Wege Prestige zu erwerben.[69] Die gleiche Logik und der gleiche Effekt dirigieren auch die Verausgabung, die in vielen Verführungszeremonien betrieben oder simuliert wird. Das Spiel kann nur ernsthaft gespielt werden, wenn alles gesetzt wird. Tereus hat Philomela zum ersten Mal erblickt und überlegt, wie er sie gewinnen kann: »Er denkt gar, sie selber mit Mengen/Riesiger Gaben zu reizen, sein ganzes Reich zu verschleudern«.[70] So blendet Ovid in die Überlegungen des Verführers ein. Aber auch die Verführer Sokrates und Christus gewannen ihre ungeheure Macht über die Gläubigen, weil sie den Tod mit in die Rechnung ihrer Reden aufgenommen hatten. Der höfische Ritter muß nach den Vorschriften, die überliefert sind, gleichfalls radikal opferbereit sein. Die Verführung ist ein riskantes Beweisverfahren, sobald die Sphäre der Stockungen und Deklarationen überschritten wird. Aber auch Reden, Poesie, Musik gehorchen nach Bataille der Logik des Potlatsch. Bedarf die Untersuchung der Arbeitsweisen von Verführern angesichts dieser Befunde noch einer Psychologie?

Die Psychologien der Verführung lösen sich, recht besehen, auf in Mengen und Reden.[71] Mozart/da Pontes Don Giovanni führt wie so viele Männer der Neuzeit Buch über seine Eroberungen. Da aber die Erfolge eines Herrn etwas Ostentatives haben, überläßt er die Verwaltung der Konten seinem Diener. In einem entscheidenden Augenblick wird diese Liste verlesen. Mit welchem Effekt? Die Zuhörerin, Donna Elvira, wendet sich mit Grausen! Sie ist nicht die Einzige gewesen, wie alle Konfessionen sagen, sondern eine winzige Teilmenge von Tausenden. Das ist aber keineswegs das Ende. Vielmehr halten Leser und Dramaturgen Don Giovanni seitdem für einen Dämon. Er bringt einen wachsamen Vater um, er unternimmt eine ganze Reihe vergeblicher Verführungsversuche durch falsche Versprechungen, und er will sich nicht ändern. Die Liste mit ihren detaillierten Mengen verführt zu den wunderbarsten Interpretationsdelirien.[72] Der dämonische Charme Don Juans ist ganz gleich gemischt wie der Liebreiz eines Millionärs: Ihre Worte sind zahlenbasiert und daher prestigeträchtig. Dagegen verführt in der Regel keine Frau mit ihrem Geld: Das männliche Begehren soll sich auf das Geheimnis einrichten, das weibliche läßt sich am wirkungsvollsten durch Überwältigungen in Bewegung setzen.

Was auf weiblicher Seite das Rätsel oder der Blick sicherstellen, nämlich die Fixierung des schweifenden Männerauges, das erreicht auf der anderen Seite das Faszinosum des Ruhms. Der Ruhm, der im Namen firmiert, ist in ähnlicher Weise wie die Lockung an alle adressiert. Wenn dann der Namenträger körperlich erscheint, verfallen die Zuschauer dem epiphanischen Augenblick. Nach Elias Canettis unübertroffener Definition sammelt der Berühmte Chöre, so wie der Reiche Geld und der Machthaber Menschen sammelt (der Verführer findet in *Masse und Macht* keine Berücksichtigung). Der Berühmte sammelt Chöre, von denen er nur seinen Namen hören will.[73] »I have seen him!« ruft ein Mädchen unaufhörlich, nachdem es für wenige Sekunden den Pop-Star Michael Jackson erblickt hat. »I have seen him!«, und alle Zeichen der Erregung, die ihr Körper ausschickt, deuten auf eine nahe Ohnmacht. Oder ein Fall aus dem Jahre 1807: »(...) er blieb stehen, blickte in die Höhe und sah mich starr an, es stürzten mir die Thränen aus den Augen, ich zitterte und konnte mich nicht erhalten; (...) ich hätte die Hände ringen mögen auf offener Straße.« So erlebte Bettina Brentano den Auftritt Napoleons in Frankfurt.[74]

Die Ohnmacht ist eine sinnreiche Reaktionsform des psychischen Apparates, wenn er durch eine Unzahl von Reizen, die er verarbeiten soll, überfordert ist. Die Ohnmacht spielt andererseits mit der Möglichkeit der Verführung, denn die händeringenden Mädchen und Frauen, die den Triumphweg des Helden säumen, fallen ihm als potentielle Beute zu. Sie sterben mit seinem Namen auf den Lippen im Chor einen symbolischen Tod. Als der Graf F., Führer einer siegreichen russischen Schwadron, in die eben eroberte Festung eindringt,

da wird er Zeuge, wie einige Männer seiner Mannschaft sich anschik-
ken, eine Frau zu vergewaltigen. Mit ein paar Säbelhieben befreit er
die bedrängte Frau, die daraufhin in Ohnmacht fällt. So beginnt die
dramatische Handlung in Heinrich von Kleists Erzählung *Die Marquise von O...* Der Graf läßt sich, wie er später eingestehen muß, von
dieser Situation verführen und behandelt die Bewußtlose seinerseits
wie eine Beute. Oder er behandelt sie so, wie es zahlreiche Romane
des 18. Jahrhunderts, von denen er vielleicht zu viele gelesen hat, na-
helegen: Er faßt die Ohnmacht als eine diskrete erotische Lockung
auf.[75] Wenn sich am Ende von Kleists Erzählung die rätselhafte
Schwangerschaft der Marquise und die nicht minder rätselhaften Versuche des Grafen, die junge Witwe im Sturmschritt zu heiraten, auf-
geklärt haben, da gesteht die Marquise ihrerseits, daß sie in dem entscheidenden Augenblick in Ohnmacht fiel, weil ihr der unerwartete
Retter wie ein Engel erschienen sei.[76] Tatsächlich war er ein Soldat.
Ob ein Mann ein Schauspieler oder ein Soldat ist, das entscheidet sich
nicht beim Sehen. Aber ob er ein Gott ist. Das halbohnmächtige
»I have seen him!« eines Teenagers benachrichtigt die Welt von der
imaginären Verschmelzung mit einem machtvollen Körper. *Macht*
kann sich eben in die verschiedensten Prestigeformen werfen, die für
viele Frauen unwiderstehlich sind, gleich ob sie Napoleon, Paganini,
Liszt, d'Annunzio, Caruso, Chaplin, Hitler, Simenon, Elvis Presley
oder Mick Jagger heißen. Unwiderstehlich sind sie allein im Realen:
Der Berühmte, der Prestigeträger muß sichtbar werden. Er muß irgendwann erscheinen.

Verführung darf aber nicht gewesen sein im 18. Jahrhundert, und
so weiß Kleists Marquise von nichts. Solche Amnesie ist glaubhaft,
und die Frau besteht ja alle hinterhältigen Tests ihrer Mutter. Wie aber
soll dann ein Soldat beweisen, daß er kein Verführer ist? Der Graf F.
– so will es die Geschichte – muß in das Stocken, in das Sprachspiel,
das Versagensspiel der Glaubwürdigkeit eintreten. Wie Wagners Siegfried, der auch das Fürchten, das Stocken, erlernen mußte, damit er
sich an Brünnhilde heranwagen konnte. Und in einem Zug mit der
richtigen Darbietung seines Begehrens im Tone des empfindsamen
Liebhabers muß der Graf F. eine Art moralischer Verausgabung betreiben. Er muß warten und die Zeichen seiner Liebe inflationieren.
Darin verkehrt sich eigentlich die Ökonomie der Verausgabung, die
dem Verführer Prestige verschafft, in ihr Gegenteil. Nicht mehr
durch Faszination, nämlich schlagartige Erzeugung eines Prestiges
erreicht er das Ziel; sein Weg ist der einer allmählichen Autosugge-
stion: Durch unendliche Wiederholung eines Sprechaktes wird der
Beziehungskanal gebaut und stabilisiert.

Daß dies funktioniert, bedarf keines Beweises mehr. Zwei Autoritäten aus zwei Jahrtausenden bestätigen das übereinstimmend. Ovid warnt seine Schauspieler-Lover vor den Rückkopplungen verliebter Reden: »Oft schon begann, wer verliebt sich stellte, auch wirklich zu lieben.«[77] Kafka war zwar kein Komödiant der Liebe, aber ein Schauspieler des Schreibens. Er begann mit der Komödie der Dekadenz, bis im Schreiben das Stocken erschien, das untrügliche Symptom der Dichtermission. Eine Tagebuch-Notiz gibt der Nachwelt Klarheit darüber:

Merkwürdig, daß aus Komödie bei genügender Systematik Wirklichkeit werden kann. Mein geistiger Niedergang begann mit kindischem, allerdings mit kindisch-bewußtem Spiel. Ich ließ zum Beispiel Gesichtsmuskeln künstlich zusammenzucken, ich ging mit hinter dem Kopf gekreuzten Armen über den Graben. Kindlich-widerliches, aber erfolgreiches Spiel. (Ähnlich war es mit der Entwicklung des Schreibens, nur daß diese Entwicklung leider später stockte.) Wenn es möglich ist, auf diese Weise das Unglück herbeizuzwingen, sollte alles herbeizwingbar sein.[78]

Später gesteht Kafka der zweifachen Braut Felice Bauer, daß er auch die Krankheit herbeigelockt hat:

Das Ergebnis ist, (...), daß ich in beiden Lungenspitzen Tuberkulose habe. Daß eine Krankheit ausbrach, hat mich nicht erstaunt, daß Blut kam, auch nicht, ich locke ja durch Schlaflosigkeit und Kopfschmerzen die große Krankheit schon seit Jahren an und das mißhandelte Blut sprang eben hinaus, aber daß es gerade Tuberkulose ist, überrascht mich natürlich (...).[79]

Und doch sind alle diese Effekte nur möglich, wenn am Ende des Kanals, über den die Suggestionen und die Autosuggestionen laufen, eine Verlockung, ein Rätsel, eine Baubo sitzt, die die Reden an sich zieht oder durch sich hindurchgehen läßt. Das große Spiel der Literatur, das Spiel der Wahrheit, ist ein Liebesspiel mit gezinkten Karten. Die Wahrheit generieren heißt: die Installation des Betruges stabilisieren. Zu dieser Stabilität gehört, daß die Adressatinnen (der Himmel gebe, daß sich dies auch einmal umkehren läßt!) in jene Trance versetzt werden, die sie empfänglich macht für die Botschaften.

Hypnose oder: Wie man eine Frau programmiert

Damit der weibliche Körper, der Rätselleib, die Philosophenreden hervorlocken kann, muß er deskontextualisiert sein. Er muß ein unbegreifliches Ereignis sein. An dieser Kulturaufgabe arbeiten viele geschickte Hände: Künstler, Schriftsteller, Theologen, Philosophen, Staatsmänner, Heerführer und Designer. Geläufige Methoden, diese semiotische Bedingung sicherzustellen, sind Entkleidung des Körpers oder seine Versenkung in Schlaf. Indem sich das Bild des nackten Frauenleibs in eine unbeschriftete Oberfläche, in eine allegorische Tafel verwandelt, fliegen ihm scharenweise Universalien und Philosophenreden zu. Die Inschriften auf diesen blanken Rätselkörpern lassen sich wie auf Wunderblöcken immer wieder tilgen und erneuern. Zunächst trugen bildende Künstler auf Frauenkörpern alle möglichen allegoriefähigen Begriffe ein: Schönheit, Gerechtigkeit, Freiheit (Delacroix), Teufel (Dürer), Krieg (Böcklin). Kunst, Literatur und das Design des Jugendstils totalisieren diese Funktion sogar. Claude Quiguer bemerkt, daß der Frauenkörper um 1900 alles zu bedeuten beginnt: Tod, Nacht, Frühling, Herbst, Musik, Wasser, Photographie, Auto, und er faßt seinen Befund zusammen: »Der Frauenkörper ist eine Universalsprache geworden.«[80]

Zuvor sprach er eine philosophische Universalsprache. Allegorische weibliche Rätselkörper beherbergten in ihren Tiefen und auf ihren Oberflächen ganze Lexika an scholastischen Universalien und neuzeitlichen Allgemeinbegriffen: Wahrheit, Natur, Geschichte, Schönheit, Freiheit, Liebe, Gerechtigkeit, Nation, Glück, Krieg, Sünde.[81] Selbstverständlich errichteten diese unzähligen Körper-Allegorien keine Frauenbilder, sondern das Zeichen des Frauenkörpers wurde durch unaufhörliche Allegorisierung in jener Neutralität (Kontextlosigkeit) konserviert, die ihn für die propagandistischen Zwecke zunächst der Theologen und Philosophen, später auch für andere soziale Dienste (Werbung) einsatzfähig macht. Dieser semiotische Status entspricht ziemlich genau dem, was in der Sprachwissenschaft ein Null-Zeichen heißt, ein Zeichen in seinem reinen paradigmatischen Zustand. Es ist daher ziemlich abwegig, dieses Nullzeichen Frauenkörper, wie es die diversen fleißigen feministischen Historien versuchen, auf seine geschichtliche Semantik hin zu befragen. Ein Lexikon läßt sich nicht interpretieren.

Um sie als Nullzeichen zu isolieren und für universelle symbolische Funktionen zu präparieren, werden die Frauen also entweder entkleidet oder hypnotisiert oder beides zusammen. Das Motiv der schlafenden Schönen in der galanten Malerei wurde bereits als Rätsel-

Abb. 4: J. W. von Goethe,
Christiane Vulpius schla-
fend, 1788.

zeichen analysiert. Doch nicht nur in der bildenden Kunst leisten
schlafende Frauen ihren Dienst am allegorischen Bedarf der Kultur,
sondern auch in der Literatur. Frauen und Mädchen schlafen in Ba-
rockdramen[82], in galanten Gedichten, in gedankenschweren Alexan-
drinern, die die Vergänglichkeit des Lebens anklagen, sie träumen
nach den lyrischen Anweisungen der Anakreontik, des Sturm und
Drang und der Romantik. Ein Beispiel mag hier für viele stehen. Es
stammt nicht ganz zufällig von Goethe, der übrigens auch gerne
schlafende Frauen gezeichnet hat. Genauer fällt das Gedicht in die sogenannte Sesenheimer Periode Goethes, die die Literaturwissenschaft als Beginn der neuzeitlichen Gefühlssprache feiert. Es ist wohl
eher die Epoche, in der die Literaturhypnose erfunden wurde. Der
Frauenkörper, der durch die Sesenheimer Lyrik beschriftet wurde,
gehörte der Tochter eines elsässischen Pfarrers. Friederike Brion ist
die zweite in einer langen Reihe von Frauenbeziehungen, in deren
Namen die Literaturwissenschaftler Goethes Lyrik routinemäßig pe-
riodisieren. Das Gedicht *Erwache Friederike* variiert das alte lyrische
Szenario der Anakreontik, wo die Frauen Rosette, Leonore oder Is-
mene hießen:

75

Abb. 5: J. W. von Goethe,
Corona Schröter schlafend,
1777.

Erwache, Friederike,
Vertreib die Nacht,
Die einer Deiner Blicke
Zum Tage macht.
Der Vögel sanft Geflüster
Ruft liebevoll,
Daß meine geliebt Geschwister
Erwachen soll.

Ist dir dein Wort nicht heilig
Und meine Ruh'?
Erwache! Unverzeihlich –
Noch schlummerst du!
Horch, Philomelens Kummer
Schweigt heute still,
Weil dich der böse Schlummer
Nicht meiden will.

Es zittert Morgenschimmer
Mit blödem Licht
Errötend durch dein Zimmer

Und weckt dich nicht.
Am Busen deiner Schwester,
Der für dich schlagt,
Entschläfst du immer fester,
Je mehr es tagt.

Ich seh dich schlummern, Schöne,
Vom Auge rinnt
Mir eine süße Träne
Und macht mich blind.
Wer kann es fühllos sehen,
Wer wird nicht heiß,
Und wär' er von den Zehen
Zum Kopf von Eis!

Vielleicht erscheint dir träumend
– O Glück! – mein Bild,
Das halb voll Schlaf und reimend
Die Musen schilt.
Erröten und Erblassen
Sieh sein Gesicht:
Der Schlaf hat ihn verlassen,
Doch wacht er nicht.

Die Nachtigall im Schlafe
Hast du versäumt,
So höre denn zur Strafe,
Was ich gereimt.
Schwer lag auf meinem Busen
Des Reimes Joch:
Die schönste meiner Musen,
Du, schliefst ja noch.[83]

Wie groß (neben der Bild / Text-Differenz) die Unterschiede zu den galanten Bilddarstellungen auch sein mögen, so hat dieses Gedicht doch etwas mit den Schlafenden im Museum gemeinsam: nämlich zugleich eine Szene und deren theoretische Modellierung zu sein. Der Fiktion nach spricht die Stimme des Autor-Dichters die sich eben erfindenden Verse, während die Geliebte schläft. Zugleich adressiert der Text einen Wunsch an die Schlummernde. Der Verliebte wünscht, daß sie im Traum sein Bild halluziniert. Doch genügt ihm diese einfache Kreuzung des Begehrens (sie soll im Traum begehren, was er begehrt) keineswegs; vielmehr soll die Schlafende durch den Kanal des gesprochenen Textes auch das Traumbild der *Autorfunktion* empfangen: »Vielleicht erscheint dir träumend/ –

O Glück! – mein Bild, / Das halb voll Schlaf und reimend/ Die Musen schilt. /«

Die Verse zeichnen somit die Szene eines verliebten Wunsches, sie schreiben das Protokoll (den Text) dieses Wünschens und bilden zugleich das Modell jener erotischen Kooperation, die sich als doppelte Programmierung entschlüsseln läßt. Zunächst lautet das ästhetische Programm der Epoche: Leserinnen zu hypnotischen Medien der Autorliebe machen. Andererseits – davon war bereits die Rede – benötigt der Autor die Schlafende, um überhaupt in die Autorfunktion eintreten zu können.

Gegenüber der lyrischen Erotik in der anakreontischen Dichtung, die das Motiv der schlafenden Schönen in Hunderte von Versen gelegt hat, führt Goethe eine epochale Neuerung ein. Es gehörte sonst nur gedämpfter Erotik solcher Szenen, daß die Frauen nur leicht bekleidet sind und daß sich der Betrachter die bange Frage stellt, ob er der Schlafenden einen Kuß auf die Lippen drücken darf. Dagegen wünscht sich der Sprecher des Goetheschen Gedichts, daß er als dichterische Aktivität, als Autor in den Traum eintreten kann: Das neue Programm will, daß die Dichterliebe zur Matrix von Lektüreweisen (Halluzination der Dichterstimme) werde. Die weitere Entwicklung dieses Motivs bringt seinen Modellcharakter dann vollends zum Ausdruck. Zahllose Autoren sprechen dann im 19. Jahrhundert ihre Texte in die Ohren schlafender Frauen, wie beispielsweise Heine seine *Florentinischen Nächte*. Unbewußtheit und Schlaf spielen nicht nur mit Varianten des Nullzeichens von Frauen, sondern sie organisieren Zustände von Durchlässigkeit für die vom männlichen Sprecher (Autor) ausgehende Programmatik, für die kulturelle Steuerung. Organisation heißt: Thematisierung (in Texten) und Programmierung (in sozialen Kontexten).

Ein solches Modell erscheint keineswegs plötzlich und unvorbereitet im neuen Literaturverkehr Deutschlands und Europas. Als Empfangsstation, als Kanal fremder Mitteilungen hat sich der Frauenkörper bereits im mystischen Nachrichtenverkehr Verdienste erworben.[84] Damals war es noch Gottes Post, die etwa von der großen mystischen Schriftstellerin Theresa von Avila im 16. Jahrhundert besorgt wurde.[85] Seit dem 18. Jahrhundert sind es Autoren-Botschaften, die von Frauenkörpern übertragen werden. Und diese Dienste werden auch heute noch dringend benötigt. Man öffne nur die Archive des 20. Jahrhunderts. Allenthalben entwerfen Autoren Schreib-Szenen mit schlafenden Frauen als Doppelmedien ihrer Texte: Sie ermöglichen und empfangen sie. Am Anfang steht die Passage in Marcel Prousts Roman *Die Gefangene* aus dem Zyklus *Auf der Suche*

nach der verlorenen Zeit. Der Erzähler findet Gelegenheit, seine Geliebte schlafend zu inspizieren, und er begrüßt an dem nur noch sanft
belebten Körper die Abwesenheit aller sonst irritierenden und kon-
kurrierenden Zeichen:

Sobald Albertine die Augen schloß und das Bewußtsein verlor, hatte sie
nacheinander die verschiedenen menschlichen Charaktere abgelegt, die mich
enttäuscht hatten (...). Sie war nur noch von dem unbewußten Leben der
Pflanzenwelt, der Bäume beseelt, einem Leben, das von dem meinen verschiedener und immer fremder war und mir doch mehr gehörte. Ihr Ich ent-
schlüpfte mir nicht mehr unaufhörlich, wie bei jedem Geplauder mit ihr,
durch die Ausgänge uneingestandener Gedanken oder ihres Blicks. Sie hatte
dann alles, was von ihr draußen gewesen war, wieder in sich versammelt, sie
hatte sich selbst in ihren Körper verflüchtigt, sich darin eingeschlossen, sie
ging ganz darin auf. Indem ich ihn unter meinem Blick, in meinen Händen
hielt, erlebte ich jenes Gefühl, sie ganz und gar zu besitzen, das ich niemals
hatte, wenn sie aufgewacht war. Ihr Leben war mir untertan (...).[86]

Die Beruhigung des eifersüchtigen Erzählers verdankt sich den im
Schlaf eliminierten Kontexten. Proust war auch daher ein zwanghaf-
ter Nacht-Autor, weil er nur unter der Vorstellung einer stillgelegten
Umwelt zu schreiben vermochte. Beide Bedingungen (nächtliches
Schreiben unter der Voraussetzung der schlafenden Geliebten) finden
sich bei den unterschiedlichsten Autoren völlig gleich. Karl Kraus
flehte seine Freundin Sidonie Nádherný von Borutin an: »Bitte, bitte
zu schlafen, während ich arbeite (...).«[87] Wenn er daran dächte, daß
sie sich nachts um die Weltdinge kümmerte, dann fiele ihm nichts
mehr ein. Ein ganz ähnliches Beispiel findet sich bei Kafka, der im
November 1912 an Felice schreibt:

Nur bitte, Liebste, schreib nicht mehr in der Nacht, ich lese diese mit Deinem Schlaf erkauften Briefe nur mit einer Mischung von Glück und Trauer.
Tue es nicht mehr, schlaf so schön, wie Du es verdienst, ich könnte nicht ruhig arbeiten, wenn ich weiß, daß Du noch wachst und gar meinetwegen.
Weiß ich aber, daß Du schläfst, dann arbeite ich desto mutiger, denn dann
scheint es mir, als seiest Du ganz meiner Sorge übergeben, hilflos und hilfe-
bedürftig im gesunden Schlaf, und als arbeite ich für Dich und für Dein
Wohl. Wie sollte bei solchen Gedanken die Arbeit stocken! Schlaf also, schlaf,
um wieviel mehr arbeitest Du doch auch während des Tages als ich. Schlaf
unbedingt schon morgen, schreib mir keinen Brief mehr im Bett, schon
heute womöglich nicht, wenn mein Wunsch Kraft genug hat. Dafür darfst
Du vor dem Schlafengehn Deinen Vorrat an Aspirintabletten aus dem Fenster werfen. Also nicht mehr abends schreiben, mir das Schreiben in der
Nacht überlassen, mir diese kleine Möglichkeit des Stolzes auf die Nacht-

arbeit überlassen, es ist der einzige, den ich Dir gegenüber habe, sonst würde ich doch gar zu untertänig und das würde gewiß auch Dir nicht gefallen.[88]

Der Schlaf der Geliebten bildet die Bedingung einer Arbeit ohne Stockung, und zugleich soll sein Schreiben hypnotisch ihre Medikamente ersetzen. Auch Jacques Derrida, der die Philosophie der postalischen Ordnung in einer Serie von Liebesbotschaften unter dem Titel *Die Postkarte* niedergelegt hat, wendet sich an eine schlummernde Adressatin; die Vorstellung ihres Schlafes verbindet er wie Goethe mit der Phantasie, ihre Träume zu steuern:

Es ist sehr, sehr spät, ich hoffe, daß Du schläfst, ich erblicke Dich schlafend, ich versuche, unter Deine Lider zu dringen (es gibt da so was wie einen Film), Deine Augen von der Kehrseite zu erblicken, über Dich geneigt, doch hinter Dir, Deine Träume zu erblicken, Deine Träume zu steuern, Dich zu beschützen, wie man eine geliebte Schlafwandlerin führt (...). Du schläfst? Und wenn ich anriefe? Und wenn ich nah am Hörer, ohne was zu sagen, diese Schallplatte auflegen würde?[89]

Diese kleine Anthologie mag zeigen, wie sich das alte lyrische Szenario aus einem galanten Spiel in ein festes, medial modernisiertes und von männlicher Seite nahezu neurotisch gehandhabtes Modell verwandelt hat. Dabei wird der von McLuhan hervorgehobene und auch in der Psychoanalyse beobachtete Sachverhalt genutzt, daß die Druckschrift bereits als gleichförmiges Medium eine hypnotisierende Wirkung auf die Leser ausübt, die sich unter bestimmten Bedingungen noch verstärken kann.[90] Diese empirischen Lektüreeffekte gingen ein in das Konzept der neuzeitlichen Beziehung Autor-Leserin, wie es möglicherweise zum erstenmal bei Goethe auftaucht. Die Schlafende, Ideal der Leserin oder Hörerin, repräsentiert für den Autor das Null-Zeichen, das Weibliche in einer Art semiotischer Neutralität: als unbeschriebenes Blatt für seinen Text, als Membran seiner Stimme ist sie durchlässig, resonanzfähig, empfangsbereit für die Botschaft, die auf diesem Wege induziert wird. Eingespeist wird als erstes, Goethe liefert auch hier die verbindlichen Daten, das Autorbild und die Autorfunktion. Der Autor stabilisiert sich in dieser Funktion, nachdem er sein Programm durch die Literatur in das Leserinnenbewußtsein eingespeichert hat. Während sich früher die Autoren auf die Verführungsmacht der Rhetorik verließen, rüsten sich die modernen Schriftsteller mit der neuen Machttechnik Hypnose aus. Goethe war der Erfinder der Literaturtechnik Hypnose; man höre nur die erste Strophe des Gedichts *Nachtgesang*:

O gib, vom weichen Pfühle,
Träumend, ein halb Gehör!
Bei meinem Saitenspiele
Schlafe! was willst du mehr?[91]

Der Erfinder der psychologischen Technik Hypnose war der deutsche Arzt Franz Anton Mesmer. Er nannte sein Verfahren, durch Manipulation mit Magneten, mit Elektrizität, durch Handauflegen bei Patienten Symptome zu erzeugen und zum Verschwinden zu bringen, selbst *tierischen* Magnetismus (im Unterschied zum *physikalischen*). Durch eine Reihe von aufsehenerregenden Heilungen im Sommer 1775 wurde Mesmer schlagartig berühmt und sogleich in die Bayerische Akademie der Wissenschaften aufgenommen. Was Mesmer im Rahmen seiner Theorie eines unsichtbaren Fluidums effektiv praktizierte, war eine Suggestivbehandlung. In der Wirkung entsprach dies vollkommen der später von James Braid so genannten hypnotischen Methode.[92] Der Zustand, in den die Mesmeristen ihre vorwiegend weiblichen Patienten versetzten, glich den Automatisierungen des Somnambulismus. Der französische Artillerieoffizier und Mesmer-Schüler, der Marquis de Puységur, sprach daher bereits in den achtziger Jahren des 18. Jahrhunderts vom magnetischen *Schlaf*.[93] Die Entdeckung Mesmers und seiner Schüler machte in ganz Europa Sensation, und man kann sich kaum die Aufregung vorstellen, die die europäischen Gebildeten wegen des tierischen Magnetismus und des gesteuerten Somnambulismus erfaßte.[94] Denn dieses künstlich hervorgerufene Schlafwandeln, die Wirkung der ärztlichen Suggestion, stand in einem offensichtlichen Affinitätsverhältnis zu einem anderen Schlafwandeln, das bis dahin ein Privileg der Literatur zu bilden schien. Noch 1852 verbreitete *Meyers Konversationslexikon* die alte Theorie, daß Schlafwandeln vor allem als Folge übermäßiger Geistestätigkeit auftrete. Diese Auffassung wurde offensichtlich aus der französischen *Encyclopédie* von 1765 abgeschrieben, wo unter dem Stichwort *somnambulisme* eine durch alle medizinischen Traktate der Zeit vor Mesmer geisternde Anekdote erzählt wird: Der Erzbischof von Bordeaux will eine Zeitlang in seinem Kloster einen jungen Mönch beobachtet haben, der des Nachts aufstand, in sein Arbeitszimmer ging und Predigten verfaßte. Seine Absence war dabei so vollkommen, daß er nicht einmal merkte, wenn man ihm das Blatt, auf das er schrieb, wegnahm.[95]

Somnambulismus gibt es erst in der Neuzeit. Vermutlich ist Lady Macbeth die erste Schlafwandlerin der Literaturgeschichte. Die geisterhafte Szene aus Shakespeares Drama, da die von ihrem Gewissen aus dem Bett getriebene Königin nachts unter den Augen eines Arztes zwanghaft versucht, die Flecken von ihren Mörderhänden zu entfernen, wird dann im 19. Jahrhundert in diversen Kliniken als hysterische Urszene nachgestellt werden.[96] Die Literatur erblickt ihre neue Funktion Ende des 18. Jahrhunderts vor allem darin, daß sie die Hypnosen allmählich von den gelehrten Männern auf die Frauen ausweitet. Doch nur ein männlicher Typus bleibt jetzt durch Somnambulismus ausgezeichnet, und das ist das Genie. Ein neuer Modus des Zusammenwirkens zeichnet sich damit ab. Das literarische Genie empfängt seine Inspirationen im Schlaf, und es versenkt seine privilegierten Leser, das sind Frauen, in den gleichen Zustand, aus dem er sich seine Inspiration geholt hat. Programmatisch formuliert findet sich dies in der ästhetischen Schrift *Conjectures on Original Composition* des englischen Theologen Edward Young:

Wenn aber ein Originalwerk, das ebenso neu wie hervorragend ist, unsere Bewunderung und Überraschung gewinnt, dann unterwerfen wir uns ganz der Gnade des Autors: Auf den kräftigen Schwingen seiner Einbildungskraft huschen wir von einer Lust zu anderen; wir haben keinen festen Ort mehr, kein Bewußtsein unserer selbst, bis der Zauberer seine Feder fallen läßt. Und indem wir in uns selbst zurückkehren, wachen wir in der banalen Wirklichkeit wieder auf (...).[97]

Ein solches Genie ist Goethe, aber als Genie schreibt er selbst aus der Tiefe des Schlafes heraus. Wie dies geht, das erläutert ein Passus aus der Lebensgeschichte *Dichtung und Wahrheit*:

Ich war dazu gelangt, das mir inwohnende dichterische Talent ganz als Natur zu betrachten, um so mehr, als ich darauf gewiesen war, die äußere Natur als den Gegenstand desselben anzusehen. Die Ausübung dieser Dichtergabe konnte zwar durch Veranlassung erregt und bestimmt werden; aber am freudigsten und reichlichsten trat sie unwillkürlich, ja wider Willen hervor. (...) Auch beim nächtlichen Erwachen trat derselbe Fall ein, und ich hatte oft Lust, wie einer meiner Vorgänger, mir ein ledernes Wams machen zu lassen, und mich zu gewöhnen, im Finstern, durchs Gefühl, das, was unvermutet hervorbrach, zu fixieren. Ich war so gewohnt, mir ein Liedchen vorzusagen, ohne es wieder zusammen finden zu können, daß ich einigemal an den Pult rannte und mir nicht die Zeit nahm, einen quer liegenden Bogen zurecht zu rücken, sondern das Gedicht von Anfang bis zu Ende, ohne mich von der Stelle zu rühren, in der Diagonale herunterschrieb. In eben diesem Sinne griff ich weit lieber zu dem Bleistift, welcher williger die Züge hergab: denn es war mir einigemal begegnet, daß das Schnarren und Spritzen der Feder mich aus meinem nachtwandlerischen Dichten aufweckte, mich zerstreute und ein kleines Produkt in der Geburt erstickte.[98]

Nicht nur lyrische Texte hat Goethe nach eigenem Bekunden in somnambulem Zustand verfaßt, sondern gemäß der Auskunft von *Dichtung und Wahrheit* auch den *Werther* und nach einem Bekenntnis gegenüber Knebel sogar alle seine Werke.[99] Daß das Genie, das dichterische wie militärische Genie, ein nachtwandelnder Künstler der Intuition sei, das hat Goethe in Übereinstimmung mit der Ästhetik seiner Zeit immer wieder unterstrichen, und die Psychiatrie sollte dies gegen Ende des 19. Jahrhunderts der Wissenschaft zum Geschenk machen. Der Psychiater Frederick W. H. Myers beispielsweise definierte Hypnose 1888 als einen Zustand, der dem Genie und der Hysterie gemeinsam ist.[100] Die Hysterie inszeniert sich im 19. Jahrhundert überhaupt als Resonanz von Literatur aus der Feder des Genies. Hegel, der den somnambulen und hysterischen Medien den langen Paragraphen 406 seiner *Enzyklopädie der philosophischen Wissenschaften* widmet, weiß von Nachtwandlern, die »ganze Romane im Schlaf sprechen« oder sogar Briefe schreiben. Und wie bestimmt Goethe das Genie?

Dem Genie ist nichts vorzuschreiben, es läuft glücklich wie ein Nachtwandler über die scharfen Gipfelrücken weg, von denen die wache Mittelmäßigkeit beim ersten Versuch herunterplumpt.[101]

Das Genie ohne Vorschrift schreibt aus einem Unbewußten, in dem noch keine Schrift zirkuliert. In dieser Unbeschriebenheit kann sich das schlafwandelnde Genie in schöner semiotischer Nähe zu den schlafenden weiblichen Null-Zeichen fühlen. Selbst das Dichter-Genie, das doch ein wenig gelesen haben müßte, gilt Goethe als akulturell und unbeschrieben. Dies verbindet es mit literarischen Militärhelden wie Goethes Egmont oder Kleists Prinz Friedrich von Homburg. Auch diese Generäle handeln unter Hypnose und verachten alle Schrift und Vorschrift. Die Versuche zur aktiven militärischen Nutzung der hypnotischen Suggestion um 1800 sind erwiesen. Auch hier hat sich der Mesmer-Schüler und Artillerieoffizier Marquis de Puységur hervorgetan. Er durchschaute die denkbaren Machtwirkungen von Mesmers Kuren sehr schnell und veranstaltete Massentherapien mit mehr als dreihundert Personen im Freien.[102] Daß sich solche Wirkungen lediglich auf einer schon durch hierarchische Unterschiede ausgebildeten Matrix einstellten, das war ihm bereits bekannt. Nur ein Offizier kann seine Mannschaft magnetisieren, nicht aber ein einfacher Soldat seinen Heerführer. Aus gleicher Ursache verzeichnet die Geschichte des Magnetismus und der Hypnose Frauen nicht als aktive, sondern lediglich als passive Medien. So hörte man den Dichter Jean Paul schwärmen:

Abb. 6: Adolph Menzel,
Die schlafende Schwester.
Ein sichtbarer Lektüre-
effekt.

Eine noch größere Allmacht der Seele über den Leib (...) offenbart sich am
fremden dadurch, daß der Magnetisieur blos mit den scharf auf die magnetisierte Seelenbraut gehefteten Gedanken abwesend und entfernt die Wirkungen der Nähe an deren Körper ausübt und nachschafft.[103]

Jean Paul verfolgte die zeitgenössische Diskussion des Magnetismus
mit großem Interesse, exerpierte einschlägige Zeitschriften und
sprach sich selbst suggestive Kräfte zu.[104] Die angeführten Bemerkungen zeigen den Autor informiert über mögliche magnetische
Effekte innerhalb von kulturell und sexuell ausgerichteten Beziehungen. Autoren können über räumliche Abstände körperliche Wirkungen auslösen. Damit plaudert Jean Paul das Wirkungsgeheimnis der
literarischen Programmierung an jenen »Seelenbräuten« aus, die als
Leserinnen in Distanz stehen, aber eben stets, wie er weiß, im »Leser-
Schlaf« liegen.[105] Daß nun die Literatur tatsächlich so suggestiv
wirkt, bestätigen Leserinnen allenthalben: So erklärte Bettina Brentano / von Arnim über die Wirkung der Dichtungen Goethes:

Und das ist der Goethe, der so wie Blitze schleudert und wieder heilend mich
anblickt, als tuen ihm meine Schmerzen leid, und hüllt meine Seele in weiche
Windeln wieder, aus denen sie sich losgerissen, daß sie sich Ruhe erschlum-
mere und wachse, schlummern – im Nachtglanz, in der Sonne.[106]

Abb. 7: Gustave Courbet, *Schlafendes Mädchen*, um 1840/41. Hypnose der Lettern.

Kaum zu ahnen, daß Bettina hier die Fachterminologie der magnetischen Kuren zitiert, denn ihr Dichter sieht sich mit der Fertigkeit zur elektrischen Induktion ausgerüstet. Der Generator der Elektrizität bei solchen magnetischen Verfahren war Ende des 18. Jahrhunderts noch die sogenannte Leydener Flasche. Die Blitze, die dabei entstanden, hießen heute Funken. Zum anderen faßt Bettina die Autor-Leserinnen-Beziehung exakt mit Hilfe des neuen ästhetischen Codes: Im halbbewußten Zustand verwandeln sich diese Leserinnen in durchlässige Medien, die sich nach den Programmen der Texte (Stimmen) automatisieren lassen. Als Null-Zeichen, als halbbewußte Somnambule werden sie anschließbar an die Literatur- und Kulturfunktionen, die von Schriften übertragen werden. Denn die Texte der Epoche sprechen nur von Frauen, die wieder wie die Leserinnen Null-Zeichen sind. Goethe will angeblich nie eine magnetisierte Somnambule gesehen haben[107], doch die Wirkungen magnetischer Suggestionen kannte er genau; das verrät die psychologische Konzeption der Ottilie in seinem Roman *Die Wahlverwandtschaften*. Die Waise mit ihren Migräneanfällen, mit ihrer Neigung zum Mutismus, mit der Gabe, fremde Schriften genau zu imitieren, hungert sich als epische Symptomträgerin der zeitgenössischen Hysteriekompendien zu Tode. Aber Goethe hauchte Ottilie auch die Seele eines Mediums ein, denn an entscheidender Stelle verschafft er ihr die Selbsterkenntnis, daß sie durch die Worte einer anderen mehr oder minder bewußt programmiert worden ist. Schlafend hörte sie ein Gespräch über sich selbst an, und erwachend gesteht sie ihrem Vormund Charlotte:

Kurz nach meiner Mutter Tode, als ein kleines Kind, hatte ich meinen Schemel dicht an dich gerückt; du saßest auf dem Sofa wie jetzt; mein Haupt lag auf deinen Knieen, ich schlief nicht, ich wachte nicht; ich schlummerte. Ich vernahm alles, was um mich vorging, besonders alle Reden sehr deutlich; und doch konnte ich mich nicht regen, mich nicht äußern, und, wenn ich auch gewollt hätte, nicht andeuten, daß ich meiner selbst mich bewußt fühlte. Damals sprachst du mit einer Freundin über mich; du bedauertest mein Schicksal, als eine arme Waise in der Welt geblieben zu sein; du schildertest meine abhängige Lage und wie mißlich es um mich stehen könne, wenn nicht ein besondrer Glücksstern über mich walte. Ich faßte alles wohl und genau, vielleicht zu streng, was du für mich zu wünschen, was du von mir zu fordern schienst. Ich machte mir nach meinen beschränkten Einsichten hierüber Gesetze (...).

(...) nach einem schrecklichen Ereignis klärst du mich wieder über meinen Zustand auf, der jammervoller ist als der erste. Auf deinem Schoße ruhend, halb erstarrt, wie aus einer fremden Welt vernehm ich abermals deine leise Stimme über meinem Ohr; ich vernehme, wie es mit mir selbst aussieht; ich schaudere über mich selbst; aber wie damals habe ich auch diesmal in meinem halben Totenschlaf mir meine neue Bahn vorgezeichnet.[108]

Ottilie erzählt hier gewiß von keiner Hypnose im vollen psychologischen Sinne und ebensowenig von einer ins rein Unbewußte eingetragenen Automatisierung; aber sie skizziert doch recht genau das Interaktionsmuster einer suggestiven Programmierung. Goethe stimmte daher auch seinem vertrauten Freund Karl Friedrich von Reinhard zu, als dieser davon sprach, daß Ottilie in einem »beständigen Zustand der Magnetisation« lebe.[109] Und die jungen Mädchen, für die Goethe nach dem Zeugnis Varnhagens den Roman verfaßt haben wollte, reagierten dann auch in der Art wie Karoline von Wolzogen, die an ihre Schwester, die Witwe Schillers, über den Roman schrieb: »Er hat mich unaussprechlich ergriffen und mir meine eigene Natur wieder vereint und in allen Tiefen aufgeschlossen.«[110]

Therapie und Wissen, so faßt sie den Gewinn der Lektüre zusammen, konstituieren ihre weibliche Natur als Sein und Bewußtsein neu. Obgleich Karoline von Wolzogen ja selbst als Schriftstellerin hervorgetreten ist, empfängt sie aus Goethes Roman die vorübergehende Semantisierung ihrer Weiblichkeit. Die der Lektüre vorausliegende »Verschlossenheit« ihres Wesens, die sie einräumt, beschreibt aus der Innenschau den Wissensstand einer unbeschriebenen Natur. Wie alle Frauen der Zeit liest sie sich als Null-Zeichen, und sie muß auch nach der Botschaft Ottilies ein Null-Zeichen bleiben, will sie nicht die Grenze des Weiblichen überschreiten und will sie nicht das System zerstören, worin Rätselfrauen männliche Reden und Werke ermöglichen.

Das Weibliche als Programm des Mannes

Gerade die Figur der Ottilie bietet sich für eine Analyse an, die über die Dauerklage hinausgeht, daß das kulturelle System im 19. Jahrhundert von Männern beherrscht wurde, die alle Frauen einem patriarchalischen Programm unterwarfen. Vielmehr machten sich die Männer ihrerseits zu passiven Trägern und Medien des Literaturprogramms: Auf dem Umweg über die literarisch erzeugten weiblichen Verhaltenscodes wurden auch sie zu Automaten des von ihnen selbst geregelten Systems. Anders gesprochen: Frauen sind das Programm, durch das sich Männer selbst automatisieren. Hélène Cixous entdeckte im Hinblick auf Kierkegaard so etwas wie einen männlichen »Dornröschen-Komplex«.[111]

Um Goethe ein (vorerst) letztes Mal zum Zeugen aufzurufen: Das Gedicht *Erwache Friederike*, der Modellfall der Literaturfunktion Hypnose, ließ nicht nur einen Dichter zärtliche Komplimente ins Ohr einer Schlafenden murmeln; seinen Einflüsterungen nach sollte sie ja sein Bild im Traum halluzinieren; das mag noch ein begreiflicher verliebter Wunsch sein. Ins Gebiet der Programmierung aber fällt sein Verlangen, sie möge ihn als Dichter, der aus dem Halbschlaf heraus spricht, erblicken. So kehrt der Text über den Umweg des schlafenden Mediums zum Autor autorisiert zurück. Bemerkenswerter noch ist die Konstruktion in den *Wahlverwandtschaften*: Die magnetisierte Ottilie imitiert einmal täuschend die Schrift ihres Geliebten Eduard, zum zweiten aber signiert sie als Verfasserin ein Tagebuch, dessen verschiedene Aphorismen unter dem Titel *Maximen und Reflexionen* dann noch ein zweites Mal den Autornamen Goethes tragen. Als Mädchen und Waise zweifach deskontextualisiert, dient Ottilie in der Agentur zweier Schriften (einer fiktiven und einer historischen). Ihr Schicksal magnetisiert und hysterisiert einen Autorkörper ohne Widerstand. Ottilie ist völlig durchlässig für die Kultur-Symbolik der weiblichen Funktion Leserin. Solche Durchlässigkeit gehört nicht nur zur Liebesbedingung Goethes (was die ideale Leserin Bettina scharfsinnig erkannte[112]), sondern entspricht genau dem Modell der Autorschaft: Reden und Werke setzen Rätselfrauen voraus, und die so produzierten Dichtungen wiederum sprechen am liebsten von solchen Frauen, die dieses Sprechen ermöglichen. Auch auf dieser Ebene erweist sich der Literaturverkehr um 1800 als ein geschlossenes System, wie es Friedrich Kittler beschrieben hat.[113] Durch wechselseitige Anrufung können die Autor- und Leserinnenliebe ein ganzes Jahrhundert trügerischer Erfahrungen archivieren.

Liebe heißt die Matrix noch weiterer Machtbeziehungen in der

Moderne. Seit 1789 werden auch Massenbewegungen systematisch erotisiert. Hierzu hat Freud in *Massenpsychologie und Ich-Analyse* das Nötige gesagt: Damit der Soldat ein hypnotisch steuerbarer Kampfautomat werden kann, muß in ihm das Programm (das durch Literatur oder Massenmedien übertragene Programm) der Liebe gespeichert sein. Die Motivierung der Soldaten durch alle möglichen Lieben machte die Einführung von Frauen in die moderne Staatssymbolik erforderlich. So sieht sich Goethes Egmont in seiner Liebe zum Volk gefangen und automatisiert wie Kleists Prinz von Homburg durch seine Liebe zu Natalie.

Zahlreiche soziale Funktionen werden durch Literaturlieben, Mutterlieben, Medienlieben organisiert und gesteuert. Die zwei bekanntesten Übersteuerungen solcher Erotiken heißen dann klinische Hysterie bei Frauen oder Amoklauf bei Soldaten. Eine kleine Reihe literarischer Beispiele für männliche Selbstprogrammierungen durch (programmierte) Frauen sollen dies veranschaulichen. Das Modell einer effektiven Liebes- und Kampfverbindung durch Hypnose legt Wagner in der Konzeption der Kundry seinem Bühnenweihfestspiel *Parsifal* zugrunde. Kundry verbindet in sich die beiden Mythen des ewigen Juden und der Hysterika. Sie soll angesichts des leidenden Christus gelacht haben, woraufhin sie dessen (hypnotisierender) Blick traf, der sie zu ewigem Leben und Lachen verurteilte.[114] Als Doppel des ewigen Juden verkörpert sie noch einmal einen klinischen Typus, denn in der Pariser Salpêtrière hat man den Fall der männlichen Hysterie häufig als »Juif errant« klassifiziert.[115] Es handelt sich um jenen Außenseiter, der heute den Namen »Berber« trägt und ohne Wohnsitz, Familie, Beruf auf unübersehbare Weise kontextlos lebt. Kundry wurde durch den Blick als hypnotisches Medium konstituiert, und der Zauberer Klingsor macht sich ihre schicksalhafte Disposition zunutze. Dieser Zauberer verfügt also über die gleichen magischen Fähigkeiten wie der Dichter Edward Youngs oder wie Thomas Alva Edison, der Erfinder-Magier in Villiers de l'Isle-Adams Roman von 1886 *L'Eve future*. Dieser fiktive Edison baut eine künstliche Hysterika als Automaten – technische Implementierung der programmierten Frau.

Wagners Kundry unterliegt nicht nur der Hypnose des kastrierten Zauberers Klingsor; sie leidet überdies an den hysterischen Symptomen Schlafsucht, Mutismus, an Krämpfen, Amnesie und dem Zwang, Männer zu verführen. Ihre Pathologie resümiert sich darin, daß sie als unerlöstes Beispiel des Weiblichen vegetieren muß. So ergänzen sich der Zauberer, dem das Zeichen seines Geschlechts verloren ist, und die mythische Frau, die nur in ihre sexuelle Funktion eingeschlossen ist, zum idealen Kämpferpaar. Kundry läßt sich aber von jedem fremden Willen mobilisieren: Für Klingsor lockt sie Männer ins Verderben, für die Gralsgesellschaft besorgt sie Arzneien und Informationen. Ihre Verlockungskraft versagt selbstverständlich bei dem Krieger Parsifal, der durch Mutterliebe programmiert ist; aber als Rätsel-Frau aktiviert Kundry dieses Programm beim Krieger Parsifal überhaupt erst einmal. Der Versuch der sexuellen Verführung schaltet die Erinnerung an das richtige Verhalten. Frauen-Rätsel mobilisieren nicht nur Reden, sondern auch Erinnerungen und Wissen. Literatur, Medizin und Krieg sind in der Figur der Kundry auf singuläre Weise ineinander gefaltet: Der natürliche Krieger Parsifal ist das Doppel der Kundry vor ihrem ersten verderblichen Lachanfall, denn auch er hat das Mitleid (die Umkehrung und Sublimation des Sexes) vergessen – Amnesie hier wie dort, wechselseitige Erinnerung an wechselseitige Fehlprogrammierung macht das Zusammenspiel von Parsifal / Kundry aus.

Die Heldin in dem Roman *Die Eva der Zukunft* ist zwar eine verführerische hysterische Opernsängerin, aber die Konstruktion einer ihr aufs Haar gleichenden Androiden wird notwendig, weil Alicia Clary immer falsche Texte spricht. Sie redet nicht platonisch, wie es ihr Aussehen eigentlich erwarten ließe, sondern hysterisch. Sie muß wieder zum unbeschriebenen Körper-Zeichen gemacht werden, damit sie sich neu programmieren läßt. Edison, der seine Erfindungen im Schlaf zu machen pflegt, verfügt bereits über eine Androide namens Hadaly, die aber noch ohne individuelle Merkmale (Programm) ist; sie soll die Gestalt Alicias annehmen, um Ewald aus seiner erotischen Abhängigkeit von der realen Alicia zu erlösen. Aber Edison benötigt seine Androide, wie er gesteht, eigentlich selbst als Egeria, als Geburtsgöttin, als Partnerin seiner Erfindungen. Auf technischer Ebene wird die alte literarische Rätselfrau wiedergeboren: Selbst der Erfinder erfindet nicht ohne das (von ihm programmierte) Geheimnis als Kopplung und Rückkopplung seiner genialen Konstruktionen. Genau für diese Funktion legt Hadaly alle individuellen Züge ab. Als reine Körperoberfläche, die keine Innerlichkeit mehr verdeckt, erfüllt sie die Bedingung, um Erfindungen und Erkenntnisse ihres Erfinders hervorzulocken.

Dennoch wird Hadaly für den Lord präpariert. Sie soll ihrem Urbild in einer Weise gleichen, daß selbst Lord Ewalds Hund die Täuschung nicht bemerken wird: Es gibt bekanntlich kein zuverlässigeres Notariat der Sinne. Die Steuerung der künstlichen Frau erfolgt über ein weiteres Medium, das Edison in magnetischen Schlaf versenkt hat; aber dies gewährleistet nur den körperlichen Servomechanismus; noch fehlt das Entscheidende, nämlich das Programm oder, wie der altmodische Begriff lautet, die Seele. Wie programmiert Edison nun die Eva der Zukunft? Der Meister erklärt es selbst:

Hier nun, an beiden Seiten der Brust, sind die zwei Goldphonographen, die Hadalys Lungenflügel bilden. Sie lassen einander die metallenen Blätter ihrer harmonischen, fast könnte man sagen himmlischen Gespräche zugleiten, etwa wie die Druckerpressen die Probeabzüge aufeinander schichten. Eine einzige Tonrolle solcher Worte kann sieben Stunden lang laufen. Diese Worte aber sind den größten Dichtern, den subtilsten Metaphysikern und tiefsten Romanschriftstellern dieses Jahrhunderts entnommen; ich habe mich an die größten Geister gewandt, und mittels Unsummen mir Eigentumsrecht auf diese Wunderdinge – die niemals gedruckt sein werden – erworben.
Darum sagte ich, daß Hadaly nicht Geist habe, sondern *den* Geist.[116]

Hier laufen die scholastischen und technischen Unterschiede in einer Einheit zusammen, die sie schon so lange bilden. Geist, Seele, Hypnose, Druck – tauft Edison auf das Synonym des Programms und offenbart so das Geheimnis, wie die Schaltkreise der Geschlechter funktionieren: Männer schreiben Programme, die Frauen steuern, die die Männer steuern, damit sie Programme schreiben können. Daß diese Programme ihre Autorität der Literatur verdanken, die vorgibt, Naturverhältnisse auszusprechen, zeigt die Geschichte, die hier skizziert wurde. Der futuristische Roman erzählt dies in heiterer Unbefangenheit.

Und noch jemand verrät dieses Geheimnis: Nietzsche. Er teilt es sogar in zwei Varianten mit, als Text und als Biographie. Die Schriftversion findet sich in dem Kapitel 59 der *Fröhlichen Wissenschaft*, wo das Zusammenspiel zwischen dem schlafwandelnden Künstler und der Frau, die seine Selbstprogrammierung ist, in eine ungeheuerliche Klarheit gebracht wird:

Wir Künstler! – Wenn wir ein Weib lieben, so haben wir leicht einen Hass auf die Natur, aller der widerlichen Natürlichkeiten gedenkend, denen jedes Weib ausgesetzt ist; gerne denken wir überhaupt daran vorbei, aber wenn einmal unsere Seele diese Dinge streift, so zuckt sie ungeduldig und blickt, wie gesagt, verächtlich nach der Natur hin: – wir sind beleidigt, die Natur scheint in unsern Besitz einzugreifen und mit den ungeweihtesten Händen. Da macht man die Ohren zu gegen alle Physiologie und decretirt für sich insgeheim »ich will davon, dass der Mensch noch etwas Anderes ist, ausser *Seele und Form*, Nichts hören!« »Der Mensch unter der Haut« ist allen Liebenden ein Greuel und Ungedanke, eine Gottes- und Liebeslästerung. (...) im Grunde hätte (der Mensch von ehedem) zu gerne alle Mechanik auf moralische Willens- und Willküracte zurückgeführt gesehn: – aber weil ihm Niemand diesen Dienst erweisen konnte, so *verhehlte* er sich die Natur und Mechanik, so gut er konnte und lebte im Traum. Oh diese Menschen von ehedem haben verstanden zu *träumen* und hatten nicht erst nöthig, einzuschlafen! – und auch wir Menschen von heute verstehen es noch viel zu gut, mit allem unseren guten Willen zum Wachsein und zum Tage! Es genügt, zu lieben, zu hassen, zu begehren, überhaupt zu empfinden, – *sofort* kommt der Geist und die Kraft des Traumes über uns, und wir steigen offenen Auges und kalt gegen alle Gefahr auf den gefährlichsten Wegen empor, hinauf auf die Dächer und Thürme der Phantasterei, und ohne allen Schwindel, wie geboren zum Klettern – wir Nachtwandler des Tages! Wir Künstler! Wir Verhehler der Natürlichkeit! Wir Mond- und Gottessüchtigen! Wir todtenstillen unermüdlichen Wanderer, auf Höhen, die wir nicht als Höhen sehen, sondern als Ebenen, als unsere Sicherheiten.

Und wenige Zeilen später heißt es dann auch endgültig:

Der Zauber und die mächtigste Wirkung der Frauen ist, um die Sprache der Philosophen zu reden, eine Wirkung in die Ferne, eine actio in distans: dazu gehört aber, zuerst und vor Allem – *Distanz*![117]

Mit solcher Schärfe wurde es bislang noch nie beschrieben, daß die Selbsthypnose des Künstlers einmal der Bedingung unterliegt, daß die geliebte Frau zwar einen Körper hat, aber daß dieser Körper lediglich eine Oberfläche ist. Der Wunsch (der alte Traum) wollte die Frauen als moralisch steuerbare Automaten, während sie tatsächlich physiologischen Mechaniken gehorchen. Der Traum verfügt dennoch über genügend Macht, um den Nachtwandler-Künstler in Bewegung zu setzen. Doch damit der Zauber der Frauen wirkt, darf es keine Nähe geben, sondern nur Distanz.

Begehren und Distanz zugleich – für diese Paradoxie sind schon viele Einrichtungen erfunden worden. Die Literatur zählt dazu. Und da auch hier weiter die Autorität der Literatur (der Texte) gilt, sollen noch zwei literarische Beispiele für das Hypnose-Modell zeigen, daß diese Form der Selbst-Programmierung eine Universalsprache ist. Im Jahr 1961 erschien eine Erzählung des japanischen Nobelpreisträgers Yasunari Kawabata mit dem Titel (in deutscher Übersetzung) *Haus der schlafenden Schönen*. In der Perspektive eines älteren Mannes betritt der Leser eine Art Freudenhaus, wo allerdings die bemerkenswerte Einschränkung gilt, daß den Besucher dort nur in tiefen Schlaf versenkte Mädchen erwarten. Es gilt auch das strikte Verbot, sie in irgendeiner Weise intim zu berühren. Ausdrücklich wird dem alten Eguchi auch verwiesen, nur mit den Fingern die Lippen der schlummernden Mädchen zu öffnen. Mehrfach besucht der alte Eguchi dieses Haus. Jedesmal erhält er eine andere Schöne zugewiesen, die stets unbekleidet, in tiefem Schlaf auf einem Bett liegt. Er verbringt ganze Nächte an der Seite der Mädchen, über die er nichts erfährt und die wie Marcels Freundin Albertine keine anderen Zeichen als die des Schlafes und des Traumes aussenden. Die Erotik beschränkt sich auf den Konsum von leisen Berührungen, Gerüchen, Atemzügen und fernen flüchtigen Geräuschen. Doch gerade der Entzug dieser sanft bewegten Körper bringt in Eguchi Erinnerungen an längst versunkene Ereignisse zurück, an erotische Erlebnisse, an seine Hochzeit, an seine Töchter, an den Tod seiner Mutter. Das schlafende Geschöpf wirkt als Katalysator:

Vorsichtig berührte er mit der Hand ihr loses Haar. Er suchte sich unbedingt zu beruhigen, indem er sich seine Verfehlungen eingestand und sie bereute; doch wieder kamen ihm all die Frauen seiner Vergangenheit in den Sinn. Aber im Grunde hatten seine Erinnerungen nichts mit der Dauer seiner Beziehungen zu tun, mit ihrer Schönheit, ihrem Reiz und ihrer Intelligenz. (...) Sie hatten mehr mit Frauen zu tun, die sich in seinen Zärtlichkeiten vergaßen, die vor Lust vergingen. Hing die Lust weniger von der Tiefe ihrer Gefühle ab als von ihren körperlichen Eigenschaften? Wie würde dieses Mädchen aussehen, wenn es einmal erwachsen sein wird? Er streckte den Arm, der sie umfaßt hielt, und strich ihr über den Rücken. Aber natürlich konnte er das nie in Erfahrung bringen. Bei seinem letzten Besuch mit dem hexenartigen Mädchen da hatte er sich sehr intensiv auf die Stärke und das Ausmaß seiner geschlechtlichen Erfahrungen in den siebenundsechzig Jahren besonnen, und er hatte diese Gedanken als Ausdruck seines Alters aufgefaßt; und es war eigenartig, daß das kleine Mädchen dieser Nacht das Begehren selbst aus der Vergangenheit zurückzubringen schien. Er berührte ihre Lippen sanft mit seinen Lippen. Es gab keinen Geschmack. Sie waren trocken. Aber der fehlende Geschmack schien ihren Reiz nur zu steigern. Möglicherweise würde er sie nie wiedersehen. Und bis ihre schmalen Lippen den feuchten Geschmack des Begehrens entwickelt haben würden, wäre Eguchi vielleicht schon tot.[118]

Auch das ist Distanz im Sinne Nietzsches. Der Entzug, der Ausfall der physiologischen Zeichen schenkt dem Betrachter gerade das Leben, nach dem ihn verlangt. Diese Beziehungen transferieren Leben in Gedanken, und es verwundert selbst den alten Eguchi nicht sehr, als er eines Morgens erwacht und ein Mädchen tot an seiner Seite liegt. Auch in dem Roman *Der Schlüssel* von Junichiro Tanizaki aus dem Jahre 1965 verkehrt ein Ehepaar nur über die Distanz von Ohnmachten, Tagebüchern und Photographien.[119]

Es ist aber kein rein japanisches Thema. Wie eine Antwort und eine partielle Umkehrung von Kawabatas Erzählung liest sich der Text *Die Krankheit Tod* von Marguerite Duras. Der 1983 erschienene Text gibt das Gedankenspiel eines Mannes wieder, der eine unbekannte, vielleicht sogar einem Film oder Roman entstiegene oder einfach erfundene Frau bittet, zu ihm zu kommen, nur eine Zeitlang bei ihm zu *sein*, nicht um ihm Gesellschaft zu leisten, nicht um mit ihm zu sprechen, nicht um die Möglichkeiten einer Beziehung zu erproben. Sie soll nur unbekleidet schlafen, damit er sie betrachten, sich ihrer vielleicht bedienen, sich in ihr Rätsel vertiefen kann; und das kann dann möglicherweise so verlaufen:

In dem halb offenen Mund die Atmung, aus, ein, aus, ein. Die Leibmaschine geht wunderbar genau. Unbeweglich über sie gebeugt, betrachten Sie sie, Sie wissen, Sie könnten nach Belieben über sie verfügen, könnten bis zum Äußersten gehen. Sie tun es nicht. Statt dessen streicheln Sie den Körper mit solcher Zartheit, als wollten Sie ihm vielmehr das äußerste Glück. Ihre Hand oben auf dem Geschlecht, zwischen der Lippenspalte, da streichelt sie. Sie betrachten die Lippenspalte und deren Umgebung, den ganzen Körper. Sie sehen nichts.
Sie wollen alles von einer Frau sehen, soviel wie nur möglich. Sie merken nicht, daß Sie dazu außerstande sind.
Sie betrachten die verschlossene Gestalt.
Sie sehen zuerst die leichten Schauder sich auf der Haut abzeichnen, vergleichbar jenen des Leidens, und dann die Lider zittern, so, als versuchten die Augen zu blicken, und dann den Mund sich öffnen, so, als wollte der Mund sprechen. Und dann bemerken Sie, daß unter Ihren Liebkosungen die Geschlechtslippen anschwellen und daß deren Samt eine Flüssigkeit entspringt, klebrig und heiß wie Blut. Nun streicheln Sie rascher. Sie bemerken, daß die Schenkel sich auftun, um Ihrer Hand den besseren Spielraum zu lassen.
Und plötzlich ein Klageruf: Sie sehen die Lust über sie kommen, sie überwältigen, sie aus dem Bett heben.[120]

Für sie das Leben, für ihn den Tod. Für ihn das Wissen, für sie das Rätsel. So arbeitet und funktioniert ein Modell der Geschlechterbeziehung, das ohne Trug ist, denn es hat die Sprache auf ein absolutes Minimum reduziert.

Das Zwitschern des Fleisches (1)

Die Philosophenneugierde benötigt das Rätsel der Frauen, die stillgelegte Emanation der Zeichen an ihren Körpern, um den aufopfernden Dienst an der Menscheit zu tun. Möglicherweise gilt dieser Wisenswunsch nur jener einen Nachricht, die der Mann in Marguerite Duras' *Die Krankheit Tod* neben seiner Diagnose empfängt: dem Klageruf der Lust, dem unartikulierten Zwitschern des Fleisches.

Es gibt schon lange die Wissenschaft und Literatur dieses Zwitscherns. Die Philosophie, die Jurisdiktion, die Linguistik, die Lyrik haben sich um diese Universalsprache gekümmert, und selbstverständlich unterrichten darin die Liebeslehren. Sokrates erörtert im Dialog *Philebos* mit Protarchos die Frage, ob im Übermut oder in der Besonnenheit mehr Lust zu finden sei. Unweigerlich kommen sie auch auf die höchsten Lüste zu sprechen, die ihre unverwechselbare Semiotik haben:

> (...) die weit reichlicher eingeflößte Lust aber zieht den ganzen Körper zusammen, es kommt zu Verzerrungen und Zuckungen, zu allen möglichen Verfärbungen und Gestikulationen, zu Keuchen und Schnauben, zu besinnungslosen Aufschreien, (...) und auf diese Weise kommt der Leidende dazu, von sich zu sagen – oder die anderen von ihm, daß er alle Lüste auskostet, so daß er daran sterben möchte.[121]

So lassen sich die Wege eines einfachen Wissens verfolgen: Aus der Sprache der Philosophie wandern der Schrei und die Stimme der Lust hinüber in die erotischen Handbücher. In keinem Liebesakt darf das Zwitschern fehlen, denn die Lust ruht der Wahrheit und dem Wissen auf. Daher rät der Meister der Liebeskunst Ovid allen Frauen:

> Bis in ihr innerstes Mark gelöst soll die Frau alle Wonnen
> Spüren; das Lustgefühl soll gleich groß für beide dann sein.
> Nie sollen schmeichelnde Worte verstummen und liebliches Flüstern,
> Lockere Worte solln nicht aufhören mitten im Spiel.
> Du auch, der die Natur versagt hat, Lust zu verspüren,
> Täusche mit künstlichem Laut süße Empfindungen vor.
> Unglücklich ist das Mädchen, bei welchem die Stelle, die gleiche
> Lust Mann und Frau schenken soll, stumpf und empfindungslos ist.
> Hüt dich nur, wenn du was vortäuschst, dich zu verraten; bemüh dich,
> Daß durch Bewegung und Blick du dabei glaubwürdig wirkst.
> Das, was du gern hast, bekunde dein Mund durch Laute und Keuchen;
> *Der* Teil – wie schäm ich mich jetzt – hat sein geheimes Signal.[122]

Ob es nun laut oder lärmend ist, wie Sokrates meint, oder geheim, wie es die Liebeslehre dekretiert, das Wissen hat sich dieser Zeichen (Ovid nennt sie *notas*) angenommen. Und das Gesetz. Im Traktat Kethuboth des *Talmud*, das die jüdischen Regelungen der Eheschließung und der Scheidung behandelt, wird die sogenannte »Schreierin« erwähnt:

Was heißt Schreierin? R. Jehuda erwiderte im Namen Semuéls: Wenn sie über Angelegenheiten der Beiwohnung laut spricht. In einer Barajtha wurde gelehrt: Wenn bei ihrer Beiwohnung in diesem Hofe ihr Stöhnen in einem anderen Hofe gehört wird.[123]

Hier hat sich das Gesetz eingeschaltet, um das Zwitschern des Leibes zu regulieren. Es gehört in die Intimsphäre und darf keine definierten räumlichen Begrenzungen überschreiten. Die alte jüdische Regel verlangt ein tendenzielles Verstummen auf den beiden Ebenen des »Naturgeräuschs« wie des Diskurses. Diese Sprachen der Lust und das Zwitschern werden erst nach Jahrhunderten wieder ausgegraben.

Der galante Roman des 17. und 18. Jahrhunderts eröffnet den Zeichen des Fleisches seine Blätter, und der Leser stellt fest, daß hier endlich das weibliche Stocken zu seinem Recht kommt. Man vernehme in Robert-André Andréa de Nerciats Roman *Den Teufel im Leibe* aus dem Jahre 1803 die Äußerungen des Mädchens Nicole auf dem Höhepunkt der Lust:

So! Hören wir auf... Ka...me...rad...! Ha!... Ha!... Ver...ver...er..r... flucht! Ich bi...n... glaube ich... ich b...bi...n... fertig... ah...aah![124]

Nerciat zögert auf der anderen Seite nicht, diese Zeichen zu besonderen Kostbarkeiten zu erklären, die sich eigentlich dem Schriftmedium entziehen. In *Les Aphrodites* kommentiert er die Laute der eben entjungferten Violette: »Ihrem Munde entschlüpfen jene beredten Nichtigkeiten, die wir nicht in der Mühle einer schriftlichen Wiedergabe zermalmen wollen.«[125] Es gibt eine reiche Rhetorik der Lust, und sie gehört in die Randzone des Überflüssigen. Sie wirft semantisch unergiebige Zeichen aus, aber gerade daher entwickelt sie ihren poetischen Reiz. Sofern Nerciat aber die kostbaren Laute auffängt und ihre brauchbaren Lexeme für die Welt festhält, bewegen sie sich auf der Linie des Übergangs zwischen den Seelenlauten zu jenen ursprachlichen Zeichen aus der Gründungsphase der Welt, die »Gott« oder »Teufel« heißen. Zwei Kostproben: Die Marquise, Königin jener kleinen erlesenen Gruppe, deren Mitglieder gemäß dem Romantitel den »Teufel im Leib« haben, liegt in den letzten Zuckungen der Lust, die sie unter Mithilfe des deutschen Prälaten Tréfoncier angestrebt hat, und sagt:

Ha... ha... er ist ein Gott... ich... es kommt... ich bin fertig.[126]

Vielleicht ist es eine Höflichkeit dem Kirchenmanne gegenüber, daß sie ihre Laute auf der Grenze zwischen dem stockenden Ausdruck des Staunens und dem Namen Gottes spielen läßt. Ihre Freundin, die Comtesse, dankt es dem Herrn Dupeville mit dem Tanz der Zeichen zwischen Seelenlauten und dem Namen des Bösen: »Oh, zum Teufel!... Teu...fel...! Es kommt!«[127] Gibt es nun wirklich eine Wissenschaft, die sich dieser ekstatischen Stammeleien annimmt? Gibt es Gelehrte, die den Unterschied Gottes und des Teufels in orgasmatischen Stoßseufzern erörtern könnten? Es gibt sie tatsächlich, und um ihr Interesse zu begreifen, muß man die edle Herkunft dieser wiederentdeckten Laute berücksichtigen. Es sind nach Sokrates ebenso wie nach Ovid oder de Nerciat Elementarlaute und Signale von Natursprachen. Die Linguistik der Aufklärung beginnt mit der Kollekte von Naturlauten wie die Literaturwissenschaft der Romantik mit dem Sammeln von Volksliedern. Aus diesem Grunde findet sich bei Friedrich Schlegel die Spekulation über die Entstehung der Sprache im Anschluß an die neue Verschriftung der orgiastischen Naturlaute;

Die älteste Form (der Sprache) ist die Interjektion, und zwar die der Wollust vorzüglich.[128]

Daß unartikulierte Laute am Anfang menschlicher Kommunikation gestanden haben, entspricht der Auffassung Rousseaus. »In frühesten Zeiten kannten die über die Erde verstreuten Menschen (...) keine andere Sprache als die der Gesten und einiger unartikulierter Laute.«[129] Ihre Quelle sind Liebe, Haß und Zorn. Erst die spätere Entwicklung der Gesellschaft, die Notwendigkeit, zwischen verschiedenen Familien zu kommunizieren, ließ die Sprache entstehen. »Kraft des Bemühens, sich verständlich zu machen, lernte man sich auszudrücken. (...) die ausdrucksvolle Geste reichte nicht mehr aus, die Stimme begleitete sie mit leidenschaftlichen Ausdrücken.«[130] Liebe und Sprache kommen für Rousseau aus der gleichen zivilisatorischen Wende. Jetzt mischen alle spekulativen Sprachentstehungstheorien die Liebe mit ins Spiel. Nicht nur als Wollustschrei. Schleiermacher etwa läßt die Sprache im trauten ehelichen Gespräch zwischen Adam und Eva beginnen.[131] Doch entdecken immer mehr Linguisten um 1800 den Nachrichtenverkehr zwischen den Geschlechtern als Anfang der Sprache. Friedrich Schlegel, der sich stets um seine intellektuelle Führungsrolle sorgte, formulierte dabei den radikalen Standpunkt. Aber auch Herder gab diskrete Hinweise, daß die weiblichen Seufzer als erste Menschenlaute erforscht werden müssen.[132]

Durch welche Zirkel der Theoretisierung mußte die Universalsprache der Wollust wandern! Das jüdische Gesetz bannt sie in die Stille, die Philosophie räumt sie aus der Sphäre der Vernunft. Die Liebeslehre macht sie zum Gesetz. Die Linguistik hebt sie in den

Rang des Wissens. Die Literatur schenkt ihr einen poetischen Sonderstatus.

Nicht allein im galanten Roman. Das Zwitschern vermochte auch die Schwelle zur Lyrik zu übersteigen. Bekanntlich verzeichnen die Archivare des Gereimten die Sorten Problemlyrik, Erlebnislyrik, Naturlyrik oder alles zusammen oder wieder anders gemischt. Ein später Nachklang jener elegischen Sprache, die Ovid in seiner *Liebeskunst* angeschlagen hat, findet sich in einem Gedicht von Karl Kraus über das Zwitschern. Wer entscheidet beispielsweise darüber, ob das »geheime Signal« der weiblichen Lust echt oder simuliert ist, wie Ovid den sogenannten empfindungslosen Frauen empfiehlt? Die Antwort bei Karl Kraus: ein Hund.

Als Kraus an Allerseelen 1915 seine Freundin Sidonie von Nádherný in Iglau an den Zug gebracht hatte, gab es gleich danach eine Wiederbegegnung. Noch vom Bahnhof aus schrieb er an die eben Abgereiste:

Als ich zum Tisch kam, stand ein winziges Hündchen bei mir, wollte gar nicht weg, mit einem Blick – es war unverkennbar, jeder hätte es zugeben müssen. Warum sollte es solche Ähnlichkeit nicht geben? Es war wirklich so, daß ich zuerst nur ein Gesicht sah – in keinem Menschen hätte ich es gesehen – und dann erst merkte, daß es ein Hündchen war. Es war ein Wiedersehen beim Abschied. Ja aber, sagte ich zu ihm: gut, du bist es; aber du hast doch keine Stimme! Da kam – wahrhaftig! – ein Klagelaut, ganz, ganz derselbe, wie von dem andern Abschied. Es war wirklich genau so, ich täusche mich in Stimmen nicht, und auch nicht in Gesichtern.[133]

Keine Täuschung: Die Geliebte ist als Blick und als Liebeslaut zurückgekehrt. Ein Irrtum wäre bei dem großen Menschen- und Unmenschenstimmenimitator Karl Kraus nicht möglich. Seine Lyrik bevorzugt im allgemeinen die schlichte Sprache des Epigonen. So nahm das Erlebnis von der truglosen Wiederkehr der Geliebten in Blick und Stimme seinen Einzug in ein Gedicht mit dem Titel *Abschied und Wiederkehr*. Es beginnt mit den Zeilen über das Zwitschern:

> Löst sich die Lust von ihrem letzten Lohn,
> So klammert sich ans Herz ein Klageton.

Dann wird dieser Augenblick der höchsten Lust mit dem melancholischen »Verweile doch!« Fausts beschworen, ehe die Wiederkehr dieses verlorenen Augenblicks in Versen bezeugt wird:

Doch ist er fort. Sie hat ihn mitgenommen
beim Abschied ihrer selbst. Ich stand beklommen.
Wie alles Licht in Rauch und Nebel schwand –
ein armes Hündchen plötzlich vor mir stand.
Sah auf zu mir und hatte ihren Blick.
Ließ sie mir ihn als Unterpfand zurück?
Und wie es immer wimmernd zu mir schaut,
so war's ihr Schmerz, so war's ihr Klagelaut.[134]

Das Zwitschern des Fleisches, das im 20. Jahrhundert Autoren wie
Karl Kraus oder Autorinnen wie Marguerite Duras als Klagelaut vernehmen, kommt stets aus Frauenleibern. Das ekstatische Stammeln
oder die zerrissene Rede der Lust ertönt in einer merkwürdigen Resonanz auf jenes Stammeln und Stottern, das ein männliches Privileg zu
bilden scheint. Die Wissenschaft dieses Zwitscherns befaßt sich dabei
mit zwei Fragen: Ist es eine Natursprache, die jenseits des Betruges,
oder besser: diesseits der Täuschung Mitteilung macht? Oder ist es
die Sprache jenes universellen Anfangs des Menschen überhaupt, wo
der Übergang vom Tierischen zum Artikulierten zu situieren ist?
Kann die Frage nach der Sprache und nach dem Anfang der Menschen überhaupt abgelöst werden von der Frage nach Grenzziehun-
gen zwischen Liebe und Betrug?

3. Die Namen der Liebenden

Odysseus und Penelope: Listen und Textilien

Die abendländische Erörterung des Betrugs beginnt und endet mit Kommentaren zur *Odyssee*. Die großen Geistesgaben des Helden (Penelopes Klugheit findet hingegen kaum Aufmerksamkeit[1]) brachten ein überaus reiches und kontroverses Kommentarwesen hervor. Während die klassischen römischen Autoren – Horaz, Cicero, Seneca – den großen Odysseus mit Lobsprüchen überhäuften, geriet er im Auge der christlichen Dichter und Richter in ein schiefes Licht. Horaz setzte in seinen *Epistulae* dem homerischen Helden das Denkmal eines Wissenschaftlers, eines Ethnographen, der »viele Menschen, Städte und Sitten mit klugem Blick erforscht hat«.[2] Doch gerade für diese kühne und kluge Empirie, die Odysseus alle Anerkennung der Antike eingetragen hat, wurde er im Mittelalter geröstet. Das Dokument dieser Sanktion bewahrt Dantes kosmisches Reiseepos *Die Göttliche Komödie*. Darin beschreibt der Weltenwanderer Dante die mythischen Räume des mittelalterlichen Kosmos, die Unterwelt, den Läuterungsberg und das Paradies, indem er das gesamte Menschengewimmel dieser Welten zu Kronzeugen der scholastischen Theologie und ihrer juristischen Doktrinen macht. Sein Reisebericht registriert nicht nur Orte sehr unterschiedlich gestufter Seligkeit, sondern von Experten der Grausamkeit eingerichtete Strafkolonien. Dante trifft Odysseus im Inferno, im 8. Graben des 8. Höllenkreises. Wie in allen Abteilungen dieses Unterweltsystems bietet sich den entsetzten Blicken der Besucher eine fürchterliche Revue von Körperstrafen, denen die prominenten Gestalten der mythischen und historischen Überlieferung dort unterworfen werden. Warum muß der, wie ihn Homer bereits nannte, »vielduldende Odysseus« nun auch noch im danteschen Inferno als brennende Flammenkugel ewig weiterleiden? Der keineswegs zerknirschte Sünder erklärt es den Besuchern der Hölle in einer ausführlichen Rezitation aus seiner Biographie: Einmal machte er sich der ungebührlichen Neugierde schuldig, als er den empirischen Raum der mittelalterlichen Welt überschritt. Noch viel schwerer wiegen eine Reihe weiterer Vergehen: Odysseus hat, wie die übrigen Delinquenten im gleichen Höllenkreis, »trügerischen Rat« erteilt. Darunter fallen seine Listen gegenüber Achill, der taktische Geniestreich mit dem Trojanischen Pferd und der Raub des Palladiums aus Troja.[3] Der Einsatz von Listen und militärische Täuschungsmanöver gelten im Gerichts-System der

Göttlichen Komödie als »trügerischer Gebrauch der Ratio« und werden nach talionischem Prinzip geahndet. In eine züngelnde Flamme verwandelt, erleidet Odysseus am Leibe, was gemäß dem Wort aus dem Jakobus-Brief 3,6 die Zunge ist: ein Feuer.[4] Die Zunge des Odysseus brennt allerdings auch heute noch. Ein ganz neues Gerichtsverfahren gegen Odysseus eröffneten Theodor W. Adorno und Max Horkheimer in ihrer *Dialektik der Aufklärung*. Mit geradezu sokratischer Strenge verurteilten die Richter der Kritischen Theorie die sogenannte Vernunft des Odysseus. »Betrug war das Mal der Ratio«, erklärten sie und verwarfen die »selbsterhaltende List« des Odysseus als »Nominalismus« und »Sophistik«.[5]

Worauf aber bezieht sich die mittelalterliche Kritik, die den Mißbrauch der Vernunft inkriminiert? Und was besagt der Betrugs-Vorwurf, die kriminelle Schuld des *Nominalismus*, der *Sophistik*, die Adorno / Horkheimer Odysseus aufs Gewissen laden? Die Antwort führt notwendig über eine Klärung, in welchen Begriffen Homer die odysseeische Vernunft bezeichnet. Eine stereotype Formel in der Erzählung feiert den Helden als »erfindungsreich« (*polymätis*). Der Topos beurkundet, daß Odysseus über eine vielgestaltige Intelligenz, über Klugheit, Einsicht und Verstand verfügt. Athene, die etwas von Geistesgaben versteht, rühmt ihren Schützling als den ersten an Rat und Rede (*bulä kai mythoisin*) unter den Menschen.[6] Telemachos attestiert seinem Vater, daß er mit der höchsten Klugheit (*aristän mäthin*) unter den Menschen (23, 124 f.) ausgestattet sei. Diese kleine Akte von Gutachten über die Geistesgaben des Odysseus läßt erkennen, daß es keine philosophische Ratio sein kann, die sich durch Listen das Mal des betrügerischen Niedergangs verdient hätte. Vielmehr errang Odysseus seine Ruhmestitel dank der Fähigkeit, situationsbezogen Rat zu geben und Lösungen zu finden. Empirie und Flexibilität seiner Ratschläge nähren den Ruhm des Helden. Die Dinge liegen mithin genau umgekehrt, als es die Gerichtsherrn der Kritischen Theorie wahrhaben wollen. Nicht die odysseeische List zehrt eine naive vorinstrumentelle Vernunft aus; vielmehr brachten die scholastischen und später die dialektischen Vernünfte durch ihre Vereinheitlichungen die polymorphen Intelligenzen Klugheit und Weisheit in Verruf. Es rechnet sich nicht zur Schuld des Odysseus, daß Begriff und Gabe der *List* bei den Großbanken der Vernunft keinen Kredit mehr erhalten. Wer den Weltlauf einer einzigen Vernunft zu unterstellen trachtet, der kann mit der Beweglichkeit von Klugheiten nichts mehr anfangen.

Die erste Expertin für Geistesgaben im griechischen Mythos ist Athene. Sie schickte Odysseus als Prototypen der Weisheit und als ihr

Abb. 8: Herbert Draper, *Odysseus und die Sirenen*, 1909.
Wohin geht der Blick des Verführten?

eigenes Double in die Welt. An entscheidender Stelle nämlich bescheinigt Athene ihrem Schützling, daß sie beide, die Göttin und der
Erfindungsreiche, über die gleiche ausgezeichnete Verstandeskraft
verfügen. Odysseus erwacht am Morgen nach seiner Landung auf
Ithaka aus der Hypnose, die er Athene verdankt, und stochert in dem
von gleicher Hand verbreiteten Nebel herum. Da tritt ihm die Göttin
entgegen, ohne sich allerdings gleich zu erkennen zu geben. Zur Sicherung seiner Anonymität erzählt Odysseus dem vermeintlichen
Schäfer eine erfundene Geschichte von seinen Schicksalen. Endlich
offenbart sich Athene doch und attestiert dem Helden, daß er ein
Champion der Täuschung sei; jetzt sollten sie sich aber wechselseitig
nichts mehr vormachen:

> Geist erforderte das und Verschlagenheit, dich an Erfindung
> Jeglicher Art zu besiegen, und käm' auch einer der Götter!
> (...)
> Aber laß uns hievon nicht weiter reden; wir kennen
> Beide die Kunst: du bist von allen Menschen der erste
> an Verstand und Reden, und ich bin unter den Göttern
> Hochgepriesen an Rat und Weisheit. (13,291 ff.)

Die Kunst, die beide kennen, das Weisheitsprogramm, das beide beherrschen, heißt das Wissen von den Listen (*kerda eidos*). Und Athene besitzt genügend Überblick für die Einschätzung, daß sie beide darin unter Göttern und Menschen unschlagbar sind. Dieses Wissen besteht nun aber nicht aus enzyklopädischen Lektionen, obwohl Odysseus in der römischen Antike den Ruf eines Gelehrtern genoß.[7] Als elementare Kunst gehört vorderhand die (homerische) Gabe des Erzählens und Erfindens dazu. Und die altertümlichen Geisteskräfte List und Weisheit bezeichnen die Fähigkeit, auf unvorhersehbare schwierige Situationen beweglich zu antworten. Gegenüber der Kontingenz der Ereignisse und Wechselfälle gilt es intuitiv den Rückweg zur Ordnung zu finden. Zur Elite-Klasse derjenigen, die über ein Wissen von den Listen verfügen, gehört auch Penelope. Ihr bescheinigt der fruchtrierte Freier Antinoos, daß sie »über tüchtigen Verstand und List« (*phrenas esthlas* sowie *kardea*) verfüge. Und diese Eigenschaft hebe sie weit über alle Frauen der Geschichte hinaus. Auch Penelope ist Weltmeisterin des Geistes. Und wer hat ihr diese Dotation gemacht? Athene. Doch die Göttin verlieh ihr nicht nur die Geistesgabe *List*, sondern auch die Kunst, diese Gabe über eine besondere Geschicklichkeit anzuwenden, nämlich »wundervolle Gewande mit klugem Geiste zu wirken« (2,117 ff.). Bei Athene ressortiert auch die Webkunst.

Die Göttin schaltet zwischen Penelope und Odysseus zahlreiche Verbindungen. Sie verkörpert die auf beide spiegelbildlich verteilten Geistesgaben: das Wissen von den Listen. Sie verbindet das Paar nicht nur in egalitärer Klugheit, sondern auch durch funktionelle Ergänzungen miteinander: Das Ergebnis dieser Kooperation ist ihre dem Schicksal abgetrotzte Wiedervereinigung sowie – auf anderer Ebene – die Erzählung der *Odyssee*. Penelope produziert jenes Gewebe, die Textur, den Text, den Odysseus als Erzähler seiner eigenen Geschichte erlebt und berichtet. Die Spiegelung und die Ergänzung ergeben sich daraus, daß Odysseus im Mittelmeerraum umherirrt, ohne voranzukommen, während Penelope ihr Gewebtes jeweils in der Nacht wieder auflöst. Und doch hält das Gewebe, das sich auf diese Weise langsam in Vor- und Rückschritten entfaltet, die Struktur der Geschichte fest, die Odysseus kontinuierlich erzählt. Während sein Schiff von Stürmen und Zufällen, von Schicksals- und Götterlaunen bald hierhin, bald dorthin getrieben wird, bewegt sich das Weberschiffchen Penelopes zwar weniger zufällig, aber doch spiegelbildlich in jenem unaufhörlichen Hin und Her, worin sich das Fatum (die Geschichte) ihres Mannes nachzeichnet und aufschreibt.[8] Athene schenkte Odysseus die Gabe des Wortes und der Rede (*mythos*), und

Abb. 9: J. R. Spencer Stanhope, *Penelope*, 1864. Der Text / das Textil seiner Abenteuer.

wie die modernen Eckermänner und Dichtersekretärinnen[9] zeichnet Penelope, die von der gleichen Göttin mit der Kunst des Webens belehnt wurde, diese erzählte Geschichte in die Textur des Bahrtuches für den greisen Laertes. Der griechische Mythos kennt eine ähnliche Geschichte von einem heimlich gewebten Text, die in vielen Varianten überliefert ist. Auch Ovid erzählt sie in seinen *Metamorphosen*. Philomela wurde von ihrem Schwager Tereus erst vergewaltigt, und anschließend schnitt der Gewalttäter dem Opfer und der einzigen Zeugin auch noch die Zunge aus dem Munde. Doch Philomela gab ihrer Schwester über ein von ihr gefertigtes Webstück Nachricht von den Verbrechen.[10] Penelope arbeitete an dem Tuch unter dem Vorwand der Sorge, daß der Vater des Helden auch mit den gebührenden kultischen Zurüstungen begraben werden kann. Temporär und logisch operiert sie in der Dimension des Aufschubs und der Stockung, damit der lebendige Odysseus ihrer Hochzeit mit einem der Freier zuvorkommt. Zwischen dem gefürchteten Tod ihres Mannes und der Hochzeit, die sie mit dem zurückgekehrten Odysseus feiern wird (23,135), bewegt sich Penelopes Kunst, die Zeit zu sistieren und zu strukturieren. Das Spiel des Aufschubs, der Erzählung ist ihr Betrug.

Athene richtet den Kanal zwischen dem getrennten Paar ein. Nicht nur als Verteilerin von List und Kunst (der Erzählung und der Texte), sondern auch als Informantin und Therapeutin. Wie Odysseus hypnotisiert sie bisweilen auch Penelope, um ihr dann im Schlaf beruhigende Nachrichten zu übermitteln (4,760 ff.). Über die Distanzen der Irrfahrten hinweg sorgt sie für das Gleichgewicht des Paares. Selbst scheinbar nebensächliche Episoden zeigen, daß die Weberin des Totengewandes ein Doppel des Mythenverfertigers Odysseus ist. Im Hause des liebenswürdigen Phäakenkönigs Alkinoos vernimmt der (wiederum anonyme) Odysseus aus dem Munde des Sängers Demodokos seine eigene Geschichte: die Eroberung Trojas. Daraufhin weint Odysseus die Tränen eines trauernden Weibes:

Dieses sang der berühmte Demodokos. Aber Odysseus
Schmolz in Wehmut, Tränen benetzten ihm Wimper und Wangen.
Also weinet ein Weib und stürzt auf den lieben Gemahl hin,
Der vor seiner Stadt und vor seinem Volke dahinsank,
Streitend, den grausamen Tag von der Stadt und den Kindern zu fernen;
Jene sieht ihn jetzt mit dem Tode ringend und zuckend,
Schlingt sich um ihn und heult laut auf; die Feinde von hinten
Schlagen wild mit der Lanze den Rücken ihr und die Schultern,
Binden und schleppen als Sklavin sie fort zu Jammer und Arbeit,
Und im erbärmlichsten Elend verblühn ihr die reizenden Wangen. (8, 521 ff.)

Die Tränen über die (vergangene) Geschichte des Helden und seine Irrfahrten stehen in einem spiegelbildlichen Verhältnis zu den Tränen seiner Frau, die ein künftiges Schicksal absieht, nachdem ihr Mann den Tod gefunden hat. Solche Schwingungen zwischen den Emotionen über ein vergangenes und ein zukünftiges Schicksal erzeugen den Stereo-Effekt der gesamten *Odyssee*. Das Fatum des einen ist auch das Fatum der anderen. Schicksal, List, Kunst, Erzählung, Trauer teilen sich, um über die ungeheure Ferne der Trennung Doppel und Resonanzen zu bilden. Auch die Liebe im antiken Sinne: Der Mann investiert seine Liebe in einen kriegerischen Körper; er garantiert bis hin zum Opfer den Schutz der Frauen- und Kinderkörper, die die Reserve des Staates bilden. Auf ihrer Seite antwortet die Treue als Investition ihres Körpers in den Dienst der Kontinuität von Familie und Staat. Verausgabung (Opfer) und Reserve (Treue) ergänzen sich zur pragmatischen und moralischen Spiegelrelation der Liebe. Vor diesem Hintergrund erwiese sich die angeblich betrügerische Ratio des Odysseus in einem unvoreingenommenen Prozeß als das antike Ideal der Klugheit, das keinem der beiden Geschlechter exklusiv zugewiesen ist. Indem sich nun einmal diese Klugheit als eine göttliche Dotation erweist, an der sowohl Odysseus wie auch Penelope gleichen Anteil haben, und indem beide, der umhergetriebene Mann und die bedrängte Frau, in einer deutlich aufeinander abgestimmten Teilung den Mythos, die Erzählung produzieren, fehlen alle Anhaltspunkte, um Odysseus anzuklagen. Das Mittelalter kannte übrigens das homerische Epos nur auszugsweise aus zweiter Hand, und das Gericht in der *Göttlichen Komödie* urteilt somit auf der Basis einer kümmerlichen Aktenlage. Wenn Dante seinem Odysseus in das Manuskript der Selbstanklage hineinschrieb: er habe aus Forschergeist und aus Neugierde, ohne an Vater, Frau und Kind zu denken, das verhängnisvolle Reiseabenteuer unternommen, dann beruht das Diktat auf der Unkenntnis über das glückliche Ende der Erzählung.

Anders steht es mit der Anklage des Betrugs, die mittelalterliche wie moderne Richter erheben. Gegen welches abendländische Gesetz verstößt die List? Die List ist nicht autorisiert, einen Charakter der Sprache zu offenbaren, den die christlichen wie hegelianischen Metaphysiker mit allen Tricks ihrer Kathedermacht gerade verhüllen möchten. Aber genau das hat Odysseus, der den Zyklopen Polyphem narrte, getan. In einer merkwürdigen, aber unzerreißbaren Verbindung verurteilen die philosophischen und theologischen Richter von Platon bis Heidegger den Betrug in der Sprache und das Verfehlen der Geschlechterfunktion oder das Verfehlen in der Geschlechterfunktion als ein gleiches Verbrechen. Wer in der Sprache betrügt, der betrügt gleich auch die Sprache selbst. Und der schwerstwiegende Betrug wird durch Manipulationen der Namen begangen. Namen sind nach alter Auffassung primär und heilig. Die erste linguistische Übung des Menschen Adam, kurz bevor ihn Gott hypnotisierte, um Eva aus seiner Rippe zu schneiden, bestand in der Taufe der Tiere unter dem Himmel und auf dem Felde (1. Mose 2,20). Was macht dann im Auge der Richter ein Odysseus, der sich den Namen *Niemand* gibt? Durch diesen semiotischen Trick überlistete Odysseus den tumben Riesen Polyphem. Auf die Frage nach seinem Namen antwortete Odysseus dem einäugigen Ungeheuer, er heiße Niemand. Und als Polyphem, im Schlafe von Odysseus und seinen Gefährten geblendet, die Freunde um Hilfe bat und schrie: »Niemand erschlägt mich mit List und nicht mit Gewalt«, da antworteten die Freunde: »Wenn dir denn keiner Gewalt antut in der einsamen Höhle, so ist gegen die Übel, die Zeus gesandt hat, nichts zu machen« (9,408 ff.). Odysseus freute sich über die gelungene List, aber die Richter der Kritischen Theorie verspürten nur den Jammer der gezeichneten Vernunft:

Aus dem Formalismus der mythischen Namen und Satzungen, die gleichgültig wie Natur über Menschen und Geschichte gebieten wollen, tritt der Nominalismus hervor, der Prototyp bürgerlichen Denkens.[11]

Nominalismus – darüber wird in diesem Kapitel über die Namen der Liebenden noch ausführlich zu handeln sein – heißt die zweite Adamitische Ursünde (die linguistische Sünde, die allerdings nicht in Adams Register steht): Namen mehrfach zu vergeben. Zugleich einen Körper (den des Odysseus) und den definierten Nicht-Körper mit dem gleichen Namen *Niemand* zu belegen, das ist Nominalismus, das ist Betrug. Wenn ein Name zwei Körpern dient oder ein Körper zwei Namen hat – das ist der Betrug an der Sprache, und das ist der Betrug in der Liebe, die Eröffnung von mehreren Kanälen an der Stelle eines einzigen. Den ersten Prozeß gegen den Betrug der Namen protokolliert Platons Dialog *Kratylos*. Sokrates weist mit großer Anstrengung nach, daß alle Benennungen eine »natürliche Richtigkeit« aufweisen.[12] Diesen Prozeß rollen immer neue Richterschaften wieder auf. Dabei läßt sich der Betrug mit dem Namen »Niemand« durch kaum zählbare Varianten in der morgenländischen und abendländischen Volksliteratur belegen, die bereits Wilhelm Grimm zu sammeln begonnen hatte. Der Prozeß, den die *Dialektik der Aufklärung* der europäischen Vernunft gemacht hat, müßte auf den indoeuropäischen Kulturraum erweitert werden.[13]

Die *Odyssee* beläßt es jedoch nicht bei der Ungeheuerlichkeit des Betruges. Der Weltmeister in den Listen bekommt es am Ende mit der klügsten Frau der Welt zu tun. Penelope ist nicht treu, wie die wahrhaft bürgerlichen Kommentatoren des Epos singen, Penelope ist schlau. Als es darum geht, einen Mann, der behauptet, Odysseus zu sein, auf diese präsumtive Identität hin zu prüfen, da zeigt Penelope, daß ihre List einer nominalistischen List allemal gewachsen ist. Und sogar einer List, zu der die Göttin Athene noch ihr *kerdos*, das sie zur Meisterin unter den Göttern erhebt, hinzugetan hat.

Odysseus kehrt also nach Ithaka zurück. Von Athenes magischer Hand zum Greis entstellt und in die Gewänder eines Bettlers gehüllt, quartiert er sich beim Sauhirten Eumaios ein. Das Anonymat und die Entstellung des Helden sind so perfekt, daß niemand den ehemaligen Niemand erkennt; selbst Telemachos vernimmt keine Stimme des Blutes, die ihm die Präsenz seines Vaters soufflierte. Als sich dann später Athene, die Inspizientin der Rückkehr, des Wiedererkennens und der Rache, vor der Hütte des Sauhirten einfindet, da gibt sie sich nur Odysseus zu erkennen. Telemachos mit seinen groben Sinnen verspürt auch nichts von der Anwesenheit der »schöngebildeten« Göttin, wohl aber die Hunde des Eumaios, die winselnd und zitternd davonschleichen (16,160ff.). Wenn die Tiere auch Angst überfällt, so gilt diese Reaktion gemäß den mythischen Zuschreibungen doch als Zeichen einer gegenüber den Menschen privilegierten Wahrnehmung. Wie ihnen die antike Zoologie allenthalben attestiert, verfügen Hunde über ein spezifisches theologisches Talent, das ihnen einen eigenen Zugang zum Göttlichen verschafft. Sie haben eine Nase für Götter.[14]

Damit nicht genug, Hunde nehmen auch auf privilegierte Weise Menschen wahr. Odysseus sieht sich in einem Dreiphasenverfahren, über drei von Athene überwachte Identifizierungsakte wieder in die familiale Ordnung eingeführt. Penelope erkennt ihren Gatten als letzte; sie ist auch die Vorsichtigste. Sie weiß von ihrem Mann, auf welche Schlichen die Betrüger verfallen. Odysseus hat die List nicht monopolisiert, und wie sollte ein Doppelgänger an Körper-Kraft nicht auch über die gleiche Verstandes-Gabe verfügen! Vorher erkannte die alte Pflegerin Eurykleia den in Lumpen gehüllten Greis an einer Narbe. Doch der erste, der den sonst unerkennbaren Helden identifiziert, ist sein alter Hund Argos. Odysseus nähert sich mit Eumaios seinem Haus:

Also besprachen sich diese jetzo untereinander.
Aber ein Hund erhob auf dem Lager sein Haupt und die Ohren,
Argos, welchen vordem der leidengeübte Odysseus
Selber erzog; allein er schiffte zur heiligen Troja,
Ehe er seiner genoß. Ihn führten die Jünglinge vormals
Immer auf wilde Ziegen und flüchtige Hasen und Rehe;
Aber jetzt, da sein Herr entfernt war, lag er verachtet
Auf dem großen Haufen vom Miste der Mäuler und Rinder,
Welcher am Tore des Hofes gehäuft ward (...).
(...)
Hier lag Argos der Hund, von Ungeziefer zerfressen.
Dieser, da er nun endlich den nahen Odysseus erkannte,
Wedelte zwar mit dem Schwanz und senkte die Ohren herunter,
Aber er war zu schwach, sich seinem Herren zu nähern.
Und Odysseus sah es und trocknete heimlich die Träne (...) (17,290 ff.)

Argos stammt mit seiner intellektuellen Ausstattung, könnte man glauben, gleichfalls aus einer Zeit, da der Nominalismus sein zerstörerisches Werk an Zyklopen und natürlichen Tauschgesellschaften noch nicht aufgenommen hatte. Aber welcher Art ist das Erkennen des Argos, die hündische Identifizierung denn wirklich? In der Passage, wo die Hunde des Eumaios die Anwesenheit der sonst unsichtbaren Athene bemerken, erklärt der griechische Text, daß die Hunde von der göttlichen Anwesenheit durch das Sehen oder die Wahrnehmung (*eido*) erfahren. Odysseus hingegen, dem sich die Göttin exklusiv offenbarte, arbeitete hierbei mit der intellektuellen Wahrnehmung (*noeo*). Dem Durchschnittsmenschen Telemachos werden an dieser Stelle sowohl die Wahrnehmung (*eido*) als auch die Erkenntnis (*noeo*) ausdrücklich abgesprochen (16,159ff.). Die Datenverarbeitung des Argos, der seinen restlos entstellten Herrn Odysseus wiedererkennt, hieß indessen ebenfalls *noeo* (17,301). Ihm wird also in diesem Akt ein Grad der Erkenntnis zugeschrieben, wie er auch Odysseus gegenüber Athene beschieden war. Nominalistische *und* pränominalistische Erkenntnis werden gemäß der kognitiven Ressortverteilung in der *Odyssee* von der gleichen Abteilung des Verstandes erledigt.[15]

Penelope identifiziert ihren Gatten untrüglich mit Hilfe eines Tests, worin Odysseus auf ein intimes Wissen hin, das nur den beiden Eheleuten gehört, geprüft wird. Sie befiehlt Eurykleia, dem Manne das Bett außerhalb des Gemachs zu errichten, aber Odysseus unterbricht sie mit der erstaunten Bemerkung, daß sein Bett entweder von Götterhand versetzt worden sei – oder es müsse noch in der von ihm erbauten Stellung unverrückbar bestehen: auf dem vielfach verzierten Sockel eines abgeschnittenen Ölbaumes. Erst nachdem die Referenz von Name und Körper untrüglich sichergestellt ist, kann im Zeichen dieses Namens der Kanal zwischen den Körpern des Paares wiedereröffnet werden. Athene, der provisorische Kanal über zwanzig Jahre hinweg, zieht sich zurück. Auch hier ist die Liebe als Wissen operationalisiert: als Code intimen Wissens.

Die komplizierte Anagnorisis am Ende der *Odyssee* erledigt in doppelter Hinsicht den in zwei Richtungen laufenden Betrug innerhalb der mythischen Erzählung: Die vielen Körper potentieller Ehemänner verschwinden zugunsten des einen, und die vielen Identitäten des Odysseus lösen sich im Testat seines Namens auf. Zwei Zerstreuungen (die der Körper und die der Namen) im Realen wie im Symbolischen werden damit rückgängig gemacht. Während sich Argos und Eurykleia damit zufrieden gaben, den zurückgekehrten Herrn körperlich zu identifizieren, wollten Penelope ebenso wie später der greise Laertes die völlige semiotische Gewißheit. Nicht zufällig rükken die Anagnorisis mit dem alten Vater und die erneute Erinnerung an die Ereignisse, die mit dem Erwerb des Namens und der Narbe zusammenhängen, an den Schluß des Epos. Noch einmal erhärtet sich die Namensgewißheit durch ein Erzählen. Die Erzählung aktiviert die Erinnerung an den Großvater mütterlicherseits mit Namen Autolykos. Er taufte Odysseus (19,402ff.). Und es ist nicht ohne Bedeutung, daß Autolyklos seine hervorragende Stellung in der Welt zwei Talenten verdankte: der Gabe der Verstellung und der Kunst des Schwörens (19,395). Also gab ein Meister des Betrugs und des Meineids dem Odysseus einen Namen. Dies wird im Augenblick der Anagnorisis erinnert. Als der junge Odysseus den Autolykos wieder einmal besuchte, um die bei der Namengebung versprochenen Geschenke abzuholen, da wurde jene Jagd veranstaltet, in deren Verlauf Odysseus die Wunde durch den wilden Eber erlitt.[16] Die Narbe bildet mithin nicht nur ein untrügliches Identitätszeichen, sondern durch die Erzählung und die Erinnerung an die Namengebung verdoppelt sie den Namen sogar. Daher versammelt die Schlußepisode noch einmal beide Väter um diese Narbe: als doppelte Anwaltschaft des Namens, der dem nominalistischen Trug so leicht anheimfällt.

Mit der Authentifizierung des Namens über die beiden Namengeber, den Vater, der den Vaternamen gab, und den Großvater, der den Eigennamen als seinen Namen beisteuerte, schließt die *Odyssee* im Zeichen der Narbe, die selbst ein körperliches Schließen ist: das Schließen einer Wunde und der Schlüssel zum biographischen Ereignis, das diese Wunde bezeichnet. Sie endet im Zeichen der Zeichengebung. Die Narbe bildet weiterhin die Erinnerung an die Kooperation von Odysseus und Penelope, an das Zusammenspiel von Mythos und Zeichen, von Erzählung und Textur, worin sich die Verbindung der beiden teilt und wiederherstellt.

Stockungen (3): Seefahrer

Odysseus sah sich in der Strafkolonie des Danteschen Infernos in eine brennende Zunge verwandelt: So arbeiten die Metamorphosen der christlichen Gerichtsmythologie. Die Strafe richtete ihre grausame Choreographie nach einem der ungeheuren Sätze ein, die der Jakobus-Brief über die Macht der Zunge erlassen hat: »Also ist auch die Zunge ein kleines Glied und richtet große Dinge an. Siehe, ein kleines Feuer, welch einen Wald zündet's an!« (Jak. 3,5). Die Denunziationen der Zunge und des Sprechens verbannen das kleine Glied unter die mechanischen Körperteile. Die Zunge muß wie diese gezähmt und gezüchtigt werden. Von welcher Art aber die Macht und das Machtbegehren der Zunge sind, das enthüllt sich drastisch an ihren Pathologien: am Stocken und Stottern.

Über den Stotterer Demosthenes berichtet Plutarch, daß er den Beinamen Batalos getragen haben soll. Der Name bestätigt zunächst ausdrücklich dieses Stottern, denn das griechische Wort *batarizo* (stottern) steuert die Lautfolge dieses Namens ebenso hörbar wie die im Namen des von Hesiod, Pindar und Pausanias erwähnten Stotterers und Seefahrers Battos, der angeblich eine griechische Siedlung in

Libyen gegründet haben soll.[17] Aber der Name Batalos hat, wie Plutarch andeutet, noch eine Reihe weiterer Bedeutungen:

Batalos war, wie einige sagen, ein weibischer Flötenspieler (...). Andere geben Batalos für einen Dichter aus, der unanständige Lieder geschrieben hat. Auch scheint ein Glied des Körpers, das man aus Scham nicht gern nennen mag, damals von den Athenern Batalos genannt worden zu sein.[18]

Das Begehren und das Stocken der Zunge bewegen sich nach diesem Dokument in einem Regelkreis, der auch das Verlangen und die Dysfunktionen jenes Gliedes einschließt, für das die Zunge verantwortlich zeichnet. Eine der vom Schamglied ausgehenden Dysfunktionen besteht darin, daß es regelmäßig dort, wo sein Name die Artikulationen der Zunge empfangen soll, die Paralyse des Stockens auslöst. Von diesen Funktionen und Dysfunktionen (sowie von deren Umkehrung: der Hyperfunktion) im Regelkreis der Zungen und Glieder erzählen Mediziner und Pornographen sehr ähnliche Geschichten. Im zweiten Buch des *Epidemion* behandelt Hippokrates im Kapitel über die »Physiognomie« auch das Stottern, und er rät zu einer nun keineswegs mehr überraschenden Therapie:

Die Sprechstörung des Stotterns verschwindet, wenn man einen Krampfadernbruch am rechten oder linken Hoden vornimmt; ohne diese Maßnahme ist es ausgeschlossen, daß die Symptome verschwinden.[19]

Dieser Therapievorschlag entstammt den Anschauungen der Säftelehre und ihren Theorien über die Sekretion des Spermas, wie sie Hippokrates in seiner Schrift über die Zeugung *Peri Gonäs* dargelegt hat.[20] Danach bilden sich die Fortpflanzungssäfte aus Anteilen aller Körperflüssigkeiten. Zunächst trennt sich der durch sexuelle Erregung und Erhitzung gewonnene schäumende Abhub von den übrigen Flüssigkeiten. Dann wieder destilliert sich ein aktiver und fetter Anteil aus dem zuvor entstandenen Schaumgemisch. Im wesentlichen steuert das Gehirn von seiner Substanz zu diesem edleren Anteil im Spermadestillat bei, das über das Rückenmark an den Nieren vorbei in die Hoden geleitet wird. Der Fluß des sämigen Fettschaums wird durch zwei Arten von Stockungen unterbrochen. Da gibt es einmal die natürliche Stockung der Jugend, wenn die Gefäße noch zu eng sind, um den zähen Zeugungsflüssigkeiten den Weg freizugeben; und zweitens gibt es die Stockungen, die durch gewaltsame oder krankhafte Unterbrechungen des Säfte-Flusses hervorgerufen werden. So hindert die Entfernung der Hoden etwa einen Eunuchen daran, den Koitus auszuführen, weil ein wichtiger Leiter und Speicher für den Sperma-Transport ausfällt. Aber auch Männer, denen einmal neben den Ohren Einschnitte gemacht wurden, vermögen zwar den Koitus auszuführen, doch sind sie weitgehend unfruchtbar, weil die Bahnen für den aus dem Gehirn stammenden besten Anteil des Spermas durch die Narbe unterbrochen sind. Eine entsprechende Wirkung erzielt auch die Krampfader am Hoden. Sie zeitigt indessen nicht nur Wirkungen, sondern auch Rückwirkungen auf das Gehirn und auf die Zunge. Der Zungenspasmus bei der Rede läßt sich als Rückkopplung der ausgebliebenen Spasmen beim Auswurf der destillierten Körpersekrete erkennen. Aus dieser Kybernetik von fließenden Mitteilungen und Fortpflanzungssäften sowie ihren Stockungen bildet sich die hippokratische Theorie und Therapie des Stotterns.

Nicht sehr viel anders lehren die *Problemata physica* des Aristoteles: Leitungsstörungen in den Gefäßen, die die Zeugungsorgane mit Säften und mit dem für die Erektion erforderlichen Pneuma versorgen, lösen das Stottern ebenso wie die Melancholie aus. Die empfohlene Behandlung besteht auch hier in Aderbrüchen.[21] Dieses Stottern heißt übrigens bei Hippokrates ebenso wie bei Aristoteles *ischnophonia*; der pathologische Terminus diagnostiziert also ursprünglich eine Schwäche der Stimme; dennoch ist für den Begriff die Bedeutung des Stotterns gesichert.[22] Bestätigt wird diese Lesart durch den Befund, daß in der hippokratischen wie später in der galenschen Pathologie der Zunge nirgendwo von Frauen die Rede ist, die auch schon in der Antike das Privileg besaßen, von spastischen Redestörungen verschont zu sein.[23] Eine zweifache Analogie verbindet das Stottern der Zunge mit dem Glied, dessen Namen nur Mediziner stockungsfrei aussprechen können. Einmal ist es die Scham selbst, die Maske des Zeugungs-Organs und seines Namens, welche die Zunge im Spiel der Artikulationen paralysiert. So erklärt die *Rhetorik* des Aristoteles in einem langen Kapitel über die Scham, daß nicht nur bestimmte Handlungen wie etwa der Geschlechtsakt beschämend sind, sondern auch die Zeichen davon.[24] Die Hemmung, den Namen der Scham anders als in Metonymien ihrer Unsagbarkeit zu bezeichnen, wohnt auf der Zunge. Allerdings verfügt das unaussprechliche Glied über eine eigene natürliche Sprache des Begehrens: Es spricht, indem es sich in den Phallus verwandelt. Diese Spontansprache sorgt für die zweite Analogie in der Kybernetik von Zunge und Glied. Woher beziehen bestimmte Organe, wie Zunge oder Genitalien, das Wissen ihrer Funktionen? fragt Galen in seiner Abhandlung über die Krankheiten der Glieder *De affectis partibus*.[25] Und die Antwort lautet: Sie sprechen natürliche Sprachen. Doch gilt es nach Galen auch hier Un terschiede zu machen. Denn während das Glied, sobald es begehrt, unverzüglich seine Interessen als Phallus erklärt, muß die Zunge, die nur das Sprechen*können* bereits kann, die Sprache erst erlernen. Galen stieß übrigens bei seinen gynäkologischen Untersuchungen auf eine auch bei Frauen sichtbare Analogie zwischen Sprechfunktion und Genitalfunktion. In seinem Traktat über die Funktion der Körperglieder *De usu partium corporis* erläuterte er, daß die Klitoris gegenüber der Gebärmutter die gleiche Schutzfunktion innehabe wie die Uvula gegenüber dem Kehlkopf.[26] Es sei einmal zwischendurch gesagt: In diesen Distanzen zwischen den Gliedern und in diesem Intervall zwischen der Natursprache und der Kultursprache des Begehrens residiert alles Glück und alles Elend der Liebe. Um dem Begehren den Weg zu ebnen, muß gesprochen werden. Die Rede muß den Kanal zwischen den Körpern einrichten, um dann dem Zwitschern zu weichen. Die pornographische Phantasie lebt zu einem guten Teil von dem Wunsch, diesen Umweg über die Reden und ihre drohenden Katastrophen zu vermeiden. Hier verspricht vor allem den Frauen der Mythos des sprachgestörten Phallusbesitzers Abhilfe. John Clelands galanter Roman *Die Memoiren der Fanny Hill* aus dem Jahr 1749 präsentiert einen solchen Jungen. Ein stotternder Kretin, der Blumen verkauft, erregt die Neugierde von Fanny und ihrer Freundin Louisa:

Oben teilte mir Louisa mit, sie müsse ein sonderbares Gelüste befriedigen und sich überzeugen, ob die allgemeine Regel auch bei diesem Idioten zuträfe und wieweit die Natur ihm an körperlichen Gaben zugelegt, was sie ihm an geistigen entzogen habe. Dafür bat sie mich um meinen Beistand. (...) Ein Hosenlatz, den ich löste, ein Lumpen von Hemd, den ich wegschob, enthüllten die Standarte des Idioten, hoch und stolz. (...) Das Monstrum konnte sich wahrhaftig für Geld sehen lassen. Das ungeheure Haupt ähnelte nach Größe und Form einem Schafsherzen, und am Schafte konnte man mit der ganzen Hand entlang fahren. Dem entsprach der Vorratsbeutel, der sich mächtig und rund präsentierte und vollständig den Beweis dafür erbrachte, daß der Junge nicht umsonst ein Idiot war, denn »eines Narren Spielzeug ist einer Dame Spielgenoß«, wie es heißt – und nicht ohne Grund (...). Die Natur hatte, mit einem Wort, in diesen Regionen des Burschen so viel für ihn getan, daß sie es sich wohl schenkte, ihm auch noch etwas in den Kopf zu geben.[27]

Die Mythen über die Verteilung der intellektuellen und sexuellen Güter verarbeiten noch im 18. Jahrhundert die hippokratische, aristotelische, galensche Lehre über die Samenflüssigkeit, die ihre Verluste rücksichtslos über Raubzüge an den Hirnsubstanzen ausgleicht.[28] Sogar der mittelalterliche Dichterphilosoph Bernhardus Silvestris sang noch in seiner mythisch-allegorischen Weltbeschreibung *Über die Universalität der Welt* aus der Mitte des 12. Jahrhunderts: »Das Blut fließt aus der Hirnregion zu den Nieren und enthält dann gleichviel an weißen Samen.«[29] Und wenn es die erotischen Legenden wollen, dann fließt eben alles Blut zu den Lenden und hinterläßt nur den Spasmus der Zunge, wenn dieser Fluß unterbrochen wird. Der brave Kretin erscheint bei Cleland als ein Außenseiter der Natur, als Anomalie, und er wird daher von den beiden lüsternen Mädchen nicht einmal mit Namen angeredet. Ein sanftmütiger Bruder im Geiste dieses Blumenverkäufers aus Clelands Roman ist Herman Melvilles Titelheld der Erzählung *Billy Budd* aus dem Jahre 1891 (erschienen 1924). Der junge Matrose Billy Budd ist ein Findling, gesegnet mit den Tugenden Schönheit, Sanftmut und Unschuld, da er ganz offenbar »noch kaum von dem fragwürdigen Apfel der Erkenntnis gekostet hat«.[30] Billy ist noch keiner Louisa in die Hände gefallen. Man könnte meinen, der hübsche Matrose sei eines der von Rousseau ins Findelhaus gegebenen Kinder. Nicht Dummheit, sondern Wehrlosigkeit gegen die Anmutungen des Bösen sind der Preis, der für solche Unschuld zu entrichten ist. Und Stottern. Das signalisiert bereits sein Name Budd, der wie die äußerste Verkürzung der beiden Stotterernamen Batalos und Battos klingt. Billy unterliegt den Blockaden der Zungen immer dann, wenn er durch die von Adam und Eva zerrüttete Welt überfordert wird. Als glücklicher »Adam vor dem Fall«[31], wie der Findling mehrfach apostrophiert wird, entging er bislang jeder Pädagogik für die Welt im postparadiesischen Zustand. Melvilles Geschichte zeigt nun, daß die Unschuld nicht nur häufig daran gehindert wird, ihre Mitteilungen in ungehemmtem Fluß durchzugeben; es wird ihr einfach nicht gegönnt, in dieser Welt unbehelligt zu existieren. Billy Budd hatte sich, ohne überhaupt Widerstand zu leisten, zum Dienst in der britischen Marine pressen lassen. Diese Methode der gewaltsamen Rekrutierung war in den letzten Jahren des 18. Jahrhunderts noch üblich, ehe die Meutereien von Nore 1797 zu einer ersten Reform in der britischen Marine führten. Melvilles Geschichte fällt gerade in dieses Jahr. Billy Budd tut an Bord der Fregatte *Bellipotent* Dienst als Vortoppmann. Von allen geliebt, sorgt er wie ein kleiner wilder Jesus allein durch sein Dasein überall für Frieden und Harmonie, bis in Gestalt des Waffenmeisters Claggart das Böse an ihn herantritt. Nichts ist provozierender für den Teufel als der Geruch der Unschuld. Nachdem Claggart Billy vergeblich mit Geld in Versuchung geführt hat (Billy bekam angesichts der zwei lockenden Goldstücke einen Stotteranfall), verleumdet er ihn ohne Grund beim Kapitän und beschuldigt ihn heimlicher Vorbereitungen zur Meuterei. Der Kapitän der Fregatte trägt den vielversprechenden Namen Vere und holt Billy zur Gegenüberstellung; doch den unschuldigen Matrosen hindern die Erregung über die infame Beschuldigung und eben die Paralyse der Zunge daran, sich gegen die Anklage zur Wehr zu setzen. Er unternimmt die ungeheuerlichsten Anstrengungen, um ein Wort der Verteidigung über die Lippen zu bringen, »bis er dann sehr bald erlahmte mit dem Ausdruck eines Gekreuzigten«.[32] Das Ende der Unschuld wirft bereits schwarze Schatten. Statt der Zunge schnellt Billys Faust gegen den Versucher, der sich dabei tödlich verletzt. Um jedes Risiko einer erneuten Meuterei auszuschließen, bleibt dem Kapitän keine andere Wahl, als Billy vor dem sogleich an Bord einberufenen Militärgericht zum Tode zu verurteilen. Er tut dies schweren Herzens, aber er glaubt, daß er dazu verpflichtet ist. Der gute Billy, dem nichts frömm der ist als eine »versteckte und doppelsinnige Redeweise« und der sein Leben als Fatalist bewältigt, nimmt den Urteilsspruch des Kapitäns ohne Widerspruch hin. Der Erzähler vergißt nicht den Hinweis, daß beide – Kapitän wie Vortoppmann – von der »großen Natur aus ihren edelsten Stoffen« gebildet sind (wie das Sperma nach Hippokrates). Billy läßt sich im Morgengrauen ohne Zeichen der Erregung an der Rahe des Großmastes aufhängen, nachdem er zuvor noch, ohne zu stocken oder zu stottern, gerufen hat: »Gott segne Kapitän Vere!« Das wundersame Leben des Billy Budd endet allerdings nicht in einem zuckenden Todeskampf am Strick des Galgens, sondern offenbar als ein sanftes, von einer leichten Brise umspieltes Hinüberschweben ins Jenseits. Ein plötzlich die Wolken durchbrechender Sonnenglanz taucht die furchtbare Szene der Hinrichtung in das Licht einer Apotheose, »als erscheine in mystischer Vision das Lamm Gottes am Himmel«.[33] Der Erzähler läßt der Schilderung dieses ungewöhnlichen Todes noch ein ganzes Kapitel folgen, worin der Zahlmeister und der Schiffsarzt darüber rätseln, warum der Sterbende am Galgen keinen der charakteristischen Spasmen gezeigt hat.[34] Die abergläubische Volksweisheit und eine exzessive Erotik dichten dem Erhängten eine Erektion oder gar einen Orgasmus an. Einer der kühnen und von wissenschaftlicher Neugierde getriebenen Libertins in de Sades Roman *Justine* nimmt das Erhängen in sein Register erotischer Experimente auf. »Ich möchte wissen, ob bei dieser Todesstrafe tatsächlich eine Ejakulation eintritt.« Er befiehlt Justine, ihm ein an der Zimmerdecke befestigtes Seil um den Hals zu legen, und nachdem er sich eine Erektion verschafft hat, soll sie den Schemel unter seinen Füßen wegziehen. Sie gehorcht, und eine ungeheure Ejakulation ist die Folge (und der Beweis).[35]

Hingegen nahm Billy seinen Übergang in den Tod ohne Krämpfe und ohne Stocken, als wäre sein Leben einfach vom Wind davongetragen worden. Es mag das Geschenk der Natur an ihr bevorzugtes Kind Billy Budd sein. Ein Zeichen der Gerechtigkeit für einen jungen barbarischen Heiland, dessen unschuldiges Naturell nicht dafür eingerichtet war, ein erlittenes Unrecht mit Worten in die Schranken zu weisen, weil ihn das Stottern (das Geschenk der Schlange) daran hinderte. Dafür aber erfaßt das Naturkind ganz naiv das Gesetz der Notwendigkeit, und es überläßt sich dem mit fatalistischer Demut. Ein unschuldiger Heiland erteilt dem Kriegsgerichtsspruch seinen Segen. Das sollen seine letzten, ohne Stocken hervorgebrachten Worte zeigen. Der ausgebliebene Spasmus (er gehört einer mythischen Sprache des Körpers an) hingegen spricht zu den Zeugen und erklärt: Der unschuldige Billy Budd kannte nicht das Begehren. So unschuldig wie seine Zunge waren alle Glieder seines Körpers.

Es gibt nicht nur die Zirkulation der Säfte im Körper des Menschen, wie es die Mediziner und Pornographen beobachtet haben wollen, sondern es gibt auch eine Zirkulation der Unschuld und ihrer Zeichen. Vergeblich versucht der Pfarrer den Todeskandidaten Billy zu trösten. Im Geist und Körper des jungen Barbaren wohnt keine Todesfurcht. Dieser Stotterer ist das ganze Gegenteil jenes Stotterers aus Thomas Manns Roman *Doktor Faustus*, des Komponisten und Musikpädagogen Wendell Kretzschmar. Adrian Leverkühns erster Lehrer verfällt einem geradezu unüberwindlichen Spasmus, als er bei seiner Erläuterung von Beethovens Sonate op. 111 das Wort »Tod« aussprechen will.[36] Das Wort Tod gehört in die Klasse der Wörter, die die Zunge nicht ohne Widerstand über sich ergehen läßt. Dieser Widerstand ist der Bruder der Scham. Das Wunder eines Todes ohne Angst und ohne Zuckungen in Melvilles *Billy Budd* spielt die reinste rousseausche Melodie. Rousseaus radikaler und buchstabengläubiger Schüler Robespierre erklärte in seiner Anklagerede gegen Danton: »Wer in diesem Augenblick zittert, der ist schuldig.«[37] Man wird noch sehen: Gerechtigkeit und Unschuld gelten Philosophen wie Richtern des Abendlandes als ein ununterbrochener Zeichenfluß.

Um sich gegen die Schuld der Verfehlungen der Zunge zu wappnen, versprechen sich die alten Mitglieder der pietistischen Gemeinde in Tania Blixens Erzählung *Babettes Fest*, kein Wort über die opulente Mahlzeit, die sie erwartet, zu sagen. Ja, weniger noch als kein Wort – kein Sterbenswort:

»Denn ob sie auch schweiget«, sagte ein weißbärtiger Bruder, »die Zunge ist doch allemal klein unter den Gliedern des Leibes und bewirket doch viel. Die

Zunge kann kein Mensch bezähmen, sie ist zuchtlos und vom Übel, und ist voller Gift. Am Tage unseres Meisters wollen wir unsere Zungen reinmachen von allem Geschmack und sie reinigen von aller Lust und allem Ekel der Sinne (...).«[38]

Das ist das Motto aus dem Jakobus-Brief, das den abendländischen Kampf gegen die Macht der Zunge, die in einem Regelkreis mit den Gliedern des Leibes steckt, anführt. Es ist beinahe ein Gesetz, das Odysseus in Dantes Inferno straft und das den großen Philosophen Abaelard grausam heimsucht.

Abaelard und Heloisa: Der Name und der Namenlose

Die Namen der Liebenden erreichen nur unter bestimmten Bedingungen die Ehrenplätze in den Registern der legendären Paarbildungen. Die Geschichten von Odysseus und Penelope, von Abaelard und Heloisa, von Tristan und Isolde, Romeo und Julia, Werther und Lotte konnten nur so mythisch werden, daß lebendige Liebende die Schauplätze oder die Friedhöfe dieser alten Leidenschaften und Leiden aufsuchen, weil jedes Mal alles auf dem Spiel gestanden hat. Wann aber steht alles auf dem Spiel? Nicht nur, wenn es um Leben und Tod geht, sondern wenn es um das Schicksal der Wahrheit geht – und damit: wenn es um die Garantieleistungen der Sprache geht. Nirgendwo sonst wird so erbittert um Wahrheit gerungen wie in den Sprachen, die die Liebenden sprechen sollen. Odysseus war ein anarchistischer Sprachkünstler, ein radikaler Nominalist. Abaelard hingegen war kein radikaler Nominalist, aber auch seine vermittelnde Position im mittelalterlichen Universalienstreit konnte ihn nicht retten. Seine Geschichte erzählt das trauriges Schicksal eines Sprachphilosophen, der die Liebe selbst einsetzte, um recht zu behalten. Wer auf so radikale Weise die Truglosigkeit seiner Lehren zu beweisen versucht, der wird von Kollegen und Schwiegervätern irgendwann eines besseren belehrt.

Der Universalienstreit ging über die Stellung der Allgemeinbegriffe, der Universalia oder auch Nomina, mit deren Hilfe die Menschen den Dingen ihren Namen geben. Der Streit führt zurück zum paradiesischen Augenblick, da Adam noch ohne Eva das Lebendige unter dem Himmel und auf der Erde taufte. Adam, Eva und ihre Erben mußten dann aber auch Namen für Dinge finden, die nicht so handgreiflich sind wie Nachtigall, Hund oder Stein, sondern so spirituell und heikel wie Gott oder die Liebe. Sind solche Allgemeinbegriffe, so lautete die Streitfrage, nur ein Ergebnis menschlicher Namengebungen, eine Zwangsfolge der Notwendigkeit, sich zu verständigen? Oder kommt ihnen gegenüber den Erscheinungen, den Realdaten oder auch den Ideen eine eigene Wirklichkeit zu? Wenn es eine Sprache Gottes gibt, welche die Dinge erschaffen hat, so muß die Philosophie und Linguistik daraus bestimmte Konsequenzen ziehen. Die Fronten in diesem Streit verliefen, grob gesprochen, entlang der These: Die Sprache und die Begriffe sind im Realen und als Realitäten gegeben, weil sie göttlichen Ursprungs sind (Platonismus, johannitischer Logos, Realismus). Auf der anderen Seite hieß es: Die Sprache ist ein System jenseits der Dinge; Worte stellen lediglich ein physikalisches Datum mit ungewissen Bezeichnungsfunktionen dar (sophistische Dialektik, Nominalismus). Diese Sprachauffassung faßte der mittelalterliche (im Jahre 524 hingerichtete) Aristoteles-Kommentator Boethius in die Worte: Sprache ist das Schlagen der Luft mit (dem Plektron) der Zunge. Der Satz wirkte in der mittelalterlichen Sprachdiskussion heftig nach.[39]

Hat der Universalienstreit wirklich etwas mit der Liebe zu tun? Ganz offensichtlich, denn die erotische Geschichte Abaelards beginnt, lange bevor er Heloisa kennenlernte. Abaelard formulierte in seinen Vorlesungen und Schriften nicht nur eine eigene, höchst originelle Version über den Status der Begriffe und Namen; er machte selbst die Verbreitung, Stärkung, Potenzierung seines Namens zum Leitfaden aller seiner Handlungen. Abaelard spricht es zwar nicht ausdrücklich aus, aber seine Geschichte läßt darüber keinen Zweifel: Ein berühmter Name ist ein Aphrodisiakum. In seiner zwischen 1133 und 1136 abgefaßten Lebensgeschichte *Historia calamitatum* erklärt Abaelard, daß er die wissenschaftliche Karriere zwar im bewußten Verzicht auf den Glanz des Rittertums gewählt habe, aber zugleich sollte gerade die Philosophie nur einen anderen Schauplatz für seine Hoffnung auf Ruhm eröffnen: »Von der ganzen Philosophie sagte mir die Logik am meisten zu: für ihre Waffen gab ich die Ritterwaffen dahin, um nur noch im Geistesturnier Ringe zu stechen.«[40] Den Vergleich zwischen Ritter-Waffen und Waffen der Logik diktiert ihm keine momentane Eingebung. Abaelard wird seinen außergewöhnlichen Scharfsinn und seine advokatorischen Talente rücksichtslos einsetzen, um berühmte Gelehrte anzugreifen, sich mit ihnen zu messen, seine Überlegenheit zu demonstrieren und um die Räume mit seinem Ruhm zu füllen (*famam extendere*). Kein Nominalist betrieb eine solch erfolgreiche Politik des Namens wie Abaelard. Er hört an der Pariser Domschule die Vorlesungen Wilhelms von Champeaux, die *berühmt* waren, wie sich Abaelard erinnert. Nach kurzer Zeit fordert er schon seinen Lehrer heraus, was ihm »im Wortgefecht einen klaren Sieg über den Professor einbrachte«. Schon jetzt konstatiert der junge Philosoph die »Ausbreitung meines Ruhms«. Seine weitere Karriere illustriert er anhand von Messungen am Volumen seines Namens, das sprunghaft zunimmt. In Melun gründet er seine eigene Schule: »Gleich die erste Vorlesungstätigkeit ließ meine Meisterschaft in der Logik überall bekannt werden« (*nomen meum dilatare coepit*). Als er dann später die Rhetorikvorlesungen Wilhelms besucht, da zwingt er diesen dazu, seine realistische Auffassung des Universalienproblems zu modifizieren. Wieder notiert Abaelard eine Kurssteigerung seines Ruhms: »Durch diesen Vorfall wurde meine Schule innerlich kräftig und bekam einen solchen Namen (*infestabant nostram doctrinam*), daß alles in ihr zusammenströmte.« Abaelards Titel ateigen man unaufhörlich. »Mein Ruhm wuchs (*auctoritas amplius*) entsprechend der unverhüllten Eifersucht, mit der mich Wilhelm verfolgte.« Abaelard wendet sich dann der Theologie zu und zeigt nach kurzer Zeit, daß er mit den Hilfsmitteln der Logik auch jede beliebige Bibelstelle erklären kann. »Das sprach sich herum« (*lectionem singulari praeconio extollerent*), und als dann sein Lehrer Anselm von Laon eifersüchtig reagiert und Abaelard aus Brotneid zu schikanieren beginnt, so ist das »(...) für mich nur ehrenvoll, und auch diese Verfolgung steigerte meinen Ruhm« (*gloriosiorem effecit*).[41] Endlich nähert sich jene Versuchung, auf die insgeheim doch alle diese ritterlich-philosophischen Geistesturniere gezielt hatten.[42] Denn der Ruhm ist eine Erotik, und die Macht des Namens zielt auf das andere Geschlecht. Nach Platon wird die geschlechtliche Aktivität von dem Begehren getragen, sich zu verewigen und unsterblich zu werden.[43] Die Erläuterungen hierfür geben die *Nomoi*:

(...) daß in gewissem Sinne vermöge einer Einrichtung der Natur das Menschengeschlecht der Unsterblichkeit teilhaftig wurde, wonach von Natur alle Wünsche aller streben; denn Ruhm zu erlangen und nicht namenlos im Grabe zu liegen ist ein Streben danach.[44]

Als Abaelard auf Heloisa trifft und beschließt, sie zu verführen, da weiß er, daß gegen die erotische Macht seines Namens kein Widerstand möglich sein wird: Was die tapferen Ritter der Phantasie der adligen Fräuleins zu tun geben, das bewirken die berühmten Professoren bei den bildungssüchtigen Mädchen. Ihre Namen sind Löschungsbefehle für weibliche Widerstände, weil sie bereits in Hunderten von Träumen vorgekommen sind. Abaelard wußte das, weil der Männertraum exakt kongruent zum Frauentraum gebaut ist:

Was einen Mann zur Liebe locken mag, sah ich bei ihr vereint; darum gedachte ich sie in Liebesbande zu verstricken, und am Gelingen zweifelte ich keinen Augenblick: war ich doch hochberühmt [tanti nominis eram] und jugendlich anmutig vor anderen und brauchte von keiner Frau eine Abweisung zu fürchten, wenn ich sie meiner Liebe würdigte. Auf einen leichten Sieg bei Heloisa durfte ich gerade darum rechnen, weil sie wissenschaftliche Bildung besaß und auch zu schätzen wußte.[45]

Das ist die Macht des Namens, der zum *Begriff* wird. Abaelard zögerte nicht, an Heloisa die Wahrheit seiner Theorie zu beweisen. Es bleibt bei solcher Feststellung unerheblich, ob der Briefwechsel zwischen dem berühmten Professor und dem liebenswürdigen bildungsversessenen Mädchen, das dann später auf seinen Befehl hin zur Klosterpriorin avancierte, auch authentisch ist. Die Mythos-Fähigkeit ihrer traurigen Liebesgeschichte belehrt nur allzu drastisch über die Basisbedingungen solcher legendären Paarbildungen. Es geht darum, das Risiko des Sprachbetrugs zu offenbaren. Diese Offenbarung steht in der Rolle Heloisas, und sie spricht sie mehr als fünfzehn Jahre nach den dramatischen Ereignissen ihrer Liebesgeschichte mit Abaelard trotzig aus. Auch als Klosterpriorin bleibt sie bei ihrer theoretischen Überzeugung, daß ihre Liebe außerhalb jedes Zweifels gestanden habe. Die Begründung ist ganz durchdrungen vom Jargon der nominalistischen Lehre:

Was andere Frauen an ihren Gatten zu haben glaubten, ich brauchte es von Dir nicht zu glauben, ich wußte die Wahrheit meines Besitzes und mit mir die ganze Welt! Die echte Tiefe meiner Liebe zu Dir gründete sich auf ihre Irrtumslosigkeit. Kein König, kein Weiser dieser Welt hätte mit Deinem Ruhm wetteifern können; überall in den Landen, in jeder Stadt und jedem Dorf begehrten sie, Dich zu sehen. (...) Alle Frauen, verheiratet oder nicht, verzehrten sich in leidenschaftlicher Gier, wenn Du fern warst, und ihr Blut ging schneller, warst Du zugegen. (...)
Zwei Gaben waren Dir vor anderen verliehen, um aller Frauen Herzen im Augenblick zu gewinnen. Ein Dichter warst Du und ein Sänger, wie es noch keinem Weisen dieser Welt geschenkt war. (...) Deine vielen Liebeslieder in antiker und moderner Form leben noch heute; Wort und Ton zugleich schmeichelten sich ein, sie wurden viel gesungen und hielten Deinen Namen [tuum in ore omnium nomen] überall lebendig. Die anmutigen Melodien machten auch die einfachen Leute mit Deinem Namen bekannt. (...) und da die meisten Lieder unser Liebesleben besangen, so verbreiteten sie in kurzem meinen Namen überall [multis me regionisbus nuntiavit] und weckten in vielen Frauen die Eifersucht.[46]

Heloisa hat ihre nominalistische Lektion fürs Leben gelernt. Nicht der Glaube sorgt für die Wahrheit, sondern der Name. Der Name, der zum Begriff geworden ist. Macht und Wirkung des Namens gewähren die Irrtumslosigkeit sogar der Affekte Liebe und Neid. Allerdings war ihr Gatte zu diesem Zeitpunkt der Korrespondenz – nimmt man die überlieferten Daten ernst – von der *sexuellen* Erotik seines Nominalismus längst geheilt. Die Umkehr war von Händen bewirkt, die den »Sitz seines Namens« (eine Formel, die Shakespeares Romeo geprägt hat) zerstört hatten. Voraus ging eine Serie von Kränkungen, die Abaelard Heloisas Vormund, dem Kanonikus Fulbert, zugefügt hatte: die Verführung seines Mündels und anschließend die Entführung. Zwar lenkte Abaelard später ein und schloß die Ehe mit Heloisa. Doch beließ er es bei dieser formellen Wiederherstellung von Fulberts Familien-Ehre, indem er die Heirat geheimhielt und die Öffentlichkeit, die mittelalterliche Sphäre der Reden, Rufe und Verleumdungen, davon nicht in Kenntnis setzte. Fulberts Sippschaft fühlte sich so erst recht in Verruf gebracht. Sie veranlaßte zwei Männer für Geld, Abaelard des Nachts zu überfallen und ihm ebenjene Glieder abzuschneiden, mit denen er sie gekränkt hatte. Im Rückblick beschreibt Abaelard das Verbrechen als zweifachen Verlust:

Das Gefühl meiner Schmach und Schande schmerzte mich so, wie es der Wundschmerz nicht tat. Eben noch reich an Ruhm und Ehre vor den Menschen – und nun, alles dahin, wie weggewischt durch einen kleinen, an sich vorübergehenden Unfall! Gottes gerechtes Gericht – ich konnte das nicht verkennen – hatte mich an dem Teil gestraft, mit dem ich gesündigt hatte.[47]

Kein Schmerz ist zu groß, keine Schande zu schmerzlich, um nicht doch noch theoriewürdig zu sein. Denn die Teile, mit denen er gesündigt hatte, gaben der Philosophie und der Logik nichts zu denken – sie waren namenlos:

Gottes Gnade hat mich beraubt, nein, mich erlöst von diesen verächtlichen Organen – sie heißen einfach Schamglieder, weil man sie mit ihrem eigentlichen Namen nicht nennen kann [nec proprium sustinent nomen].[48]

Gottes Gericht hat Recht gesprochen über Organe, die Macht ausüben, ohne einen eigenen Namen zu tragen. Gottes Unnennbarkeit wie die Namenlosigkeit der Schamglieder organisieren und begrenzen das Feld der Sprache, auf dem die Philosophie für Ordnung zu sorgen sucht. Zugleich erinnern »Gott« und die »Schamglieder« sie unaufhörlich daran, daß die Sprache und die Dinge doch nicht in der Weise miteinander kommunizieren, wie es der Platonische, der Johannitische Realismus oder auch Abaelards gemäßigter Nominalismus glauben machen. Der geschwollene Name des Ruhms entpuppt sich als ein unverschämtes Doppel jenes Organs, das sich zwar ins Dunkel seiner Namenlosigkeit hüllt; aber von dort aus aktiviert es um so effektiver das trügerische Doppel, den Namen, um seine Ansprüche auf Unsterblichkeit, wie Platon sagt, durchzusetzen.

Aber das Organ des Ruhms, der Name, wurde Abaelard noch schrecklicher zerstört. Im Jahre 1121 verurteilte ihn die Synode von Soissons als Ketzer. Seine Schrift *De trinitate* mußte er wegen irriger Lehrsätze eigenhändig verbrennen. Anschließend wurde er im Kloster Saint-Médard interniert. Sein scharfsinniger Versuch, die platonische Weltseele und den christlichen Geist gegeneinander zu differenzieren, trug ihm den Vorwurf der Sophisterei (*argumentis sophismatibus*) ein. Man nestelt nicht ungestraft an den Faltungen des Logos. Was Abaelard aber besonders dabei kränkte, war die Schändung seines wissenschaftlichen Namens, schlimmer als die Schändung seines Leibes ein Jahr zuvor. An Heloisa schrieb er:

Die ruchlose Tat von damals erschien mir unbedeutend neben der Rechtsbeugung, die das Konzil an mir begangen, und ich beklage die Schändung meines wissenschaftlichen Namens noch leidenschaftlicher als die meines Leibes [longe amplius famae quam corporis detrimentum plangebam].[49]

Das gleiche Unglück widerfuhr Abaelard noch einmal zwanzig Jahre später. Abaelards Fall mit seinen selbstzerstörerischen Reprisen spielt in Freuds »Jenseits des Lustprinzips«. Woher sonst nimmt der Zwang des Eunuchen seine Betriebsordnung? Auf Betreiben Bernhards von Clairvaux verdammte das Konzil von Sens 1140 die Lehrsätze des immer noch berühmten Logikers als Häresien. Die päpstliche Bestätigung setzte zur Urteilsformel eine weitere Anordnung, die dem Häretiker ewiges Schweigen auferlegte. Damit riß die kanonische Gerichtsbarkeit Abaelard auch noch die Zunge aus. Die Kybernetik des Begehrens war an ihren drei Schaltstellen zerschmettert. Das Schamglied, das Organ ohne Namen: abgeschnitten; die Zunge, das Organ des Namens: paralysiert; und schließlich der Name, das Organ der Unsterblichkeit: ausgelöscht. In dumpfer Vorahnung dieses Endes brachte Abaelard in seinem achten Brief an Heloisa eine lange Abhandlung über die Zunge zu Papier: »Es ist sehr schwer, seine Zunge im Zaum zu halten, aber auch ebenso ersprießlich.« Und wenige Zeilen weiter führt er das Wort des Apostels Jakobus an, das alle Daten seines Schicksals komprimiert: »Also ist auch die Zunge ein kleines Glied, (...) das unruhige Übel voll tödlichen Gifts.«[50] Die Analogie der beiden Glieder (Geschlecht und Zunge) unterstreicht auch eine Bemerkung des Kirchenrechtlers Robert von Courson. Im Zuge einer Polemik gegen Richter und Advokaten, die für ihre Tätigkeit Gebühren erheben, erklärt Courson: Schimpflicher noch als die Hure, die ihr gemeinstes Körperglied verkaufe, sei der Advokat, der sein kostbarstes Glied verkaufe: die Zunge.[51] Im Zusammenhang mit dem Jakobus-Zitat erinnert Abaelard auch an den Heiligen Vater Agatho, der drei Jahre einen Stein in seinem Munde trug, bis er die Schweigsamkeit vollständig erlernt hatte. So erzieht christliche Logopädie. Demosthenes hatte mit einem Stein im Munde gesprochen, um seinen Sprachfehler zu bekämpfen.

Und der Name Heloisas? Der Frauenname ist ein anderer als der Männername, und hier hat die Philosophie noch nachzuholen. In ihrem ersten Brief nach fünfzehnjährigem Schweigen erklärte Heloisa dem Geliebten:

Gott ist mein Zeuge, ich habe je und je in Dir nur Dich gesucht, nicht das Deine, nicht Hab und Gut. Ein festes Eheband, eine Morgengabe – habe ich je danach gefragt? Du bist mein Zeuge, nicht meine Lust, nicht mein Wille war je mein Ziel, nein, nur Deine volle Befriedigung. In dem Namen »Gattin« hören andere vielleicht das Hehre, das Dauernde; mir war es immer der Inbegriff aller Süße, Deine Geliebte zu heißen, ja – bitte zürne nicht! – Deine Schlafbuhle, Deine Dirne. (...) Herr Gott, sei Du mein Zeuge, wenn der Kaiser käme, der Beherrscher der ganzen Welt sich herabließe, mich zu ehelichen, wenn er mir dabei die ganze Erde verschriebe und verbriefte zu ewigem Besitz: ich möchte doch lieber Deine Dirne heißen – und wäre noch stolz darauf – als seine Kaiserin.[52]

Wer dem Namen Abaelards verfallen ist, der darf, so könnte man meinen, nur den Körper lieben, auf den dieser Name verweist, und nichts anderes. Aber die Logik Abaelards oder seine Semantik erlauben es, neben dem Referenten noch einen Sinn anzunehmen. Seine Semiotik umfaßt drei Glieder: Zeichen, Bedeutung, Referenten. Nach der nominalistischen Lehre ihres Geliebten kann Heloisa sowohl den Körper als auch den Namen als auch den *intellectus* des Namens lieben.[53] Sie liebt ohne Zweifel die Schwellung des Namens, die *fama*, die ja die Truglosigkeit ihrer Liebe garantiert. Sie selbst will aber einen Namen tragen, den nur er ihr geben kann, einen beinahe privatsprachlichen Namen, einen Namen, der tendenziell das wunderbare logische Gebäude des Geliebten unterläuft. Auf seiner Seite erstrahlt alles in machtvollster Symbolik: Seine Liebe ist ein Wissen und wieder ein Doppel des Wissens und ein Doppel des Namens. Sie hingegen will nur jener Körper sein, der sich ganz der Ordnung der

Namen und Begriffe entzieht. Nicht Gattin, nicht Kaiserin, sondern Geliebte, Schlafbuhle, Dirne (*amica, concubina, scortum*). Namenmengen unterwandern die Ordnung der Taufe. Man ahnt, mit welchen anderen Namenlosigkeiten dieser Wunsch Verbindung hält.

So lautet der vielleicht schönste Liebessatz in der Korrespondenz zwischen Abaelard und Heloisa: »Ich möchte lieber Deine Dirne heißen – und wäre noch stolz darauf – als seine Kaiserin.« Die kleine nominalistische Subversion gibt einmal dem erotischen Glauben der Epoche Ausdruck, daß Liebe ihren Ort nicht in der Ehe habe. Und sie wendet die entschiedensten Formeln auf, um die Bedenkenlosigkeit eines Begehrens auszusprechen. Dabei bleibt es unerheblich, ob hier tatsächlich die Stimme der lebendigen Frau Heloisa spricht oder die eines Autors, der mit moralisierender Absicht oder gar aus Dichtergeist die Sprachanarchie dieses Begehrens offenlegt: Es spricht ein ungestümes Wünschen, und es hinterläßt ein ganz frühes Dokument für den Erfindungsgeist, den die Sprachnot der Liebenden mobilisiert. Vielleicht erst seit dem Mittelalter verfallen sie auf den Ausweg, die Vokabeln der im Sozialen festgeschriebenen Beziehungsformen auszuradieren. Daß ein anderer Name auch ein anderes Sein bedeutet, das wird Abaelard, sollte er ihre Zeilen gelesen haben, schlagartig klar geworden sein.

Die Überlieferung kennt nämlich auch noch eine Bemerkung Abaelards, die das große Namentheater seines Lebens verwirft. 1123 gründete er die Einsiedelei am Ardusson nahe dem heutigen Nogent. Trotz dieses abgelegenen Ortes, so erinnert sich Abaelard, verbreitete sich die Nachricht über seinen neuen Wirkungsort rasch in aller Welt. An dieser Stelle seines Lebensberichts fühlt er sich plötzlich veranlaßt, ein Wort über die *fama* zu sagen, die sein ganzes Leben beherrscht hat und alle seine Aktivitäten leitete. Was ist sie? Eine Art Echo, das weithin zu vernehmen ist, als bestünde diese Resonanz aus vielen Stimmen, dennoch aber ist sie nichts.[54] Damit ist die *fama* auf exakt jene Formel gebracht, welche der radikale Nominalismus im Anschluß an Boethius für die Begriffe eingeführt hat: Begriffe sind *voces*, das Schlagen der Luft mit dem Plektron der Stimme.[55] Oder wie Abaelards Lehrer Roscellinus formuliert hat: ein *flatus vocis*.[56] Der Nominalismus des Ruhms kehrt auf die Positionen zurück, die Abaelard bekämpft hatte, um sich einen Namen zu machen.

Heloisa erweist sich als schlauer gegenüber dem Meister der Logik, schlauer gegenüber dem Mann, der alle sophistischen Kampfpreise seiner Epoche gewonnen hat. In dieser kleinen Passage, wo sie den Titel der Gattin oder Kaiserin zugunsten der regellosen Bezeichnungen einer Geliebten, einer Beischläferin oder Hure zurückweist, spricht sie ihr Geheimnis aus: daß sie ihre Namenlosigkeit oder ihre Vielnamigkeit als vollendeten Gegensatz zu seiner Namhaftigkeit genießt. Die wunderbare scholastische Ordnung der Wörter und Dinge, der Allgemeinbegriffe und des Seienden zergeht dort, wo das Namenlose einsetzt. Wie alle Sprachphilosophen befiehlt Abaelard daher eine radikale Ökonomie der Worte. Den Schwestern des von ihm gegründeten Klosters Paraklet, an dessen Spitze er die Priorin Heloisa bestellte, hält er bewußt das Beispiel des Vaters Agatho vor Augen, der sich die Schweigsamkeit durch einen im Mund getragenen Stein erkaufte. Der Entwurf der von Abaelard formulierten Klosterregel für Nonnen bestimmt:

Jedes Übermaß von Worten und Zeichen muß scharf gerügt werden, aber vor allem ein Übermaß von Worten, bei denen die Gefahr des Mißbrauchs besonders groß ist.[57]

Aus dem Schatten dieser Geschichte, deren Authentizität niemals bewiesen werden wird, tritt indessen die Erkenntnis hervor, daß die Verführung und die Macht sich nicht unterscheiden. Und nur so lange, wie sie auf Liebe rechnen kann, wird die Macht ihr Spiel fortsetzen. Unendliche Mengen von Reden haben den Menschen zum Gesetz gemacht, die Worte nicht zu mißbrauchen. Im Hintergrund dieser atemlosen Ermahnungen steht die Vorstellung, daß Gott zwar spricht, aber unhörbar.[58] Nach Augustinus spricht die Wahrheit »ohne das Werkzeug von Mund und Zunge, ohne Silbengetön«.[59] Gregor der Große, der Bruder von Augustins Lehrer Ambrosius, war noch präziser: Gott spricht ohne Geräusch, ohne Worte und Silben.[60] Man könnte auch sagen: Gott hat keine Zunge.

Tristan und Isolde: Zungen und Hunde

Gott hat keine Zunge, aber er verwandelt sich bisweilen in eine. In der komplizierten und unbegreiflichen Polymorphie des christlichen Gottes als Vater, Sohn und Heiliger Geist falten sich bekanntlich die Falten noch vielfach in Unterregister. Die interessanteste Faltung heißt Geist, und da der Geist ein Kanal ist, wie man bereits die Kirchenväter sagen hörte[61], ein Privat-Kanal, über den Gott seine Informationen verschickt, betreiben die Geisteswissenschaftler, ohne daß sie es richtig wissen, immer schon Nachrichtentechnik. Wenn es darum geht, Gottes Mitteilungen zu verstehen, dann stellt sich das Problem, wie aus dem Rauschen der Überlieferung die Information (das unwahrscheinliche Ereignis) korrekt herausgefiltert wird. Zur Eröffnung des Pfingstereignisses, das in den apostolischen Akten berichtet wird, erging ein solches Rauschen, das dann von selbst für hinreichende Trennschärfe zwischen dem Geräusch und den Nachrichten des Geistes sorgte. In welcher Weise aber verwandelte sich das diffuse Rauschen des pfingstlichen Windes in Information? Indem es überhaupt Sprache wurde, artikuliertes Rauschen. Pfingsten ist ein Sprechereignis. Erst ging der Gottesatem über die Welt, anschließend artikulierte er sich in jenen Gliedern, die nach Jakobus von Feuer sind, nämlich in gleichsam von Feuer zerteilten Zungen (*dispertiae linguae tamquam ignis*). Um erneut das Wort des Boethius[62] aufzugreifen: Pfingsten ist das Schlagen des Windes mit dem Plektron der feurigen Zunge.

Auch Gottfried von Straßburgs *Tristan*-Roman erzählt von einem außerordentlichen post-pfingstlichen Ereignis. Es ist aber offenbar nicht ganz leicht zu erkennen, welche Version der Geist-Kanalisierung dieser mittelalterliche Roman vorträgt und welche erotischen Nachrichten darüber laufen. Neuzeitliche Leser, sofern sie ihre Lektüre-Ergebnisse in germanistischen Fachzeitschriften niedergelegt haben, blieben für diese Nachrichten bislang unempfänglich.[63] So sollen zuerst einige andere Ereignisse aus den literarischen Überlieferungen der Tristan-Sage analysiert werden: Es sind Zungen-Geschichten. Tristan unternimmt im Auftrag seines Onkels Marke eine zweite Reise nach Irland, um die schöne Isolde zu seiner Tante zu machen. Die Mission könnte ganz rasch zum Erfolg werden, wenn er Isolde als Sieges-Prämie gewänne: Ihr Vater, der König Gurmun, hat sie demjenigen zur Belohnung versprochen, der einen furchtbaren Drachen, der Irland heimsucht, erschlägt. Ungeheuer und Katastrophen bilden jene seltene Klasse von Zufällen, auf die alle Helden und heroischen Kandidaten lauern. So fordert Tristan das Monstrum heraus, und das ungleiche Duell konfrontiert ihn mit dem unkalkulierbaren Gefahrenpotential einer anderen gespaltenen Feuerzunge. Aus dem Rachen des Drachen schlagen dem Ritter vernichtende Mengen von Rauch, Feuer und Wind entgegen. Mit dieser dreifachen oralen Armierung gibt sich das Ungeheuer schamlos als diabolischer Gegenspieler des pfingstlichen Geistes zu erkennen.[64] Tristan verliert in dieser mörderischen Feuerprobe sein Pferd und wird selbst bedenklich angesengt, aber er besteht den Kampf siegreich. Als Prämie und als Beweiszeichen seines Sieges schneidet er dem Drachen die Zunge aus dem Maul. Ohne weitere Bedenken verbirgt er dieses Stück von einem großen Glied in seiner Hose.[65] Gerade noch reichen die Kräfte, um sich zur Abkühlung in einen nahegelegenen Tümpel zu werfen.

Der Kampf zehrte schon seine Energie-Reserven auf, jetzt saugt ihm die giftige Zunge auch noch die Lebensgeister aus den Gliedern. Ohnmächtig liegt Tristan einen Tag und eine Nacht lang da, bis ihn zum Glück Isolde findet.

Man weiß, spätestens seit Klaus Theweleits *Männerphantasien*, daß die Umkehrung der erotischen Konstellation, die einem Voyeur den weiblichen schlafenden Körper zur Betrachtung freigibt, in der militärischen Variante der Pietà-Szene zu finden ist: Eine Krankenschwester pflegt den verletzten Krieger.[66] Ein schönes Zeugnis für diese alte Kriegserotik findet sich in der bereits angeführten früheren mittelalterlichen Version der Tristan-Erzählung. Im *Tristrant* des Eilhart von Oberg wird die Wiederbelebung des vergifteten Kriegers Tristrant durch Isalde (wie sie dort heißen) ausführlich als erotische Szene gestaltet. Denn Isalde überläßt es ihren Dienerinnen, dem halbtoten Helden ein Bad zu bereiten; aber sie übernimmt es selbst, ihn heimlich, wie der Autor hervorhebt, auch zu waschen. Sie reinigt Tristrant sorgfältig von allen Spuren des Kampfes und heilt seine schweren Vergiftungen durch die Drachenzunge, indem sie ihn mit guter Salbe überall bestreicht.[67] Dieses Überall (*allenthalben*) ihrer Pflege macht im Grunde nur eine Körper-Stelle explizit, deren Berührung durch jungfräuliche Hände mehr ist als medizinischer Dienst. Denn Tristrant hat in seinem Leichtsinn oder in falscher Hoffnung auf die Übertragbarkeit magischer Triebkräfte die giftige Drachen-Zunge in seine Hose gesteckt. Die Ohnmacht erfaßte vor allem seine männlichen Heldenkräfte. Alles Gift zeigt nach antiker und mittelalterlicher Medizin die sichtbaren Symptome Entkräftung und Entfärbung[68]; auch Mutter Isoldes Liebestrank ruft trotz anderer Wirkstoffe die gleichen Symptome hervor. Isaldes Salbe (in Gottfrieds Tristan-Version wiederum verabreicht die königliche Krankenschwester ihr Pharmakon oral, aber erzielt die gleichen Effekte) bringt die Kräfte sowie die Farben des Körpers zurück. Die giftige Zunge des Drachen verschafft Tristan nicht nur den angenehmen Kontakt mit der Pflegerin Isalde sowie nach der Lähmung auch die Wiederherstellung seiner Manneskräfte, sondern sie dient ihm vor allem als Beweisstück im Streit mit dem Truchseß, der seinerseits behaupten wird, den Drachen erschlagen zu haben, um Ansprüche auf Isalde/Isolde geltend zu machen.

Nachdem Tristan wieder seine alten Farben angenommen hat, wird er sogleich als einer wiedererkannt, der er nicht ist: als Spielmann mit dem Pseudonym Tantris.[69] Auch Tristan arbeitet nach dem Vorbild des nominalistischen Betrügers Odysseus mit semiotischen Tricks. Er hatte bereits als Sieger im Kampf mit dem Bruder der Mutter Isolde, dem gewaltigen Morolt, eine schwärende, entfärbende Wunde erhalten und in Irland bei den königlichen Krankenpflegerinnen Hilfe gefunden (Morolts Speer war ja von ihrer Hand vergiftet). Aber er mußte sich die Silbenmetathese seines Namens Tantris in den Paß schreiben, um dort nicht gleich als Bruder- oder Onkelmörder erkannt und erschlagen zu werden. So steht bei der Eröffnung der Tristan-Erzählung bereits ein doppelter Namenstrug zur Verwirrung bereit: Tristan / Tantris als Doppel betrügt Mutter und Tochter Isolde / Isolde. Aber damit erschöpft sich noch längst nicht das Verwirrspiel. Tristan wird später eine zweite Isolde heiraten, und seine zuletzt tödliche Wunde empfängt er, als er einem zweiten Tristan (Tristan le Naim) seine ritterliche Hilfe gewährt.

Die Zunge des Drachen, die Rauch, Feuer und Wind ausspeit, parodiert einmal als giftiges Doppel die feurige, den Atem Gottes schlagende Zunge des Heiligen Geistes. Zum anderen steht die Drachenzunge (jedenfalls in der Version Eilharts) in Korrelation zu Tristans entkräftetem und entfärbtem Glied, das Isaldes Salbe wieder zum Leben erweckt.[70] Eine Zunge kann sich aber auch zum Doppel des weiblichen Genitale emanzipieren. Dies berichtet die zweite Zungengeschichte Gottfrieds, die zur Vorbereitung auf das pfingstliche Nachrichten-Wunder im Tristan-Roman gehört. Brangäne hat durch ihre Nachlässigkeit die Fehlleitung des Liebestrankes mitverschuldet. Sie läßt sich daher von den Liebenden in Haftung nehmen und erklärt sich bereit, an Isoldes Stelle für die einmalige königliche Lust in der Hochzeitsnacht zu sorgen. Isolde mußte ja bereits ihre Jungfräulichkeit opfern, um ihre sowie Tristans Entfärbung und Entkräftung durch den Liebestrank zu kurieren. Mit Namen und Zeichen gelingt jeder Betrug im Tristan; nur am Realen des Körpers stößt er auf seine Grenzen. Brangäne zögert sehr, ihre Ehre für Markes Betrug einzusetzen. Sie ahnt die Verwicklungen, die sich dann auch einstellen. Zwar entgeht dem König der Unterschied der zwei Frauenleiber, seine herrschaftlichen Sinne und sein königlicher Phallus signalisieren ihm keine Differenz des Genusses: Es reicht zur Täuschung, daß er glaubt, zweimal in der Nacht Isolde in die Arme zu schließen. Doch der Betrug macht Brangäne zu einer Komplizin und zur Trägerin von gefährlichem Geheimwissen, und das wird ihr den bitteren Geschmack der Todesangst zu kosten geben. Isolde beschließt nämlich bald nach der Hochzeit die Beseitigung der unerwünschten Zeugin. Sie mietet eigens aus England zwei Knappen an, die Brangäne im Wald ermorden sollen. Zum Zeichen, daß die arme Dienerin auch, wie befohlen, enthauptet wurde, verlangt sie von den Schergen zwei Beweisstücke: Brangänes letzte Worte und ihre Zunge. Der Plan zeigt Isolde nicht auf der Höhe der intriganten Kunst, die sie sonst entfaltet. Brangäne läßt sich unter einem Vorwand in den Wald locken und sieht plötzlich ihre letzte Stunde gekommen. Auf die Frage der beiden Knappen, durch welche Verbrechen sie sich diese Strafe wohl eingehandelt hat, erzählt Brangäne die rührende Geschichte, daß sie der Königin für die Hochzeitsnacht ihr schneeweißes Hemd geliehen habe, da das gleiche Hemd Isoldes im Laufe der Reise zu häufig getragen worden sei. Ihr einziges Vergehen habe darin bestanden, mit der Zustimmung zur Leihgabe ein wenig gezögert zu haben. Ein solches Stocken können die beiden englischen Knappen nicht todeswürdig finden, und sie beschließen, Brangänes Leben zu schonen und die Königin zu täuschen. Einem ihrer Hunde schneiden sie die Zunge heraus, die sie Isolde als Beweis vorlegen. Aber als diese dann die vermeintlich letzten Worte ihrer treuen Dienerin vernimmt, stürzt sie in tiefe Verzweiflung über ihre Tat. Die Knappen können ihr jedoch Trost verschaffen: Brangäne kehrt lebendig zurück.

Isolde verlangte nach Brangänes Zunge als Beweiszeichen. Auch diese Geschichte ist von Reminiszenzen an den Philomela-Mythos durchwirkt. Was Brangäne nur angedroht war, muß die unschuldige Philomela erdulden: Ihr wird die Zunge ausgerissen, um sie als Zeugin zu eliminieren. Die Version der *Dionysiaka* des Nonnos erzählt über die doppelt geschändete Philomela, daß »mit dem purpurnen Blut der ebengeschnittenen Zunge / sich das Blut des Magtums zu gleichem Strome vermischte.«[71] Die Logik der Verbindung von Zunge / Geschlecht erhärtet der Racheschwur, den Philomelas Schwester Prokne in Ovids Erzählung ablegt: Bei Gelegenheit des Bacchusfestes (dem antiken Pfingstfest) will sie dem Täter Auge, Glied und Zunge aus dem Leibe reißen.[72] Diese Logik läßt Isolde nach Brangänes Zunge als Beweiszeichen verlangen. Denn es gibt sonst kaum ein Organ, das weniger zur Identifizierung von Personen taugt. Eigentlich verlangt sie die Zunge, weil sie den Verrat zugleich bezeichnen und bestrafen will. Als Sanktion für Verrat ist diese Körperstrafe uralt.[73] Nach den Vorschriften im alten Strafgesetz Kaiser Karls V., in der *Carolina*, die übrigens in manchen Ländern Deutschlands bis ins 19. Jahrhundert hinein Gültigkeit hatte, konnten schwere Delikte durch Gerichtsbeschluß noch durch Abschneiden der Zunge bestraft werden.[74] Ohne es gleich zu ahnen, erhält Isolde einen Beweis für die Verschwiegenheit Brangänes und das Zeichen: die Zunge, die doch nichts verraten hat. Ein zweites Mal, so geht es Isolde durchs Gewissen, opferte ihr Brangäne ein Stück des Körpers, das eigentlich zum schmalen semiotischen Repertoire ihrer Unschuld gehört. Die Geschichte von den weißen Hemden ist der Beweis, daß ihre Zunge so unschuldig ist wie ihr Hemd weiß und wie ihr Körper jungfräulich vor der Hochzeitsnacht mit Marke. Der Betrug erlaubt es, zweimal die Unschuld zu verlieren und zweimal zu sterben. Eine andere semiotische Konvention verlangt eine Hundezunge als trügerisches Doppel von Brangänes Zunge. Aber – man wird es noch sehen – auch auf einer Hundezunge kann sich ein riesiges Bedeutungspotential ausbreiten. Hunde betrügen nicht, und selbst wenn sie mit dem Plektron ihrer Zunge eine gänzlich fremde Sprache anschlagen (für manchen frühen Sprachtheoretiker wie Plinius ertönte jede unbekannte Sprache als Hundegebell[75]), so wohnt auf ihr kein Falsch. Denn nach Gregorius heißen die *doctores sancti*, die Kirchenväter, auch »lingua canum Ecclesiae«.[76] Und dieser Name, der nach Psalm 67,24 gebildet ist, verweist nicht nur auf das von den doctores verwaltete Hirtenamt und auf die hündische Wächterstimme, sondern gerade auf das Organ, mit dem die Hunde das Blut von den verletzten Füßen Israels lecken.[77]

Alle Elemente dieser Geschichten: Zunge, Wind, Feuer, Gott, Hemd, Betrug, Zeugen, kehren in der Pfingstgeschichte wieder, die Gottfried von Straßburg mit großem Aufwand vorträgt. Es ist die Geschichte von Isoldes Gottesurteil. Trotz Brangänes erwiesener Verschwiegenheit verbreiteten sich am irischen Königshof bald Gerüchte von der heimlichen Beziehung zwischen Tristan und Isolde. Spione graben ihre Nase in die Spuren und Anzeichen eines Skandals. Schließlich muß Marke angesichts ganzer Akten von Indizien seine Frau Isolde selbst öffentlich anklagen. Dies geschieht vor einem Konzil, das aus guten Gründen auf die Woche nach Pfingsten terminiert wird. Allerdings ist Pfingsten überhaupt ein beliebter Termin für feierliche Veranstaltungen des höfischen Lebens.[78] Auch Richter haben ihre Feste: Bischöfe, Rechtsgelehrte und Prälaten vereinen sich zu einem hohen Tribunal. Dort erklärt sich Isolde bereit, in einem Gottesurteil vor aller Welt die Probe auf ihre Unschuld abzulegen.

Hier beginnt die Geschichte vom gefälschten Eid. Die Eidesprobe wird an einem eigens hierfür gewählten fernen Ort unter geistlicher Aufsicht durchgeführt. Man muß sich per Schiff dorthin begeben. Tristan wird zwar nicht geladen, aber er hat mit Isolde eine kleine intrigante Verabredung getroffen, die den Betrug der Welt sicherstellen soll. In der Tracht eines Pilgers ist Tristan vorausgereist und erwartet die Landung der königlichen Gesellschaft am Ufer. Vom Schiff aus läßt die Königin diesen frommen Mann bitten, sie an Land zu tragen. Sie will jeden Kontakt mit einem Ritter jetzt möglichst vermeiden. Der Pilger übernimmt bereitwillig diesen Auftrag. Doch eben haben die beiden das Ufer wieder erreicht, da tut Tristan einen absichtlichen

Fehltritt und stürzt mit der Königin im Arm zu Boden. Als Isolde wenig später ihren Eid für die Feuerprobe im Gottesurteil redigiert, bezieht sie in offensichtlicher juristischer Spitzfindigkeit diesen Zwischenfall in die Formel ihres Schwures mit ein. Sie versichert: Kein lebendiger Mann habe sie je berührt oder in ihren Armen gelegen außer ihrem Ehemann Marke und außer jenem Pilger, der sie bei ihrem gemeinsamen Sturz am Ufer vor aller Augen umfaßt hatte. Die Probe geht positiv aus: Isolde, in ein rauhes Gewand gehüllt, trägt das glühende Eisen, ohne sich zu verbrennen.

> In Gottes Namen ergriff sie das Eisen
> und trug es, ohne sich zu verbrennen.
> Damit wurde aller Welt kundgetan
> und für alle Augen bewiesen,
> daß der allmächtige Christus
> im Wind wie ein Hemdärmel flattert. (V. 15731–36)

Dieser Erzähler-Kommentar zum Skandal des Eidbetruges hat Generationen von Germanisten in Interpretationsdelirien getrieben.[79] Dieses im Namen Gottes inszenierte Schauspiel kann ebenso wie der Dichterkommentar doch nur als Blasphemie betrachtet werden? Und selbst wenn man dem obersten Richter Christus, der gemäß der Eidestheorie über wahr und falsch der Probe zu entscheiden hat, ein solches offensichtliches Versagen ankreidet, warum bezeichnet ihn der Dichter als ein flatterndes Tuch im Wind? Doch eines läßt sich nicht verkennen: Indem die erste Faltung Gottes, der fleischgewordene Logos, die wörtliche Korrektheit des Eides bestätigte, ließ er die Gelegenheit verstreichen, gegen die Sophismen eidlicher Versicherungen die platonische Natur seines Wesens zur Geltung zu bringen.

Gottfrieds Kommentar eignet sich schlecht für den germanistischen Interpretationswahn, denn er enthält eine – im französischen wie auch germanischen mittelalterlichen Recht durchaus übliche – Urteilsschelte. Im juristischen Sprachgebrauch heißt ein Urteil schelten auch *blasphemare*.[80] Gotteslästerung und Urteilskritik sind einfach synonym. In seiner Blasphemie des Richters stellt der Erzähler aber auch nur fest, daß der Institution des Gottesurteils offenbar die linguistische Basis abgeht. Wenn der oberste Notar in den Rechtsbürokratien der Sprache nicht die Wahrheit, sondern die juristische Unanfechtbarkeit einer Eidesformel bestätigt, dann verwaltet er eine ganz andere Natur der Sprache, als man bislang annehmen durfte. Das postpfingstliche Gottesurteil bringt es an den Tag, daß dieser Logos nicht die Teilhabe der Dinge und Daten an den göttlichen Wahrheiten gewährleistet; vielmehr bewegt sich die Zunge dieses Geistes im

Wind der Sprachäußerungen wie ein Stück Tuch. Er ist von der gleichen Natur wie Isoldes Hemd. Damit sind sie also zusammengeführt, die Elemente oder Embleme der Betrugs- und Zungengeschichten, die Gottfried zur Vorbereitung dieser Offenbarung des postpfingstlichen Geistes erzählt hat: der Wind, die Zunge, das Hemd, die Faltungen Gottes. Sie sollen über heimliche Kontakte ihrer metaphorischen Doppel, der Geschlechtsorgane, befinden. Es geht im Gottesurteil Isoldes jedoch nur vordergründig um die sexuelle Schuld, um den Betrug. Unmittelbar damit wird ein Wesen der Sprache offenbart. Denn die polemisch festgestellte Biegsamkeit des Logos durch den Atem der Reden entspricht genau der Bildlichkeit, in der das Mittelalter die Sprachauffassung der radikalen Nominalisten protokollierte. So prägte der Erzbischof Anselm von Canterbury, Begründer des ontologischen Gottesbeweises, auf den radikalen Nominalisten Roscellinus von Compiègne das Wort: Dieser ließe die Namen und Begriffe lediglich als einen *flatus vocis* gelten, als einen Hauch der Stimme.[81] Anders als Abaelard, der auch bei Roscellinus studiert hat, ohne dies in seiner Lebensgeschichte zu erwähnen, kennt diese Sprachauffassung nur eine zweiseitige Gliederung der Sprache: Stimme und Objekt, die aber keine substantielle Relation miteinander unterhalten. Der nominalistische Logos feiert seine Wiederauferstehung allein im Windkanal der mündlichen Rede. Das gleiche Bild variiert das bereits angeführte Diktum aus der nominalistischen Linguistik, das der Aristoteles-Kommentator Boethius formuliert hat: Sprache sei das Schlagen der Luft mit dem Plektron der Zunge. Diese Definition greift im übrigen auf stoische Sprach- und Zeichentheorien zurück.[82] Exakt die gleiche Sprachauffassung dokumentiert Gottfried in den blasphemischen Formeln seiner Urteilsschelte. Das Gottesgericht bestätigt die nominalistische Theorie der Sprache. Namen, Begriffe, Worte sind auf dem Atem reitende Zeichen, von Zungen in Schwingung gebrachter Wind. Was über die Zunge kommt, wird anders, als der pfingstliche Geist verlautbart, niemals sich an der Wahrheit gesättigt haben. Körper berühren Körper, und Zeichen drängen sich zu jeder Komplizenschaft. Wörter sind giftige Werkzeuge des Betrugs, zumal dann, wenn die Zungen im Interesse der anderen Glieder sprechen, die – wie bei Tristan und Isolde – selbst vergiftet sind. Nicht nur die Liebe entspringt der Macht des Pharmakons (aus Mutter Isoldes Giftküche), sondern auch die Sprachwirkungen eines Sophismas beweisen die Überlegenheit der dialektischen Sprachtheorie. Vor Gericht siegt nicht die Wahrheit, sondern das Gift der Rede. Den Eid Isoldes nannte Gottfried in seiner Urteilsschelte ausdrücklich vergiftet (*gelüppet*). Auch er kam über eine Drachenzunge gewandert.

Tristan und Isolde zeigen Meisterschaft in allen nominalistischen Listen, aber sie fallen ihnen auch anheim. Beinahe überwältigt Tristan der Wahnsinn, als er die Schwester seines Verbündeten Kaedin im Herzogtum Arundel kennenlernt. Auch sie trägt den Namen Isolde, und das Namendoppel genügt, um das Opfer von Mutter Isoldes Liebestrank unablässig mit Halluzinationen der fernen Geliebten zu überziehen:

> Gott segne mich, wie bin ich
> von diesem Namen verwirrt!
> Er macht mich irre und verwirrt
> mir Wahrheit und Täuschung
> sowohl für meine Augen wie für meinen Verstand. (V. 18994–98)

Die Täuschungskraft des Namens reicht, um Tristan in eine Ehe mit der anderen Isolde zu treiben; aber sie wird nicht reichen, um diese Ehe auch zu vollziehen. Wieder endet die trügerische Macht des Namens am Rande des Körpers. Und als ginge wirklich nichts mehr über solche Wahrheit, bricht auch Gottfrieds Tristan-Roman an dieser Stelle ab. Der Namenstrug, durch den die Liebenden in die Netze gehen und mit dem die Liebenden die Welt zum Narren halten, ist noch längst nicht an sein Ende gelangt. In der Version des französischen Dichters Thomas, die Gottfried von Straßburg als Vorlage gedient hat, begegnet Tristan zuletzt auch einem Zwerg, der seinen Namen trägt.[83] Er folgt der Bitte, die von einem Ritter namens Estult l'Orgillus entführte Geliebte des Tristan le Naim zu befreien. Bei dieser Aktion wird der Zwerg jedoch getötet, und Tristan erhält durch einen vergifteten Speer jene Wunde, an der er sterben wird. Sein Tod wird nicht zuletzt durch die Eifersucht der einen Isolde auf die andere mitverschuldet. Das Schicksal spielt sein Spiel mit Unverträglichkeiten von Namen. Andere Versionen erzählen von den verschiedenen Anstrengungen Tristans, trotz der großen Risiken wieder an den Hof Markes und in die Arme Isoldes zu gelangen. Unter dem Titel *Folies Tristan* sind zwei kleine altfranzösische Epenfragmente überliefert, die von solchen Versuchen Tristans wissen, unter der Maske eines falschen Namens und in der Verkleidung eines Narren sein Ziel zu erreichen. Im Zentrum dieser beiden Erzählungen steht der komplizierte Prozeß des Wieder-Erkennens. Die Liebenden werden von ihren eigenen Künsten genarrt. Um wieder einmal an Markes Hof zu gelangen, wirft sich Tristan in Lumpen; mit Hilfe eines Krautes macht er seine Züge und seine Gesichtsfarbe unkenntlich, und er verstellt sogar seine Stimme, so daß er jedes Auge und Ohr betrügt. Marke, Isolde und die Hofgesellschaft, zu der er zugelassen wird, unterhält er mit aberwitzigen Reden. Er behauptet, von einem Walfisch abzustammen und von einem Tigerweibchen genährt worden zu sein. Schließlich erklärt er, Tantris zu sein, und erzählt viele Details seiner frühen Abenteuer. Die intimen Kenntnisse des Narren über ihre Biographie stürzen Isolde jedoch in tiefe Verzweiflung. Schließlich steht sich das Paar allein Auge in Auge gegenüber. Doch Isolde weigert sich weiterhin, in dem Narren ihren Geliebten wiederzuerkennen. Enttäuscht verlangt Tristan schließlich nach einem Notar zur Bestätigung seiner Identität. Beim letzten Abschied machte er Isolde seinen Hund Husdent zum Geschenk, und Brangäne wird beauftragt, den Hund, der in den letzten Jahren allen Männern nur noch die Aufmerksamkeit seiner Zähne erwiesen hat, aus dem Nebenzimmer zu holen. Das Fest des Wiedererkennens kann beginnen:

> Als der Hund die Stimme Tristans vernimmt,
> Reißt er sich von der Leine los,
> An der Brangäne ihn hereinführte;
> So strebt er Tristan entgegen.
> Er springt auf ihn zu und hebt den Kopf,
> Noch nie hat sich ein Tier so gefreut;
> Er stößt ihn mit der Schnauze und mit den Pfoten an,
> Und alle zeigen sich zutiefst gerührt.
> Er leckt seine Hände, bellt vor Freude.
> Isolde jedoch, die dies sieht, erschrickt heftig.[84]

Isolde läßt sich von Husdents Identifizierungsleistung zwar beeindrucken, aber sie anerkennt die Natur des Narren erst, nachdem dieser das Symbol der Symbole, einen Ring, vorgezeigt hat. Nicht der Name, nicht die Kostproben seines intimen Wissens überzeugen die betrugsgewitzte Isolde, sondern das Zusammenspiel von dinglichem Zeichen und hündischer Zeugenschaft. Ähnlich verlief auch das erste wechselseitige Wiedererkennen, als Tristan das blonde Haar und Isolde den Schwertsplitter mit dem jeweils anderen in Beziehung setzten.

In der Wiedererkennungs-Szene der *Folies Tristan* vollendet sich die Kritik an der platonischen realistischen Sprachtheorie, die die gesamte Tristan-Überlieferung vorträgt. Denn im Unterschied zur Identifizierung des unerkennbaren Odysseus durch Argos, der seine Anagnorisis über visuelle Daten erarbeitete, überläßt die Kynologie der Tristan-Erzählung die hündische Identifizierung dem Gehör. Kein Zweifel: Husdents Zyklus des Wiedererkennens wird beim Vernehmen der Stimme ausgelöst, obgleich Tristan, wie die Oxforder Version der *Folies Tristan* rühmt, seine Stimme so gut zu verstellen

Abb. 10: Aus: Herrad von Landsberg, *Hortus deliciarum*. Die Dialektik trägt einen Hundekopf.

weiß.[85] Um keinen Zweifel offenzulassen, zeigt Husdent den ungläubigen Frauen Isolde und Brangäne das Organ der hündischen Zuverlässigkeit: seine Zunge. Doch die *lingua canum* spielt nicht nur im Feld der Notariate, das die doctores ecclesiae verkörpern, sondern auch im Zentrum der gesamten Tristan-Überlieferung: Wie kann die Sprache die Liebe und ihre Wahrheit gewährleisten? Der Kunsthistoriker Ernst-August Wirth erinnert in einem wunderbaren, materialreichen Beitrag zur allegorischen Darstellung der alten *artes liberales* in einer Wiener Handschrift (wo eine hundsköpfige Gestalt die Dialektik verkörpert) daran, daß die Hundezunge in vielen ikonographischen Zusammenhängen als Zeichen der *vox significativa* erscheinen kann.[86] Bekannt sind auch seit Basilius von Caesarea die besonderen Fähigkeiten des Hundes zu logischen Schlußfolgerungen.[87] Der Terminus »more canino« bezeichnet also nicht nur die in der platonischen Tradition verworfenen Methoden rhetorischer und sophistischer Gerichtsreden[88], sondern auch eine ebenso von christlicher Seite verworfene perverse Stellung der Geschlechter.[89] Im Hinblick auf die ubiquitäre Bezeichnung (literarisch wie ikonographisch) der Dialektik durch kynische Attribute darf die Hundezunge als emblematisch für die *vox* aufgefaßt werden, die sich sowohl sprachtheoretisch wie philosophisch in Antipodenstellung zum platonischen Wissen gebracht hat. So spielt die Anagnorisis aus dem Fragment der *Folies Tristan* in einer reichlich theoriegesättigten Szene. Der zweifelhafte Satz des entstellten Helden: »Ich bin Tristan«, kann weder von Gott noch von der Liebe auf seine Wahrheit hin geprüft werden. Alle klassischen platonischen Notariate zeigen sich überfordert. Doch aus dem Abgrund

Abb. 11: Aus dem Codex 2975 der Österr. Nationalbibliothek. Die Logik /
Dialektik ist ein hündisches Subjekt.

des Fiaskos meldet sich unvermutet ein animalischer Nominalist und
gibt zu verstehen: Das ist die Stimme meines Herrn. Der hündische
Nominalismus operiert ausgerechnet in jener Dimension des Realen,
wo nach der realistischen Lesart des Universalien-Problems alles
Flüchtige und Trügerische zusammenkommt: in der Stimme. Husdent erkennt eine Stimme, keineswegs jedoch einen Sinn. Die Wahrheit, so läßt sich dieser Passus pointieren, faltet sich in etwas, was für
Hunde das Rauschen ist. Tristans Wiederkehr als Stimme bereitet
Husdent sein pfingstliches Ereignis, und zur Feier des Tages demonstriert und löst er das Dilemma der Sprache und ihrer Wahrheiten.
Nicht in den Begriffen oder Bedeutungen wohnt die referentielle Gewißheit, sondern im Kanal der Stimme. So wächst Husdent empor
zum Antipoden jenes »wintschaffen Christ«, der seine Ohnmacht gegenüber dem Trug der Zeichen eingestehen mußte. Allein Husdent
durchbricht die Kontingenz der Zeichen auf dem Wege eines intuitiven Zugangs zu jenem *flatus vocis*, der die gesamte Sphäre von Wahrheit und Unwahrheit umfaßt. Für mittelalterliche Hunde-Ohren
schlägt jedes Zungen-Plektron die Luft auf unverwechselbare Weise.
Gerade die literarische Fiktion der *Folies Tristan*, daß Husdent nicht
sein olfaktorisches Gedächtnis aktiviert, sondern seine polizeilichen
Erkenntnisse durch die akustische Analyse einer verstellten Stimme
gewinnt, unterstreicht das theoretische Fundament seiner Treue. Tri-

stans Hund legt mit einem Schlage klar, warum Liebespaare sich so gerne in die Gesellschaft dieses Dritten begeben. Die Geschichte von Tristan und Isolde erzählt das Epos der nominalistischen Sprache. Alle betrügerische Macht spielt allein auf der Ebene der konventionellen Zeichen: Worte können ebensolche Vergiftungen der Sinne bewirken wie Kräuter aus dem Garten der Zauberinnen. Alle großen Liebes- und Sprachtheorien stärken ihre Paradigmen der Truglosigkeit dadurch, daß sie ihre Konkurrenten mit der Anklage der Vergiftung überziehen.[90] Das vom Zufall erkorene Giftfläschchen der Mutter Isolde löst die lange Serie der Abenteuer und Liebesgeschichten aus. Doch die Bedingung der Möglichkeit dieses Zufalls ist nicht das Böse, sondern die Macht der Sprache selbst. Worte, Namen sind Gifte und Gegengifte. Sie kontaktieren nicht die Dinge, sondern Zungen, Vulvae und Phalli. Nur auf diesem Umweg werden sie zu Wahrheitzeichen.

Romeo und Julia: Uhren und *speed*

Was in Shakespeares Drama *Romeo und Julia* auffällt: Alle Entscheidungen über existentielle Regularien erfolgen in ungeheuerlichen Geschwindigkeiten.[91] Nicht nur die Leidenschaften kommen und verschwinden blitzartig; auch Heiraten, Duelle, Tode, Versöhnungen skandieren den Gang der Ereignisse ebenso plötzlich wie unwiderruflich. Für die bekannte Klimax von Blick, Rede, Berührung, Kuß benötigen Romeo und Julia lediglich dreizehn von vierzehn Versen eines Sonetts. Das wäre die Minimalzeit im alten Zeittakt der Leidenschaften. Während einer Atempause findet Julia selbst, daß der innerhalb weniger Minuten ausgehandelte Treueschwur zu »plötzlich und blitzartig« über die Liebenden niedergegangen sei. Nicht einmal die minimale Auszeit einer Stockung – Erröten oder Augenniederschlagen – nahmen die beiden für ihren Pakt in Anspruch, ein Fleisch zu werden. Erst im Anschluß an diesen Minutenrekord der Eheanbahnung, zwischen Schwur und Hochzeit, rückt der Dramatiker ein Intervall ein, um die Tragödie überhaupt beginnen zu lassen. Sie verläuft als unmögliche Synchronisation von Begehrenstempo und Erfüllungsgeschwindigkeit. Um in dieser Spannung das eigene Herz zu hören, wird der Blick der Zuschauer regelmäßig auf den Stand der Uhren gelenkt: Die Handlung beginnt an einem Sonntag Mitte Juli morgens kurz vor neun. Den ersten Blick tauschen Romeo und Julia am späten Sonntagabend. Die Hochzeit fällt auf den Montagnachmittag. Mittwochabend versiegelt der Tod die Körper der Liebenden.

In deutlichem Kontrast zum rasenden Tempo, das von den Leidenschaften in der Sphäre der Ereignisse eingeschlagen wird, verläuft der Nachrichtenverkehr über diese Vorgänge stets mit quälenden Verzögerungen. Versammeln sich die Liebenden innerhalb des theatralischen Raumes, so wechseln die gesprochenen Nachrichten blitzartig von Körper zu Körper. Aber geringfügige Distanzen nur reißen bereits riesige Löcher, aus denen auch alle Katastrophen wachsen. Den beiden Helden verschlägt es nie die Sprache, das Stocken verwalten die Boten. Für den retardierenden Nachrichtenverkehr zeichnen die beiden Verbindungsagenten, Julias Amme sowie Bruder Lorenzo, Romeos erotischer Berater, verantwortlich. Die namenlose Amme ist eine Spezialistin für kontinuierliche Körperkontakte. Nach eigener Auskunft stillte sie Julia hingebungsvoll genau drei Jahre lang; jetzt erweist sie sich als engagierte Kupplerin. Aber für die Verbindungen benötigt sie so viel Zeit, wie kein Begehren aushält. Als sie von Romeo den Termin über die geheime Trauung in Lorenzos Zelle in Erfahrung bringen soll, da verbraucht sie das Sechsfache der berechneten Zeit, bis sie den Gesuchten gefunden hat und mit der Nachricht wieder zur Stelle ist. Die wartende Julia bearbeitet währenddessen ihre Ungeduld in einem Monolog über das optimale Übertragungstempo erotischer Nachrichten:

> Neun schlug die Glock', als ich die Amme sandte:
> In einer halben Stunde wollte sie
> Schon wieder hier sein. Kann sie ihn vielleicht
> Nicht treffen? Nein, das nicht. O sie ist lahm!
> Zu Liebesboten taugen nur Gedanken,
> Die zehnmal schneller fliehn als Sonnenstrahlen,
> Wenn sie die Nacht von finstern Hügeln scheuchen.
> Deswegen ziehn ja leichtbeschwingte Tauben
> Der Liebe Wagen, und Cupido hat
> Windschnelle Flügel. Auf der steilsten Höh'
> Der Tagereise steht die Sonne jetzt;
> Von neun bis zwölf, drei lange Stunden sinds:
> Und dennoch bleibt sie aus. O hätte sie
> Ein Herz, und warmes jugendliches Blut,
> Sie würde wie ein Ball behende fliegen,
> Es schnellte sie mein Wort dem Trauten zu,
> Und seines mir.[92]

Endlich kommt die lahme Botin doch, aber sie vergeudet noch die Zeit einer ganze Szene, um die ersehnte Nachricht über die Lippen zu bringen. *Romeo und Julia* ist die Tragödie des gestauten Informationsflusses. Ist der Pakt über das Fleischwerden erst einmal geschlossen, bereitet jede Minute ohne die Glieder des anderen den erotischen Phantomschmerz. Das Warten zerhackt jeden Augenblick in Partikel quälender Dauer. Als sie Romeo nach der Hochzeitsnacht verabschiedet, bittet Julia um Nachrichten möglichst im Stundenrhythmus, »denn in einer Minute sind viele Tage« (III, 5, V. 45). Die Zeitlupe ist die unfreiwillige Erfindung der Begehrenden. Daher kann Julia auch die umständlichen Referate ihrer Amme nicht ertragen. Als die Botin nicht mit der Sprache über die Ereignisse bei Tybalts Tod herausrückt und Julia aus den stockenden Äußerungen auf ein Unglück ihres Romeo schließen muß, fordert sie ein rascheres Nachrichtentempo: »Ist er entleibt: sag' ja! Wo nicht: sag' nein!/ Ein kurzer Laut entscheidet Wonn und Pein.« (III, 2, V. 50 f.) Alle Beschleunigung zielt einzig auf zwei Ruhepunkte: auf das Sterben in der Liebe oder im Realen. Nur solche vollen Stunden erlauben einen Stillstand. Darüber wird der Zuschauer ebenso klar ins Bild gesetzt wie über den Stand der Uhren.

Julia hält ihren Monolog Schlag 12 Uhr mittags. Die Position der Sonne und ihre Uhr zeigen dieselbe volle Stunde an. Genau zur gleichen Minute, aber eben im dramatischen Verlauf eine Szene zuvor, stößt die Amme auf den lange gesuchten Romeo, ohne ihn gleich zu erkennen. Sie wünscht ihm, Mercutio und Benvolio noch einen guten Morgen und zeigt damit an, daß sie auch hinter der Zeit herläuft. Mercutio weist sie darauf hin, daß eben die Mittagsstunde geschlagen hat, und er faßt seine Belehrung über den aktuellen Stand der Uhren in die Bilder der Sache, um die es geht: »Die kupplerische Hand der Uhr befindet sich exakt auf dem Schwengel des Mittags« (II, 4, V. 109 f.). Und er hat recht, denn die Amme kommt in der Funktion der Kupplerin, wie Mercutio wenig später dreimal betont (II, 4, V. 127). Um zwölf Uhr verkuppelt sich nach Mercutios obszöner Formel der Zeiger der Uhr mit dem Stachel des Mittags, die Amme nimmt den Termin für die Hochzeit des Paares entgegen, und in ihrem Zimmer philosophiert Julia über die notwendigen Nachrichtengeschwindigkeiten zwischen Liebenden: Es gibt nur eine. Alles jagt auf den Augenblick zu, da aus den vereinigten Körpern der Liebenden nur noch jenes Seufzen ertönt, von dem immer wieder die Rede ist.[93] Über unaufhaltsame Veränderungen durch sekundenschnellen Zeittakt spricht auch Romeo, der seinerseits drei Stunden vergeblich auf Julias Boten gewartet hat: »der junge Romeo wird älter sein, wenn ihr ihn gefunden habt, als er war, da ihr ihn suchtet« (II, 4, V. 116 ff.).

Die zweite, fatale Nachrichtenverzögerung geht auf das Konto von Bruder Lorenzo. Er ist auch ein Ideologe der Langsamkeit. Jedenfalls empfiehlt er den Liebenden ein gemächliches Tempo in ihrer

Sache. Wenn Romeo sich nach der Trauung über eine einzige Minute im Anblick der Geliebten freut, gibt Lorenzo den Rat: »Liebe mäßig. So tut es dauerhafte Liebe. Zu schnell kommt ebenso zu spät wie zu langsam« (II,6, V. 14f.). Als Apostel der Gemächlichkeit beherrscht Lorenzo daher auch die Pharmakologie der Verzögerung: Die Stunde seiner Bewährung schlägt, als sich Romeo unerwartet durch den Richterspruch des Fürsten wegen des Duells mit Tybalt aus Verona verbannt sieht. Plötzlich wird die Zeit noch knapper. Die Gegenmächte haben das Tempo gesteigert. Gezwungen durch den unerforschlichen Beschleunigungsbeschluß ihres Vaters, soll Julia den Grafen Paris gleich am Donnerstag und dann sogar schon am Mittwoch heiraten. Um Zeit zu gewinnen, verabreicht Lorenzo Julia eine Schlafdroge, die sie in einen leichenähnlichen Zustand versetzt, und zieht sie aus dem Familien-Verkehr. Nun gelangt die Nachricht vom vermeintlichen Tod Julias sogleich zu Romeos Ohren, dank der Geschwindigkeit, mit der sein Diener Balthasar nach Mantua eilt; hingegen bleibt Lorenzos Bote mit den Geheiminformationen an Romeo in einer Pestquarantäne hängen. Und da es Romeo nun wiederum ungeheuer eilig hat, seiner Geliebten Julia in den Tod nachzufolgen, erscheint er eben eine halbe Stunde vor ihrem Erwachen im Grabgewölbe. Er hat sich eine Beschleunigungsdroge beschafft, *speed*, die den raschesten Tod bringt. Nach Einnahme des Giftes, so versicherte ihm sein Drogenberater in Mantua, entlädt der Rumpf den letzten Atem so schlagartig, »wie schnell entzündet Pulver/ Aus der Kanone furchtbar'm Schlunde blitzt« (V,1, V. 60ff.).

Gegen die Beschleunigungen des Begehrens und des Todes tritt neben den lahmen Boten eine weitere Macht auf; wie in Tristan und Isoldes Geschichte spielt sie auch in *Romeo und Julia* die Hauptrolle: die Macht der Namen. Blicke gehen von Körper zu Körper, Nachrichten von Namen zu Namen. Aber wenn zwischen den Namen Krieg herrscht wie zwischen den Montague und den Capulet, dann gibt es nur Störungen. Was machen die Namen? Die kluge Julia hält in ihrem von Romeo belauschten Monolog ein kurzes nominalistisches Kolleg:

> Dein Nam' nur ist mein Feind. Du bliebst du selbst,
> Und wärst du auch kein Montague. Was ist
> Denn Montague? Es ist nicht Hand nicht Fuß,
> Nicht Arm noch Antlitz. O sei andern Namens!
> Was ist ein Name? Was uns Rose heißt,
> Wie es auch hieße, würde lieblich duften;
> So Romeo, wenn er auch anders hieße,
> Er würde doch den köstlichen Gehalt

Bewahren, welcher sein ist ohne Titel.
O Romeo, leg' deinen Namen ab,
Und für den Namen, der dein Selbst nicht ist,
Nimm meines ganz! (II,2, V. 38 ff.)

Die Namen der Liebenden stehen in zwei Ordnungen. Sie regeln vor allem die sozialen Systeme der Familien, aber sie gehören auch zur Privat-Sprache der Liebenden. Einmal formieren sie Unterschiede und Allianzen; das andere Mal entfalten sie die Kräfte von Aphrodisiaka. Auch Namen sind *speed*. Abaelard war nicht der letzte, der dies der Welt gewiesen hat. Prousts junger Held Marcel spricht in der Frühphase seiner Verliebtheit die Vor- und Nachnamen von Swanns Tochter Gilberte ihres »köstlichen Klangs« wegen unablässig aus. Denn es war, »wie es bei gewissen Fällen von Aphasie mit Bezug auf die geläufigsten Ausdrücke vorkommt, stets ein neuer Name für mich«.[94] Alle Liebenden narkotisieren sich, indem sie den Namen des anderen pausenlos über Zungen und Lippen gleiten lassen. Was Mutter Isoldes Trank pharmakologisch bewirkt, kann auch ein solcher Sprechautomat erreichen. Daher beschwört Mercutio den Namen von Romeos Geliebter Rosalinde, wie er unmißverständlich sagt, »um ihn hochzubringen« (II, 1, V. 28 f.). Schon der Name der Geliebten kann eine Erektion auslösen. Und wenn der Name diese Macht hat, dann ist auch die Zunge, die um seinetwillen die Luft schlägt, eine erogene Zone. Julia und Romeo im Duett:

> JULIA   O eines Jägers Stimme,
> Den edlen Falken wieder herzulocken!
> Abhängigkeit ist heiser, wagt nicht laut
> Zu reden, sonst zersprengt' ich Echos Kluft,
> Und machte heisrer ihre luft'ge Kehle,
> Als meine, mit dem Namen Romeo.
> ROMEO Mein Leben ists, das meinen Namen ruft.
> Wie silbersüß tönt bei der Nacht die Stimme
> Der Liebenden, gleich lieblicher Musik
> Dem Ohr des Lauschers. (II,2, V. 158 ff.)

Wenige Sekunden zuvor hatte sich Romeo seines Namens entledigt: »Nenn' Liebster mich, So bin ich neu getauft, / Und will hinfort nicht Romeo mehr sein.« Alle Liebenden wollen zum Augenblick der Adamitischen Namengebung zurückkehren. Wenigstens durch die gegenseitige Taufe verlassen sie das System der Sprache, das sie zufällig zusammengeführt hat. Jetzt vernimmt Romeo diesen gleichen Namen als einen ganz anderen. Er ist aus der Ordnung der Familiennamen in das Repertoire der erogenen Zeichen hinübergewechselt. In der Rhetorik der Verliebten klingen diese Namen wie Sphärenmusik. Als die Amme mit der Strickleiter für Romeo zurückkehrt, begrüßt sie Julia mit den Worten:

> Da kommt meine Amme ja: die bringt Bericht;
> Und jede Zunge, die nur Romeo'n
> Beim Namen nennt, spricht so beredt wie Engel. (III,2, V. 31 ff.)

Auch Zungen, die den Namen des Geliebten aussprechen, verwandeln sich in jenes »süße Fleisch« (II,2, V. 82), das Romeos Name selbst bezeichnet, und sie strömen »süßen Atem« (II,6, V. 26) aus. So erleben auch Romeo und Julia ihr Pfingsten. In verschiedenen nichtbiblischen Erzählungen des Pfingstwunders bildet nämlich der »süße Geruch den Erweis des Geistes«.[95] Der von der Zunge strömende süße Atem, der den erogenen Namen trägt, das Zeichen des süßen Fleisches, wirkt wie ein Beschleuniger. Kommt der Name jedoch aus dem Register der Familien-Dynastien, dann, so zeigt das Drama, mobilisiert er die Gegenkräfte der Retardierung. Romeo kann beide Funktionen des gleichen Signifikanten in einem Satz beschwören. Zunächst der Name als *speed*. Romeo bricht über die von der Amme berichtete Tatsache, daß Julia seinen Namen klagend im Munde führt, in Verzweiflung aus:

> Als ob der Name,
> Aus tödlichem Geschütz auf sie gefeuert,
> Sie mordet, wie sein unsel'ger Arm
> Den Vetter ihr gemordet. (III,3, V. 102 ff.)

Ausdrücklich spricht hier Romeo auch von der Hand des Namens (*that name's cursed hand*), die den unglücklichen Mord begangen hat. Offenbar hörte er bei Julias nominalistischer Vorlesung nicht recht zu. Sie hatte auf die selbstgestellte Frage, was der Name Montague sei, alle Glieder durchdekliniert, Hand, Fuß, Arm, Gesicht, ohne die Referenz des Namens zu finden. Und zuletzt hatte sie die vollständige Ausschließung aller Glieder so formuliert, daß nur noch ein Glied übrigblieb, dem ausdrücklich die Funktion als Sitz des Namens abgesprochen wurde: »noch irgendein anderer Körperteil, der zu einem Mann gehört« (II,2, V. 41 f.). In einer Gesellschaft, die ihre symbolische Ordnung dem Vaternamen überträgt, gibt es eben doch ein Glied, das die Residenz des Namens bildet. August Wilhelm Schlegel strich in seiner mildernden Übersetzung gerade diesen Satz. Innerhalb des familiären Codes ist für Julia der Name nicht das

Glied; ganz anders indessen innerhalb des Codes, wo der Name ein Aphrodisiakum ist. Hier dringt sie nicht auf Ausschließung: Bei der Nachricht vom Tode Tybalts bedenkt Julia den Geliebten mit einer Reihe von Oxymora, die ihren gespaltenen Gefühlen Ausdruck verleiht: »Schöner Tyrann! Engelsgleicher Teufel! Taubengleich gefiederter Rabe« (III, 2, V. 75 f.). Doch gleich darauf bereut sie die nominalistische Entgleisung und sagt: »Ach, mein armer Herr, welche Zunge soll deinen Namen glätten, wenn ich, Deine Drei-Stunden-Frau, ihn zerknittert habe?« (II, 2, V. 98 f.)

Drei Stunden nach der Hochzeit (in der folgenden Szene wird Romeo bei Lorenzo die Uhr zurückstellen und behaupten, die Ehe sei erst vor einer Stunde geschlossen worden [III, 3, V. 67]) und wenige Stunden vor der Hochzeitsnacht hütet sich Julia, den Namen, das Zeichen des Gliedes, zu verstümmeln, das sich erheben und sie alsbald zur Frau machen soll. Ihr Monolog eingangs der Szene zeigte sie in fiebernder Erwartung dieses Augenblicks, so daß sie gar die Sonne anfeuerte, noch schneller dem Dunkel zu weichen. Anders Romeo. Er begibt sich im Temporausch seiner Verzweiflung auf die Suche nach dem Sitz seines Namens, um ihn zu zerstören:

> Sag' mir Mönch,
> O sage mir: in welchem schnöden Teil'
> beherbergt dies Gerippe meinen Namen?
> Sag', daß ich den verhaßten Sitz verwüste. (III, 3, V. 105 ff.)

Bruder Lorenzo zeigt sich über diese Anwandlung kurz vor dem Vollzug der Ehe mit Recht entsetzt. Er fragt den jungen Mann, der Anstalten unternimmt, sich zu entmannen, ob er überhaupt ein Mann sei. Aufgeklärter als manche Psychoanalytiker unserer Tage, die Romeo in dieser Szene bei einem Selbstmordversuch zu beobachten glauben[96], erkennt Lorenzo im Griff nach dem Schwert die Affekthandlung eines Rasenden, der tatsächlich Hand an den Sitz seines familiären Namens legen will. Dabei bestätigt Romeo nur die Wahrheit des geläufigen Wissens über den Wahnsinn der Liebe. Er selbst hatte diesen Zustand als »höchst vernünftige Raserei« (*madness most discreet* [I, 1, V. 193]) bezeichnet, eine Definition, die Kant noch in seiner *Anthropologie* auf die unheilbare Paranoia anwenden wird.[97]

Am Ende verfehlen sich das Ende der Verzögerung (Julias Erwachen aus dem Drogenschlaf) und der Beginn der Beschleunigung (Romeos Einnahme des *speeds*) um eine halbe Stunde. Es ist die letzte der zahlreichen Asynchronien, die die Tragödie ausmachen. Ein Zufall der Uhr schließt die Reihe der Zufälle ab. Die Asynchronien beginnen damit, daß Romeo und Julia die Zeit der Sprache unterschreiten. Schneller als die siebzig Schläge der Versskansionen, die das Intervall eines Sonetts zählt, gelangen sie ans Ziel. Es ist zugleich die Minutenzeit des Herzschlags. Wenn überhaupt liegt hier der Betrug. Da das Sonett die petrarkistische Sprache der Liebe ordnet, wird die Sprache selbst betrogen. Und die zweite Beschleunigung – die heimliche Hochzeit – versucht den Betrug an der symbolischen Ordnung der Namen.

Gegen die Vätermacht, die wie alle Macht auf dem Platonismus ihrer Regularien besteht, führt Julia ihre Zungenfertigkeit ins Feld, die ihr dann auch von seiten des Vaters den Vorwurf der »Haarspalterei« (*chopped logic* [III, 5, V. 149]) einträgt. Im Dialog mit ihrer Mutter ist es ihr geglückt, so zweideutig zu sprechen, daß sie gleichzeitig ihre Sehnsucht nach Romeo artikulieren und den Schein des Rachewunsches erwecken konnte. »O, wie verabscheut es mein Herz, seinen Namen zu hören, ohne zu ihm zu können und die Liebe für meinen Vetter an seinem Körper zu rächen, der ihn erschlug.« (III, 5, V. 99 ff.) Aber Julias sophistisches Talent löscht nicht die soziale Ordnung der Namen aus, sie vermag lediglich die sozialen Namen in erogene umzudeuten. Der Liebeskampf, der Einsatz der Droge *speed* auf allen Ebenen, scheitert an der Übermacht von Symbolen und an der Blokkade von Nachrichtenwegen. Alle Liebesgeschichten aus der alten Zeit der Boten und Posten sind Allegorien auf die Macht der Sprache und auf die Notwendigkeit, die Kommunikationstechnik zu verbessern.

Werther und Lotte: Texte und Tränen

In Goethes 1774 erschienenem Briefroman *Die Leiden des jungen Werthers* ereignen sich keine postalischen Katastrophen. Die Briefnachrichten, die den Inhalt der Erzählung ausmachen, nehmen ihre Wege ohne Behinderungen oder Unterbrechungen. Keine säumigen Boten oder unüberschreitbaren Grenzen hemmen den Informationsfluß. Die Briefe haben auch keine Eile, da sie stets nur Berichte von Ereignissen übermitteln, ohne die Absicht, auf das Geschehen zurückzuwirken. Werthers der Post anvertraute Leidensgeschichten bilden stets nur Abzweigungen aus den aufgezeichneten empfindsamen Sequenzen, bei denen auf Tränen Zeichen folgen und auf die Zeichen wieder Tränen. So berichtet Werther bereits in seinem ersten Brief vom Garten des verstorbenen Grafen von M..., in dem er sich so gern aufhält. »Man fühlt gleich bei dem Eintritte, daß (...) ein fühlendes Herz den

Plan bezeichnet, das sein selbst hier genießen wollte.«[98] Ein fühlendes Herz errichtet sich selbst ein Denkmal, und Werther entrichtet seinen Tribut, indem er dieses Fühlen fortsetzt. »Schon manche Träne hab ich dem Abgeschiedenen (...) geweint.« (8) Die Nachricht an Wilhelm setzt wieder dieser Träne ein kleines Schriftmonument. Werthers Briefe dokumentieren allesamt Empfindungsaugenblicke, die von einem seinerseits empfindungsgesättigten Natur- oder Buch-Zeichen ausgelöst wurden, und sie synthesieren erneut diese Empfindung mit einem Schriftzeichen. Störungen entstehen daher nicht durch stockenden Postgang, sondern allein durch Beteiligte, die die Kettenreaktionen der Empfindungen und Tränen durch Ausfälle unterbrechen. Nur einmal im gesamten Roman geht es um die präzise Zeit des Postabgangs. Werther bittet seinen Bedienten, ihm am Morgen des 23. Dezember 1772 rechtzeitig zur Hand zu sein, weil die Postpferde bereits gegen sechs Uhr vor dem Hause auf seine Briefe warten werden. Als der Diener zur befohlenen Zeit seinen Herrn im Zimmer aufsucht, da liegt der Absender letzter Briefe und Pakete bereits sterbend am Boden. Die Nachrichten des Toten haben es eilig, denn sie machen den Herzensfreunden die schmerzlichsten Gefühlsaugenblicke zum Geschenk. Doch Reinheit und Gewalt der Empfindungen unterliegen der Bedingung, daß sich zwischen Ereignis und Affekt nicht zuviel Zeiten und Buchstaben schieben.

Ein mächtiger Strom von Tränen rauscht durch die Geschichte von Werthers Leiden. Mehr als sechzigmal wird auf den gerade hundert Seiten des Romans geweint. Das Ereignis der Tränen liefert die obstinate Nachricht in allen Texten des Romans. Sie sind selbst eine Nachricht aus der unzugänglichen Welt, die Werther das *Herz* nennt, der die aufblühende Psychologie dann den Namen *Seele* geben wird. Aus dem Tränenkanal der Seele und aus dem Tintenkanal der Schreibfeder fließen nach einer Feststellung des Literaturpapstes Herder zugleich Sekrete, die sich als Substanzen zwar fremd, aber als Nachrichten ähnlich sind. In seiner Programmschrift *Über die neuere deutsche Literatur* erklärte Herder:

Im Auge, im Antlitz, durch den Ton, durch die Zeichensprache des Körpers – so spricht die Empfindung eigentlich, und überläßt den todten Gedanken das Gebiet der todten Sprache. Nun, armer Dichter! und du sollst deine Empfindungen aufs Blatt malen, sie durch einen Kanal schwarzen Safts hinströmen, du sollst schreiben, daß man es fühlt, und sollst dem wahren Ausdruck der Empfindungen entsagen; du sollst nicht dein Papier mit Thränen benetzen, daß die Tinte zerfließt, du sollst deine ganze lebendige Seele in todte Buchstaben hinmahlen, und parliren, statt auszudrücken.[99]

Wendet man McLuhans Wort, daß der Inhalt eines Mediums stets ein anderes Medium sei, auf den Roman der Empfindsamkeit an, so bildet den Inhalt der empfindsamen Mitteilung die Nachricht, die der Körper als Träne verschickt. Die Träne wiederum teilt als Nachrichtenträger mit, daß ein Herz von einer Empfindung heimgesucht worden ist. Und den Inhalt einer in Tränen übermittelten Empfindung bildet vornehmlich eine andere und doch wieder gleiche Empfindung. Von solchen Herzensereignissen benachrichtigt man sich entweder in gesprochenen oder geschriebenen Zeichen; aber die Tränen beurkunden, daß die Herzen trotz der zwischengeschalteten toten Buchstaben in unmittelbarem Kontakt miteinander gestanden haben. Auch die den Gefühlsmalen der Texte dargebrachten Tränen wurden durch ihre Kanäle gelockt, weil der Inhalt des Textes (oder des Zeichens) tatsächlich auch Tränen gewesen sind. Diese wechselseitige Erregung der Tränenflüsse vollzieht sich ganz anschaulich bei der berühmten Klopstock-Anrufung nach dem Gewitter, das die Tanzgesellschaft erschreckte. Lotte und Werther brechen in Tränen aus, weil sie sich an ein Gedicht, nämlich an Klopstocks *Frühlingsfeier*, erinnern. In dieser Ode besingt der Dichter unter zweifachem Erguß von Tränen die in jedem Wassertropfen ansichtige göttliche Mission eines Gewitters.[100] Werther erlebt später eine ganz gleiche Tränenanwandlung bei der Lektüre der offenbar rührenden Worte des Erbprinzen zu seinem Abschied (86). Und als er todessüchtig seine letzten Zeilen redigiert, da stellt sich Werther vor, wie Lotte am Weihnachtsabend diese sich eben unter einem Tränenstrom entwickelnden Zeilen lesen wird und ihrerseits auf das Blatt mit den geschriebenen wie ungeschriebenen Buchstaben ihre Tränen fallen läßt. Tränen testieren Tränen, und Tränendenkmäler rufen nach weinenden Andachten. So legt Werther in seinem letzten Schreiben die Bitte nieder, man möge ihn doch irgendwo an einem Wege oder in einem Tale beisetzen, damit der Samariter, der an dem »bezeichnenden Stein« vorübergeht, »eine Träne weint« (101).

Werthers und Lottes Liebe besteht aus gemeinsamen Rührungen über Texte und Zeichen, die keine tintenhafte Materialität zu haben scheinen, sondern als diaphane Doppel die ferne oder vergangene Wirklichkeit selbst herbeischaffen; oder die beiden werden von Worten erfaßt, die keine Worte zu sein scheinen, sondern in reinem Sinn verströmte Seelenhaftigkeit. Eine solche, wie es ihm scheint, unartikulierte Botschaft überwältigt Werther im Gespräch mit Lotte auf der gemeinsamen Fahrt zum Ball:

Wie ich mich unter dem Gespräch in den schwarzen Augen weidete, wie die lebendigen Lippen und die frischen munteren Wangen meine ganze Seele anzogen, wie ich, in den herrlichen Sinn ihrer Rede ganz versunken, oft gar die Worte nicht hörte, mit denen sie sich ausdruckte! Davon hast du eine Vorstellung, weil du mich kennst. Kurz, ich stieg aus dem Wagen wie ein Träumender, als wir vor dem Lusthause stillhielten, und war so in Träumen rings in der dämmernden Welt verloren, daß ich auf die Musik kaum achtete (...). (20 f.)

Lotte hat eine kleine Literaturvorlesung gehalten und sich dazu bekannt, daß sie den sentimentalen Roman à la Richardson weniger gern liest als den *Vikar von Wakefield* von Oliver Goldsmith. Diesen 1764 erschienenen Roman hatte, nach Auskunft von *Dichtung und Wahrheit*[101], vor allem Herder empfohlen. Goethe berichtet an der gleichen Stelle seiner Lebensgeschichte, daß er Herders Urteil über die Lebensnähe des *Vikar von Wakefield* bei seiner eigenen Lektüre restlos bestätigt fand; die Autorität der fremden Meinung leitet dann Goethes Halluzinationen an, als er in der Familienszene bei den Brions in Sesenheim alles genauso wie in der Romanerzählung zu finden glaubt. Ganz ähnlich steht Werther unter der Gewalt von Lottes Rede und taumelt als Medium ihrer Stimme durch die Dämmerung vor dem Tanzsaal. Die Hypnose löscht die Unterscheidung zwischen eigenem und fremdem Meinen. Aus dieser Trance, die er selbst einen »freundlichen Wahn« (32) nennt, wird Werther nicht mehr aufwachen. Noch in der vorletzten Nacht seines Lebens, als er den ersten und einzigen Kuß Lottes als Frucht eines gemeinsamen Tränenexzesses genossen hat, muß er als Somnambuler durch die Landschaft um Wahlheim geschweift sein. Seinen Hut, den er in dieser finsteren und feuchten Nacht verlor, fand man später auf einem Felsen, den unter diesen Bedingungen eigentlich niemand hätte besteigen können, ohne abzustürzen. Der Leser findet darin ein deutliches Indiz für jene nachtwandlerische Sicherheit, die Goethe wie Nietzsche dem Genie zusprachen. Nicht nur will Goethe den *Werther* als Nachtwandler geschrieben haben[102], sondern auch seine Helden hat er als solche Medien konzipiert. So bittet sich Goethes genialer Dramen-Held Egmont von seiner Umgebung aus, daß man ihn bei seinen somnambulen Wanderungen über gefährliche Gipfel nicht anrufen soll. »Ist es freundschaftlich, mich beim Namen zu rufen und mich zu warnen, zu wecken und zu töten?«[103] Goethes Nachtwandler führt die extreme nominalistische Fraktion an: Sein Name darf nicht mehr gerufen werden – wie der Name Gottes oder auch wie der Name Klopstocks (24) oder wie der seines Autors[104] –, weil der Name den Nachtwandler tötet wie der Buchstabe den Geist. Anders als sein Schöpfer wacht

Werther nächtens nicht auf, um geträumte Verse aufs Papier zu werfen, sondern um die Partialobjekte seiner Geliebten, von der er geträumt hat, zu suchen:

(...) vergebens such ich sie nachts in meinem Bette, wenn mich ein glücklicher unschuldiger Traum getäuscht hat, als säß ich neben ihr auf der Wiese und hielte ihre Hand und deckte sie mit tausend Küssen. Ach, wenn ich denn noch halb im Taumel des Schlafs nach ihr tappe, und drüber mich ermuntere – Ein Strom von Tränen bricht aus meinem gepreßten Herzen (...). (47)

Der Tränenstrom, der durch den *Werther* zieht, teilt die Welt in zwei Kontinente: In die Welt der Bücher- und Tintenmenschen sowie in die Welt der Bücher- und Tränenmenschen. Auf dem anderen Kontinent leben »Drahtpuppen« wie der Doktor (26), Übellaunige wie der »sogenannte Herr Schmidt« (28 ff.), Pedanten wie Werthers Vorgesetzter in der Gesandtschaft (48 ff.) oder »hagere kränkliche Tiere« wie die Frau des Pfarrers (69). Aber jenseits lebt auch Albert. Die Herzensmenschen erkennen sich an ihren Tränen, dem Notariat der gemeinsamen Empfindung. Daher sagt Werther über Albert:

Ein gewisser Mangel an Fühlbarkeit, ein Mangel – nimms, wie du willst, daß sein Herz nicht sympathetisch schlägt bei – oh! – bei der Stelle eines lieben Buchs, wo mein Herz und Lottens in einem zusammentreffen. (67)

Die Tränen, die sich selbst authentifizieren, kommen indessen doch nicht ohne Bücher aus. Es sind die »lieben Bücher«, denen sie die sympathetischen Augenblicke verdanken. Aber liebe Bücher sind solche, deren Texte eben nicht aus toten Buchstaben gewirkt sind, sondern die aus unmittelbar an Tränenkanäle angelegten Tintenkanälen kommen. Nur auf diesem kurzgeschlossenen Wege vermag die Seele ihre Selbstauflösung in Rührung mitzuteilen. Auch *Werthers Leiden* sind solch ein »liebes Buch«, und unzählbare Dokumente bezeugen, daß die im *Werther* vorgetragene Theorie über den Roman, der er selbst ist, die Wirkung des kleinen Werks präzise bestimmt hat. Wie aber vermag ein Buch nicht nur wenige romantisch überspannte Leser, sondern mehrere Generationen literarisierter Liebender auf eine Sprache als Liebescode einzuschwören? Die Welt hat es hier mit dem Ereignis der Selbsterzeugung einer Sprache zu tun. Keine feurige Zunge, aber doch ein pfingstliches Ereignis brachte diesen Zwang, die Werther-Zungen zu imitieren, hervor. Werther selbst bestaunt und feiert Lotte, die ihn fernlenkt, nachträglich als Pfingstereignis. In seinem Abschiedsbrief appelliert er an die Tränen der Leserin, indem er von seiner großen pfingstlichen Rührung Zeugnis ablegt:

Erinnerst du dich der Blumen, die du mir schicktest, als du in jener fatalen Gesellschaft mir kein Wort sagen, keine Hand reichen konntest? o ich habe die halbe Nacht davor gekniet, und sie versiegelten mir deine Liebe. Aber ach! diese Eindrücke gingen vorüber, wie das Gefühl der Gnade seines Gottes allmählich wieder aus der Seele des Gläubigen weicht, die ihm mit ganzer Himmelsfülle im heiligen sichtbaren Zeichen gereicht ward. (96)

Werthers Name versiegelt wie Lottes Blumen das Ereignis des Geistes, nämlich die Errichtung eines Kanals und einer Sprache. Die Werther-Sprache, die beispielsweise auch Freud wählen wird, wenn er seiner Braut im ersten Brief versichert, daß sie seinen »Sinn gefangen nahm«[105], entwickelte die Macht eines verbindlichen Lexikons für alle, die eine Empfindung authentifizieren wollen. Und sie konnte in diese Funktion eintreten, weil sie sich ebenso erfolgreich wie die Christus-Sprache gegen alle falsche Künstlichkeit und gegen jede herzensfremde Regulierung auflehnte. Zwar seien Regeln nichts Schlechtes, erklärt Werther seinem Briefadressaten Wilhelm, wie auch die Gesellschaft nichts Schlechtes sei; allerdings wird »auch alle Regel (...) das wahre Gefühl von Natur und den wahren Ausdruck derselben zerstören« (14). So arbeitet die pfingstliche Stiftung von Goethes Erzählung, die ganz Europa, ja eigentlich die ganze westliche Zivilisation erreichte, an der Utopie einer truglosen Sprache. Der erste amerikanische Roman aus dem Jahre 1789, *The Power of Sympathy* von William Hill Brown, entwickelt auch eine unglückliche Liebesgeschichte in einer Folge von Briefen und Sprachstiftungen. Ein junger Mann namens Harrington unterrichtet einen Freund mit dem Werther-Namen Worthy von seiner Leidenschaft zur schönen, aber armen Harriot. Erst will er sie einfach nur verführen, dann merkt er jedoch, daß ihn seine Zunge im Stich läßt, als er ein trügerisches Liebesbekenntnis abzulegen versucht. Die Stockung seiner Rede gibt ihm das truglose Zeichen seines wahren Gefühls. Harrington macht sich an die vom Vater vergeblich torpedierten Vorbereitungen für eine Liebesehe. Doch das Schicksal trägt die Pläne nicht mit. In den Geheimakten der Vorsehung steht, daß die beiden Liebenden Halbgeschwister sind. Ihre Sympathie schreibt sich mit Blut und nicht mit Tränen. Harriot stirbt an den Folgen des Schocks über diese Eröffnung, Harrington erschießt sich aus unüberwindlicher Liebe. Sein Selbstmord schmückt sich mit allen notwendigen Insignien, um als Tat und Szene das Doppel von Werthers Tod zu werden; auf Harringtons Schreibtisch mit dem Abschiedsbrief an Worthy liegt aufgeschlagen ein Exemplar von *Werthers Leiden*.[106]

Goethes Erzählung stiftet eine Liebessprache nach dem Modell der christlichen Instituierung. In zahllosen Bibelreminiszenzen stilisiert sich Werther als Opfer, das einen zweiten Kreuzgang auf sich nimmt.[107] Sie steigern sich bis hin zum Ruf: »Mein Gott! Mein Gott! Warum hast du mich verlassen?« (74) Doch nicht Werthers Opfer-Rhetorik stellt die Bezüge zur christlichen Liebesstiftung her; theologisch viel grundsätzlicher konzipiert Werther sein Modell des wahren Zeichens (des auf seine Wahrheit hin durchsichtigen Zeichens) nach dem Vorbild der biblischen Quellen. Seine Polemik gegen die Regelhaftigkeit konventionellen Sprechens und Schreibens und seine Erfindung der Herzenssprache folgen genau den Gründungsakten der christlichen Liebessprache: Den von Christus erfundenen und dann von Paulus forcierten Gegensatz Liebe versus Gesetz nimmt er in neuer Konfrontation wieder auf. Doch damit nicht genug. Werther knüpft auch an das apostolische Verbreitungskonzept an. Während Gesetze durch institutionelle Akte in Kraft gesetzt werden, nehmen Menschen-Lieben und Liebessprachen einen anderen Weg: Ihr Wirkungskonzept sieht, nach Christus wie nach *Werther*, Kettenreaktionen vor.

Die Pfingstereignisse mit der gewaltigen Predigt des Petrus, die allen Hörern »durchs Herz« ging, brachten nach der Bilanz der Apostelakten 2,41 dreitausend Seelen auf einen Schlag für die neue Sache. Über die *Werther*-Anhänger, die durch Lektüre und Kontagion gewonnen wurden, führte zwar niemand Buch; aber das Buch selbst gibt eine Vorstellung davon, wie die Kettenwirkung der *Werther*-Nachfolgen funktioniert hat. Ein literarischer Apostel, der fiktive Herausgeber von Werthers Briefen, berichtet, daß Werther am 21. Dezember trotz seines am Tag zuvor gegebenen Versprechens, Alberts Haus vor Weihnachten nicht mehr zu betreten, Lotte erneut einen Besuch abstattet. Um die spannungsvolle Situation erträglicher zu machen, bittet Lotte ihren Besucher, ein wenig aus seiner Übersetzung des *Ossian* vorzulesen. Diese Rezitation eröffnet nun die erste der Szenen, die die Kettenwirkung der Tränen dramatisiert. Im ersten Gesang, den Werther nun vorträgt, richtet der Sänger Ossian den Blick zurück auf den Bardenwettkampf in der Königshalle auf Selma. Traurig erinnert er sich an den traurigen Gesang Minonas und zitiert, was diese mit »tränenvollem Auge« sang. Minonas Gesang wiederum zitiert die Klage Colmas, die am Morgen in ihren Tränen sitzt und beweint, daß sich ihr Bruder und Geliebter wechselseitig erschlagen haben. Darüber wieder gerät die ganze Zuhörerschaft in Tränen. Der von Werther mit »Augen voll Tränen« vorgetragene Text ist also ein erster Grad der Verkettung: Den zweiten Grad bildet der düstere Gesang Ossians, der als dritten Grad den tränenvollen Gesang Minonas erinnert, der aber nur den vierten Grad von Colmas Gesang in Tränen anführt. Werther rezitiert noch einen zweiten Abschnitt, der sogar eine fünffache Verkettung von Tränenereignissen besingt. Da kann sich auch Lotte nicht halten:

Ein Strom von Tränen, der aus Lottes Augen brach und ihrem gepreßten Herzen Luft machte, hemmte Werthers Gesang, er warf das Papier hin, und faßte ihre Hand und weinte die bittersten Tränen. Lotte ruhte auf der andern und verbarg ihre Augen ins Schnupftuch, die Bewegung der beiden war fürchterlich. Sie fühlten ihr eigenes Elend in dem Schicksal der Edlen, fühlten es zusammen, und die Tränen vereinigten sie. (94)

Noch einmal erhebt Werther seine Stimme, aber dann bricht der Tränenparoxysmus über alle beide herein, der ein erotischer Exzeß ist:

Ihre Sinnen verwirrten sich, sie druckte seine Hände, druckte sie wider ihre Brust, neigte sich mit einer wehmütigen Bewegung zu ihm, und ihre glühenden Wangen berührten sich. Die Welt verging ihnen; er schlang seine Arme um sie her, preßte sie an seine Brust, und deckte ihre zitternde stammelnde Lippen mit wütenden Küssen. (94)

Ein unter Tränen gelesener Text, der erst eine dreifach und anschließend eine vierfach verkettete Serie von Tränenereignissen berichtet, löst jenen Tränenstrom aus, worin sich das Liebespaar in eine reine erotische Symbiose des Fühlens verwandelt. Das Äußerste geschieht jedoch. Denn auf Lottes stammelnde Lippen küßt Werther jene organische Sklerose des Sprechens, die das 18. Jahrhundert als höchste Artikulation der Leidenschaft kultiviert. Die wahre Leidenschaft kann sich nur selbst bekennen, indem sie das Sprechen zerbrechen läßt: Implosion der Rede. Und der Erzähler deutet an, daß in diese Vereinigung der Tränen auch vorauswirkende und rückwirkende Verkettungen mit hineinspielen. Denn die beiden beweinen bereits gemeinsam Werthers Tod.

Damit längst nicht genug. Der Herausgeber von *Werthers Leiden* bemerkt in seinem kurzen Vorspruch an die Leser über den unglücklichen Helden des Romans: »Ihr könnt seinem Geist und seinem Charakter eure Bewunderung und Liebe, und seinem Schicksale eure Tränen nicht versagen« (5). Daß die Kettenreaktion weitergeht, bezeugt ein prominenter Rezensent des Buches, Christian Daniel Schubart, in seiner *Deutschen Chronik* vom 5. Dezember 1794:

Da sitz' ich mit zerfloßnem Herzen, mit klopfender Brust und mit Augen, aus welchen wollüstiger Schmerz tröpfelt, und sag Dir, Leser, daß ich eben »Die Leiden des jungen Werthers« von meinem lieben Goethe – gelesen? – nein verschlungen habe.[108]

Es bleibt eine offene Bilanz, wieviel Leser der Aufforderung des Autors und dem Bekenntnis des Lesers Schubart noch gefolgt sind: den armen Werther zu beweinen und sich unter das pfingstliche Diktat seines Geistes zu begeben. Die Einrichtung und Wirkung der Liebessprache aus den *Leiden des jungen Werthers* ist eine historische Tatsache. Die Frage nach der Herkunft und Wirkungsmacht dieser Einrichtung trugloser Herzenssprachen, worin die bereits apostolisch verbürgten Kettenreaktionen wiederkehrten, führt in ein anderes Kapitel: in eine Geschichte, welche die Recyclings der Wahrheit durch Liebe eigene Ketten bilden läßt. Diese Geschichte wird zeigen, daß solche Recyclings im Zeichen der Namenpolitiken (des Gottesnamens, des Autornamens) erfolgen. Goethes Version innerhalb der Geschichte der Namenpolitik bleibt einzigartig: Der Autorname, der Name des Genies soll nicht gerufen werden, weil sonst der somnambule Künstler aus seinem hypnotischen Schlaf erwacht. Unter dieser Bedingung wird die Unsterblichkeit des Namens gewährleistet.

4. Die Wahrheit der Liebe und ihre Recyclings

Platon: Jenseits der Körper

Warum kommt die Wahrheit bei ihren festlichen Selbstproklamationen nicht ohne die Liebe aus? Und warum berufen sich alle Sprachen, Erklärungen und Reden der Liebe auf die Wahrheit, um ihr Ziel zu erreichen? Warum muß die Wahrheit auf der Liebe reiten und warum die Liebe auf der Wahrheit? Was begründet diese Allianz? Mit der Umkehrbarkeit der Frage von Liebe/Wahrheit haben sich die Ressourcen des Problems noch längst nicht erschöpft. Warum begnügen sich die Lieben und die Wahrheiten nicht damit, ihre Botschaften oder ihre Versprechen in der Welt zu verbreiten, warum wenden sie zusätzlich ihre ganze Beredsamkeit auf, um die falsche Liebe und die falsche Wahrheit des Betrugs zu überführen? Woher kommt diese Furcht vor dem falschen Doppel? Warum wird der Betrug bis in seine Sprache und bis in die Übertragungswege und Bauteile der Reden, Schriften, Zeichen, Buchstaben hinein verfolgt? Wenn also jede Liebe/Wahrheit sich als Feind einer falschen Liebe/Wahrheit präsentiert und beim feindlichen Doppel stets Betrug bis ins kleinste Glied von Zeichen und Buchstaben denunziert, läßt sich die Frage zuspitzen: Warum redet stets die neue Liebe wie die alte? Zwar werden immer wieder die Sprachen und Namen ausgetauscht, dennoch bleibt in den Sprachen der Wahrheit und des Verlangens das System der Unterscheidungen unverändert.

Werther erklärt zum Beispiel: Die Regeln, die Konventionen, die Buchhaltung der Gefühle töten die Liebe, die Kunst, das Genie. Die neue geniale Liebe sorgt dafür, daß alle Seelenereignisse jenseits von Regeln, von Ordnungen, von Schriften in der Tiefe der Unmittelbarkeit stattfinden. Zwar stützt Werther selbst seine Verbindungen auf Zeichen, Texte und Denkmäler der Liebe, aber die kleinen Nachrichten-Materien lösen sich in symbiotische Tränenflüsse auf, sobald über diese Zeichen hinweg der unmittelbare Kontakt der empfindsamen Seelen hergestellt worden ist. Zeichen werden nicht zuletzt auch darum benötigt, weil sich das Genie unterscheiden muß. Werther überwirft sich mit dem Gesandten, weil dieser nicht dulden will, daß dem Sekretär in amtlichen Schriftsätzen bisweilen sprachlich ungewöhnliche Satzgefüge »entfahren«. Zur Natursprache des Genies gehören jedoch solche syntaktischen Inversionen wie Tränenstürze und Anfälle von Nachtwandeln. Sie »entfahren« ihm als unkontrollierbare Eruptionen seiner Seelenhaftigkeit.[1] Natürlich schlummert in diesen semiotischen Unterscheidungen eine Doktrin. Nur wer in kodifizierten Spontanformeln spricht, gilt auch als liebesfähig. Jede Liebestheorie errichtet daher ein Repertoire von Zeichen, das für die Truglosigkeit von Äußerungen oder Zuständen garantiert. Das Dilemma liegt darin, daß Liebessprachen ebenso wie Wahrheiten nur begrenzte Lebenszeiten haben.

Alle diese von Werther dekretierten Gegensätze zwischen Liebe und Vernunft, Herzenssprache und Rhetorik, natürlichem und konventionellem Zeichen finden sich bereits in den Akten der platonischen Philosophie. Goethes Roman liest sich mühelos als eines der vielen Recyclings von Platons berühmtem Dialog *Phaidros*, der vermutlich um 360 v. Chr. verfaßt wurde. Bereits dieser mehr als zweitausend Jahre ältere Text demonstriert die abendländische erotische Logik: Eine Liebestheorie kann erst formuliert werden, wenn bereits eine andere vorliegt, an der polemisch die fremde Falschheit und die eigene Wahrheit erwiesen werden kann. Sokrates trägt nicht einfach vor, was die wundersame platonische Liebe für unbezweifelbar hält. Er muß die Liebesdeklaration des Rhetors Lysias auseinandernehmen, um zu sagen, was zu sagen ist. Aber auch Lysias sprach zuvor nicht direkt zur Sache, sondern er lieh seine Stimme dem Begehren einer höheren Vernunft, die das blinde Liebesverlangen aus dem Weg räumt. Die Stimme der Leidenschaft, gegen die Lysias polemisiert, ergreift dann später doch wieder das Wort des Sokrates, um ihre eigene Wahrheit zu behaupten. Der Kreis ist geschlossen, und das Spiel wird vermutlich niemals enden. Das Recycling der Theorien und Sprachen der Liebe / Wahrheit dauert bis zum jüngsten Tag.

Sokrates trifft am Stadtrand den jungen, schönen Phaidros, der eben das Manuskript einer rhetorischen Kunstprobe aus der Feder des berühmten Redners Lysias erhalten hat.[2] Die Rede wirbt um die Gunst eines Jünglings, und sie vertraut ihre Mission keinen Beteuerungen und Schwüren der Leidenschaften an; vielmehr begründet Lysias in langen, wohlgeformten Perioden, daß die Freundschaft eines Nichtverliebten dem umworbenen Jüngling mehr Vorteile verschafft als die leidenschaftliche Liebe, die nach antiker Vorstellung eine Form des Wahnsinns (*mania*) ist. Die wahnsinnige Liebe zeigt sich unstet, besinnungslos, eifersüchtig, unfrei und vernachlässigt zugunsten des körperlichen Genusses die Bedürfnisse des Gemütes. All dies widerfährt dem Jüngling in der vernünftigen Freundschaft eben nicht. Phaidros zeigt sich schon ganz hingerissen von diesem Plädoyer für die wahre und bessere Liebe des Lysias. Sokrates begegnet dem kühlen rhetorischen Charme des Lysias, indem er über das gleiche Thema eine noch artifizieller angelegte Rede hält; zu diesem Zweck verhüllt er sein Haupt, um beim Sprechen, wie er sagt, nicht aus Scham ins Stocken (*diaporeo*) zu geraten. Doch er begnügt sich nicht damit, einfach nur schöner zu sprechen als der Rivale. Gleich nach dem letzten Satz widerruft er das eben Gesagte, dessen Unverbindlichkeit er durch das Zeichen der Scham (das verhüllte Haupt) angezeigt hat. Jetzt erst stimmt Sokrates jenen Gesang an, der der Welt das Wunder der platonischen Liebe beschert hat. Die wahre Liebe bezeichnet auch er als Wahnsinn, aber den Ausnahmezustand rechnet er keinen trüben Leidenschaften zu, sondern er beschreibt ihn als eine Ekstase der Erinnerung. Der gleiche Wahnsinn überfällt auch Dichter, Philosophen und Seher. Die Mania ist ein Delirium, das die Gedächtnis-Göttin Mnemosyne privilegierten Seelen verabreicht.[3] Die erotische Version der Mania überfällt den Liebenden im Anblick des schönen Lieblings (die griechische Erotik und Wahrheitslehre ist eine Knabenliebe). Dann taucht die Erinnerung an die Schau des wahrhaften Wissens auf, die seiner Seele unter Führung der Vernunft einmal gewährt worden ist. Aber diese Reminiszenzen suchen die verliebte Seele mit allen bekannten pathologischen Zügen heim:

(...) aus dieser Unruhe gerät sie in Geistesverwirrung, und bei diesem Wahnsinn kann sie weder des Nachts schlafen, noch bei Tage irgendwo ausdauern, sondern sehnsüchtig eilt sie immer dahin, wo sie den, der die Schönheit besitzt, zu erblicken hofft.[4]

Was die Seele begehrt, findet sie nur jenseits des Körpers. Ihre Sehnsucht wird von Bildern angetrieben, die sie als vibrierendes Déjà-vu in sich trägt. Die Schönheit eines fremden Körpers aktiviert lediglich diese latenten Erinnerungen an ein Gesehenes, nicht aber an den Akt des Sehens. Platons Ideenlehre betrachtet den schönen, begehrten Körper als Relais zur idealen Welt. Das Gute, Wahre, Schöne besiedelt die Empirie mit Spuren ihrer unendlichen Potenz. Doch sind echte von unechten Spuren kaum zu unterscheiden. Die Anfälligkeit der Seelen für falsche Déjà-vu-Schaltungen zwingt nun die Philosophen dazu, alle an das Wahre, Gute und Schöne appellierenden Worte, Reden, Zeichen unter die Sonde der Kritik zu legen. Phaidros, der eben noch dem Lysias seine Huld schenken wollte, wendet nun seine ganze Sympathie dem Sokrates zu und möchte gleich mittun.

Lysias wie Sokrates gründen ihre Verführung auf eine Rede über die wahre Liebe. Beide lassen sich in der bekannten Typologie als Philosophen identifizieren. Ihre erotische Wirkung entspringt der Synthese von Begehren und Wahrheitsrede. Doch gibt es keine Wahrheit ohne die Folie des Betrugs. Daher führt Sokrates seinen Angriff gegen die falsche Liebe als Schlag gegen die rhetorische Kunst der Sophisten und gegen deren trügerische Sprachpolitik. Lysias soll aus der Klasse der Philosophen in die Liga der Schauspieler absteigen. Das Sprachschauspiel der Sophisten erzielt Wirkungen durch Ablenkung und Täuschung. Dank der rhetorischen Kunst verfügen sie über Verführungsmacht. Aber sie nutzen die ihnen gegebene »Seelenleitung« (271c) nicht, um die Erinnerungen an das Wahre zu wecken, sondern um Jünglinge durch die Ohren mit Worten zu bezaubern und mit »gesprochenen Schattenbildern von allem« (*eidola legomena peri panton*)[5] zu täuschen. Solche Täuschung wird durch die Ähnlichkeit (262a) des Wahren und Falschen begünstigt. Doch nicht nur das Wahre und Falsche sind sich ähnlich, auch das Wahre und das Wahre (273d). Dieses Paradox steht auf dem Boden der Unmöglichkeit, das Wahre der Ideen unmittelbar auszusagen; die Rede des Wissenden gibt durch Annäherung an das Wahre nur den Impuls, damit die Seele zu ihrem Ursprung einkehrt. Der Betrug nutzt dagegen Ähnlichkeiten aus, um die Differenz von Wahrheit (*alätheia*) und Meinung (*doxa*) zu tilgen. Damit nicht genug. Neben den linguistischen Ähnlichkeiten täuschen künstliche Doppel der Sprache die Seelenkräfte: die Schriftzeichen. Nach üblicher Auffassung wurden sie von Kadmos aus Ägypten importiert. In der *Dionysiaka* des Nonnos, eines Zeitgenossen Platons, werden die Schriftzeichen als Schatten der Rede beschrieben. Kadmos perfektioniert den ägyptischen Import:

> Werkzeuge schuf er, die mit dem Laut der Zunge in Einklang.
> Denn vermischend Mitlaut und Selbstlaut in reihender Fügung,
> Rundete er beredten Schweigens geschriebenen Umriß.[6]

Nach Platons Version wurden die Buchstaben bereits gleich nach ihrer Erfindung durch den ägyptischen König verworfen, weil sie das Gedächtnis veräußerlichen. Und Sokrates liefert dazu die Erläuterung: Professionelle Redenschreiber wie Lysias ruinieren das Erinnerungsvermögen durch Narkotisierung der Mnemosyne. Die Schrift, so doziert Sokrates in seinem kleinen mythologischen Exkurs zur Erfindung der Buchstaben, leidet an dem gleichen Defekt wie die künstlichen, durch Ähnlichkeit täuschenden Zeichen der Malerei (275d). Sie bringen nur die Meinungen und Reden herbei und nicht die Wahrheit selbst (275a). Die Wahrheit jedoch – und damit wird das ganze Dilemma umschrieben – läßt sich nicht mitteilen. Es gibt allenfalls Träger der Wahrheit, Philosophen, die von ihrem Wissen jedoch nicht einfach Gebrauch machen können, weil sie selbst von ihrem Wissen bewohnt werden.[7]

Platon träumt von einem Gedächtnis, von einem Wissen und von einer Mitteilung ohne Zeichen. Alle Elemente, die zwischen diese Methexis der Seele und der Ideen treten, werden als *pharmaka*, als giftige Fremdstoffe, denunziert. Vermutlich möchte er auch Unterscheidungen (zwischen dem Ähnlichen) ohne Hilfe von Zeichen vornehmen. Wie sonst käme er auf die Idee, in der *Politeia* den Hunden eine philosophische Natur zuzusprechen, weil sie über die Fähigkeit verfügen, durch Verstehen und Nichtverstehen zwischen Bekanntem und Unbekanntem zu unterscheiden (376b)? Daß Hunde begabte Wächter sind, macht sie nützlich; aber bereits Platon ahnte, daß sie auch bei der Drogenfahndung Verwendung finden können. In seiner bewundernswerten Analyse des *Phaidros* wies Jacques Derrida nach, wie allgegenwärtig diese Pharmakologie in Platons Theorie verarbeitet ist.[8] Der Name, das Gift, die Rede, die Schrift, das Zeichen, die Verführung – alles sind Pharmaka, Mittel einer Seelenleitung, die die Vernunft eben nicht an den Ort ihrer ursprünglichen Erfahrung führt. Das vermöchte allein die Liebe oder die Rede des Philosophen. Hier wurzelt die platonische Konvertibilität von Wahrheit / Liebe.

Hat nun Sokrates über Wahrheit oder Liebe gesprochen? Die Antwort läßt sich der Empfehlung an den Jüngling entnehmen, er möge einen Philosophen als Liebhaber erhören. Warum? Die Philosophenseele speichert das meiste Wissen aus der Anschauung der ewigen Ideen. Zwar geisterten alle Seelen einmal als gefiederte Wesen schwerelos durch den himmlischen Ort, um dann nach dem Verlust ihres Gefieders auf die Erde zu stürzen, wo sie zuletzt in einen Menschen wie in die Schale einer Auster eingezwängt wurden (250c). Die Seelen jedoch, die am reichsten das Wahre beschaut hatten, fanden in dem »Keim eines Mannes, der ein Freund der Wahrheit oder des Schönen werden wird« (248d), eine neue Heimstatt. Dies sind die guten Gründe, erotisch einen Philosophenkörper zu durchqueren, um an diesem Reichtum teilzuhaben.

Platons Polemik gegen die Sophisten mobilisiert viele gute Gründe. Doch seine Argumente gegen die falschen Zeichen (Ähnlichkeiten), gegen die Wahrheitstäuschung, gegen den Ruin des Gedächtnisses durch Schrift sind allesamt bei den Sophisten selbst entlehnt. Das hat Derrida im Detail gezeigt.[9] Sokrates erarbeitet hier in einem ersten Kreis das vollendete Recycling der eigentlich bekämpften Positionen. So heißt folgerichtig die Wahrheit Platons zuletzt doch wieder eine »Schrift« und gleicht doch einem »Schattenbild« (*eidolon*), denn sie ist ein in die Seele Geschriebenes (276a). Die Seelenschrift ist höher denn alle textbasierte Vernunft. Das gleiche erklärt beispielsweise der bekannte zeitgenössische Rhetor und Gegner

Platons, Isokrates, den Sokrates im *Phaidros* noch seinen »Liebling« (279b) nennt, in einer Lobrede auf den Areopag: Nicht Unmengen von Gesetzen machten das vollkommene Staatsleben aus, sondern das in die Herzen der Bürger geschriebene Recht.[10]

Und dann gibt es im *Phaidros* noch einen zweiten Kreis und ein zweites Recycling. Ausgehend von der Frage nach der Antriebskraft der Liebe, wandte sich die Erörterung erst der Wahrheit zu, dann ihrer Darstellung und dann ihrem Gedächtnis. Zuletzt kehrt Sokrates zu dem Basisproblem zurück: zur Ordnung der Fortpflanzung. Gezielt spricht er die Sicherung der Generationenfolge an, wenn er vor der Wirkung der falschen Schrift warnt. Richtiges Schreiben ist eine richtige Verteilung des Samens: Wer vom Gerechten, Schönen und Guten Erkenntnis besitzt, der darf diesen Samen nicht sinnlos vergeuden:

Nicht zum Ernst also wird er sie ins Wasser schreiben, mit Tinte sie durch das Rohr aussäend, mit Worten, die doch unvermögend sind, sich selbst durch Rede zu helfen, unvermögend aber auch, die Wahrheit hinreichend zu lehren? (...)
Weit herrlicher aber (ist es), wenn jemand mit Einsicht Reden säet und pflanzt, welche sich selbst und dem, der sie gepflanzt, zu helfen imstande und nicht unfruchtbar sind, sondern einen Samen tragen (...). (276c-e)

Die Wahrheit wird aus der Liebe, die Liebe aus dem Begehren geboren, aber Eros erzeugt eine Rede, die sich vom körperlichen Begehren ablöst und körperlos, wenn auch nicht spurlos weiterzeugt. Nur insofern sie zur Überlieferung aufgeschrieben wird, ist sie ein Samen; doch die Spermien der Wahrheit tragen bei der nachfolgenden Generation noch bessere Frucht, wenn sie gesprochen wird, nämlich unmittelbar in die Seele gesät. Allerdings wurde bereits gesagt, daß solches Säen ein Schreiben ist. Schreiben beschreibt sich wiederum als Zeugen, denn alle Reden sind, wenn es geordnet zugeht, Kinder eines Vaters, und in der Sphäre der Wahrheit müssen die Vaterschaften gesichert sein. Vaterschaften gelten nur für Reden:

(...) welche gelehrt und des Lernens wegen gesprochen oder wirklich in die Seele hineingeschrieben worden, vom Gerechten, Schönen und Guten; in diesen allein ist etwas Wirksames und Vollkommenes und der Anstrengung Würdiges, weswegen auch nur solche Reden verdienten, gleichsam seine Kinder genannt zu werden (...). (278a)

Ganz offenbar kehrt hier die Erörterung wieder zur Ausgangsfrage zurück. Ein Kreis hat sich geschlossen. Das Begehren ist eine Liebe, die Liebe eine Wahrheit, die Wahrheit eine Rede, die Rede eine Schrift, die Schrift ein Samen, der Samen der Output eines Begehrens. Die Frucht der Wahrheit und des Samens sind Kinder. Die Wahrheit des Begehrens und die Wahrheit der Wahrheit interessieren den Philosophen augenscheinlich, weil er sich für die Erhaltung des Staates durch Gesetze und Nachkommenschaften verantwortlich fühlt. Er spricht im Namen des Staates. Ein Staat kann weder Vergeudung von Samen noch Wahnsinn (das ist bisweilen das gleiche) oder die Schwächung der Gesetze durch unerwünschte Sprachtheorie dulden. In den *Gesetzen* geht Platon das Problem der staatsgefälligen Samenadressierung direkt an. Ein Athener überlegt, wie man die gesetzliche Regelung der Lüste durch einen Trick kräftigen könnte:

(...) daß ich einen Kunstgriff kenne für das Geschäft, den Beischlaf der Natur gemäß zum Kinderzeugen zu üben, indem sie sich, um nicht absichtlich der menschlichen Gattung den Todesstreich zu versetzen oder auf Felsen und Steinen, wo niemals der Same Wurzeln treiben und zur natürlichen Beschaffenheit gedeihen wird, die Aussaat zu machen, des männlichen Geschlechts enthalten, sowie jedes weiblichen Saatfeldes, wo man nicht wünscht, daß der Samen aufgehe.[11]

Die Regelung der Vaterschaft von Reden, Zeichen und Kindern geht offenbar den Staat ganz fundamental an. Sie steht am Grunde des Staates – nicht nur der Athenischen Polis, sondern ebenso des christlichen Staates, der nur als Gottesstaat begann, um endlich König- oder Bürgerreich zu werden, sowie des aufgeklärten Staates. Über diese Stationen läuft, wie noch zu sehen sein wird, das abendländische Recycling des platonischen Recyclings. Und Werther war auch längst nicht der letzte. Aber Platon entwickelt das Modell für solchen zirkulären Transfer und für die Wiederaufbereitung von Wissen. Auf geradezu unheimliche Weise berichtet davon das *Symposion*, Platons zweiter großer Dialog über die Liebe. Doch bleibt es nicht bei dem Bericht und einem zirkulierenden Diskurs, vielmehr steuert der Zirkel, der Kreislauf die thematischen wie dramaturgischen Bewegungen des Textes selbst. Das *Symposion*, das Gastmahl der Politiker, Redner, Philosophen, Ärzte und Dichter – das sind ja die abendländischen Liebesspezialisten – wird nicht einfach als ein Protokoll überliefert, sondern als eine Geschichte, deren Kernsentenzen durch vierfaches Hörensagen gegangen sind. Der Ursprung des Liebeswissens liegt bei der geheimnisvollen Priesterin Diotima. Sokrates berichtet von seiner Initiation in die Lehren der mantineischen Weisen; Aristodemos war Zeuge dieses Berichts und gab, was er hörte, an Apollodoros weiter, und dieser schließlich erzählt es seinen

Freunden. Die Leser profitieren davon. Obgleich Aristodemos nicht alle Reden, die während des Gastmahls gehalten wurden, im Gedächtnis bewahren konnte, gab er dem Apollodoros sehr ergiebige Berichte über die Ausführungen des Phaidros, des Pausanias, des Arztes Eryximachos, des Komödiendichters Aristophanes, des Gastgebers Agathon, des Sokrates und zuletzt des Alkibiades. Auch das *Symposion* entwickelt die Mikrostruktur des Recyclings. Die Gespräche über Eros unterliegen dem agonalen Prinzip wie alle Liebestheorien. Allerdings begräbt der Meister Sokrates alle vorhergehenden Reden unter sich. Anders als seine Vorredner bezeichnet er den Eros nicht als einen Gott, sondern als einen Dämon, der zwischen den Göttern und den Menschen vermittelt. Diese Eros-Liebe funktioniert sowohl als postalische wie auch als linguistische Verbindung. Zwischen Himmel und Erde klaffen einmal Distanzen, die durch Boten überbrückt werden müssen, aber daneben klaffen auch sprachliche Abstände, die nach einem Dolmetscher verlangen (202d–203a). Um die Titel zu vervollständigen, ernennt Diotima Eros zuletzt noch zum Philosophen, der eine mittlere Position zwischen göttlicher Weisheit und menschlichem Unverstand einnimmt (204a). Der Philosoph Eros hält den Kontakt mit dem Ewigen. Deutlicher jedoch als Sokrates im *Phaidros* erklärt Diotima, warum das Schöne, das Wahre und die Zeugung (»des Mannes und Weibes Gemeinschaft«) eine Einheit bilden: Ihre gemeinsame Triebkraft richtet sich auf die Teilhabe an der Unsterblichkeit der Gattung (206c). Während also unter den Menschen die Reden zirkulieren, indem sie über Themenschaltungen zu ihrem Ursprung zurücklaufen, geht die Kommunikation zwischen den Menschen und den Göttern über die Relais von Philosophenreden, die folgerichtig außer Zeugung auch Geburtshilfe betreiben (206d). Alle diese Fertigkeiten verwaltet der dämonische Eros. Diotima verleiht ihm neben seiner Amtsbezeichnung als Philosoph die Titel »Zauberer, Giftmischer und Sophist« (203d). Sie stehen allesamt auch auf den Fahndungsblättern des Sokrates, wo er die Personenbeschreibungen der Schattenbildner, der Agenten des Pharmakon, kurz: der Sophisten niedergelegt hat.

Was immer also in das Ressort des Eros fällt: Verführung, Steuerung von Diskursen und Seelen, Vermittlung zwischen Menschen und Göttern als Postmeister, Dolmetscher und Reiseführer, Zeugung durch Reden und Geburtshilfe – alle diese Betriebsarten des Erotischen kennzeichnen ihn als Doppelgänger des Sokrates. Dieses Pseudonym wird am Schluß des *Symposion* dann auch feierlich von Alkibiades gelüftet. In seiner Rede vergleicht er Sokrates mit dem Satyr und Flötenspieler Marsyas (215b), dem nach einer Niederlage im musischen Wettkampf mit Apollon die Haut vom Leib gezogen wurde. Weiter bezeichnet er die Wirkungen, die die Reden des verehrten Sokrates bei ihm auslösen, als Ekstasen, gleich denen der Korybanten (215e), oder als Zauber des Sirenengesanges (216a); aber auch Tränen übermannen ihn und ein Schmerzgefühl, als sei er von einer Natter gebissen (217e-218a). Zauberei, Ekstase, Gift fallen nun plötzlich der sokratischen Redekunst als ehrenvolle Insignien zu, und vergessen scheint, daß er diese Gefahren-Zeichen unermüdlich ins Fleisch der Sophistik gebrannt hat. Am Ende gleiten bei der Feier des Philosophen als glücklicher Inkarnation der Eros-Mächte das Feindbild und das Selbstbild ununterscheidbar übereinander. Auch hier scheint der Zirkellauf des Gedankens vollendet. Und das abendländische Recycling der platonischen Philosophie kann beginnen: jenseits des vergifteten Körpers des »Giftmischers« Sokrates.

Paulus und Co: Jenseits des Gesetzes

Platons Mißtrauen gegen die künstlichen Gedächtnisse der Schrift galt nicht nur den sophistischen Reden, die niedergelegt und in anderen Zusammenhängen wiederverwertet wurden (betrügerisches Recycling); der gleiche Verdacht richtete sich auch auf die Akkumulation der demokratischen Staats-Schriften, nämlich der Gesetze. Die Argumente werden im vierten Buch der *Politeia* vorgetragen: Entweder sorgen Erziehung und Sitte dafür, daß sich das Vernünftige durchsetzt und sich über die Dialektik der Reden sowie über die Logik des Ähnlichen fortpflanzt und verbreitet; oder man muß überhaupt alle Hoffnung auf einen gerechten Staat fahren lassen.[12] Hingegen tragen die *Nomoi* die Notwendigkeit schriftlich fixierter Gesetze mit allem Nachdruck vor.[13] Im Hintergrund dieses Widerspruchs steht die Unterscheidung zwischen absoluten, göttlichen Gesetzen sowie menschlichen Satzungen. Platon möchte daher auch die Staats-Gesetzgebung dem Gott Apollon (nämlich Priestern und Philosophen) überlassen (427b). Der gleiche Gegensatz von göttlichen Gesetzen und menschlicher Satzung kehrt in der ewigen Wiederkehr der Erneuerungen von Wahrheit und Liebe auch immer wieder: Alle Neuformulierungen der Wahrheit betonen den Überfluß und die lähmende Wirkung der erlassenen Vorschriften, um gegen sie eine vermeintlich natürliche Gesetzlichkeit aufzurichten. Auf diese Regel der Regeln beruft sich auch Isokrates mit seiner Feststellung, daß ein vollkommenes Staatsleben allein auf den in die Herzen der Bürger geschriebenen Gesetzen beruhe.[14] Der Satz gehört zum unersetzlichen Argumentationsrepertoire aller Recyclings.

Die christlichen Politiker revidieren die jüdische Religion durch Umbenennungen: An die Stelle des schriftbasierten alttestamentarischen Gesetzes setzen sie die einzige Doktrin der christlichen Liebe. Aber auch diese Liebe kann die Macht der Wahrheit nicht ergreifen, ohne vorab die falsche und trügerische Liebe der jüdischen Tradition zu ruinieren. Dabei kommt die neue Theologie der Liebe in ihrer dogmatischen Form gar nicht aus dem Munde des Gottessohnes, sondern aus der Feder des Justitiars der frühen Kirche: Paulus. Nur zweimal erhält das Wort Liebe (*agape, caritas*) in den Christus-Reden einen juristischen Akzent. Die Apostel Matthäus und Lukas bezeugen es im gleichen Zusammenhang. Christus hält seine furchtbare Strafpredigt gegen die jüdischen Schriftgelehrten und denunziert sie unter anderem als »Toren«, »Blinde«, »Heuchler«, »übertünchte Gräber«, »Schlangen«. Zuletzt erhebt er auch noch den Vorwurf ungerechtfertigter Bereicherung[15]. So erneuert sich die alte Armatur, die bereits Sokrates gegen die Sophisten gerichtet hat: Heuchelei, Gift, Verführung, Betrug, Geldinteresse, Schriftwahn, Gesetzesfetischismus. Dann erst erinnert der Redner an die Liebesnachricht Gottes, die niemand vernommen hat. Sie wird als Anklage ausgesprochen. In den Akten des Apostels Lukas lautet sie so:

Aber weh euch Pharisäern, daß ihr verzehntet die Minze und Raute und allerlei Kohl, und geht vorbei an dem Gericht und der Liebe Gottes. (Luk. 11,42)

Das Gericht (*iudicium*) und die Liebe – so deutet Christus hier bereits an – ersetzen die alten tintenschwarzen Regulierungen. Wer Ohren hat zu hören, der vernimmt in dieser Abstimmung von Liebe auf Gericht bereits das neue juristische Konzept. Wenn Gott auch nicht schreibt, er läßt seinen Geist und dieser die Apostel schreiben. Paulus wird die Polemik gegen die alte jüdische Buchstabenhörigkeit und die Theologie der neuen Liebe systematisieren. Im Römerbrief schlägt er die härtesten Töne an. Griechen und Juden empfangen die exquisiten Schandmale betrügerischer Rede: »Ihr Schlund ist ein offenes Grab, mit ihren Zungen handeln sie trügerisch, Otterngift ist unter ihren Lippen« (Röm. 3,13). Solches Gift trieft nicht nur von sophistischen Zungen, sondern sickert vor allem aus der Hypertrophie der Gesetze und ihrer buchstäblichen Auslegung. Hingegen lautet die Rechtslage nach der Vorschrift von Röm. 13,10: »So ist nun die Liebe des Gesetzes Erfüllung.« Die Liebe, in der sich das alte Gesetz zugleich verflüchtigt und erfüllt, heißt *caritas*. In der Hierarchie der Affekte erhebt sie sich bekanntlich hoch über die niederen Leidenschaften (*passiones ignominiae*, Röm. 1,26). Diese Absetzbewegung gehört regelmäßig zur Instituierung einer neuen Liebe, seit eben Liebe instituiert wird.

Zur Ablösung des geschriebenen Gesetzes, ja zur Ersetzung des Gesetzes beruft sich die Liebe – genau wie Platon oder Isokrates – auf die universellen Regeln. Der Autor des *Römerbriefes* stützt sein Argument auf einen Kulturvergleich: Die Moralen der Heiden beweisen, daß das »Werk des Gesetzes geschrieben ist in ihrem Herzen« (Röm. 2,15). Die gleiche Charta geht an die Korinther, denen Paulus erklärt, daß sie als lebendige Gemeinde eine Sendung Gottes sind: »Ihr seid ein Brief Christi, (...), geschrieben nicht mit Tinte, sondern mit dem Geist des lebendigen Gottes, nicht in steinerne Tafeln, sondern in die fleischernen Tafeln des Herzens« (2. Kor. 3,3). Platons Dämon Eros verliert seine Mission bei Paulus an den Geist.

Die Invektiven des Paulus gegen die griechische Erotik und gegen die jüdische Schriftmacht, gegen Sophistik, Verführung, Betrug, Geldinteresse entwickeln jene unterscheidende Macht, die nicht aufgehört hat, als Macht über Leben und Tod zu wirken. Denn die Ausstreichung des Gesetzes betreibt nichts als seine Instituierung in einem anderen Namen. Jede Revision der Macht schickt die Satzungen erst einmal durch den Nullpunkt ihrer Abschaffung, um sie in einem neuen Namen zurückzurufen. Paulus läßt daran auch keinen Zweifel: »Heben wir denn das Gesetz auf durch den Glauben? Das sei ferne! sondern wir richten das Gesetz auf« (Röm. 3,31). Das Erscheinen einer neuen Macht sprachen die Kirchenväter bald ganz unverhüllt aus, ist doch die Patristik nichts anderes als ein riesiges Gesetzgebungsunternehmen. Die christliche Kirche und ihre staatlichen Kolonien ruhen auf diesem Fundament.[16] An die Stelle der Philosophen in Platons Staat (mit ihren hündischen Fähigkeiten) tritt die Legislative der Kirchenväter. Nach Gregor I. sind auch die doctores der Kirche Hunde.[17] Die Ablösung erfolgt auf allen Ebenen. Zum Abschied und zur Wiederkehr des Gesetzes durch Paulus schreibt der Kirchenvater Chrysostomos Ende des 4. Jahrhunderts in einer Erläuterung des *Galaterbriefes*: »Nachdem er ihnen das Joch des Gesetzes hinweggenommen, legt er ihnen ein anderes Joch auf, das der Liebe (...).«[18] Zu dieser ungeheuren Logik der Ersetzung des Gesetzes durch das Gesetz gehören die analogen Substitutionen wie der Austausch der Rhetoren durch Rhetoren: Der wegen seiner großen Beredsamkeit berühmte Chrysostomos (Goldmund) hatte eine Rhetorikschule absolviert.

Das *Joch der Liebe* besteht aus nichts als Kirchengesetzen. Bei der Vermehrung und Verschärfung dieser Satzungen zeichnet sich der Kirchenvater Augustinus besonders aus. Gleich seinem oströmischen Kollegen Chrysostomos war Augustinus ein Goldmund, der seine bedeutende Rednergabe als Rhetoriklehrer entwickelt hatte, ehe er sich durch die Lektüre des *Römerbriefes* und unter Vergießung mächtiger Tränengüsse bekehren ließ. In seinen autobiographischen *Bekenntnissen* berichtet Augustinus sehr lebendig über diesen Schwenk von der Macht der Rhetorik zur Macht der christlichen Verheißung.[19] Den ersten Anlaß für seine Umwandlung bildeten ausgerechnet die Predigten des gleichfalls aus einer Rhetorikschule hervorgegangenen Bischofs Ambrosius. Die Rhetorik bringt unablässig die Kräfte hervor, die ihre Abschaffung proklamieren. Unter der Wirkung der ambrosianischen Reden und der paulinischen Schriften erklärte Augustinus die alte Wahrheitstechnik für geschwätzig, verführerisch, korrumpiert:

Und ich beschloß, (...) den Dienst meiner Zunge zurückzuziehen vom Markte der Geschwätzigkeit, damit nicht länger eine Jugend, die nicht »Dein Gesetz im Auge hat« und nicht den Frieden mit Dir, sondern Lug und Trug des Worts und den Streit vor Gericht, sich die Waffen für ihr Toben aus meinem Munde kaufe.[20]

Einen gleichen Sprung von der heidnischen Machttechnik Rhetorik zur christlichen Wahrheitstechnik Rhetorik machten auch die Kirchenväter Ambrosius und Basilius. Unter ihnen allen zeigte sich allerdings Augustinus als der wirkungsvollste Liebestheoretiker. Zunächst führte er eine wesentliche juristische Unterscheidung ein. Zwar kannte er auch das Naturgesetz der Herzensschrift; er erwähnt es in seiner Autobiographie, wo er den Apfeldiebstahl kommentiert: »Den Diebstahl (...) ahndet Dein Gesetz Herr, und zwar schon das ins Menschenherz geschriebene Gesetz (*lex scripta in cordibus hominum*)«.[21] Aber damit wird offengelassen, daß es auch noch ein positives christliches Gesetz gibt. Und dieses Gesetz regelt die Verfehlungen gegen die Keuschheit. Die Liebe oder der Glaube amtieren im gleichen schriftlosen Raum wie die Herzensgesetze; hingegen müssen die Regeln der Keuschheit eigens kodifiziert werden. Diese Schrift setzt mit ihren Satzungen ausgerechnet dort an, wo die menschliche Freiheit nachhaltig eingeschränkt ist: bei der Steuerung der Geschlechtsorgane. Dem Theologen Augustinus verdankt die Welt die schöne Theorie über die Fortpflanzung der Menschen im Paradies. Um die volle Pracht dieser Überlegungen zu genießen, müßten eigentlich noch andere Schriftbelege aus Texten der Kirchenväter zitiert werden, die diesen paradiesischen Zustand erläutern. Hier muß aber Augustins Beschreibung des unschuldigen Geschlechtsverkehrs genügen. Wie sollten Adam und Eva sich vor dem Apfelgenuß vermehren? Sie hätten dies ohne die durch Lust bedingte Einschränkung der Freiheit erledigt:

Es würde also der Mann Nachkommenschaft erzeugt und das Weib sie empfangen und sich dazu der Zeugungsglieder bedient haben, die, wann und soweit nötig, durch den Willen bewegt, nicht aus Lust erregt worden wären. Denn nicht nur solche Körperteile bewegen wir nach Belieben, die durch feste Knochen gegliedert sind, sondern auch die, welche nur mit weichen Sehnen ausgestattet und schlaff sind. [22]

In ihrer Untersuchung zum Liebesbegriff bei Augustinus[23] gibt Hannah Arendt die Formel für die moralische Leistung, die Gottes Gesetz über die ins Herz geschriebenen Regeln hinaus fordert: die Erkenntnis der Verworfenheit durch das Begehren (*cognitio concupiscentiae*). Das fleischliche Begehren und die rhetorische Überredung fallen dabei wieder einmal unter den gleichen Vorbehalt. Auch in den *Bekenntnissen* erinnert sich Augustinus:

Wo war ich doch (...) damals in jenem sechzehnten Jahr meines Daseins im Fleische, da die Herrschaft über mich ergriff – und ich ergab mich ihr ganz – die Raserei der Lustbegier, erlaubt nach dem Schandurteil der Welt, aber unerlaubt nach Deinen Gesetzen? Und die Meinen sorgten nicht dafür, den Fallenden wenigstens in einer Ehe aufzufangen, sondern ihre einzige Sorge war es, daß ich einen möglichst guten Stil mir aneigne und durch die Kunst des Wortes zu überreden lernete. [24]

Was das Gericht der Welt (und das heißt eben: *lex scripta in cordibus*) gestattet, das ist nach seinem Gesetz verwerflich. Gottes Anordnung tritt auf, um den *amor* in seine reinen und unreinen Bestandteile aufzulösen. Das Gesetz scheidet die *concupiscentia* von der *caritas* bzw. *dilectio*.[25] Die beiden reinen Bestrebungen treiben ganz ähnlich wie nach den Plänen in Platons Eroslehre die Kräfte der Erkenntnis an: Zu erkennen gibt der christliche Gott seine Gnade. Sie verweist jedoch auch nur auf das Gericht, das auf jeden wartet. Statt also, wie sie verspricht, das Gesetz durch Liebe zu ersetzen (wie immer das auch gehen mag), wird in der christlichen Erotik das juridische Prinzip geradezu totalisiert. Des Paulus großartige Erfindung, die geistliche Gesetzesauslegung, mit der die buchstäbliche Leseweise der Juden verworfen wurde[26], führte zu einer Sondergerichtsbarkeit, die die falschen Auslegungen verfolgte. Der Liebesheld Abaelard bekam dies besonders hart zu spüren. Die hündischen doctores der Kirche sorgten dafür, daß wirkungsvoller als je zuvor Juristen das christlich begründete soziale System beherrschten. Im Blick ihrer Gegner wuchsen auch diese Schriftgelehrten allmählich in das alte Amt sophistischer Zungendrescherei hinein. Es dauerte aber mehr als ein Jahrtausend, bis ein Nachfolger des Augustinus Klage erhob und als neuer Held des Recyclings auftrat: Martin Luther.

Bekanntlich stützte sich Luther in seinen Reformationsschriften vor allem auf Paulus und auf Augustinus. Für seine Erneuerung nahm er bereits 1516 in seinem Kommentar zum Römerbrief die Formeln des Apostels und des Kirchenvaters von der Herzensschrift wieder auf. Luthers Polemik gegen die scholastische Theologie und Philosophie strotzt nur so von Vorwürfen bekannter Art. Die römischen Autoritäten heißen »Lügner«, »Heuchler«, »Sophisten«, »Betrüger« und erhalten die volle Ladung seines Zorns. Ein Beispiel aus der Reformationsschrift *An den christlichen Adel deutscher Nation von des christlichen Standes Besserung* aus dem Jahre 1520 gibt einen Eindruck, wie Luther die alten Formeln gegen die römische Orthodoxie wendet; an die Adresse des Papstes heißt es da:

Will man uns denn in allen Stücken sehenden Auges blind und bei klarer Vernunft töricht machen, daß wir solche Habgier, Bubenstücke und Spiegelfechterei anbeten sollen? Er ist ein Hirte – ja, wenn du Geld hast, und sonst nicht. (...)
So rate ich, falls dieses Narrenwerk nicht abgeschafft wird, daß jeder fromme Christ seine Augen aufmache und sich nicht von den römischen Bullen, Siegeln und von der Heuchelei beirren lasse. Er bleibe daheim in seiner Kirche und lasse sich seine Taufe, Evangelium, Glauben, Christus und Gott, der an allen Orten derselbe ist, das Beste sein – und den Papst einen blinden Führer der Blinden.[27]

Habgier, Heuchelei, Spiegelfechterei (ein Synonym für Sophistik), Übermaß an Gesetzesschriften (im gleichen Text spricht Luther von den »Papiermauern«) – so lauten die Schlüsselbegriffe der reformatorischen Polemik. Die Schlußwendung von dem »blinden Führer der Blinden« ist ein Zitat aus dem Matthäus-Evangelium (15,14) und wird dort von Jesus auf die Pharisäer gemünzt. So nimmt Luther ganz bewußt genau die Armaturen wieder in Betrieb, mit denen Jesus und Paulus das christliche Recycling der überlieferten Wahrheit erarbeiteten.

Kaum zweihundertfünfzig Jahre später war auch diese Erneuerung wieder erneuerungsbedürftig. Keine Staatsmacht konnte sich im 18. Jahrhundert noch allein auf die Autorität der Gottesgesetze und Gotteswahrheiten verlassen. Der Gesellschaftsreformer Jean-Jacques Rousseau empfahl um 1760 seinerseits gegen den Egoismus, gegen die Heuchelei und gegen die Spitzfindigkeiten der Juristen eine neue

Gesetzgebung. Es war die alte. Es waren die Statuten des Platon, des Apostels Paulus, Augustins und des Reformers Luther. In seinem Entwurf eines *Gesellschaftsvertrages* erläßt sie Rousseau am Ende des zweiten Buches. Sie krönen und ersetzen tendenziell die Verfassung, das Bürgerliche Gesetz und das Strafgesetz:

Zu diesen drei Arten von Gesetzen fügt sich eine vierte, die wichtigste von allen, die weder auf Marmor noch auf Erz, sondern in die Herzen der Bürger geschrieben wird; in ihr liegt die eigentliche Verfaßtheit des Staates (...). Ich rede von den Sitten und Gebräuchen und vor allem von der Meinung.[28]

Zweiunddreißig Jahre später geht die Wahrheit in eine weitere Erneuerungsphase: Die Französische Revolution zitiert ihre Absichten zum Teil wortgetreu aus Rousseaus Schriften. So erklärt Robespierre in seiner Rede vom 5. Februar 1794:

Was ist der Zweck, nach welchem wir streben? Der ruhige Genuß der Freiheit und Gleichheit; die Herrschaft jener ewigen Gerechtigkeit, deren Gesetze nicht in Marmor oder anderem Stein, sondern in die Herzen aller Menschen, sogar in das Herz des Sklaven, der sie vergißt, und des Tyrannen, der sie leugnet, geschrieben sind. (...)
Wir wollen in unserem Lande den Egoismus gegen die Moralität vertauschen; die Ehre gegen die Redlichkeit; die Gebräuche gegen die Grundsätze; die Manieren gegen die Pflichten; die Tyrannei der Mode gegen die Herrschaft der Vernunft; (...) die Liebe zum Geld gegen die Liebe zum Ruhme.[29]

Wie aber setzt sich diese Wahrheit des Herzens, die nicht mehr von Gott garantiert ist, sondern vom Volk, ja von allen Menschen gegen ihre bekannten Widersacher durch? Mit welchen Kräften kann sie rechnen, wenn nicht mehr die Autorität der Priester und Gelehrten das Rechtssystem stützt, sondern nur noch die geschlossene Immanenz des menschlichen Sprechens? Robespierres Antwort: die Liebe. Auf die selbstgestellte Frage nach dem Fundamental-Prinzip der demokratischen Verfassung antwortet er: Sie wird gewährleistet durch »die Tugend, welche nichts anderes ist als die Liebe zum Vaterland und zu den Gesetzen desselben«.[30]

Die Liebe zehrt zwar nicht mehr von den glücklichen Erinnerungen an die unmittelbare Schau der Wahrheit; dafür richtet sie ihren Appetit auf die andere ewige Ungeschriebenheit: auf die ins Herz geschriebenen Gesetze. Die kommen im 18. Jahrhundert nicht mehr von Gott, sondern von der Natur und lassen sich kopieren als imaginäre Ursprünglichkeit. Niemand anders als Rousseau hat diese Schrift inauguriert. Seine autobiographischen *Confessions*, die den gleichen Titel tragen wie die Bekenntnisse des Augustinus, verfaßt er mit der Absicht: »Ich möchte, daß jedermann in meinem Herzen lese.«[31] Dies ist ein Gründersatz der modernen Literatur. Für die neuen und in der Neuzeit unablässig notwendigen Revisionen und Auffrischungen der Wahrheit benötigt die Welt neue Autoritäten. Jetzt erscheinen die Schriftsteller, um die Übereinstimmung von Rede, Liebe und Gesetzen mit den unsichtbaren Herzensschriften zu garantieren. Solche Autorität erwirbt sich nur noch durch einen besonderen Modus des Sprechens, und der gibt sich wie zu Zeiten Platons antirhetorisch. Rousseau gehört zu den Erfindern des natürlichen Stils, jenes Stils, den auch Werther schreiben wird, um dann mit einem Staatsbeamten alter Couleur zusammenzustoßen. Die neuen Staatsbeamten in Deutschland und Frankreich werden sich jedoch rasch auf das neue Paradigma einstellen. Bald nach 1800 sollen alle Gymnasiasten schreiben wie Rousseau oder Werther.[32] Wie aber sieht die literarische Herzensschrift Rousseaus aus?

Wie mit allen Dingen werde ich es auch mit dem Stil halten: Nichts wird mich dazu bringen, auf Gleichmaß zu achten; ich werde stets den Stil haben, der sich eben einstellt, ich werde ihn je nach Stimmung ohne Bedenken ändern, alles werde ich sagen, wie ich es empfinde, wie ich es sehe, ohne Anstrengung, ohne Hemmung (...).[33]

Lebensgeschichten dieser Art ziehen nun die Leserliebe an, die früher in Gottes Schoß und in die Tiefen seines Geistes fielen. Wenn Alkibiades seinem Lehrer Sokrates lauschte, dann gingen ihm die Augen über. Als Augustinus den Römerbrief las, da übermannten ihn die Tränen. Schriften, Bücher und Wahrheiten hören aber nicht auf, an ihren Rändern die erotischen Zeichen hervorzubringen, die sie selbst kodifizieren. Seit Ende des 18. Jahrhundert kommen die Römerbriefe aus Autorenfedern, und über sie ergießen sich die Pollutionen der Männer- und Frauen-Lieben. Nur müssen seitdem die Recyclings der Wahrheit in immer kürzeren Abständen durchgeführt werden. Wahrheiten, die aus dem Sekundentakt des Herzens kommen, sind nicht lange haltbar. Ein Zeitgenosse, dem diese Schicksale des Geistes in den fleischernen und akademischen Behörden der Wahrheit nahegingen, war der junge Hegel. Zwischen 1803 und 1806 notierte er sich in seinem *Wastebook* die Beobachtung, daß die philosophischen Systeme neuerdings immer rascher alterten:

Über Kantische Philosophie ist längst der Stab gebrochen, während Wolffische fünfzig und mehr Jahre sich gehalten. Rascher ist für Fichtes Philosophie das Bestimmen ihres Standpunktes herangeeilt. Was Schellingsche Philosophie in ihrem Wesen ist, wird kurze Zeit offenbaren. Das Gericht über sie steht gleichsam vor der Tür, denn viele verstehen sie schon.[34]

Aber wie wollte Hegel diese rasenden Verfallszeiten der Wahrheit verlängern oder die in immer kürzeren Abständen anberaumten Gerichtstermine für die Gültigkeit der Philosophien aufschieben? An gleicher Stelle notierte er:

Das erste Subjektive im Studium der Wissenschaften ist Ehrlichkeit gegen sich selbst. Zweifeln an allem ist leicht gedacht und gesagt, aber die Frage ist, ob es wahr ist? Das leere Wort (...) ist eine Lüge, und es ist entsetzlich, was die Menschen sich selbst und andere belügen und überreden wollen.[35]

Ehrlichkeit gegen leere Worte, Wahrheit gegen Überredung: eine späte Spur der nun mehr als zweitausendjährigen Anstrengung, das Wahre gegen Sophistik und Rhetorik durchzusetzen. So sprachen Sokrates, Paulus, Augustinus, Luther, Rousseau. Und nun Hegel. Doch immer noch weiß niemand zu sagen, wie die Liebe/Wahrheit spricht. Nur eines scheint klar, sie spricht. Und um zu sprechen, muß sie das Jenseits der Sprachen aufsuchen, die sie und ihr Verlangen zu sprechen geweckt haben. Sie muß immer anders sprechen. Gibt es aber ein Jenseits der Sprache oder des Gesetzes? Oder könnten das Böse, das Laster, die absolute Lust das Sprechen wenigstens vom Gesetz erlösen?

Marquis de Sade: Jenseits Gottes

Die anonymen Bücher und signierten Papiere, die den Autornamen des Marquis de Sade (1740–1814) begründet haben, stellen den Leser vor das gleiche Dilemma wie die meisten abendländischen Philosophenreden: Ist dort in erster Linie von Gott/Wahrheit oder von der Liebe/Erotik/Lust die Rede? Ist das Fundament der Wahrheit das Verlangen nach ihr, oder benötigt umgekehrt das sexuelle Begehren die Wahrheit, um seine Funktion zu erfüllen? Offenbar gibt es keine feste Richtung, keinen Vektor zwischen Wahrheit und Liebe, sondern nur einen Regelkreis. Jedenfalls spielen die Szenarien der Lust, der Gewalt, des Mordes und der Verführung, die de Sade erdacht hat, sowie die langatmigen Abhandlungen, die er seinen Helden in den Mund legt, zugleich auf dem Theater raffinierter Begierden wie vor dem Gericht der Wahrheit. Aus den Körpern der lasterhaften Männer und Frauen läßt de Sade die Beweise für die Falschheit aller bislang für wahr gehaltenen Grundsätze strömen. Flüche, Schreie, Sekrete,

Wunden, Zuckungen, Todesröcheln formieren am Rande und jenseits der Sprache ein erotologisches Zeichenrepertoire, an dem jeder Zweifel (auch der von Hegel verdammte subjektive Zweifel) zergeht. Gott, die Natur, die Menschenherzen, alle alten Residenzen der Wahrheit, werden unablässig in höhnischen Reden herausgefordert, ihrerseits durch unbezweifelbare Zeichen zu antworten und die de Sadesche Umwertung aller Werte zu widerlegen. In zwei monströsen Romanen schickt der Autor die beiden Schwestern Justine und Juliette in die Welt und bürdet ihnen den Beweis auf, daß die Tugend nur Unglück bringt, während das Laster durch alle Zufälle des Lebens hindurch prämiert wird. Tugenden kommen in der Natur, der Kronzeugin des 18. Jahrhunderts, offensichtlich nicht vor, wohl aber die Zerstörung. Welche Pflanze, welchen Stein, welches Meer, welchen Planeten sollte die Tugend anrufen, damit ihr wenigstens ein Zeuge der Natur beistünde? De Sade hält das Schweigen der Dinge und Sphären zu allen Verbrechen für Zustimmung. Bisweilen ergeben sich so im permanenten Weltgericht dieses Romans Szenen von philosophischer Erhabenheit: Juliette, die lasterhafte der beiden Schwestern, besteigt mit der gleichgesinnten Lady Clairwil und der gemeinsamen Freundin Olympia den Vesuv. Juliette und die Clairwil suchen ein geeignetes Dekor, um ihren längst gefaßten Plan zu verwirklichen und Olympia zu ermorden. Doch sollen alle zu ihrem Recht kommen: die grausamen Lüste, die theatralische Ästhetik und der philosophische Geist. Olympia wird erst einmal entkleidet, gefesselt und ausgiebig gepeinigt:

Endlich nach zwei Stunden der furchtbarsten Qualen hoben wir sie auf und warfen sie in die Mitte des Vulkans hinein. Noch sechs Minuten nachher hörten wir den Körper hinunterkollern, langsam nahm der Lärm ab, bis schließlich alles still wurde. »Es ist geschehen«, sagte Clairwil, die sich unablässig gerieben hatte, nachdem wir den Körper losgelassen hatten, »o, zum Teufel! Geliebte, wir wollen jetzt beide entladen, während wir uns auf dem Rand des Vulkans selbst niederlassen! Wir haben hier ein Verbrechen begangen, eine der köstlichen Handlungen, welche die Menschen scheußlich zu nennen wagen: Nun gut! wenn diese Tat wirklich die Natur beleidigt, möge sie sich rächen, sie vermag es ja; möge augenblicklich der Vulkan ausbrechen und uns in einem Lavastrom verschlingen...«
Ich war zu keiner Antwort mehr fähig; selbst vom Rausch erfaßt, vergalt ich meiner Freundin hundertfach die Ergüsse, mit denen sie mich bedeckte. Wir sprachen nicht mehr, und so preßten wir uns wechselseitig in die Arme und rieben uns wie zwei Tribaden, als wollten wir unsere Seelen auf dem Weg glühender Küsse tauschen. Lediglich ein paar lüsterne Worte, ein paar Gotteslästerungen kamen über unsere Lippen. Wir schmähten die Natur, wir trotzten ihr, wir forderten sie heraus (...).[36]

Es geht bei dieser mörderischen Erotik immer wieder um den Beweis, daß Gott nicht existiert.[37] Doch die Welt soll auch sehen, wie anders die Natur über sich selbst denkt. Die Asche des Vesuv kann nur lachen, wenn sie hört, was die Ethik der natürlichen Gesetze über sie predigt. Eine sehr alte philosophische Überlieferung hat diese Szene auf dem Vesuv präpariert, um die Stummheit Gottes und der Natur angesichts des Bösen vernehmbar zu machen. Sie enthält nämlich das mythische Doppel eines schon einmal mißratenen Gottesbeweises. Der vorsokratische Naturphilosoph Empedokles wollte nach der biographischen Erzählung des Diogenes Laertius durch einen Sprung in den Ätna seine Göttlichkeit unter Beweis stellen.[38] Eine Wolke hätte ihn zum Himmel tragen sollen, aber der Vulkan spie nur einen seiner Schuhe wieder aus. Die Reprise dieser Szene im Roman Juliettes kehrt die empedokleische Herausforderung um. Und de Sade veranstaltet an anderer Stelle sogar die Reprise seiner eigenen Reprise. Sie gehört zu den Ereignissen im Rahmen der Leidensgeschichte Justines und wird von dem Libertin Jérôme erzählt. Dieser trifft auf dem Vesuv einen Chemiker namens Almani, der auf ganz eigene Weise die Natur-Mächte herausfordert. Almani zückt angesichts des klaffenden, rauchenden Kraters sein Glied, um eine Ziege erst zu sodomisieren und dann zu töten:

Eben hatte mir Almani geantwortet, als zu unseren Füßen ein Lavastrom emporgeschleudert wurde. Ich erhebe mich erschrocken; er jedoch fährt in aller Ruhe fort, sein Glied hin und her zu schütteln und fragt mich phlegmatisch, wohin ich gehe. »Bleiben Sie doch nur«, sagt er mir, »Sie wollen meine Leidenschaften kennenlernen: hier können Sie eine beobachten. Kommen Sie«, fuhr er fort, während er sich weiter das Glied rieb, »sehen Sie, wie sich meine Spermafluten in das Pech und den Schwefel ergießen, mit denen die liebenswürdige Natur uns hier umgibt. Mir scheint, ich bin in der Hölle und entlade mich in ihre Gluten. Dieser Gedanke macht mir Spaß; nur um ihn zu befriedigen, bin ich hierhergekommen.« Er flucht, lästert Gott, er tobt, und sein ausgestoßenes Sperma fliegt, um die Lava auszulöschen.[39]

Das Schweigen der Sphären und die Stummheit Gottes sind die triumphierend begrüßten Antworten. Doch nicht nur Gott wird herausgefordert, nicht nur die Natur: Auch die Schatten der abendländischen Wahrheitshelden von Platon bis Rousseau sehen sich vorgeführt, um das Experiment auf die Gültigkeit ihrer Ethik mitzuerleben. De Sade entwickelt seine Dialoge mit dem Titel *Philosophie im Boudoir* als Parodie des *Phaidros*.[40] Alle Leitmotive Platons sind darin aufgenommen und unter höhnischem Gelächter umgeschrieben. In einer Reihe von Lehrgesprächen erlebt ein junges Mädchens seine In-

itiation in die Doktrin und die Praxis der Libertinage. Alle handgreiflich und didaktisch erarbeiteten Lehren zeigen die erogene Macht der
libertinen Wahrheit. Die sokratische Rolle in den Dialogen spielt Dol-
mancé, der nach den Worten von Mme de Saint-Ange »auf der ganzen Welt am besten in der Lage ist, das Mädchen zu bilden und auf
den Weg des Glückes und der Lust zu führen«. Und Eugenie bestätigt
eilfertig in Worten und Werken: Die Reden ihrer beiden Lehrer wirken wie ein hochdosiertes Aphrodisiakum. Sie können mit ihrem
Werk zufrieden sein:

EUGENIE (wichst). O verflixt, Sie verdrehen mir den Kopf... Da haben Sie
die Wirkung Ihrer verfluchten Reden!...[41]

Nicht nur Tränen, alle Körpersäfte und Organe wirken mit an der
Propaganda der Überzeugungswirkung. Geht es aber bei diesen obszönen Wahrheiten tatsächlich um das Recycling der abendländischen
Liebeslehren? Ohne Zweifel. Die infernalische Erotik de Sades etabliert sich Zug für Zug als Revision der alten Wahrheit und der alten
Liebe. In wilder Entschlossenheit stürzt sich seine philosophisch be-
waffnete Begierde auf ihr falsches Gegenbild, auf die Maske ihres
wahren Begehrens: die *caritas*. Noch ganz im Sinne der augustinischen
Lehre verabsolutiert de Sade die Aktivität des *appetitus*: »namque
amor appetitus quidam est«, heißt es in der augustinischen Disserta-
tion *De diversis quaestionibus*; in der *Justine* läßt de Sade den Grafen
Belmor (ein sprechender Name[42]), der eine Abhandlung über die
Liebe vorträgt, kurz und knapp erklären: »Was wir Liebe nennen, ist
mit einem Wort nur Begierde.«[43] Während Augustinus die Entmi-
schung des *amor* in *concupiscentia*, *caritas* und *dilectio* vornimmt, räumt
de Sade alle philanthropischen Anteile aus dem *amor*, indem er die *caritas* als illusionär und unnatürlich verwirft. Seine Sprecher beharren
darauf, daß *amor* reine *concupiscentia* sei. Um das Spiel der historischen Widerlegungen auch unmißverständlich zu betreiben, führt die
Regie in der *Philosophie im Boudoir* eigens einen Gärtner ein, der nach
der Tradition des libertinen Romans die Auszeichnung, das größte
Geschlechtsteil weit und breit zu besitzen, mit dem Nachteil bezahlt,
ausgesprochen dumm zu sein. Er trägt den (theologischen) Namen
Augustin.
    De Sades frohe Botschaft, daß die Menschen von allen Vorurteilen
befreit werden, verfällt von vornherein der Logik aller Re-Institutio-
nen von Wahrheit und Liebe, die seit Platons *Phaidros* betrieben wird.
Sie können sich nur an ihrem Gegenteil profilieren, und sie müssen in
das Spiel der Substitutionen eintreten. Die Liebe reinigt die Welt

durch Haß. Alle Bauelemente und Grundsätze der überlieferten Diskurse müssen ausgetauscht werden. Gott, die Herzensschrift, die Ökonomie, die Zeichen, die Schrift, die Wahrheit. Aber im Jenseits Gottes wartet nicht die Freiheit, sondern ein neues Reich der Satzungen. Das dritte Buch des Romans *Juliette* gibt allen Lesern den Blick in die »Statuten der Gesellschaft der Verbrechensfreunde« frei. Bereits die Präambel des juristischen Werkes leidet an dem Paradox, daß die Umwertung in der Sprache der alten Werte proklamiert werden muß. Nur eine neue Sprache vermöchte die alte Einheit von Sprache und Gesetz zu zerreißen. Die Freunde des Verbrechens erklären, daß sie das Wort »Verbrechen« gemäß dem überlieferten Gebrauch einsetzen, daß sie aber keine Handlung, welcher Art auch immer, mit diesem Begriff bezeichnen werden. Stets wollen die Zwangsneurotiker das Glissando der Begriffe. Eine semantische Enteignung widerfährt selbstverständlich auch dem Namen Gottes. Artikel 3 legt fest, daß die Gesellschaft Gott leugnet. Der Name des Geleugneten kehrt wie alles Verdrängte gleich wieder, wenn es heißt, daß als einziger Gott die Lust anerkannt wird.[44] Das sind nicht die einzigen Gesetze. Wenige Seiten zuvor hatte auch der Minister Saint-Font seine Prinzipien für eine Staatsreform festgelegt: Es soll nur einen Kult der Libertinage geben, der die christliche Religion ablöst.[45] Gott tritt seinen Thron an die Lust ab, der Glaube räumt das Feld für die Libertinage. Damit sind die Stützen des neuen Systems, Wahrheit und Liebe, definiert. Sie rücken aber nicht an ihre Stelle ohne Krieg und Kampf gegen die »Betrüger« und »Sophisten«, denn die haben die erste Substitution (Tugend für Lust) vorgenommen, die jetzt rückgängig gemacht werden muß. Und zugleich erhebt sich eine Stimme, die das Lexikon der Strafpredigten eines Jesus oder Paulus oder Luther plündert. Die altbekannten Denunziationen der Institutions-Polemik häuft de Sade auf Christus und die christlichen Moralprediger. Der platonisch gebildete Dolmencé in der *Philosophie im Boudoir* tauft sie auf den berüchtigten Teufelsnamen »Sophisten« (157f.).[46] An anderer Stelle trifft die Jesusjünger der Vorwurf, die Menschen vergiftet zu haben.[47] Der Stifter Jesus, der gemäß Dolmencés Anklageschrift die Altäre für Mars und Venus durch Gedenkstätten für sich und Maria ersetzte, heißt nacheinander »Scharlatan«, »Betrüger« und »Irrer« (39ff.). Ausdrücklich wird dem »Gaukler« (*bateleur*) Jesus auch angekreidet, daß er gerne in mehrdeutigen Begriffen und in Kalauern sprach.[48] Das Recycling und die Substitution der *Phaidros*-Lehren erstrecken sich sogar auf die Feststellung, daß Jesus nicht einmal geschrieben hat (40).

Gegen alle Gesetze des Staates verspricht die »Gesellschaft der

Freunde des Verbrechens« Schutz. Auf welcher Basis aber ruhen die Satzungen, die sie erlassen? Der Herr Noirceuil, durch seinen sprechenden Namen und langen Atem für Darlegungen des Lasters qualifiziert, unterrichtet Juliette über die notwendigen Grundlagen. Wo hat die Moral der Libertinage ihre Wahrheit her? Antwort: Sie ist eine Herzensschrift:

Übrigens ist das erste Gesetz, das ich im Grunde meiner Seele geschrieben finde, nicht die Liebe zu meinen angeblichen Brüdern, sondern der Wunsch, sie meinen Leidenschaften dienstbar zu machen.[49]

Diese Schrift sichert ihre Wahrheit durch Universalität. De Sades Redner fundieren ihre Reden, in denen sie die herkömmlichen moralischen Universalien gegen solche der Amoralität austauschen, stets durch lange Exkurse in alle Kulturen der Welt. Begierde, Sodomie, Verbrechen, Inzest, Mord, Zerstörung, Diebstahl, Grausamkeit, Kindermord etc. werden als die natürliche Wahrheit und universelle Herzensschrift der meisten Kulturen belegt.[50]

Wie die sokratische Lehre, wie die paulinische Reform des jüdischen Gesetzes, wie die augustinische Liebesdoktrin, wie die republikanische Verfassung beruft sich de Sades radikale Revision der abendländischen Wahrheitslehre auf die absolute Schrift der Natur. Es ist nicht Sache dieser Bestandsaufnahme, die Unsinnigkeiten zu rekapitulieren, die de Sades »System« ausmachen. Vielmehr geht es darum zu sehen, wie sein System aus den Konstruktionselementen der abendländischen Liebesmetaphysiken gebaut ist. Das Geheimnis aller Recyclings bildet die Ersetzung des Gesetzes durchs Gesetz. Zugleich gibt de Sade zu erkennen, daß auch der Sadismus seine Wurzeln im Betrug gefunden hat.

Das Schweigen des Vulkans im Anschluß an die heftige Schmähung der Natur vernehmen die lasterhaften Frauen auf dem Vesuv als Beweis für ihre Annahme, daß die Natur die Zerstörung liebt. Ebenso gilt die Umkehrung: Wenn der furchtbare Italiener Moberti, der eben zwei Knaben mit Messerstichen malträtiert, »wie ein Vulkan« entlädt und dabei einem Tiger ähnelt[51], so haben sich Grausamkeit und Geilheit unwiderlegbare Beweise geschaffen. Sie sind lesbar und objektivieren sich am Körper. Die Klasse der Körperzeichen, die de Sade für die Gewißheiten seiner Helden aufbietet, ist nicht groß, aber sie decken den Grundbedarf an untrüglichen Nachrichten. Alle inszenierten Ereignisse werden an Körpern gespiegelt, und die Beobachter erkennen dort die prunkvolle Objektivität der Vorgänge, die sie inszenieren. Nur solche Meßsysteme des Außen sanktionieren die Exzesse der Reden, die pausenlos gehalten werden. Aber noch wichtiger ist das Feedback durch die wechselseitige Beobachtung: Der »Menschenfresser« Cornadel ist im Begriff, eine schwangere Frau zu mißhandeln. Justine, die das beobachtet, teilt ihm das Ergebnis ihrer semiotische Analyse mit:

> »Mein Freund«, sprach ich, »ich lese in deinen Augen, daß dich dein Samen verraten wird, den du bei den Reizen dieser Szene nicht halten können wirst (...).«[52]

Das Geheimnis dieser Semiotik, die in zwei Zeiten der Beobachtungen arbeitet (synchron und prognostisch), ist zugleich das Geheimnis des Sadismus: das Rückkopplungsprinzip der Schocks. Da die Erregung das Ziel eines jeden Menschen ist, erklärt der sadistische Sokrates der *Philosophie im Boudoir*, »handelt es sich einzig darum, die Masse unserer Nerven durch den allerheftigsten Schock zu erschüttern«. Die Konsequenz:

> Da uns der Schmerz ohne Zweifel sehr viel lebhafter berührt als das Vergnügen, müssen die auf uns rückwirkenden Schocks eines solchen bei den anderen hervorgerufenen Gefühls eine noch wesentlich kraftvollere Erschütterung hervorrufen, die noch energischer in uns nachhallen und die Lebensgeister in eine noch heftigere Zirkulation versetzen. Und durch die rückläufige Bewegung, die ihnen eigentümlich ist, und die sie dann auf die unteren Regionen richten, entzünden sich sogleich die Organe der Wollust (...). (86)

Der Schmerz ist eine stärkere Empfindung als die Lust. Der Reiz läßt sich jedoch noch steigern durch die *Beobachtung* der Schmerzempfindung bei einem andern. Da nun wiederum der Schmerz über physiologische oder visuelle Kontakte die Reize und Zeichen der Lust auslöst, kann dann beim Subjekt wie auf der Beobachterseite eine Lust entstehen. Hierfür würde eine Spirale lediglich rückgekoppelter Lüste nicht genügen. Denn der Verdacht des Betruges bildete hierfür einen zu effektiven Störfaktor. Da nämlich, wie de Sades Sprecher Dolmencé an gleicher Stelle erklärt, die Lust bei den Frauen immer trügerisch ist, muß man den Schmerz vorziehen, »dessen Wirkungen nicht täuschen«. In dem Maße, wie sich sein Blick mit Schmerz-Reaktionen füllt, gewinnt der Beobachter festen Stand auf dem Boden der Untrüglichkeit. Die Teilnehmer an de Sades Exzessen verfügen zwar über riesige Reserven an Körpersäften, aber der Überfluß bildet offenbar die Kehrseite eines ungeheuren Mangels an Gewißheiten. Oder vielmehr macht der unstillbare Appetit auf symbolische Gewißheiten den Exzeß notwendig. Eine Deklaration der Wollust, ein artikuliertes Begehren für sich genügen niemals, vielmehr müssen täuschungsfreie Zeichen die gegebene Deklaration bestätigen. Dazu gehört, daß die Sprache an den Rand getrieben wird, wo sie nur noch Flüche, Zwitschern und den Zwillingsruf der Lust: »Ich sterbe«, zustande bringt. Das traditionelle Mißtrauen gegen die Rhetorik und gegen sophistische Reden erstreckt sich bei de Sade auf die gesamte Sprache. Das Reich der Worte und der Zeichen taugt nur als Notariat von Ereignissen im Realen. Durch Reden allein werden allenfalls Novizinnen erregt. Dagegen entfalten diskontinuierliche Ereignisse eine unberechenbare erogene Macht. Die libertine Kunst zeigt sich auf der Höhe bei der Erzeugung des Unerwarteten. Auch wenn solche Erfindungen nach einer Ästhetik des Schrecklichen bewertet werden, kommen ihre Wirkungen dennoch aus der Plötzlichkeit. In solchen unerwarteten Ereignissen sammelt sich das Kapital der Lust, das vermehrt werden kann. So können im Spiel der wechselseitigen Erregungssteigerung beispielsweise auch noch die Reaktionen der Beobachter durch eine Double-bind-Spirale aufgeheizt werden, wenn der Regisseur der Grausamkeiten seinen Zeugen verbietet, die erwarteten Schreckenszeichen zu zeigen. Dies ergibt eine neue Szene.

Der furchtbare Cornadel, dessen Samen sich nach Juliettes Hochrechnung verräterisch ergießen wird, beschließt zur Steigerung der gemeinsamen Erregungen, die schwangere Mutter, die er bereits mißhandelt hat, mitsamt ihren Kindern umzubringen. Juliette spielt mit:

Ich befolgte seine Befehle und nachdem wir noch jeden mit dem Tod bedroht hatten, der beim Anblick des nun folgenden Schauspiels Tränen vergießen würde, ergriff Cornadel die Mutter. Er band sie mit den Füßen an der Decke fest, damit ihr eigenes Kind sie ersticke. Dann ließ er das hübscheste der Mädchen von ihrer Schwester halten, bestieg es von rückwärts, ergriff dann eine Säge und schnitt der Unglücklichen langsam den Kopf ab. Dreien der Zuschauerinnen wird übel und sie fallen zusammen. »Bezeichne sie,« sprach Cornadel, »ich werde sie zum Schluß bearbeiten.« Schließlich fiel der Kopf und nachdem noch alle Kinder drangekommen waren und dieselbe Qual durchzumachen hatten, vergoß der Verbrecher endlich eine Flut kochenden Samens.[53]

Wieder einmal hat sich der Vulkan entladen[54], und die Natur steuerte ihr Zeichen bei, das Testat jenseits allen Trugs. In ganz materiellem Sinne – darin überbietet de Sade das bekämpfte Vorbild Platon – geht dieses Sperma in Schriften ein. De Sade treibt die Authentifizierung von Handlungen und Sprechakten so weit, daß er wichtige Dokumente (Urteile, Eide) weder mit Tinte noch mit Blut abzeichnen läßt, sondern mit Samen.[55]

Auch in entschiedener Opposition zu den platonischen, christlichen und pädagogischen Ökonomien des Samens[56] verstreuen de Sades Helden ihre Ergüsse in alle Winde, außer in die Richtung möglicher Fruchtbarkeit. Dies hängt einmal zusammen mit dem Konsum von Rückkopplungsenergien, die sich nur aus sichtbaren Erregungszeichen ziehen lassen. Zum anderen lastet ein Verdikt auf der Fortpflanzung. Es werden ja alle konventionellen Kontinuitäten unterbrochen. Dazu gehören vor allem familiale Reihen. Geneologische Folgen, denen man sich nicht entziehen konnte, fragmentiert der Eltern- oder Kindermord. De Sades stets von Einzelereignissen skandierte Welt kennt nur zwei Formen von gesättigten (sinnerfüllten) Zeichenfolgen. Die eine entspricht genau dem, was Roland Barthes die »Gruppe« genannt hat.[57] Die Gruppe vereint eine Reihe von Personen, durchmischt von Tieren, die sich durch orale, anale, vaginale, sodomistische Kopplungen aneinanderbinden und für die Zeit des Exzesses das Bild einer restlos jenseits von Sprache, Gesetz und Gott kommunizierenden Gesellschaft bieten. In einer rekordverdächtigen Szene, die in der (angeblich ungekürzten deutschen Ausgabe) selbstverständlich fehlt, verbinden sich zunächst zwei Kardinäle mit einem Hermaphroditen und einem Eunuchen; es schließen sich an ein auf einem Knaben reitender Zwerg, eine Ziege, ein Hund und die Heldin Juliette.[58] Die Sättigung, der »Sinn« der Szene ergibt sich aus der Parodie auf die Vorstellung des 18. Jahrhunderts, daß die lebendige Welt durch ein Band der Liebe verbunden sei. Bei Schiller etwa lautet die Formel so: »(...) ein ebenso schönes, weises Gesetz (...) hat Menschen mit Menschen, ja Menschen mit Tieren durch die Bande der allgemeinen Liebe verbunden«.[59] Ein Problem ergab sich stets daraus, daß solche Bänder nicht so ohne weiteres dynamisch sichtbar gemacht werden. Die augustinische Bekehrungsliturgie sah Kettenreaktionen von Tränenanfällen vor, um die Macht und Wahrheit der Schrift-Gesetze zu testieren; im *Werther* verketten sich die Tränen zur Authentifizierung von Literaturempfindungen. Es handelt sich beidemale um große Augenblicke, um die feierliche Enthüllung eines in Szene gebrachten Kommunikationsideals. Denn das Babylonische Ereignis zerstreute das Verständnis zwischen den Menschen und zerriß das Band der Liebe. Augustinus führte Klage, daß der Mensch seinen Hund besser verstehe als einen Fremden, der eine unbekannte Sprache spricht.[60] Die vollkommene Kommunikation lassen Augustinus und auch Goethe eher sprachlos ablaufen, um anzuzeigen, daß ihre Lexika und Grammatiken noch an dem babylonischen Fluch kranken. Diese Codes jenseits der Sprache geben sich den Anschein der Reinheit und Truglosigkeit. Wenn auch unter anderem Vorzeichen, inszeniert de Sade von Täuschungen bereinigte Antisprachen. Die organische Verkettung von Mensch und Tier demonstriert – neben der Parodie der Vorstellungen über die Harmonie des Lebendigen – zunächst Indifferenz gegenüber kulturellen Verknüpfungsregeln; sie verbindet weiterhin alle Naturwesen durch die Universalsprache gewaltsamer sexueller Kopplungen miteinander. Zuletzt werden die im Exzeß verketteten Menschen durch eine Art Reihenentladung auf die absolute Wahrheit des libertinen Grenzzeichens (der genitale Vulkanismus im Orgasmus) eingeschworen.

Die andere Variante der gesättigten Zeichenfolge, mit der de Sade jenseits von Reden und jenseits von Gesetzen hochwertige symbolische Kontakte herstellt, schafft Anschlüsse an die seltenen und daher kostbaren Manifeste des Schicksals. Die Gesellschaft auf dem Landgut der Noirceuil überlegt, ob sie die tugendhafte Justine umbringen soll. Der Hausherr verfällt auf die Idee, da gerade ein furchtbares Gewitter im Anzug ist, das Mädchen dem Spruch des Schicksals zu überlassen:

Man warf also Justine zur Tür hinaus, ohne ihr etwas mitzugeben. Die Unglückliche war, trotzdem sie die Undankbarkeit kränkte, glücklich, weiteren Niederträchtigkeiten entschlüpft zu sein, und dankte Gott, als sie die Landstraße erreicht hatte. Kaum war sie angelangt, als ein Blitzstrahl sie in zwei Hälften teilte. »Sie ist tot«, riefen die Verbrechensfreunde strahlend aus, »sehen Sie, Madame, wie der Himmel die Tugend belohnt.«[61]

Die Gesellschaft untersucht anschließend Justines Körper und entdeckt dabei, daß der Blitz durch den Mund eingetreten und durch die Scheide wieder ausgetreten ist. Der Triumph über diese gesättigte Nachricht des Schicksals ist vollkommen (ungesättigte Nachrichten sind z. B. das Schweigen des Vulkans). Noirceuil möchte Gott dafür preisen, daß er die dem Libertin liebste Körperöffnung Justines verschont hat. Jenseits von Gott wohnt Gott. Alle anwesenden Männer suchen nun den schänderischen Kontakt mit diesem toten Körper, an dem Gott sich als Schutzgeist des Analsadismus offenbart hat. Für einen Augenblick möchten sie wenigstens teilhaben an dem Wunder und schließen sich an die sichtbare Spur der Himmelswahrheit an. So setzt der Autor Justine das Epitaph, indem er erklärt: »Es war in den Sternen geschrieben, daß dich selbst dein Tod nicht vor den Grausamkeiten der Menschen beschützen solle.«[62]

Das Schweigen des Vulkans oder die Zeichen des Blitzes gehören zur gleichen »Gruppe« wie die Zeichen der Libertins. Während de Sades Helden sonst nur die plötzlichen Ereignisse ernst nehmen, kann doch ein Unglück als Initial ein libertines Zeichenkontinuum auslösen. In der radikalen Ablehnung aller anderer Kontinuitäten – der Geschichte, des Sinns, des Lebens – zugunsten von Serien (daher das Zählen und Rubrizieren) steckt zuletzt doch ein Verlangen nach unterbrechungslosen Folgen. Hier liegt auch der Grund für die Unermüdlichkeit der libertinen Aktivität und vermutlich auch: für die Permanenz der Übertretung. Das Gute läßt sich nicht in dauernden Handlungen manifestieren; hingegen das Böse. Die Übereinstimmung mit dem Gesetz ist ereignislos. Ihre Ökonomie läuft aus dem Steuer. Die Tugend ist ein leeres Kontinuum. Dagegen eröffnet die Überschreitung den Handelnden alle Möglichkeiten: Sie kann beschleunigt oder verlangsamt werden, sie kann Stufen der Intensität oder Skalierungen der Gewalt vornehmen. Daher sind de Sades Helden nicht nur Philosophen, sondern auch Soldaten der Liebe. Der Friede ist eine Leerzeit, der Krieg hingegen ein Ereignishaufen. Kein Stocken zerlegt das Außen oder Innen des Libertins. Die Tugend sieht sich vom Begehren überrascht. Der Wunsch kommt für sie aus einer unbekannten Tiefe und tritt ein in die Zeitlosigkeit des guten Glaubens. Der Libertin hingegen steht immer in Erwartung der Plötzlichkeit, er muß das Begehren unablässig stimulieren, um jede Leere und Stockung zu vermeiden. Kein größeres Glück läßt sich daher für ihn denken, als wenn sich am leeren Horizont der platonischen Ideen plötzlich ein Doppel der libertinen Aktivität, des Bösen, der Zerstörung, der Entropie, des Todestriebes zeigt: Katastrophen, Erdbeben, Überschwemmungen, Brände, Hungersnöte, Krieg. Sie entziffert er als Sternenschriften, als Mitteilungen der Natur über ihr eigenes Wesen. Der Libertin las es immer schon in seinem Herzen. Im platonischen Himmel residieren nicht das Gute, Wahre, Schöne, sondern das Böse, Wahre, Häßliche. Den Augenblick der Wahrheit feiert indessen auch de Sade als Wiedererkennen. Sein wahrhaft radikales Recycling der abendländischen Wahrheit / Liebe gibt ein gutes Jahrhundert später dem Theoretiker Freud das stärkste Argument für seine Spekulation über das Zusammenspiel der erotischen Bestrebungen und des Todestriebes an die Hand.

Freud: Jenseits der Lust

Freud und de Sade verbindet mehr als die Tatsache, daß der Sadismus in der Psychoanalyse auf seine Theorie gestoßen ist. Sie haben auch eine Theorie gemeinsam, und das ist die Theorie des Schocks. Lange bevor bei Medizinern und anschließend auch bei Ästhetikern die Sorge vor dem psychischen Effekt von plötzlichen Sinneseindrücken laut wurde, hatte de Sade bereits die kraftspendende Wirkung von Schocks für seine Ästhetik entdeckt. Die Begriffsgeschichte des Schocks gab nacheinander Militärtheoretikern, Ingenieuren und Ärzten zu tun. In seiner *Geschichte der Eisenbahnreise* zeichnete Wolfgang Schivelbusch diesen Weg nach.[63] Die ungewohnten Geschwindigkeiten der ersten Eisenbahnen sowie die Energieentladungen bei den Unfällen wurden zunächst in der Sprache der militärischen Kraftwirkungen erfaßt. Gleich ob Kanonenkugeln gegen Mauern prallen oder Eisenbahnen aus den Gleisen springen – der Schock legte zunächst nur materielle Spuren. Und so sah man auch die Unfallopfer, die äußerlich unverletzt geblieben waren, wenigstens durch Erschütterungen am Zentralnervensystem lädiert. Erst gegen Ende des 19. Jahrhunderts überwiesen die Pathologen ihre Schock-Patienten an die Psychologen.[64] Die arbeiteten bereits im 18. Jahrhundert an der Nervenkunde schockierender psychischer Ereignisse. So faßte der junge Medizinstudent Schiller in seiner Abhandlung *Versuch über den Zusammenhang der tierischen Natur des Menschen mit seiner geistigen* von 1780 den Stand des Wissens zusammen: »(...) eine Empfindung, die das ganze Seelenwesen einnimmt, erschüttert in eben dem Grade den ganzen Bau des organischen Körpers.«[65] Neu an dieser Formulierung des alten Wissens über psychophysische Wechselwirkungen war die Terminologie des Energietransports, wonach Erschütterungen über Schwingungen der Nervenstränge oder des in ihren Bahnen leitenden »Nervengeistes« erfolgen. Sie verdankte Schiller indirekt dem großen Mediziner und Schriftsteller Albrecht von Haller. Im übrigen fielen im 18. Jahrhundert an beobachtbaren Schockwirkungen lediglich Ohnmachten, Wahnsinn und Todesfälle an. Schiller gesellte dieser Psychologie in Franz Moor einen zynischen Kenner bei. Die Neurose schlummerte damals noch in Erwartung technischer Zivilisationssprünge, die der Welt die Maschinen, die Geschwindigkeiten, die diskontinuierlichen Sinneswelten bescherten. Den Termin für das Erscheinen der als »Railway-Spine« und später als »Railway-Brain« bezeichneten Symptome, die erst 1888 durch Hermann Oppenheim den Namen »traumatische Neurose« erhielten, gab die Einführung der Haftpflicht für Opfer von Eisenbahnunfällen im Jahr 1871.[66] Als zuletzt gegen Ende des 19. Jahrhunderts auch noch der Schrecken seinen Einzug in die Ätiologie der Neurosen hielt, da meldeten sich unter der Herrschaft des neuen psychologischen Schock-Paradigmas immer mehr Patienten und Simulanten als Neurotiker oder Hysteriker in den Kliniken. Die literarische Geschichte des psychischen Schocks setzte mit den ersten Eisenbahnfahrten ein[67], hingegen benötigte die Psychologie noch lange Zeit, um Anschluß an die irritierenden Phänomene zu gewinnen.[68] Viel später erst kommen die Ästhetiker.[69] De Sade jedoch beutete den psychischen Schock für die Bedürfnisse des Libertins theoretisch aus. In strikter Opposition zur sich erst allmählich formierenden Psychologie unvorhersehbarer oder ungewohnter Sinneseindrücke analysierte er die physische und die psychische Schockwirkung von außen als positive Bedingung dafür, daß die affizierte Nervenbahn wie ein Energiekollektor die sie durchlaufende Kraft aufnimmt.[70] Die psychologische Theorie begriff um 1900 noch nicht, wie der psychische Apparat erschreckende Ereignisse verarbeitet; Freud steuerte die Beobachtung der fehlenden »Qualitätsschirme« (des späteren Reizschutzes)[71] bei; de Sade trieb seine Überlegungen in die Gegenrichtung. Den Schock (vor allem jedoch den »moralischen« Schock) benötigt der Libertin als psychische Kraftnahrung. Von de Sade bis zur Neuformulierung einer ästhetischen Schocktheorie durch Walter Benjamin nimmt die Geschichte des *Plötzlichen*[72] eine lange Auszeit.

Freuds einzigartiger, 1920 veröffentlichter Essay *Jenseits des Lustprinzips* arbeitet sich von der alten Theorie des Traumas auf sexueller Grundlage voran zu einem unerwarteten Recycling von Platons Eroslehre. Das ist freilich nicht ihr Motiv. Erklärungsbedürftig erscheinen Freud vorderhand einige Phänomene, die sich nicht mehr mit der Theorie von den beiden Grundstrebungen Lustprinzip und Realitätsprinzip vereinbaren lassen. Ein Dämon oder, wie sich Freud genau ausdrückt, ein Zug mit *dämonischem Charakter*[73] tritt deutlich in Opposition zum Lustprinzip: der Wiederholungszwang, der beispielsweise einen Unfallneurotiker dazu nötigt, in Träumen bestimmte Szenen immer wieder zu durchleben. Doch den Beobachtern sind noch mehr solcher Automatismen aufgefallen, wie z. B. der Schicksalszwang, der Menschen regelmäßig in gleich strukturierte Konflikte oder gar Katastrophen drängt; weiterhin macht die psychoanalytische Kur den Therapeuten häufig zum Zeugen, wie seine Patienten von schmerzvollen Reprisen früherer Erlebnisse heimgesucht werden. Doch ausgehend vom alten »Mythos«[74] des Railway-Spine und seiner psychologischen Lesart, erläutert Freud den Zwang zur Wiederholung, die traumatische Neurose, als »Folge eines ausgiebigen Durchbruchs des Reizschutzes«. (31) Durch Erwartung oder Angstbesetzung lassen sich die seelischen Auswirkungen vorsehbarer Ereignisse mildern. Der traumatische Schock hingegen durchbricht die Auffanglinien des Bewußtseins und gräbt seine Spuren tief in die reizempfindlichen Systeme. Als ob der Eindruck nachträglich gemildert werden könnte, wiederholt der Angsttraum unter der Bedingung des Reizschutzes das immergleiche Ereignis. Diese Erscheinung, daß ein Affekt gegen den Willen in undurchschaubaren Zyklen auftaucht und verschwindet, entwickelt den beängstigenden dämonischen Zug. Offenbar verbirgt sich in der lebendigen Substanz eine Dynamik, die den beiden bislang in der Theorie privilegierten Anpassungsbestrebungen des Lust- und des Realitätsprinzips vorausliegt. Hier sieht sich Freud genötigt, das düstere Konzept des »Todestriebes« einzuführen. Was ist damit gewonnen? Die Wiederholung hat einen Namen. »Ursprünglicher« (32) als die Ausgleichsbestrebung des Lustprinzips arbeitet ein Trieb des Lebendigen daran, sich selbst durch Wiederholungen in den immateriellen Urzustand zurückzuversetzen. Das Leben betreibt nicht lustvoll die eigene Sache, sondern folgt dem höheren Zwang, bestimmte ererbte Energiebeträge abzubauen. In seiner wachsenden Bereitschaft, solche energetischen Zustände eher physikalisch als psychologisch zu verstehen, nimmt Freud die alte Metaphorik des 18. Jahrhunderts auf und denkt die Erregungen als Schwingungszustände. Darauf verweisen zwei Bemerkungen über mögliche Unterschiedenheiten von Erregungen, die sich nicht nur nach Intensitäten, sondern auch nach *Amplituden* (28, 31) bemessen lassen könnten. Die physikalische Terminologie gehört in den Kontext der Vorstellung, daß die Differenz von Materie und Lebendigem ursprünglich nur durch ein solches Energiegefälle markiert war und daß die durch den Zufall erwählte Materie das »Leben«, nämlich Strategien der Energieabfuhr, entwickelte, um wieder den ursprünglichen Zustand zu erreichen.

Irgend einmal wurden in unbelebter Materie durch eine noch ganz unvorstellbare Krafteinwirkung die Eigenschaften des Lebenden erweckt. (...) Die damals entstandene Spannung in dem vorhin unbelebten Stoff trachtete danach, sich abzugleichen; es war der erste Trieb gegeben, der, zum Leblosen zurückzukehren. (40)

Das Gesetz des Lebens verlangt aber nun, daß es sich allein auf seiner programmierten Bahn wieder zurückbewegt. Es wehrt sich gegen jede störende Intervention von außen. Obgleich das Lebendige die Mission hat, zum Unbelebten zurückzukehren, vermeidet es Risiken, die diesen Weg beschleunigen könnten. (Freud spricht hier von »Kurzschluß«, 41.) Dies gilt für alle Gefahren der Zerstörung von außen, aber auch für jede Zerstörungsmacht aus dem Inneren. Gebieterisch verlangen ja bestimmte Triebe wie Hunger oder Sexualität, daß sie befriedigt werden. Ihnen gehorcht das Lustprinzip, das also nicht Lust sucht, sondern eben den Lust- oder Unlustreiz abzubauen bestrebt ist. Das Lustprinzip ist unschuldig, wenn das Verschwinden des Reizes eine Lust ist. Der Ausgleich der inneren Reize sowie die Vermeidung äußerer Gefahren unterliegen mithin der Regelung, wie Freud jetzt sagt, der Lebenstriebe. Hingegen machen sich die Reize und Sensationen aus dem Reservoir des Wiederholungszwangs keineswegs lustvoll, sondern unangenehm bemerkbar. Aber die Erfahrung kennt unendliche Varianten von Wiederholungen, selbstmörderischen Reprisen der gleichen Aktion, die durch nichts weniger als durch Reizabfuhr, durch Lust, charakterisiert sind als vielmehr durch Anstrengung, Qual und Angst. Das Leben, resümiert Freud, ist ein Umweg zum Tode, ein Ziel, das die Todestriebe offenbar direkt anpeilen. Noch etwas kommt hinzu: Sucht man nämlich neben der allgemeinen Todestriebdynamik nach einer weiteren Verwandtschaft zwischen den Reprisen der traumatischen Neurose sowie den anderen, nicht-traumatischen Wiederholungen, so läßt sich auch eine machtvolle Bestrebung feststellen, etwas zu vollenden. Der Todestrieb folgt blind der Tendenz, frühere Zustände wiederzufinden; nur wenn ihm der Weg zurück (etwa durch Verdrängung) versperrt ist, schlägt er die andere Richtung ein, indem er die mißlungenen Rückkehrversuche durch Schritte nach vorn ersetzt. »Die Vorgänge bei der Ausbildung einer neurotischen Phobie, die ja nichts anderes als ein Fluchtversuch vor einer Triebbefriedigung ist, geben uns das Vorbild für die Entstehung dieses anscheinenden ›Vervollkommnungstriebes‹.« (45) Die Wiederholung, sagt Lacan, bewegt sich in der Dimension des Lernens, d.h. eben des Zwanges, mißlungene Operationen wiederaufzunehmen.[75] Danach führte der Todestrieb das Subjekt auf dem Wege der Vervollkommnung ins Leblose zurück.

Nietzsches Wort aus dem dritten Buch der *Fröhlichen Wissenschaft*: »Das Lebende ist nur eine Art des Todten, und eine sehr seltene Art«[76], könnte das Motto von Freuds Abhandlung bilden. Es handelt sich um eine Differenz, die in ihrem Ursprung vermutlich das Gefälle eines bestimmten Energiebetrages ausmachte. Nun aber bewegen sich, wie Freud es ausdrückt, die einen Triebe stürmisch nach vorne, um das Endziel des Lebens so rasch wie möglich zu erreichen, während andere an bestimmten Stellen des Weges »zurückschnellen« (43), um den Weg von einem bestimmten Punkt an nochmals einzuschlagen: Diese, man möchte sagen, stockenden Triebe sind die Sexualtriebe. Die Sexualfunktion opponiert in Verzögerungen gegen die rasche, maschinelle Bewegung des Lebens zum Tode und erzeugt einen »Zauberrhythmus« (43). Verzögerung heißt dabei zweierlei: Einmal die Unterbrechung, die biologisch die Sexualfunktion bedeutet, zum anderen aber eben auch die Tatsache der Zeugung. Die Fortpflanzung unterbricht das Verschwinden der Art. Es läge also in der

Störung, dem Stocken und Stottern, eine Reibung zweier Tempi vor: Die Liebe (das Imaginäre und Rituelle der Sexualfunktion) verlangsamt das Sterben. Die Liebe unterbricht die ewige Selbsttäuschung des Lebens durch eine Illusion zweiten Grades: die Illusion, ein eigener Zweck zu sein. In der Illusion ersten Grades arbeitet der Wiederholungstrieb, der Drang zur Perfektion, der Beschleunigungszwang an seiner Vorwärtsbewegung im Dienste der »konservativen« Tendenz des Lebens, das sein Ziel im Tod sucht. »Der leidenschaftliche Wunsch zu leben, um jeden Preis zu leben, wird nicht durch den Lebensrhythmus in uns, sondern durch den Todesrhythmus ausgelöst«, erklärt Henry Miller im *Wendekreis des Steinbocks*.[77] Man könnte auch gegen den Philosophen des Recyclings, Hegel, einwenden: Der Zweifel, die Unterbrechung des Denkens, die Stockung des Diskurses verlangsamen den Rhythmus des Todes. Repetitionen, Recyclings, Wiederkehr und Wiederholungen sind effektiv.[78] Alles Wissen über die Prozeduren der Wiederholung zeigt ja auch, daß sie der Modus des Lernens sind (nicht der Erkenntnis, sondern der Automatisierung), daß sie aber eben auch der Modus des Realen und des Todes sind. Um noch einmal den jungen Schiller zu zitieren:

Ja schon der nachgemachte Affekt macht den Schauspieler augenblicklich krank, und wenn Garrick seinen Lear oder Othello gespielt hatte, so brachte er einige Stunden in gichterischen Zuckungen auf dem Bette zu.[79]

Die Innervation von Zuständen, das Realwerden von symbolischen Formeln durch einfache Wiederholung entspricht präzise der oben zitierten Erkenntnis Kafkas, daß bei genügender Systematik »aus Komödie Wirklichkeit werden kann«.[80] Und ein instinktives kindliches Wissen belehrt uns, daß nur über haargenaue Wiederholung der Gesten und Worte der Eintritt in die symbolische Welt erfolgen kann. Die Innervation der symbolischen Prozeduren, der Regeln, hieß oben das *Programm* der Kultur. Die Verwandtschaft zwischen dem Automatismus der traumatischen Neurose sowie den »normalen« kulturellen Automatismen besteht nun eben darin, daß das Trauma durch einmalige Innervation die gleichen (wenn auch unerwünschten) Effekte zeigt wie die kulturelle Wiederholung oder wie der Antrieb durch symbolische Regeln.

Die Einführung des Todestriebes, so wird Freud schlagartig klar, erlaubt ein vollständiges Verständnis des Sadismus, und der Sadismus gibt den kräftigsten Beweis für die Existenz des Todestriebes. Die bekannten Formen des Sadismus treten in Erscheinung, wenn es dem Sexualtrieb gelingt, den Destruktionstrieb oder Bemächtigungstrieb den eigenen Zwecken dienstbar zu machen. Nach dieser Lesart erzielt der Masochismus eine noch frühere unglückliche »Legierung von Eros und Todestrieb«.[81] Das unaufhörliche Wüten der Helden de Sades nicht nur gegen die Opfer der eigenen Lust, sondern gegen die Fortpflanzung schlechthin (am 26. der *120 Tage von Sodom* erzählt Mme Duclos von der 127. »geschlechtlichen Abirrung«: Ein Libertin pflegte seinen Samen stets auf eine glühende Pfanne zu spritzen, um ihn »mit Wonne« verbrennen zu sehen[82]) erscheint nunmehr in einem völlig neuen Licht. Wenn sich also der Eros nach Platon als das unbedingte Streben nach Wahrheit begreift, dann kann man im Zeichen des Todestriebtheorems nicht wahrhaftiger sprechen, als es de Sades Libertins tun. Es hieße mithin, daß sich im Sadismus der Eros, der allerdings bei Freud nicht durch den Trieb zum Wissen ausgezeichnet ist, des Todestriebes bemächtigt. Aber mehr noch spricht dafür, daß sich im Sadismus der Todestrieb, die Macht der blinden Wiederholung, des Sexualtriebes bedient. Im tiefen Innern des Libertins ruft eine Macht nach unaufhörlicher Bestätigung. Ihre Durchschlagskraft liest sich eben daran ab, daß sie nur Varianten zerstörerischer, negativer Aktivität erlaubt. Da sie sogar dem Sexualtrieb untersagt, seine Ruheintervalle einzuhalten, in die Zeit der Liebe einzutreten, da sie dem Sexualtrieb die Fortpflanzung verweigert, hat sie sich dem Tod der Gattung verschrieben. Dolmencé und Juliette träumen auch davon, die gesamte Menschheit zum Verschwinden zu bringen.[83]

Wie bei Platon müssen zwei Wiederholungen unterschieden werden: Die Wahrheit kann kraft des dämonischen Eros als Wiederholung der Idee erscheinen; aber es gibt auch die mechanische Wiederholung der Schrift, die das Gedächtnis tötet, weil sie nur mechanische Repetitionen erlaubt. Auch hier gibt es eine Polarität von Buchstabe und Geist, Signifikant und Signifikat, die Leben und Tod zwischen sich aufteilen.[84] In dem Maße, wie Freud sich zu der Erkenntnis durchringt, daß nicht nur die auf Fortpflanzungsfunktionen ausgerichtete Libido, sondern eine universelle Bestrebung der belebten Natur die Dynamik der menschlichen Lebenstriebe ausmacht, wendet er sich selbst zurück in die philosophische Mythologie und erklärt die platonische Eroslehre zu einem anwendbaren Denkmodell. Mit dieser Lehre springt der Gedanke der Rückkehr an einen Ursprung selbst zurück: Ursprung nicht der Schöpfung durch Gott, sondern Ursprung des Zufalls, daß in die Extensionen und Verwandlungen der Materie ein Energieausgleich eintrat, den wir Leben nennen. Doch das Leben spaltete sich in Lebens- und Todestriebe, weil diese einen jeweils anderen Urzustand anstreben. Denn wohin sonst als zum Ursprung strebt der Todestrieb? Warum wird ihm dann aber der Ehrenname des Eros verweigert? Auch der Todestrieb kehrt zum Ursprung zurück, jedoch ohne Wissen, ohne das innere Bild eines früheren Zustands. Dagegen bewahren die Lebenstriebe die Mnemosyne der Einheit:

Sollen wir, dem Wink des Dichterphilosophen folgend, die Annahme wagen, daß die lebende Substanz bei ihrer Belebung in kleine Partikel zerrissen wurde, die seither durch die Sexualtriebe ihre Wiedervereinigung anstreben? (63)

Die Vereinigungsbestrebung der erotischen Triebe folgt der Erinnerung an die große Einheit der Materie vor dem Leben, vor dem Lebendigwerden. Nun muß man de Sades Bücher erneut aufschlagen. Es ließe sich denken, daß das »Ich sterbe« – der paradoxe Sprechakt der erotischen Ekstase im galanten Roman des 17. bis 20. Jahrhunderts – keineswegs metaphorisch oder metonymisch für die kurzzeitige Bewußtseinstrübung steht, sondern für die ferne Erinnerung des Lebens an den Tod. Das letzte und äußerste Recycling der alten platonischen Lehre, daß die Liebe dem Bild eines verlorenen Zustandes nachfolgt, findet darin eine letzte und äußerste Wahrheit. Am fernsten Horizont aller möglichen Erkenntnis wohnen nicht mehr die Ideen, nicht mehr die Götter, nicht mehr Gott, nicht mehr die Gesetze der Natur, sondern die Zustände der Materie vor dem Leben.

Jenseits des Jenseits: Fortsetzung der Platon-Recyclings

Platon hatte doch recht. Der Todestrieb des Wissens sorgt dafür, daß wir immer wieder die platonischen Zustände aufsuchen, die vergessenen Ideen beatmen müssen. Freilich ermöglichen die ewigen Recyclings auch kleine Innovationen: So wissen wir jetzt, daß im Jenseits der menschlichen Erfahrung keine Bilder oder Ideen, sondern Zahlen regieren. Man könnte die Ablösung der Götter Platons durch Zahlen, die Aufbereitung der Urformen von Liebe und Wahrheit durch empirisch erhobene Durchschnittswerte, als historische Szene aufsuchen. Die Szene spielte an Goethes (und auch Werthers) Geburtstag, am 28. August 1829. In Weimar versammelten sich zahlreiche Geistesheroen, um dem nun Achtzigjährigen zu gratulieren. Dem Jubilar huldigten nicht nur Größen wie Adam Mickiewicz, Karl Holtei oder David d'Angers; zu den Gästen gehörte auch ein junger belgischer Astronom, Schriftsteller und Mathematiker mit Namen Adolphe Quetelet.[85] Quetelet hatte diese Reise von Brüssel aus unternommen, um die deutschen Observatorien zu inspizieren. Dabei kam er auf den Gedanken, dem verehrten Goethe seine Aufwartung zu machen. Der alte Dichter zeigte sich von den Gesprächen mit seinem Gast so entzückt, daß er ihn mitsamt seiner Frau gleich eine ganze Woche in Weimar festhielt. Quetelet war nicht nur ein vielseitiger Naturwissenschaftler, der mit Goethe äußerst kompetent über dessen Ideen zur Morphologie und Farbenlehre sprach; Quetelet war bereits auf dem Wege, als Begründer der modernen Bevölkerungsstatistik in die Geschichte einzutreten. Im gleichen Jahr 1829 veröffentlichte er seine erste wichtige Studie zu jenem Zahlendämon, den er später den *Durchschnittsmenschen* nennen sollte. Das 1835 erschienene Buch, worin Quetelet dann seine verschiedenen statistischen Erhebungen zusammenfaßte, trug den Titel *Sur l'homme et le développement de ses facultés, ou essai de physique sociale.*[86]

Goethe erwies den Quetelets seine Sympathie durch ein großzügiges Abschiedsgeschenk. In ein Exemplar der zwei Bände *Zur Naturwissenschaft überhaupt, besonders zur Morphologie* legte er einen Satz jener berühmten farbigen Glasplättchen, mit deren Hilfe er seine Versuche zur Farbenlehre unternommen hatte. Vincenz John, der Quetelets Aufzeichnungen über diese Begegnung kommentiert hat, vermutet, daß Goethe den jungen Physiker anregte, seine Vorstellungen von der platonischen Natur des Typus für die statistische Erfindung des *homme moyen* auszubeuten.[87] Aber der Queteletsche Dämon lebte schon längst, während Goethe seinen dramatischen Menschentypus Faust bereits sinnfällig von Lemuren ins Grab hatte legen lassen. Ohne Zweifel schließt sich mit Goethes morphologischen Träumen, mit seinen Spekulationen über Urphänomene, Typen, Urpflanzen, die große platonische Epoche der Ideen und transzendenten Universalien, wenn sich auch durch ewige Recyclings eine kleine platonische Epoche immergrün hält. Quetelets neue Dämonen sind künstliche Menschen, die ihre Unsterblichkeit von statistisch erhobenen Durchschnittswerten beziehen.

Im zweiten Heft der *Morphologie* faßte Goethe seine Idee des Dämonischen in die fünf Stanzen mit dem Titel »Urworte. Orphisch«. Das Dämonische des Menschen nannte er an anderer Stelle den »alten Adam«, der sein Naturell durch das ganze Geflecht von Zufälligkeiten hindurch erhält.[88] Die Urworte buchstabieren eine letzte große Unternehmung des Platonikers Goethe, mit der Kraft des Glaubens gegen die Macht der Berechnung anzutreten. Als Goethe zum Abschied seinem Gast Quetelet die Hände drückte, in dem Glauben, daß er ihn als Delegierter seiner Ideen auf den naturwissenschaftlichen Kongreß nach Heidelberg entließe, da ahnte er nicht, daß der belgische Astronom längst seine Konzeption des Durchschnittsmenschen auf der Basis von diskreten und kontinuierlichen Körperdaten formuliert hatte. Das zeichnete sich schon seit langem ab. Die möglicherweise ganz vom neuzeitlichen Todestrieb gestiftete Allianz zwischen Kaufmannsgeist und Naturwissenschaft hatte bereits Jahrhunderte zuvor begonnen, aus akzidentellem Datenmaterial ein neues Reich von Gesetzen und Dauerhaftigkeiten zu errichten. Manche Historiker erkennen einen unmittelbaren Zusammenhang zwischen der nominalistischen Philosophie und dem Beginn der Statistik.[89] Wesentliche Impulse verdankt die Statistik auch dem kalkülatorischen Bedarf des Versicherungswesens zu Lande und zu Wasser.[90] Aus den Elementen dieses veränderten Bedarfs setzte sich das Profil eines neuen Gottes zusammen, der seine Gnade, die Stiftung der Seligkeit, nicht mehr regelmäßig (scholastisch), sondern zufällig (calvinistisch) vergibt.

Also nannten die neuzeitlichen Propagandisten der irdischen Buchführung den obersten Gott selbst einen »Meister der Arithmetik«. In der von dem puritanischen Geistlichen John Beadle verfaßten Anleitung zur religiösen Buchführung, *The Journal or Diary of a Thankful Christian* aus dem Jahre 1656, heißt Gott »the wonderful numberer«.[91] Dieser Taufakt beendete erst einmal den Universalienstreit: Nicht vor, nach oder hinter den Dingen schlummern die Allgemeinbegriffe, sondern in Zahlenwerten der irdischen Buchhalter. Es gibt allerdings ein Zählen des Himmels, eine Bilanz der Vorsehung. Aber diese Vorsehung, Calvin betont es mit großer Leidenschaft[92], umfaßt und steuert alle Berechnungsvorgänge der empirischen Zufälle. Nur das Programm des göttlichen Computers bleibt unerkennbar. Die Lehre, daß Gott aber das Kontingente beachtet und sogar zählt, stellt eine Innovation dar.

Als der himmlische Reisende Dante gemäß seinem Zeugnis im 29. Gesang des *Paradiso* den Blick aus dem Kristallhimmel ins Empyreum lenkte, da überwältigte ihn die Zahl der dort kreisenden Engelscharen:

So hoch empor stuft sich die Zahl der Engel,
Daß niemals eine Sprache ward gefunden,
Noch Menschendenken, das so weit hin reichte.
Und wenn du schaust, was Daniel enthüllte,
Siehst du, daß doch in seinen Tausendzahlen
Noch eine feste Anzahl liegt verborgen.[93]

Wieviele sind es? In den Sphären der Wahrheit und Liebe (denn dort hält sich Dante auf) beziffern rhetorische Zahlen die Massen des Lichts und des Personals, worin sich dieses Licht reflektiert. Dantes Mengenlehre des höchsten Wissens geht zurück auf den Propheten Daniel; auf Daniels Autorität beruft sich auch der Neuplatoniker Dionysios Areopagita, wenn er einen Begriff von der Zahl der Engel zu geben versucht:

Die Überlieferung der WORTE über die Engel spricht von tausendmaltausend und zehntausendmalzehntausend, multipliziert also die höchsten uns geläufigen Zahlen mit sich selbst. Sie gibt dadurch klar zu erkennen, daß die Ordnungen der himmlischen Wesen für uns unzählbar sind. Zahlreich sind nämlich die seligen Heerscharen der Gedanken jenseits unserer Welt. Ihre Zahl übersteigt das schwache und beschränkte Maß der in unserer materiellen Welt verwandten Zahlen. Sie wird erkenntnismäßig allein bestimmt durch das bei ihnen im Himmel jenseits unserer Welt übliche Denken und Erkennen (...).[94]

Daß Gott ein »unendlicher und genauer Arithmetikus« sei, steht auch in einem frühen Pionierwerk der Statistik, in Johann Peter Süßmilchs Werk *Die göttliche Ordnung in den Veränderungen des menschlichen Geschlechts, aus der Geburt, Tod und Fortpflanzung*, das in der ersten Auflage aus dem Jahre 1741 stammt.[95] Die nach Calvins Lehre geheimen göttlichen Kalkulationen lassen sich anzapfen, und die Vorsehung errechnet sich aus einer großen Menge diskreter Daten. Auf die Regelmäßigkeit der himmlischen Ordnung stößt, wer das Kontingente sammelt und auswertet. Während das Dogma von der Unberechenbarkeit der göttlichen Gnade allmählich erbleicht, beginnen die großen Zeichen des Lebens insgeheim auf die Regeln des Wahrscheinlichkeitskalküls zu hören. Der Meisterphilosoph der deutschen Aufklärung, Christian Wolff, verfaßte für Süßmilchs Buch ein Vorwort, worin er das Werk des Theologen als eine der Proben rühmt, »wie die wahrscheinlichen Theorien zum Gebrauch im menschlichen Leben können heraus gebracht werden«.[96]

Systematisch ersetzt die Aufklärungsepoche altehrwürdige Universalien und metaphysische Hauptbegriffe durch Zahlenkolonnen. Nachdem erst einmal das Wort von dem Buchhalter und Arithmetiker Gott die Runde gemacht hatte, wurden gleich ganze Serien kategorialer Qualitäten durch gemessene und gezählte Bestimmungen ersetzt. Die Vernunft führt Listen und zählt sie aus. In der Vorrede zum zweiten Teil seiner *Enzyklopädie der Staatswissenschaften* (1804), die den Untertitel »Theorie der Statistik« trägt, erklärt der Göttinger Gelehrte August Ludwig von Schlözer: »Setzen Sie (...) statt histoire immer statistique, so haben Sie den Ausdruck meines Plans.«[97] Gott, Geschichte, Vorsehung treten aus der Hyperhelligkeit des platonischen Empyreums und nehmen in kalkulierenden Maschinen ihren Platz.

Nur sie? Heute beginnt auch die Schönheit ihre alte Rätselnatur zu digitalisieren und sich in Bilderserien aufzulösen. Im Jahre 1883 veröffentlichte der geniale englische Wissenschaftler Francis Galton seine *Inquiries into human faculty and its development*.[98] Darin stellte er unter anderem seine Technik der Mischphotographie vor, die es ermöglichte, in beinahe unbegrenzter Zahl Photoporträts übereinanderzuprojizieren. Der Zweck dieser aufwendigen Laborarbeit bestand nun darin, die gemeinsamen Züge verschiedener Porträts einer Person (etwa Alexanders des Großen) zusammenzufassen, um ein authentisches Bild zu gewinnen. Oder Galton versuchte, die Eigenschaften von mehreren Personen oder Personengruppen herauszuarbeiten: Ihm ging es beispielsweise darum, die rassischen Eigenschaften der Engländer durch Summierung zu erfassen oder auch physiognomische Größen wie »Gesundheit« (Idee) oder »Verbrechen« (Dämon) sichtbar werden zu lassen. So begibt sich das 19. Jahrhundert an ein photographisches Recycling Platons, denn die Summierung von Photos sollte das Akzidentelle löschen und das »Wesentliche« aus der kontingenten Zerstreuung erretten. Nachdem diese Technik die Welt ein wenig aufgeregt hatte, war sie nahezu vergessen. Kürzlich jedoch griffen zwei amerikanische Psychologinnen dieses Spiel mit neuen technischen Mitteln wieder auf. Sie gaben digitalisierte Paßbilder von 96 männlichen und ebensoviel weiblichen Studenten in einen Computer ein und ließen den Rechner mehrfach jeweils zwei Gesichter wahllos herausgreifen und durch Mitteln der digitalisierten Werte eine Art Mischgesicht erzeugen. Indem nun diese Mischgesichter neuerlich gemittelt und wieder mit anderen Mischphotos gemischt wurden, erzielten sie Ergebnisse von 4, 8, 16 und 32 Überlagerungen. Diese Computerphotos legten sie wiederum anderen Studenten zur Begutachtung vor. Das statistisch eindeutige Ergebnis: Die aus 16 oder 32 Photos zusammengesetzten Porträts wurden als deutlich schöner empfunden im Vergleich mit den Einzelgesichtern oder den Mischphotos, die nur aus 4 oder 8 Einzelgesichtern zusammengesetzt waren.[99] Hinzu kam, daß sich die hochgradig gemischten Gesichter sehr ähnlich sahen: Das Experiment läutete wieder einmal der platonischen Idee die Todes- und Geburtsstunde zugleich. Denn diese Photoserien zeigen einmal, daß die Verführungsmacht der Schönheit im sexuellen Sinne offenbar nichts anderes ist als eine genetisch festgelegte Steuerungsfunktion. Die

Gattung wird über solche Attraktion dazu angehalten, sich selbst auf einem statistischen Mittelwert zu halten. Das Schöne ist nicht wahrer als das Häßliche, sondern regelgemäßer. Zum anderen gehört das Schöne (der Gesichter und Körper) eben doch zur Ordnung der Ideen, weil es durch die Eliminierung des Akzidentellen hervorgebracht wird. Auch zwei Monate alte Säuglinge sind bereits lallende Platoniker, denn bei einer Wahl zwischen zwei Gesichtern entscheiden sie sich, dasjenige zu fixieren, das von einer repräsentativen Gruppe Erwachsener auch als das hübschere bezeichnet wird.[100] Die Liebe zur Schönheit bildet keine Erinnerung an die einstmals geschauten Urbilder, sondern sie ist eine genetisch programmierte Attraktion des Durchschnitts. Die Biologie und Ethologie haben dem auch nichts hinzuzufügen.[101]

Lange Zeit schien es so, als gäbe es doch noch Reste von archaischen Erinnerungen, die der ausgeraubten Mnemosyne vielleicht eine kleine Rente sichern könnten: das Déjà-vu. Jeder kennt diesen Trug der Erinnerung: das Gefühl, bestimmte Situationen, Personen, Reden, Bilder schon einmal wahrgenommen zu haben, ohne im Nebel dieses Gefühls das Datum der Vergangenheit, das sich zu wiederholen scheint, auch fixieren zu können. Doch auch diese letzte rätselhafte Schaltung des Gedächtnisses in eine psychische oder platonische Vorwelt scheint geklärt. Es handelt sich beim Déjà-vu um eine Dysfunkion, nämlich um eine Fehlschaltung des Gedächtnisapparates. Nach der Holographie-These des Neurowissenschaftlers Karl Pribram bewahren bestimmte Hirnstränge sämtliche Erinnerungsinformation zugleich in allen Memory-Partikeln, die zu diesem Strang gehören, auf.[102] Ein Hologramm ist ein optischer Speicher, der in jedem Bildpunkt zugleich die Informationen des gesamten Bildes enthält. Da die Wellen des Bildes an jeder Stelle des Hologramms vollständig verarbeitet sind, kann auch aus jedem seiner Teilstücke das gesamte Bild rekonstruiert werden. Nach Pribrams Holographie-Theorie arbeiten bestimmte Areale des Gehirns auf diese Weise, so daß Informationen, die etwa durch ein Hirntrauma oder durch Operationen zerstört sind, in den gesunden kortikalen Regionen rekonstruiert werden können.[103] Zwei Holländische Forscher suchten auf der Basis von Pribrams Holographie-Hypothese ihre Erklärung des Déjà-vu auch experimentell zu erhärten, indem sie ihrerseits Photos von ähnlichen Personen so häufig rasterten, bis sich deren Schemen völlig glichen.[104] Da die menschliche Wahrnehmung aber auch diffuse Wahrnehmungsmuster auf bekannte Einheiten hin interpretiert, können über schematische Ähnlichkeiten oder Identitäten solche Déja-vu-Fehllesungen entstehen.[105] Die Erinnerungstäuschung beruht auf der falschen Analyse bzw. auf einer falschen Kombination von Realeindruck und Erinnerungsschema, die zu einer »Empfindungsspiegelung« führt.

Könnten Platons Ideen als Hologramme wiederauferstehen? Gewiß nicht: Die wissenschaftliche Erforschung von Wahrnehmungsstrukturen sowie die Verhaltensforschung stoßen auf Verarbeitungsmodi oder auf universelle Muster, die aber nicht jenseits des Menschen, sondern innerhalb seines genetischen Codes geschrieben sind. Die wahrhaft platonischen Recyclings installieren neue Lieben oder neue Wahrheiten, die sich ewig fortsetzen lassen. Die Wiederkehr selbst, die Erneuerung, die Universalisierung[106] kann nicht ohne das Argument der Ursprünglichkeit, das das platonische Argument selbst ist, auftreten.

5. Nachrichtenverkehr I: Sender

Stockungen (4): Richter

Der Blick geht noch einmal zurück: Bei seiner Beschreibung der beiden Tempi, die der Todestrieb einerseits und die Lebenstriebe andererseits anschlagen, spricht Freud in *Jenseits des Lustprinzips* anschaulich von einem »Zauderrhythmus«, der das Ergebnis oder das Integral dieser zwei Bewegungen darstellt.[1] Der Todestrieb folgt blind seiner primären Tendenz, das organische System an das entropische Endziel zu bringen. Die Lebenstriebe hingegen sichern und übertragen jenes Wissen, das die Organismen in Millionen von Jahren auf ihrem Weg zum Tode erwerben. Der Anfang des Lebens und seiner Zeichen liegt in jenem Nichts eines Intervalls, das Derrida an die Stelle aller Ursprünge gerückt hat: der *différance*.[2] Für diesen Aufschub sorgen die Lebenstriebe: Sie überlassen das Lebendige nicht seinem anfänglichem Tempo. Alles spricht dafür, das Stocken, die neurotischen Aufschübe, die Spatien des Stotterns diesem Begriff von Leben gutzuschreiben.

Der Philosoph der Geschwindigkeit Paul Virilio zeigt in seinen Untersuchungen, in welchem Maße die Beschleunigung zur Evolution der technischen Moderne beigetragen hat.[3] Als Beschleuniger dieser Beschleunigung sorgt die militärische Evolution dafür, daß heute die schnellste Waffe die absolute Geschwindigkeit erreicht hat, da sie nichts als extrem verstärktes Licht (Laser) ist. Das Gesetz der Geschwindigkeit beherrscht neben der Militärstrategie sämtliche wichtigen Bewegungen des sozialen Systems: Information, Transport, Warenumschlag, Kapitalstrom. Beschleunigungen allein regen noch weitere Evolutionen an. Der gleichen Entwicklungs-Logik überantworten sich alle Passagiere, die sich von diesen Vektoren tragen lassen. Je schneller alles geht, desto unerträglicher wird jede Unterbrechung und jede leere Zeit. Virilios Beobachtung: Nur die imaginären Träger von Filmvorführungen machen den Passagieren eines Atlantikfluges die Passivität des Transportes erträglich. Virilio kennt allerdings eine Reihe von Beispielen für Bewegungen und Geschwindigkeiten, die eine so intensive Befriedigung verschaffen, daß damit zugleich die sexuellen Bedürfnisse erlöschen: »Es gibt durchaus einen technologischen Donjuanismus: man besteigt Maschinen und nicht mehr die logistische Partnerin.«[4] Freud brachte noch den Knabenwunsch, Lokomotivführer zu werden, mit der »exquisit sexuellen Symbolik« des Eisenbahnfahrens in Beziehung, nämlich mit dem

»Lustcharakter der Bewegungsempfindungen«.[5] Im Zeichen der neuen Geschwindigkeiten jenseits des Schalls stellt sich offenbar auch die Frage nach diesem Jenseits der Lust in den ungeheuren Beschleunigungen neu. Freilich ist das nicht unsere Frage, sondern wir fragen nach den Unterbrechungen und dem Stocken: nach den konservativen Trieben.

Die Arbeitsweise der Verführer verlangt Geschwindigkeit. Eine Verführung, die Zeit in Anspruch nimmt, verfällt bald den Verzögerungen der Liebe, die ihre Zeit verzehrt und stillstellt. Ein Verführer, der donjuaneske Serien und Mengen von Eroberungen aufzählen will, ein Schauspieler oder ein Soldat der Liebe, dringt stets auf Tempo. Er erklärt alles zur Sache der Leidenschaft und stößt auf der anderen Seite nicht selten auf die Bereitschaft, in den Showdown des sogenannten »Spontanficks«, den Erica Jong in die Literatur eingeführt hat[6], einzutreten. Die erotischen Träume beider Geschlechter überschlagen gerne die Zeiten der Liebe. Sie wollen ohne die Verwirrungen der Rede auskommen. Das Begehren verzehrt, die Liebe will Wahrheit. Doch bisweilen sieht sich auch der Verführer von der Gewalt der Verzögerung überrascht: Dies sind die triumphalen Augenblicke der Wahrheit. Man könnte eine der Urszenen romantischer Liebe nach diesem Modell entwerfen. Hier genügt ein Beispiel. In William Hill Browns *Werther*-Remake mit dem Titel *Die Macht der Sympathie* wird die leere Zeit der eigenmächtigen Liebe als Ankylose der Zunge beschrieben. Der Held Harrington plaudert in einem Brief an seinen Freund Worthy die Pläne zur Eroberung der schönen, aber sozial benachteiligten Harriot aus. Das Konzept ist durchdacht, die Worte sind bereits niedergelegt. Im vierten Brief zitiert er aus diesem fertigen Libretto seiner Verführung:

»Bedenke doch, Geliebte«, sagte ich mit einer Stimme, die halb seufzend, halb tränenvoll klang, während ich ihre Hand in höchst gefühlvoller Weise ergriff, »bedenke doch deine gegenwärtige unglückliche, erniedrigende Situation in der Familie von Mrs. Francis.« Ich sprach weit ausholend von der Gewalt meiner Leidenschaft..., verbreitete mich höchst metaphysisch über unser künftiges Glück und schloß mit ausführlichen Antworten auf alle Einwände. »Sollten wir nicht«, so fuhr ich fort, »den Befehlen der Natur gehorchen, statt uns den erzwungenen, grausamen Regeln... und... sollen wir die heiteren Tage unserer Jugend ungenossen verrinnen lassen?«
Meinst Du, Worthy, ich hätte dies wirklich zu Harriot gesagt? Nicht eine Silbe davon! Es war mir nicht möglich; meinem Herzen fehlte es nicht an Mut, dies zu diktieren, aber meine aufsässige Zunge weigerte sich, auch nur ein Wort davon zu sprechen. Sie stockte... stammelte... zauderte.[7]

Das ist die Verlangsamung der Liebe oder das stumme Intervall der wahren Empfindung. So verlangt es der Code der Epoche. Die Zunge, Feinwaage des Gefühls, wehrt sich gegen die Lüge der Verführung. Das Beispiel führt nur eine der beiden möglichen Varianten durch. Die andere läßt sich an einer Stelle aus den *Liebesabenteuern des Chevaliers Faublas* studieren. Der Roman Louvet de Couvrays aus den Jahren 1787–1790 erzählt die amouröse und sentimentale Erziehung eines jungen Adligen. Die lange Reihe der Abenteuer wird gerahmt durch die erste Begegnung des jungen Faublas mit der schönen Sophie, der rasch die heimliche Heirat der beiden folgt; doch Sophie wird von Unbekannten entführt, und die Suche nach ihr treibt Faublas durch zahlreiche Frauenarme. Am Ende verzweifelt Faublas an der Möglichkeit, Sophie noch zu finden. Er hält sie für tot und stürzt sich in den Wahnsinn; aber gerade die für tot gehaltene immertreue Sophie rettet – zur Zufriedenheit aller gefühlvollen Leserherzen – den wahnsinnigen Helden. Sie braucht nur zu erscheinen, und die Dämonen verlassen fluchtartig den verwirrten Verstand des armen Faublas. Zur Motivation dieser merkwürdigen Mischung aus Treue und Frivolität in der Seele des Helden wird über seine erste Begegnung mit Sophie das gesamte konventionelle Zeichenrepertoire aus Stockungen und Leidenschaften ausgebreitet. Stummheit überwältigt die Zunge des jungen Faublas, als seine Schwester ihre Freundin Sophie aus der Klosterschule ins Zimmer führt:

Meine Schwester flog hinweg und kam wieder mit – denkt euch eine Venus von vierzehn Jahren! Ich wollte vortreten, sprechen, grüßen; aber ich blieb erstarrten Blickes, mit aufgerissenem Mund und hängenden Armen unbeweglich stehen (...); meine Zunge blieb wie angebunden. (...)
Das ist die Liebe – kann ich daran zweifeln?[8]

So lautet die andere Variante. Die Seelensprache der Epoche schreibt die Liebe mit diesen untrüglichen Zeichen. Das Stocken sagt die Wahrheit in zwei ähnlichen Szenen: Entweder bringt es eine Verführerrede schlagartig zum Verstummen, oder es macht in der zärtlichen Erklärung jedes konventionelle Wort unmöglich. Statt der Rede bringt sich erst einmal die reine Zeit zur Geltung.

Die Verliebten, gleich ob Jüngling oder Mädchen, Mann oder junge Frau, stocken, erröten, erbleichen. Das legt eine uralte Semiotik so fest. Jeder französische Schüler lernt die Klimax der Leidenschaft aus dem Munde von Racines Phädra auswendig: Phädra, die Gemahlin des Theseus, sieht ihren Stiefsohn Hippolyte zum ersten Mal, und es ist gleich um sie geschehen:

Ich sah ihn, ich errötete, ich erbleichte bei seinem Anblick;
Verwirrung breitete sich in meiner bestürzten Seele aus;
Meine Augen sahen nichts mehr, ich konnte nicht mehr sprechen.[9]

Erröten, Erbleichen, Stocken geben die Wahrheit zu lesen. Eine alte Wissenschaft des Unbewußten schöpft diesen triadischen Code immer wieder von den Oberflächen der Leidenschaften. Phädra registriert alle Zeichen genau. Ihr Körper zählt ihr die Reaktionen auf, und sie stellt sich selbst die Diagnose. So brachte es ein Autor des 17. Jahrhunderts auf die Bühne. Doch offenbar hört die Liebe nicht auf, nach innen und außen durch die gleichen Körpersignale ihre Wahrheit zu bekunden.[10]

Erröten, Erbleichen, Stocken stehen nicht nur in den Pathologien und Psychologien der Liebe. Sie firmieren auch in den Kriminalhandbüchern und bezeichnen dort den Betrug. Die oben bereits zitierte »Peinliche Gerichtsordnung« von 1532 des Kaisers Karl V., die im Andenken an den Stifter *Carolina* heißt, hält nach Artikel 71 die Untersuchungsrichter mit ihren Protokollanten dazu an, synchron zu den Aussagen auch auf die körperlichen Signale ihrer Zeugen zu achten. Auf der Körperoberfläche entscheidet sich nämlich, ob sie die Wahrheit sprechen. Die Kommentare zu dieser Vorschrift des Artikels 71 führen nun ebendie Zeichen an, die auf die Unwahrheit von Aussagen hindeuten. So heißt es beispielsweise im *Archiv für Kriminalrecht* aus dem Jahre 1798:

Nebstdem ist es notwendig, daß das Betragen des Inquisiten, wenn es auch nur im geringsten Grade bedeutend ist, dem Protokolle einverleibt werde, also Meldung geschehe, wenn er zittert, stottert, seine Antworten abändert, mit der Antwort zaudert, sich verfärbt, wenn ihn der Richter ermahnt. (...)[11]

Das ist die Sprache der Unwahrheit. Liebe und Verbrechen arbeiten zwar mit den gleichen Zeichen; doch für die Liebe bezeugen sie Wahrheit, für das Verbrechen hingegen Betrug. Eine Anleitung für Untersuchungsrichter aus dem Jahre 1834 eröffnet das gleiche Register:

Das Betragen, die Mienen, Geberden, Leidenschaften und dergl. des Zeugen sowohl, als des Inquisiten, Alles dies ist (...) zu bemerken, und zwar sobald es nur einigermaßen auffallend wird, z. B. wenn er zittert, stockt, zaudert, sich verfärbt, weint, höhnisch lacht, Reue zeigt.[12]

Achtzig Jahre später beginnen die Untersuchungsrichter das Stocken auch maschinell zu kontrollieren. Ausgehend von Untersuchungen des großen Francis Galton[13], entwickelte C. G. Jung ein kriminalistisch nutzbares Untersuchungsmodell, das er den »Assoziationstest« nannte. Zum Test geladen wurden das Unbewußte von Neurotikern oder das Gewissen von Kriminellen, indem die Geschwindigkeiten der Wortassoziationen gemessen werden. Dem Patienten oder Zeugen nennt der Versuchsleiter eine Sequenz von Stichwörtern, und der Proband soll jeweils das erste ihm in den Sinn kommende Wort nennen. Die Reaktionszeit wird dabei jeweils festgehalten. Die längeren oder kürzeren Intervalle zwischen dem Stichwort und der Antwort (nach Galton etwas mehr als eine Sekunde im Durchschnitt[14]) gelten als Indikatoren dafür, daß durch das Stichwort eine Neurose oder eine verhohlene Schuld angesprochen wurde.[15] Die Verdrängung und die Schuld werden von Wörtern besiedelt, die mit anderen Zeichen nicht leicht Kontakt herstellen. Das Stocken bezeichnet den Sicherheitsabstand, den die gesunden und unschuldigen Zeichen gegen Krankheit und Verbrechen einhalten. Galton und Jung lieferten aber nur die Vorarbeiten für die technische Datenerhebung an jenen körperlichen Vorgängen, die über die Semiotik von Stocken, Erröten oder Erbleichen in spektakulärer Gestalt zu den Sinnen sprechen. Der Experimentalpsychologe Hugo Münsterberg konzipierte in seiner zuerst 1908 erschienenen kriminologischen Studie *On the Wittness Stand* die Theorie und Technik des Lügendetektors. Dabei beschrieb er in dem Kapitel über »The traces of emotions« zunächst den alten triadischen Code der Wahrheit: Stocken, Erbleichen, Erröten. Als Beispiel wählte er ausgerechnet die unbewußten Reaktionen eines verliebten Mädchens.[16] Auch die moderne Kriminologie sieht keine Probleme darin, den triadischen Code aus der erotologischen in die kriminologische Semiotik zu übertragen, wenn auch unter der exakt entgegengesetzten Bedeutung. Die Wahrheit der Liebe und der Betrug arbeiten mit dem gleichen Signalsatz.

In der zunächst von Münsterberg entworfenen Form schreibt der Lügendetektor kontinuierlich die Veränderungen von unbewußten Handbewegungen, von Atmung, Puls und Blutdruck eines ins Verhör genommenen Verdächtigen. Hier gilt die umgekehrte Zeit im Vergleich zur Liebe. Das physiologische und technische Verständnis gestattet der Unschuld keine Pausen, Verschiebungen oder Intervalle. Zwischen Frage und Antwort dürfen keine Zeiten verstreichen, in denen der Körper heimlich seine Aktivität (Puls, Atmung) beschleunigt. »Denn nie zittert die Unschuld«, erklärte der Oberstaatsanwalt der Französischen Revolution Robespierre und schrieb so bereits 1794 den Bauplan der Lügendetektoren.[17] Die Aufklärung legte zwei unvereinbare Bestimmungen über die Wahrheit der Liebe und über

die Wahrheit der Unschuld nieder. Nicht nur schreibt sie den Zeichen
entgegengesetzte Bedeutungen zu, auch die Zeiten der Geständnisse
lassen sich nicht synchronisieren. Ist die Wahrheit langsam oder
schnell? Die Wahrheit der Unschuld kennt keinen Halt. Die Liebe hingegen mikroskopiert Zeiten und Zeichen; jeder Augenblick, jedes
Wort, jede Geste, jedes Zittern bedeuten erneut das Verlangen. Selbst
wenn Romeo und Julia stets Höchstgeschwindigkeiten anstreben, so
wollen sie nur die Zeiten der Trennung aus dem Tag radieren. Doch
ist auch ihr Wunsch nach Dauer so radikal, daß er nur durch den Tod
erfüllt werden kann. Das Verlangen nach Ewigkeit, das Nietzsche der
Lust abgelauscht haben will, schmilzt alle Uhren.[18]

Götter: Wünsche oder Gesetze

Auf welchen Wegen schicken die Götter ihre erotischen Nachrichten?
Die Abstände zu den Adressaten sind groß und die Verkehrswege
schlecht. Die Götterpost läßt sich an ihrer Langsamkeit als staatliches
Regal erkennen. Augustinus macht sich im *Gottesstaat* darüber lustig,
daß Platon, die Stoiker und insbesondere der Schriftsteller Apuleius
(um 150) eigens einen »Nachrichtenverkehr« zwischen Göttern und
Menschen eingerichtet haben: »Die ätherischen Götter, die sich um
die menschlichen Angelegenheiten kümmern, könnten ja nicht wissen, was die irdischen Menschen treiben, wenn nicht die luftigen Dämonen es ihnen meldeten.«[19] Götter sind immer so klug, wie es die
Nachrichtentechnik der jeweiligen Epoche im Kalender der Ewigkeit
gestattet. Zu Beginn der neuen Zeitrechnung waren Boten die Helden des Nachrichtenverkehrs. Augustinus fragt daher mit gutem
Recht: Wie können die Götter eine solche wichtige Aufgabe den Dämonen überlassen, denen im Prinzip nicht zu trauen ist? So verkörpert doch Eros nichts weniger als die Tugenden selbstloser Diplomatie. Der Kirchenvater nimmt dann den Dämonenforscher Apuleius
ins Visier, den wohlbekannten Verfasser des *Goldenen Esels* und des
Märchens von Amor und Psyche. Apuleius soll in einem heute verlorenen Werk *Der Gott des Sokrates* seine Erkenntnisse über die Dämonen, die bekanntlich mit den Göttern die Unsterblichkeit und mit den
Menschen die Begierden teilen, niedergelegt haben. Danach zeigen
die Mittelgeister großes Vergnügen an »Obszönitäten und Dichter-
schwindeleien«. Was werden die Dämonen, fährt Augustinus fort,
dazu gesagt haben, daß Platon aus seinem Staat alle dämonischen
Lustbarkeiten wie Theater und Spiele verbannte, weil er die Götter
nicht durch schlechte Theaterstücke beleidigt sehen wollte? Muß er

sich nicht den Zorn der Dämonen zugezogen haben?[20] Und haben die Dämonen nun den Göttern, die ja ohne die Botendienste der Mittler nichts von den Menschen wissen können, über diese Einschätzung ihrer moralischen Eigenschaften berichtet? Die spitzen Fragen des Augustinus steuern auf ein brisantes Problem zu: Können Götter betrogen werden? Man ahnt, daß die Götterdämmerung auf dem Olymp durch Informationsdefizite beschleunigt wurde. Die platonische Dämonenlehre, die Apuleius in seiner Schrift über den *Gott des Sokrates* vertreten haben soll, liefert dafür genügend Indizien. Und Augustinus spießt sie auf: Nimmt man nämlich einmal an, daß die Dämonen ihre Verdorbenheit den Göttern verheimlichen,

(...) was hat dann die Übermittlung von Nachrichten über die menschlichen Verhältnisse durch die Dämonen an die Götter überhaupt für einen Nutzen, wenn sie nicht einmal das wissen dürfen, was der fromme Sinn guter Menschen zur Ehre der guten Götter gegen die Gelüste der bösen Dämonen ins Werk setzt?[21]

Die umgekehrte Frage, wie die Götter ihre Nachrichten erhalten, beschäftigte die philosophische und theologische Welt allerdings nicht so anhaltend wie das Problem, auf welche Weise die Götter ihre Botschaften an die Menschen übermitteln. Götter machen den Menschen stets zwei Arten von Mitteilungen: Befehle und Wünsche. Funktionierende Kanäle sind dabei die Bedingung von Macht und Begehren, deren Ursprung bei den Göttern residiert. Die Macht (universell adressierbare Befehle) beherrscht den Raum, der Wunsch nach Fortpflanzung (irdische Genealogien) organisiert die Zeit. Auch wenn sie ewig sind, kümmern sich die Götter um die Erzeugung von Zeugen. Der Dialektik der Anerkennung entgehen selbst die Unsterblichen nicht. Gesetze und Nachkommen setzen Übertragungswege voraus. Oder wie machen es die Götter? In seinem Dialog *Über das Wesen der Götter* legt Cicero die stoische Kritik an den anthropomorphen Gottesvorstellungen der Epikureer seinem Freund Cotta in den Mund. Zuvor schon hatte Cotta die spöttische Frage gestellt, ob Götter »platte Nasen, Schlappohren, breite Stirnen oder dicke Köpfe« hätten. Nun fragt er ernsthaft:

So wird ein Gott also eine Zunge haben, aber nicht sprechen, und Zähne, Gaumen und Kehle besitzen, ohne sie zu gebrauchen, und auch die Glieder, die die Natur am Körper noch zur Fortpflanzung gebildet hat, werden bei einem Gott überflüssig sein (...).[22]

Im weiteren Verlauf des Gesprächs nimmt dann Balbus die Frage nach der Fortpflanzung der Götter noch einmal auf. Bedienen sich die Götter zur Fortpflanzung der hierzu vorgesehenen Körperglieder, und vereinigen sie sich mit einem anderen Wesen? Oder bevorzugen sie eine elegantere Methode, indem sie ihresgleichen aus sich selbst hervorbringen?[23] Ein neuchristlicher Schriftsteller, Arnobius, verfaßte zu Beginn des 4. Jahrhunderts eine polemische Schrift *Gegen die Heiden*, in der er mit diesen körperlichen Gottesvorstellungen abrechnete:

Wenn andrerseits die Anstößigkeit des geschlechtlichen Verkehrs – wie es sich auch gehört – für die Götter nicht in Frage kommt, welche Ursache und welchen Grund wird man dafür angeben können, daß sie mit den Körperpartien versehen sind, durch die die beiden Geschlechter sich durch das Verlangen der ihnen eigenen Begierden zu erkennen pflegen?[24]

Die Frage der göttlichen Zeugung und der Zeugungstechnik geben die Kirchenväter schließlich zu den Akten, weil der Christengott die Zeugung an den Logos und das Pneuma übertragen hat. Doch das weniger pikante Übertragungsproblem, ob Gott spricht und gegebenenfalls mit welchen Werkzeugen, gab trotz geklärter Aktenlage noch lange Zeit Stoff für Debatten. Der griechische Kirchenvater Basilios behauptete in seinem Werk über die Erschaffung der Welt in sechs Tagen, dem *Hexaëmeron* (um 370), daß Gott nicht spricht. Zwar stamme das Geschenk der Sprache von Gott, doch diene sie ausschließlich der menschlichen Kommunikation.[25] Der etwas jüngere Augustinus hingegen traute Gott ein Sprechen durchaus zu, aber eben ein ganz anders, als es den Menschen gegeben sei. Die übliche etymologische Herleitung des Wortes *verbum*, mit der sich die Philosophen über das Wesen der Sprache verständigten, erinnerte an die mündliche Technik des Sprechens; jedes Wort ist ein Schlagen der Luft: *aër verberare*. Ein solch materieller Kampf mit den Elementen kann nicht Gottes Sprechen sein.[26] Ein gutes halbes Jahrhundert später wiederum stellte der Papst Gregor der Große fest, daß Gott zwar spreche, aber dies »ohne Geräusch, ohne Worte und Silben«.[27] Der Abstand zur heidnischen Vorstellung Ciceros ist offenbar: Die alten Götter waren wie Menschen geformt, verfügten über einen artikulatorischen Apparat, benutzten ihn jedoch nicht; hingegen legte der christliche Gott die menschlichen Organe zwar ab, aber er äußerte sich in einer Sprache, die niemand ohne höhere Berufung empfangen kann.

Und die göttlichen Nachrichten? Nach einer radikalen rabbinischen Lesart der biblischen Überlieferung enthält Gottes Offenbarung an das jüdische Volk nichts als den ersten Buchstaben der hebräischen Bibel: das ist das Aleph des Wortes 'anochi (Ich), mit dem das erste Gebot und die Thora beginnen. Das Aleph bezeichnet im Hebräischen lediglich den »laryngalen Stimmeinsatz« wie der griechische *spiritus lenis*, ist im Kern also nur die physiologische Matrix, die jeden artikulierten Laut ermöglicht.[28] Die gesamte göttliche Mitteilung besteht allein aus der Bedingung der Möglichkeit von Artikulation, aus der sich dann durch die berufenen Propheten der Sinn konstituieren läßt. Dem Urknall des Sinns geht die absolute Verdichtung durch Gottes Aleph-Stiftung voraus. Der alexandrinische jüdische Gelehrte Philon (ein Zeitgenosse von Jesus) steuerte in seiner Schrift über den Dekalog noch eine weitere Lesart zum Wesen und zur Technik des göttlichen Sprechens bei:

Die zehn Worte oder göttlichen Aussprüche (...) hat der Vater des Weltalls geoffenbart. Also hätte Gott eine Art Stimme gehabt, mit der er selbst sie ausgesprochen? Nicht doch! Solches darf uns gar nicht in den Sinn kommen. Denn nicht wie ein Mensch ist Gott, daß er des Mundes, der Zunge, der Arterien bedürfe. Vielmehr scheint er mir zu jener Zeit etwas Hehres und Wunderbares geschaffen zu haben, indem er befahl, daß ein unsichtbarer Schall in der Luft sich bilde (...). Diese neugeschaffene Stimme dagegen ließ Gottes Allmacht durch einen Anhauch erwachen und anschwellen und überallhin erschallen, und sie machte das Ende noch helltönender als den Anfang, indem sie in der Seele eines jeden einen anderen und weit kräftigeren Schall hervorrief, als es der gewöhnliche durch das körperliche Ohr ist.[29]

So ergeben sich doch Berührungspunkte zwischen der heidnischen, jüdischen und christlichen Auffassung von der Art der göttlichen Mitteilungen. Die Götter sprechen nicht, sondern sie senden. Was die verschiedenen Arten von Sendung unterscheidet, ist der Grad von Erotik, der sich in das Empfangen mischt. Während die jüdischen Empfänger durchgehend männliche Propheten sind, nahm der christliche Gott für die Mission seines Sohnes wenigstens einmal den Kanal einer Frau in Anspruch (Irenäus zitiert degoutiert die Häretikermeinung, Christus sei durch Maria hindurchgegangen wie Wasser durch die Röhre).[30] Der göttliche *Logos*, der an diesem Zeugungsakt beteiligt war, versammelte in sich ganz andere Essenzen als jenes *verbum* der menschlichen Sprache, das lediglich die Luft aufrührt. Der Logos gehört in die Ordnung der säenden, der fruchtbringenden Worte, die bereits bei Platon eine so große Rolle spielen.

Allerdings formt diese Erotik nur eine ehrwürdige, weitverbreitete Praxis des Nachrichtenverkehrs zwischen Göttern und Menschen um. Viele der alten Götter sprachen durch den Mund oder auch durch den Leib ekstatischer Frauen. Der neue und mächtige Christengott eröffnete zur Manifestation seines Wortes keineswegs einen neuartigen Kanal. Bis in den Hellenismus hinein blieb die Vorstellung lebendig, daß der Unterleib das Organ der prophetischen Rede ist, weil dort auch die göttlichen Mitteilungen eingehen. Vielleicht beruhen alle diese Religionen auf weiblichen Ekstasen. Nach der von Bouché-Leclercq so genannten »intuitiven Mantik«[31] werden die irdischen Medien, vornehmlich Frauen, von der göttlichen Nachricht ja nicht einfach in Kenntnis gesetzt; zum Empfang verwandeln sich die Körper der Priesterinnen in bewußtlose, automatische Sprechwerkzeuge. Die Anfälle mantischer Besessenheit folgen offensichtlich der Dramaturgie erotischer Ekstasen, und das Gestammel des mantischen Deliriums unterscheidet sich nicht von jenem Geräusch, das hier als das »Zwitschern des Fleisches« bezeichnet wird. Induziert wird dieser Empfänger-Wahnsinn der Priester und Priesterinnen entweder durch Drogen oder durch Rauschen, wie Cicero sagt:

Diese Seelen haben alles Körperliche abgelegt und werden durch die verschiedensten äußeren Einwirkungen inspiriert. Manche werden zum Beispiel durch Gesänge erregt wie durch Phrygische Melodien, viele aber durch das Rauschen von Hainen oder Wäldern, andere wieder durch den Wellenschlag von Flüssen oder Meeren. Ich glaube auch, daß Dämpfe aus der Tiefe der Erde inspirierende Wirkung auf die Leute ausübten, so daß sie Orakelsprüche von sich gaben.[32]

Das Rauschen will dann mit halluzinierten Informationen gefüllt werden. Dies bildet die akustische Basis der Geisterstimmen. Der Effekt entspringt der Gleichzeitigkeit von ekstatischer Stimmung und partieller sensorischer Deprivation. Die erotische Dynamik dieser Ekstase will der nüchterne Stoiker Cicero freilich nicht mehr zur Kenntnis nehmen; er vergewissert sich sogar der Autorität des Cratippus, nach dessen Urteil die divinatorische Aktivität der Seele gerade frei ist von allen körperlichen Beimischungen wie Bewegung, Gefühl und Begehren (I,70). Mit spürbarem Naserümpfen stellten christliche Kommentatoren wie Origines oder Chrysostomos diese Erotik der mantischen Praxis dar; daß etwa die delphische Pythia mit gespreizten Schenkeln über der Erdspalte sitzt, um sich durch das dämonische Medium schwängern zu lassen.[33] Die stoische Konzeption der Mantik hingegen betrachtet die Pythia als organlosen Resonanzraum für den Empfang der göttlichen Nachrichten. Auch den Seher-Traum hält Cicero für ein Ereignis auf der unkörperlichen Schwingungsoberfläche der Seele, von der alles Begehren verbannt sein müsse.

Traum und Wahnsinn mantisch befähigter Medien geben Göttern zu sagen, was sie befehlen und wünschen. Da das Fatum selbst nicht spricht, sondern sich nur in ungeordneten Zeichenmassen verstreut, muß die ekstatisch präparierte Seele eines Mediums diese dissemierten Mitteilungen sammeln. Man weiß, daß die alten Götter ihre Wünsche und Mitteilungen, ihre Begehrungen und Zeugungen sonst persönlich niedergelegt haben. Zeus, ein polymorpher Liebhaber bei seinen irdischen Beiwohnungen, scheute den körperlichen Kontakt mit den Semelen, Alkmenen, Danaen, Ledas, Antiopen keineswegs. Doch die antike Aufklärung strich den Göttern nacheinander ihre menschliche Gestalt und ihre sexuelle Kontaktfreude. Damit kamen die Boten zu ihren Planstellen in der Verwaltung des Universums, die Dämonen und Mittler wie Hermes, wie Jesus, wie die Engel, die Tauben und Geistermütter. Die Verteilung des Gottersamens vereinfachte sich so zu einer spirituellen Übertragung, und im Zuge dieser Desmaterialisierung des Nachrichtenverkehrs mit den Göttern wurde den irdischen Empfängerinnen das Geschlecht ausgetrieben. In der Ekstase der Pythia konnten bald nur noch geschworene Feinde des mantischen Geisterverkehrs eine Aktivität des Fleisches erkennen.

Doch gäbe es kein weibliches Begehren, so wäre der Verkehr mit den Göttern auf die schwarzweißen Epiphanien im Schriftmedium zusammengeschrumpft. Keine Religion kommt ohne den virtuellen Kontakt mit kleinsten Materien göttlicher Emanationen aus. Und nichts stabilisiert diesen Verkehr so wirkungsvoll wie die weibliche Neigung, alle Begehrensobjekte zu idealisieren. Jacques Lacans vielzitierte Bemerkung über das weibliche Genießen gibt der Gestalt dieser Idealisierung den unzweideutigen Namen *Gott*.[34] Das ist nicht nur eine männliche Lesart oder Redensart; Lou Andreas-Salomé veröffentlichte bereits 1914 einen Essay *Zum Typus Weib*, der diesen Satz Lacans vorwegnahm: Der weibliche Genuß konsumiert die Hautnähe eines Ideals.[35] Solcher Genuß unterscheidet sich von der Lust. Er verzehrt nicht noch einmal, was ihm die nervösen Zustände des Körpers anbieten; er benötigt ein Doppel des physiologischen Ereignisses. Während der männliche Genuß ganz auf Nachbilder, auf Zeichen und vor allem auf Zahlen angewiesen ist, basiert der weibliche Genuß auf dem Namen. Nur sagt der Name eben nichts über die Qualität, sondern verweist lediglich auf die Dimension des Genießens. Dieses Genießen wird darin sichtbar oder vernehmbar, unzählige Male vernommen oder geschrieben, daß das Zwitschern des Fleisches sich immer wieder um den Namen Gottes herum rankt. Gottes Name ist der Name der Namen. Sophie Mereau betet ihren Clemens

Brentano an als Gott.[36] »Ich bin deine Magd, deine Liebste! Und du bist mein Herr, mein Gott«, erklärt Emma Bovary ihrem Rodolphe.[37] In der himmlischen Stimmung der Paarung durchläuft die Heldin in Mirabeaus *Libertin de Qualité* auch eine Klimax der Namen: »Halt ein! Verwegener!... Liebster!... Gott... ich... ich... sterbe...«[38] Die Ekstasen der Mystikerinnen, auf die Lacan mit Recht verweist, sind von gleicher Art. Theresa von Avila über die Vereinigung mit Christus:

> O, wie eine große Glückseligkeit wird es seyn, diese Gnad (zu) erlangen! Dieweil es eine solche Vereinigung der Seelen mit dem Willen Gottes ist, daß nunmehr zwischen ihm und ihr keine Zertheilung mehr, sondern ein einziger Wille ist; nicht allein nur mit Worten oder mit bloßen Begierden, sondern in der That selbsten. Also daß, sobald sie erkennet, daß sie ihrem Bräutigamb in einem Ding mehr dienen kann, so große Lieb und Begierd in ihr entstehe, ihme zu gefallen und zu genügen, daß sie des Verstands Bedenken, die er darwider vorwendet, garnicht anhöre (...).[39]

Die mystische Erfahrung stimmt sich wie jede andere Ekstase auch auf eine Resonanzbeziehung ein: Das Subjekt bringt fremde Mitteilungen (Götterwünsche) als eigene hervor, ohne zu wissen, wessen Stimme in ihm spricht.[40] Nicht der verbale Output macht die Dynamik der Szene aus, sondern das Imaginäre eines Kanals: Gott oder ein Anderer will sich vernehmbar machen.

Denn Gott spricht im allgemeinen nicht; oder er sagt, wie es im *Cherubinischen Wandersmann* des Angelus Silesius heißt, »immer nur ja« (das Stenogramm des Wunsches). Michel de Certeau macht in seinem großartigen Buch über *La fable mystique* dieses cherubinische Ja als eine Resonanz auf das »Ja« des Korintherbriefes, das in Jesus ist (2. Kor. 1,19), vernehmbar.[41] Aber es gibt noch mehr Resonanzen auf dieses absolute positive Zeichen, worin sich die göttliche Rede erschöpft. Jacques Derrida verweist auf Franz Rosenzweig, in dessen *Stern der Erlösung* zu lesen ist: »Das erste Ja in Gott begründet in alle Unendlichkeit das göttliche Wesen«.[42] Und diese mystische Sprachphilosophie findet dann bei einer Romanheldin des 20. Jahrhunderts ihre ekstatische Resonanz, bei Molly, der Penelope des *Ulysses*. Molly erinnert sich in den letzten Zeilen des Romans an die Szene der Szenen, als sie ihren künftigen Mann aufforderte, ihr einen Antrag zu machen. Damals sorgte sie selbst für das Intervall, für die Stockung, denn erst nach langer Pause sagte sie ja. Sie sagte ja, weil er einer ist wie alle anderen kleinen Götter und weil er ihre Wünsche zu seinen eigenen gemacht hat:

(. . .) ja und da ich hab gedacht na schön er so gut wie jeder andere und hab ihn mit den Augen gebeten er soll doch nochmal fragen ja und dann hat er mich gefragt ob ich will ja sag ja meine Bergblume und ich hab ihm zuerst die Arme um den Hals gelegt und ihn zu mir niedergezogen daß er meine Brüste fühlen konnte wie sie dufteten ja und das Herz ging ihm wie verrückt und ich hab ja gesagt ja ich will Ja.[43]

Mehr ist in der (mantischen, mystischen, hysterischen, erotischen) Ekstase nicht zu sagen. Und mehr wird in den pythischen Offenbarungen, von denen beispielsweise Henry Miller unermüdlich erzählt, auch nicht gesagt. Das Ekstasen-Protokoll aus *Sexus* drängt alles zusammen: Anrufung des Himmels, Bejahung, Zwitschern, Appell an Gott, unio erotica:

»Du lieber Himmel, Val, ich könnte nie ohne dich auskommen... Ja, gut so, gut... so ist's recht.« (. . .) »Ach, Val, du darfst mich nie mehr fortgehen lassen. Fest, halt mich fest! O Gott, mir kommt es... halt mich fest, halt mich fest!«[44]

Der dynamische und rhetorische Gleichklang mit der mantischen Ekstase, mit dem Sprechen Gottes durch einen zuckenden, stockenden Körper, ist evident. Das Zwitschern Monas in *Sexus* legt freilich auch die Köder für jene Täuschung, die Kleist in seinem Drama über die erotische Göttereitelkeit *Amphitryon* zum Thema macht. Um alle Zärtlichkeiten Alkmenes für eine Nacht zu genießen, hat sich Jupiter mit dem Fleisch des abwesenden Amphitryon maskiert. Doch will er am nächsten Morgen auch wissen, ob Alkmene den Unterschied bemerkt hat, den göttlichen Unterschied. Das Verhör über Alkmenes Lust endet als Fiasko. Ohne vorbereitende Lacan-Lektüre und ohne Information durch die Dämonen täuscht sich der Gott über das Geheimnis des weiblichen Genusses. Alkmene denkt bei Amphitryon eigentlich immer schon an Jupiter; sie drückt das auf ihre zurückhaltende Weise aus:

(. . .) wenn das Volk dir jauchzt, und sein Entzücken
In jedem großen Namen sich verschwendet,
Ist der Gedanke süß, daß du mir angehörst.[45]

Der Name versiegelt den weiblichen Genuß, und solange Amphitryon nicht Jupiter heißt, kann Alkmene den höchsten Göttergenuß nicht aus ihrem Körper hervorzwitschern. Wüßte sie, daß es Jupiter war, der sich unter der Haut Amphitryons verbarg, so könnte sie eine Differenz gestehen. Jupiter will aber sein Anonymat so lange nicht lüften, bis er das unschuldige Wissen Alkmenes erhält. In seiner Götterblödigkeit will er Wahrheit. Sie soll ihm ein Zertifikat ausstellen, daß es in der vergangenen Nacht besser war. Alkmene kann es ihm nicht geben, denn der Gott hat sich perfekt verkleidet; selbst Amphitryons Hunde riechen den Götterbraten nicht. Das jedenfalls versichert Alkmene dem betrogenen Gatten:

> (...) es würden (...)
> Die Hunde, die deine Knie umwedelten,
> Von mir dir Zeugnis reden, wenn sie könnten.[46]

Man kann von einer Frau bei der Identifizierung des Gatten nicht mehr verlangen als von einem Hund. Und wenn ein Hund – der einzige in der Mythologie, der Götterfleisch erkennt – nicht einmal stutzt, dann war der Gott auch kein Gott. Allerdings tendieren auch Hunde leicht zur Idealisierung. Denn was redet ein Hund zu seinem Herrn, wenn ihm einmal die Sprache geschenkt wird? Einen solchen seltenen Augenblick bringt Maurice Maeterlinck in seinem Märchendrama *Der blaue Vogel* auf die Bühne. Eine Fee erscheint, um diese Märchenstunde zu eröffnen: Das hündische Plektron verwandelt sich in ein menschliches. Eben lag das Tier noch schlafend neben dem Schrank, jetzt begrüßt es stürmisch seinen Herrn:

> Mein kleiner Gott!... Guten Tag! guten Tag, mein kleiner Gott!... Endlich, endlich kann ich sprechen! So vieles hatte ich dir zu sagen! Aber vergeblich bellte ich und wedelte mit dem Schwanz![47]

Darf er einmal das Schweigen brechen, so gibt der Hund zu erkennen, daß er in seinen Hochgefühlen den Menschen lediglich schweifwedelnde Messen liest. Auch Hunde sagen immer nur ja. Die stenographische Göttersprache indessen besteht aus Ja und Nein. Auch in knappster Form werden Sprechakte von Göttern benötigt, damit das Gesetz und die Verführung einen Absender haben.

Philosophen: Ja oder Nein

Die idealen Götter der Hunde und Frauen teilen sich den theologischen Vorteil, daß sie existieren und daß sie ihre Befehle im allgemeinen laut und verständlich erteilen. Anders die Götter der Priester und Philosophen. Die sprechen nur unter der Bedingung, daß eine Menschenstimme synchron geschaltet wird. Die Mythologie und Theologie der Götterreden operiert mit der Menschenstimme als Verstär-

kerrelais des Gotteswortes. Tatsächlich verhält es sich genau umgekehrt. Nur wer im Namen, im Auftrag oder gar als »Mundstück« der
Götter[48] spricht, darf mit höherer Aufmerksamkeit rechnen. Wer lediglich auf eigene Rechnung lehrt, der gilt der Welt als Privatdozent.
Darum errichtet man den Rednern, die in anderem Namen oder im
Namen des Anderen sprechen, Kanzeln: in Kirchen, Universitäten,
Gerichten und Parlamenten. Unter den Rednern aus erhöhter Position sind die Philosophen (Gesetzgeber) die interessantesten und
raffiniertesten: Sie arbeiten als Sender (von Gesetzen und Wahrheiten), während sie behaupten, Empfänger zu sein.

Das Geheimnis dieses Positionentauschs (Adressat statt Sender)
hat der Theoretiker der Staatsmacht Machiavelli ausgeplaudert.
Wenn auch hinter vorgehaltener Hand offenbarte Machiavelli: Götter
werden vor allem für die Wirksamkeit von Gesetzen benötigt. Kein
Wunder, daß ihm neben zahllosen Theologen auch ein absolutisti-
scher Herrscher die Leviten las. Friedrich der Große trat dem »Betrüger« Machiavelli in einer zunächst anonym veröffentlichten Streit-
schrift entgegen. Der Ton ist frostig: »Der Lehrmeister der Tyrannen
untersteht sich zu behaupten, die Fürsten dürften die Welt durch Verstellung betrügen. Das ist das erste, damit ich ihn zu schanden machen will.«[49] Der Betrug liegt jedoch bei allen Formen der Autorisie-
rung offen zutage. So erläutert Machiavelli in seinen *Discorsi* die
Kunst der Gesetzgebung am Beispiel des sagenhaften römischen
Staatsgründers Numa Pompilius. Numa soll behauptet haben, die
unter seiner Ägide eingeführten zivilen und religiösen Einrichtungen
seien ihm von der Nymphe Egeria (nach Ovid war sie seine Gattin)
souffliert worden; er berief sich auf die Halbgöttin, so erläutert Machiavelli, weil er nicht daran glaubte, daß seine eigene Autorität für
eine wirksame Gesetzgebung ausreiche:

Es gab tatsächlich noch nie einen außergewöhnlichen Gesetzgeber in einem
Volk, der sich nicht auf Gott berufen hätte, weil seine Gesetze sonst nicht an-
genommen worden wären; denn es gibt viel Kluges, das zwar von einem klu-
gen Mann erkannt wird, aber doch keine so in die Augen springenden
Gründe in sich hat, um andere von seiner Richtigkeit überzeugen zu können.
Kluge Männer nehmen daher zur Gottheit ihre Zuflucht.[50]

Der Gesetzgeber soll stets im Namen eines Anderen sprechen, rät
Machiavelli. Im Namen Gottes, im Namen der Wahrheit, im Namen
des Geistes. Und auch ein Philosoph, der als Gesetzgeber auftritt, tut
gut daran, seine Rede durch Götter autorisieren zu lassen. Götter bewohnen den Ursprung, sie residieren am Nullpunkt der Sprache,
von ihnen gehen alle Traditionen, alle Sendungen aus. Indem sich der

philosophische Redner aus Klugheit auf die Götter beruft, gewinnen seine Worte eine höhere Autorität. Historisch gesehen, stellen die Philosophen gegenüber den Weisen, den Priestern, Auguren, Rätselhändlern eine neue Generation von Machtverwaltern dar. Zwar werden auch sie von der Rede der Götter, des Fatums durchquert, doch treten sie als effektivere Dolmetscher der zungenlosen Götterreden auf. Sie erreichen gegenüber ihren Vorgängern eine höhere Stufe der Artikulation.[51] Auch im Zustand der *mania* bleibt der Philosoph bei Sinnen. Dafür geht die Ekstase auf seine Zuhörer über. Alkibiades, der letzte Redner in Platons *Symposion*, autorisiert die Reden aus dem Munde des Sokrates durch sein Selbstzeugnis als Götterreden zweiten Grades. Doch reicht das nicht aus. Alle Hörer, so betont er, werden von den Ekstasen der Wahrheit erfaßt:

Hört (...) einer dich selbst oder von einem andern deine Rede vorgetragen, wenn auch der Vortragende wenig bedeutet, sei es nun Weib oder Mann, wer die hört, oder Knabe, alle sind wir wie außer uns und ganz davon hingerissen: Ich wenigstens ihr Männer (...). Denn weit heftiger als den vom Korybantentanz Ergriffenen pocht mir, wenn ich ihn höre, das Herz, und Tränen werden mir ausgepreßt von seinen Reden; auch sehe ich, daß es vielen andern ebenso ergeht.[52]

Alkibiades könnte so nicht sprechen, wäre er nicht verliebt in den Redner Sokrates. Wie einen ausgelernten Paranoiker verfolgt ihn, was er begehrt. So oft er sich auch aus dem Bannkreis des Meisterdenkers zu entfernen sucht, die »Ehrenbezeugungen des Volkes« treiben ihn wieder zurück. So stößt Alkibiades an jeder Ecke auf die Macht des Namens, auf die Macht der Rede, auf die Macht der Liebe. Es gibt eben keine Übertragung von Götternachrichten oder Wahrheiten, ohne daß die Erotik ins Spiel kommt. Wo die Wahrheit die Lippen spitzt, da formen sich die Lippen der Zuhörer zum Kuß. Das ist nicht nur platonisch, sondern auch christlich. Der *Hohelied*-Kommentar des Bernhard von Clairvaux bestimmt über den erotischen Wissenstransfer: »Der Kuß ist das Zeichen der Liebe. Wissenschaft, die aufbläht, ist ohne Liebe, kommt also nicht aus dem Kuß.«[53] Die sokratische erotische Mission, als »Mundstück« der Wahrheit die *mania* (Zustand des Wissens, der Liebe) zu übertragen, schlägt durch in Kettenreaktionen. Selbst die Übertragung der Übertragung, versichert Alkibiades, zeigt keinerlei Spannungsabfall. Gute zweitausend Jahre später wird man von der magnetischen oder von der elektrischen Kraft sprechen, die einen Redner auszeichnet. Die Zuhörer des Sokrates jedoch mußten die Erotik dieser Sendungen noch in präphysikalischen Bildern umschreiben. Menon beispielsweise fühlte sich durch sokratische Reden wie vom Zitterrochen gelähmt:

Auch jetzt kommt mir vor, daß du mich bezauberst und mir etwas antust und mich offenbar besprichst, daß ich voll Verwirrung geworden bin (...).[54]

Aber Sokrates wollte selbst auch nur ein Zustand der Verwirrtheit sein, der einzig die eigene Verwirrung überträgt. Er gab Menon zur Antwort:

Ist nun dein Zitterrochen selbst auch erstarrt, wenn er andere erstarren macht, dann gleiche ich ihm; wenn aber nicht, dann nicht. Denn keineswegs bin ich etwa selbst in Ordnung, wenn ich die andern in Verwirrung bringe; sondern auf alle Weise bin ich selbst auch in Verwirrung und ziehe nur so die andern mit hinein.[55]

Eine Kettenreaktion der Verwirrung. Aber sie ist strategisch. Indem sich Sokrates als Göttermund betätigt, führt er seinem Namen und seinen Reden jene Dosis von Macht zu, die nur die Unsterblichen vergeben können. Eine raffinierte Erotik trägt die neue Sendung der Philosophie: Die Rede ist um so machtvoller, je weiter sie herkommt; und beteuert auch der Philosoph immer wieder, er sei nur durchlässig für die Wahrheit oder er diene ihr nur als Sprachrohr, so fließt doch die Liebe der Zuhörer allein seinem Namen / Körper zu. Eine Antwort, eine Sendung zurück zu den Göttern bleibt stets am Namen / Körper des vergötterten Philosophen hängen.

Was aber verwirrt den armen Sokrates? Er befindet sich zwar in der Ekstase des Wissens, aber als Bote und Dolmetscher der Götter sitzt er zumeist auf dem trockenen. Eigentlich erreichen ihn gar keine ausgearbeiteten Nachrichten aus dem Jenseits. Die einzige Stimme, die zu ihm spricht, identifiziert er als dämonische Artikulation. Und was teilt sie ihm mit? Das Nein. Seit Sokrates zurückdenken kann, erhält er nur bisweilen »göttliche« oder auch »dämonische« Kurzbefehle:

Mir aber ist dieses von meiner Kindheit an geschehen, eine Stimme nämlich, welche jedesmal, wenn sie sich hören läßt, mir von etwas abredet.[56]

Der sokratische Gott sagt immer nur nein. Solange der Gott oder sein dämonischer Bote schweigen, versetzt der Zitterrochen durch seine dialektischen Kunststücke die Zuhörer reihenweise in elektrische oder auch ekstatische Zustände: Dieser Verwirrung geht der Strom nicht aus.

Niemand begehrte gegen dieses sokratische und (Sokrates nachbuchstabierte) paulinische Nein entschlossener auf als Friedrich Nietzsche. Im *Antichrist* gab er seine Empörung gegen dieses Nein zu Protokoll: »Gott zum *Widerspruch des Lebens* abgeartet, statt dessen Verklärung und ewiges *Ja* zu sein!«[57] Wie aber sendet sich eine (elektrisierende) Botschaft der Philosophie, wie wird man »Lehrer der Menschheit«, wie sorgt man dafür, daß »künftige Jahrtausende auf meinen Namen ihre höchsten Gelübde thun«[58], wenn doch die Philosophie vor allem die alte negative Metaphysik im Namen des Lebens zu den Akten legen soll? Wie kann man im Namen des Lebens (statt der Wahrheit) sprechen und mit welchem Ziel? Wie läßt man sich durch das Leben autorisieren? Das sind Nietzsches Fragen. Gemäß den Selbstoffenbarungen von *Ecce homo* ist der Philosoph durch »Instinkte« substantiell an das Leben angeschlossen.[59] Aber es gibt noch mehr Anschlüsse: In Briefen beklagt (und rühmt) er sich mehrfach, weil er unter großer »Empfänglichkeit« für atmosphärische Elektrizität leidet, und bezeichnet sich als geeignetes Schaustück für die Pariser Elektrizitäts-Ausstellung von 1881.[60] Alle seine Organe arbeiten in Ämtern der Erkenntnis. Und worauf geht dieses neue Wissen aus fröhlichen Eingeweiden? In *Jenseits von Gut und Böse* spricht Nietzsche das einzige Wirkungsziel der Philosophie aus. Zunächst konfrontiert er die akademische Gelehrsamkeit mit den »königlichen und prachtvollen Einsiedlern des Geistes«: Heraklit, Platon, Empedokles. Bei der folgenden Revision der deutschen Universitäten füllt sich sein Blick mit Bildern der Misere, und die Diagnose lautet kurz und bündig: »Wie könnte eine solche Philosophie – herrschen!«[61] Funktion und Inhalt der Wissenschaft sind identisch: Jenseits von Gut und Böse wohnen die Macht und die Wahrheit, aber dies zu sagen, fehlt der akademischen Philosophie selbst der Wille zur Macht. Es fehlen ihr die skandalösen Klarlegungen Machiavellis. Nur solche Gedanken und Reden gelangen zur Macht, die durch eine mythische Stiftung verstärkt werden. Die Philosophen müssen aus ihrem Munde die Stimmen des »Versucher-Gottes« und des »Rattenfängers der Gewissen« ertönen lassen. Daher stimmt Nietzsche am Ende des Buches einen berückenden Gesang auf diesen Versucher-Gott Dionysos an, auf das »segnende Jasagen«[62] dieses Gottes, dessen »schlimme Gedanken« er vorträgt.

So kommen die schlimmen Gedanken des Zarathustra und die »göttliche Zärtlichkeit« seiner Dithyramben auch aus dem Jenseits. Durch den Autor von *Ecce homo* »redet (. . .) die Wahrheit« (wie durch Sokrates): Nur eben sagt sie ja.[63] Und wie den Sokrates bei seinen Reden überfällt Nietzsche die Wahrheit als eine elektrische »Offenbarung«. In *Ecce homo* blickt er auf die Inspiration der *Zarathustra*-Dithyramben zurück:

Man hört, man sucht nicht; man nimmt, man fragt nicht, wer da giebt; wie ein Blitz leuchtet ein Gedanke auf, mit Notwendigkeit, in der Form ohne Zögern, – ich habe nie eine Wahl gehabt. Eine Entzückung, deren ungeheure Spannung sich mitunter in einen Tränenstrom auslöst (...); ein vollkommenes Außer-sich-sein mit dem distinktesten Bewußtsein einer Unzahl feiner Schauder und Überrieselungen bis in die Fusszehen.[64]

Diese Beschreibung erfaßt präzise den ekstatischen Zustand, den Alkibiades beim Hören der sokratischen Reden erlebte. Um zu herrschen, muß die Philosophie nach platonischer Weise elektrisieren. Solche Übertragung der Wahrheit arbeitet wieder ohne Intervalle (»ohne Zögern«). Bereits kurz nach Erscheinen von *Also sprach Zarathustra* gestand Nietzsche dem Freund Franz Overbeck etwas verschämt, daß Zarathustra »platonisiere«.[65] Um diese Wiederkehr des Gleichen abzurunden, fehlten nur noch, wie der Meister an die gleiche Adresse klagte, die Jünger oder – um in dionysischer Terminologie zu sprechen – die Ariadnen.[66] Im Frühjahr 1882 war ihm von Paul Rée noch die junge Lou von Salomé empfohlen worden, und Nietzsche hatte ganz mephistophelisch erklärt, daß er »nach dieser Gattung von Seelen lüstern« sei.[67] Gegenüber Lou gab er dann zu erkennen, daß er nach Menschen suche, die seine Erben sein könnten: »Ich suche mir dafür das schönste und fruchtbarste Ackerland«.[68] Ohne die Erotik der Anhängerschaft bleibt der Denker auf seinen Inspirationen und Offenbarungen sitzen. So verriet Nietzsche später selbst das Betriebsgeheimnis der platonischen Philosophie: In der *Götzen-Dämmerung* heißt es: Platon selbst hätte eingeräumt, »dass es gar keine platonische Philosophie geben würde, wenn es nicht so schöne Jünglinge in Athen gäbe: deren Anblick sei es erst, was die Seele des Philosophen in einen erotischen Taumel versetze und ihr keine Ruhe lasse, bis sie den Samen aller hohen Dinge in ein so schönes Erdreich hinabgesenkt habe«.[69] Angesichts der schönen Lou überfällt auch Nietzsche ungeheure Lust zu platonisieren. Wie sollte die philosophisch und theologisch gebildete junge Studentin hier keine erotische Versuchung wittern! Es gab diese Erotik. Doch da in dem Dreierbündnis zwischen Paul Rée, Nietzsche und Lou von Salomé nach Maßgabe der Frau alle Erotik ausgeschlossen bleiben sollte, mußten sich die Mißverständnisse einstellen. Außerdem aber auch unerwartete Erkenntnisse. Ist nicht vielleicht auch die Lehre von der »ewigen Wiederkunft aller Dinge«, die Nietzsche der jungen Lou von Salomé nach deren Zeugnis flüsternd anvertraut haben soll[70], ein erotisches Mißverständnis? Man lese genau Nietzsches postalische »Liebeserklärung« an Lou von Salomé, drei Wochen nach dem vermutlich einzigen Kuß in Rom. Wo in Rom? Auf dem Monte sacro.[71] Nietzsches Deklaration hatte folgenden Wortlaut:

Die Nachtigallen singen die ganzen Nächte durch vor meinem Fenster. (…) Wenn ich ganz allein bin, spreche ich oft, sehr oft Ihren Namen aus – sehr zu meinem Vergnügen!«[72]

Dies ist die Wiederkehr des Immergleichen auf den Lippen des Philosophen, das Vergnügen einer Reprise, ein Denker-Zwitschern, das sich im Rauschen des Nachtigallengesangs verliert. Denn die Wiederholung des Namens »Lou« – was ist sie anderes als ein Gesang der Liebe ohne Zunge, wie der Gesang Philomelas. Als begäbe sich der Rhetoriker Nietzsche unter das Gesetz, das Robert Burton in seinem Traktat *Anatomie der Melancholie* so formulierte:

Bestenfalls ist der Redner ein wetterwendischer Schuft, der seine Zunge feilbietet; er ist nichts als Stimme, wie Lipsius von der Nachtigall sagt, ein Schönfärber, Schmeichler und Parasit (…).[73]

Ganz danach erklingt auch jener Gesang des Zarathustra in »solch göttlicher Zärtlichkeit«, wie sie noch keine »Zunge vor mir« erklingen ließ. Nietzsches Zunge oder genauer: die Zunge seiner Seele ist kein alltägliches Organ, da sie nach den letzten Offenbarungen in *Nietzsche contra Wagner* »an allen schlimmen und guten Dingen« schon geleckt hat.[74] Sie ist jedoch nicht allmächtig. Denn anders als der Gott Dionysos, der immer nur ja sagt, antwortete die junge Ariadne Lou auf die Deklaration des Philosophen mit Nein. Um ein Ja der Ariadne zu vernehmen, mußte der Philosoph (»Wer weiss ausser mir, was Ariadne ist!«) zum Dichter werden und die gewünschten Worte selbst aussprechen. Er faßte sie in die Frage der klagenden Ariadne in den *Dionysos-Dithyramben*:

> Oder soll ich, dem Hunde gleich,
> vor dir mich wälzen?
> Hingebend, begeistert ausser mir
> dir Liebe zuwedeln?[75]

Ja, genau dies sollte sie. Denn die platonische Dialektik ist, wie Nietzsche in der *Götzen-Dämmerung* erklärte, ein erotischer Wettbewerb. Die Dialektik trägt in einer bekannten Tradition den Zweitnamen: »more canino« sprechen/denken.[76] Noch 1884 bekannte Nietzsche gegenüber Malvida von Meysenbug, daß er über den Verlust Lou von Salomés eine Klage führte wie der Physiologe

Prof. Schiff, als man diesem »seinen Lieblings-Hund« gestohlen hat.[77]

Nietzsche fand keinen Alkibiades, keine Ariadne, die beim Vernehmen der Dionysos-Gesänge in Ekstase geraten wären, die Tränen vergossen und die Hände gerungen hätten. Der einzige Anhänger Nietzsches, den beim Lesen des *Zarathustra* die Erregung und die Tränen der Korybanten überfielen, war Nietzsche selbst: »Wenn ich einen Blick in meinen Zarathustra geworfen habe, gehe ich eine halbe Stunde im Zimmer auf und ab, unfähig, über einen unerträglichen Krampf von Schluchzen Herr zu werden.«[78] Der Autor mußte erst in die Autopoiesis des Wahnsinns eintreten, damit ihm die Welt glaubte: Hier spricht einer im Namen des Gottes, der seinen Hörern Verrückung und Ekstasen statt Wahrheit bringt.

Nietzsche formulierte seine Botschaft über den »Willen zum Leben«, die ihm das »ungeheure Ja- und Amen-sagen« des Dionysos eingab, in Opposition nicht nur zum platonischen und christlichen Nein, sondern auch als Nein zum schopenhauerschen Nein. Schopenhauers »Lehre von der Verneinung des Willens zum Leben« geht zwar ebenso wie Nietzsche von dem unbedingten Ja des Willens zum Leben aus, setzt ihm hingegen jenes Nein entgegen, das keineswegs allein die stolze Frucht seines Denkens ist. Hier fällt Schopenhauer auch nicht mehr ein als Augustinus, auf den er sich beruft. Der Kirchenvater beschrieb in der bereits oben angeführten Passage aus dem 14. Buch des *Kirchenstaates* die Sündenfallkatastrophe als Raub am motorischen Nervensystem. Im Paradies verfügten die Menschen ursprünglich frei über die eigenen Geschlechtsorgane. Phallus und Vulva waren über die Leitungen von Muskeln und Nerven an den souveränen Willen angeschlossen. Das Nein Evas gegenüber Gottes Verbot zog das Nein gegenüber der Freiheit des Begehrens nach sich. Nun erklärte Schopenhauer, der Philosoph mit dem Hund, daß der fremde Wille zum Leben leider seinen Sitz vor allem im Phallus und im Herz genommen hat.[79] An den Genitalien also muß der menschliche Wille angreifen, so lehrte Schopenhauer, um wieder Herr im eigenen Haus zu werden. Wo Ja war, soll Nein werden. Nur so vermöchte man sich aus der blinden Fertigung von Kopien seiner selbst (Schopenhauer vergleicht die blinde Wiederholung der Reproduktion, die ewige Wiederkehr des Gleichen mit dem Buchdruck und der technischen Reproduzierbarkeit der Schrift![80]) zu verabschieden. Auf die Negation des Willens muß eine zweite Negation des Willens folgen. Mit Augustinus und der ganzen abendländischen und asiatischen Litanei des Zölibats im Rücken predigt der Junggeselle Schopenhauer den Einstieg in die *Junggesellenmaschinen*[81] des Nein. Viele

Jahre hörte ihm bekanntlich nur sein Hund zu. Eines Tages zählte sich aber auch Cosima Wagner zu seinen Jüngerinnen. Ausgerechnet sie wollte Nietzsche in seinen Ekstasen des Januar 1889 zur Ariadne machen. Wo Nein war, sollte Ja werden. Die Philosophiegeschichte läßt sich mühelos in solchen Stenogrammen des binären Denkens resümieren. Aristoteles erklärte in seiner *Metaphysik*: »(...) alles was Gegenstand des Denkens oder intuitiven Erfassens ist, wird vom Denken bejaht oder verneint.«[82] Gegen die strengen und riskanten Alternativen von Ja und Nein (auch Abaelards Hauptwerk trägt den Titel *Sic et non*) setzte ein weiterer unglücklicher philosophierender Junggeselle des 19. Jahrhunderts, Sören Kierkegaard, seine weiche Alternative des »Entweder – Oder«. Doch kennt das 19. Jahrhundert noch einen zweiten (verheirateten) Philosophen des Ja: Georg Wilhelm Friedrich Hegel. Nach dem Diktum der *Phänomenologie des Geistes* ist das *Ja* die Verbindung zwischen den Extremen, die das Selbst des Geistes und seinen Begriff trennen, bis sie sich »als dasselbe erkennen«.[83] Erst Nein, dann Ja. Das ist Dialektik. Im Ja der Erkenntnis feiern also der Geist und sein Begriff ihre Hochzeit. Diese Philosophie des Geistes aus dem Jahre 1806 ließ sich auch noch im Jahre 1811 auf das Leben beziehen. Damals empfing Hegel das Ja Marie von Tuchers, und seine Braut sowie eine respektlos erschütterte Nachwelt nahmen ein Gedicht des beglückten Meisterphilosophen entgegen:

> An Marie
> den 17. April 1811
> Du mein! solch Herz darf mein ich nennen,
>   In Deinem Blick
> Der Liebe Wiederblick erkennen,
>   O Wonne, o höchstes Glück!
> Wie ich Dich lieb', ich darf's jetzt sagen;
>   Was in gepreßter Brust
> So lang geheim entgegen Dir geschlagen,
>   Es werd', ich darf nun, laute Lust!
> Doch armes Wort, der Lieb' Entzücken,
>   Wie's innen treibt und drängt
> Zum Herzen hinüber, auszudrücken
>   Ist Deine Kraft beschränkt.
> Ich könnte, Nachtigall, Dich neiden
>   Um Deiner Kehle Macht,
> Doch hat Natur die Sprache nur der Leiden
>   Mißgünstig so beredt gemacht!
> Doch wenn durch Rede sie dem Munde
>   Der Liebe Seligkeit

Nicht auszudrücken gab, zum Bunde
Der Liebenden verleiht
Sie ihm ein innigeres Zeichen;
Der Kuß die tiefre Sprache ist,
Darin die Seelen sich erreichen,
Mein Herz in Deins hinüberfließt.[84]

Auch dies ist ein Nachtigallengedicht. Aber die sophistische Nachtigallensprache, die Burton so verunglimpfte (der dialektische Soundtrack), bezeichnet hier nur den akustischen Horizont eines Dilemmas, das wahrhaft dialektisch genannt werden darf. Was will der Dichter seiner Braut sagen? Endlich, frohlockt der Bräutigam, endlich, nach langer Geheimhaltung darf ich sagen, »wie ich Dich lieb'«. Aber statt, was er jetzt darf, »der Liebe Seligkeit« zu sagen, verfällt er dem Gesang über die Unmöglichkeit, das zu sagen, was zu sagen er so glücklich ist. Die Seligkeit stößt im Augenblick, da sie ihr Glück in kleinen gereimten Verspaketen in die Welt schicken möchte, auf eine Aporie der Sprache. Dem Menschen verwehrte die Natur das Geschenk, das die Nachtigall unablässig triumphierend ertönen läßt: den stockungslosen Gesang des Begehrens. Dem Menschen / Philosophen gestand die mißgünstige Natur lediglich eine Sprache der Leiden (der Negation) zu. Die Macht in der Kehle des Denkers erreicht nicht jenen fröhlichen Nachtigallen-Sound, dem sich Nietzsches Repetitionen des Namens Lou anzuverwandeln suchten. Selbst als Bräutigam zwitschert ein Philosoph nicht. Oder was hindert ihn zu sagen oder zu singen, »wie's innen treibt und drängt«?

Und doch gerät der Dichter Hegel nach dem Urteil des Philosophen Hegel bedenklich in den Bannkreis solchen Zwitscherns, sofern er nicht, wie es die *Phänomenologie* vorschreibt, die Bedeutung des Absoluten noch ergänzt. Ohne Prädikat bliebe das Wort »Liebe« wie der Name »Gott« nur »ein sinnloser Laut«.[85] Warum aber erhält dann diese Liebe kein lyrisches Prädikat, um statt dessen dem Naturzeichen des Begehrens, dem Kuß, zu weichen?

Das Gedicht gibt hierzu keine Auskunft. Nähere Aufschlüsse darüber erteilt Hegel indirekt erst sehr viel später in seinen Vorlesungen. Hat Marie dort je zugehört? Im § 369 seiner *Enzyklopädie der philosophischen Wissenschaften* über das »Geschlechtsverhältnis« lüftet Hegel das Geheimnis, warum im Gedicht an die Braut nicht gesagt werden konnte, »wie's innen treibt und drängt«:

Wie im Manne der Uterus zur bloßen Drüse herabsinkt, so bleibt dagegen der männliche Testikel beim Weibe im Eierstocke eingeschlossen, tritt nicht heraus in den Gegensatz, wird nicht für sich, zum tätigen Gehirn, und der

Kitzler ist das untätige Gefühl überhaupt. Im Manne hingegen haben wir dafür das tätige Gefühl, das aufschwellende Herz, die Bluterfüllung der *corpora cavernosa* und der Maschen des schwammigen Gewebes der Urethra; dieser männlichen Bluterfüllung entsprechen dann die weiblichen Blutergüsse. Das Empfangen des Uterus, als einfaches Verhalten, ist auf diese Weise beim Manne entzweit in das produzierende Gehirn und das äußerliche Herz.[86]

Die Verse an die Braut besingen unter den lyrischen Formeln von Herz und Sprache die Dialektik des männlichen Begehrens. Der Mann erlebt die Spaltung in ein aufschwellendes Herz (Phallus) und in das produzierende Gehirn (Sperma). Beide stehen der weiblichen, unzertrennten Passivität (Klitoris und Uterus) entgegen. Plötzlich steht im hellsten Licht, warum die Liebe an den organischen Residenzen, Herz und Mund, nicht mit ihren Prädikaten genannt werden konnte: Nichts anderes als eben das Sperma fließt aus dem »Herzen« des Mannes, wo es »innen treibt und drängt«, hinüber zum »Herzen« der Braut, wo neben dem Empfangen nur der monatliche Bluterguß bekannt ist. Für diese Offenbarung des Begehrens gibt es allerdings keine lyrische Sprache, sondern nur ein diskreteres Zeichen, nämlich den Kuß. Der Verliebte, der seine Braut erkennt (ja sagt, gemäß der Formel für das Erkennen in der *Phänomenologie*), nachdem sie auf seinen Antrag hin ja gesagt hat, kann in der Sprache der Liebe nicht einfach jenes Wissen in Reime bringen, das der Philosoph paragraphenweise über den Rand des Katheders reicht. Er gerät ins Stocken. Sein lyrischer Gesang aus »sinnlosen Lauten« (so heißen in der Sprache der *Phänomenologie* die »prädikatslosen Namen«) klingt für philosophische Ohren daher ganz ähnlich wie jene mit notwendig gespitzten Kußlippen artikulierten sinnlosen Lautfolgen (»Loulouloulouloulou«) des verliebten Nietzsche, der immer wieder den Namen der jungen Frau von Salomé, die nicht ja zu seinem Antrag sagen wollte, in das Nachtigallengezwitscher der Nacht hinein sprach. Hegels Brautgedicht, die Umschreibung des ehelichen »Erkennens«, rezitiert nun selbst ein Doppel des Kusses, der ein Zeichen ist für das, was nicht gesagt werden kann. Was erklärt eine dogmatische Autorität über die Erkenntniskraft des Kusses? Im *Hohelied*-Kommentar des Bernhard von Clairvaux heißt es:

Der Kuß läßt also weder für Irrtum noch für Lauheit Raum. Wenn die Braut den heiligen Kuß dieser doppelten Gnade erhalten will, muß sie zwei Lippen darbieten: den Verstand für das Erkennen und den Willen für die Weisheit.[87]

Wenn es nicht das Ja oder Nein der Götter, der Wahrheit, des Seins oder der Sprache ist, so macht aber wenigstens das Ja oder Nein einer

Frau die Philosophen sprechen. Die Philosophen öffnen den Mund, um Wahrheiten oder Gesetze zu formulieren, die wiederum andere erfüllen oder für wahr halten oder sie einfach nur sprechen lassen sollten. Denn es gibt keine Einleitungen, Begleitungen oder Untertitel der Liebe, die nicht im Zeichen der Wahrheit gesprochen werden. Und stets gehört zur Bedingung solcher Wahrheit, daß sie nicht im eigenen Namen spricht. Auch die Philosophen dürfen nicht im eigenen Namen sprechen, damit andere auf ihre Rechnung sprechen können. Das also ist die *Sendung* der philosophischen Rede, die über die Relais von Namen geht. Schopenhauer spricht im Namen Kants. Weininger spricht im Namen Schopenhauers. Alle sprechen im Namen Platons. Oder Marx beispielsweise kann im Namen Hegels erklären: »Das Geld (...) ist die Verbrüderung der Unmöglichkeiten, es zwingt das sich Widersprechende zum Kuß.«[88]

Nicht bei Hegel kommt der Geist, der kein Subjekt, sondern ein Kanal ist, zu sich selbst, sondern dort, wo sich die philosophische Sendung, die philosophische Mission selbst als postalische Angelegenheit erkennt (ja sagt): beispielsweise in Jacques Derridas *Die Postkarte*. Der Geist kommt dort zu sich selbst in Gestalt von Briefen und Postkarten, die er an sich adressiert. Es geht in diesen Postkarten um nichts als das ewige Nachrichtenwesen der Liebe, das unmittelbar vor und nach dem Augenblick einsetzt, da sich die Körper der Liebenden in jenem Verschmelzungszustande befinden, der die Kommunikation unmöglich, nämlich überflüssig macht. Um es in der lyrischen Sprache Louise Colets, der dichtenden Geliebten Flauberts, zu sagen, in der Kuß- und Zungensprache, die auch den philosophischen Code der erotischen Kommunikationen überwältigt hat; Louise Colets Verse besingen das Überflüssige und sagen: Solange »zwei Zungen sich im gleichen Munde samten lecken«[89], werden keine weiteren Sendungen benötigt. Aber gleich danach tritt der Bedarf wieder ein, und die Liebenden begeben sich in den Kampf gegen das Überborden der Stille. Alle räumlichen Trennungen versetzen die Zungen- und Lippen-Kanäle der Liebenden in jenes Rauschen, das die Nutzung der postalischen Einrichtungen erforderlich macht. Im leeren Briefkasten wuchern nur Ängste, Eifersüchte, Gespenster. Was aber macht den Philosophen der Post, Jacques Derrida, sprechen? Was trägt seine Mitteilungen? Wer autorisiert seine Worte? Es ist die Urszene der abendländischen Philosophie, die er als Abbildung in einem alten Manuskript, einem *Fortune-Telling-Book*, der Bodleian Bibliothek in Oxford entdeckte: Darauf sieht man den schreibenden Sokrates, wie ihm *more canino* von Platon souffliert (geflüstert, geblasen) wird, was die Liebe, die Wahrheit sei. Und Derri-

Abb. 12: Die Dialektiker Plato und Sokrates »more canino«.

das *Postkarte* gibt den beiden recht: Die platonische Mission der Philosophie ist eine Erotik, die eine unerschöpfliche Bindungskraft auf alle Philosophen ausübt.

Der Teufel, das sind sie, es, das Paar Platon/Sokrates, teilbar und unteilbar, ihre unendliche Partitur, der Vertrag, der uns ihnen verbindet bis ans Ende der Zeiten.[90]

Ja, das sind sie: die Philosophen des Nein.

Dichter: Wege und Umwege

Im Unterschied zu den Philosophen senden die Dichter seit dem Mittelalter die Sprache der Liebe und Wahrheit im eigenen Namen und auf eigene Rechnung. Unmittelbarkeit heißt ihr neues Privileg. Außer ihrem Genie oder ihrem Herzen benötigen sie keine Instanz mehr, die ihnen Wissen und Worte anreichen müßte. In der Dichterseele nehmen nun Wissen, Sprache, Wahrheit, Götter ihren Sitz gemeinsam und tilgen allmählich ihre Unterschiede. Die Autoren der Antike beriefen sich noch auf die Musen als Ursprung ihres Gesangs. Die Troubadours und Minnesänger der mittelalterlichen höfischen

Welt, die »Nachtigallen«, wie sie Gottfried von Straßburg nannte[91], singen und sagen im eigenen Namen, »wie's innen treibt und drängt«, damit der Autorname in Funktion treten konnte. Der selbstautorisierte Dichtername führte auf einer indirekten Nachrichtenlinie zu den adligen Frauen, da alle direkten Zugänge von Vätern und Eheherren blockiert wurden. Dieser Blockade und dem Umweg verdankt sich alle Dichtung im neuzeitlichen Sinne. Georges Duby machte als erster auf den soziologischen Sachverhalt aufmerksam, daß sich im höfischen Milieu der mittelalterlichen Welt eine große Zahl von unverheirateten Männern tummelte. Die rigide Heiratspolitik der Feudalherren untersagte allen jüngeren Söhnen die Ehe, damit die Erbgüter in einer Linie gehalten werden konnten. Aus dieser Gruppe der unzufriedenen Jungadligen rekrutierte sich ein beträchtlicher Teil der Troubadours und Minne-Dichter. Duby erklärt den Erfolg, den diese Lyrik der kultivierten Frustrationen an den Höfen französischer und deutscher Fürsten fand, weiterhin aus dem politischen Interesse der feudalen Mäzene. Indem sie eine literarische Kultur der höfischen Liebe förderten, verfolgten sie den Zweck, die adligen Junggesellengruppen in ihrer erotischen Aktivität auf literarisch kodifizierte Verhaltensregeln festzulegen.[92] Der Minnesang propagierte eine Kultur geregelter Verdrängung. Paradoxerweise konnte der Junggesellen-Sänger doch auf Prämien für seinen Verzicht rechnen. Zwar stellte er sich in den Dienst einer verheirateten Frau, weil ihm der direkte Heiratsweg verschlossen blieb. Indessen eröffnete der lyrische Gesang einen Kanal / Umweg über die Kultur der Namen (Name des Sängers, Name der von ihm gepriesenen adligen Herren und Frauen), die in der höfischen Sphäre ein Aphrodisiakum bildeten.[93] Heloisa bescheinigte es dem Dichter und Sänger Abaelard, daß ihm diese zwei Gaben »aller Frauen Herzen im Augenblick« gewannen.[94] Über Namen, prämierte Namhaftigkeiten, konnten dann kleine Besitztümer erworben und genealogische Linien gegründet werden. Richard Wagner veränderte zwar in seinem Tagtraum vom *Sängerkrieg auf der Wartburg* die historischen Tatsachen: Kein mittelalterlicher Fürst zeigte je eine solche mäzenatische Ader, daß er seine Tochter an den Starsänger eines Abends vergeben hätte, wie es der Landgraf von Thüringen in Wagners *Tannhäuser* ankündigt; doch erinnert er immerhin daran, daß der Minnesang sowohl ein zweites erotisches Verteilersystem für dichtende Junggesellen schuf als auch Möglichkeiten für Gunsterweisungen, die mittellosen Sängern die Aussicht auf Pfründen eröffneten.

Mit der höfischen Kultur (und ihrem engen und geschlossenen Informationsnetz) erstarb Ende des 13. Jahrhunderts die Literatur der erotischen Umwege. Die Nachrichten über Dichter und Namen verbreiteten sich nicht mehr ohne weiteres. Denn den Ruhm und das Renommee anwachsen lassen heißt nach Montaigne: »den Namen in zahlreiche Münder verstreuen und säen«.[95] Erst als ein neues Verteilungssystem für Nachrichten von Dichterzungen geschaffen war, versprach auch die indirekte Sendeweise der Autoren neuen Erfolg: Verbreitung und Saat des Namens in Mündern und auf Lippen. Dieses neue System war die Post, die die rasche Verschickung der Druckwerke gewährleistete und später die Briefkultur des 18. Jahrhunderts ermöglichte. Die neuzeitliche Literatur ist ein Säen von Autor-Namen auf dem Wege von fiktiven gedruckten Briefen.

In der englischen, französischen und deutschen Literatur eröffneten jeweils Briefromane die neue Epoche. Voran ging Samuel Richardson im Jahre 1740 mit seinem postalischen Epos von der »belohnten Tugend«, *Pamela*. Jean-Jacques Rousseaus »Geschichte der zwei Liebenden«, *La nouvelle Héloïse*, folgte 1761, und noch einmal dreizehn Jahre später erschien Goethes *Werther*. Alle drei Briefromane eröffnen Innenperspektiven von erotischen Konflikten und liefern Vorwände, um neues Wissen und damit neue sprachliche Repertoires der Liebe zu verbreiten. Das Motiv, Sprachformeln für den (erotischen) Alltagsgebrauch herzustellen, gab überhaupt erst den Anlaß für Richardsons *Pamela*. Der Roman entstand als Nebenprodukt einer Auftragsarbeit für zwei Verleger, die Richardson gebeten hatten, einen Briefsteller für familiäre Alltagszwecke zu verfassen. Da er als Gelegenheiten und Vorwände für diese Musterbriefe verschiedene Alltagssituatonen erfinden mußte, wagte Richardson den Übergang zur Romanerzählung in Briefen; die literarischen Briefe erfüllten freilich die gleiche Funktion wie der schließlich ein Jahr nach *Pamela* erschienene Briefsteller. Diese *Familiar Letters* sollten nicht nur als Schriftmuster gelesen werden, sondern auch als Denk- und Handlungsmuster. Ausdrücklich versprach der Titel des Briefstellers Anweisungen, wie in »allgemeinen Situationen des Lebens richtig und klug gedacht und gehandelt werden sollte«.[96] Richardson veröffentlichte seinen ersten Roman (der gleichfalls im Untertitel »Familiar Letters« ankündigt) anonym: Er betrieb also zunächst keine Namenpolitik als Autor, sondern als Drucker, Verleger und bürgerlicher Normengeber. Denn der Sturm von Reaktionen, den sein Roman auslöste, bestätigte Richardsons moralischen Anspruch. Manche Leser gingen so weit, daß sie neben *Pamela* nur noch die Heilige Schrift gelten lassen wollten.[97] Wie die Bibel berichtet der Roman selbst von der Bekehrungswirkung der Botschaft, die unter den Augen des Lesers liegt. Der Entführer und Versucher Mr. B. wird durch die Lektüre von Pamelas Tagebuch, das einen beträchtlichen Teil der Roman-erzählung ausmacht, beinahe mit einem Schlage vom Wüstling zum empfindsamen Liebhaber geläutert.[98] Die Leser im Realen erlebten ähnliche Offenbarungen. Stapelweise archiviert die Rezeptionsge-schichte des Romans Urkunden über Tränenergüsse von Lesern und Leserinnen. Richardsons Freund Aaron Hill berichtete von einem sie-benjährigen Knaben in seinem Haus, der bei der Lektüre von Pamelas Selbstmordgedanken am Teich zwei regelrechte Tränenseen auf den Teppich unter dem Sessel weinte, wohin er sich zum ungestörten Le-sen verkrochen hatte.[99] Solche Erregungsspuren in den bürgerlichen Salons bezeugen die Macht der neuen literarischen Herzenssprachen. Richardson gehört zu den Hauptaktionären an diesen Tränenkataly-satoren, die wenige Jahre später von Rousseau nach Frankreich und von Goethe nach Deutschland importiert wurden.

Während sich der Autor von *Pamela* damit begnügte, als Erfinder und Sender einer neuen Sprache der Liebe und des Herzens gefeiert zu werden, verwertete Rousseau die empfindsame Sprache nach eige-nem Bekenntnis literarisch, um auf diesem Umwege mit Frauen zu kommunizieren. In realen Begegnungen und im alltäglichen Ge-spräch erlag er stets der Komplexität der Situation. Schon allein mit sich gelang es ihm kaum, seine Gedanken zu ordnen; erst recht ver-wandelte ihn jede Konversation in einen Toren, denn die Worte ver-formten sich dabei durch Stottern und Stocken:

Wenn ich nun, allein mit mir, so wenig Herr meines Geistes bin, kann man sich vorstellen, wie ich in der Unterhaltung sein muß, wo man, um schlag-fertig zu sprechen, zugleich und augenblicklich tausend Dinge bedenken muß. Schon der Gedanke an so viele Rücksichten, von denen ich bestimmt mindestens eine außer acht lasse, genügt, mich einzuschüchtern. (...) Am verhängnisvollsten aber ist es für mich, wenn ich, statt schweigen zu kön-nen, wo ich nichts zu sagen habe, voller Wut zu reden beginne, um meine Schuld schneller zu bezahlen. Ich bringe hastig und stotternd gedankenlos Worte hervor, die im glücklichsten Falle keinen Sinn haben. (...) Mein Ent-schluß, mich zurückzuziehen und zu schreiben, ist gerade der für mich pas-sendste. Wäre ich unter den Menschen geblieben, dann hätte man nie erfah-ren, was ich wert war, man hätte es nicht einmal geahnt. So ist es Frau Dupin mit mir ergangen, obgleich sie eine Frau von Geist war und ich mehrere Jahre in ihrem Hause gelebt habe.[100]

Rousseaus Stottern resultiert aus der Unfähigkeit, seinem Geist in Echtzeitprozessen Worte zu entlocken: »nur in meinen Erinnerungen habe ich Geist«, gesteht er im gleichen Zusammenhang. Da aber ge-rade der Geist im Austauschprozeß der Liebe das Maß des persönlichen Wertes bestimmt, muß der Sprachgehemmte seinen wahren Fähigkeiten durch literarische Sendungen den Glanz der Natürlichkeit verleihen. Die Schrift, sofern sie als Brief verschickt wird, übernimmt die Funktion, die unumgängliche Zeitungleichheit durch simulierte Synchronien zu löschen: Nichts anderes verlangt die neue Stilforderung von den Briefschreibern des 18. Jahrhunderts. Wenn der Brief »an die Stelle eines Gesprächs« tritt, wie der stotternde und situationsohnmächtige Rousseau bekannte und wie der deutsche Literat Gellert, Autor eines Briefstellers und eines Briefromans, verlangte, dann mußten Modelle dieses Gesprächs in der Literatur vorgebildet werden.[101]

Der Briefroman eröffnet die Epoche der Autorsubjekte, die als göttergleiche Genies eine ganze Theologie der Autorschaften nach sich zogen. Allerdings wurden die Autoren durch ihr Publikum zu Stars erhoben. Rousseau empfing von seinen Lesern nicht minder enthusiastische Reaktionen als Richardson. Dem Verfasser der *Nouvelle Héloïse* wollte eine klösterliche Lesegemeinde nach zahllosen gemeinsamen Tränengüssen sogar einen Altar weihen. Der Bote dieser Nachricht, Toussaint-Pierre Lenieps, wußte auch, daß die Nonnen ein Porträt des Dichters aufgehängt hatten, das mehr als einmal geküßt wurde. Rousseau genoß in dem Kloster mehr Kredit als der Schutzheilige Bernhard.[102] Auch der Autor des *Werther* konnte sich die Zertifikate seines Genies aus reichlich eingehender Leserpost zusammenlegen. Die junge Gräfin von Stolberg etwa nannte den Roman »ein gar zu göttliches Buch«.[103] Bald gelang es ihr, mit dem göttergleichen Autor eine verliebte Korrespondenz in der eben erst erfundenen Werthersprache anzuzetteln. Die Briefe erreichten alle Grade des Intimen und Vertrauten: Dennoch sollten sich die beiden nie sehen. Die Werthersprache blieb eine Brief- und Literatursprache. Den ersten Brief schickte Auguste dem Autor des *Werther* erst einmal anonym. Sie empfing daraufhin als dankbare Antwort gleich alle Namen der Namenlosigkeit:

Meine Teure – ich will Ihnen keinen Nahmen geben, denn was sind die Nahmen Freundinn, Schwester, Geliebte, Braut, Gattin, oder ein Wort das einen Complex von all denen Nahmen begriffe, gegen das unmittelbare Gefühl, zu dem – ich kann nicht weiter schreiben (...).[104]

Die Korrespondenz beginnt mit dem Königszeichen der Unmittelbarkeit: der Stockung. Im Intervall der Stockung jedoch wohnt die neue Autormacht: das Unmittelbare zu inszenieren. Dem Einverständnis darüber entspringt alle Vertrautheit: »Ich fühle Sie können ihn tragen diesen zerstückten, stammelnden Ausdruck wenn das Bild des Unendlichen in uns wühlt«, schreibt Goethe dann doch weiter. Dieses Stammeln orientiert sich bewußt an der besessenen Artikulationsweise der mit irdischer Gottesstimme wahrsagenden Orakelpriesterin Delphis; doch jetzt sitzt die göttliche Stimme raunend im Bauch des Dichters selbst. Gegen die Namenlosigkeit der Adressatin (die allgemeine Adresse der Leserinnen) kontrastiert der ehrgeizige Anspruch des Autornamens. Seine Autorität sichert er sich in den literarischen Schaubildern der Herzenssprache. Goethes Briefe an Auguste von Stolberg machen Ernst mit den Forderungen nach einer neuen epistolarischen Echtzeitsimulation: Unter dem Gesetz perfekter Natürlichkeit nimmt die unmögliche Konversation unter vier Augen ihren Umweg über das Schriftbild kleiner stockender Lebensaugenblicke. Alle Briefe warten mit Sprechproben aus einer diskontinuierlichen Gefühlsarbeit auf. So verfaßt Goethe zwischen dem 14. und 19. September 1775 ein intimes Stundenbuch für Auguste:

> d. 15. Guten Morgen. Ich hab eine gute Nacht gehabt. Und bin ietzt recht wie ein Mädgen. Sie rathen nicht was mich beschäfftigt, eine Maske, auf kommenden Dienstag wo wir Ball haben.
> Nach Tisch! – Ich komme geschwind gelaufen, dir zu sagen was mir drüben in der andern Stube durch den Kopf fuhr: Es hat mich doch kein Weiblich Geschöpf so lieb wie Gustgen. (...) halb viere. In Brunnen gefallen wie ichs ahndete. Meine Masque wird nicht gemacht. (...)
> halb 5. ich wollt ich könnt mich dir darstellen wie ich bin, du solltest doch dein Wunder sehn. Gott! so in dem ewigen Wechsel, immer eben derselbe.[105]

Die Genies, die sich in der zeitgenössischen Ästhetik als gottähnliche Schöpfungsmeister aufrichteten, produzierten neue, wie es eben schien, natürliche Herzenssprachen und verschickten sie über den literarischen Markt. Daß diese Sendungen an eine allgemeine Adresse dennoch das Publikum zerteilten und wiederum Antworten aus der Tiefe von Leserseelen provozierten, ist eines der Geheimnisse der Literaturgeschichte. Das erotische Zusammenspiel von Namhaftigkeit und Liebessprache fand eine überwältigende erotische Resonanz.

Den Namen auf alle Lippen säen, das ist das Spiel des Ruhms, aber sein Ziel ist die Ernte. So antwortete Flaubert seiner Geliebten Louise Colet im August 1846, als diese ihm einige ihrer Gedichte geschickt hatte:

> Was sind die Verse schön, die du mir schickst! Ihr Rhythmus ist so zart wie die Liebkosungen deiner Stimme, wenn du meinen Namen in Dein zärtliches Gezwitscher mischst.[106]

Der Name auf den Lippen bringt die Körper zueinander und wird dann als erotisches Medium überflüssig. Einen Monat nach dem Dankbrief an Louise Colet mit der Erinnerung an ihr Gezwitscher, auf dem sie bisweilen seinen Namen reiten ließ, erklärte Flaubert der Geliebten, daß er gar nicht auf Nachruhm versessen sei: »Mein unbekannter Name möge mit mir erlöschen.«[107] Ganz im gleichen Sinne schrieb Clemens Brentano der heftig umworbenen Sophie Mereau, daß ihm sein Autorname gleichgültig sein werde, sobald sie sich erst einmal unter allen romantischen Liebesbedingungen vereinigt hätten:

(...) darum sehne ich mich so sehr nach Dir, um mit Dir den Glauben an alles gewöhnliche prosaische Abzuschwören, und ohne Rücksicht auf Kritick, auf Forderungen der Zeit zu dichten, was mir einfällt, Du wirst dann so gütig sein, mir das Zeug unter Deinem Namen drucken zu lassen, denn sobald ich glücklich bin durch Dich, so habe ich keine Begierde mehr, einen Namen zu haben (...).[108]

Als Vehikel der allgemeinen Adressierungen, der Verstreuung und Saat auf allen Lippen wird der Autorname funktionslos, sobald das erotische Dichterglück gewährleistet ist. Die trügerische Seite dieses Konzepts läßt sich in den Akten zahlreicher mißlungener Literaturlieben studieren, von Hölderlin bis Kafka und jenseits. Etwa bei Charlotte Stieglitz, der unglücklichen Ehefrau des Lyrikers Heinrich Stieglitz. Nach einer fünfjährigen, beinahe ausschließlich von leidenschaftlichen Briefbotschaften erfüllten Verlobungszeit setzten mit Beginn der Ehe 1829 beim Dichter immer tiefere Depressionen ein. Nicht nur die lyrische Produktivität, alles Sprechen geriet bei Heinrich ins Stocken. Schließlich stieß sich Charlotte Ende 1834 ein Messer ins Herz, um ihren Mann von ihrer Gegenwart und von seinen Verstimmungen zu erlösen. Auf die Klinge der Waffe war sein Name eingraviert, und die Opfertat beurkundete feierlich das verliebte Bekenntnis aus seiner Feder: »Und Dein lieber, theurer Name/ Tief im Herzen widerhallt«.[109]

Wie die Ernte aus den verstreuten, gesäten Namen eingeholt wird, das läßt sich in der Korrespondenz zwischen dem englischen Dichter John Keats und seiner Braut Fanny Brawne studieren. Auch dies war eine vom Tod gekrönte Literatur- und Briefliebe. Zwar machte sich der junge Keats noch lustig über die Frauen, von denen er wußte, »sie hätten sich gerne an ein Gedicht verheiratet oder einem Roman hingegeben«[110]; stets verachten die Verführer die Verführten. Aber in der Beziehung des Dichters zu dem jungen Mädchen Fanny kursierten auch nur Texte. Wie Kafka bewahrte sich Keats durch eine Lungentuberkulose vor lebendigen Kontakten. An ihre Stelle rückte der Tausch von (literarischen) Namen und Küssen:

Ich werde Deinen und meinen Namen küssen, wo Deine Lippen waren. (...) Es wäre besser, wenn Du heute nicht kämst.[111]

So bleibt die Post der (Um)Weg zu dem Ziel der Rede: den Namen an seinen Ort zu tragen. Dabei warnte Keats in seinem Sonett *Auf den Ruhm* die Dichter davor, ihrem reinen Namen durch Verrätselung aller Blätter im Buch des Lebens die Unschuld (*maidenhood*) zu rauben.[112] Und in trügerischer Bescheidenheit (denn der Ruhm verhält sich nach Keats selbst wie ein »launisches Mädchen«, das nur durch simuliertes Desinteresse zu gewinnen ist[113]) ließ Keats als platonische Reminiszenz auf seinen Grabstein schreiben: »Here lies one, whose name was writ in water.«[114]

Die Literatur der Autorennamen eröffnet und blockiert zugleich den Kanal / Umweg zu den Frauenkörpern. Das bringt auch der Fall Franz Kafkas ans Licht. Nachdem Kafka nur den ersten Brief an Felice Bauer geschrieben hatte, ohne bereits eine Antwort erhalten zu haben, verfaßte er die Erzählung *Das Urteil*, die er gleich der fernen Felice in Berlin widmete. Die Beziehungen dieser Geschichte mit Felice wird Kafka später im Detail festhalten.[115] Und mehr noch: Die Erzählung bildet seine Gabe im erotischen Tausch: »ich die kleine Erzählung mit mir als Anhängsel, Du das ungeheure Geschenk Deiner Liebe.«[116] Dabei zielte er wie Clemens Brentano auf die Tilgung seines Namens. Den Brief vom 13. 5. 1913 unterschrieb Kafka nicht. An die Stelle der Signatur setzte er die Zeile:

Dein (wäre ich doch namenlos, ganz ausgelöscht nur Dein)[117].

Kafkas Sendungen an Felice radikalisieren das postalische Gesetz der Literatur: Sie wollen die Sprache der Liebe allein als Textemissionen senden. Im Kreislauf der Briefe vollendet sich das absolute Glück einer Kommunikation, die in anderer Form nicht möglich wäre. Mehrfach gesteht Kafka der Frau, mit der er sich zweimal verloben wird, daß er »für den menschlichen Verkehr verloren« sei.[118] Dies gilt für den Tausch gesprochener Worte wie für den Tausch der Körpersäfte. Schriftzeichen können alle Möglichkeiten der Nähe evozieren, aber die Nähe der Körper selbst gibt ihnen den Tod. Allenfalls stellte sich Kafka eine Ehe nach dem Modell Augustins, Schopenhauers oder Weiningers vor, als eine Junggesellenaskese:

Der Coitus als Bestrafung des Glückes des Beisammenseins. Möglichst aske-tisch leben, asketischer als ein Junggeselle.[119]

So erzählt auch *Das Urteil*, die Felice gewidmete Erzählung, von ei-nem solchen briefeschreibenden Junggesellen, der sich, mit einem Liebesbekenntnis an die Eltern auf den Lippen, von einer Brücke ins Wasser wirft, während über die Brücke ein »geradezu unendlicher Verkehr« geht. Die literarischen Junggesellenmaschinen erlauben es zu säen und zu gebären, ohne den Bestrafungen des Koitus zu erlie-gen. Und da Kafka offenbar wußte, daß er mit dem *Urteil* eine veröf-fentlichungswürdige und zur erotischen Kommunikation geeignete Erzählung verfaßt hatte, konnte er gegenüber Max Brod den letzten rätselhaften Satz des Textes auf naheliegende Weise erklären:»Ich habe dabei an eine starke Ejakulation gedacht.«[120]

Solches Schreiben, das intransitive Schreiben, gilt in einer langen Tradition als Säen. Die Ejakulation am Ende des *Urteils* zählt wie die Inschrift auf dem Grab von John Keats zu den Platon-Recyclings. Im *Phaidros*-Dialog verwirft Sokrates das Schreiben, die zerstreute Kom-munikation:

Und sollen wir sagen, daß, wer vom Gerechten, Schönen und Guten Er-kenntnis besitzt, weniger verständig als der Landmann verfahren werde mit seinem Samen? (...) Nicht zum Ernst also wird er sie ins Wasser schreiben, mit Tinte sie durch das Rohr aussäend, mit Worten, die doch unvermögend sind, sich selbst durch die Rede zu helfen (...)?[121]

Da es bei dieser Verbreitung von Wahrheit und Wissen stets auch um geregelte Vaterschaften (Autorschaften) geht, wie bereits erörtert wurde, verteilt dieses Säen / Schreiben explizit auch die Spermien des männlichen Autors. Die Bildlichkeit Säen / Schreiben zieht sich in fruchtbarer Doppeldeutigkeit durch die abendländische Geschichte, wie E. R. Curtius gezeigt hat.[122] Ein Beleg, der sich bei Curtius nicht findet, erfaßt die Junggesellenmaschinen der mönchischen Gelehr-samkeit. Der Cluniazenser Abt Petrus Venerabilis, der 1140 den in Sens verurteilten Abaelard in sein Kloster aufnahm, legte einem je-den seiner Mönche nahe, die freien Stunden zum Schreiben zu nut-zen:

In die Furchen, die er auf dem Pergament zieht, wird er den Samen des Wor-tes Gottes streuen.[123]

Die latente Sexualität dieser Formel trat in der langen Tradition der Tintenschrift immer wieder ans Licht. Nicht nur de Sades Phantasie trug dazu bei, der seine Protagonisten wichtige Dokumente bisweilen mit Sperma signieren ließ.[124] Herder erörterte anzüglich das Problem, wie sich das Augensekret in Tintensaft transsubstantiieren ließe. Lichtenberg formulierte, seinerseits im Anschluß an Platon, das Gesetz der drei Kanäle:

Daß die wichtigsten Dinge durch Röhren getan werden. Beweise erstlich die Zeugungsglieder, die Schreibfeder und unser Schießgewehr, ja was ist der Mensch anderes als ein verworrenes Bündel Röhren?[125]

In der zeitgenössischen Physiologie und Ästhetik unternahmen verschiedene Autoren zu dieser Zeit die Analyse des menschlichen internen Kanalsystems. Was zuletzt durch die spermatische Feder aufs Papier gleitet, durchläuft ganz wie das hippokratische Sperma erst einmal eine kompliziert gebaute Reihe von Blut- oder Nervenkanälen. Im Anschluß an Descartes, der die alte galensche Lehre von den Lebensgeistern auf alle physiologischen Leitungen im Menschen übertrug, entwickelte die französische Aufklärung ihre Vorstellung von der Körper-Maschine, mit der sich dann der angehende Mediziner Schiller auseinandersetzte. Ehe ihn die Disziplin der herzoglichen Militär-Akademie zum Idealisten dressierte, huldigte der junge Schiller lebhaft dem Materialismus der französischen Philosophie. In seiner radikal materialistischen und darum abgelehnten Abschlußarbeit zum Studium an der Karlsschule, *Philosophie der Physiologie*, die um 1779 entstand, heißt es:

Ich muß notwendig annehmen, daß jede Idee, auch die einfachste, ihren eigenen Geistern, ihren eigenen Kanälen entspreche. Diese Kanäle haben einen bestimmten Platz, den sie so wenig verändern, als die Blutadern den ihrigen.[126]

Ein zeitgenössischer Schriftsteller, Johann Carl Wezel, präzisierte den Bauplan für das menschliche Röhrensystem, das selbst den Dichter durchzieht. Sein auch in französischem Geist abgefaßter Roman *Lebensgeschichte Tobias Knauts, des Weisen, sonst der Stammler genannt* aus den Jahren 1773–1776 duldet keine Genieillusionen. Das Schreiben, so versichert Wezel unablässig seinen Lesern, überträgt nur die Bewegungen der Lebensgeister:

Unsere Lebensgeister laufen auf und nieder, wie ein geschäftiges Mädchen, das nichts zu tun hat – und wenn sie auch so dick, wie meine Tinte, und ihre Kanäle nicht elastischer, als Eichenholz, wären, sie ruhen doch nicht eher, als bis ihr ihnen etwas zu thun gebt (. . .).[127]

Da der Erzähler, wie er bekennt, wenig zu erzählen hat und sich lieber in theoretischen und moralischen Vorstellungen verliert, erklärt er auch dies aus einer besonderen Ausstattung seiner Nervenbahnen:

Ich wäre selber so froh, als es meine Leser nur immer seyn könnten, wenn die Erzählungskanäle in meinem Kopfe häufiger oder doch wenigstens länger wären; aber so sind die Lebensgeister kaum darinnen – husch! sind sie wieder heraus, und gleich in eine moralische Röhre hinein – (...).[128]

Am Ende fließt der Output dieses Geistesverkehrs in einer oszillierenden Bewegung der Feder aufs Papier. Schließt sich dieses poetische Kanalsystem Wezels –»die Ideen, die wir durch den Arm in die Feder, durch die Feder auf Schreibpapier (...) tröpfeln lassen«[129] – tatsächlich an die Wege und Umwege des gesellschaftlichen Verkehrs an? Wie Kafkas Erzählungen funktioniert Wezels Roman mit seinem Röhrensystem als Junggesellenmaschine. Der Held Tobias Knaut verliert bereits durch seine Geburtsmakel jede Chance, in den gesellschaftlichen Verkehr einzutreten: Er ist mißgestaltet an Körper und Sprache. Am Ende wählt er sich eine Prostituierte, die zugleich eine empfindsame Leserin ist, zur Frau. Sie kann sich ihre bevorstehende Liebesgeschichte nur als Nachbildung eines Romans von Richardson vorstellen. Um ihr entgegenzukommen, entführt Tobias Knaut seine Zukünftige aus dem Bordell, und die Entführung stößt ganz wie in der Romanvorlage auf den entschiedenen Widerstand einer gespielten Tugend. Wezel protestiert gegen die empfindsamen Romansuggestionen, daß der Umweg über die Sprachen der Literatur tatsächlich Kanäle zwischen Körpern herzustellen vermöchte. Jeder Körper bildet ein autistisches Röhrensystem, das erfolgreich nur in sich selbst kommuniziert. Daher beschließt der weise gewordene Tobias Knaut mit seinem Genossen Elmickor, der auch eine Frau aus dem Bordell ehelichen möchte, ihr gemeinsames Leben unter die Regel »strengster Enthaltsamkeit von allen ehelichen Rechten« zu stellen.[130] Der letzte Satz des Romans verspricht dem Helden für diese Lebensform die Bewunderung der Welt und ein Glück, »das seinen Ehrgeiz befriedigte«. Das Leben des Stammlers Tobias Knaut gibt einen Blick frei auf das Autorleben des armen Johann Carl Wezel, der sich im Säen des eigenen Namens erschöpfte: Angeschlossen an die literarische Junggggesellenmaschine, deren Produkte stets zu ihr selbst zurückkehren, angeschlossen an die erotische Selbstbefriedigungsmaschine, verfiel Wezel später dem Wahn, ein Gott zu sein.[131] Er war der erste nicht.

Die frühen Theorien Rousseaus, Wezels, Schillers, Herders oder anderer über eine unmittelbare, wenngleich stockende Übertragung der Seelenbewegungen in den Nervenkanälen, den Tränenkanälen, über die Tintenkanäle in Schriftzeichen verleugnen nicht die Erotik, wie sie auch Freud beschrieb: »aus einem Rohr Flüssigkeit auf ein Stück weißes Papier fließen zu lassen«.[132] Sie bahnen den Weg für das Konzept einer neuen Schrifterotik des 19. Jahrhunderts, die *écriture automatique*, die dann nicht nur Frauen, sondern auch Psychologen an sich adressiert wähnen werden. Seitdem hörten die Literaturwerke auf, intransitive Liebesbriefe zu sein. Indem sich allmählich ein Literatursystem entwickelte, worin Schriften und Werke nur über Kanäle professioneller Leser verteilt wurden, konnten Autornamen ohne Liebessprachen entstehen und doch, wie man weiß, immer noch erotische Wirkungen erzielen. Die neuen Oszillogramme autistischer Dichtererotik lockten unverändert weiter Küsse hervor, zärtliche Bewegungen von Lippen, auf denen die Saat der Namen ewig aufgehen wird. Bereits der britische klassizistische Dichter Alexander Pope ließ seine fiktive Heloisa beim Empfang eines Briefes von Abaelard ausrufen: »Er kommt von Abaelard, und Heloisa immer noch seinen Namen küssen muß.«[133] Bis auf den heutigen Tag sorgt das Verteilungssystem Literatur dafür, daß Frauenlippen von Dichternamen besiedelt werden.

Komödianten: Die Rache der Worte

Die komödiantischen Emissäre der Liebessprachen legen die Depots ihrer Reden nicht in der Seele, sondern im Gedächtnis an. Dieser Verwaltung verdanken sie ihren schlechten Ruf. Alle Wissenschaft von den komödiantischen Reden führt daher Klage darüber, daß der laute Trug des Theatralischen ebenjene Erfolge feiert, die der stillen Wahrheit versagt bleiben. Der Schauspieler empfängt seine erotischen Prämien, weil er ohne Stocken und Stottern sprechen kann. Sein ganzer Reichtum besteht jedoch aus geborgten Sätzen. Jacques Prévert und Marcel Carné errichteten diesem Schauspielertypus in den *Kindern des Olymp* ein Denkmal: Es ist der von Pierre Brasseur verkörperte Frauen- und Bühnenheld Frédérick Lemaître. In einer der ersten Szenen des Films spricht Frédérick die schöne Garance auf der Straße mit den Worten an:

Ah, Sie haben mir zugelächelt! Sagen Sie nicht nein, Sie haben mir zugelächelt! Ach, es ist wundervoll, das Leben ist schön! Sie sind wie das Leben so schön, sie sind ebenso schön.[134]

Die Zuschauer werden Zeugen, daß dieses Libretto den Verführer zwar erst mit einiger Verzögerung zum gewünschten Erfolg trägt; aber sie sehen und hören auch, daß der Schauspieler sein erstes Scheitern leichtnimmt. Es war nur eine Probe auf den nächsten Versuch. Kaum hat ihn Garance mit einer schlagfertigen Bemerkung abgeschüttelt, da macht er sich mit exakt den gleichen Worten an eine andere junge Passantin heran: »Ah, Sie haben mir zugelächelt! (...)«. Gegen den erfolgreichen erotischen Bramarbas Frédérick stellt der Film die Figur des empfindsamen (stockenden) Pantomimen Baptiste, der allein den stummen Seelen-Zeichen vertraut und daher von Liebe nur träumt. Als ihm das Schicksal eine Chance bei der begehrten Garance schenkt, da vermag er sie nicht zu ergreifen. Im Banne seines Traums von der wahren Liebe findet er die Worte nicht, die ihn auf die lebendige Szene seiner Wünsche versetzen könnten.

Die Komödianten der Liebe sprechen leichthin fertige Texte, während die Dichtermenschen die Worte, die sie hervorbringen wollen, erst durch die Mühlen ihres Herzens und Gewissens drehen müssen. Sind die Komödianten darum Betrüger? In Denis Diderots Traktat *Das Paradox über den Schauspieler* (1777/78) wird diese Frage von allen moralischen Verbrämungen befreit und festgestellt, daß das Spiel in seinen Wirkungen alles vermeintlich Echte übertreffen kann. Der eine der beiden Dialogpartner (er ist das Doppel des Diderot) gesteht unumwunden, daß er in der erotischen Konkurrenz mit einem Komödianten stets unterliegen wird:

Stellen Sie sich zwei Liebhaber vor, die beide eine Liebeserklärung zu machen haben. Welcher wird dabei am besten abschneiden? Sicher nicht ich. Ich erinnere mich, daß ich mich dem Gegenstand meiner Liebe nur zitternd genähert habe: mein Herz klopfte heftig, meine Ideen verwirrten sich; meine Stimme stockte (...). Unterdessen ließ sich vor meinen Augen ein heiterer, lustiger, ungezwungener Nebenbuhler, der sich in der Gewalt und Freude an sich selbst hatte, keine Gelegenheit zu Komplimenten entgehen, brachte sie geschickt an, erregte und fand Gefallen und war glücklich; er bat um ein Händchen, das ihm bereitwillig überlassen wurde (...).
Der empfindsame Mensch gehorcht den Impulsen der Natur und äußert allein den unverfälschten Schrei seines Herzens; in dem Augenblick, in dem er diesen Schrei mäßigt oder verstärkt, ist er nicht mehr er selbst, sondern ein Schauspieler, der etwas mimt.[135]

Die empfindsame Seelensprache, das Stocken und Stottern, das die sentimentale Epoche als truglose Semiotik feierte, versagt ihren Sprechern nicht nur in der Liebe, sondern überhaupt im Leben alle Erfolge. Diderot läßt daran keinen Zweifel:

Empfindsamkeit ist nicht eben die Eigenschaft eines großen Genies. (...) Angesichts des geringfügigsten unvermuteten Umstands verliert der empfindsame Mensch den Kopf; er wird daher nie ein großer König, nie ein großer Minster, nie ein großer Heerführer (...).[136]

Alle diese Herrscherkünste fordern komödiantische Fähigkeiten, und im Hintergrund der Abhandlung über das komödiantische Paradox zeichnet sich die (für Empfindsame) niederschmetternde Erkenntnis ab, daß die Leitfiguren einer Gesellschaft nur als Schauspieler ihre Funktionen erfolgreich erfüllen können. Daher richtet Diderot auch seine anthropologische Hierarchie nach dieser Einsicht ein:

Mein Freund, es gibt drei Modelle: den Menschen der Natur, den Menschen des Dichters und den Menschen des Schauspielers. Der Mensch der Natur ist weniger groß als der des Dichters – und dieser wiederum weniger groß als der des großen Schauspielers.[137]

Das *Paradox über den Schauspieler* kommentiert nicht eigens den erotischen Erfolg dieser Typen. Er ergibt sich leicht aus allen Überlegungen und gehört bereits zum festen Wissensfundus der Moralistik. Francis Bacon stellte 1625 in seinen *Drei Essays* fest, daß die Liebe überhaupt eine Angelegenheit des Theaters sei.[138] Dramatischer hingegen fielen Rousseaus Warnungen vor der Verführermacht der Schauspieler und seine Hymnen auf das reine, aufrichtige Herz des Stockenden aus. Seinen *Brief an Herrn d'Alembert* (1758) widmete er in der Hauptsache der Frage, ob Schauspielhäuser nützlich sein könnten. Die entschiedene Ablehnung stützte er mit kleinen Schreckbildern des Risikos, das vom Schauspieler / Verführer ausgeht:

Diese so gut gekleideten und in der Sprache der Galanterie und der Leidenschaft so geübten Männer sollten diese Kunst niemals zur Verführung junger Mädchen mißbrauchen?[139]

Die Verführungsmacht der Komödianten erwächst aus der skrupellosen Wiederverwendung von gleichen Worten: »Führen die, die so reden, diese Reden nicht unterschiedslos bei allen Frauen (...)?«[140] lautet Rousseaus entsetzte Frage. Es darf nicht sein, daß die gleichen Betörungen in die Herzen verschiedener Frauen eindringen. Alle Frauen sollten daher ihr Ohr allein dem Stottern der Originalgenies öffnen. Denn die Theaterbücher legen dem Komödianten fertige Verführerreden auf die Zunge, und diese Redeautomaten machen, ohne von Nebengeräuschen ihres Gewissens gestört zu werden, in beliebigen Repetitionen davon Gebrauch. Auf den raffinierten Lippen des

Schauspielers verwandelt sich das Zitat in das Simulacrum einer Originalrede, und da kein Gott herabsteigt, um diesen Betrug zu unterbinden, müssen das Theater und die Theatralität aus der Welt verschwinden. Gegen die Leichtigkeit solcher betrügerischen Wirkungen führt Rousseau daher in seinem *Brief an d'Alembert* die Authentizitäten des Stockens und Schweigens ins Feld:

So wie ich die schreckliche Leidenschaft der Liebe begreife, ihre Verwirrung, ihr Herzklopfen, ihre Begeisterung, ihre brennenden Ausdrücke, ihr noch kraftvolleres Schweigen, ihre unaussprechlichen Blicke, die vor Schüchternheit tollkühn werden und das Verlangen als Furcht kundtun, scheint es mir, daß nach einer so ungestümen Sprache eine liebende Frau ihrem Liebhaber, der ihr nur ein einziges Mal »Ich liebe dich« sagte, empört antworten müßte: »Sie lieben mich nicht mehr«, um ihn im Leben nicht wiederzusehen.[141]

Im 18. und 19. Jahrhundert grassiert bereits das Entsetzen vor den Sprechautomaten, die *Eliza*-Angst unserer Tage, nämlich die peinigende Vorstellung, daß Seelenwirkungen durch seelenlose Maschinen erzeugt werden. Daher spricht sich das Heer der empfindsamen Stockenden im 18. Jahrhundert selbst Mut zu, indem sie die Dämonien der Schauspieler in das schwärzeste Schwarz der Bosheit kleiden. Eine der ungeheuerlichsten Theaterszenen dachte sich Jean Paul aus, um sie in seinem Roman *Titan* aus den Jahren 1800–1803 zu erzählen. Ihr Held ist der wilde Schauspieler, Soldat und Verführer Roquairol von Froulay, in dessen Adern und Herzen das »fressende Gift der Viel-Liebhaberei und Vielgötterei« zirkuliert. Die Wahrheit der Liebe – lernt der Leser – ist monotheistisch. Roquairol verfügt als Komödiant selbstverständlich über die »Gewandtheit, einer Frau immer das zu sein, was sie gerade begehrte«.[142] So täuscht Roquairol die junge Gräfin Linda de Romeiro, die seinen Avancen bislang stets widerstand, indem er ihr einen fingierten Liebesbrief unter dem Namen und in der imitierten Handschrift Albanos schickt. Linda und Albano waren einander bereits als Kinder versprochen, aber die Liebe zögerte, dieses Versprechen auch einzuhalten. Der Augenblick ist für Roquairols Intrige günstig, denn eben war zwischen den beiden Verlobten eine Verstimmung entstanden, weil Albano das »Ja« zu einem von Linda verlangten Liebesbekenntnis nicht über die Lippen brachte. Linda hatte offenbar das Studium der Rousseauschen Linguistik wahrer Empfindungen verpaßt. Mit dem gefälschten Brief Roquairols in der Hand glaubt sie nun an einen plötzlichen Sinneswandel Albanos. Obgleich sie nachtblind ist, läßt sich Linda darauf ein, den vermeintlichen Albano des Nachts in dem romantischen Prinzengarten zu treffen. Dort wartet jedoch Roquairol, und er verführt das verliebte Mädchen, indem er auch die Stimme Albanos imitiert. Am folgenden Tag spielt Roquairol seine selbstverfaßte Tragödie auf der als Naturtheater genutzten »Schlummerinsel« des romantischen Prinzengartens. Das Stück setzt das düstere Bekenntnis seines Komödianten-Lebens in Szene und gibt auch den Betrug an Linda zu erkennen: Im fünften Akt bringt Roquairol dieses theatralische Doppel wieder mit seinem biographischen Lebensdrama zusammen, indem er sich eine Kugel in den Kopf jagt. Eindringlicher läßt sich der Beweis auf die Wahrheit seiner Devise nicht führen: »Im Leben wohnt die Täuschung, nicht auf der Bühne.«[143]

Während Diderot souverän die Universalmacht des Komödiantischen analysiert und damit später zum Lehrmeister Nietzsches wird, kämpfen die Moralisten der Seelenwahrheiten unermüdlich gegen den Trug. Die Schriftsteller der Zeit produzieren literarische Fallstudien am laufenden Band; hierzu gehören Goethes *Clavigo* oder Tiecks *William Lovell*. Diese literarischen Verführer haben jeweils eine Bilanz ihres Lebens zur Hand und verzweifeln an der Erkenntnis, daß ihr Inneres ausgebrannt, leer, substanzlos ist, weil sie stets fremde Reden gespeichert und gesprochen haben. So legt Alexandre Dumas seinem Schauspieler Kean, der Titelfigur eines von Jean-Paul Sartre bearbeiteten Dramas, in einer Unterhaltung mit dem Prinzen von Wales die düstere Selbsterkenntnis in den Mund:

Bin ich ein König oder ein Hanswurst, hä? (...) Wer hat mein Genie? Und dennoch, glauben Sie mir, Hoheit, bin ich von meiner tiefen Nichtigkeit durchdrungen. Mein Genie ist nichts. Nichts, als eine Art Worte zu sprechen, Gesten zu machen, nichts als ein Taschenspielerkunststück. Ich bin der Mann, der sich alle Abende verschwinden läßt.[144]

Das Unglück Keans, das auch Jean-Paul Sartre noch ernst nahm, wollte in seiner Seele niemals die Ursuppe einer Originalrede warm werden lassen. Und welches höhere Unglück daraus erwächst, haben Philosophen in Form von Theorien und von imaginärem anthropologischen Wissen nachgeliefert.

Geben wir Schopenhauer das Wort. Den § 36 von *Die Welt als Wille und Vorstellung* widmet Schopenhauer dem Wahnsinn. Er analysiert den Wahnsinn als Ausfall des Gedächtnisses, als Bruchstelle in der Kontinuität des lebensgeschichtlichen Wissens. Zur Begründung dieser Hypothese führt er die Komplikationen bei der psychiatrischen Anamnese an. Es sei beinahe unmöglich, »einem Wahnsinnigen, bei seinem Eintritt ins Irrenhaus, seinen frühern Lebenslauf abzufragen«.[145] In den Ergänzungen zu diesem Paragraphen präsentiert Schopenhauer dann einen Prototypus solchen Wahnsinns:

Meine eigene, vieljährige Erfahrung hat mich auf die Vermutung geführt, daß Wahnsinn verhältnismäßig am häufigsten bei Schauspielern eintritt. Welchen Mißbrauch treiben aber auch diese Leute mit ihrem Gedächtniß! Täglich haben sie eine neue Rolle einzulernen, oder eine alte aufzufrischen: diese Rollen sind aber sämmtlich ohne Zusammenhang, ja, im Widerspruch und Kontrast mit einander, und jeden Abend ist der Schauspieler bemüht, sich selbst ganz zu vergessen, um ein völlig Anderer zu seyn. Dergleichen bahnt geradezu den Weg zum Wahnsinn.[146]

Die schopenhauersche Vernunft bleibt bei sich, wenn ihr biographischer Text nicht gewechselt oder unterbrochen wird und wenn sie darin stets zurückblättern kann. Der Wahnsinnige hingegen, so weiß der Kynologe Schopenhauer zu erläutern, ähnelt dem Hunde, der trotz seines olfaktorischen Gedächtnisses immer nur in der Gegenwart lebt: Seine Vergangenheit verwandelt sich in ein Abstraktum. Das vernünftige Subjekt rezitiert stets nur ein Textbuch mit Register; hingegen überläßt sich ein Schauspieler, der ständig fremde Rollen zitiert und – in Rückkopplung des Textes – jeweils auch ein Anderer ist, dem Wahnsinn; denn der Irre hat nach Schopenhauer seine Biographie vergessen.

Dieses 19. Jahrhundert vermag die harten Tatsachen, denen Subjekte unterworfen werden, um jemand zu werden, nur mit Mühe in die positiven Formeln zu fassen, die die Wissenschaft allmählich zusammengetragen hat. Selbst Jean-Paul Sartre, der in *Das Sein und das Nichts* mit beispielloser Klarheit die Konstitution des Subjekts durch den Anderen analysierte, erarbeitet seine Analysen der Künstlergeschichten – gleich ob sie Genet, Flaubert oder Sartre heißen – im Vokabular des komödiantischen Betrugs. Das Kind Sartre, so offenbaren seine autobiographischen *Wörter*, lebte in der »fürstlichen Freiheit des Schauspielers« und wurde darin zum »Hampelmann, Clown, Grimassenschneider«.[147] Ein ganz gleiches Kind entdeckt Sartres unbarmherziger Blick, wenn er die Lebensdokumente des Komödianten Gustave Flaubert durchstöbert. Auch Flaubert wollte sein Kindertheater in einer Laufbahn als Schauspieler fortsetzen. Nur Bequemlichkeit, so gestand Flaubert Louise Colet, habe ihn davon abgebracht. Die Autorexistenz eröffnet dem »Gaukler«, wie er sich selbst nannte[148], eine alternative Betrügerkarriere. Das schlachtet Sartre mit Wonne aus:

Der enttäuschte Schauspieler findet eine andere Art, seine Stimme zu verwenden: die Eloquenz. Seine Briefe sind Reden: er schreibt sie nicht, um sie selbst zu sprechen, sondern damit sie im Ohr seiner Briefpartner widerklingen.[149]

Dennoch dienen Sartre die Briefäußerungen Flauberts als vollendet beweiskräftige Dokumente. Sobald ein Lügner gegen sich selbst Klage führt, glauben ihm die Staatsanwälte. Das Paradox des Epimenides zerbirst vor Gericht. Aber Flauberts Geständnisse bezeugen lediglich, daß er zwanghaft versucht hat, die Sprache der Liebe zu sprechen (erst als Komödiant, später als Autor). Und als spräche ihm bereits die zeitgenössische Psychiatrie aus dem Bauch, stellte sich der junge Flaubert die Diagnose des Wahnsinns selbst. In den autobiographischen *Erinnerungen eines Verrückten* gesteht der Dichter Flaubert (vor dem Tribunal Sartres):

Ich hatte so viele Male bei den Dichtern das Wort Liebe gelesen und sagte es mir so oft vor, um mich an seiner Süße zu berauschen (...).[150]

Unter Berufung auf diese Selbstdiagnose analysiert Sartre Flauberts Wahnsinn, den Schauspieler- wie Schriftstellerwahnsinn an der einfachen Tatsache der sinnlosen Repetition. Verrückt wird der Verstand eines Menschen, der sich gedankenlos im Kreis der Wiederholungen eines Wortes verliert. Solche Repetitionen betreiben die Automaten der Täuschung und des Wahnsinns. Der Schauspieler Talma offenbarte in einer Bemerkung, die Nietzsche immer wieder zitiert hat, das Geheimnis der Theatereffekte:

Die Intonation, die Geste, der Blick, die vom Augenblick eingegeben scheinen, wurden hundert Mal wiederholt.[151]

Die mechanische Repetition scheint der Beginn des Wahnsinns zu sein. Der romantische Psychiater Johann Christian Reil berichtet in seinen *Rhapsodien über die Anwendung einer psychischen Kurmethode auf Geisteszerrüttungen* von einer Patientin, die einen Namen »unaufhörlich, Tagelang, und mit der größten Geschwindigkeit wiederholte.«[152] Nach dem Geständnis der *Erinnerungen eines Verrückten* deliriert auch der junge Flaubert nichts als »amouramouramouramouramour«. Gälte dieses Symptom bereits als Einlieferungsgrund, dann ließe sich ein ganzes Irrenhaus mit Schriftsteller-Komödianten bevölkern. Kafka zum Beispiel gesteht Felice einmal, daß er im Halbschlaf pausenlos Briefe an sie geschrieben hat: »im Gefühl war es ein ununterbrochenes kleines Hämmern.«[153] Später offenbart

er der Geliebten, was der kleine Hammer seiner Feder zu Papier bringen sollte: »›Du Liebste!‹ und dann noch einmal ›Du Liebste!‹ und
dann wieder ›Du Liebste!‹ und nichts als das.«[154] In der gleichen Abteilung dieser Autoren-Psychiatrie sitzt der junge Marcel aus Prousts
Roman *Auf der Suche nach der verlorenen Zeit.* Auch Marcel verfällt
dem Wahnsinn des Schreibautomaten. Da er seiner Freundin Gilberte
nicht sagen kann, daß er sie liebt, schreibt er »unzählige Mal ihren
Namen und ihre Adresse auf alle Seiten« seiner Hefte.[155] Der italieni-
sche Liebestheoretiker Mantegazza billigt einem Verliebten sogar
hundert Wiederholungen ihres Namens zu.[156] Doch das Ostinato solcher verliebten Zungenreden und *écritures automatiques* verwandelt
die Autoren tatsächlich bisweilen in eine Mordmaschine. In Stanley
Kubricks Film *Shining* setzt der Wahnsinn des Schriftstellers Jack Torrance damit ein, daß er mit seiner Schreibmaschine den immergleichen Satz auf das Romanpapier hämmert: »All work and no play ma-
kes Jack a dull boy«. Mehrere hundert Seiten füllt Jack auf diese
Weise, ehe er sich, mit einer Axt bewaffnet, auf einen Amoklauf begibt. Flaubert stimmt also mit seinem »amouramouramour« keinen
harmlosen erotischen Gesang an, sondern er opfert seinen Verstand
dem Stenogramm eines Liebeswahnsinns, der ganz offensichtlich
weit verbreitet ist. Obwohl er behauptete, keine Nachtigall zu
sein[157], klingt sein »amouramouramour« nicht weniger nachtigallen-
haft als der nächtliche Vogelgesang des verliebten Nietzsche: die ver-
gnügten Repetitionen des Namens »Loulouloulouloulou«.

Es gibt allerdings Anzeichen dafür, daß die Grenze zum Komödianten überschritten werden muß, um die Sprache der Liebe zu sprechen. Das »Ich-liebe-dich« ist ja ein Kino- und ein Fernsehsatz und
kann, wie Roland Barthes festgestellt hat, keinem Lexikon einverleibt werden.[158] Die Paarungsformel ist so wahr und so gelogen wie
das »So wahr mir Gott helfe« des Politiker-Eides. Das »Ich-liebe-
dich« zieht, wenn es sich um das »Ich dich auch« verdoppelt hat, einen Kreis um das Paar. Aber um die Formel zu sagen, müssen er oder
sie, sofern sie noch keine Schauspieler sind, wenigstens einmal zu Komödianten werden. Denn es ist ein fremder, millionenfach gesprochener Satz. Wer ihn in den Mund nimmt, der zitiert und verwandelt
sich in einen Wahnsinnigen der Kultur, die dem Subjekt zum Beweis
seiner Vernunft die eigene Sprache abverlangt. Nur der Erotomane,
so stellt es sich der Junggeselle Schopenhauer vor, überschreitet diese
Grenze zur automatischen Wiederholung.[159] Nietzsche, der Kronzeuge, mußte erst in jenen heroischen Wahnsinn des Januar 1889 eintreten, um der Komödiant zu werden, der »göttliche Hanswurst«, wie
er sich selbst titulierte, und um endlich den unsprechbaren Satz seines

Lebens schriftlich niederzulegen. Pierre Klossowski würdigt in seinem Nietzsche-Buch diesen wahnsinnigen Schauspieler als den Vollender seines eigenen komödiantischen »Intellekts«.[160] Nietzsche brachte erst in der Turiner Euphorie den Satz zu Papier, den er vorher nie an eine Frau gerichtet hatte. Erst als unrettbarer Schauspieler gelangte er an die Grenze, um die Theaterformel mit »großem Hämmern« (im Unterschied zu Kafkas »kleinem Hämmern«) zu bekennen. An Cosima Wagner schickte er die Nachricht:

Ariadne, ich liebe Dich. Dionysos.[161]

Will man Rousseau glauben, dann ist dies der betrügerische Schauspielersatz schlechthin. Die Rousseau- und Schopenhauer-Leserin Cosima Wagner hat daher auch nicht geantwortet. Sie konnte jedoch nicht ahnen, daß der mit dem Hammer philosophierende Theoretiker des Komödiantischen erst zum absoluten Schauspieler werden mußte, ehe er diesen Allerwelts-Satz über die Lippen / aus der Feder brachte. Vielleicht können die Dämonen des Komödiantischen am Ende einen Philosophen holen wie der Teufel einen Faust. Das heißt es also: auf der Bühne sterben. Alles Wissen, alle Macht der Rede bezog Nietzsche aus seiner Grundeinsicht in das Elementar-Mimische der Kultur. Bewußt theatralisch legte er auch die eigenen Texte an. In seiner Lehre vom Stil an die Adresse Lou von Salomés forderte Nietzsche »Reichtum an Gebärden«.[162] Indem die abendländische Tradition die Schauspieler so lange am untersten Rang der sozialen Hierarchie führte, eröffnete sie ihrem eigenen Unbewußten zwar einen leicht zugänglichen zweiten Schauplatz. Aber sie verschloß sich den Zugang zur Erkenntnis ihrer eigenen Zeremonien. Zwischen der Einsicht, daß alle Reden Wiederholungen sind, und der Forderung, daß sich die Vernunft durch eine ununterbrochene eigene Autobiographie ausweist (wie es nicht erst Schopenhauer verlangte), läßt sich keine Verbindung herstellen. Es gibt nur Zitate oder Stockungen. Nietzsches Autobiographie *Ecce homo* spielte der Welt auch kein solches temporäres Kontinuum vor, sondern notierte zerrissene Sätze von der Art: »Vielleicht bin ich ein Hanswurst ... Und trotzdem (...) redet aus mir die Wahrheit.«[163] Erst diese Hanswurst-Wahrheit vermag zu sagen: »Ariadne, ich liebe dich. Dionysos«.

In einer Front mit Platon, Augustinus und mit der calvinistischen Doktrin Rousseaus kämpft im 20. Jahrhundert auch eine wahrhaftige Theaterutopie darum, die Komödianten und die Repetitionen aus der Welt zu schaffen. In seiner Abhandlung *Das Theater und sein Double* forderte Antonin Artaud eine Bühne ohne »Meisterwerke«, nämlich ohne wiederholungsbedürftige Texte:

Überlassen wir den Paukern die Textkritik und den Ästheten die Formkritik, sehen wir ein, daß das Gesagte nicht noch einmal gesagt zu werden braucht; daß ein und derselbe Ausdruck nicht zweimal taugt, nicht zweimal lebt; daß jedes Wort tot ist, sobald es ausgesprochen ist, und nur in dem Augenblick wirkt, in dem es ausgesprochen wird, daß eine einmal verwendete Form zu nichts mehr nütze ist (...).[164]

Es gibt neben den theaterstürmerischen Doktrinen Rousseaus oder Artauds noch eine weitere Lehre, um die Welt des Bühnenbetrugs, die Maschinen der Wiederholung zu moralisieren: Das ist die Doktrin von der Selbstverwandlung der komödiantischen Rede in Wahrheit. Unzählige literarische Schauspieler-Betrüger sahen sich von diesen Nachwirkungen ihrer trügerischen Worte schon geschädigt. Nicht allein in der Weise, wie es Schiller über den berühmten Schauspieler Garrick wußte: Wenn dieser »seinen Lear oder Othello gespielt hatte, so brachte er einige Stunden in gichterischen Zuckungen auf dem Bette zu«.[165] Dies wäre der Preis für die Unterbrechung der Biographie. Aber es können auch Theaterereignisse eintreten, die einer Biographie eine Wendung geben. Der Verführer und Schauspieler Valmont in den *Gefährlichen Liebschaften* sieht sich am Ende von seinen eigenen betrügerischen Sätzen gefangengenommen. Das ist eine denkwürdige Szene für einen Verführer. Als die betrogene Mme de Tourvel einen dramatischen Verzweiflungsanfall erleidet, muß sich Valmont erklären. Und das Furchtbarste widerfährt ihm:

Ich erhob mich aus ihren Armen, um vor ihr auf die Knie zu sinken und ihr ewige Treue zu schwören; und – um alles zu gestehen – ich dachte, was ich sagte.[166]

Solche Rückkopplungen der betrügerischen Komödie erfindet die Literatur, um die Moralisten, die in allen literarischen Wiederholungen dämonische Gefahren wittern, zu beruhigen. Die Dämonen der Sprache selbst sammeln die Schauspieler ein, die ihrer Macht zu entkommen glaubten. Selbst der Meister seines Herzens, der Schauspieler Frédérick Lemaître aus den *Kindern des Olymp*, muß am Ende der Eifersucht seinen Tribut zollen. Es ist weniger die Moral der Liebe als die Moral der Sprache, die ihr Tribunal eröffnet: Die einzige Sanktion, die sie kennt, gibt den Betrüger der Wahrheit seiner nur spielerisch geäußerten Worte anheim. Der arme Dichter Jakob Michael Reinhold Lenz spielte den genialen Wahnsinn der Stürmer und Dränger, bis er ihm zum Opfer fiel. Die Intellektuellenkrankheiten des 18. und 19. Jahrhunderts, Hypochondrie, Weltschmerz, Melancholie, packten ihre Opfer in gleitendem Übergang von Simulation zu Wirklichkeit. Flaubert imitierte in seiner Jugend die epileptischen Anfälle eines Bettlers so präzise, daß er später selbst von solchen Anfällen heimgesucht wurde.[167] Nietzsche verkündete die Wiederkehr des Immergleichen, bis er in der Jenaer Irrenanstalt des Professor Binswanger seine eigenen Ausscheidungen zu verzehren begann.[168]

Den Betrug, die Simulation einerseits und die tatsächlichen pathologischen Neurosen andererseits, so wußte auch bereits Freud[169], trennt lediglich das minimale Widerstandspotential des Bewußten. In der Tiefe aller Äußerungen lauert die Sprache, um durch das Exerzitium der Wiederholung alle Lügen der Wahrheit zu überführen.

Soldaten: Leben oder Tod

Soldaten empfangen Befehle und schicken in den Tod. Was versetzt sie in eine Typologie der Sender von Liebessprachen? Soldaten sind die Helden der erotischen Abkürzungen und Beschleunigungen: Das Repertoire der militärische Sprechakte führt lediglich Befehle und Drohungen. Doch ihr Prestige verdanken Soldaten der Nähe zum Tod. Befehl und Drohung gewinnen daher ihre Gewalt und füllen ihre szenischen Missionen aus, die sie durch plötzliches Erscheinen und Verschwinden bestreiten. Wenn sie Wirkungen erzielen, dann sind es Zustände zwischen Leben und Tod: Ergebung, Überwältigung, Ohnmacht, Bewußtlosigkeit. Dabei gab es früher auch eine ausgereifte militärische Erotik, und Soldaten konnten sogar Anspruch auf die Ehrenzeichen des Wahnsinns erheben. In Plutarchs Liebesdialog *Erotikos* aus der Sammlung der *Moralia* (um 100 n. Chr.) werden vier Formen von Wahnsinn durchgesprochen. Die erste Art der Mania entsteht auf rein physiologischer Basis: Sie ist eine innere Vergiftung der Seele. Daneben gibt es den Wahnsinn der göttlichen Inspiration: den Enthusiasmos, der die Seher und Propheten erfüllt. Weiterhin kennen die Gesprächspartner des Liebesdialogs die von den Musen verabreichten Ekstasen, denen die Begeisterung der Soldaten verwandt ist; bleibt noch als vierte Verrückung der erotische Wahnsinn. Wenn schon die Begeisterung des Kriegers für sich ein Wahnsinn ist, wieviel wahnsinniger und wieviel kriegerischer muß noch die Fusion der militärischen mit der erotischen Mania sein! Der thebanische Heerführer Pammenes soll diese Verbindung in die Kriegstaktik eingeführt haben; er ordnete seine Fußtruppen nicht nach Völkerschaften, sondern er stellte lauter (männliche) Liebespaare in eine Reihe.[170]

Daß Liebesleidenschaft den Kampfesmut der Krieger erhöht, gehört zum ältesten erotischen Wissen; sklerotisierte Formeln dieses Wissens geistern noch durch den Gesangsbeitrag Biterolfs zur Konkurrenz um die Fürstentochter Elisabeth in Richard Wagners *Tannhäuser*. Die Kriegstaktik bot dem homoerotischen Paar nach dem Vorbild des Pammenes vermutlich nie eine feste Position. Statt dessen erfindet man um 1800 die Liebe zum Vaterland und zur Nation als neues militärisches Doping. Nicht ganz 1700 Jahre nach Plutarchs *Erotikos* verfaßt ein junger französischer Leutnant einen modernisierten Liebesdialog, worin er die Vorteile und Nachteile der Leidenschaften für die Kriegführung erörtert. Sein Name ist Napoleon Bonaparte. In diesem *Dialog über die Liebe* aus dem Jahre 1791 erteilt Napoleon einem verliebten Freund eine patriotische Lektion, indem er ihm klarmacht, daß der ritterliche Dienst an einer Frau nicht zum Wohle des Volkes, der Gesellschaft und des Staates beiträgt:

Um dem Staat zu dienen, mein lieber Ritter, müssen sie stets Herr ihres Seelenlebens und ihrer Tätigkeiten sein (...). Wenn es aber notwendig sein sollte, dann müssen sie bereit sein, alles für den Staat zu unternehmen, als Soldat, als Geschäftsmann, als Höfling, wenn es das Interesse des Volkes oder ihrer Nation verlangt.[171]

Ebenso alt wie die Lehre von der Stärkung des Kriegers durch die Liebe ist auch die Auffassung, daß sich Krieg und Liebe nicht miteinander vereinbaren lassen. Dabei sind sie beide die großen Domänen des Zufalls. Jedoch heilen sich die Liebe und der Krieg wechselseitig voneinander. Viele unglückliche Liebende zogen wie Tristan in den Krieg, um Tod oder die Droge des Vergessen zu ernten. Die meisten dieser Geschichten wurden aus Interesse an der Psychologie unmöglicher Liebe erzählt. Napoleon erörtert in seiner Erzählung *Clisson et Eugénie* (1795) diese gleiche Unmöglichkeit, doch bevorzugt er die Perspektive des Krieges. Clisson, der »für den Krieg geboren war«, erreicht schon in jungen Jahren den höchsten Rang der militärischen Hierarchie. Auf seinem Namen glänzen längst die Edelmetallauflagen des Ruhms. Dann lernt er Eugénie mit der Nachtigallenstimme kennen, und die beiden stürzen sich in eine vollkommene Liebe und Ehe. Kinder werden geboren, und auf dem Kalender zählen sie nur Jahre ungetrübten Glücks. Da ruft erneut der Krieg nach Clissons militärischem Genie. Der Abschied hinterläßt in beider Herzen düstere Ahnungen. Der Lauf der Dinge gibt ihnen recht. Als Clisson in einem Gefecht verletzt wird, schickt er einen jungen Offizier zu seiner Frau, um sie zu benachrichtigen und um ihr bis zu seiner Genesung Gesellschaft zu leisten. Doch was geschieht? Eugénies Briefe, die Clisson im Feld empfängt, werden seltener und kürzer. Clisson weiß, was das bedeutet und was er zu tun hat: Die Herrlichkeit des Soldaten bewährt sich in einer großen Szene des Verschwindens. Er schreibt einen letzten Brief an Eugénie und stürzt sich dann in den Schlachtentod.[172]

Die Moral dieser unveröffentlichten Erzählung aus der Feder des begeisterten *Werther*-Lesers Napoleon lautet mithin: Ein Soldat im Feld sollte nicht an der Postleitung einer geliebten Frau hängen, sondern lediglich an der Befehlslinie des Kommandanten, durch den er allein die Stimme der Nation, des Volkes, des Vaterlandes vernimmt. Aber Napoleons eigene Briefe an Josephine bezeugen eben eine solche Abhängigkeit. Während des Italienfeldzuges 1796, den er bereits als Oberbefehlshaber leitet, schreibt Napoleon drohend an seine Frau: »Seele meines Lebens, schreibe mir mit jedem Kurier. Sonst sterbe ich!«[173] So klingt die Soldatensprache: Schreib oder ich verschwinde! Mag auch der Kurier zwischen Paris und Albenga neben den Befehlen des Directoire viele zärtliche Billette befördert haben: Die Spaltung von Liebe und Krieg in der Neuzeit ist unwiderruflich. Ihre wechselseitige Substituierbarkeit, von der man bis Stendhal lesen kann, bildet nur die erste Stufe dieses Risses: Auch Kriegsruhm wirkt selbstverständlich wie ein Aphrodisiakum. Ein scheiternder Liebhaber muß zurück in den Krieg, um seinen Namen zu kräftigen oder auszuradieren. Unter dem Pseudonym Salviati zitiert Stendhal in seinem Buch *Über die Liebe* seine eigenen Tagebuch-Seufzer, die er dem Papier anvertraute, als er einmal von einer Geliebten im Stich gelassen wurde. Ein Freund riet ihm daraufhin, auf die Liebe zu verzichten, und er antwortete:

Wie soll ich das machen? Gib mir meine Leidenschaft für den Krieg wieder.[174]

Der Soldat kann nur das eine oder das andere. Denn der Krieg setzt seine evolutionäre Logik durch und wird absolut, er überwältigt die Unterschiede von Land und Meer, Tag und Nacht, Himmel und Erde, Soldat und Zivilist – sowie heute: von Mann und Frau. Im absoluten Krieg droht die völlige Exhaustion einer Nation (nicht nur einer Armee). Die vergangenen Epochen, da Tages- und Jahreszeiten den Krieg begrenzten und für stabile Unterschiede sorgten, mischten sich unbefangen militärische Zeichen in den erzählerischen Liebescode: Die Frau war eine Festung, der Mann ein Eroberer. Der Mann siegte, die Frau wurde seine Beute. Diese Sprache blühte im galanten Roman des 16. und 18. Jahrhunderts und verwelkt in den Texten Elfriede Jelineks. Der Krieg, an dessen schwarzen Rändern heute die Welt endet, stellt Bilder nur noch für den Kampf der Geschlechter bereit. Als Quelle des erotischen Codes diente die Kriegskunst jedoch bereits um 1800 nicht mehr. Radikal von der Geschichte abgewiesen wird daher eine Spekulation Denis de Rougemonts, der ein ganzes Kapitel seines Buches *Die Liebe und das Abendland* dem Verhältnis von Erotik und Krieg widmet; Rougemont glaubt, Parallelen zwischen Napoleons Kriegführung und den Taktiken in seinen Liebesaffären erkennen zu können.[175] Da erscheint die nur schwach autorisierte Erzählung wahrscheinlicher, daß Napoleon jeweils vor seinen Schlachten oniert haben soll.[176] Denn auch die großen Kriegsmeister der Antike, Alexander, Hannibal, Caesar, neigten zu epileptischen Absencen und Entladungen.[177]

Mit dem Erscheinen des Neuen Leviathan, des absoluten Krieges, setzte die Entflechtung der beiden Aktivitäten und Sprachen Liebe / Krieg ein. Die empfindsame Liebe durfte kein Spiel mehr sein, kein Kriegsspiel, keine durch Galanterien verdeckte Gewalt. Der absolute Krieg reduzierte die traditionellen Zeichensysteme der alten Armeen: Die Paraden verschwanden, und die Uniformen büßten im Bildersturm der Sachlichkeit ihre Ornamente (nämlich sexuelle Prunkzeichen) ein. Der Krieg und die Soldaten nahmen ihren Einzug in die Unsichtbarkeit. Zugleich bewahrten die sachlichen Befehls- und Entscheidungscodes nur winzige Reste der alten Erotik. Freud, der im Briefwechsel mit seiner Braut immer wieder in den Kriegscode verfiel[178], rettete Reste dieses Vokabulars in die Grundbegriffe der Psychoanalyse: Abwehr, Zwang, Verdrängung, Besetzung, Widerstand, Unterdrückung. In den modernen Kriegsmythen überlebten nur die obszönen Soldatensprachen und Sexualitäten nackter Gewalt. Es scheint aber, als könnten diese beiden »Kulturen« ohne weiteres nebeneinander bestehen: die Welt des Befehls, der militärischen Organisation und die Welt der (imaginären) Autonomie, des erotischen Begehrens. In seinem großartigen Denk- und Bilderbuch *Männerphantasien* mochte und wollte Klaus Theweleit vielleicht nicht der Tatsache ins Auge blicken, daß die Maschinenwelten (das Maschinenbewußtsein) und die Auflösungswelten (die Liebeswelten) koexistieren – wenn auch in absoluter Trennung. So funktioniert die schizoide Funktionsteilung der modernen Welt. Napoleon beherrschte und schrieb nebeneinander die harte Sprache des Befehls, die Tötungs-Kommandos des Heerführers und die Werther-Sprache der sentimentalen Liebe.

Martin Heidegger läßt die Welt des Befehls und die Welt der Technik zusammenfallen: »Die (...) vorsätzliche Herstellung der Welt in den Zustand des menschlichen Befehls ist ein Vorgang, der aus dem verborgenen Wesen der Technik hervorkommt«[179], heißt es in den

Holzwegen. Tatsächlich kennt die sexuelle Arbeitsweise des Soldaten (der ein Typus ist) nur zwei Modi: das plötzliche Erscheinen und Verschwinden. Nicht jeder Zug an der soldatischen Befehls-Sendung zeigt heroische Kraft; nur Soldaten vom Schlage Davids oder Alexanders verlangten und befahlen nach den Frauen ihrer Untergebenen. Wie das zweite Buch Samuel berichtet, nahm David seinem eigenen Heerführer Uria die schöne Bathseba und schickte ihn in den Tod. Und es ist ebenso bekannt, daß es den großen Alexander auch nicht selten nach den Begleiterinnen seiner Generäle gelüstete.[180] Solche Kommandos oder auch solche strategischen Verführungen eines Soldaten kämen einer souveränen Handlung gleich; doch auch als Sender von Liebessprachen sind sie nur eine Durchgangsstation einer dritten Gewalt. Befehle oder Drohungen kürzen alle Kommunikationen auf ein effektives Minimum. Solche Verkürzungen entsprechen einem imaginären Szenario, das beide Geschlechter kultivieren: der Rettung. Das Mißverständnis zwischen dem Grafen F. und der Marquise von O. in Kleists Erzählung besteht darin, daß die Marquise in ihrem zufällig erscheinenden Retter eine engelgleiche (nachrichtenartige) erotische Macht zu erblicken glaubt. »Physische Geschwindigkeit« bildet nach Canetti eine wesentliche Eigenschaft der Macht.[181] Der siegreiche Soldat betrachtet die Ohnmächtige als seine Beute. Die schlagartige Überwältigung nimmt ihre Kraft aus dem Kontakt mit einem ganz anderen Ort: Die Retter hüllen sich in die Aura des Göttlichen. In vortechnischen Zeiten gehörte das Plötzliche Gott allein. Die Induktion der Ohnmacht durch eine dritte Kraft gilt auch für solche Opfer der soldatischen Erotik, die durch Drogen (wie in Samuel Richardsons *Clarissa*) betäubt werden. Aber die Literatur will, daß Frauen durch die imaginäre Gewalt einer Erscheinung oder eines drohenden Verschwindens in das Simulacrum der Hingabe stürzen. Das widerfährt Kleists Käthchen von Heilbronn oder der *Clarissa*-Leserin Madame de Tourvel in den *Gefährlichen Liebschaften*: Der unerwartete Anblick oder der drohende Abschied des Geliebten (des Befehlenden) löscht ihr Bewußtsein und läßt sie in die Tiefe der Ohnmacht fallen. Es ist stets die Faszination der Erscheinung oder die Paranoia des Verschwindens, auf die sich soldatische Verführungen stützen. Die Literatur und das Leben sind voll davon. In Elfriede Jelineks *Lust* verläuft das eheliche Kampfspiel nach einem harmlosen Muster:

Er stößt mit der Zunge zornig hinein, mit dieser Kunst ist er eines Tages aus heiterem Himmel nach Hause gekommen. Freudig ist er ein Gott. Und bald wird er wieder im Büro sein (. . .). Der Direktor will jederzeit, auch während der Bürostunden, zu Hause anrufen können, um festzustellen, ob an ihn gedacht wird. Er ist unausweichlich wie der Tod. Immer bereit zu sein, ihr Herz herauszureißen, es auf die Zunge zu legen (...).[182]

So mögen die Soldaten des Alltags ihr Handwerk betreiben. Sie können zwar erscheinen, aber ihnen wird keine Ohnmacht zuteil. Die Soldaten des Imaginären inszenieren das Erscheinen und Verschwinden großartiger und furchtbarer. In Guillaume Apollinaires *Elftausend Ruten* findet man in parodistischer Form die zweite Stufe solcher soldatischen Erogenität. Der rumänische Fürst und Stabsoffizier Mony profitiert davon, daß Hélène plötzlich von ihrem Geliebten Fedor verlassen wird:

> Mony (...) erkannte Fedor, der mit einem Säbel winkte und rief:»Adieu, Hélène, ich ziehe in den Krieg... Wir werden uns nie wiedersehen.« Hélène wurde totenbleich und sank ohnmächtig in Monys Arme. Er transportierte sie auf's Bett. Zuerst zog er ihr das Mieder aus, und die Brüste quollen hervor.[183]

»Wir werden uns nie wiedersehen« ist ein Soldatensatz von großer Wirkung. Auch Napoleon drohte Josephine mit seinem Tod. Eine auf diese Weise provozierte Ohnmacht gibt dem Krieger dann gleich das Einsatzzeichen. Mit der Drohung, sie zu verlassen, raubte Valmont der Mme de Tourvel das Bewußtsein und nutzte anschließend die Gelegenheit. Den dritten Grad dieser Erotik der Ohnmacht und des Todes bietet de Sade. Das perverse Pandämonium der *120 Tage von Sodom* speichert selbstverständlich auch diese Abscheulichkeit. Mme Duclos erzählt, wie sie einen Mann bediente, der stets nach empfindsamen Mädchen verlangte, die er in Schrecken und Ohnmachten versetzte, um sich zu befriedigen. Eines seiner Opfer schockierte er mit der fingierten Nachricht vom Tode (dem Verschwinden) ihres Geliebten:

> »O, das ist sicher nicht –«, sagte das junge Mädchen und fiel ohnmächtig hin. – »Teufel, Teufel!« rief da unser Lüstling außer sich vor Wonne, indem er sich auf sie stürzte, »so wollte ich sie haben, den Arsch, ich brauche nichts als den Arsch, um zu spritzen!« Und indem er die Bewußtlose hin und her wendet, spritzt er ihr sieben- oder achtmal in den Hintern und geht (...).[184]

Doch die Literatur sorgt (außer bei de Sade) wie bei den Komödianten dafür, daß die Übeltäter moralisiert werden (das Stocken erlernen). Ein schönes Beispiel dafür gibt Tania Blixen in *Babettes Fest*. Ein junger schneidiger Offizier verliebt sich bei einem zufälligen Besuch in Martine. Sie ist eine der beiden schönen Töchter des Propstes, der einer pietistischen Gemeinde im hohen Norwegen vorsteht. Aber in dem Hause des Kirchenmannes herrscht eine so dicke Luft der Frömmigkeit und der Lebensandacht, daß dem flotten Offizier Lorens Löwenhjelm die flotten Worte ausgehen:

Am letzten Tag seines Aufenthalts machte er einen letzten Versuch, Martine seine Empfindungen mitzuteilen. Bisher war es ihm immer leichtgefallen, einem hübschen Mädchen zu sagen: Ich liebe dich – aber die zärtlichen Worte stockten ihm im Halse, als er dem Mädchen ins Gesicht sah. Als er sich bei der Gesellschaft verabschiedet hatte, begleitete ihn Martine mit einem Kerzenleuchter an die Haustür. Das Licht fiel voll auf ihren Mund und warf den Schatten ihrer langen Wimpern der Stirn entgegen. Schon im Begriff, in stummer Verzweiflung von dannen zu gehen, faßte er auf der Schwelle jählings ihre Hand und preßte sie an seine Lippen.»Ich gehe für immer fort!« rief er. »Ich werde Sie nie, niemals wiedersehen! Das habe ich gelernt hier: daß das Schicksal hart ist; daß es Dinge gibt auf dieser Welt, die unmöglich sind!«[185]

Die Schranke des Unmöglichen steht zwischen dem Soldaten und dem Mädchen. Selbst die raffinierte Abschieds-Drohung, die Soldaten-Verführung, die sonst nie ihre Wirkung verfehlt, verpufft, und die Distanz bleibt unüberbrückbar. Wo keine Maschinenworte, Drohungen oder Befehle, einen Kanal eröffnen können, da kapituliert die Soldaten-Macht. Moralisierende Pointen solcher Art vollenden nicht nur eine fiktive Literatur, sie krönen auch biographische Kriegergeschichten. Nachdem der Hauptmann Ernst Jünger mit der deutschen Armee in Paris erschienen war, besuchte er auch die verschiedenen intellektuellen Salons mit ihren schönen und klugen Frauen. Bisweilen mußte er dabei über die Gründe nachdenken, warum die Soldatenreden, selbst wenn sie aus dem Munde eines Dichters kamen, ihr Ziel nicht erreichten. *Das erste Pariser Tagebuch* Jüngers enthält unter dem 23. November 1941 diese Notiz:

Bei klugen Frauen ist es sehr schwierig, die Distanz zum Körper zu überwinden – als ob sie der stets wache Geist mit einem Gürtel rüstete, der die Begierde zum Scheitern bringt. Es ist zu hell in ihrem Umkreise. Da dringen jene, die erotisch nicht deutlich ausgerichtet sind, vielleicht am ehesten vor. Das könnte zu den Schachzügen gehören, durch welche die Konstanz der Art gesichert wird.[186]

Im Krieg gegen die Natur und gegen den Geist sinken selbst dem Dichter-Soldaten bisweilen die Waffen aus der Hand: Intellektuelle Frauen lassen sich nicht so leicht faszinieren oder schockieren (begreiflicherweise verlangen sie selbst danach, Effekte zu erzielen). Um durch sein plötzliches Erscheinen den Theatercoup zu vollenden, muß der Soldat mit einem weiblichen Phantasma kollaborieren, das aus den Motiven von (verbaler) Gewalt, Auftauchen und Verschwinden gebaut ist. Sie finden sich in den Kollektaneen erotischer Frauenphantasien, die seit Jahren ihren triumphalen Einzug in die Verlagskataloge feiern.[187] Aber die Szenarios solcher Phantasien (von soldatischen Männern) lassen sich keineswegs als weibliches Wünschen in irgendeiner Geschlechtersemiotik erkennen; die imaginäre Paarung folgt einfach dem Prinzip Geschwindigkeit. Soldaten führen in der Todestrieb-Erotik, die keinen Aufschub duldet. Da nach Virilio die Geschwindigkeit (das Verschwinden durch Temposteigerung) das militärische und technologische Evolutionsprinzip ausmacht und da (immer noch nach Virilio) hohes Tempo selbst erotisch ist, so muß sich unter dem Gesetz der Akzeleration auch der Soldatentypus verflüchtigen; oder er erscheint so ubiquitär, daß er nicht mehr als Typus identifiziert werden kann. In dem Roman *Die Erlöser* von William Gaddis sehen sich die Handelnden durch alle nur denkbaren Geschwindigkeiten der Kommunikation überwältigt, die sie in ein nicht ganz durchsichtiges kapitalistisches Komplott verstrickt. Es geht um die illegale Aneignung von Bodenschätzen in der dritten Welt. Die weibliche Hauptperson Liz ist mit einem der Beteiligten verheiratet. Sie lebt eigentlich allein in einem Haus, das aber unablässig von Besuchern und elektronischen Nachrichten berannt wird. Mit dem Eigentümer des Hauses, einem Geologen namens McCandless, der auch in das Komplott verwickelt ist, hat sie ein kurzes erotisches Erlebnis. Auch der Geologe war völlig unerwartet und plötzlich erschienen. Am Ende erklärt Liz McCandless, der sie zur gemeinsamen Flucht überreden will, was sie an ihrer kurzen Affäre so gereizt hat:

All deine sanften, deine Hände auf meinen Brüsten auf meinem Hals überall, wie du ganz in mir warst, bis nichts anderes mehr da war, bis ich, bis ich nicht mehr war, ich existierte nicht mehr (. . .) – ich glaube, ich habe dich geliebt, als ich wußte, daß ich dich nie wiedersehen würde (. . .).[188]

Plötzliches Erscheinen und die Gewißheit, daß er auch wieder verschwindet: Das bilden die Außenbedingungen eines erotischen Abenteuers. Und als Siegel ihrer höchsten Befriedigung kann Liz sagen, daß es ein Verschwinden, eine Auslöschung wenigstens des Bewußtseins gegeben hat. Epiphanie und Epilepsie. Kein sprechendes souveräres Subjekt erzeugt dieses nur minutenlang stabile erotische Kraftfeld des soldatischen Tempos. An seiner anonymen Macht partizipiert die Geschlechterbeziehung als etwas, was lediglich durch Unmöglichkeit bestehen kann.

Mag in vergangenen Zeiten der Held und Soldat sein Prestige als Verführer der Teilhabe seines Körpers an dem Diskurs (der Fama, dem Ruhm) über seine Taten verdanken, so durchlaufen ihn heute lediglich die Energieströme eines Evolutionsprozesses und die Kräfte von Ereignissen, die er an keinem Punkt mehr selbst beherrscht. Die militärischen und die nachrichtentechnischen Maschinen holen in den Blick, was theoretisch längst bekannt ist: Die Sender von tödlichen oder lebenspendenden Nachrichten (Projektilen oder Spermatozoen) fungieren nur als Schaltstationen von anonymen Prozessen, in denen ihnen ein Zufall der Evolution das Bewußtsein beschert, als Akteure zu handeln. Nicht Aktivität oder Passivität, das Verhältnis von Sender und Empfänger, verbindet (trennt) die Geschlechter; vielmehr vereint sie jenes biologische Schicksal, das sie – wie Freud im Anschluß an Weismann erklärte – sich lediglich als »Anfüllungsel« des virtuell unsterblichen Keimplasmas ihre Mission erfüllen läßt.[189] Doch das »Keimplasma« der sozialen Systeme sind ihre Nachrichtenwege.

6. Nachrichtenverkehr II: Kanäle

Geist: Röhren und Matrizen

An den Kanal des Geistes angeschlossen zu sein, bedeutete einmal ein großes Privileg für wenige auserwählte Frauen und Männer: Weder die Priester der Antike noch die Verwalter der christlichen Telekommunikationen verschafften jeder beliebigen Seele diesen begehrten Kontakt. Alle Nachrichtenlinien des Geistkanals – die Dämpfe, die Ausgießungen, das Wehen, der Atem, die feurigen Zungen – richteten ihre Botschaften entweder an Orakelpriesterinnen, Heilige, Besessene, träumende Nonnen; oder an schriftmächtige Priester, Apostel, Kirchenväter. Jeder neue Nachrichtenkanal – wie sonst wollte man die Einrichtung des Geistes klassifizieren? – sucht erst einmal gezeichnete oder ausgezeichnete Abnehmer. Als dann die Literatur den Geist an unkontrollierbare Mengen von Leserinnen und Autoren anschloß, da war mit dem Privileg auch bald der Kanal am Ende: Der Geist gab einen Teil seines Geistes auf. Von der Herrschaft des christlichen Geistkanals blieb nur die Verteilung der Funktionen Schreiben / Lesen auf Männer und Frauen. Spätestens seit dem 18. Jahrhundert organisiert der neue, irdische Dichtergeist die Beziehung der Geschlechter als innerweltlichen Informationsfluß. Was es aber mit diesem Geist auf sich hat, liegt immer noch im Dunkel der theologischen Pneumatologie, der germanistischen Geisteswissenschaft und der historischen Forschung über vortechnische Übertragungswege.

Eine hinreichende Vorstellung vom alten christlichen Geistkanal gibt die Ikonographie der Verkündigung. Solange der Geist den Malern vor allem biblische Motive diktierte, verlangte er immer wieder danach, daß das Zeugnis des Apostels Lukas über die Empfängnis der Jungfrau Maria in Szene gesetzt werde. Auf drei Kanälen empfängt die Jungfrau Maria dort die Botschaft Gottes, die sie schwanger werden läßt: durch den Engel, durch die Taube und über den Lichtstrahl, den viele Maler unmittelbar von Gott ausgehen lassen, um ihn auf Marias Kopf zu richten. Eine hart umstrittene Tradition gab vor zu wissen, daß Maria durch das Ohr schwanger geworden sei. Man findet im 9. Jahrhundert, in der Kritik des Bischofs von Lyon, Agobard, an dem zeitgenössischen *Antiphonarium* – dem Textbuch der liturgischen Gesänge –, noch Spuren des Streites über diese Frage. Im *Antiphonarium* hieß es sinngemäß: »Er stieg als Gesandter des göttlichen Sitzes vom Himmel herab, betrat, mit einer purpurnen Stola bekleidet, durch das Ohr der Jungfrau unsere Welt und kam als Licht

Abb. 13: Nordportal
der Würzburger Ma-
rienkapelle.
Jesus gleitet auf dem
Geistkanal in Marias
Ohr.

und als göttlicher Schöpfer der Welt durch die goldene Pforte wieder
hervor.« Agobard widersprach dieser naiven Lesart von einem körperlichen Eintritt Gottes durch das Ohr der Jungfrau. Indem er an die
akustische Wirkung von Reden erinnerte, schlug er einen anderen
Text vor: »Die heilige Jungfrau empfing den Gottessohn durch den
Klang der himmlischen Worte.«[1] Welch großer Volkstümlichkeit sich
aber die Doktrin von der Empfängnis durch das Ohr erfreute, das zeigen viele künstlerische Darstellungen der Verkündigungsszene. So
steuert beispielsweise auf einem Gemälde Filippo Lippis der Geistes-
strahl zielsicher das Gehörorgan der überraschten Jungfrau an. Einfacher noch löst eine Version der Verkündigung auf dem Tympanon des
Nordportals an der Würzburger Marienkapelle das Übertragungsproblem. Der Künstler verbindet den Mund Gottes und das Ohr Marias mit einem biegsamen Rohr, durch das der Vater des Erlösers,
ohne Furcht vor Interferenzen durch andere Schwingungen im
Raum, seinen Atem, die Liebe, den Logos überträgt. Das ist der Kanal des Geistes. Auf dem Rohr gleitet, damit sich niemand über die
Funktion dieser Röhre Illusionen hingibt, der winzige Gottessohn ins
Ohr seiner künftigen Mutter.

Abb. 14: Michelangelo Caravaggio, *Der schreibende Matthäus*, 1596.
Der Delegierte des Geistes führt die Schreibhand des Apostels.

Viele dieser Verkündigungsszenen schließen Maria noch an einen vierten Kanal an: Sie liest in einem Buch. Davon wußte zwar der Apostel Lukas nichts, doch verlangten die Theologen aus gutem Grund, daß sich der Geist in eine literate Frau ergießt. Ohne kleine sexuelle Prämien läßt sich auch der reinste Geist nicht dirigieren. Denn wer schreibt die spirituellen Nachrichten auf? Die Apostel. Die gleichen Strahlen, der gleiche Engel, die gleiche Taube soufflieren den Aposteln ihre Texte oder führen ihnen die Hand.[2] Und für wen schreiben sie? Wieder für Leserinnen. Zunächst weist der Geist Schreibern und Leserinnen eine gleiche rezeptive Position zu. Maria empfängt wie jeder Apostel als Matrize den Geist (sie als Gebärmutter, er als Schriftstock für Vervielfältigungen). Während Maria in ihrem Leib die Frucht des Geistes nährte, trugen die Apostel, wie sich Chrysostomos ausdrückte, den Geist in ihrem Innern: Sie wurden »(...) durch die Gnade zur lebendigen Schrift und zu lebendigen Gesetzesbüchern«.[3] Animiert durch die unterschiedliche sexuelle Matrizierung feiert nun der Geist seine Einmaligkeit dank ewiger Wiederholungen in der Geschlechterkommunikation. Neben dem großen zirkulären Informationslauf zwischen Gott und den Menschen, die unablässig seine Mitteilungen an ihn zurückschicken, etabliert sich der kleine Schaltkreis der zwischengeschlechtlichen Kommunikation, in der Apostel schreiben, damit es Frauen lesen, um das Gelesene nach Gelegenheit auch noch einmal zu halluzinieren.

Der Geistkanal konnte als Verteiler der sexuellen Positionen innerhalb des christlichen Geschlechtersystems so rasch eingerichtet werden, weil die Antike längst eine Konzeption des Geistes (Pneuma) entwickelt hatte, die nur noch auf die christliche Botschaft abgestimmt
zu werden brauchte. Diese alte Geisttheorie beherrscht bis in unsere
Tage hinein die Vorstellungen von dem, was Mitteilungen sind; nicht
ganz so lange diente die Lehre vom Pneuma zur Erklärung aller Infor-
mationsvorgänge innerhalb des Organismus. Eine erste Zusammen-
fassung der frühen medizinischen und philosophischen Anschauung
über das Pneuma verdanken wir Aristoteles. Gemäß der aristotelischen Kybernetik des Körpers muß man sich das Pneuma als ein Organ vorstellen, das seinen Sitz im Herzen hat, und von dort aus über
Arterien- und Nervenkanäle innere Empfindungen und äußere Sinnesdaten registriert und Bewegungen steuert.[4] Auch die Prozesse der
Formbildung gibt Aristoteles in die Steuerungs- und Übertragungs-
funktion des Pneumas. Zwar erkannte bereits ein Zeitgenosse des Aristoteles, Protagoras von Kos, den Unterschied von Venen und Arterien. Aber die Lehre von den pneumatisch regulierten Vorgängen im
Körper, die der große Mediziner Galen kanonisch zusammenfaßte,
bewahrte sich ihre Gültigkeit noch mehr als eineinhalb Jahrtausende
lang bis zur Entdeckung des Blutkreislaufes durch William Harvey im
Jahre 1628. Erst Descartes gab den Lebensgeistern in seinem *Traité des
passions* aus dem Jahre 1649 eine neue Zentrale. Die Seele, eine Drüse
ohne organische Ausdehnung mit Sitz im Gehirn, sammelt und verteilt die Affekte, die Empfindungen, die motorischen Bewegungen
und die Einbildungen durch Vermittlung der Lebensgeister.[5] Ohne
eine genaue Vorstellung von den Stoffwechselprozessen und von der
Kybernetik des körperlichen Systems behalf sich die Wissenschaft mit
Geistern als Transmittern der seelischen und organischen Vorgänge.
Da nun das Pneuma alle physiologischen Übertragungen steuerte und
sich den Körpersäften Blut, Schleim, Sperma, Galle beimischte,
mußte diese feinste Materie aus Wärme und Wind zur Schöpfungssub-
stanz schlechthin erklärt werden. Bereits die Antike dachte sich das
Pneuma als Träger göttlicher Mitteilungen.[6] Aber man gab ihm in der
Ordnung der Welt keine richtige Behörde wie dem christlichen
Pneuma. Überhaupt quälte sich der neue Geist mit allerlei Resten aus
der heidnischen Epoche. Aus jener guten Zeit, da die Menschen und
Götter noch problemlos miteinander kommunizierten, indem die
Götter Träume und andere »luftige Dämonen« in Bewegung setzten,
während die Menschen mit Opferrauch antworteten, stammt die
auch für Christen vertraute Vorstellung, daß der Geist einen »süßen«
Duft ausströmt.[7] Arbeit für Hunde- und Menschennasen.

Dieser »süße« Geruch bereichert immer noch die Erotik des christlichen Nachrichtenverkehrs zwischen Gott und den Menschen. Woher jedoch kommt diese sexuelle Farbe? Warum bringen die Boten Eros, Engel, Satan, Geister, Vampire, Briefträger immer auch eine Lust? Warum strömen erotische Attraktionen unaufhaltsam durch den Kanal des Geistes? In der kaum zu überblickenden theologischen Debatte über den christlichen Geist schafften es weder Konzile noch Enzykliken, diese unbegreifliche Erotik zu tilgen. Noch Papst Johannes Paul II. bezeichnet den Geist als christlichen Nachfolger des Boten Eros: »Er ist die Liebe als Person.«[8] Man wird noch sehen: Neuerfundene Nachrichtenwege werden von Anbeginn an erotisiert, weil Erotik / Liebe vorderhand ein Kanal ist. Den sonst so reinen paulinischen Geistkanal durchrieselt noch reichlich geheime Erotik. Denn auch das neue Gesetz verlangte, daß Frauen mit Freude empfangen, was Gott, Apostel und Priester ohne Unterlaß senden. Die Wirkungen der großen Religionen beruhen ja auf der Regel der Repetition und Permanenz der Gottesbotschaften. Außerdem prozessiert der christliche Schaltkreis seine Testamente noch über die Relais der Geschlechter. Jorge Luis Borges analysierte an diesem Geistkonzept vor allem die Funktion, den Sinn, die Sinnmassen zu kontrollieren.[9] Doch da der alte Geist nur aus Papieren und Sätzen bestand, mußte ihm außer der Magazinierung des Sinns noch eine raffinierte Bestandsgarantie gegeben werden. Daher die Erotik. Die Geschlechterkommunikation bildet den Fluch und den Segen dieser aus der Kontingenz von Götterlaunen genommenen Verbindung. Sie funktioniert bis heute (Segen), aber ihre Erotik kann keiner tilgen (Fluch). So half es nichts, die Engel zu desexualisieren; in den christlichen wie atheistischen Liebescodes heißen sich die Liebenden »Engel« und »Gott« und beten sich an. Vergeblich auch, die Boten zu Beamten zu ernennen. Chrysostomos, der Fachmann für das Nachrichtenwesen unter den Vätern der Ostkirche, verglich in seinem *Kommentar zum Matthäusevangelium* den Heiligen Geist mit einem kaiserlichen Boten, der zwar von geringer Stellung sei, dem aber höchste Ehre und Achtung entgegengebracht werden.[10] Dies entsprach auch der neugewonnenen Würde, die der Geist auf dem Konzil von Konstantinopel im Jahre 381 erwarb. Ein kollegialer Beschluß beförderte den Kanal zur dritten göttlichen Person, um damit die Trinität eigentlich dogmatisch zu befestigen. Aber als Person konnte der Geist nie so recht populär werden. Zu viele ungelöste Probleme des Wissens und der Übertragung lud man in sein Ressort. Die frühscholastische Philosophie des Johannes Scotus Eriugena teilte dem Geist noch die Funktion zu, alle im göttlichen Schöpfungswort festgelegten Ideen auf die

Dinge und Lebewesen zu übertragen.[11] Dieses Problem raubt noch heute diversen Forschern den Schlaf, nicht zuletzt den Biologen: In welchem Gedächtnis speichern die Dinge ihre Formen?[12] Populärer als der Geist ist allemal die Liebe. Daher legte Augustinus in seinem dogmatischen und philosophischen Werk *De Trinitate* fest, daß der Geist innerhalb der göttlichen Trinität die Liebe (*caritas*) zwischen Gott und seinem Sohn vermittelt.[13] Private Familienpost also. Die Familien-Liebe stiftet eine Verbindung, und allein aus dieser schlichten Tatsache bezieht der Geist sein Renommee. In einem umfangreichen *Traktat über die Gottesliebe* (1616) vergleicht François de Sales die Anziehungskräfte der Liebe mit der physikalischen Wirkungsweise eines Magneten.[14] Gott und der Geist sichern ihre Attraktion, indem sie zwischen den Geschlechtern Schriften und Nachrichten zirkulieren lassen. Daher ergießt sich der Geist bisweilen auch in kleine Muscheln: Als »Finger Gottes« taugt er sowohl zum Schreiben wie zur Dämonenaustreibung. Dazu muß man wissen, daß der Exorzismus von Priestern an Frauen betrieben wurde, die sie zuvor hysterisiert hatten.[15] So läuft das Wissen durch einen spirituellen Schaltkreis. Chrysostomus selbst verglich die (dem Willen entzogene) Einwirkung des Geistes mit dem körperlichen Vorgang des Erbrechens.[16] Solche Väter-Sätze programmierten, ohne es zu wollen, auf den Matrizen der Geschlechter neue Hysterien: imaginäre Schwangerschaften bei Männern[17], Anorexien und Bulimien bei Frauen.

Auf den bildlichen Darstellungen der Verkündigungsszene, die das 17. und 18. Jahrhundert hinterlassen haben, fehlt plötzlich der Geistkanal. Keine Taube, keine Strahlen, kein Rohr aus dem Mund Gottes. Der Engel allein übermittelt die frohe Nachricht. Das Buch auf Marias Pult muß die anderen Kanäle geschluckt haben. Bereits zu Beginn des 17. Jahrhunderts nannte der Lyriker und Geistliche John Donne den Heiligen Geist einen »feurigen und beredten Schriftsteller«.[18] Der Geist fuhr nicht mehr einem oder einer Auserwählten in den Leib, sondern diktierte von ferne. Die Distanz wurde immer größer, bis schließlich jeder, der schrieb, auch über Geist verfügte. Noch gehörte das Schriftprivileg Männern, während bereits ganze Völker alphabetisiert wurden. Das große Projekt *Bildung* der Goethezeit unternahm den letzten Versuch, eine Kultur, die gesamte Nation an einen Geist, der die Liebe zum Vaterland verschickte, anzuschließen. An den Literaturgeist. Die Katastrophe dieses deutschen Geistes im 20. Jahrhundert steht in den Geschichtsbüchern. Wer kann und will heute den alten Geist erneut aus dem Grab rufen, da sich außer dem erotischen Verlangen noch ungezählte polymorphe Leidenschaften durch so viele Kanäle zwängen? Manche versuchten es doch, wie

Abb. 15: Adrien van de Velde, *Verkündigung an Maria*, 1667.
Der Geistkanal schließt, die Lilie verwandelt sich in ein Schreibgerät.

zum Beispiel der von allen guten Geistern verlassene Otto Weininger. Weininger, der die Abschaffung des Koitus forderte, weil er der sittlichen Idee des Menschen zuwiderliefe, stapelte reichlich Argumente dafür, daß die Telegonie (Fernzeugung) – Gottes großes Privileg – auch unter Mensch und Tier möglich sei.[19] Vielleicht erlebt das ausgehende Jahrhundert doch noch eine Wiederbelebung des alten erotischen Geistes. Die Rocksängerin Nina Hagen leitet ihre Atemspende über die moderne Technologie aus Übertragungen und Speicherungen. Jedenfalls verkündet sie: »Ich bin der Kanal Gottes.«[20]

Post: Engel und Wunschmaschinen

Vom Erlöschen des Gottes-Geistes profitierten die Schriftsteller. Die immerhin von den Aposteln erfundene Geschlechterkommunikation, in der sich Männer als Autoren und Frauen als Leserinnen zuarbeiten, wurde durch die Einrichtung der Literatur nur noch intensiviert. Als ehemaliger Souffleur sah sich der Geist zum Genie säkularisiert, seine Funktionen als Kanal übernahm die Post. An diese Umschreibung des Geistkanals in den Literaturkanal und an die dabei zwischen den Geschlechtern aufkommenden Komplikationen erinnert Honoré de Balzac in seinem Roman *Modeste Mignon* aus dem

Jahr 1844. Der männliche Held dieser Geschichte ist ein Dichter, und er heißt daher Kanal. Mit vollem Namen Constant Cyr Melchior Baron de Canalis. Alle Namen des Romans erzählen Mikrogeschichten. So trägt die weibliche Heldin, die reizende Modeste Mignon, den goetheschen Nachnamen, weil ihr eine deutsche Mutter das Verlangen nach romantischer Poesie in die Seele gelegt hat. Diese Mutter, Tochter eines Frankfurter Bankiers, hört ihrerseits auf den literarischen Vornamen Bettina. Modeste muß durch die Herzenspein eines Mignon- wie Bettina-Schicksals, denn der Roman erzählt vom Unglück und Glück eines Briefverkehrs zwischen Dichter und Leserin. Modestes Vater führt zwar den Titel Comte Charles de la Bastie, aber nach dem Niedergang seines Hauses reist er als Kaufmann mit wechselndem Glück zwischen Amerika und Konstantinopel hin und her, um das wirtschaftliche Elend von seiner Familie abzuwehren. Die Phantasie der Leserin Modeste wandert unterdessen durch alle zeitgenössischen romantischen Bücher, und sie träumt in den glänzendsten Märchenfarben die Poesie des Literatur-Glücks; endlich beschließt sie, ihr Herz dem edelsten Männertypus, einem Dichter, zu schenken; dies jedoch nicht, ohne den Erwählten vorher in einer Korrespondenz gehörig geprüft zu haben. Die Literatur der Epoche schenkte ihr die Illusion, daß sie durch das Gitter von Lettern in den Herzen lesen könnte. Modeste erwählt sich den zweitrangigen Lyriker Baron de Canalis, dessen geschöntes Konterfei ihr in einer Buchhandlung ins Auge gefallen war. Nachdem sie über einen literarischen Agenten in Erfahrung gebracht hat, daß Canalis noch Junggeselle ist, schreibt sie ihm unter Pseudonym einen ersten Brief. Canalis aber verfügt bereits über ein ganzes Archiv von leidenschaftlichen Frauenbriefen, und er taxiert jeweils Reichtum und Schönheit der Verfasserinnen mit solcher Routine, daß er Modestes Pseudonym gleich durchschaut. Seine Erfahrung sagt ihm, daß sich ein solcher »Postengel« bei näherem Hinsehen doch nur in eine »verarmte Engländerin« oder in ein »häßliches Mädchen« verwandelt, »das einen Ehemann sucht«.[21] Er überläßt die Beantwortung des Briefs seinem Sekretär und Freund Ernest de la Brière. Dem jungen Sekretär schenkte die Natur zum Glück den sicheren Instinkt für die Sprache reiner Mädchenherzen, und so fädelt er im Namen von Canalis auf dem Postweg eine wunderbare romantische Liebes-Affäre ein. Zunächst versucht Ernest noch, der unbekannten Verehrerin die Liebe zu den Dichtern auszureden, aber Modeste begreift dies nur als Zeichen von Edelmut und Bescheidenheit an ihrem Angebeteten. In solcher Bescheidenheit spiegelt sich ihr Vorname, und darin winkt ihr das Schicksal zu, daß auf der anderen Seite ein wahrer Dichtergott spricht. Denn bereits in ihrem fünften Brief offenbart Modeste ein dringendes religiöses Anliegen:

Man wendet sich an Gott, wir bitten ihn um eine Unmenge von Dingen, doch er bleibt stumm. Von Ihnen erwarte ich alle die Antworten, die uns Gott verweigert.[22]

Wo Gott schwieg, muß der Dichter sprechen. Und jeder Satz, den Ernest von Paris nach Le Havre schreibt, trifft ins Schwarze dieser Erwartung. Auch Modeste antwortet genau in dem Ton, der eine Männerseele dazu treibt, alle Lebensgeister mit Herzklopfen zu beschäftigen. Heimlich fährt Erneste nach Le Havre, um unter der Deckadresse nach der Briefschreiberin Ausschau zu halten. Was ihm beim Anblick des Mädchens seine Augen sagen, geht über die Träume aller träumenden Sekretäre weit hinaus. Bald verlangt auch Modeste, daß sie Gelegenheit bekommt, den vermeintlichen Dichter einmal unbeobachtet zu sehen: An einem Sonntag umkreist Ernest mit einer weißen Rose im Knopfloch die Kirche von Le Havre. Und auch Modestes Augen sagen: Er sieht aus wie der Gott, der ihr geschrieben hat. Jetzt könnte der Postkanal zugunsten direkter Worte geschlossen werden. Aber zwischen den beiden steht noch die Mauer des Betruges. Ernest muß die Maske des Autornamens fallen lassen und gestehen, daß die Briefe, die Modeste erhielt, nicht von Gott gekommen sind. Damit sinken seine Aussichten auf ihr Herz erst einmal in den Abgrund. Jetzt schlägt vielmehr die Stunde des wirklichen Dichters. Als nämlich Canalis erfährt, daß Modeste nach der erfolgreichen Rückkehr ihres Vaters ein Millionenerbe erwartet, erwacht sein Interesse an der Verehrerin. Der Dichter ist jedoch, die Anzeichen trügen nicht, ein Komödiant der Liebe (403). Kein Roman kann zulassen, daß ein Betrüger eine schöne reiche Frau bekommt. Es beginnt eine lange Zeit der Prüfungen. Zuletzt entscheidet sich Modeste doch für den kleineren Betrüger Ernest, der ja wahrer als der Dichter die Sprache des Herzens gesprochen hat. Durch eine Reihe von Tests kann er erfolgreich beweisen, daß er schüchtern ist (das Stocken beherrscht). Zwar hat Ernest betrügerisch den Postkanal von Canalis benutzt, aber doch nur um die Wahrheit zu sagen.

Balzac widmete diesen Roman »Einer Fremden«. Hinter dem Anonymat verbirgt sich die Gräfin Eveline Hanska, eine Balzac-Leserin, die unter diesem Pseudonym 1832 an den Dichter geschrieben und mit ihm diese Korrespondenz über beinahe achtzehn Jahre hinweg fortgesetzt hatte. Die Literaturpost vermittelte zwischen Paris und der Ukraine. Das romantische Verhängnis wollte jedoch, daß Balzac kurz nach der lang ersehnten Hochzeit starb. Der Roman *Modeste Mignon* ist daher mindestens zweimal wahr. Denn die Geschichte erinnert nicht nur an die historische Einrichtung des literarischen Postweges, der an die Stelle des Geistkanals trat; Balzac hält in *Modeste Mignon* auch fest, wie die Literatur-Post mit einem Schlage die Paranoia des erotischen Wünschens aktiviert. Was geht in Modeste vor, nachdem sie ihren ersten Brief an den verehrten Dichter abgeschickt hat? Sie halluziniert Hypostasen des Geistes und Besuche von Dämonen:

Heute können sich alle jungen Mädchen, seien sich nun romantisch oder nicht, vorstellen, in welcher Ungeduld Modeste mehrere Tage lang lebte! Die Luft war erfüllt von feurigen Zungen. Die Bäume erschienen ihr als Gefieder. Sie spürte ihren Körper nicht mehr, sie schwebte in der Natur! Unter ihren Füßen beugte sich die Erde. Voller Bewunderung für die Einrichtung der Post, verfolgte sie ihr kleines Papierblatt durch den Raum (...). Sie war gefangen, ja besessen wie im Mittelalter.[23]

Im Banne noch der alten Nachrichtenwege glaubt Modeste, daß sie mit dem Geist korrespondiert, wenn sie ein paar Zeilen an einen Dichter richtet. Bis die Antwort eintrifft, fühlt sich das Mädchen zugleich pfingstlich heimgesucht und dämonisch besessen. Die Literatur ist voll von diesen Dämonen, denn die Liebe wartet immer auf Post. Selbst wenn zwei im gleichen Raume Blicke und Worte wechseln, nehmen ihre Signale wie Mignons Papierblatt einen Weg durch Zeit und Raum. Als Dante zum erstenmal den Gruß Beatrices empfing, spürte er den Geist ganz wie die Jungfrau Maria, nämlich »daß ihre Worte sich bewegten, um an mein Ohr zu dringen«.[24] Eine Ekstase legt anschließend seine Sinne lahm. Alle erotischen Blicke und Worte werden geschickt und empfangen und verteilen sich im Netzwerk zwischen den Körpern.

Aber lebten die verliebten Paare stets in einem Raum, so wüßte die Welt nichts von der Liebe, und alle Literatur und Musik bliebe stumm. Das Glück, das den Lesern aus den bis zum Himmel gestapelten Liebesakten entgegenseufzt, brachte zumeist einmal die Post. Und noch mehr Unglück geht zu Lasten von Nachrichten, die ihre Adressaten zu spät oder gar nicht erreichen! Charlotte von Kalb legte dieses Verhängnis ihrem angebeteten säumigen Korrespondenten Jean Paul bündig auseinander: »Billette, die so spät kommen, sind immer Todesboten«.[25] Dies gilt auch für Billette, die nicht kommen, denn an der Stelle eines erwarteten Briefes wimmeln gleich schwarze Dämonen. »Seit 3 Tagen warte ich nun schon wieder auf eine Nachricht von Dir«, beklagt sich Clara Wieck im Juli 1839 aus

Paris gegenüber Robert Schumann, »ich hab vergangene Nacht so fürchterlich geträumt, daß Du mich verlassen habest, daß ich noch immer ganz außer mir bin darüber.«[26] Um die Dämonen in Schach zu halten, betreibt Clara den nominalistischen Exorzismus aller Verliebten: »Deinen Namen rufe ich gar oft aus, wenn ich allein bin, und jeden Abend ist Robert das letzte Wort daß ich leise noch ausspreche.«[27] Im Postverkehr ist der Wahn der Bruder der Angst. Nur für Augenblicke können sie durch einen Brief besänftigt werden. So erinnert sich Cosima Wagner bisweilen an die Zeit der Trennung von Richard; allein postalische Nachrichten verbanden sie, doch ließ sich das Verlangen nie beruhigen. Das Tagebuch maskiert das Begehren als Hunger: »Diese Briefnot, dieser Heißhunger nach Nachrichten und diese Not, sobald der Brief gelesen, die Depeschen – Gott! wer kann das ahnen, der nicht so furchtbar geliebt hat.«[28]

Die Nachrichtenwege sind die Domäne des Imaginären und des Begehrens. Die Rationalisierung der Welt, die heute so gerne beklagt wird, verdankt sich nicht zuletzt dieser Kanalisierung der Phantasmen in Postwegen, Telephonanlagen, Telegraphenleitungen, Hörfunkapparaten und Fernsehmaschinen. Dort hausen die Phantome, Gespenster, Vampire und Elementargeister vergangener Zeiten. Daß sich in der Epoche der beschleunigten Telekommunikation der Wahn und der Wahnsinn der Liebenden eher noch gesteigert hat, belegt ein Brief von Karl Kraus an Sidonie von Nádherný. Er trägt das Datum und die Uhrzeit vom 14.5.1914, 5 Uhr, und soll den Weg von Wien nach Janowitz nehmen:

Dein heutiger Brief läßt mich ermessen, was Du gestern (am 13.) vielleicht wieder bis zum Abend durchlitten hast. Natürlich hatte ich wie immer am 12. und zwar um 5 Uhr einen rekomm. Brief abgesandt. Dein morgiger Brief wird hoffentlich die Nachricht bringen, daß er *überhaupt angekommen* ist, wie Dein heutiger die Mittheilung über den Taborer Brief gebracht hat. Aber man ist doch wirklich nicht auf der Welt, um der österreichischen Post nachzukeuchen (...). Der Brief aus Tabor gieng also immerhin 26 Stunden nach Janowitz, der rekomm. Brief vom 12. scheint auch so lang, wenn nicht länger gebraucht zu haben. Bitte um genaue Mittheilung, *wann* er gekommen ist, damit ich Beschwerde machen kann. Ich fürchte, daß am Ende der gestrige (13.) dieselbe Verzögerung hat, und der heutige auch, oder aber alle drei *zugleich* ankommen. (Für das seinerzeit überhaupt nicht zugestellte Telegramm wurde das Geld zurückgegeben.) Man kann wirklich in diesem Staat nicht länger leben.
Bitte glaube, daß am Nichteintreffen eines Briefes – solange die Verabredung des täglichen Schreibens besteht – *nichts anderes* als die elende Post die Schuld trägt und stelle Dir bis zum Eintreffen die besten, wahrsten und liebendsten Worte vor, die drin stehen. Ich bin von der Arbeit zumal heute furchtbar ge-

hetzt. Sonst würde ich Dir *Beispiele* für solche Worte geben! Darum nur das nächstliegende: »Ich liebe Dich. «[29]

Es gibt kaum eine schönere Urkunde für die Verzweiflungen der postalischen Paranoia. In einem Staat, dem die Post aus den ordnenden Händen der Beamten gleitet, kann man nicht leben, denn er gibt einem alle Hände voll zu tun, die ruinierte Folge der Nachrichten (Regelmäßigkeit ist das Gebot des Geistes an jede Liebe) wiederherzustellen. Alles an Zeit und Buchstaben frißt der Zwang, die Daten und Serien der Botschaften zu sichern, Beschwerden an die Behörde abzufassen und die Geliebten zu beruhigen. Keine Zeile bleibt zu sagen, was einzig doch gesagt werden muß. So lautet die Bitte an die Geliebte: Wenn einmal der erwartete Brief nicht kommt, dann denke ihn Dir selbst. Schreib Dir in Gedanken nur die wahrsten und liebsten Worte (Liebe ohne Betrug), dann werden Deine Briefe den Nachrichten, die unterwegs ins Stocken geraten sind, auf den Buchstaben gleichen. Es ist doch zum Staunen, welche Wunder das Unglück hervorbringt. Vielleicht schreibt man am besten immer nur sich selbst. Arthur Schnitzler will von solch einem Mann gewußt haben. In seinen Papieren findet sich die Notiz: »Ich kannte einen, der am Abend stets an sich selber einen Brief aufgab, nur um am nächsten Morgen zur Postzeit keine Enttäuschung zu erleiden. Aber mir war nie klar geworden, ob es ein Narr oder ein Weiser war. «[30] Ein solcher Narr oder Weiser ist der verliebte Held in Marcel Prousts *Suche nach der verlorenen Zeit*. Sein Verlangen diktiert ihm die Briefe, die er von Gilberte zu bekommen wünscht:

Alle Abende malte ich mir beglückt diesen Brief aus, ich glaubte ihn zu lesen, ich sagte mir jeden Satz davon her. Plötzlich hielt ich erschrocken inne. Ich wurde mir auf einmal bewußt, daß, wenn ich einen Brief von Gilberte bekäme, es auf keinen Fall dieser sein könne, da ich ihn ja selbst verfaßt hatte. Und von da an bemühte ich mich, meine Gedanken von den Worten abzuwenden, von denen ich mir so dringend wünschte, daß sie sie an mich schriebe, aus Furcht, durch ihre Vorwegnahme gerade sie – die liebsten, die ersehntesten – aus dem Bereich des Möglichen auszuschließen.[31]

Wie auf die sexuelle Selbstbefriedigung stößt der angehende Schriftsteller auch auf die postalische Selbstbefriedigung: Nachrichten ohne Text. Nur kurze Zeit verschwendet er auf die törichte Idee, daß sich der Briefverkehr zwischen ihm und der Geliebten auf tatsächlich gesprochene oder geschriebene Worte stützen müßte. Es geht um die Verbindung. Darum setzt Karl Kraus das »Ich liebe Dich« nur rasch ans Ende seines Liebesbriefes, der sonst kein einziges zärtliches Wort enthält, sondern nur Buchstaben, die vor Sorge um die Regelmäßigkeit und Stabilität der Postlinie vibrieren. Das »Ich liebe Dich« ist nur der Index der Nachricht: »Ich bin, ohne es zu sagen, die unerschütterliche Verbindung der Liebe«. Alle Liebe vergeudet ihr Sprechen an diese Sorge. Unzählige Zeugnisse aus den Archiven der beiden letzten Jahrhunderte zeigen dies mit dramatischer Deutlichkeit.

Der leise Verdacht im Brief von Karl Kraus, daß der Staat die postalischen Kommunikationswege nicht mehr garantieren kann, wächst in Thomas Pynchons Roman *Die Versteigerung von No. 49* zu einem paranoischen Wahn-System aus, das beinahe alle Daten der Geschichte umschreibt. Die Heldin des Romans, Oedipa Maas, schleppt wie Balzacs Modeste Mignon einen mythisch belasteten Namen mit sich herum. Das Testament eines verstorbenen Liebhabers macht sie zur Vollzieherin von riesigen Vermögenstiteln. Dieser tote Mann, der auf ähnlich undurchschaubare Weise wie Vater Mignon Reichtümer mal gewonnen, mal verloren haben soll, trug allerdings den wenig vertrauenerweckenden Namen Pierce Inverarity. Die Erfüllung ihres Auftrages bringt Oedipa nun auf die Spur eines geheimen Postsystems in den Großstädten Kaliforniens, das zuletzt immer dichter zu werden scheint und dessen Embleme plötzlich aus allen Winkeln hervorwuchern, daß Oedipa nicht mehr weiß, ob dieses zweite geheime Nachrichtennetz ein Wahn oder eine Wirklichkeit ist. Alle Männer, die sie trifft, legen jeweils einen merkwürdigen sexuellen Geschmack an den Tag und gehören dem Tristero-System, wie sie es nennt, auf rätselhafte Weise an. Eine der vielen Spuren, die sie zu diesem System führen, ist der vom Protagonisten eines elisabethanischen Dramas gestotterte Buchstabe T.[32] Bald muß Oedipa glauben, daß diese geheime Undergroundpost »als Kommunikationskanal für Leute mit unorthodoxen sexuellen Neigungen« dient.[33] Doch ist die Tristero-Post nicht nur ein spezieller erotischer Kanal (wie alle Post), sondern auch ein kryptisches Nachrichtennetz, das innerhalb der amerikanischen Gesellschaft die unmögliche Unterscheidung von Wahrheit und Betrug sicherstellt. Zuletzt sagt sich Oedipa, daß sie entweder einem Komplott aufgesessen ist oder daß sie auf eine »verborgene Schicht« ihrer Träume gestoßen ist:

(...) auf ein Nachrichtennetz, über dessen Drähte eine ganz schöne Menge von Amerikanern aufrichtig miteinander kommunizieren kann, während sie ihre Lügen, ihr routinemäßiges Geschwätz, das sich bis zum Erbrechen wiederholt, all die Früchte ihrer geistigen Armut, dem offiziellen Verteilersystem der Regierung anvertrauen (...).[34]

Das Tristero-System, von dem Oedipa entweder träumt oder das nur als geheime Einrichtung existiert, schreibt offenbar in schwer lesbaren paranoischen Zeichen den alten Literaturkanal fort, über den sich seit dem 18. Jahrhundert die schönen Seelen in aller Aufrichtigkeit verständigen wollten. Vieles spricht dafür, daß es nur ein Phantom des Traumes und des Wünschens ist. Die Kunst und Literatur verlangten nur zu heftig nach diesem postalischen Ideal der reinen Verständigung. Von einem solchen Traum berichtet Franz Kafka seiner Brieffreundin Felice Bauer am 17. 11. 1912:

Vorgestern in der Nacht träumte ich zum zweiten Mal von Dir. Ein Briefträger brachte mir zwei Einschreibebriefe von Dir und zwar reichte er mir sie, in jeder Hand einen, mit einer prachtvoll präcisen Bewegung der Arme, die wie Kolbenstangen einer Dampfmaschine zuckten. Gott, es waren Zauberbriefe. Ich konnte soviel beschriebene Bogen aus den Umschlägen ziehn, sie wurden nicht leer. Ich stand mitten auf einer Treppe und mußte die gelesenen Bogen, nimm es mir nicht übel, auf die Stufen werfen, wollte ich die weiteren Briefe aus den Umschlägen herausnehmen. Die ganze Treppe nach oben und unten war von diesen gelesenen Briefen hoch bedeckt und das lose aufeinandergelegte, elastische Papier rauschte mächtig. Es war ein richtiger Wunschtraum.[35]

Kein Zweifel: Hier bekennt sich Kafka zur Lektüre von Freuds *Traumdeutung*, und er gibt seinen Traum zu den Akten der Psychoanalyse. Der Wunsch, die Erotik, arbeiten hier nicht mit Umschriften sexueller Handlungen oder Objekte. Das Verlangen entfaltet seine Pracht in der Mechanik eines kontinuierlichen Verkehrs: Der Kanal ist die Erotik. Solches Wünschen streicht alle Unterbrechungen, denn auf der Zeitachse des Begehrens markiert der Brief, die Depesche immer nur einen hellen Punkt, während die Restzeiten die Schwärze der Not bezeichnen. Das Kontinuum macht sich im Rauschen vernehmbar. Das Rauschen ergeht so ununterbrochen wie der Wellengang des Meeres; hingegen erzeugen kurze Stockungen oder Atempausen in einer Rede gleich kleine und kleinste qualvolle Leerzeiten.

Dieser Traum kennt zahlreiche Doppel. Eines der schönsten ist der letzte Traum von Richard Wagner. Er ging vermutlich Wagners letztem Erwachen am 13. Februar 1883 voraus. Bülows Tochter Daniela notierte ihn in einem Nachtrag zu Cosimas Tagebuch, das mit der Chronik des 12. Februar abbricht. Er hält ein vollendetes postalisches Delirium fest:

Einer der Träume in den letzten Nächten war, daß er Briefe von Frauen erhalten hat, einen von Frau Wesendonck, (einen von) einer von Papa oder Mama vergessenen Frau; daß er die beiden nicht aufmachte, sondern zu beiden Seiten auf den Tisch hinlegte und sich sagte: Wenn nun Cosima eifersüchtig wird.[36]

Auch dies ist ein richtiger »Wunschtraum« von zwei Zauberbriefen. Nur eine ganz oberflächliche Zensur sorgt für seine Leerstellen. Denn daß der Inhalt der beiden Frauen-Briefe unbekannt bleibt, gehört zur weisen Artikulationsweise solchen Wünschens. Auch Kafka wußte keine Einzelheiten über die Schrift auf den unzähligen Bögen, die er im Traum von Felice empfängt. Das Rauschen der Wünsche, das Verlangen im postalischen Delirium verzehrt alle Lettern. Die andere Leerstelle in der überlieferten Traumerzählung aus der letzten Nacht, der getilgte (vergessene) Name der zweiten Absenderin, läßt sich ohne Mühe nachtragen. Der Schatten der »von Papa oder Mama vergessenen Frau« gehört ohne Zweifel Judith Gautier. Mit ihr unterhielt Wagner zwischen 1876 und 1878 eine geheime leidenschaftliche Korrespondenz, bis Cosima davon erfuhr und eben eifersüchtig wurde.

Der Traum dokumentiert die zugleich *weise* und *närrische* Kraft des Wünschens, das sich im Traumwunder des Postempfangs die schönsten Bilder vorgaukelt. So betrügt man mit den einfachsten Mitteln die Welt und sich selbst. Dies animierte bereits Joseph Addison 1712 zu einer Bemerkung im *Spectator*, wo es heißt:»Ich glaube zum Beispiel, jedermann träumt hin und wieder, daß er Dokumente, Bücher oder Briefe liest, in welchem Fall die Erfindungsgabe so bereitwillig zur Stelle ist, daß der Geist, überwältigt, seine eigenen Eingebungen für die Kompositionen eines anderen hält.«[37] Die besondere Eingebung des Träumers Wagner schreibt nun die Entscheidung, die Briefe nicht zu öffnen, der Eifersucht Cosimas zu. Damit ist der Inhalt der Briefe zugleich bezeichnet und doch in jenem Dunkel gelassen, das dem Wünschen die Lust einer unerschöpflichen Textur schenkt. Nicht erst Kafka entschlüsselte das Geheimnis dieser Unendlichkeit und Ungelesenheit. Bereits der große Traumtheoretiker und Deuter Artemidorus von Daldis brachte in der zweiten Hälfte des 2. Jahrhunderts unserer Zeitrechnung in seinem Traumbuch das Geheimnis jener dämonischen Inszenierung zu Papier. Im Kapitel 44 *Von Briefen, Schriften, Buchstaben und Büchern* klärt er auf:

Eine reine Tafel, darauf man pflegt zu schreiben, wann einem davon träumet, das bedeutet die Ehe-Frau desselben, dem der Traum vorgekommen. Dann eine solche Tafel mag bekommen allerley Form und Gestalt der Buchstaben, die darin geschrieben werden. Die Bücher bedeuten den Trieb und das Leben desselbigen, den davon träumet.[38]

Das mag schon unter der Herrschaft des Geistkanals gedeutet sein. Denn das erotische Verhältnis von Schreiben und Lesen zwischen Männern und Frauen setzt ja immer voraus, daß die weiblichen Matrizen unbeschrieben sind. »Mein Herz ist ein weißes Buch, wo Sie selbst das eintragen, was Sie lesen«, sagte Modeste Mignon zu ihrem Gesprächspartner.[39] Das unbeschriebene Blatt muß nicht unbedingt, wie Artemidorus meinte, die Ehefrau darstellen: Die (Männer-) Träume Prousts, Kafkas, Wagners, Bemerkungen in den *Vorlesungen* Freuds[40] legen klar, daß das Begehren vor allem nach unerschöpflichen Nachrichten verlangt. (Warum Frauen innerhalb dieses alten Verteilers »unbeschrieben« sein mußten, wurde bereits oben analysiert.[41]) Viele dieser Post-Delirien und Träume wollen unbedingt durch vorhandene oder selbsterfundene Maschinen solche unendlichen, ununterbrochenen Nachrichtenflüsse sicherstellen. Einschreibebriefe, die nicht leer werden, Tafeln, auf denen keine Buchstaben niedergehen, Briefe, die nicht geöffnet zu werden brauchen. Cesare Pavese verwandelt im Traum die geliebte Frau in ein Radio.[42] In Giorgio Manganellis *Amore* sammelt ein rätselhafter Postbote »billets doux«, die von einer Eiche fallen, ein und ordnet sie, um sie zu verschenken. Nicht alle dieser Zauberbriefe sind beschrieben, und ein offenbar im Dienste der postalischen Wunschmaschinen verrückt gewordener Postbote erklärt dazu: »Im seltenen, freilich nicht ungünstigen Fall, daß Sie ein unbeschriebenes auflesen, können Sie hineinschreiben, was Sie wollen, und dieses Billet Doux wird dann absolut ebenso gültig sein, wie wenn es jener Absender geschrieben hätte, den Sie im Sinn haben.«[43] Noch ein anderer Schriftsteller konzipierte eine Liebesmaschine, einen Apparat für einen kontinuierlichen Buchstabenfluß: Herman Melville. Dem verehrten, eigentlich geliebten Freund Nathaniel Hawthorne schickte Melville im November 1851 folgenden Bauplan eines Zauberbriefes:

P.S. Ich kann noch nicht aufhören. Wenn die Welt nur aus Zauberern bestünde, wüßte ich, was ich zu tun hätte. Ich würde an dem einen Ende meines Hauses eine Papiermühle einrichten und ein endloses Band aus Papier auf meinen Schreibtisch rollen lassen; auf dieses Band würde ich tausend, nein, eine Million, eine Milliarde Gedanken schreiben, und das alles in Form eines Briefes an Sie. Der göttliche Magnet wirkt in Ihnen, und mein Magnet gibt ihm Antwort.[44]

Der »göttliche Magnetismus« als Zeichen für die Attraktion der Liebe liest sich wie eine Reminiszenz aus dem *Traktat von der Gottesliebe* des François de Sales. Offenbar kann der Literaturkanal seine Genealogie nicht vergessen. Als Geistkanal wurde er gegründet. Die

Paranoia, die die Menschen seit seiner Schließung immer wieder befällt, ruhte einmal in dem deliriösen Kontinuum von Gottes Mitteilungen. Alle Träume von der Liebespost gehen durch die gleichen Traumwege.

Telephon: Atem und Stimmen

Taugt vielleicht auch das Telephon zur Wiederaufrüstung des alten Geistkanals? In einer boshaften Bemerkung seiner Abhandlung *Zur Genealogie der Moral* bezeichnet Nietzsche den einst so verehrten Richard Wagner als »Bauchredner Gottes«, weil er unter dem Einfluß Schopenhauers die Musik in den Dienst der Offenbarung stellen wollte. Einmal im Zuge vergibt Nietzsche an gleicher Stelle noch mehr spöttische Ehrentitel: Jetzt sei der Musiker »eine Art Mundstück des ›An-sich‹ der Dinge, ein Telephon des Jenseits (...).«[45] Der Vergleich klingt weniger spitz, wenn man weiß, daß Telephone in der Frühzeit des Mediums vermietet wurden, um Konzerte mitzuhören. Cosima hielt in ihrem Tagebuch fest, daß Sohn Siegfried im Februar 1883 in Venedig auf der Piazza per Telephon einer Sängerin zuhörte, was das väterliche Jenseitstelephon amüsierte.[46] Doch verschafften andere Nutzungsmöglichkeiten dem Telephon von der ersten Stunde an den Ruf, ein erotisches Medium zu sein. Soufflierte Gott nicht auf telephonischem Wege der unschuldigen Maria seinen göttlichen Willen? Ende des 18. Jahrhunderts gab es ernsthafte Pläne, mit Hilfe von Röhren Schallübertragungen über lange Strecken hinweg zu probieren. Ein Zisterziensermönch war dabei beteiligt.[47] Jahrtausendelang ergoß sich das Pneuma nur in prekären Materien: als Wind, Sturm, Feuer oder Rauschen. Das Telephon jedoch trug den Geist in der Materialität des Atems unmittelbar heran an die Ohren, die sonst immer nur geflügelte Worte in ihr Inneres gleiten lassen mußten. Die Erotik erobert den Telephonkanal so leicht, weil er Körperdaten überträgt, die sich in gleicher Intensität nur unter der Bedingung ungewöhnlicher physischer Nähe vernehmen lassen. Stimme und Atem des anderen hören sonst nur Paare oder Familienmitglieder so genau. Hingegen legt das Telephon gleich in seiner Frühzeit die Ohren der Hörenden unmittelbar an die Organe der Sprechenden. So scharf nimmt man nur geliebte Personen wahr. Marcel, der hypersensible Held in Prousts *Suche nach der verlorenen Zeit*, schildert eine ganze Reihe von körperlichen Telephonerfahrungen; die intimste gilt der Stimme der Großmutter. Die Körpernähe ihrer Stimme im Telephon ist die Liebe:

(...) so war denn auch, was ich unter der kleinen an mein Ohr gepreßten Wölbung eingefangen hielt, die von allen ihr wesensfremden, sie täglich vorübergehend in Frage stellenden Zwängen befreite, nunmehr unwiderstehlich meine Brust zum Springen erfüllende beiderseitige Liebe.[48]

Ein solcher Grad von Intimität und Nähe kann nur durch eine Maschine, die zugleich filtert und verstärkt, hergestellt werden. Die kulturkritischen Gesänge über die Vereinsamung und Isolation der Menschen durch »massenmediale Ohnmachtserfahrungen«[49], vergessen solche seltenen Phänomene. Kommunikationstechnologien wie das Telephon brachten sowohl Erweiterungen als auch Verfeinerungen des erotischen Kontakts mit sich. Die Literatur jedenfalls bemächtigte sich längst dieser Erotik der Stimme und beutete sie erzählerisch aus.[50] Die Feststellung, daß am Telephon nur geliebte Personen so genau wahrgenommen werden können, gilt allerdings auch in der Umkehrung, daß die körpernahe Wahrnehmung einer Stimme und eines Atems das Verlangen wecken können. In der Novelle *Die Sirene* erzählt Dieter Wellershoff von einer solchen Telephonliebe. Eines Tages sucht eine weibliche Telephonstimme den Hochschulprofessor für Sprachpädagogik Elsheimer heim. Eingehüllt in tiefe Seufzer und Atemzüge bittet sie ihn um Gehör und Verständnis für einen Liebeskummer. Elsheimers anfänglicher Versuch, sachlich zu reagieren, wird bald von einer machtvollen Neugierde verdrängt. Was mag das für eine Frau sein, die mit solcher Stimme nach seinem Verständnis verlangt? Die Verbindung stellt sich täglich wieder her, und der Mann wird von diesem immer weiter ins Erotische hinüberspielenden Kontakt abhängig. Doch alle Versuche Elsheimers, die Frau auch zu sehen, mißlingen. Verabredungen hält sie nicht ein. Vielmehr besteht sie darauf, daß ihre Telephonstimmen nur als Verlockungen für ihre wechselseitigen Phantasien dienen dürfen. Doch die Lust kommt auch aus dem Versprechen vollkommener Verständigung:

Komm zu mir, sagte sie, ich kann deine Gedanken lesen. Ich verstehe alles, ich verurteile nichts. Ich bin das einzige Wesen, dem du dich zeigen kannst. Komm, du kannst nichts vor mir verheimlichen, denn ich bin dein Spiegelbild, und ich brauche dich, wie du mich brauchst.[51]

Das Spiegelbild entzieht sich jedoch immer weiter, bis der Professor aus Frustration und zunehmendem Familienärger beschließt, das Verhältnis zu beenden. Doch sie reagiert mit Schluchzen und Stammeln – Geräusche, aus denen die Verbindung aufgebaut worden war. Wie aber soll er sich der Sirenenmacht entziehen? Durch Musik. Während

Abb. 16: Aus der Frühzeit des Telephons. Das neue Medium und der Satz der Sätze.

Abb. 17: Aus der Frühzeit des
Telephons. Telephonieren,
um den »Schreibbefehl«
durchzugeben.

die Frau immer wieder anruft, legt Elsheimer eine Platte auf, und der Sirenengesang erstirbt:

Diesmal konnte sie kaum noch sprechen. Es war ihre alte Sprachstörung, nur schlimmer, heftiger, als ersticke sie. Er brauchte nicht darauf zu antworten, die Musik mit ihrer geordneten Energie sprach an seiner Stelle. Er konnte zuhören, wie sie die Sprache verlor. Ja, sie konnte nicht mehr sprechen. Er mußte schon angestrengt lauschen, um noch ein paar Worte zu erhaschen.[52]

Die Musik läßt die Stimme der Sirene zerfallen, und der Sprachpädagoge befreit sich so von dem Bann intimer physischer Daten. Das Verlangen, das hat McLuhan nicht bedacht[53], entsteht durch die visuelle Privation bei der Wahrnehmung bestimmter, sonst unhörbarer Körpergeräusche. Ist erst das Begehren geweckt, schließen die Phantasien wie Stichflammen empor. Die Erotik benötigt sonst keine Nachrichten: Die Rede vom Verstehen liefert eine bekannte literarische Liebessprache nach, die auf den Schwingungen der Erregung mittanzt.

Die Entscheidung Elsheimers, der Sirene zu widerstehen, wurde durch die Unbehaglichkeit bestärkt, die von der eigenen Familie ausging. Ehefrau und zwei Töchter wechselten sich in der Funktion des Dritten ab, der alle Intimitäten stört. Ehe die Dichter dem Telephon einen Platz in Gedichten, Theaterstücken und Romanen zuwiesen, erlitten sie selbst erst einmal die neuen Störungen. In der Nacht zum 27. Dezember 1893 schreibt Adele Sandrock an Arthur Schnitzler einen indignierten Brief. Der Dichter, den sie vor gerade vier Wochen erobert hatte, empfing von ihr bereits den Ehrentitel des Gottes und das Versprechen der Anbetung. Doch Schnitzler verhält sich nicht wie ein Gott, und sie beklagt sich in dem Brief über seine kühle Reaktion während eines eben geführten Telephongesprächs. Sie hatte ihn im Café Central angerufen und ihm die unvermeidliche Frage gestellt: »Hast Du mich lieb?« Seine Antwort war nur stockend erfolgt, und so macht sie ihm klar: »Ich muß es als äußerst befremdend bezeichnen, daß Sie, der Sie sonst rasch und fließend sprechen, dieses ›Ja‹ so mühsam von den Lippen brachten, als ob es jenes ›Ja‹ wäre, das den Bund fürs Leben besiegelt.«[54] Zur gleichen Nachtstunde schickte ihr Schnitzler folgende Zeilen:

Meine geliebte Dilly, ich muß dir noch rasch schreiben, denn durch's Telephon konnt' ich nicht mir dir redn. Es standen drei Kerle neben mir, die nicht wegzuekeln waren. Ich bin ganz nervös geworden. Ich konnte nicht hineinrufen: Ich hab dich lieb – du hast es freilich gut gehabt, allein und unbelauscht. Jetzt frozzeln sie mich vom Tisch nebenan, ich müsse dem Patienten, der mich antelephonirt, ein Recept schicken, du siehst, es wird einem schwer gemacht, vom Kaffeehaus aus zärtlich zu sein.[55]

Einen solchen Miniaturunfall konnte erst das Telephon auf die Oberfläche der sozialen Beziehungen bringen. Gottlob unterhält die Post noch einen zweiten (wenngleich unzuverlässigen) Kanal, um derlei Verwicklungen noch rechtzeitig brieflich aufzuknoten. Aus Sorge um neue babylonische Katastrophen erforscht auch schon die Soziologie solche von Telephonen ausgehenden Krisen der Intimität.[56] Zur Inszenierung von Telephonerotik setzen Schriftsteller daher auch immer nur Paare miteinander in Verbindung. Schon aus der wechselseitigen Unsichtbarkeit ergeben sich unübersehbare Möglichkeiten zur Täuschung. Der Betrug (oder seine Vermeidung) bleibt indessen eine Angelegenheit der Literatur. Der spanische Autor Javier Tomeo setzt in seiner Erzählung *Der Löwenjäger* aus Fabelei, Betrug und Illusionen eine kleine verrückte Unterhaltung zusammen. Es ist das Protokoll eines Telephongesprächs, das ein angeblicher Löwenjäger mit einer ihm unbekannten Frau führt, deren Stimme ihm ein Irrtum oder eine Fehlschaltung ins Ohr gesetzt hat. Jetzt hat er sie mit Absicht wieder angewählt, denn er ist eine fürs Telephon gesegnete Plaudertasche. Der Löwenjäger erzählt ihr fabelhafte Geschichten aus seinem Leben und von seinen Abenteuern in Afrika. Dabei versucht er immer wieder, das Gespräch ins Erotische zu wenden, indem er über die Paarung der Löwen oder von der großen Klitoris der Hyänenweibchen spricht. Aber was ihn selbst erregt, sind die telephonisch übertragenen intimen Körpersignale. Nachdem er schon mehrfach die »beunruhigende Atmung« seiner Gesprächspartnerin erwähnt hat, bricht schließlich das Geständnis aus ihm heraus:

Begreifen Sie denn nicht, meine liebste Nicolasa, daß genau Sie die Frau meiner Träume sind? Ja, Ja, meine angebetete Prinzessin! (...) Sie, die Sie es geschafft haben, mir den Kopf zu verdrehen allein mit dieser göttlichen Stimme, die Gott Ihnen geschenkt hat, und mit dieser unwiderstehlichen Atmung, die Sie haben, wenn Sie die Telefonmuschel dicht an Ihre Lippen halten.[57]

Doch mehren sich die Anzeichen, daß der Löwenjäger in Wahrheit ein verrückter Dichter ist, und die Hörerin am anderen Ende des Telephonkanals scheint ihm einen solchen Eindruck auch anzudeuten. Bereits die wiederholte Versicherung, er trüge »sein Herz auf der Zunge«[58] machte ihn verdächtig; wenig später läßt er sogar offen, ob er ein dichtender Löwenjäger oder ein löwenjagender Dichter ist. Ein Poet am Telephon auf Frauenfang: Das kann nicht gutgehn. Der alte

Literaturkanal sicherte den Autoren eine bessere Ausgangslage: Die Leserinnen meldeten sich von selbst, und der Dichter konnte sich die Prüden, die Armen, die Häßlichen zur Not vom Leibe halten; aber über den Zufall ans Telephon gelockte Hörerinnen lassen sich nicht so einfach manipulieren. Diese Partnerin jedenfalls zeigt keine Neigung, mit dem fabulierenden Löwenjäger eine »nie dagewesene Liebe zu erleben«.[59] Der romantische Dichter reagiert dann auch auf den Verdacht der Verrücktheit mit Wut, Vorwürfen und Verachtung:

Sie waren es, niemand anders als Sie, die die ganze Zeit obszön durch die Nase atmeten, immer wieder die Lippen an der Sprechmuschel rieben und lange Schweigepausen machten, damit ich mir die verführerischsten Vorstellungen von Ihnen machen konnte... (...) Seitdem Sie zu sprechen begonnen haben, habe ich nicht einen Augenblick aufgehört, sämtliche Tonfälle Ihrer Stimme, Ihre sämtlichen Nuancen und Pausen, Ihr ganzes Gehüstel und scheinbares Zögern zu analysieren... (...) Und ich versichere Ihnen, wenn ich nicht im Grunde genommen ein Mann mit Prinzipien wäre (und Sie keine Vogelscheuche, die es nicht wert ist, ein süßes Liebesopfer zu empfangen), dann würde ich mir jetzt auf Ihr Wohl ganz gewaltig einen abwichsen (...).[60]

Sobald die Telephonerotik in Sex übergeht, kann die Literatur ihre Akten schließen; daher enden auch alle Telephonerzählungen und Telephonstücke – von Renard[61] über Cocteau bis zu Wellershoff und Tomeo – entweder tödlich oder mit dem Abbruch der Leitung. Die kleinen Happy-Ends der Selbstbefriedigung spielen in einem Realen, das für die Literatur allenfalls noch Zwitschern abwirft. Den Dichtern geht es um die Materialität und Abgeschlossenheit eines dialogischen Sprechens, bei dem die beiden der Erogenität ihrer zufällig mitübertragenen physiologischen Daten anheimfallen. Das Telephon gibt somit zugleich Geheimnisse der Literatur wie der Literatursubjekte preis. (Weder Film- noch Radiostimmen können das Körperrauschen beim Telephonieren sinnvoll einsetzen.) Das Verlangen benötigt keine ganzen Menschen, sondern nur Leitungen, über die sich Partialobjekte wie Stimme, Blicke, Gerüche oder auch Spuren übertragen lassen. Sogar die gegenwärtig vor allem in den USA und in Frankreich aufblühende Telephonsexindustrie[62] zehrt von der Bindung des Verlangens an Partialobjekte, an Teile des Körperrealen. Auch der Telephonsex bietet Kontakte mit Stimmen und Geräuschen, und selbst wenn diese Stimmen obszöne oder pornographische Reden führen, trägt dies weniger zum Sex-Effekt bei als die mitrauschende Physiologie des anderen. Die unbeirrbare Torheit der Humanwissenschaftler aller Branchen vermutet nun bei jeder Kommunikation, die nicht dem Idol der Unmittelbarkeit huldigt, entweder psychische Störungen oder aber erfindet Secondhand-Rationalitäten, indem sie diese unschuldigen Spiele und ihre Konjunktur der Aids-Angst zuschreibt.[63] Allerdings betrügen sich die Erotik-Konsumenten, die ihre Lust aus technischen Verschaltungen mit Bildern, Stimmen, Organen beziehen, nicht selten auch selbst. Dies gilt zumal für die Literatur.

Da offenbar bereits aus wenigen Sinnesdaten Befriedigung gezogen werden kann, entsteht der Glaube an die Lesbarkeit von Seelen über Texte, genau so, wie aus Geräuschen des Telephonierens die Phantome des begehrten Geschlechts emporsteigen. Die Liebe gewinnt durch das Telephon dafür an Möglichkeiten zur Komplikation und damit zur Thematisierung ihrer selbst. Ist erst einmal die Verbindung hergestellt, vermag die Liebe über nichts anderes mehr zu reden als über die Liebe. Das macht auch ihren Suchtcharakter aus. Und die alte romantische Not der Schumanns und Wagners, die in den langen Intervallen zwischen zwei Briefen wohnte, steigert sich heute noch durch die wesentlich kürzeren Intervalle, die zwischen Telephongesprächen liegen können. Der Journalist Henryk M. Broder berichtet, daß sich in den USA bereits Selbsthilfegruppen für Telephonsüchtige nach dem Muster der Anonymen Alkoholiker gebildet haben.[64] Er schildert eindrucksvolle Fälle von Kontaktneurosen, die gerade auf der Basis einer extrem günstigen apparativen Ausstattung wuchern, von der Paare früher nur träumen konnten. Selbst das tragbare Minitelephon wird keine Abhilfe schaffen, weil das Verlangen bekanntlich eines nach dem Verlangen des Anderen ist. Auch als Wunschmaschine arbeitet das Telephon nicht nach den Bauplänen der literarischen Träumer.

Und die Kinoträumer? Unter den unzähligen Telephonszenen im Kino muß eine hervorgehoben werden: Die Szene in der Peep-Show in *Paris, Texas* von Wim Wenders. Jane und Travis haben sich seit dem Ruin ihrer Beziehung vor Jahren aus den Augen verloren. Er ist herumvagabundiert und zeitweilig in autistischen Wahn versunken, sie hat sich eine Existenz als Prostituierte in der Peep-Show aufgebaut. Jetzt sind sie in zwei durch einen durchsichtigen Spiegel getrennten Kabinen per Telephon miteinander verbunden; er kann sie sehen, während er für sie unsichtbar bleibt. Es entwickelt sich so – wie in der *Odyssee* – eine Anagnorisis-Szene, der bewegende Prozeß eines Wiedererkennens. Travis erzählt ihre gemeinsame Geschichte. Es ist eine unglückliche Liebesgeschichte, und sie wird an einem Ort erzählt, wo vermutlich nur unglückliche Liebesgeschichten spielen. Am verruchten Ort, durch technische Mittel kann ihre Geschichte immerhin ans Ende gebracht werden. Kein Hund, keine Amme, kein Geheimcode werden benötigt. Jane lernt über das Telephon, die Stimme ihres Mannes wieder von anderen zu unterscheiden, nachdem, wie sie sagt, alle Männer seine Stimme angenommen hatten.[65] Zugleich wird sie akustisch mit ihrer verlorenen Vergangenheit verbunden. Zuvor bereits hatte der wahnsinnige, desrealisierte Travis bei seinem Bruder mit Hilfe eines Super 8-Filmes, der Szenen aus besseren Familientagen zeigte, sein vergessenes Leben wiedergefunden: Es gab also schon eine Anagnorisis des Helden mit sich selbst. Diese Rührung ist exakt das, was Aristoteles »eleos« nannte. Freilich ist das Erkennen einer Stimme noch eine sehr viel bewegendere Angelegenheit als die Dämmerung des Bewußtseins durch Bilder. Klug, wie Schriftsteller sind, beläßt es auch der Drehbuchautor des Films, Sam Shepard, dabei: Die Szene, die die beiden trotz aller Distanz in solche Nähe bringt, führt zu keinem Happy-End. Die Erotik des Telephonkanals verläuft stets in momentanen Ereignispunkten. Gäbe es ein weitergehendes Versprechen darin, so wäre es Betrug.

Filmische Anagnorisis ohne die Hunde wie in der *Odyssee* oder in den *Folies Tristan*. Der Zuschauer der Anagnorisis von *Paris, Texas* wiegt sich in der Illusion, daß ihm rührende Authentizitäten geboten werden. Wo Hunde auf den Plan treten, da riecht es nach Betrug. Daher erfolgt der Trennungsdialog in dem berühmten Telephonmelodram von Jean Cocteau *Die geliebte Stimme* auch unter Beisein eines Hundes. Ein Paar begräbt eine Liebe am Telephon unter lauter zarten Lügen. Der Zuschauer kann dabei nur die Frau hören und beobachten. Wie der Beginn den Betrug, so benötigt das Ende einer Liebe das Lügenspiel, wenn sich der Rest nicht in Haß und Kränkung ergießen soll. Es ist ein Spiel, worin der Tod mitmischt, wenn die Trennung der (Telephon-)Verbindung eben die Trennung der (Liebes-)Verbindung sein soll:

Weißt du noch, wie Yvonne sich darüber wunderte, daß die menschliche Stimme durch eine so fein geschlungene Schnur dringen kann. Ich habe die Schnur um meinen Hals gelegt, ich habe deine Stimme um meinen Hals . . . . Jetzt müßte das Amt uns zufällig trennen.[66]

Nicht das Amt trennt die beiden (sie werden während des Gesprächs unablässig unterbrochen), sondern das Ende des Stücks. Aber eines wird ganz deutlich, daß die Frau den Gedanken, seinem Wunsch nach einer Trennung nachzugeben, nur ertragen kann, indem sie sich mit Erinnerungsfetischen umgibt: seine Handschuhe, Briefe, Photos, der Hund und die Stimme. Sie wird sie immer wieder hören müssen. Die Trennung ist der Betrug.

Grammophon: Treue und *high fidelity*

Das Grammophon könnte die Stimme zum Fetisch machen, ginge es tatsächlich nur um die Stimme. Es ist ein wahrer Betrug dabei, wenn das Grammophon Stimmen speichert. Daher wacht seit den frühen Anfängen ein Hund über der Grammophonie: der jedem bekannte Hund, der »der Stimme seines Herrn« lauscht. Eine Geschichte voller Zufälle brachte einem Foxterrier mit Namen Nipper diesen Ruhm ohne Beispiel, als er von einem bereits jahrelang unter Staub liegenden Bild von der Hand seines Besitzers Francis Barraud auf das Markenzeichen der Firma Victor Talking Machine sprang. »His Master's Voice« suggerierte die Spiegelung der Treue hündischer Ergebenheit und eines Speichereffekts realer akustischer Ereignisse in jener Genauigkeit, die noch in unseren Tagen *high fidelity* heißt. Klangtreue und moralische Treue halten nicht über den Begriff miteinander Kontakt; im Phänomen des Stimmrealen und seines Fetischwertes fallen beide zusammen. Nipper steht zwar nicht unmittelbar, aber doch als Emblem im Feld jener Fragen, die hier gestellt werden: Gleich mit der Erfindung des Grammophons wird auch dieser Datenspeicher erotisch ausgebeutet. Gerade hatte im Jahr 1877 Thomas Alva Edison den ersten Phonographen der erstaunten Welt vorgeführt, da fand Jules Verne bereits eine erzählerische Verwendungsmöglichkeit für die neue Maschine. Im Jahr 1879 erschien sein Roman *Die Leiden eines Chinesen in China*. Der reiche Kin-Fo lebt, bevor seine Leiden beginnen, in Schanghai. Auf dem neuesten Stand der Technik, die seiner Indifferenz und Trägheit entgegenkommt, unterhält er seine Geschäftskorrespondenz nur noch mit Hilfe eines Phonographen. Die gleiche Maschine dient ihm jedoch auch zur zärtlichen Verbindung mit seiner Auserwählten, Madame Lé-U, die in Peking lebt:

»Was stand in ihrem letzten Brief?« fragte er sich. Und anstatt den Deckel der Schachtel zu öffnen, drückte er auf einen Knopf an der einen Schmalseite. Sogleich ließ sich seine sanfte Stimme vernehmen:
»Kleiner älterer Bruder! Bin ich denn für dich nicht mehr die Meia-Hua-Blume, wie sie im ersten Mond blüht, deine Aprikosenblüte des zweiten Mondes? Mein teures Herz aus Edelstein, dir sende ich tausend, zehntausend Morgengrüße!...«
Unverkennbar die Stimme einer jungen Frau, deren zarte Worte hier durch einen Phonograph wiedergegeben werden![67]

Die Aprikosenblüte erhält auf dem gleichen Träger eine Antwort, die leider das Glück dieser Korrespondenz zerbricht. Kin-Fo hat durch einen Konkurs der Kalifornischen Zentralbank sein gesamtes Vermö-

Abb. 18: Nipper: das Emblem der beiden Treuearten.

Abb. 19: Illustration zu Jules Verne, »Die Leiden eines Chinesen«. Erotische Nutzung des neuen Mediums Grammophon.

gen verloren und leistet in seiner Antwort auf die Geliebte Verzicht. Sie begeben sich in einen kleinen Wettlauf des Edelmutes. Sie will ihn, wie sie phonographisch durchgibt, auch ohne Geld; er hingegen will, um sie von allen Sorgen zu erlösen, eine hohe Lebensversicherung abschließen und anschließend Selbstmord begehen. Am Ende stellt sich der Konkurs als Fiktion heraus und Kin-Fo erhält seine Aktienwerte sowie die liebliche Aprikosenblüte zurück. Das Grammophon hilft dabei zwar nicht weiter, doch zeigt die Geschichte, wie sich bereits an die erste Serie von Phonographen die Vorstellung heftet, daß es zum Tausch und zur Übertragung von erotischen Signalen dienen kann. Der Bedarf scheint groß gewesen zu sein, weil die Stimmen soeben durch das Telephon in ihrem physiologischen und tonalen Reiz vernehmbar geworden waren. Schnitzlers Korrespondenz mit der Telephonbesitzerin Adele Sandrock birgt ein Dokument für diesen Bedarf. Offensichtlich entstand es aus der Unfähigkeit der Schrift, weder Spuren des Realen noch Zeichen der Treue zu testieren. Der Schluß eines Briefes vom 2. Januar 1894 lautet so:[68]

Leb wohl, und führe bis zu unserm Wiedersehn ein Leben, in welchem die Treue sechsmal unterstrichen ist. –
Adieu, du Schatz! – Küsse, Küsse, Küsse

                                                    Arth
hallohhh
Ich versuch nemlich das Halloh so zu schreiben, wie du's sprichst
              h
ha   o   Es geht nicht!
     l h
        o   ha.. o   Unmöglich!
                                o
                             l

high fidelity ist moralisch und phonetisch nicht zu haben. Unmöglich, wie Schnitzler schreibt, ist dieses Reale ihrer Stimme. Es wiederholt sich nur dann in phonetischer Treue, wenn man sie selbst darum bittet oder anruft. Die Wiederholung bildet, so hat Derrida gezeigt, das logische Prinzip, und wir fügen hinzu: das erotische Geheimnis des Grammophons.[69] Der Betrugsspezialist Franz Kafka, der bekanntlich auch ungeheuer fasziniert war von allen technischen Übertragungslinien und Speichern, träumte nicht nur von Zauberbriefen, die ihm seine Geliebte und zweimalige Verlobte Felice schicken sollte, sondern ebenso von einer magischen Schallplatte. Da Felice in der Firma Carl Lindström A. G. beschäftigt war, die – nach der Konzeption Jules Vernes – Diktiergeräte und Parlographen herstellte, lag der Wunsch nahe, den Kafka am 27. November 1912 äußerte:

Ich, ich muß gar kein Grammophon hören, schon daß sie in der Welt sind, empfinde ich als Drohung. Nur in Paris haben sie mir gefallen, dort hat die Firma Pathé auf irgendeinem Boulevard einen Salon mit Pathephons, wo man für kleine Münze ein unendliches Programm (nach Wahl an der Hand eines dicken Programmbuches) sich vorspielen lassen kann. Das solltet Ihr auch in Berlin machen, wenn es das nicht schon gibt. Verkauft Ihr auch Platten? Ich bestelle 1000 Platten mit Deiner Stimme (...).[70]

Einem, der wie Kafka alle Kontakte in Unendlichkeiten träumt (»unendlich liebe« Photos, »unendlicher Verkehr«, »unendliche Briefe«, »unendliche Programme«), muß eigentlich die Schallplatte die Erfüllung bringen. Aber da Träume gar nicht erfüllt werden wollen, überträgt Kafka die realisierbare Unendlichkeit (Wiederholbarkeit) einer Grammophonplatte mit Felices Stimme in eine numerische oder rhetorische Unendlichkeit. Das Verlangen benötigt das, was es haben will, in Intensitätszuständen. Das Potential an mechanischen Steigerungen macht den ungeheuren Reiz der technischen Archive und Übertragungen aus. In der technischen Frühzeit der Schallaufnahmen würdigte daher die Literatur neben geschäftlichen Nutzungen nur erotische Funktionsmöglichkeiten der Phonographen. high fidelity interessiert aber nicht nur Theoretiker des Betruges und der Stimme wie Kafka (der genau wußte, daß man sich wie K. im Prozeß zum toten Hund verwandeln muß, um dem Gesetz treu zu sein); die Schallplatte rückt nach 1910 auch in die Höhe philosophischer Paradigmen. Zunächst in Wien. So läßt Robert Musil den männlichen Protagonisten seines Romans Der Mann ohne Eigenschaften von den beiden fidelities sprechen. Im Gespräch mit seiner Schwester Agathe erzählt Ulrich etwas ungenau den größten Fall eines Ehe-Betruges, den die europäischen Gerichtsakten kennen. Es ist die Geschichte des Martin Guerre, der verschollen schien, bis sich unter seinem Namen ein Mann bei seiner Frau meldete, der sich später als raffinierter Doppelgänger mit Namen Arnaut du Tilh entpuppte. Doch die alleingelassene Frau Bertrande de Rols und ihre Familie erkannten den falschen als den richtigen, bis eben doch der wahre Martin zurückkehrte und in einem Prozeß über zwei Instanzen hinweg seine Identität unter Beweis stellte.[71] Von dieser Betrugsgeschichte und der Frage nach der high fidelity der Sinne kommt Ulrich auf das Problem von Ähnlichkeit und Abbildung in der Kunst und Wissenschaft und behauptet: »Eine Theorie kann sich in ihren Folgen mit der Wirklichkeit decken, und die Wirklichkeit mit der Theorie. Eine Tonwalze ist das Abbild einer Singweise (...).«[72] Das ist ein typisch Wiener Traum, denn auch Ludwig Wittgenstein verstieg sich in seinem *Tractatus logico-philosophicus* zu solchen kühnen Hypothesen:

Die Grammophonplatte, der musikalische Gedanke, die Notenschrift, die Schallwellen, stehen alle in jener abbildenden internen Beziehung zueinander, die zwischen Sprache und Welt besteht.[73]

Die Schallplatte leistet der Philosophie der Sprache keine guten Dienste. Wohl aber den Fetischisten, den Archivaren, den Liebenden. Die Androide Hadaly in Villiers de l'Isle-Adams Roman *Eva der Zukunft* wird ja auch durch kleine phonographische Tonrollen stimmlich gerüstet. Allerdings hat sie ihr Konstrukteur weniger durch Sound als durch klassische Texte programmiert. Dennoch soll die Stimme so echt erklingen, daß ein Nipper (der historische Nipper wurde im Jahre des Erscheinens von *Eva der Zukunft* 1886 eben zwei Jahre alt) sie nicht verbellen würde; Edison ist sich seiner Sache sicher:

Nun, ich wette, daß dieser Hund – der seine Herrin selbst im Dunkeln unter Tausenden erkennen würde – ich wette, daß (...) er fröhlich auf dies Scheinwesen zuspringen und ohne Zögern erkennen wird![74]

Ein Nipper würde schweifwedelnd Hadalys künstliche Haut lecken und ihr bestätigen, daß sie Alicia sei. Dieser für Hundenasen undurchschaubare Betrug – der imaginäre Körperkontakt – ist indessen die Quelle unendlicher männlicher Befriedigungen. Der Betrug/die Befriedigung durch *high fidelity*-Effekte verweist auf die beiden Aktionsformen des Verlangens: Kontakt mit dem Realen des Körpers gewinnen und die »unendliche« Repetierbarkeit dieses Kontaktes sicherstellen. Nichts anderes erzählt auch Bertolt Brecht in seinem Gedicht *Gedanken eines Grammophonbesitzers*. Der in diesen Versen spricht, besitzt seit 1904 das »rührende Stück Holz«, in dem die Stimme der Sängerin Adelina Patti »eingeweckt« ist. Er verfügt nur über diese eine Aufnahme, die er immer wieder spielt: »Ihre Stimme ist noch ganz gut, sie genügt noch lange für mich./ Wahrscheinlich wird es auch noch meinen Enkeln vorsingen/ eines Tages (...).«[75] So sprechen Erzählungen wie Gedichte unisono von Frauenstimmen, die männliche Sammler als erotischen Fetisch aufbewahren, der eine ewige Verfügbarkeit zu garantieren scheint. Als Speicher von physikalischen Ereignissen im Realem ähnelt die Grammophonplatte der Photographie. Aber die akustischen Spuren konnten niemals den gleichen Status erreichen wie die optischen. Obgleich inzwischen Magnettonbänder jedermann (wo bleibt der weibliche Fetischismus

der Stimmen?) die technischen Möglichkeiten zur Tonaufnahme bereitstellen, hat sich das Tonarchiv nie in gleicher Weise als Familienar-
chiv etabliert wie das Photoalbum. Die Geister und Gespenster der
toten Lieben ruft man lieber durch Beschwörung von Photos als
durch Anrufung ihrer Stimmen. Dies ist wohl zwei Gründen zuzuschreiben. Einmal verändern sich das Äußere und die Stimme unter
zwei unterschiedlichen Geschwindigkeiten des Alterns. Das stimmli-
che Reale zerfällt langsamer als das physiognomische. Solche Unterschiede schenken uns Sänger, die noch mit 60 Jahren jugendliche Helden auf der Bühne verkörpern können. (Hingegen erleben wir heute
das technische Altern unserer Ton- und Bildaufnahmen.) Zum anderen verbinden sich mit dem von der Stimme getragenen Phantom
sehr viel aufdringlichere und unheimlichere Wiedergängererlebnisse.
Der Dichter Michel Leiris erzählt im zweiten Band seiner einzigartigen Erinnerungsschrift *Die Spielregel* vom Besuch in einem Tonarchiv. Warum, so fragt er sich, stiftet »ein Geräusch, das für uns wie
eine Stimme aus dem Jenseits klingt«, solche Verwirrung?

(...) vielleicht deshalb, weil hinter ihm das gleiche Schweigen lauert, aus
dem es aufgestiegen zu sein scheint wie jemand, der sich aus dem Abgrund
retten konnte und nun zaghaft an die Pforte unseres Ohres pocht, um uns
sein Anliegen vorzutragen?

> Ou-vrez-moi
>
> cet-te-porte
>
> où-je-frappe
>
> en-pleurant (...)

So sprach mehr als zwanzig Jahre nach der Aufzeichnung in den Archives de
la Parole der inzwischen verstorbene Guillaume Apollinaire auf einer Schallplatte, die eine (wegen des Tonfalls des Vortrags) eintönige, aber durch die
schlechte Qualität der Aufnahme noch stimmlosere und nach Art uralter
Filme wie von Regen zerschrammt klingende Stimme zurückbrachte. Man
stellt sich den todtraurigen Toten vor, dessen Selbstgespräch aus weiter Ferne
herandringt (...).[76]

Ein Tonarchiv speichert selbstverständlich *Dichterstimmen* als Spur eines Geistes. Das akustische Testament bemächtigt sich des Hörers
mit ganz anderer Gewalt als jenes Wort, das nach Wittgenstein auch
ein Abbild der Realität sein sollte. Die Verwirrung entspringt der
Tatsache, daß Stimme und Körper eben nie getrennt waren, bis der
Phonograph diese Einheit zerriß. Schon vor dem Erscheinen der
Photographie war die Kultur mit der Differenz von Bild und Person
vertraut. Die Stimmkonserve läßt einen Körper partiell wiederauferstehen. Aber es ist ein zerrissener Körper, und mit seiner über den

Phonographen wiederbelebten Stimme sucht er vergeblich seine verstreuten Gebeine noch einmal zu sammeln. Über die Erotik toter Dichterstimmen gibt es keine Zeugnisse. Sobald der Körper abgestorben ist, verlieren auch alle Körperspuren ihr erotisches Prestige. Der Fetisch vertritt nicht den Geist, sondern den Körper, aus dem auch Dichter bestehen.

Man muß ein wenig mit dem Unheimlichen vertraut sein, das solche Stimmen aus dem Grabe begleitet, um eine kleine Geschichte August Strindbergs lesen zu können, die dieser in seinem *Blaubuch* (1908) erzählt, das voller paranoischer, telepathischer, okkultistischer, skurriler, besessener Beobachtungen steckt. Die Geschichte trägt den Titel *Auf dem Dachboden.* Ein Mann stößt auf dem Dachboden, wo er etwas sucht, zufällig auf »Reliquien« seiner kurzen Ehe. Es sind Geschenke, die er seiner Frau gemacht hat, aber auch »vorgeschichtliche« Gegenstände aus ihrer Kindheit. Schließlich fällt sein Blick auf einen Hängeschrank, der nach seiner Erinnerung Kinderspielzeug enthalten müßte:

Er öffnete den Hängeschrank; da war keine Spieldose, aber da lag ein Phonograph, sehr klein und einfach, ein Spielzeug, das nur ein Wort sagen konnte, ein einziges! Er erinnerte sich nicht, welches.
Der Schlüssel lag daneben; er zog das Uhrwerk auf; und dann öffnete er den Riegel.
Es summte zuerst wie eine Biene; aber es stach hinterher nicht, sondern es flüsterte, das einzige Wort, das es konnte:
– Geliebter!
Und mit ihrer Stimme! Ja, es war ja von ihr hineingesprochen, wenn er es auch vergessen hatte.
– Geliebter! Da schrie er zu Gott, er brüllte gegen den Himmel, und dann fiel er zu Boden! Und wie er da lag, konnte er nur jammern:
– Wenn sie wenigstens tot wären! Wenn –[77]

Die Stimme der Geliebten wohnt in dem Grammophon, und nur *ein* Wort, das Schlüsselwort ihrer erotischen Konversation, hält der Speicher fest. Die Zeit hat es eigentlich zum Epitaph der Liebe gemacht, deren Einzelheiten er selbst schon aus dem Gedächtnis geräumt hat. Doch klingt das Wort immer noch wie die unsterbliche Versprechung, die nicht gehalten hat. Es war eine Stimme aus dem Himmel, denn dort holen sich die Schwüre der Liebenden ihr Credo. Und so richtet sich der Protest des Mannes an diese Adresse. Wie kann Gott eine solche Geistererscheinung, ein solches Pfingsten zulassen, da das Feuer der Worte auf der Zunge längst erloschen ist? Wenn sich Worte auf diese Weise in fliegende Dämonen verwandeln, vermag ein Phonograph selbst radikal Aufgeklärten die Gespenster-furcht zu lehren.

Vom Autor vielleicht gar nicht bedacht, gibt die Geschichte aus dem *Blaubuch* doch eine kurze Lehre über das Auseinanderbrechen jener beiden Treuearten, deren eine *Versprechen* und deren andere *high fidelity* heißt. Das Treueversprechen überlebt bisweilen nur kurze Zeit jenen ekstatischen Zustand eines Liebenden, der ihm Worte auf die Lippen lädt, die er für die Ewigkeit gesprochen glaubt. Dagegen leistet eine Maschine das Unmögliche, nämlich eine Rede, ein Versprechen in seinem Urzustand zu erhalten. Das in seiner Funktion gestorbene, als Laut virtuell unsterbliche Wort aus dem Phonographen verweist auf die (phonographische) Bedingung aller Versprechen. Gerade weil sie ihre eigene Dauer beschwören, müssen sie dauernd wiederaufgelegt werden. Die unbedingte Wiederholung des Schwurs bildet eines jener grammophonischen Prinzipien, das Liebende gegen die Ermüdung der Versprechungen und Schwüre aufbieten. Im Anfang waren Wunsch und Unmöglichkeit von *high fidelity*.

Television: Höhepunkte und Blackouts

Also gilt der Satz: »Im Anfang war das Grammophon«? Er gilt nicht allein, denn immer wenn Anfang oder Ende beschworen werden, geht es um das Nachrichtenwesen. Darum gilt ebenso: »Im Anfang war das Wort« (Johannes); oder: »Im Anfang war die Post« (Derrida[78]); oder »Im Anfang war das Telephon« (Derrida[79]). Und das Ende? Nach der *Apokalypse* des Johannes wird am Ende der Zeit das Buch des Lebens aufgeschlagen und Gericht gehalten. Nachdem aber die Geschichte selbst das Weltgericht darstellt, wie Hegel erklärt, lautet der Stand des Wissens: »Am Ende ist das Fernsehen« (Hegel). Ein solcher letzter Satz wurde von Hegel zwar nirgendwo wörtlich niedergelegt; aber er enthält die Quintessenz der poetischen philosophischen Spekulation mit dem Titel *Phänomenologie des Geistes* (1806). Diese Abhandlung erzählt die lange Reise des Geistes durch die Kontinente von Bewußtsein, Selbstbewußtsein, Vernunft bis hin zum absoluten Wissen. Die weite Fahrt endet bekanntlich auf Golgatha, an einem mythisch sehr renommierten Ort, zugleich eine Erhebung, von der aus man auch sehr viel besser sehen kann. Aber diese Höhe gibt dem Ende der *Phänomenologie* nicht auch schon die Erhabenheit, um als Fernsehtheorie zu gelten. Die von Hegel erzählte Geschichte des Geistes umfaßt dessen ganze Zeit vom Urknall bis zur völligen Sättigung der ersten implosiven Leere mit empirischen Daten. Indem der Geist in der *Phänomenologie* eine vollständige Reise-chronik, die Biographie seines philosophischen Werdens erhalten hat, ist er am Ziel. Er ist zu Hause. Er kann sich ausruhen, denn nach dem Weg durch Zeit und Geschichte, nach seiner Zerstreuung in das Geisterreich, nämlich in kontingente Daten und Ereignisse, verfügt er am Ende über eine Art Weltformel und über ein vollständiges Wissen. Auf Golgatha erlebt der Geist seine Apotheose, indem er sich auch auf einer gewaltigen Masse von toten Daten (die Knochen der Schädelstätte verkörpern das Empirisch-Zufällige) erhebt. Von der mythischen und geometrischen Höhe der Schädelstätte aus betrachtet der Geist vergangene und gegenwärtige Ereignisse von ferne wie »eine träge Aufeinanderfolge von Geistern (...), eine Galerie von Bildern«.[80] Fernsehen der Vergangenheit. Nicht anders als der Weingeist klärt sich Hegels Geist unter Absonderung von Schaum und Resten zum televisionären Herrn der Welt. Das illustriert der Philosoph in einem Schiller-Zitat, den letzten Worten des Buches: »aus dem Kelche dieses Geisterreiches / schäumt ihm seine Unendlichkeit.«[81] In dem Vers bereitet sich die Vorstellung ein Fest, daß sich am Ende alles Wissen, alle Information in einem Punkt zusammenfassen lassen. Auf Golgatha residiert das Teleskop der Vergangenheit und der Gegenwart. So als ob der Kelch des Geisterreiches wie eine universelle Bildermaschine, als Interface aller Zeiten funktionierte. Hegels Geist ist kein Kanal mehr wie der christliche Geist, sondern eine Zentrale allen Wissens und aller Information. Etwas ganz gleiches besagt ja auch Marshall McLuhans Formel von dem elektronischen Dorf. Bezogen auf das Subjekt, das in diesem Dorf lebt, bildet die ganze elektronisch vernetzte Welt die Erweiterung seines Zentralnervensystems. Es sitzt im Zentrum und ist technisch in der Lage, von jedem Punkt der Erde akustische, optische Informationen abzurufen. Es kann diese Daten auf beliebige Weise prozessieren und braucht, um über alles Wissen zu disponieren, nicht mehr zu reisen wie noch Odysseus, mit dem Hegels Geist seit D. F. Strauß gerne verglichen wird, oder wie Bowman, der Held von Kubricks *Space Odyssey*, der durch filmische Zeiten und Räume geistert.

Der Satz »Am Ende ist das Fernsehen« darf als ein hegelscher Schlußsatz gelten, weil es der Bildschirm (die technische Version dessen, was in der *Phänomenologie* noch »eine Galerie von Bildern« heißt) erlaubt, in punktueller Konzentration über eine ungeheure Menge von Weltdaten zu verfügen. Ganz wie der Geist sitzt der Bewohner des elektronischen Dorfes auf einem Thron, auf der Höhe eines gewaltigen Friedhofs von Ereignissen und Wissen. An diesem Ende übernimmt auch das Fernsehen die Funktionen eines erotischen Kanals. Besser als alle Theorie zeigen das erotische Fernsehgeschichten, die auch die Steuerungen des televisionären Nachrichtenweges im Unbewußten sichtbar machen. Man schlage Elfriede Jelineks Roman *Die Klavierspielerin* auf. Die weibliche Hauptfigur Erika Kohut ist als Künstlerin das Produkt einer qualvollen Dressur. Ihre Mutter fesselte sie an die Klaviermaschine und außerdem an die Fernsehmaschine, um sie der Versuchung durch alle störenden Dritten wie Männer zu entziehen. Nun betritt aber doch, wenn auch spät ein junger Mann die Szene der auf die beiden Frauen geschrumpften Familie. Es ist ein Klavierschüler Erikas mit Namen Walter Klemmer. Bislang verschaffte sich Erika immer nur heimliche kleine Lüste in Peep-Shows und Pornokinos, jetzt steht sie an der Schwelle zu einem wirklichen Glück. Allerdings zeichnen sich schon erste Komplikationen ab, denn Erikas verwühlter Geschmack verlangt sadomasochistische Stimulanzien, die ihr Klemmer nicht verschaffen mag. Außerdem wacht die Mutter in der gemeinsamen Wohnung. Doch eines Abends gehen Erika und Walter in ihr Zimmer, schieben eine Kredenz vor die Tür, um zu verhindern, daß ihnen die Mutter dazwischenfunkt. Die schaltet gemäß dem gemeinsamen abendlichen Ritual den Fernsehapparat an, um die Nachrichten zu verfolgen. Statt mit der Mutter fernzusehen, möchte Erika jetzt Sex mit einem Mann. Dennoch soll sich nach Erikas Wunsch das Liebespiel in ihrem Zimmer auf den Nachrichtenfluß aus dem Fernsehapparat abstimmen. Aber die Unglücksnachrichten, die aus dem Geisterreich der Elektronik schäumen, lassen ahnen, daß den Helden kein süßes *Happy-End* beschieden sein wird. Zu mechanisch verbindet der Erzählgang den televisionären und den sexuellen Horror. Erika unterwirft ihre Phantasien sowohl der Hardware- wie der Software-Gewalt des Bildschirms. Sie hat Walter schriftlich eine ganze Reihe von Wünschen unterbreitet, wie das von ihr gewünschte sadomasochistische Liebesspiel laufen soll. Klemmer jedoch liest ihren Brief mit wachsendem Widerwillen:

Ihm wird soeben vorgeschlagen, daß er für Erika ein Art Schürze aus festem schwarzem Plastik oder Nylon besorgen und Löcher hineinschneiden soll, durch die Man Blicke Auf Geschlechtsorgane Wirft. Klemmer fragt, wo eine solche Schürze hernehmen, wenn nicht stehlen oder basteln. Nur Guckkastenausschnitte bietet sie dem Mann, das ist ihrer Weisheit letzter Schluß, höhnt der Mann. Hat sie auch dies vom Fernsehen entliehen, daß man nie das Ganze sieht, immer nur kleine Ausschnitte, jeder für sich aber eine ganze Welt? Den jeweiligen Ausschnitt liefert der Regisseur, den Rest liefert der eigene Kopf. Erika haßt Menschen, die nicht denkend fernsehen. Man profitiert von allem, wenn man sich öffnet. Der Apparat liefert Vorgegebenes, der Kopf fertigt die äußeren Hülsen dazu. (...) Er zerreißt Liebende und fügt zusammen, was der Serienschreiber getrennt wissen wollte. Der Kopf biegt um, wie er es haben will.[82]

Erika möchte, daß Fernsehcodes das erotische Szenario modellieren. Der elektronische Kanal soll die Partitur ausarbeiten, nach der sie ihre Distanzen zwischen ihren liebesbereiten Körpern löschen. Doch klappt es nicht, weil das Fernsehen nicht eine, sondern viele Sprachen auswirft. Damit sich zwei Verlangen aufeinander abstimmen, benötigen sie das Glück einer gemeinsamen Sprache (oder Sendung). Andere Autoren zeigen, daß vor allem solche Sendungen die erotische Annäherung erfolgreich steuern, die aus dem Repertoire des Zufalls kommen.

In Alberto Moravias Roman *Die Reise nach Rom* (1988) kehrt der Student Mario nach fünfzehn Jahren, die er in Paris verbrachte, in das Haus seines Vaters nach Rom zurück. Nach dem Tod der Mutter hatte ihn ein Onkel aufgezogen. Gleich in der ersten Stunde seiner Rückkehr in das Haus wird er von einer Erinnerung überfallen, die ihn nicht mehr losläßt. Als er in das Wohnzimmer tritt und von der Tür aus den Rücken des Sofas und dahinter den Fernsehapparat sieht, erscheint vor den Augen seines Gedächtnisses eine Szene aus der Kindheit: Damals überraschte er seine Mutter beim Liebesakt mit dem Partner seines Vaters, während der Fernsehapparat lief. Die Erinnerung ist da und doch nicht ganz da, und Mario muß sie mit Hilfe des Vaters wiederaufbereiten. Sie stellen die Szene gemeinsam nach, Mario verwandelt sich wieder in das Kind, das der Mutter an jenem Abend nur den gewohnten Gutenachtkuß ablocken wollte, der Vater spielt als Statist den Rivalen. Die vollständige Erinnerung kehrt Mario aber nur aus zufälligem Grunde wieder: Im Augenblick der Rekonstruktion läuft wie damals im Fernsehen ein Fußballspiel. Von nun an verwandelt sich die Erinnerung in eine Zwangsvorstellung:

Ich saß stundenlang auf dem Sofa vor dem Fernseher, schaltete den Bildschirm an, löschte alle anderen Lichter und drehte und wendete meine Versuchung, ohne zu irgendeinem Ergebnis zu gelangen. Die Szene zwischen meiner Mutter und Terenzi, die so lange verdrängt gewesene Szene, die jetzt, einmal aus dem dunkelsten Grund des Gedächtnisses, wo sie lange ungekannt geruht hatte, hervorgeholt, immer öfter wieder vor meine Augen trat, schien eine unauslöschliche und zugleich unverständliche Vitalität zu besitzen. Da, in dem Dunkel erschien meine Mutter, setzte sich rittlings auf den Schoß ihres Liebhabers: Nun beugte sie sich etwas zur Seite, strich sich die ihr ins Gesicht fallenden Haare zurück und half dem Mann, in sie einzudringen; da, jetzt fing sie an, die Hüften vor- und zurückzubewegen; jetzt sah sie mich und gebot mir, mich nicht zu rühren und bis zum Ende des Liebesakts zuzusehen; jetzt kam der Orgasmus, sie riß den Mund auf wie zu einem Schrei; und jetzt ließ sie plötzlich das Gesicht auf die Schulter des Mannes fallen und leckte ihm, dankbar und aufgelöst, Ohr und Hals.[83]

Es ist alles schon gelaufen für den armen Sohn Mario. Dies in zweierlei Hinsicht. Einmal betrachtet er sich als Dichter, aber alle Gedichte, die er gern schreiben möchte, sind bereits zu Papier gebracht, ausgerechnet von Guillaume Apollinaire, dem Dichter der *Elftausend Ruten* und dem Gespenst der Stimme, das Michel Leiris in den *Archives de la Parole* erschienen ist. Zum anderen grub sich die Liebesszene der Mutter mit dem Partner des Vaters wie ein Trauma in alle seine Sinne und Organe. Gebieterisch verlangen sie bei allen weiteren sexuellen Phantasien und Erlebnissen, daß ihnen die Daten dieser Situation in völliger Frische nachgereicht werden. Jede Frau, die er trifft, nimmt jeweils die Züge seiner Mutter an, aber erst als die auserkorene zweite Frau seines Vaters auftaucht, findet er die geeignete Partnerin, um die Erinnerung auch zu inszenieren. Sie ist bereit, »(...) mit mir die Szene nach dem, was sie selbst mit treffender Intuition das Drehbuch der Wiederholung genannt hatte, zu wiederholen.«[84] Die künftige Stiefmutter erfüllt die Bedingungen, um die, wie Mario meint, erlösende ödipale Reprise zu vollziehen: Paarung mit einer Mutter vor dem laufenden Fernsehgerät. Erst die Wiederholung, ihre Durcharbeitung macht das vergangene Ereignis zu einem *begriffenen* Ereignis, wie es die Bildungsidee der *Phänomenologie*, der Hegelschen Fernsehtheorie, verlangt.

Aus dem reichen Angebot, das der amerikanische postmoderne Roman an Geschichten aus dem erotischem Kanal der Fernsehelektronik erzählt, soll hier noch eine ins Programm genommen werden. Sie gehört in den Roman der postalischen Paranoia von Thomas Pynchon, *Die Versteigerung von No. 49*. Oedipa Maas begibt sich auf die Reise in die Geschichte des verstorbenen Liebhabers Inverarity. Eines ihrer ersten Abenteuer führt sie in ein Motel, wo plötzlich der Rechtsanwalt Metzger auftaucht, den der Tote als zweiten Testamentsvollstrecker benannt hat. Eigentlich wollte Oedipa den Abend allein vorm Fernseher verbringen und sich *Bonanza* anschauen. Doch nun sitzt sie dort gemeinsam mit Metzger, der ihr erzählt, wie er in seiner Jugend als Kinderfilmstar gearbeitet hat. Der Zufall oder eine geschickte Lüge von Metzger arrangieren es, daß gerade eine Folge dieser Serie mit dem kindlichem Schauspieler Metzger über die Mattscheibe geht. Es ist wieder eine Geschichte ohne Mutter: Der Vater, der kleine Sohn und ein Hund sind auf der Flucht. Dieser Rückblick in die Kinderwelt des Anwalts, den ein Zufall zu ihrem Partner gemacht hat, dabei gehöriger Alkoholkonsum, vor allem aber das gemeinsame Fernsehen geben der Situation bald eine erotische Dynamik. Metzger erfindet eine schöne Verbindung von Erotik und Serienkontingenz: Oedipa soll den Fortgang der Geschichte im Fernsehen erraten; wenn sie sich irrt, muß sie ein Kleidungsstück opfern. Sie wettet auf das Unerwartete, doch das Erwartete geschieht. Sie versucht, die Sache in die Länge zu ziehen, indem sie alle nur verfügbaren Kleider erst einmal übereinanderstreift.

Die Dinge wurden immer unklarer. Irgendwann ging sie ins Bad und versuchte, in den Spiegel zu schauen, sie konnte ihr Bild aber nirgends sehen. Einen Moment lang erlebte sie nackten Horror. Dann fiel ihr aber doch rechtzeitig ein, daß kein Spiegel mehr da war (...). Sie schloß die Tür hinter sich und benutzte die Gelegenheit, um torkelnd, fast geistesabwesend, noch einen Slip und einen Rock sowie einen Hüfthalter und ein Paar Kniestrümpfe anzuziehen. Der Gedanke, daß Metzger verschwinden würde, falls die Sonne je wieder aufging, machte sie betroffen. Sie war sich nicht sicher, ob sie das wollte. Als sie wieder ins Zimmer kam, hatte Metzger nur noch eine Turnhose an und war mit dem Kopf unter der Couch fest eingeschlafen. Er hatte einen stehen, und außerdem fiel ihr sein dicker Bauch auf, den der Anzug vorher verborgen hatte. Auf dem Bildschirm spießten sich Neuseeländer und Türken gegenseitig mit Bajonetten auf. Mit einem Schrei stürzte sich Oedipa auf ihn, warf sich über ihn und begann ihn zu küssen, um ihn zu wecken. Seine strahlenden Augen sprangen auf, durchbohrten sie, ihr war, als könnte sie diese Schärfe irgendwo zwischen ihren Brüsten fühlen. Mit einem gewaltigen Seufzer, der ihre ganze Härte aus ihr herauszuschwemmen schien, sank sie neben ihn, sie war so schwach, daß sie ihm nicht helfen konnte, sie auszuziehen; er brauchte zwanzig Minuten dazu, in denen er sie hin und her rollte, sie so und so hinlegte, er kam ihr vor wie ein in die Länge geschossenes, kurzhaariges kleines Mädchen, das mit einem Pokergesicht seine Barbie-Puppe auszieht. Sie schlief sogar ein- oder zweimal ein dabei. Als sie schließlich erwachte, merkte sie, daß sie gefickt wurde; sie stieg in ein sexuelles Crescendo ein, wie man auf einen Zug aufspringt, der schon fährt, oder als würde bei bereits laufender Kamera eine Szene dazwischengeschnitten. (...) Sie und Metzger kamen genau in dem Augenblick, wo jedes Licht im Haus, einschließlich das aus dem Fernseher, plötzlich ausging, erlosch, tot war und schwarz.[85]

Die Spiegelung, die zu Beginn im Badezimmer ausbleibt, gelingt als Dopplung zwischen dem Fernsehprogramm und der erotischen Balgerei zwischen Oedipa und Metzger davor. Die Synchronie spielt auf mehreren Ebenen zugleich. Vor allem zwei Signale aus dem Fernsehen finden unmittelbar im Geschehen davor eine Wiederholung: das Aufspießen (Bajonette, Phallus, Blick) und der Blackout. Das Programm schaltet sich von selbst aus, nachdem es die beiden bis zum

Höhepunkt gebracht hat. Andere Interferenzen zwischen Bildschirm und Beischlaf wollen, daß Oedipas Bewußtsein völlig vom filmischen und televisionären Code erfaßt wird und ihr der sexuelle Akt wie eine zwischengeschnittene Aufnahme erscheint.

Alle drei literarischen Beispiele über Kopplungen und Vernetzungen von Television und Erotik zeigen auf ganz ähnliche Weise, wie der Fernsehcode das Verhalten von Körpern steuert, wie sich das fleischliche Ereignis mit Bildsequenzen verflicht. Dies geschieht nicht nur durch Berührung von zwei Oberflächen. Über den Fernsehkanal schaltet sich jeweils auch ein historisches Programm zu, das in das aktuelle Geschehen hineinwirkt. In allen drei Fällen scheint eine biographische Frühzeit von einem sanften, reingebliebenen familialen Code gewiegt: Erika Kohut lebt immer noch mit ihrer Mutter zusammen, die bereits den Vater als Störenfried ihrer dualen Beziehung aus dem Haus getrieben hatte. In Moravias Erzählung bildet die ganze Geschichte nur eine ödipale Reprise; schließlich bringt in Pynchons Roman die Heldin selbst den mythischen Namen des Ödipus ins Spiel. Durch die Verbindung, die der Fernsehkanal auf jeweils ganz andere Weise mit den Kindheiten herstellt, überlagern die televisionären Signale die familialen Ordnungen, oder sie schließen Allianzen mit ihnen. Doch spielen nicht nur biographische Kindheiten über die elektronische Maschine mit, sondern alle Szenen zeigen nach wie vor eine ödipale Struktur, da überall der gegengeschlechtliche Elternteil fehlt: Erikas Vater, Marios Mutter sowie die Mutter in Metzgers Fernsehserie. Die Familiensprache wirkt immer noch nach, denn die Liebeshungrigen bleiben an die Infantilisierungsmacht der wahren oder nachgefolgten Eltern gebunden. Die Zeichen aus dem Fernsehkanal überfallen die Geschlechter mit solcher Gewalt, weil dieser offenbar die Position eines Elternteils einnimmt: ein Dritter, der verschwindet.

Der Blackout, den Metzger und Oedipa beim Orgasmus erleben, verdoppelt den Schwund der Sinne auf der Höhe der Ekstase; aber er erinnert auch an den Blackout des Ödipus, der sich im Augenblick der Selbsterkenntnis selbst blendete. Und es spielt noch jener Blackout aller postmodernen Endzeitphilosophie mit hinein. (Auch Hegels Geist wäre ohne die Fernsicht auf die Vergangenheit nur der »leblose Einsame« in visueller Privation.) Das christliche Ende öffnet ein Buch. Das moderne Ende ist das Fernsehen. In Pynchons apokalyptischem Roman *Die Enden der Parabel* wird das postmoderne Ende der Geschichte als Filmriß erzählt: Kein Energieausfall auf Golgatha, sondern Blackout im Kino der Welt.

7. Nachrichtenverkehr III: Empfänger

Heilige: Die Schriften der Engel

Es ist nicht so einfach, von Gott persönliche Nachrichten zu erhalten. Der Herr der Welt streut seine Mitteilungen durch den Raum und erwartet, daß sie von allen gelesen werden. Die ins Unendliche wachsende Lesbarkeit des Kosmos, der Welt, der Dinge und der Seelen[1] beschränkte die Möglichkeiten für gesonderte Botschaften des Himmels. Gerade daher wurden sie aber so überaus begehrt. Aus diesem einzigartigen Gott-Verlangen schossen ungeheure, zugleich rührende und wahnsinnige Frömmigkeiten hervor; an ihrer Seite entwickelten sich raffinierte Klosterindustrien, die sich auf Betrug mit Gottesnachrichten spezialisierten. Verlangen ist immer dort, wo Mangel herrscht. Warum aber gibt sich der Christengott nicht wie Dionysos durch Fülle und Überfluß kund, warum zeigt er sich nicht in der Freude, im Genuß? Für die Verknappung der Gottesnachrichten sorgt eine Kirchenpolitik, die ihre Macht auf die Priorität der Schrift gründet, auf das Zeugnis einmaliger Theophanie. Solche Schrift darf sich nicht ohne weiteres vermehren und aus der Kontrolle geraten. Da Gott selbst nicht schreibt, muß der Kontakt mit dem Geist oder mit Boten Gottes gesucht werden oder mit jenen Zeichen, in denen er sich gezeigt hat. Wer mit Gott kommunizieren will, muß in seiner Sprache sprechen: in der Sprache der Körperwunden.

Zwar kennt die volkstümliche und hagiographische Tradition allerhand Beispiele von menschlichen Kontakten mit Gott; doch waren nicht alle Verbindungen auch seriös. Theresa von Avila, die geheimnisvolle Mystikerin, warnt in ihrem Traktat *Von der Liebe Gottes* vor solchen Fehlverbindungen. Erst mit der Zeit stelle sich heraus, ob

(...) es wahre Gnaden Gottes seyen und nicht etwan ein Betrug des bösen Feinds und Melancholeyen oder Phantastereyen, die von eygner Natur entstehen (...).[2]

Aber die kirchliche Feststellung, ob in dem Zeichen, in der Vision, im Wunder, in der Ekstase wirklich Gott gesprochen hat[3] und ob nicht Wahnsinn, Hexerei oder Betrug ihre dämonische Stimme erhoben haben, erfolgte immer erst sehr viel später. Ein Subjekt der Offenbarung muß zunächst durch ein Feuer von Martyrien und dann noch einmal durch die Härteproben der Zeit, ehe es das fromme Gedächtnis als einen Heiligen aufnimmt. Doch der Wahnsinn dieses bebenden Verlangens nach Gottesnachrichten durchzog die Welt der Frauenklöster und anderer weiblicher Einsamkeiten über Jahrhunderte hinweg. Einige Beispiele mögen eine Vorstellung davon geben, wie dieses Verlangen sich oneirische und phantastische Empfänge ausdachte, in denen es endlich seine Post erhielt. Und doch läßt sich in diesen Szenen immer noch das Schema der Verkündigung erkennen. Die Oberin des Ursulinerinnen-Klosters von Loudin, Jeanne des Anges, schreibt im Februar 1644 ihrem Beichtvater über eine solche Szene, die sich offensichtlich seit Jahren wiederholt, folgenden Bericht:

Ich will Euch sagen, mein Vater, daß mir mein guter Engel seit mehr als zwei Jahren in der Regel für meine körperlichen Augen äußerlich sichtbar erscheint. Er nimmt die Gestalt eines sehr schönen Jünglings an, im Alter von fünfzehn Jahren und drei und ein halb Fuß Höhe. Sein Gewand scheint mir weiß und voller Klarheit, seine beiden Augen wie zwei Sonnen. Ein großes Licht umstrahlt ihn. Sein Gesicht ist ernst, doch nichtsdestoweniger sehr leutselig. Spricht er nicht mit mir, so ist sein Besuch ziemlich kurz; er dauert dann nicht länger, als man braucht, um aufmerksam ein Miserere zu beten. Will er die Zeichen erneuern, so faßt er mich sehr sanft bei der Hand. Manchmal zieht er mir den bedeckenden Handschuh ab; und dann geschieht eine Bewegung, als wenn jemand auf meiner Hand schriebe. Er beginnt immer damit, den sehr heiligen Namen Jesu zu bilden. Während der Zeit fühle ich's wie eine leichte Hitze auf der Hand; allerdings sehr sanft (. . .).[4]

Schwester Jeanne war der Star eines mehrjährigen, halb Frankreich bewegenden Dramas kontagiöser Besessenheit in dem Kloster von Loudin. Als eitle, hübsche und ehrgeizige Nonne rang sie jahrelang vergeblich mit den Dämonen (es waren sieben) ihres Verlangens. In diese Kämpfe mit ihren wechselnden Schauplätzen und Waffengängen, Beichten, Geißelungen, Halluzinationen, Exorzismen, zog sie mehrere Patres hinein, von denen einer dem Flammentod und ein anderer dem Wahnsinn zum Opfer fiel. Dieses Drama kennt die Nachwelt einmal aus einer ausführlichen biographischen Darstellung von der Hand Jeannes selbst, aber auch aus vielen weiteren Zeugnissen, zu denen nicht zuletzt die Prozeßakten des Verfahrens gehören, das dem einen Pater die Feuerstrafe eintrug.[5] Die Wende in der langen Geschichte ihrer dämonischen Heimsuchungen brachte eine schwere Krankheit, die der armen Jeanne des Anges beinahe das Leben gekostet hätte. Schon hatte sie die letzte Ölung empfangen, da erschien plötzlich der heilige Joseph, salbte sie und schenkte ihr die Gesundheit zurück. Als die Dämonen endlich aus ihrem gequälten Leib fuhren, zwang sie der Exorzist auf Jeannes Wunsch dazu, die heiligen Namen von Jesus, Maria und Joseph in ihre Hand zu schreiben. Nachdem die Dämonen diese Grundschrift gelegt hatten, kam nur noch in regelmäßigen Abständen Jeannes »guter Engel«, um die Signaturen wieder aufzufrischen. Als Zeichen, daß tatsächlich ein Sekretär des Heiligen Geistes geschrieben hatte, hinterließ er, wie Jeanne mehrfach unterstreicht, »sehr angenehme Düfte«.[6] Auch blieb ihr von der plötzlichen Heilung durch die Salbe des heiligen Joseph ein Hemd mit einigen Ölflecken, die gleichfalls einen »wundervollen Geruch« ausströmten. Diese Stigmatisierung der Hand und das Tuch mit den duftenden Ölflecken machten Jeanne in ganz Frankreich zur gefragten Wunderheilerin. Sogar der Kardinal Richelieu lud sie in seine Privatgemächer, weil er sich von den Tropfen des heiligen Joseph sowie von den Stigmata der Schwester Erleichterung oder gar Heilung seiner schwärenden Hämorrhoiden erhoffte. Die Königin konnte sich an den Handzeichen ebensowenig sattsehen wie der päpstliche Nuntius, der die duftenden Öltropfen durch eine Berührung der eigenen Lippen ehrte. Schließlich verlangte auch die Pariser Bevölkerung den Augenschein des Wunders. Jeanne mußte tagelang ihre Hände durch die Gitter eines Klosterfensters strecken, und angeblich dreißigtausend Menschen pilgerten an ihr vorbei, um die Geisterschrift im Fleisch der frommen Jungfrau zu entziffern.[7] Als ob die vielen tausend Blicke, die die Zeichen abtasteten, auch etwas von der Kraft der Buchstaben konsumierten, erneuerte sich in diesen Pariser Tagen, wie Jeanne berichtet, die Schrift vorsorglich gleich dreimal.

Die Schriftzeichen markierten das Ereignis: Jeanne wurde schlagartig von ihren quälenden sexuellen Zwangsvorstellungen befreit, da es ihr gelang, halluzinatorisch einen Dauerkontakt mit dem Geist herzustellen, der jeweils in Gestalt eines Engels kam, um die Schriftzeichen nachzuziehen. Wie immer ging es nicht um neue Nachrichten, sondern um einen stabilen Kanal. Wie sehr diese Vorstellung, zur Empfängerin von heiligen Nachrichten zu werden, auch anderswo die Imagination der Nonnen beherrschte, zeigt ein schönes, lakonisches Dokument, das Jacques Le Brun bei seinem Studium von Nonnenbiographien des 17. Jahrhunderts gefunden hat. Es ist ein in wenige Worte gefaßter Traum aus einer ganzen Serie ähnlicher nächtlicher Visionen, die sich nur um ein Ereignis zentrieren. Die Träumerin mit Namen Marie-Thérèse de Chalet gehörte dem Orden der Visitantinnen in Chartres an. Ein Beichtvater der Nonne, der kurz zuvor gestorben war, übernimmt in diesen Traumbildern das Amt des Boten:

Im ersten Traum gab er mir ein Buch, in dem mehrere schöne Dinge von Gott geschrieben standen, die ich aber nicht behalten konnte.[8]

Klarer kann das Objekt des Verlangens nicht ins traumsprachliche Vokabular gefaßt werden: ein Buch, in dem schöne Dinge von Gott stehen, dessen Inhalt aber vergessen ist. Der aus dem Jenseits gerufene Überbringer der Gabe sowie die in dem Buch niedergelegte exquisite Mitteilung bilden die wichtigen Elemente einer kurzen Traumszene, die die Nonne in den Stand der Auserwählten hebt. Dies sind die beiden Accessoires von Gottes Mitteilung: Auserwähltheit und Unendlichkeit der Botschaft. Von ähnlicher Art ist ein anderes Dokument aus dem Korpus Le Bruns, das von einer sterbenden Nonne berichtet. In ihren letzten Stunden sagte sie: »(...) daß zwischen Gott und ihr nur noch ein Stück Papier zu durchstoßen war, nämlich ihr noch verbleibendes bißchen Leben, an dessen Ende ihre Seele sich sofort mit ihm vereinen würde.«[9] Ein Leben lang scheiterte der Kontakt mit Gott an der Opazität[10] der Bücher und Schriften, und nur selten oder vielleicht niemals verzeichnete sie den glücklichen Empfang einer Nachricht, der sie auserwählt hätte. Jetzt schwächt die Zeit selbst diese Ferne und Unverbundenheit. Andere schreiben im Buch des Lebens Seite um Seite voll, doch ihre Biographie desmaterialisiert alle Archivalien. Ihre Zeit gibt sich daran zu erkennen, daß sie nach und nach alle Blätter aus dem Buch wie bei einem Kalender herausreißt. Das letzte Blatt Papier ist eine letzte materielle Distanz von Gott und eine an alle gerichtete Mitteilung, die der Tod endgültig durchstoßen wird.

Dieses Dokument klösterlichen Gottverlangens gehört eigentlich bereits in das Register der mystischen Nachrichten-Empfänge. Tatsächlich besorgt der Mystiker seine Gottespost in polemischer Distanz zum Bücherwesen der Gelehrten mit ihren toten Schriftmassen. Im *Cherubinischen Wandersmann* des Angelus Silesius heißt es daher auch: »Die Schrift ist Schrift, sonst nichts. Mein Trost ist (...)/ daß Gott in mir spricht das Wort der Ewigkeit.«[11] Nach diesem Konzept verbinden die Mystiker in eigener Person die beiden Funktionen von Übermittlung und Aufnahme. Zu diesem Zweck spalten sie sich selbst in einen Ort, wo die Nachricht ergeht, und in eine Rede, die sie weitergeben. Dieser Ort, wo gesprochen wird (oder nach der Version der heiligen Hildegard von Bingen: wo die Musik ertönt[12]), ist die Seele. Und die Seele, so behauptet die »Schutzheilige der Hysterie«, wie Josef Breuer Theresa von Avila nannte[13], ist nichts anderes als der Geist selbst.[14] Ganze Heerscharen von Boten und Engeln stürzt diese mystische Kurzschaltung mit dem Geist in Untätigkeit. Damit seine

Seele zu einer Stätte höchster Offenbarungen wird, muß der Mystiker die Kosten aller Märtyrer tragen und sich dem Gesetz der Leiden und des Mangels unterwerfen. Er muß dem Körper der Passion möglichst ähnlich werden, um Zeuge oder Resonanzraum von Gottes Sprechen zu werden. In ihrer Abhandlung über die *Liebe Gottes* gibt Theresa dazu die verbindliche Auskunft: »(…) daß nur wenig Seelen seynd, denen der Herr Christ diese Gnad thue, ohne daß sie zuvor viel Jahr lang in Creuz und Widerwärtigkeiten zugebracht.«[15] Natürlich richten sich diese Verschaltungen von Geist und Seele gegen die Monopole des Geist-Kanals bei den Gelehrten. Aber kein Gotteszeichen senkt sich auf Außen- oder Innenflächen der frommen Frauen, ohne daß davon wiederum Botschaft an die Welt ergeht.

Es gibt auch ein Recycling des Verkündigungs-Glücks: selbst Stätte der Botschaft zu sein oder gar als Subjekt in eine Nachricht verwandelt zu werden. Das brachte im 19. Jahrhundert ganz neue Kooperationen zwischen Heiligen und Schriftstellern hervor. Der romantische Arzt und Dichter Justinus Kerner nahm die Hysterika Friedrike Hauffe für zwei Jahre in sein Haus auf, einmal, um sie zu heilen (was ihm mißlang), und zum anderen, um der Welt von den Tatsachen des Hellsehens oder auch »Fernsehens« zu berichten. Sein Buch über die *Seherin von Prevorst* (1829)[16] beschreibt nicht eben eine Heiligenvita, sondern versucht, den Fall einer hysterischen Besessenheit als okkulte Offenbarung zu protokollieren. Den Ursprung ihrer Karriere als Hysterika, Somnambule, Hellseherin erzählt Friederike als Folge eines Traumes, wo sie in ihrem Bett an ihrer Seite die Leiche des kurz zuvor verstorbenen Stiftspredigers fand. Da einmal der Kontakt mit der Geisterwelt hergestellt war, brach er offenbar auch nicht mehr ab. Es läßt sich auch nicht übersehen, daß die Kooperation von Seherin und Schriftsteller an die alte Zusammenarbeit zwischen der delphischen Pythia und den Priestern anknüpfte. Die Frage, die sich Plutarchs kleine Gesellschaft beim Besuch der heiligen Stätten in Delphi stellte, ob die Götter/Geister tatsächlich so schlechte Verse diktierten oder ob die Priester für die Form der Orakelsprüche verantwortlich wären[17], erneuert sich bei diesen Büchern, die die literarischen Sekretäre der frommen Hysterika verfaßten wie Justinus Kerner oder Clemens Brentano.

Eine historisch noch viel bedeutendere Kooperation verband nämlich den romantischen Dichter Clemens Brentano und die später seliggesprochene Anna Katharina Emmerich. Brentano gab im vollen Vertrauen darauf, daß die stigmatisierte Nonne eine Heilige sei, einen Lebensumriß der Frau und veröffentlichte ihre Erzählungen über *Das bittere Leiden unseres Herrn Jesu Christi*. In Stigmata schreiben sich die

Sonder-Nachrichten des Himmels. Brentano hielt die Erzählung, die ihm Anna Katharina davon gab, ausführlich fest:

Sie hatte (. . .) nie an ein äußeres Zeichen gedacht. Sie betete nun (. . .) eifriger als je (. . .), und als sie den 28sten August, am Feste ihres heiligen Ordenspatrons Augustus, krank zu Bette liegend, in solchem Gebete in Entzückung mit ausgebreiteten Armen erstarrt war, sah sie, als nahe ihr, aus der Höhe von der rechten Seite kommend, ein leuchtender Jüngling, wie sie immer die Erscheinung ihres himmlischen Bräutigams zu sehen pflegte, und es machte ihr derselbe mit seiner Rechten das Zeichen eines gewöhnlichen Kreuzes über ihren Leib. Wirklich empfing sie damals das einem Muttermale ähnliche Malzeichen eines Kreuzes auf der Magengegend. Es bestand aus zwei gekreuzten, etwa drei Zoll langen, einen halben Zoll breiten Streifen. Dieses Malzeichen bedeckte sich später öfters mit einer Brandblase, welche sich öffnend, besonders Abends, eine brennende farblose Leuchtigkeit in solchem Maße ergoß, daß mehrfach gefaltete Tücher davon durchnäßt wurden.[18]

Das Leben der Anna Katharina bezeugt seine Heiligkeit durch ein unaufhörliches Ergießen, nicht nur von farbloser Feuchtigkeit aus dem Malzeichen auf der Brust, sondern von Tränen, Blut, Schweiß, das Erbrechen nicht zu zählen. Bereits als Vierundzwanzigjährige empfing sie von der Hand des gleichen Himmelsbräutigams die Dornenkrone und behielt davon Wunden, die Brentano eifrig bezeugt: »Der Schreiber dieses hat übrigens diese Affectionen ihres Hauptes, und das Niederströmen des Blutes über die Stirne und das Antlitz bei hellem Tage und in vollkommener Nähe vor seinen Augen mehrmals (. . .) gesehen.«[19] Dies heißt empfangen und unaufhörlich im Zustand des Empfangens bleiben. Statt eines Engels, der die Signaturen immer wieder erneuert, verschafft sich die Schrift durch mystische Autopoiesis nach dem Diktat des Kirchenkalenders die Frische einer allerersten Nachricht. Das Delirium des Empfangens verlangt gebieterisch: selbst zur Nachricht zu werden. Dieser Wunsch kennt aber nicht nur solche Szenen der Erfüllung, sondern auch das Unglück der Ohnmacht. Hegels Schwester Christiane verfiel in ihren späteren Jahren, als sie allein lebte, solchem postalischen Wahn. Erst befürchtete sie als Folge der mesmeristischen Heilversuche, die Karl Schelling, der Bruder des Philosophen, mit ihr unternahm, gewaltsam magnetischen oder elektrischen Kuren unterzogen zu werden.[20] Später bereicherte sich noch das Vorstellungsfeld dieses Wahns. Justinus Kerner beobachtete aus nächster Nähe, daß Christiane Hegel zuletzt die Angst quälte, selbst in eine Postsendung verwandelt zu werden:

Die Arme aber verfiel nach und nach in Geisteskrankheit und bekam die fixe Idee: sie sei ein Päckchen, das man auf der Post verschicken wolle, welcher Gedanke des Verschicktwerdens sie immer in die größte Unruhe und Verzweiflung versetzte. Näherte sich ihr ein fremder Mensch, so fing sie an zu zittern; denn sie befürchtete, der komme, sie mit Bindfaden zu umwickeln, zu versiegeln und auf die Post zu tragen.[21]

Dies sind die zwei Seiten eines Wunsches, Empfängerin einer Götternachricht zu sein. Die paranoische Heimsuchung Christiane Hegels muß den pathologischen Schrecken ertragen, da weit und breit kein Dichterzeuge bereitstand, um dem Wahn eine theologische, medizinische oder literarische Weihe zu verleihen, wie es Kerner und Brentano taten.

Das große weibliche Phantasma der Verkündigung, die Szene der Schriftwerdung, der Schrifterscheinung an ihrem Körper oder aber auch nur einfach der Traum, zur auserwählten Adressatin oder zum privilegierten Opfer der Götternachricht zu werden, findet in Botho Strauß' Theaterstück *Groß und klein* seine modernste Version. In der Szene »Falsch verbunden« des Stücks sitzt Lotte allein auf einem Stuhl vor einem riesengroßen Buch auf dem Boden. Allem Anschein nach nimmt eine unsichtbare Macht, die sie »allmächtiger Vater« nennt, mit ihr Kontakt auf, obgleich sie sich verzweifelt dagegen zu wehren versucht.

> Näher dürft Ihr mir aber nicht kommen,
> Ehrwürdiger Schöpfer, ich bitte Euch,
> Ich kann Euch weder Schale noch Kelch sein,
> und auch kein anderes Gefäß,
> Ihr wünschtet denn, ich zerspränge (…).[22]

Ihre Gegenwehr bleibt erfolglos. Auch als Lotte mit dem Buch, in dem inzwischen alle Buchstaben erbleicht sind, wütend den Stuhl vor sich zerschlägt, spürt sie die fremde Macht weiter. Alle Anzeichen deuten auf ein Delirium, das sie erfaßt. Aus dem Buch rinnt plötzlich Blut hervor, das sich dann in eine lesbare Schrift *GlaubeLiebeHoffnung* verwandelt. Lotte ahnt, daß ihr alle Freunde und Geliebten genommen (aus dem Buch radiert) wurden, um sie für diese Kontaktaufnahme der Jenseitsmacht zu präparieren. Oder ist es gerade das, was sie wünscht? Sie ruft »falsch verbunden«, als sei der Kanal des Geistes an die falsche Adresse geraten, doch die postalische Gewalt oder das postalische Delirium dauert fort. Man weiß nicht: Ist diese Szene ein letztes Aufbäumen in der Position der heiligen Empfängerin oder nur das Spiel einer ewigen Fortsetzung? Eines bleibt unübersehbar: Die Erzählung des Apostels Lukas von der Verkündigung wirkt fort als Urszene des weiblichen Empfangs: Die Nachricht Gottes erreicht sie sowohl im Delirium der Stigmatisierung als auch in jener weniger dramatischen Halluzination, die einfach Lesen heißt.

Wahnsinnige: Der Bruch mit Gott

Die Position der Empfänger (der Heiligen, der Leser, der Dichter) wird immer dann kritisch, wenn sich ihr schriftbasiertes eigenes Imaginäres als Nachricht von außen einstellt: Plötzlich sucht sie ein Geist oder Dämon oder eine Stimme heim, auf die sie im stillen immer schon gehört haben. Dennoch ist es ein Schrecken, wenn die Paranoia die undenkbaren Versprechungen oder Befehle der Bücher erfüllt. Das ist der Augenblick des Wahns; doch bringen solche paranoischen Zustände keine Heiligen ins Irrenhaus, solange ihr Besessensein ausdrücklich im Text der Kultur vorgesehen ist. Etwas anderes geschieht, wenn Leser oder Autoren vom Geist der Schriften, die sie lesen, erfaßt werden. Don Quichotte, der Bücherwahnsinnige, lebt zwar selbst nur in einem Buch, aber er steht als Hausgott einer langen Reihe von Autoren vor, die von Tasso bis Artaud reicht. Zwar überfällt das Bücherdelirium heute nur noch wenige, aber sie treibt die Zerstreuung von Buchstaben und Papier in unrettbaren Wahnsinn. Denn daß die Rede aus Büchern wortwörtlich wahr wird, ist darin eigentlich nicht vorgesehen. Daher offenbart der Wahnsinn stets ein Geheimnis über den Geist, den die Bücher angeblich fest zwischen ihre Deckel gebannt haben.

Der Arzt Karl Schelling mußte neben Christiane Hegel noch andere prominente Opfer der Literatur in den Wahnsinn ziehen lassen, ohne ihnen helfen zu können: Der bekannteste unter ihnen war Nikolaus Lenau. Ende September 1844 erlitt Lenau in Stuttgart im Kreise seiner Freunde den ersten kleinen Schlaganfall; als sich diese Zustände im Oktober zweimal wiederholten, wurde Lenau in die Heilanstalt Wimmental gebracht, wo ihn der Wahnsinn nur noch fester packte, um seinen Griff bis zum Tod des Dichters 1850 nur mehr selten zu lockern. Schelling, der zunächst zu Rate gezogen wurde, versuchte den Kranken nach dem ersten Nervenschlag noch zu beruhigen, aber dieser ahnte bereits den künftigen Gang der Dinge. Aus der Zeit in der Wimmentaler Klinik ist ein Notizbuch Lenaus überliefert, das wie ein kleines Register die wahnhaften Zustände und Ideen des Dichters verzeichnet. Darin findet sich einmal jener wunderbare surrealistische Vers über Ludwig Uhland: »Der größte Dichter der Schwaben/ Schwaben, Schwaben, Schwaben,/ sie *traben*, traben, traben (...).«[23] Im Wahn zeigt sich Lenau jedoch bisweilen unerwartet klarsichtig, wenn er über den Nachrichtenverkehr zwischen Gott und den Menschen notiert: »Nicht *die Träume* sendet Gott,/ denn nichts als Träume sendet *Gott*/ (...)/ Träume sendet Gott./ *Vide* die Seherin, das Buch:/ das verschleierte Bild von Sais.«[24] Die knappe Bemerkung protokolliert den Bruch des Dichters mit Gott. Er ist zunächst nur in der syntaktischen Opposition zu erkennen. Aber er besagt dann eben doch: Nicht nur Träume schickt Gott, sondern alles, was Gott schickt, sind Träume. Insofern brauchen wir keine Unterscheidungen mehr zu treffen: Wir sind ganz eingebunden in die Immanenz der Träume, der Sprache. Das ist die kantianische Eingebung des Wahns über seine eigene Herkunft. Der kurze Verweis in Lenaus Notizbuch, der diese Selbst-Erkenntnis des Wahns stützen soll, macht alles klar: Was Gott schickt, kommt aus Texten und Büchern. Denn die Kürzel beziehen sich einmal auf das Buch des Freundes Justinus Kerner *Die Seherin von Prevorst* und auf Schillers Gedicht *Das verschleierte Bild zu Sais.* Beide Texte sprechen von den Schrecken der Wahrheit, die sich aus der gleichen Erkenntnis ergeben. Was die Seherin sieht, ist nur durch Leiden zu ertragen. Und als der Jüngling in Schillers Gedicht die Wahrheit erblickt, wird er (wie Lenau) vom Schlag getroffen und sinkt (wie die Seherin, wie Lenau) zunächst in »tiefen Gram« und dann in »frühes Grab«.[25] Das Wissen über die Götter wirft ihre Empfänger nieder, weil sich die gräßliche Erkenntnis unmittelbar auf Geist und Körper niederschlägt. Denn die Wahrheit erklärt die Fiktion dieser Unterscheidung. Zwar verwarf Lenau, als er sich noch im Besitz seiner Vernunft wähnte, den Gedanken, daß »jedes Individuum gleichsam nur ein (...) Kanal [sei], durch welchen die Natur ihre Intentionen durchleitet«; denn dann müßte uns ja der röhrende Hirsch lieber sein als Petrarca, weil das Tier sein Begehren ohne Heuchelei artikuliert.[26] Das wird kein vernünftiger Dichter unterschreiben. Doch wer schickte die Sprache der Hirsche? Der wahnsinnige Dichter hingegen erfaßt das Gesetz des immanenten Kreislaufs, worin die Post des menschlichen Verlangens zirkuliert; zweimal notiert sich Lenau auf der gleichen Seite seines Notizbuchs: »Briefe von mir/ selbst, nur *für* mich,/ nur *an mich* selbst.«[27] Daß diese Dichter-Post auch früher den gleichen Weg nahm, selbst wenn sie über das Relais einer geliebten Leserin oder auch vieler Leserinnen lief, diese Erkenntnis blieb Lenau selbst in seinen klarsten Stunden versagt. Was der Dichter also in Büchern von Gott empfing, nämlich das Wissen und die Regulative der Kultur, das sandte er der Geliebten

Sophie von Löwenthal, um es in ihren Briefen zurückzuerhalten. Sophie war die Ehefrau von Lenaus Freund Max von Löwenthal, und die genitale sexuelle Erfüllung mußten sich die beiden versagen: »Es wäre fast eine Versündigung an deiner Seele, wenn mir dein körperlicher Besitz unentbehrlich wäre.«[28] Sie beschieden sich mit dem, was Gott und die Bücher erlauben. Nach empfindsamem Muster tauschten die beiden zärtliche Worte, Briefe, Blicke, Berührungen, Küsse. Allerdings verhinderte die Empfängerin Sophie tatkräftig jeden Versuch des Dichters, sich mit einer zweiten Frau zu verheiraten. Wie der Wahnsinn den Bruch mit Gott herbeiführte, so unterbrach auch die Einweisung Lenaus in die Heilanstalt den erotischen Nachrichtenverkehr mit der rein gebliebenen Seele Sophies. Dafür verschrieb sich der Dichter jener *närrischen* oder *weisen* Vorsorge gegen die Enttäuschung, die Arthur Schnitzler an einem Mann beobachtete, der täglich Briefe an sich selbst adressierte. Das Unglück des Wahnsinnigen liegt aber darin, daß auch seine positiven Gutachten über den eigenen Verstand nur ihn selbst erreichen. In dem Wimmentaler Notizheft findet sich nämlich hinter der an die eigene Person gerichteten Aufforderung: »prüf dich, ob du ein Narr bist«, die folgende Antwort:

> Heute den 25 November 1844
> Ich bin kein Narr und bin
> es nie gewesen. Hofrath Dr *Zeller* gebe mein Schreiben
> an ihn selbst mir wieder
> zurück.[29]

Erreichte ein solches Schreiben die nächsthöhere Instanz, dann kehrte es an den vermeintlichen Ursprung aller Literatur zurück: Dem kranken Lenau im Irrenhaus sank der Traumverteiler Gott in diese Immanenz herab, wie aus einer weiteren Bemerkung hervorgeht: »(...) u mein Wirth ist der/ Herr Hofrath Dr/ *Zeller*, u über ihm –/ Gott!«[30] So vermag der Dichterwahnsinn eine Klarheit über sich selbst zu erzielen, die seiner Vernunft nicht zugänglich war.

Indem der Bruch mit Gott vollzogen ist, empfängt der wahnsinnige Dichter offenbar die Lizenz, die Maske des Autors ein wenig anzuheben und etwas von dem Betrug zu gestehen, den die Literatur begangen hat, indem sie sich als Nachricht des Himmels ausgab: Als Mitteilung, die sich durch Gott autorisierte, verleugnete sie die häßliche Wahrheit, daß alles Sprechen nur im Kreislauf der Sprache selbst erfolgt. Erst der Wahnsinn kann sagen, daß die Rede der Dichter an einen Gott angeschlossen ist, der nur in Büchern zwischen Buchstaben haust.

Die gleiche ernüchternde Erkenntnis wurde offenbar auch dem armen wahnsinnigen Hölderlin zuteil. Eines seiner späten Gedichte umriß noch ganz traditionell die Position des poetischen Empfängers am Kanal Gottes. In dem unvollendeten »Gesang« aus der Zeit kurz vor 1800, *Wie wenn am Feiertage...*, heißt es über die Dichter:

> Doch uns gebührt es, unter Gottes Gewittern,
> Ihr Dichter! mit entblößtem Haupte zu stehen
> Des Vaters Stral, ihn selbst, mit eigner Hand
> Zu fassen und dem Volk ins Lied
> Gehüllt die himmlische Gaabe zu reichen.
> Denn sind nur reinen Herzens,
> Wie Kinder, wir, sind schuldlos unsere Hände,
> Des Vaters Stral, der reine versengt es nicht (...).[31]

Daß der »Strahl des Vaters« als mythischer Name des Geistkanals zu lesen ist, geht aus einer früheren Fassung des Textes hervor, wo die Geheimnisse des Himmels, Flammen, Sonne und Gewitter, erläutert werden: »Zwischen Himmel u. Erd, unter den Völkern, sind,/ Gedanken sind, des göttlichen Geistes,/ Still endend in der Seele des Dichters.«[32] In Hölderlins späten, unter dem Diktat des Wahnsinns verfaßten Scardanelli-Gedichten kommt Gott jedoch nicht mehr vor. Sein Name ist ebenso getilgt wie der Autorname des Dichters. Das ist Hölderlins Bruch mit Gott. »Ich bin unser Herrgott«, sagte der Dichter zu Christoph Theodor Schwab, der es nicht recht glauben wollte.[33] Mit der Dichtung jedoch brach der kranke Hölderlin auch in der letzten Periode seines Lebens nicht. Viele kluge Wissenschaftler machten sich immer wieder Gedanken zu der Frage, warum Hölderlin nach Ausbruch des Wahnsinns 1806 und nach Verlassen von Autenricths Klinik während seines beinahe vierzigjährigen Aufenthaltes im Haus der Familie Zimmer nur noch Gedichte von höchst gleichförmigem Charakter (ohne Appelle an Gott) verfaßte, unter die er dann stets die Signatur »mit Unterthänigkeit Scardanelli« setzte.[34] Im Zeichen der vier Jahreszeiten preist der vom Wahnsinn geschlagene Dichter auf stereotype Weise den Glanz und die Schönheit der Natur. Um die Achse von Natur, Sommer-Glanz und Mensch kreisen Bilder, die nur wenige Varianten durchspielen: daß dieser Glanz entweder gegenwärtig sei, vergangen oder nahe bevorstehend. Die Rätselfrage der Wissenschaftler lautet: Wenn der Wahnsinn das Dichten noch gestattet, warum läßt er nicht auch gute Gedichte zu wie die Vernunft in besseren Zeiten? Da aber Gott in diesen späten Gedichten nicht mehr spricht, bleibt die Frage unbeantwortbar. Vielleicht gibt es aber eine andere Frage, gegen die sich die letzten Texte nicht verschließen: Weshalb fertigte der kranke Hölderlin solche Gedichte offenbar bereitwillig (»mit Unterthänigkeit«) auf Bitten seiner Besucher hin an, die diese Blätter wie Trophäen davontrugen, während er den Gesprächs-Wünschen anderer gegenüber starr und ablehnend reagierte? Bilden Gedichte den einzigen Kanal, der auch dem Wahnsinn Verbindung mit den Vernünften der Besucher gestattete? Der Dichter Wilhelm Waiblinger erbeutete z. B. folgende Strophe:

> Wenn Menschen fröhlich sind, wie ist es eine Frage?
> Die, ob sie auch gut sei'n, ob sie der Tugend leben;
> Dann ist die Seele leicht, und seltner ist die Klage
> Und Glaube ist demselben zugegeben.[35]

Was erklären diese Verse zu der rätselhaften Tatsache, daß ein offensichtlich bedrückter, in unfreien, trostlosen Umständen lebender Mann unbeirrbar die Menschen als tugendsam und fröhlich, die Welt als glänzend und prächtig beschwört? Welcher lyrische Automat wirft, von keinem einzigen Seufzer des Dichter-Jammers beirrt, solche stereotypen Verse aus? Indizien zur Lösung dieses Rätsels finden sich dort, wo vermutlich auch etwas von der Dynamik der Hölderlinschen Psychose sichtbar wird: in seinem unerbittlichen, vermutlich erfolgreichen, aber seelisch desaströsen Kampf gegen das sexuelle Verlangen und gegen seine Befriedigung durch Onanie.

Ein Brief des Dichters an seine Mutter gibt Aufschluß über Hölderlins kritische Zeit als Erzieher des Sohnes der Frau von Kalb im Jahre 1794. In diskreten, aber unmißverständlichen Worten berichtet Hölderlin von seinem verzweifelten und vergeblichen Ringen mit dem Laster der Selbstbefriedigung, das bei seinem Zögling Fritz von Kalb Tugend und Fröhlichkeit verwirtschaftete:

Sein Vater hatte mich, freilich mit zu großer Schonung gegen mich, auf ein Laster aufmerksam gemacht, wovon zuweilen Spuren an dem Kinde bemerkt worden waren. Der Zustand seines Gemüths und Geistes machte mich endlich noch aufmerksamer, und ich entdekte laider! zum Theil auch durch sein Geständnis, mer als ich fürchtete. Ich kann mich unmöglich deutlicher gegen Sie erklären. Ich lies ihn keinen Augenblik beinahe von der Seite, bewachte ihn Tag und Nacht aufs ängstlichste, sein Körper wie seine Seele schien sich zu erholen, u. ich hofte wieder. Aber er wußte am Ende meiner Aufmerksamkeit doch zu entgehen, und seine Verstoktheit, die Folge jenes Lasters, stieg besonders zu Ende des Sommers zu einem Grade, der mir beinahe auch meine Gesundheit, alle Heiterkeit, und so auch meinen Geisteskräften ihre gehörige Tätigkeit raubte. (...) Das ängstliche Wachen bei Nacht zerstörte meinen Kopf (...).[36]

Tag und Nacht kontrollieren, ob ein pubertierender Junge nicht heimlich masturbiert, heißt: den Anweisungen der zeitgenössischen Pädagogik und Medizin buchstäblich Folge leisten. Mag der Hauslehrer Hölderlin besonders ehrgeizig gewesen sein, den jungen Fritz, auf dessen Rücken andere Erzieher bereits zahlreiche Prügel zerschlagen hatten, mit den Mitteln der modernen Pädagogik aus seiner Verstocktheit und aus seinem Desinteresse herauszureißen; Hölderlin hätte jedoch nicht so *ängstlich*, wie er schreibt, Tag und Nacht über die Keuschheit seines Zöglings gewacht, wären ihm die Risiken des Lasters nicht aus der Literatur detailliert vertraut gewesen.[37]

Die aufklärerische Sexualpädagogik, die im Anschluß an die englischen und französischen Pamphlete gegen die Selbstbefleckung Bekkers und Tissots eine regelrechte Onanie-Paranoia in den zeitgenössischen Kinderstuben und Schlafsälen entfachte, verzeichnet die Symptome, erläßt die Regeln der Wachsamkeit und andere Maßnahmen gegen die Selbstbefriedigung exakt in den Formeln, die Hölderlin im Brief an die Mutter gebraucht. Solche beinahe wörtliche Übereinstimmung entsteht nicht auf der Basis mündlicher Instruktionen. In den beiden Bänden 6 und 7 des pädagogischen Reformwerkes *Allgemeine Revision des gesamten Schul- und Erziehungswesens* (1787) von Joachim Heinrich Campe, worin mehr als tausend Seiten ausschließlich den Problemen der Onanie gewidmet werden, breiten die Verfasser jene Semiotik der Störungen an Gemüt und Geist aus, die das Laster für den geschärften Erzieherblick untrüglich sichtbar macht. Dazu gehören die alarmierenden Signale, die auch Hölderlin aufzählt: Stumpfheit, Trägheit, Verstocktheit.[38] Neben den Zeichen, die Gemüt und Geist aus der Tiefe ihres drohenden Ruins hervorbringen, sprechen stets auch körperliche Spuren des Lasters zum Auge des aufmerksamen Erziehers. So wird der Supervisor mit genauen kriminalistischen Anweisungen ausgestattet, wie er die Spuren zu lesen hat und wie er das Geständnis des kleinen Sünders in die Hände bekommt. Ist der Beweis erst erbracht, gibt es nur eine Maßnahme: Gegen das Laster muß der Erzieher mit höchster Wachsamkeit zu Felde ziehen. Die einschlägige Anweisung aus einer Schrift des königlichen preußischen Hauptmanns A. M. von Winterfeld erklärt:

Lehrer und Erzieher aber müssen sich nicht einbilden, ihre bloße Gegenwart oder mittelmäßige Aufmerksamkeit sey hinlänglich, die Zöglinge von der Begehung des Lasters abzuhalten. Es werden mehr als Argusaugen dazu erfordert, und Regeln, die sich nicht vorschreiben lassen, sondern die Klugheit und Treue allein an die Hand geben.[39]

Wachsamkeit Tag und Nacht heißt die Hauptvorschrift für die Erzieher, und Hölderlin hielt sich mit übermäßiger Konsequenz daran, bis ihn Frau von Kalb aus eigener Einsicht von der Fron des Wächteramtes erlöste. Da sie sah, daß der Hauslehrer beinahe verzweifelte, bat sie ihn, seine Aufgabe zu beenden. Wo aber liegt die Verbindung zwischen der Onanie-Prävention und Hölderlins später Lyrik? Der lyrische Code der Empfindsamkeit dient den Pädagogen nämlich noch als ein weiterer Zeichensatz, der in den Händen der Selbstbefriediger symptomatisch zerfällt. Die Traktate von Campe, Oest und Winterfeld gegen die Onanie berichten übereinstimmend, daß der seelische Ruin der Selbstschwächer einhergeht mit dem Verlust jeden Sinns für die Schönheiten der Natur:

In ihrem Herzen erlosch jede Empfindung für das Gute, jede Gefühl für das Schöne in der Natur, das doch dem Menschen so viele frohe Stunden verschaffen kann. Keine schöne Gegend, kein sternheller Himmel, nicht die aufgehende Sonne, nicht die Blumen im Tal machten einen Eindruck sie.[40]

Es ist nicht bekannt, warum Wilhelm Waiblinger, der Hölderlin zwischen 1822 und 1826 öfter besuchte, die Feststellung treffen konnte: »Auch Onanie trug zu seiner Versunkenheit bey.«[41] Doch mag er einfach rückgeschlossen haben, daß Hölderlins Psychose den zerstörerischen Kräften dieses Lasters entsprungen sein muß. Eine der schrillsten Drohungen in den pädagogischen und medizinischen Traktaten gegen die Selbstbefleckung kündigte als Folge des Lasters – unter Berufung auf Galens Theorie der Spermabildung aus Hirnsubstanzen[42] – Geistesschwäche und Wahnsinn an. Kleist entwarf in einem Brief aus Würzburg vom August 1800 an seine Verlobte Wilhelmine von Zenge das Zerrbild eines Jünglings, den »ein unnatürliches Laster wahnsinnig gemacht hatte«.[43] Kleists Horror-Gemälde greift exakt die fiktiven dramatischen Symptome auf, die bereits der Pädagoge Oest in seiner Preisschrift gegen die Onanie beschworen hatte.[44] Während Kleist mit diesen Schreckensbildern vermutlich seine Verlobte zur Aufgabe der sexuellen Zurückhaltung zu bewegen suchte, verarbeitete Hölderlin die Semiotik des Lasters und des drohenden Wahnsinns in dem selbstauferlegten Gesetz, die lyrischen Codes der Empfindsamkeit nirgendwo dem Verdacht einer Sklerose durch Unkeuschheit auszusetzen. Und auch im Umgang mit der geliebten Adressatin seiner Texte, Susette Gontard, unterwarf er sich wie Lenau gegenüber Sophie von Löwenthal dem Gesetz, jede Versündigung an der Seele der verheirateten Frau zu unterlassen. Während im Mittelalter die unkörperlichen Literaturbeziehungen der Minnesänger zu den Hofdamen genügend Freiraum für andere sexuelle Betätigungen der Männer offenließen, gestatteten die Verbindungen zwischen Dichter und verheirateter Frau Ende des 18. und dann im 19. Jahrhundert lediglich den Verkehr empfindsamer Zeichen: Briefe, Verse, Blicke, Worte. Nicht nur der Strahl Gottes, den die Dichter mit eigener Hand ins Lied faßten, war kalt; auch der Dichter selbst. An den Freund Neuffer schrieb Hölderlin nach der Aufgabe seines Hauslehreramtes: »Hier lassen mich die Mädchen und Weiber eiskalt.«[45] Platonische Liebe unter dem Gesetz des Onanie-Verbotes war nun doch offensichtlich zuviel des Guten. Aber erst Hölderlins Dichtungen nach 1806 geben zu erkennen, unter welche Regel er zuvor schon sein Dichten gestellt hatte: Die häufige Mißstimmung, die Melancholie, unter der Hölderlin nach eigener Auskunft häufig litt[46], durfte niemals als Symptom lasterhafter Selbstbefriedigung erkennbar sein. Denn alle Selbstanklagen von »Selbstbefleckern«, die Campe in reicher Zahl abgedruckt hatte, gestanden in ähnlicher Stereotypie, daß mit dem Laster nicht nur Melancholie aufgetreten sei, sondern auch der Verlust der empfindsamen Naturcodes:

Eingefallene bleiche Wangen, Schwachheiten des Nervensystems, die schwärzeste Melancholie und öftere hypochondrische Zufälle sind die betrübten Folgen dieses Luderlebens. Hierzu kömmt eine Gleichgültigkeit gegen die Schönheiten der Natur, von denen ich sonst ein großer Freund war. Ich gehe oft gefühllos durch die seegenreiche Herbstnatur und weine oft, ohne daß ich es kaum weiß.[47]

Wer aber die Natur nicht mehr in den anteilnehmenden Bildern der Lust und Freude zu artikulieren versteht, der fällt aus der Sprache des Verlangens heraus und zieht den Verdacht des Luderlebens auf sich. Denn Ende des 18. Jahrhunderts ist die lyrische Empfindsamkeit gegenüber den Schönheiten der Natur die einzige Sprache, über die sich die Geschlechter wechselseitig erkennbar machen. Da nicht mehr Gott den Dichter autorisiert, sondern nur noch die Sprache, gibt es keine außerliterarischen Zertifikate mehr für die Reinheit des Sängers. Daher trug Hölderlins Lyrik auch später noch die Maske der Freude an der Natur – ostentatives Zeichen der keuschen Lebensart. Daß Hölderlin die von Medizinern und Pädagogen erfundene Semiotik des »heimlichen Lasters« kannte und äußerst ernst nahm, belegt sowohl seine Affäre mit dem jungen Fritz von Kalb wie sein Studium von Rousseaus Erziehungsroman *Emile*, der die Selbstbefleckung mit gleicher Heftigkeit verwirft: Das Laster heißt dort wie in den *Bekenntnissen* »Betrug der Natur«.[48] Dennoch bliebe diese Erklärung zur gleichförmigen Stimmung in Hölderlins Lyrik nur einfach kühn, lieferte nicht das Rätsel der späten Dichtungen, die beharrlich das ly-

rische Stereotyp einer schönen, ja stets »glänzenden« Natur niederlegen, diesen Hinweis: Sie erarbeitet sich unablässig das Kontrastvoka-
bular zur Trübheit und zum Desinteresse, die das Laster seinen Opfern ins Herz und aufs Gesicht schreibt.

»Der Sonne Tag ist zu der Menschen Streben/ Ein hohes Bild, und
golden glänzt der Morgen«[49], lauten zwei Verse aus dem Gedicht *Der
Sommer* vom Dezember 1837 (es sind mithin keine Bilder, die ein
Blick aus dem Fenster empfangen hätte!); ein anderes Beispiel: »Der
Mensch vergißt die Sorgen aus dem Geiste,/ Der Frühling aber
blüh't, und prächtig ist das Meiste,/ Das grüne Feld ist herrlich ausge-
breitet/ Da glänzend schön der Bach hinuntergleitet.«[50] Und schließlich das Gedicht *Der Frühling*, das vermutlich aus dem Jahr 1842
stammt:

> Wenn neu das Licht der Erde sich gezeiget,
> Von Frühlingsreegen glänzt das Thal und munter
> Der Blüthen Weiß am hellen Strom hinunter,
> Nachdem ein heitrer Tag zu Menschen sich geneiget.
>
> Die Sichtbarkeit gewinnt von hellen Unterschieden,
> Der Frühlingshimmel weilt mit seinem Frieden,
> Daß ungestört der Mensch des Jahres Reiz betrachtet,
> Und auf Vollkommenheit des Lebens achtet.[51]

Nicht also über den Fensterausschnitt empfängt der kranke Dichter
die gleichförmigen Bilder für seine bisweilen wunderbar lapidaren
Verse; vielmehr beschwört die stets in Spiegelverhältnisse mit dem
Glänzen und der Herrlichkeit der Natur gesetzte Munterkeit, Heiterkeit der Menschen die feste Moralität des Dichters. Welche Spannung
die pädagogische, medizinische und psychiatrische Semiotik von den
Folgen des »Lasters der Selbstschwächung«[52] in das Leben des Dichters brachte, ersieht sich auch daran, daß Hölderlin auf jede Form von
Beobachtung oder Kontrolle, die er bemerkte, mit Wutanfällen rea-
gierte. Dies gilt für alle bekannten Berichte von cholerischen Ausbrü-
chen des Dichters: bei den Gontards gegen den Hausherrn; einige
Jahre danach gegenüber der eigenen Mutter, als diese offenbar heimlich die Briefe Susette Gontards las; und auch noch später im Hause
Zimmers, als Vischer ihn einmal heimlich zeichnen lassen wollte.[53]
Der Wahnsinn enthüllt sich auf dieser Ebene nicht als Simulation, wie
Pierre Bertaux meinte[54]; vielmehr simulieren die Texte der späten
Zeit in der ewigen Feier der glänzenden Natur die Abwesenheit allen
sexuellen Verlangens. Jedes Zeichen des Trübsinns, der Melancholie
würde ja den Verdacht des Lasters rechtfertigen, mithin jene Super-

visionen einleiten, die Hölderlin selbst bis zum Ruin der eigenen Gesundheit beim jungen Fritz von Stein betrieben hat. Nicht also das Laster brachte den Wahnsinn hervor, sondern der selbstauferlegte Exorzismus an allen Zeichen des Lasters. Indem sich Menschen, Sprache, Natur nur noch zyklisch artikulieren als Gegenwart und Abwesenheit des Glänzens, wird nicht mehr, wie es die frühere Lyrik proklamierte, »Gott rein und mit Unterscheidung«[55] gefeiert; sondern die Sprache kreist nur noch in der reinen Immanenz der unterschiedlichen Jahreszeiten.

Die Anklage der Selbstbefriedigung sowie der Bruch mit Gott finden sich in den psychiatrischen Akten aller großen Wahnsinnigen der deutschen Literatur. Der Senatspräsident Daniel Paul Schreber datiert seinen geistigen Zusammenbruch auf eine Nacht, in welcher er »eine ganz ungewöhnliche Zahl von Pollutionen (wohl ein halbes Dutzend)« erlebte. Von diesem Zeitpunkt an fühlte sich Schreber als unfreiwilliger Empfänger von Nachrichten, die er seinem behandelnden Arzt, Professor Flechsig, zuschrieb. Die Paranoia soufflierte dem Kranken weiterhin, daß der Psychiater über ein von ihm errichtetes postalisches System, das Schreber »Nervenanhang« nannte, eine Macht gewonnen hatte, der sich auch Gott nicht mehr entziehen konnte.[56] Schrebers Wahn beschuldigte Gott sogar, die Wollustreize, die er verspürte, auszusenden. Bisweilen wähnte er sich ganz wie ein Weib in der Szene der Verkündigung. Der Bruch war nicht zu vermeiden: »Indem Gott, dessen Strahlenkraft ihrer Natur nach eine aufbauende und schaffende ist, mir gegenüber unter regelwidrigen Umständen eine lediglich auf Zerstörung der körperlichen Integrität und des Verstandes gerichtete Politik versucht hat, ist er mit sich selbst in Widerspruch geraten.«[57] Auch in Friedrich Nietzsches Biographie spielte wenigstens einmal der Verdacht der »Selbstschwächung« eine Rolle. Er wurde von Richard Wagner geäußert. Im Jahre 1877 korrespondierte Wagner mit dem Arzt Dr. Otto Eiser, den zuvor Nietzsche ausgiebig konsultiert hatte. Wagner äußerte bei dieser Gelegenheit die Vermutung, daß excessive Selbstbefriedigung die Ursache von Nietzsches kritischem Gesundheitszustand sei. Daraufhin berichtete Eiser über die mit Nietzsche durchgeführte Anamnese, daß der Patient Onanie ausgeschlossen, aber eine Trippererkrankung aus der Studentenzeit eingeräumt hatte.[58] Die beleidigende Hypothese Wagners gelangte, wie Martin Gregor-Dellin nachgewiesen hat, zu Nietzsches Ohren und veranlaßte das Zerwürfnis zwischen den beiden. Die glaubwürdigen Berichte Eisers geben also Grund zu der Vermutung, daß Nietzsches Lebensweise zölibatär war und unter der Regel des Onanie-Verbots in der zeitgenössischen Medizin und Pädagogik stand. Es gäbe nun viele biographische Einzelheiten aufzuzählen, die Nietzsche mit Hölderlin verbinden: der frühe Verlust des Vaters, die Rolle der Mutter, die Ausbildung in einem Internat, das theologische Studium. Doch sind andere gemeinsame Züge aus der Zeit des Wahnsinns viel auffälliger: Beide neigten während ihrer Psychiatrisierung zu heftigen Wutanfällen; aber beide begrüßten gleichzeitig (unbekannte) Besucher mit äußerster Devotion. Hölderlin übersetzte sogar Bitten an ihn erst einmal in Befehle, ehe er sich etwa daran machte, ein Gedicht zu Papier zu bringen. [59] Dennoch bleibt das Geheimnis des Wahnsinns jeweils unlösbar: Nur offenbart sich in den Basisformen der Innen- und Außenbeziehungen, in der Sklerose der Sprache sowie in den pausenlosen Selbstgesprächen, jenes Gesetz, das im Stadium der Vernunft dissimuliert und überspielt werden kann: Das Subjekt besteht aus der Macht der Texte und Reden, die sie empfangen haben. Gegen diese Gewalt, die ausgerechnet im Wahn so heillos erlitten wird, gibt es keine Mittel – außer: den eigenen Namen zu verleugnen. Hölderlin konnte in den späteren Jahren sogar in Wut geraten, wenn man ihn bat, seine Gedichte mit seinem richtigen Namen zu signieren. Er bestand tobend darauf, Scardanelli (oder Rosetti, Scarivari oder Salvador Rosa) zu heißen. [60] Antonin Artaud, ein anderer Streiter gegen Gott, versucht Jahrzehnte später diese beiden Züge, Raserei und Pseudonyme, verständlich zu machen: Es gilt, sagt er, unter fremdem Namen »die eigene Individualität zu bewahren.« [61]

Die Dämmerung der Vernunft und das Erscheinen des Wahnsinns bei Nietzsche zeigten sich bereits in den Serien der Namen großer Männer, die er über den seinen schrieb: Viele und nicht nur einer sein ist aber nicht nur Maske und Wahnsinn, sondern Stenogramm der Lektüreeffekte: Wer einmal Autor werden will, muß vorher sein Bewußtsein unzählige Male so geschaltet haben, daß er sich als Autor dessen dachte, was er las.

(...) ich habe schon oft unter den Menschen gelebt und kenne Alles, was Menschen erleben können, vom Niedrigsten bis zum Höchsten. Ich bin unter Indern Buddha, in Griechenland Dionysos gewesen, – Alexander und Caesar sind meine Inkarnationen, insgleichen der Dichter des Shakespeare Lord Bakon. Zuletzt war ich noch Voltaire und Napoleon, vielleicht auch Richard Wagner... [62]

Daß diese Serie von Namen, zumal der Schriftsteller-Namen, nicht nur Wahn ist, sondern kryptische Leser-Biographie, das erweisen Nietzsches Texte, die voller geheimer Zitate stecken. Bereits Lou von Salomé behauptete, daß viele der Gedanken aus *Zur Genealogie der*

Moral von Paul Rée stammten[63]; noch heute arbeitet die Nietzsche-Philologie an der Rekonstruktion der Lektüren sowie an der Kriminal-Aufgabe, die unzähligen Lesefrüchte in den Notizen und Texten des Philosophen zu identifizieren. Das mit Zustimmung Gelesene verwandelt sich bei diesem Empfänger automatisch in Bauteile des eigenen Bewußtseins. Ein solches von Buchstabenmassen besiedeltes Subjekt besteht zuletzt nur noch aus vergessenen Lektürereminiszenzen, die der Wahnsinn sichtbar macht. Nietzsches Notizbücher aus dem Jahr 1888 enthalten zahlreiche Spuren und Lesefrüchte seiner ausgiebigen Dostojewski-Lektüre. Über den russischen Autor sagte er schwärmerisch, daß er zu den »schönsten Glücksfällen«[64] seines Lebens zählt. Und so erweist sich die letzte große dramatische Szene in Nietzsches Leben als eine Dostojewski-Szene. Erich von Podach hat sie (ohne weitere Quellenangabe) überliefert.[65] Nietzsche soll im Januar 1889 an einem Droschkenstand schluchzend und tränenüberströmt einem Pferd um den Hals gefallen sein, das von seinem Kutscher mißhandelt wurde. Präzise so verläuft ein Traum des Rodion Romanowitsch Raskolnikow in Dostojewskis Roman *Schuld und Sühne*.[66] In diesem Traum erlebt sich Raskolnikow als Kind, das ein zu Tode gepeitschtes Kutschenpferd am Kopf umfaßt und ihm Augen und Lefzen küßt.[67] Niemals hätte Nietzsche eingestanden, daß sein Denken und Handeln aus Büchern käme; mit welcher Verve schrieb er gegen das Mitleid an! Doch im Wahnsinn geht die Maske verloren. Und als bösen Triumph der Literarisierung konnte Nietzsches Mutter in eines der Notizbücher, worin sie die nachweltgeeigneten Aussprüche des kranken Sohnes sammelte, die Bemerkung aufnehmen:

Wenn ihn etwas besonders schön wahrscheinlich scheint nennt er es »ein gutes Buch«.[68]

Aus dieser Tiefe des Wahnsinns kommen bei Hölderlin wie Nietzsche nicht nur die Stereotypen, die vereinfachten Wahrheiten, die sklerotisierten Texte und Äußerungen, sondern zugleich die Gehorsamsformeln sowie die gleichförmigen Versicherungen gegenüber den Müttern, daß sie verehrt und geliebt werden.[69] Der Wahnsinn befreit nicht von der Kultur, sondern unterwirft das Subjekt nur noch unwiderstehlicher ihren elementaren Diktaten. Sichtbar wird, wie die biographische Vorbereitung auf die kleinen Liebesepisoden aussah, die das Leben den späteren Psychotikern Hölderlin und Nietzsche schenkte. Bei beiden wurde die Sprache der Liebe in Mutterbeziehungen auf Befehlsmatrizen ausgebildet. Am Ende also kehren die Stimmen der Vergangenheit in geradezu phonographischen Wiederholungen zurück. Es gibt dann keine Chance mehr, mit den Mitteln der Sprache (außer durch Verleugnung des Namens) darauf zu reagieren. Die Ahnung dieses Sachverhalts ist einem anderen großen Dichter, einem anderen Opfer des Wahnsinns, Antonin Artaud, zugefallen, als er über den Dichter Lautréamont und einige andere schrieb:

> Und eines Tages sind Leute (...) gekommen, um Isidore Ducasse, über seinem Bett und seinem Kopf, und dem Kopf seines Totenbettes zu sagen: du bist ein Genie, aber ich bin das Genie, das dein Bewußtsein inspiriert, und ich bin es, der deine Gedichte schreibt in dir – vor dir und besser als du. Und so starb Isidore Ducasse vor Raserei, weil er, wie Edgar Poe, Nietzsche, Baudelaire und Gérard de Nerval, seine eigentliche Individualität bewahren wollte, statt wie Victor Hugo, Lamartine, Musset, Blaise Pascal oder Chateaubriand zu werden – der Trichter von jedermanns Gedanken.[70]

Das ist das Wissen des Wahnsinns: immer nur empfangen zu haben, was als eigenes Wort in die Welt hinausging. Selbst die Worte, die unter dem Gesetz des Verzichts, der Askese, des Opfers, des Martyriums gesprochen wurden, gehörten einem Anderen und kehrten lediglich auf dem Umweg über die Lippen des Autors und vielleicht über die Lippen einer geliebten Adressatin an diesen Ursprung zurück.

Leserinnen: Die Frage nach dem Buch

Woher rührt der schlechte Ruf, den die Roman-Leserinnen in den Romanen, aber vor allem auch in den Augen der Schriftsteller des 18. und 19. Jahrhunderts genossen? Dem Bücherwahnsinn des Don Quichotte, dem Einsturz der Mannesvernunft, entspricht die Roman-Verführung, der soziale Untergang der Mädchen. Vielleicht handelt es sich bei der Denunziation der Leserinnen aber auch nur um einen Autoren-Wahn. Allen voran ging Samuel Richardson, der in der »conclusion« seines riesigen Romans *Clarissa* die Biographie eines Mädchens nachzeichnet, das – anders als Clarissa – dem Libertin Lovelace zum Opfer gefallen ist. Grund der Katastrophe: Romane und Opern bereiteten dem Verführer das Terrain. Polly Horton ist eine der beiden Huren, die im Hause Sinclair bei der Vergewaltigung Clarissas Schützenhilfe leisteten. Polly verlor früh ihren Vater und wuchs unter dem Einfluß ihrer vergnügungssüchtigen Mutter auf, die sie lehrte, zur Unterhaltung von Teegesellschaften aus Romanen und Novellen vorzulesen. Bald erwarb sie sich den Ruhm, als Vorleserin den »Geist der Erzählungen in voller Wahrheit zu erfassen«. Aber am Ende wird sich der *Geist* ihrer bemächtigt haben:

Als sie das Alter von fünfzehn Jahren erreicht hatte, stellte sie sich bereits selbst in ihrer Phantasie als Heldin der Erzählung oder der Komödie vor, die sie gerade las. So vollkommen vertiefte sie sich in den »Geist« dieser Geschichten: Glühend verlangte sie danach, zum Objekt der Leidenschaft irgendeines Helden zu werden; sie war vollkommen von der Sehnsucht erfüllt, ein Liebesdrama zu erleben, ja sogar von einem kecken Liebhaber entführt zu werden.[71]

Anders als ihre Schicksalsgenossin Sally, auch eine Leserin, deren Karriere von der Unschuld bis zum Bordell Richardson an gleicher Stelle nacherzählt, wird Polly nicht entführt; doch ihre Verführung findet auf der Szene ihres literarisch verwüsteten Phantasielebens statt. Polly und Sally gehen nicht nur als Opfer dem skrupellosen Lovelace ins Netz; ihre durch Lesen verlorene Unschuld trägt zur Erzeugung des Libertins bei. Seit Richardson steht die Denunziation des Romanlesens im Herzen der Romanpoetik selbst. Eine groteske Fortsetzung dieser aus Romanen genährten Entführungsphantasien dachte sich Johann Carl Wezel am Ende seiner *Lebensgeschichte Tobias Knauts* aus. Zwei Huren wollen das Bordell allein unter der Bedingung verlassen, daß sie wie die Clarissas oder Pamelas gewaltsam entführt werden.[72] Aber nicht nur Richardson-Leserinnen in Bordellen verfallen den Nervengiften romanesker Herzensabenteuer, auch die vornehme Präsidentin de Tourvel ließ den *Geist* der *Clarissa* in sich ein und wurde so zur leichten Beute für die raffinierten Verführerbriefe des Vicomte de Valmont. Zwar bewahrte sie nach außen hin den Schein der Tugend, zerriß die Briefe oder gab sie dem Absender zurück; aber irgendwann entdeckte Valmont, daß sie das zerrissene Schreiben wieder zusammengeklebt und den zurückgeschickten Brief zuvor mit zitternder Hand kopiert hatte.[73] Das Lesen machte sie süchtig, und die auf den Geist der Leserin kalkulierten Worte Valmonts verwandelten sich in eine Droge so süß wie der Geruch des Geistes für Schwester Jeanne des Anges. Wenn der Dichter-Geist in die Seelen der weiblichen Leser eindringt, dann registriert ihr Bewußtsein ähnlich diffuse Eingaben und Gefühle wie das ihrer mystischen Vorgängerinnen. Die Kirchenfrauen zeigten sich jedoch auch für den neuen Geistgeruch der Dichter aufgeschlossen. Nicht nur die Bücher Rousseaus machten Taschentücher zum obligaten Accessoire der Leserinnen in Klöstern wie Salons; auch Klopstocks Gesänge gingen den Mädchen aller Stände ans Herz. So berichtet der Dichter des *Messias* von einem Erlebnis in einem Kloster zwischen Baden und Zürich, wo ihm erst sechzehn Nonnen aufspielten und er anschließend vorlas:

Sie standen dicht um mich herum. Ich las, und ich sahe nicht wenig Thränen. Ich las fast den ganzen fünften Gesang. Sie verstünden alles, alles, sagten sie; vorher hätten sie nicht alles verstanden. Über die Musik und über das Lesen war es so spät geworden, daß es nicht mehr Zeit zur Abendbetstunde war. Der Probst sagte mir beym Abschiede, daß sich dieß noch niemals in seinem Kloster zugetragen hätte.[74]

Wenn der Dichter selbst erscheint, rauschen Tränen über alle hermeneutischen Schwellen und Blockaden. Das Glück dieses Verstehens kommt aus der gleichen Reserve wie die religiöse Ekstase: Was der Geist spricht, ist eigentlich längst gewußt. Die Dichterpost bringt keine neuen Nachrichten, sondern löst den ekstatischen Zyklus des Empfangens aus, über den der Dichter John Keats spottend bemerkte, daß sich diese Frauen gerne »an ein Gedicht verheiratet oder einem Roman hergegeben hatten.«[75] Ein Mädchen, das eigens über den Zürchersee ruderte, um Klopstock zu sehen, soll dem Dichter gestanden haben: »Ach, wenn ich in der Clarissa lese und im Messias, so bin ich außer mir.«[76]

Wo Texte solche Wirkungen erzielen, müssen die Schriftsteller als Retter an die Front. Es gilt nicht nur die Mädchen zu retten, sondern auch die Dichter, die den Mädchen mit der Maske der Romanfrauen reihenweise zum Opfer fallen. Rousseau darf für sich in Anspruch nehmen, das Paradox im schönsten Glanz präsentiert zu haben. In die Vorrede seiner *Neuen Héloïse* schrieb er folgende Warnung:

Diese Sammlung mit ihrem romantischen Tone schickt sich für Frauen besser als philosophische Bücher. (...) Mit den Mädchen ist es eine andere Sache. Niemals hat ein keusches Mädchen Romane gelesen; und diesem hier habe ich einen so bestimmten Titel vorangestellt, damit man gleich beim Öffnen des Buches wisse, woran man sich zu halten hat. Diejenige, die trotz dieses Titels eine einzige Seite zu lesen wagen wird, ist ein verlorenes Mädchen.[77]

Alle Literatur-Erfahrungen des Jahrhunderts sprechen dafür. Der »Betrug der Natur«, der die Knaben über die Schwelle der Onanie in den Wahnsinn führt, ruiniert die Mädchen auf dem Weg der Roman-Lektüre. Beim Romanlesen betrügt sich die Unschuld. Und auf dem Boden dieser Schauer-Geschichten erheben sich die Literatur-Pädagogen und richten die Lesekanons der jungen Mädchen ein. Bereits der sechzehnjährige Goethe fühlte sich autorisiert, der Schwester Cornelia die Bücher vorzuschreiben und das Lesen zu erklären:

Du bist über die Kinderjahre, du must also nicht nur zum Vergnügen, sondern zur Besserung deines Verstandes, und deines Willens lesen. (...) Allein ich muß dich auch lesen lernen. Nichtwahr das kommt dir wunderlich für, daß ich so rede. Ich kenne dich ich weiß wie und warum du liesest. Siehe so must du es machen. Nimm dir ein Stück nach dem andern, in der Reihe ließ es aufmerksam durch, und wenn es dir auch nicht gefällt, ließ es doch. Du must dir Gewalt anthun. Ich sag es noch einmal: wenn du haben willst daß ich für dich sorgen soll; so must du mir folgen, und nicht nur Vergnügen beym Lesen suchen.[78]

Was der kleine Goethe bereits von den Frauen weiß, wird der erwachsene Dichter dem bösen Geist Mephistopheles in den Mund legen. Da er die unregierbare Lust der Mädchen kennt, gestattet der junge Student der Schwester die Romane Richardsons nur unter großen Bedenken; einzig der *Grandison* soll zugelassen sein, dessen sieben Bände Cornelia zur Vertreibung der Lust noch »etlichemahl« lesen soll. Unter der Wirkung dieser Empfehlung wird die arme Cornelia später den edlen Grandison zu ihrem unerreichbaren Männerideal erklären.[79] Dagegen verbietet der Bruder Boccaccios *Decamerone* strikt; Molière soll in Auszügen erlaubt sein, die der Bruder selbst vornehmen wird. Uneingeschränkt empfiehlt der junge Goethe vor allem die englischen moralischen Wochenzeitschriften sowie Frauenbriefe aus den unterschiedlichsten Federn.

Väter, Brüder, Verlobte, Freunde eilen herbei, um über die Unschuld der Mädchen zu wachen und um den Lektürekanal zu kontrollieren. Das ist allerdings nach Rousseau das gleiche. So wird in den Geister-Empfang der weiblichen Lektüren ein Code eingebaut, der für wichtige Unterscheidungen sorgt: Geeignete Geister, die der Unschuld ihren Namen buchstabieren, dürfen passieren; gefährliche Dämonen, die die Mädchen unter Betrug der Natur den Frauen gleichmachen, werden ausgefiltert. Die brüderlichen Anweisungen führen gegen das Lesen und seine Lust mehrere »Gewalten« ins Feld: Aufmerksamkeiten, Wiederholungen und Betrachtungen. Sie verbinden sich in der Funktion, das Lesen aus dem Reich der Ereignisse (Einmaligkeit) in das des Wissens zu übertragen. Denn die Einmaligkeit einer imaginären Erzählung kann den Wert eines Realerlebnisses annehmen. Die Wiederholung verwandelt das Singuläre in ein regelmäßiges oder unregelmäßiges Zeichen. Solche Bearbeitungen tragen in die Bibliothek des weiblichen Bewußtseins Markierungen ein, die sie vor dem Selbstbetrug bewahren: Sie sollen nicht etwas für ihr Wesen halten, was aus betrügerischen Schriften kommt. Daher gilt der brüderliche Befehl, die Lektüren außerhalb der anerkannten Kultur-Codes zu speichern, die das Weibliche als Natur konstituieren. Das Lesen aus Lust, der Empfang der Dichterworte ohne Repetitionen, ohne daß sich die Mädchen Gewalt antun, leistet dem Lektüreeffekt

Hypnose Vorschub. Die Hypnose durch Literatur betrügt die Natur; hingegen betrügt die Maske der Literatur die Männer. Die Polemik gegen das Lesen sorgt sich nicht nur um die Unschuld der Mädchen, sondern auch um die Naivität der Männer. In Ludwig Tiecks Roman *William Lovell* verrät die Comtesse Blainville einer Freundin ihre Politik der Verstellung:

Lovell ist in seiner Naivität allerliebst, der Galimathias, den er zuweilen spricht, kleidet ihn recht gut, und ich habe itzt die Manier gefunden, ihn zu attachieren. (...) Freilich sind wir Weiber verdammt, immer nur Rollen auswendig herzusagen, vielleicht auch viele Männer; aber meine itzige liegt mir so entfernt, daß ich auf meine Merkworte sehr aufmerksam sein muß, wenn ich nicht zuweilen das ganze Stück verderben will. Ich bin so empfindsam, wie Rousseaus Julie, ein wenig melancholisch, eine kleine Teinture aus Young und eine so langweilige Vernunft- und Moralschwätzerin, als die Heldinnen der englischen Romane. Sie würden mich hassen, wenn Sie mich in dieser Tragödienlaune sähen; aber Lovell ist davon bezaubert; er hält mich in Gedanken für ein Ideal Richardsons (...).[80]

Der bewußte Betrug zählt den unbewußten zu seinem Doppel. Der »unwillkürliche Betrug« unterwandert dann das Gefühlsleben der naiven Autoren, die ja selbst nichts als Leser sind. Auch die schlechten Erfahrungen, die die Romantiker mit Frauen machen, schreiben sich vom literarischen Bild der Huren Richardsons her. An die Seite der Männer- und Brüder-Pflicht *Überwachung* gesellt sich das neue Unternehmen *Rettung*. Die von Freud in seiner Abhandlung *Über einen besonderen Typus der Objektwahl beim Manne* analysierte Rettungsphantasie[81] spielt zumal in der Biographie und in den Romanen Clemens Brentanos eine große Rolle.[82] So erklärte bereits der neunzehnjährige Student 1797 seiner Schwester Sophie, als er sich um die moralische Rettung der Amalie Welsch bemühte: »Es ist immer eine meiner süßesten Hoffnungen gewesen einmal eine gute Seele vom Untergange zu retten.«[83] Als aber das Unternehmen scheiterte, gab der Dichter den Romanen von Spieß und Cramer die Schuld:

Romane haben dieses ehedem biß zur Schüchternheit schamhafte Mädchen so weit gebracht. Ich bin itzt ganz der Meinung Georgs, welcher immer behauptete, die Lektüre auch von den besten Romanen sei entweder unnütz oder schädlich. Ich sehe nach und nach immer mehr ein daß durch sie eine Menge unsrer Handlungen unwillkührlich bestimmt werden, und daß Frauenzimmer besonders am Ende ihres Lebens nichts als Copien der Romancharaktere waren die ihnen die Lesebibliotheken ihres Ort dargeboten haben. Der Wunsch zu lesen erwächst in euch meistens mit dem Kitzel durch einen gebildeten vielleicht gar forschenden Geist zu glänzen. Die Lektüre

Abb. 20: Anonymer Kupferstich. *Amynte beim Aufstehen*, um 1750.
Buch und Hund als erotische Accessoires.

war nicht mehr unschuldig Erholung sie ward Bedürfniß und Verführung
(...). (...) Durch mancherlei Lagen und durch eigene entdekte und verbeßerte Mängel habe ich unterscheiden <gelernt>, in <wie> weit gewiße
Menschen durch Gefühle Ueberzeugungen und Erfahrungen sein können
waß sie scheinen und wie weit sie es durch Mode, Reizsucht (coquetterie)
und Eitelkeit scheinen.[84]

Wieder muß ein Bruder die Lust des Lesens spalten, um den Ruin der
Mädchenhaftigkeit zu verhindern. Es gibt das Lesen der Unschuld
und das Lesen der Verführung. Ihr Abstand läßt sich nicht durch Kontrolle der Bücher, sondern durch Selbstkontrolle des Verlangens (des
»Kitzels«) einhalten. Nur wo der Wunsch zu lesen sich nicht mit dem
Wunsch nach Schein verbündet, dort wird der Betrug der Natur (der
Betrug des Dichters) verhindert. So wird Clemens sein Leben lang
der Hysterika aller Register nachjagen, um sie im Anschluß an eine
mißglückte Rettung des Betrugs zu überführen. Nach den ersten vier
dramatischen Ehemonaten mit der fünfzehnjährigen Auguste Bußmann (die über ihre Stiefschwester Marie d'Agoult zur Tante Cosima
Wagners wurde) erklärt Clemens die pädagogische Rettung für gescheitert:

Die Sache hat ihren Gipfel erreicht, ich kann nicht bei ihr bleiben. (...) mein
schwaches Gemüt, das immer glaubt und hofft und endlich zerbricht, hat

auch da wieder gehofft, aber sieh da, meine Dame wird von neuem brutal und mürrisch, sie schleppt sich allerlei Bücher zusammen, endlich kommt sie mit Thümmels Reisen [Reise in die mittäglichen Provinzen von Frankreich] an, ich sage ihr höflich, und Arnim und Bettine sagen ihr, es sei ein obscönes Buch, sie möge es nicht lesen, sie liest aber ruhig alle acht Bände durch, erklärt zugleich mehrmal, sie müsse und werde sich von mir scheiden lassen.[85]

Erneut nimmt die Katastrophe ihren Weg über Lektüren. Nachdem Auguste den Geist pornographischer Verführungsliteratur in sich eingelassen hat, bleibt dem Dichter keine andere Möglichkeit, als es mit Exorzismus zu versuchen. Der Hund, der allenfalls als Zeuge des Geistes anwesend sein darf, ist ihr über den Kanal der Teufelsbücher in den Leib gefahren:

Meine Dame hat trotz aller reuiger Briefe die ganze Zeit ihre niederträchtige wahnsinnige Rolle fortgespielt. Ich bin auch ihren Anspeiens und Tretens satt geworden und habe sie einigemal mit dem besten Gewissen und kaltem Blut tüchtig durchgeprügelt; denn sie ist ein Hund und ein sehr schlechter und böser Hund, sie ist besessen und ich prügle den Teufel mit rechter Lust. (...) Bei alle dem lebt sie von den sogenannten fürchterlichen Schreckensromanen; während sie in ewiger Quälerei stumpf wird, liest sie ein Halbdutzend Bände alle Tage von »Capucin noir«, »Nonne sanglante«, »Chateau des Meutres«, und mit dergleichen Zeug die leere Hirnschale angefüllt, quält sie von neuem (...).[86]

Die verwöhnte Bankierstochter Auguste liebt Horrorromane, und der romantische Dichter steht machtlos daneben. Die Pädagogik mißrät ebenso wie der Exorzismus, wenn die Literatur ihr Schreckenswerk getan hat: die Schleusen der Lust und der Verstellung zu öffnen, den Betrug der Natur zu vollenden. Die Verführung und ihre dämonische Folge (»Wahnsinn«) überwältigen nur einmal die unschuldige Natur, wie sich alle Unschuld nur einmal verlieren läßt.

Rousseaus Sprachregelung über das Lesen und die Unschuld schenkte der Literaturgeschichte viele wachsame Brüder und Ehemänner, die sich der Kontrolle der weiblichen Lektüren verschrieben; aber sie schenkte den schüchternen und stockenden Liebenden auch eine zweite Sprache: die erotische Büchersprache. Thomas Mann erinnert sich in einem Brief an Katja Pringsheim an eine solche geheime Nachricht: ». . . daß Sie mir – unsterbliche Redensart – ›Ihre Bücher zeigten‹.«[87] Aber wer diese Sprache nicht verstand, mußte unglücklich werden. »Sollte sie mich lieben?« fragt sich der Erzähler in Turgenjews Geschichte *Asja* (1858). Er weiß es längst aus so vielen Zeichen, aber seine eigene Scheu hindert ihn daran, die Avancen, die ihm die wilde siebzehnjährige Asja macht, nach dem neuen Literaturcode zu entziffern. In der Sprache der Liebe, die das Lesen dem Verlangen gleichstellt, war längst alles gesagt:

> Einst traf ich sie mit einem Buch, sie war allein. Den Kopf auf beide Arme gestützt, die Finger tief im Haar verborgen, verschlang sie mit den Augen die Schrift.
> »Bravo!« sagte ich, zu ihr herantretend; »Sie sind ja recht fleißig.«
> Sie hob den Kopf und sah mich streng und ernst an.
> »Sie meinen wohl, ich könnte nur lachen?« sagte sie und wollte sich entfernen.
> Ich warf einen Blick auf den Titel des Buches: es war ein französischer Roman.
> »Doch kann ich Ihre Wahl nicht billigen«, bemerkte ich.
> »Was soll ich denn lesen!« rief sie (...).
> Am Abend desselben Tages las ich Gagin »Hermann und Dorothea« vor. Anfangs machte sich Asja viel bei uns zu schaffen, dann hielt sie plötzlich inne, horchte auf, setzte sich still zu mir und hörte dem Lesen bis zum Ende zu. Am folgenden Tag wurde ich wieder irre an ihr, bis mir einfiel, daß ihr auf einmal der Gedanke gekommen sein müsse, frauenhaft und sittsam zu sein wie Dorothea. Mit einem Wort, sie war mir ein rätselhaftes Wesen.[88]

So viel Männerdummheit läßt sich nur daraus erklären, daß jemand taub ist für diese Sprache des Verlangens. Die Frage »Was soll ich lesen?« aus Mädchenmund ist eine makellose Liebeserklärung. Es ist die literarische Version der Frage: Welche Frau soll ich für dich sein? Die offensichtliche Bereitschaft Asjas, dem Goethe-Programm des Weiblichen zu gehorchen, fügt dem Geständnis nur noch das Zeichen der Unterwerfung hinzu.

Nach der Roman-Formel für die Frauenpassionen, die Stendhal in seinem Buch *Über die Liebe* gab, verlaufen die literarischen Ehebruchsgeschichten des 19. Jahrhunderts: »Seit dem ersten Roman, den eine Frau mit fünfzehn Jahren heimlich gelesen hat, wartet sie im stillen auf die Liebe aus Leidenschaft.«[89] Die Romane enthalten das Wissen und die Sprachen von der Liebe; und da das Lesen eine Vorwegnahme der erotischen Empfangs-Szene bildet, auf die sich alles Wissen bezieht, gehen aus der Lektüre auch die romanesken Wirkungen hervor. Emma Bovary steht für sie alle: »Sie erinnerte sich an allerlei Romanheldinnen, und diese Schar empfindsamer Ehebrecherinnen sang in ihrem Gedächtnisse mit den Stimmen der Klosterschwestern.«[90] Die Szene ist gelesen und imaginär durchlebt, nur muß noch ein geeigneter Held die Bühne betreten, und schon fallen die Emmas, Effies und Anna Kareninas den Buchstaben ein zweites Mal zum Opfer. In Brentanos Roman *Godwi* warnt Jost von Eichen-

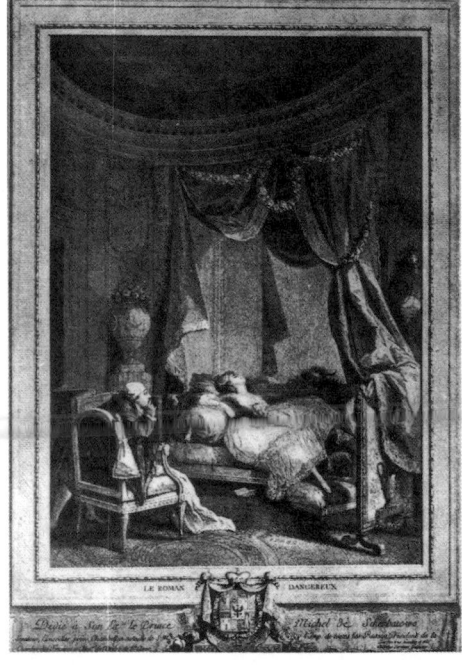

Abb. 21: Erotischer Kup-
ferstich. *Die Gefahren des
Romanlesens.*

wehen in einem Brief seine Schwester Joduno vor den Büchern und
Dichtern; ein Freund habe ihm erklärt,

(...) in jetziger Zeit sey jedes Mädchen zu verführen, thäten es die Männer
nicht, so thäten es die Bücher. Mit dem Bücherlesen hast du nun schon einen
guten Grund gelegt, wenn nun der Fantast dazu käme, der ohnedieß alle Bücher von Anfang bis zu Ende gelesen hat, da könnten wir leicht einen Schand-
fleck in die Familie kriegen.[91]

Die Verführte ist ein Doppel der Leserin, und die Leserin ist –
ein Blick auf die Ikonographie der lesenden Frauen macht es über-
wältigend deutlich – das Doppel der Maria mit dem Buch in der
Verkündigungsszene. Die schuldigen wie unschuldigen Empfängerinnen blicken auf die gleiche symbolische Genealogie zurück. Darum sind es Klosterschwestern, die im Blut der Emma
Bovary den Gesang der Sünde anstimmen. Am Anfang war die
literarische Imagination. Im fünften Inferno-Gesang von Dantes
Göttlicher Komödie erdulden die Fleischessünder ihre ewige Mar-
ter. ·Außer Paris, Tristan, Achill sind es berühmte Frauen wie Semi-
ramis, Dido, Kleopatra, Helena. Sie werden von wilden Stürmen durch die Luft gewirbelt, aber zu ihrem Fluch gehört auch,

daß sie jedes zärtliche Wort wie ein Köder anlockt. Auch in ihrem Blut singen immer noch die Stimmen der ersten Verführung: süße Gedanken und Verlangen.[92]

Hysterika: Die Blockade der Bücher

Die Leserin ist von der Literatur vorgesehen, wenn auch so viele Autoren heuchlerisch gegen sie zu Felde ziehen. Die neuzeitliche Literatur wurde überhaupt nur für Frauen geschrieben. Daher gilt, was hier von der Hysterie zu sagen bleibt (da immer schon alles über sie gesagt scheint), für die Epoche der Literatur 1750–1900. Die Literatur fabriziert die Sprachen des Verlangens und auch die Pathologien des Unglücks. Doch bisweilen laufen die literarischen wie literarisierten Frauen aus den Bahnen der Bücher, und auf diese Version weiblichen Fallens oder Fehltretens lauern die Kasuistik und Semiotik der Hysterie. Als Verführte bleiben Leserinnen, wie man sehen konnte, im Gleis der Literatur. Da das Lesen, die Sucht nach zärtlichen Träumen und Worten, eine Verführung ist, steht die Literatur schon im Zeichen des Fehltritts. Mit Vorliebe sprechen die Romane und Theaterstücke der Literaturepoche von der Verführung durch Literatur und Literaten. Dagegen besteht die Hysterie aus den pathologischen Sprachen, mit deren Vokabular Frauen als Verführte oder Unverführbare aus der Bahn der Literatur entgleisen. Charcots Musterhysterika in der Salpêtrière verstand es, alle Symptome ihrer Krankheit anzulegen; dazu gehörte auch, daß sie sich im Delirium in Theaterheldinnen verwandelte oder in die Figuren von Romanen, die sie gerade las.[93] Eine Gegenkraft zum Delirium liefert die Blockade, die dramatische Selbstverleugnung. Man darf nicht vergessen, daß die Theorie der traumatischen Hysterie im 19. Jahrhundert zum guten Teil die Symptome des sogenannten »Railway-Spine« fortschrieb.[94] Es handelte sich dabei um körperliche und psychische Folgen von Eisenbahnunfällen. Und von Entgleisungen erzählt die Kasuistik der Hysterie. Die traumatische Artikulation dieses Verlangens verläuft in der Klimax: Ausgleiten, Fallen und zuletzt Blockade. Genügend Geschichten erzählen von einem Literaturunglück als Auslöser der Hysterie; in der Sprache des Traumas hieße das Unglück: ein Bücherschrecken. Die Bücher schrecken in zweifacher Hinsicht, denn nicht nur der Schrecken kommt von und mit Büchern, sondern auch seine Symptome springen aus der Literatur auf die Leiber der Opfer.

Die Schriftstellerin Elisa von der Recke begann auch einmal als empfindsame Leserin. 1771 wurde sie als fünfzehnjähriges Mädchen dem Freiherrn von Recke anverlobt, aber der Übergang von der Literaturliebe zur sexuellen Zärtlichkeit wollte ihr nicht gelingen. Wie sie ihrer Vertrauten Carolin Stoltz gestand, gab es beim Versuch, aus der Sprache der Tränen in Wielands *Sympathien*, die sie gerade las, in die Zeremonien der körperlichen Liebe überzutreten, argen Widerstand. Aus der Verlobungszeit berichtet Elisa eine solche Szene mit dem Bräutigam:

Er sah mich wieder mit seinen großen Augen so an, daß mir angst und bange wurde, und sagte: »Wo haben Sie all die Thränen her, die Sie in Neuenburg schon geweint haben?« Ich sagte zitternd: »Aus meinem Herzen, welches jedesmal ängstlich zusammengepreßt wird, wenn es Sie mit mir unzufrieden sieht.« – »Sie haben die Romanensprache recht gut studiert, und ich Buschklepper muß Ihrem fein gebildeten Herzen wohl sehr plump vorkommen.« (...) In der Angst schlang ich meine Arme fest um ihn, drückte mein Gesicht an sein Herz und weinte; er hob mein Gesichte mit seiner Hand auf; sah mich scharf an, ich hatte seinen Blick nicht zu scheuen, ich sah ihn auch an, er küßte mich; ich küsse ihn nicht gern, aber weil Mama sagt, daß Männer es gerne haben, daß man sie küssen soll, so küßte ich ihn auch.[95]

Wie so oft in der Epoche der Literatur sahen sich empfindsame Leserinnen an bücherfeindliche Männer verheiratet, und das Ehe-Unternehmen endete in babylonischen Katastrophen. (Diese Lage nutzten gerne die Dichter und ihre Gesellen von Goethe bis Rilke.) Auf seiten der Frau blockierten dann Seelenleiden und rätselhafte Körperzustände den ehelichen Kontakt. Es ist der Boden, auf dem die Migränen blühn. Auch die Ehe der von der Reckes wurde bald getrennt; es war nicht der einzige Schadenfall in Elisas Frauenleben, denn sie ging 1779 eine Zeitlang dem Betrüger und Pfuscher Cagliostro auf den Leim, der in der deutschen Literatur als Geisterseher und Groß-Kophta fortlebt. Da die empfindsamen Bücher von der Kommunikation der Seelen sprachen, glaubte sie dem Wunderheiler und telepathischen Guru. – Der Ekel der jungen Elisa beim Kuß gehört zur pathologischen Sprache der Hysterie, die (vor oder nach der Verführung) die Entgleisung unmöglich macht. Diese Sprachen des hysterischen Verlangens (der Blockade) unterliegen nun der gleichen Logik wie die Romane der Verführung: Die Hysterika kommt nicht nur durch die Literatur aus der Bahn, sondern vor allem und zuerst in der Literatur. Eine romanhafte Leidensgenossin Elisas ist Goethes Ottilie in den *Wahlverwandtschaften*. Nur allzu deutlich ist Ottilies Entgleisung durch die Literatur verursacht. Es ist eine Szene. Mit dem Kind Charlottes und Eduards auf dem Arm und mit einem Buch in der Hand springt das Mädchen in den Kahn, um über den Teich der neuen

Anlagen zu rudern, wo sie das Kind gehütet und dabei gelesen hat. Dies geschieht wenige Augenblicke, nachdem sie mit Eduard zum erstenmal »entschiedene, freie Küsse« getauscht hat:

Auf dem linken Arme das Kind, in der linken Hand das Buch, in der rechten das Ruder, schwankt auch sie und fällt in den Kahn. Das Ruder entfährt ihr nach der einen Seite und, wie sie sich erhalten will, Kind und Buch nach der andern, alles ins Wasser.[96]

Nach dem Tode des Kindes stürzt sich Ottilie in die vollständige Symptomatologie der Hysterie: Sie ißt nicht mehr, spricht nicht mehr. Der Mund, der freie Küsse getauscht hatte, blockiert alle vitalen Funktionen bis zum eigentlich bitteren, vom Autor jedoch mit Zeichen der Verklärung umgebenen Ende. Die Hysterika fühlt sich der Heiligen verwandt, und sie zitiert aus dem asketischen Vokabular, um es zur pathologischen Sprache des eigenen Körpers zu machen. Nicht der Wille, sondern die literarische Keuschheit blockiert das Verlangen. Diese Automatik von Begehren, Entgleisen und Blockade überfällt nicht nur Leserinnen, sondern auch Leser. Einer von ihnen war Flaubert. In späteren Jahren erzählte er den Gebrüdern Goncourt von seinen Unfällen als kindlicher Leser:

Flaubert sagt uns, daß er sich als Kind vollständig in seine Bücher vertiefte, daß er sich auf die Zunge biß, sich mit den Fingern Haarlocken drehte und daß es ihm auch passierte, plötzlich auf den Boden zu fallen. Einmal schnitt er sich in die Nase, als er bei einem solchen Sturz gegen das Glas eines Bücherschrankes stieß.[97]

Dies war sein erstes Stigma. Später wird sich Flaubert jahrelang von Frauen fernhalten, er spielt mit dem Gedanken, in ein Kloster zu gehen oder sogar sich zu kastrieren.[98] Der epileptische Anfall vom Januar 1844 wird für ihn eine Art Wiedergeburt darstellen. Die Entgleisung durch das Lesen und das Verlangen konvertiert er schließlich in Prinzipien einer Ästhetik, die reichlich hysterische Züge trägt.[99] So schreibt er beispielsweise Liebesbriefe nur noch »des Stiles halber«, oder er macht in seinem Roman *Die Versuchung des heiligen Antonius* die Askese zum Generator der schönsten Delirien des Verlangens.[100]

Daß in der Hysterie eine Konversion stattfindet, eine Umschrift von Sprachen des Verlangens in erprobte Zeichen der Heiligkeit oder aber in solche der Krankheit, gehörte wenigstens zum romantischen Wissen des 19. Jahrhunderts. Wieder läßt sich hier der Spezialist für literarische Frauenleiden, Clemens Brentano, anführen. An seine spätere Ehefrau Sophie Mereau schrieb er im Oktober 1804 über den von der Kirche verbotenen Exorzismus:

(...) seit die Männer überhaubt durchaus durch Alter und Impotenz auf das Aussterben reduzirt sind, gibt es keine beseßne, aber lauter histerische (zu wenig beseßne) Weiber, denn was nutzt das ewige beseßen sein und nicht beritten werden, <ihr> gottloses Fleisch habt ihr Weiber nun einmal, daß ihr ohne Senf nicht zu genießen seid.[101]

Aber wie auch Brentano zu betonen nicht aufhörte, kommen das Verlangen und seine hysterische Übersetzung aus der Literatur. Und Daten über solche fatalen Bücherwirkungen verbreiteten sich auffällig, wenn auch nicht immer explizit in den Hysterie-Kasuistiken, die die Psychologen des Fin de siècle erstellt haben. Sigmund Freuds und Josef Breuers *Studien über Hysterie* (1895) borden geradezu über von Symptomen, die als Blockade-Zeichen fungieren: Parese, Taubheit, Sehstörung, Glottiskrampf, Mutismus, Anorexie, Angst, Muskelkontraktur, Lähmung, Krämpfe, Abulie, Schnüren im Hals, Stottern.[102] Zweierlei ist an dieser Symptomatik bedeutsam: Die Blockaden verschließen die Kanäle der Patientinnen, und sie sind erkennbar lexikalisch vorgeformt. Freud weist selbst darauf hin, daß die hysterische Symptomatik gerne Redensarten oder Worte umbildet.[103] Aber zur Zeit, da er noch mit den Mitteln hypnotischer Suggestion die »Beichten« seiner Patientinnen erlangte, stieß er auch auf die typischen Geschichten der Leseentgleisungen:

Auf die erste Frage nach einem Eindrucke aus der Jugend, der mit den Angstanfällen in kausalem Zusammenhang stünde, tauchte unter dem Drucke meiner Hand die Erinnerung an die Lektüre eines sogenannten Erbauungsbuches auf, in dem eine pietistisch genug gehaltene Erwähnung der Sexualvorgänge zu finden war. Die betreffende Stelle machte auf das Mädchen einen der Intention des Autors entgegengesetzten Eindruck; sie brach in Tränen aus und schleuderte das Buch von sich. Dies war vor dem ersten Angstanfalle.[104]

Das ist ein dramatischer Bücherunfall, auf den die hysterische Angst und Blockade antworten. In seinem klassisch gewordenen *Bruchstück einer Hysterie-Analyse* beobachtet Freud, der inzwischen die Methode der assoziativen Annäherung an die verdrängten Inhalte der neurotischen Störungen gefunden hatte, sehr viel genauer den Übergang einzelner Symptome bei seiner Patientin vom Buch auf den Körper. Die verschiedenen hysterischen Störungen bei dem Mädchen Dora entstanden im Verlauf einer Krise der elterlichen Beziehungen. Der

Vater war im Verlauf einer schweren Krankheit von einer befreundeten verheirateten Frau gepflegt worden, zu der er dann auch sexuelle Beziehungen aufnahm. Das Mädchen wurde von dem betrogenen Ehemann umworben, aber sie wies ihn zurück, weil ihr inzwischen bekannt geworden war, daß der Verführer auch mit einer Hausangestellten Beziehungen angeknüpft hatte. Dora war allerdings auch mit der Freundin ihres Vaters eng verbunden. Nun brachte die Analyse ans Licht, daß Dora das Aufklärungsbuch *Die Physiologie der Liebe* des italienischen Arztes und Schriftstellers Paolo Mantegazza studiert hatte. Dort konnte sie wörtlich lesen, daß der »Hysterismus des Lebens« eine gewöhnliche Erscheinung des Übergangs vom kindlichen zum jugendlichen Alter bildete; daneben fand sie in dem Buch alle Themen abgehandelt, die auch aktuelle Krisen der Familie berührten: Krankheit als Zeichen des Verlangens; Geschlechtskrankheit (Freud hatte Doras Vater wenige Jahre zuvor von einer luetischen Infektion geheilt); hochtönende Invektiven gegen den Ehebruch (nicht zuletzt auch wegen der Gefahr von Geschlechtskrankheiten); schließlich ein Kapitel über Impotenz (angeblich trug Doras Vater auch diesen Makel).[105] Mantegazza bot Dora nicht nur einen Kommentar zu den moralischen und klinischen Katastrophen der Familie; das Buch bildete auch eine wesentliche Informationsquelle, aus der Dora ihr sexuelles Wissen bezog. Dort konnte sie auch alle Motive für ihre hysterischen Blockaden finden, deren Semiotik ihr Körper dann nach anderen Texten zitierte. Das Mädchen hatte seine sexuelle Aufklärung nämlich durch das Studium von weiteren Büchern vervollständigt. Freuds Befragung ergab, daß Dora auch Lexika zu Rate gezogen hatte; dies wurde offensichtlich, als eine fiebrige Erkrankung aus der Zeit vor Beginn der Behandlung analysiert wurde. Dabei stellte sich heraus, daß Dora auf die Nachricht von einer Blinddarmerkrankung ihres Vetters im Lexikon nachgelesen hatte, welche Symptome dabei auftreten. Gleich darauf überfielen sie die typischen Schmerzen im Bauch. Kaum aber waren diese Beschwerden und das Fieber verschwunden, da zeigte sich bei Dora eine rätselhafte Gehstörung: Sie zog den Fuß nach. Wieder ergab die Analyse, daß Dora, angeregt durch Lexikon-Artikel über Schwangerschaft und Geburt, die Phantasie eines »Fehltritts« entwickelte, die dann in die Blockade-Symptomatik der Gehstörung überging.[106]

Im Gegensatz zu den von Dora überreich produzierten Symptomen, die Freud so »schön« und »poesiegerecht« erschienen, daß sich gar ein Novellendichter daran hätte inspirieren können[107], fielen die hysterischen Krankheitszeichen, die in der berühmten Salpêtrière Charcots zur Anschauung kamen, durch Monotonie und Armut an

Facetten und Varianten auf.[108] Die überwiegende Zahl von Charcots Patienten, die im Reigen der öffentlichen Demonstrationen in den Vorlesungen auftauchten, litt an Lähmungserscheinungen. Die Häufigkeit dieses Symptoms, der offensichtliche Krankheitsgewinn für die soziale Schicht, die sich mit diesen Zeichen schmückte, sprechen ganz und gar dafür, daß die *Blockade* den funktionellen Kern dessen bildete, was damals als Hysterie klinisches Ansehen genoß. Doch die Wiener Patientinnen, die in die Novellensammlungen der *Studien über Hysterie* und der späteren Falldarstellungen Freuds einzogen, waren literarisch gebildete Frauen, die das Blockade-Prinzip in einfallsreichen Variationen durchspielten. So waren die Gründungsväter der Psychoanalyse immer wieder entzückt über ihre Patientinnen, die wie Breuers Anna O. ein »phantastisch-poetisches« Talent zeigten.[109] Bereits Clarissa hatte sich in der Stunde ihrer tiefsten Verzweiflung so malerisch auf dem Boden des kleinen Zimmers in dem Bordell drapiert, daß der erste Besucher, Mr. Belfort, bei diesem ebenso schönen wie verzweiflungsvollen Anblick ins Stottern gerät; sie liegt auf den Knien, den Kopf mit dem etwas in Unordnung geratenen Haar über die gekreuzten Arme auf einem Tisch gestützt. Dort liegt neben dem Schreibzeug eine Bibel, in die der Zeigefinger ihrer rechten Hand gesteckt ist. Offenbar hatte sie gelesen und war jetzt einer Lähmung des Auges erlegen:

Indem ich mich in dem Raum umblickte mit der niederknienden Lady, die voller Majestät in ihre fließenden weißen Kleider versunken war, die sich über den schwarzen, aber nicht unreinen Boden breiteten und diesen schrecklichen Winkel erleuchteten, mit Unterkleidern von unvorstellbarer Weiße, obwohl sie sich seit ihrer Ankunft hier nicht umgekleidet hatte, da glaubte ich, daß mir meine Aufgabe hier die Kehle zugeschnürt hätte.[110]

Das ist die Positur der Maria Magdalena, der großen Sünderin, die auf Gemäldedarstellungen zumeist mit einem Buch in der Hand das Pensum ihrer Buße ableistet. Das ikonographische Modell wirft seine Schatten auf dieses Bild der verführten und gedemütigten Clarissa, die dennoch heilige Reinheit abstrahlt. Die kniende, tränenblinde Lady kondensiert alle Züge der Literaturentgleisung: Buch, Sturz zur Erde, Blockade, Reinheit. Zur biblischen Semiotik gesellen sich mythische Reminiszenzen. Lovelace vergleicht Clarissa noch mit der geschändeten und gewaltsam stumm gemachten Philomela.[111]

Allerdings zerfällt dieses ikonographische, pathologische und literarische Triptychon der Hysterie in einer Halbwertzeit von 150 Jahren. Schon früher witterte die Welt Betrug und wollte diese Symbiose von Kulturzeichen und Krankheitszeichen den Frauen nicht

Abb. 22: Tizian, *Die büßende Maria Magdalena*, 1567. Lesen und Tränen der Ekstase.

mehr abnehmen. Der Niedergang der Hysterie beschleunigte sich, als gegen Ende des 19. Jahrhunderts die nosologische Graphik immer mehr große Heldinnen der Literatur aufrief, um ihnen den Segen der Kliniken zu verabreichen: Elektra, Salome, Lady Macbeth, Ophelia. Es zeigten sich ja auch erste Unterschiede: Die namhafte, dramatische Hysterika erduldet ihr Schicksal nicht mehr einfach, sondern sprengt die Blockade, indem sie den einen oder anderen Urheber ihres Unglücks in den Tod schickt. Clarissa wollte Lovelace nicht einmal vor Gericht bringen. Doch Richter schlossen zuletzt die Akten der Hysterie und brachten ihren Betrug zu Fall. Zu viele Simulanten waren aufgetreten, um durch fingierte Traumata und Lähmungen von den Versicherungen eine Rente zu erstreiten. Schließlich verschwanden die hysterischen Zeichen als Folge ihrer Inflation sogar vom Theater und aus der Literatur. Aber dieses Verschwinden ist einer Betrachtung wert. Auch aus der Kunst und der Medizin wurde die Hysterie durch den Vorwurf des Betruges vertrieben. Bereits Clemens Brentano brachte die Theatralität der Hysterie in Mißkredit, als er alle jungen Mädchen gegen die reife Sophie Mereau herabsetzte und sagte: »(...) die übrigen spielen gut naive Rollen, das heißt am Schürzchen zupfen, oder sie sind stark in der Ophelia, das heißt histerisch sein, und etwas schielen.«[112] Gegen Ende des Jahrhunderts bricht dann der französische Psychiater und Arzt in der Salpêtrière

Jules Falret über seine Hysterika den Stab: »Diese Patientinnen sind wahrhaftige Schauspielerinnen; sie kennen kein größeres Vergnügen, als jeden, mit dem sie in Berührung kommen, zu betrügen.«[113]

Die hysterische Sprache des Verlangens ist Betrug. Aber um das zu werden, mußte sie erst einmal zu jener Theatralität gebracht werden, die den Betrugsvorwurf ermöglichte. Längst schon hatte die Hysterika außer dem Begehren, das die Psychoanalytiker hören wollten, auch den Betrug gestanden, von dem diese jedoch nichts hören wollten.[114] Erst einmal mußten alle neurotisch werden, damit sich der Kitzel legen konnte. Kaum waren nämlich die *Studien über Hysterie* erschienen, da erklärte der zeitweilige artistische Sekretär des Burgtheaters und Professor für Ästhetik, Alfred von Berger, in einer Besprechung dieses Buches, daß die neue Theorie eigentlich »ein Stück uralter Dichterpsychologie« sei.[115] In einem kritischen Beitrag zur aristotelischen Katharsis-Lehre ging Berger sogar noch weiter und erhob die alte Dichtungs-Psychologie zu einer neuen Hysterie-Therapie. Nicht Reinigung der Affekte, sondern Abreagieren von gestauten Affekten sei das Geheimnis der Theater-Wirkung.[116] Es geht nach 1900 weiter. Hermann Bahr sah 1904 in seinem *Dialog vom Tragischen* die gesamte griechische antike Kultur von der Hysterie durchdrungen[117], während umgekehrt Grillparzer in den Wiener Mägden, die, »halb wider Willen, dem drängenden Liebhaber« nachgeben, bereits Didos und Medeen erkannt hatte.[118] Kein Wunder also, daß Hugo von Hofmannsthal bei der Niederschrift seiner *Elektra* immer wieder in den *Studien über Hysterie* geblättert haben will.[119] Daraufhin führte Freuds Schüler Otto Rank in seiner berühmten Abhandlung von 1912 über *Das Inzestmotiv in Dichtung und Sage* Hofmannsthals Elektra als Beispiel für weibliche Inzest-Wünsche wiederum in die Klinik der Psychoanalyse zurück. Als zuvor 1905 Hofmannsthals Drama mit Gertrud Eysoldt in der Titelrolle uraufgeführt wurde, da würdigten die Kritiker das Stück und die Hauptdarstellerin einmütig als Studie einer pathologischen Hysterika.[120] Einen ganz ähnlichen Transfer von Theater und Psychiatrie, Hysterie und Literatur dachte sich Arthur Schnitzler in seinem unvollendet gebliebenen *Theaterroman* aus. Ganz wie der Autor selbst interessiert sich der Held, Rudolf Forlan, ein Sekundararzt im Wiener Allgemeinen Krankenhaus, für hypnotische Therapien, studiert gegen den Rat des Vaters und des Chefs die Vorträge Charcots und geht abends ins Schauspiel. Wirklichkeit und Theater laufen ihm aber ständig ineinander. In der Klinik behandelt er einen wahnsinnigen Schauspieler, später beginnt er eine Liebschaft mit einer jungen Schauspielerin, über die er zuvor in Vertretung des Theaterkritikers in der Zeitung geschrieben hatte, während der Zeitungsmann über den wahnsinnigen Schauspieler berichtete.[121] Sigmund Freud hatte Schnitzler bereits im *Bruchstück einer Hysterie-Analyse* als intuitiven Psychoanalytiker gerühmt und erhielt vom Dichter später die Bestätigung, daß auch er aus Freuds Schriften »Anregung geschöpft« hatte.[122] Während sich noch Psychoanalyse, Literatur und Theater wechselseitig den Rücken stärkten, verlor die Hysterika ihren guten Ruf als nervöse Kranke. Der Zauber war gebrochen, als jedermann in der Hysterie ein Theater ausmachen konnte. Das Spiel, worin Frauen aus der Literatur und Kunst die Sprachen für die theatralische Blockade ihres Verlangens empfingen, um sie über das Intermezzo ärztlicher Diagnosen an die Künstler zurückzuerstatten, ging mit letzten Übersteigerungen zu Ende. Weininger verschaffte der Hysterie eine wenig ehrenvolle Verankerung im Wesen der Frau, indem er die Neurose als »organische Krisis der organischen Verlogenheit des Weibes« einschwärzte.[123] Das war 1903. Fünfundzwanzig Jahre später feierten die Surrealisten mit leichter Verspätung das fünfzigjährige Jubiläum der Hysterie, da im Jahre 1875 Augustine, das Mannequin für Charcots photographische Dokumentationen des hysterischen Anfalls, in die Salpêtrière eingetreten war. Sie wollten der Hysterie als der »größten poetischen Erfindung des 19. Jahrhunderts« einen Ehrenplatz im Museum der Künste einrichten.[124] Tatsächlich ist Kunst ein ehrenvoller Name für das, was die degoutierten Ärzte als Betrug diagnostizieren mußten: die einfache Tatsache einer Semiotik für die Blockade des Verlangens. Die Hysterie war eine Theatermaschine für Junggesellinnen und Witwen, die von Ärzten, Schriftstellern und Künstlern bedient wurde.

Amokläufer: Deblockade des Verlangens

Die Hysterie ist ein Blockade, aber doch eine Sprache. Wer dem Geheimnis der entsprechenden männlichen pathologischen Semiotik nachgeht, die sich im mörderischen Drama des Amoklaufs in Szene setzt, der glaubt auf eine absolute Stummheit dieses Verlangens zu stoßen. Dennoch gibt es gute Gründe, Hysterie und Amok als pathologische, kulturell vorgebildete Artikulationsweisen der Geschlechter zu analysieren. Die Wissenschaft richtete ihre Aufmerksamkeit bislang nur auf die Amokläufer in verschiedenen, inzwischen industriell überformten Kulturen Südostasiens; die Amokläufer des Westens fanden hingegen nur geringes Interesse bei ihren zuständigen Psychologen und Kriminologen. Dabei kommen in den Informationen über die Täter, die kurz nach dem blutigen Ereignis der schokkierten Öffentlichkeit mitgeteilt werden, immer wieder die gleichen Umstände zur Sprache. Der Amoklauf ist die Explosion einer männlichen Einsamkeit, der selbstmörderische Showdown im soldatischen Ritual des Tötens. Muß sich nun ausgerechnet eine Abhandlung über Liebe und Betrug das Versäumnis der Experten zu Herzen nehmen? Allerdings. Die Geschichten von europäischen und nordamerikanischen Amokläufern erzählen, was geschieht, wenn der Ausweg in den Betrug blockiert ist: keine Schrift, keine Verführung, keine Engel, keine Hysterie, keine Stigmata, keine Halluzinationen, kein Theater, keine Paranoia, keine Sprache; nur der kurze Wahn eines Mordbefehls.

In den Kulturen Südostasiens stellte der Amok ein anomales, doch immer auch noch von Regularien geleitetes Verhalten dar. Den Täter überfiel plötzlich, aus scheinbar geringfügigem Anlaß, ein Stunden oder gar Tage anhaltender mörderischer Zwang. In manischem Automatismus tötete er mit einer Waffe (Schwert oder Speer), die ihm auch eine Tradition an die Hand gab, wahllos Angehörige und Fremde in der sicheren Erwartung, daß er selbst am Ende als »verrückter Hund«[125] erschlagen wurde. Sofern der Amokläufer überlebte, blieben alle Einzelheiten des Exzesses in Amnesie gehüllt. Der Amok des Ostens trug Züge eines zum Teil rituellen provozierten Selbstmordes. Daher konnte der malaiische Amokläufer nach seinem Tod mit einer gewissen Achtung und Anerkennung seiner Umwelt rechnen.[126] Georges Devereux gibt in seiner Untersuchung *Normal und Anormal* eine ganze Reihe von Beispielen, wie Kulturen auch für extreme mentale, eigentlich »wahnsinnige« Zustände bisweilen noch detaillierte Zeichen und Muster ausarbeiten. Selbst der Paranoiker oder der Manische gehorchte beim Amok noch in unbewußter Loyalität den Formeln seiner Kultur, wenn er sich auch als Lebender aus ihr verabschiedete.[127] Weil sich beim Amokläufer des Ostens der pathologische Exzeß auch nach überlieferten Aktionszyklen abspielte, vergleicht Devereux die malaiische Amok-Krise mit dem hysterischen Anfall in der Klinik Charcots, der auch einer festgelegten Dramaturgie folgte. Der Kulturvergleich gibt zu erkennen, daß Amok und Hysterie zwei Entgleisungsformeln für die beiden Geschlechter bereitstellen, um blockierte Liebeserwartungen zu agieren. Allerdings entsprach in Malaysia der männlichen Amok-Psychose auf weiblicher Seite das sogenannte Lattah. Der Lattah-Paroxysmus überfiel ausschließlich weibliche Personen, vor allem Angestellte von europäischen Herrschaften. Auch Lattah war ein Verhaltens-Automatismus, bei dem die Frauen zwanghaft die Gesten und Zeichen der Europäer imitierten und zugleich obszöne Gebärden ausführten[128]:

Ein vorübergehendes Theater des Verlangens aus sozialer und sexueller Frustration.[129] Kraepelin definiert den Lattah hingegen näher zum Amok als Befehlsautomatismus und (mechanische) Koprolalie.[130]

Von einer Loyalität zu anerkannten Kulturmustern des Wahnsinns kann auf den ersten Blick bei den europäischen oder amerikanischen Amokläufern nicht die Rede sein. Das eingangs erwähnte Desinteresse der Psychiater und Kriminologen an dieser Psychose scheint durch die Weigerung motiviert, dem Amok eine klinische und damit auch kulturelle Anerkennung zu geben. Allerdings spielt auch die europäische Technik zur klinischen Datenerhebung dabei eine Rolle: Einen Wahnsinn, den man nicht befragen kann, weiß die europäische Psychiatrie ihrem Wissen nicht einzuverleiben. – Hier folgen nun die einfachen Daten einiger Fälle aus den vergangenen fünf Jahren: Am 29. August 1985 erschoß der damals 33 Jahre alte Markus Bitsch drei Frauen und zwei Männer in einem Karlsruher Vorort. Der Täter überlebte und erwies sich als ein kontaktloser Mann, der seit dem Tod seiner Mutter unter psychotischen Vorstellungen litt. Als manifeste Symptome zählen die Polizeiprotokolle Haß auf Frauen und Liebe zu Waffen auf.[131] Am 19. August 1987 tötete der 27jährige Waffennarr und Militariasammler Michael Ryan in der südenglischen Kleinstadt Hungerford 17 Menschen, darunter seine eigene Mutter, ehe er die Waffe auf sich selbst richtete. Zuvor hatte er noch mit einem Polizisten telephoniert, dabei den Tod seiner Mutter bedauert und sich darüber gewundert, daß er andere Menschen, nicht aber sich selbst erschießen könnte. Ryan wurde von seiner Umwelt als Einzelgänger wahrgenommen.[132] Als Einzelgänger und Liebhaber von Militarialiteratur galt auch der 33 Jahre alte David Malcolm Gray, der am 15. November 1990 in dem neuseeländischen Dorf Aramoana elf Menschen tötete, ehe er bei einem Schußwechsel mit der Polizei ums Leben kam. Der Tod seiner Mutter soll ihn aus der Bahn geworfen haben.[133] Liebhaber von Kriegsfilmen und Waffen waren noch zwei weitere Amokläufer: der 25jährige Marc Lepine, der am 6. Dezember 1989 in der Universität von Montreal 14 Studentinnen tötete; Lepine, der sich zuletzt selbst erschoß, erklärte in einem Abschiedsbrief, daß er aus Haß auf Frauen gehandelt habe.[134] Wie Lepine war auch der 22jährige Amokläufer Felix Zehetner aus der Armee entlassen worden, ehe er in der Nacht zum 9. September in Wien fünf Menschen erschoß; man hatte ihn in betrunkenem Zustand von einer Party weggeschickt. Zehetner tötete erst seinen Vater, verletzte seine Mutter schwer, richtete dann unter den Partygästen ein Blutbad an und schoß sich zuletzt in einem Park eine Kugel in den Kopf.[135] Die Daten aus den Polizeiprotokollen und Agenturmeldungen besagen nicht viel; sie deuten jedoch an, daß sich bei den Amokläufern der westlichen Kultur bestimmte Merkmale wiederholen: die Liebe zu Waffen, zu Krieg und Armee – Insignien exklusiver Männergesellschaften –, schwache soziale Kontakte, gestörte Beziehungen zu Müttern und Haß auf Frauen. Die Liebe zu den Waffen und zu den militärischen Symbolen, die offensichtlich andere Lieben und Liebessprachen vertritt, läßt sich der hysterischen Blockade vergleichen. Die hysterischen Blindheiten, Aphasien, Anorexien oder Abulien unterbrechen zwar bestimmte Kontakte, aber sie ermöglichen als konventionelle Zeichen immer noch Anschlüsse an die Umwelt, nicht zuletzt an die Priesterschaft der Ärzte. Ganz entsprechend blokkiert die Waffe den Bezug zur zivilen Umwelt und stellt doch einen virtuellen Kontakt zur militärischen Gesellschaft dar: Mit der Waffe in der Hand kann man sonst nicht kommunizieren, man kann jedoch die Waffe deblockieren.

Der Amokläufer ist ein aus dem Gleis gelaufener einsamer Soldat. Es gibt Zeugnisse darüber, daß in Indien und Malaysia unter Amok auch eine kollektive Kriegstaktik verstanden wurde, bei der die Kämpfer plötzlich und überraschend auftauchten und in einer Art manischer Trance agierten.[136] Bekanntlich motiviert man die Soldaten des Westens mit Ersatzlieben, sofern sie nicht als Offizier oder General eine privilegierte soziale Stellung einnehmen. Die Amokläufer der westlichen Kulturen leben jedoch isoliert und sehen ihr Verlangen nach Ersatzlieben blockiert. Allerdings aktiviert ihr Tötungsrausch noch ein anderes Potential: Der Amok-Schub realisiert ein imaginär immer wieder durchgespieltes Anders-Sein, ein aus Büchern und Filmen abgeschautes Soldaten-Phantasma, das den Täter in der völligen Eindeutigkeit des Tötens aufgehen läßt. Das Töten ist das truglose Jenseits des Sprechens. Wenn der Amokläufer in seiner Phantasie von den kulturell geformten Szenen sprachlicher oder symbolisch geleiteter Kommunikation abirrt, so sucht er eine Welt ohne Schwanken und Zweifel. Die militärische Ordnung des Befehls, die klaren Gegensätze der Kriegsparteien, die moralische Unbezweifelbarkeit der eigenen Mission und die Projektion des Bösen, des Zweideutigen, der Unordnung auf den Feind strukturieren diese psychotische Welt, der die Möglichkeit des Betruges verschlossen blieb. Die Hysterie ist ein zumeist harmloser Betrug, der Amoklauf eine mörderische Wahrheit. Einmal auf der schnurgeraden Linie der Gerechtigkeit, der Wahrheit und Truglosigkeit entlanggleiten und dann sterben: Das ist das Testament in der furchtbaren Blutspur des Amoklaufs.

Die wenigen erforschten Fälle und auch einige literarische Darstellungen der Amok-Psychose geben nur ein schwaches Bild von der sexuellen Triebkraft, die sich über unbewußte symbolische Steuerungen in den mörderischen Exzeß übersetzt. Stefan Zweig läßt in seiner 1922 erschienenen Erzählung *Der Amokläufer* einen holländischen Arzt von einem erotischen Delirium erzählen, das er selbst als Amokzustand bezeichnet. Während einer mehrjährigen Verpflichtung als Arzt in den holländischen Kolonien erlebte er es zum wiederholten Male, daß ihn ein bestimmter Frauentypus mit hochmütigem, kaltem Befehlston um den Verstand brachte. Die Ehefrau eines hohen Beamten wollte von seiner Hand eine Abtreibung vornehmen lassen, kurz bevor ihr betrogener Ehemann von einer längeren Reise zurückkehrte:

Klar, starr, ohne zu zucken, blickten mich ihre Augen dabei an. Es war ein Befehl, und ich Schwächling bebte in Bewunderung vor der dämonischen Herrischkeit ihres Willens. Aber ich krümmte mich noch, ich wollte nicht zeigen, daß ich schon zertreten war.[137]

So versuchte der Arzt die Zwangslage dieser Frau, deren Härte und Entschiedenheit ihn faszinierten, für eine sexuelle Erpressung auszunutzen. Sein Verlangen steigerte sich noch, als sie sich verächtlich abwandte. Nachdem sie seine Praxis verlassen hatte, folgte er ihr wie von Sinnen. Zufällig wurde er zu einer Abendgesellschaft geladen, auf der er diese Frau wiedertraf, doch gab sie ihm keine Gelegenheit für ein klärendes Wort:

Ich glaube heute, daß ich damals Fieber hatte, jedenfalls war ich in einer Art Überreiztheit, die an Tollheit grenzte – ein Amokläufer, wie ich Ihnen sagte. (…) Verstehen Sie das: ich wußte, daß ich ihr sofort helfen mußte, und konnte doch kein Wort zu ihr sprechen. Und gerade dieses Bedürfnis, mein lächerliches, mein tollwütiges Benehmen zu entschuldigen, das hetzte mich weiter. Ich wußte um die Kostbarkeit jedes Augenblickes, ich wußte, daß es für sie um Leben und Tod ginge, und hatte doch keine Möglichkeit, mich nur mit einem Flüstern, mit einem Zeichen ihr zu nähern, denn gerade das Stürmische, das Tölpische meines Nachrennens hatte sie erschreckt.[138]

Auch dies eine Blockade des Sprechens, die noch dadurch verstärkt wird, daß ihm die Frau später das Versprechen abnimmt, kein Wort zu verraten. Dann wird sie bereits im Sterben liegen, weil sie sich einem Kurpfuscher anvertrauen mußte. Am Ende wirft sich der Arzt im Hafen von Neapel vom hohen Bord des Schiffes, das die tote Frau und ihn selbst nach Europa zurückbringt, auf den Bleisarg, den man gerade an Seilen in ein Boot hinabläßt. Sarg und Arzt sinken in die Tiefe. Zweigs Geschichte arbeitet sich in das nebelhafte Bewußtsein eines Liebeswahnsinns vor, der von der kalten Befehlsstimme einer

Frau ausgelöst wird. Nur undeutlich gibt sich der »Amokzustand« als Paranoia des Befehls zu erkennen. Von den klinisch oder ethnologisch erfaßten Fällen unterscheidet sich dieses Delirium des Arztes durch die erotische Dynamik innerhalb des Befehlsautomatismus und durch die geringfügigen Opferkosten.

Einen anderen Verlauf nimmt die mörderische Psychose in dem Horrorroman *Shining* von Stephen King. Die Inkubation und der Ausbruch des Amokwahns werden aus den drei Innenperspektiven des Familiensystems Vater, Mutter, Kind erzählt. Der entlassene Lehrer und Schriftsteller Jack Torrance erlebt für ihn selbst rätselhafte Ausbrüche von Gewalt. Seinem eigenen kleinen Sohn bricht er einmal den Arm, als dieser das Manuskript eines Theaterstücks ruiniert. Eine zweite Kränkung (Blockade) seines Autorenehrgeizes treibt Jack dann im Hotel Overlook in einen aggressiven Wahn hinein: Ihm wird untersagt, einen Roman über die Skandalgeschichte des Hotels zu schreiben, die er aus zahlreichen Dokumenten kennt. Er muß das Verbot hinnehmen. Der Job als Wächter des Hotels während der Winterperiode soll ja der Familie wieder einen kleinen Aufschwung geben, nachdem Jack durch einen blinden Anfall von Gewalttätigkeit seinen Lehrerposten verloren hatte: Alkoholismus und mangelnde Beherrschung trugen ihm in der Schule schon vorher viel Ärger ein. Zuletzt hatte Jack aus einer unbewußt feindlichen Einstellung heraus einen stotternden Schüler gekränkt, und als dieser aus Rache die Räder am Auto des Lehrers aufschlitzte, da schlug Jack den Übeltäter halb tot. Es gibt noch mehr Vorboten für den letzten psychotischen Gewaltrausch. Als sein Sohn Danny in Erinnerung an die Affäre mit dem stotternden George Hatfield auch einmal zu stottern beginnt, wird Jack beinahe erneut gewalttätig.[139] Diese Blockade-Neurose legt den Grund für seinen späteren Amoklauf. Doch hört Jack dabei mehr oder minder bewußt auf die Stimme seines Vaters, die er einmal im Traum aus dem Radio vernahm. Und der Vater gab dabei den Befehl zum Mord:

Du mußt ihn umbringen, Jacky, und sie auch. Denn ein wahrer Künstler muß leiden. Denn ein Mann tötet, was er liebt. Sie werden sich immer wieder gegen dich verschwören, versuchen, dich zurückzuhalten und dich hinabzuziehen. Genau in diesem Augenblick ist dein Sohn, wo er nicht sein sollte. Er übertritt Verbote. Ja, das tut er. Er ist ein gottverdammter kleiner Hund.[140]

Der Macht der Vaterstimme wird Jack unterliegen. Sie suggeriert den Wahn der Verfolgung und Gesetzlosigkeit und befiehlt Vergeltung: Der kleine Sohn verwandelt sich als »verrückter Hund« in ein Spiegelbild des Maniaks. Indem Jack bei seinen Versuchen, Frau und Sohn zu erschlagen, den aus dem Traum-Radio empfangenen Vorwurf mechanisch wiederholt, ähnelt er noch mehr seinen fernöstlichen Schatten. Der niederländische Psychiater van Wulfften-Pahlte berichtet davon, daß der Amokläufer der malaiischen Kultur »durch monotones Hersagen bekannter Texte« einen psychischen Automatismus aufbaut, der ihn dann in seinem mörderischen Rausch steuert.[141] Die psychotische Nachricht, die Jack von seinem Vater empfängt, teilt die Welt manichäisch in Gut und Böse. Darauf scheint er gewartet zu haben. In seinen bislang veröffentlichten Geschichten und in seinem Theaterstück hatte Torrance Gewalttätigkeiten eher abwägend und verständnisvoll behandelt. Jetzt besteht die Welt nur noch aus ihm und der Vaterstimme auf der einen Seite, während alle anderen das Böse verkörpern. Der Gehorsam gegenüber dem Mordbefehl durchbricht die Blockade seines Verlangens, ein großer Autor zu sein und seine Misere zu beenden. Als Amokläufer ist Torrance ein aus dem Gleis gelaufener Erzieher. In seiner Halluzination der Hotelgesellschaft wird aber auch die erotische Dynamik seines Verhaltens erkennbar. Jack tanzt mit einer Frau, die ihm eine Erektion verschafft.[142] So gehen seine erotische Wünsche und die aggressiven Impulse ein furchtbares Bündnis ein.

Was also empfängt der Amokläufer, und welche Lehre erteilt er über Liebe und Betrug? In der Liebe, es wurde nun längst offenbar, kommt nur der zum Zuge, der den Betrug nicht scheut. Das heißt: Man muß sprechen, um sein Verlangen in irgendeiner Formel zu artikulieren. Wen jedoch das Spiel, das die Schwüre der Liebe verlangt, daran hindert, statt der unmöglichen Wahrheit eben die kleinen betrügerischen Floskeln über die Lippen zu bringen, der wird das Opfer dieser Regel. Dies gilt nicht nur für die Liebe. Zu sehen, daß der geschickte Betrüger so oft erfolgreich ist, muß die Welt aushalten können. Die Kontaktlosen und Einzelgänger, die sich in ihren Phantasien zu Kämpfern für das Gute in einer manichäisch zerfällten Welt befördern, leiden an der Täuschung, in die jede Kommunikation verstrickt. Die Ehrlichen und Wahrheitssüchtigen können nur als Heilige überleben. Sonst läßt sich in dieser isolierten Wahrheit nicht leben. Aus den Wirbeln der Einsamkeit, des Verlangens, der Blockade, die der Wahrheitswunsch den eigenen Worten auferlegt, arbeitet sich die grandiose Phantasie ihren Plan, wie durch einen einzigen großen Tatenrausch die Welt in ein untrügliches Schwarz/Weiß zurückzubannen ist. Die Welt durch eindeutige Aussagen (Befehle und Säuberungen) zu ordnen, ist präzise der faschistische Wunsch. Der bevorzugte Sprechakt für den Soldaten (den virtuellen Amokläufer) ist daher der Befehl. Sein Empfangen erfolgt als ununterbrochenes Gehorchen. Kein Wunder, daß Jack Torrance die Vater-Befehle aus dem heißen Traum-Apparat eines Radios empfängt, der die faschistische Welt organisierte. Mit Recht darf gesagt werden: Der Befehl in der Liebe ist die Perversion.

8. Archive des Genusses: Der Staat und das Geheimnis

Geheimnisse I: Spionage, Interzeption und Feuer

Was beunruhigt den Staat so sehr an der Lust und der Liebe, an den geheimen Abwegen seiner Untertanen, daß er nicht nur die Nachrichtenwege Geist, Post, Telephon monopolisiert und überwacht, sondern eigens noch Spione an die zwielichtigen Orte der Städte entsendet, um die unzüchtigen Gesten und verbotenen Worte seiner Subjekte in Erfahrung zu bringen? Warum kontrollieren Spione vor allem das Liebesleben der Mächtigen, und warum verwandeln sich Spione in Casanovas, um Sekretärinnen die Geheimnisse ihrer Behörden und Chefs zu entreißen? Warum wird das Wissen von den sexuellen Aktivitäten der Mächtigen so hoch bewertet? Warum sind Namen und Zahl der Mätressen, die ein Potentat unterhält, teuer bezahltes Geheimwissen? Gibt es tatsächlich in den Schlafzimmern der Macht einen solchen Reichtum an Perversionen, der den Erpressern Handhabe böte? Die Sache der Geheimdienste ist ohne Geheimnisse: Die Neugierde und Paranoia der Staatsschützer fallen der Triebmacht anheim, die alle primitive Neugierde steuert. Das Verlangen nach Informationen aus dem Betrieb der Geschlechter und aus dem Dunkel der Lüste ist, wie Freud gelehrt hat[1], eben der Ursprung der Neugierde selbst. Die sexuelle Schaulust als Motor seines Wissenswunsches braucht der Spion nicht zu sublimieren. Kein Zweifel: Die triebhaften Voyeure von Geschlechtseigenschaften und Peep-Show-Kunden sind daher die höchstbegabten Geheimagenten. So war der französische Staat ohne Zweifel gut beraten, als er den Libertin und Autor pornographischer Bücher, den Graf von Mirabeau, als Geheimagenten an den Berliner Hof entsandte, um dort politisch verwertbare Skandalnachrichten zu produzieren und zu sammeln. Auch die Venezianische Staatsinquisition traf eine überaus kluge Personalentscheidung, als sie um 1775 den bekannten Libertin, Abenteurer und Autor Giacomo Casanova in ihre Dienste stellte. Nach seiner Flucht 1756 aus den Gefängnissen dieser Behörde hatte Casanova der Inquisition immer wieder seine Dienste angeboten, bis ihm die Rückkehr gestattet wurde. So diente der berühmte Freigeist in den Jahren 1776–1782 als spionierender Sammler der kleinen Münze, die die Lüste in Venedig abwarfen. Über diese Tätigkeit sind einige Dokumente überliefert, und sie geben Gelegenheit, den unermüdlichen Inquisitor hübscher und leichtsinniger Frauen zum Beispiel bei der Beobachtung und Protokollierung männlicher und weiblicher Prostituierter im Theater San Cassiano zu beobachten:

Frauen schlechten Lebenswandels und von Unzucht lebende Burschen begehen in den Logen der vierten Reihe jene Verstöße, die die Regierung zwar duldet, aber wenigstens nicht den Blicken anderer ausgesetzt sehen will. Das geschieht nach der Aufführung. Ein umsichtiger Erlaß, wonach das Theater erst dunkel gemacht werden dürfte, wenn alle die Logen verlassen haben, wäre eine leichte Abhilfe gegen einen Teil dieses Übels.[2]

In dieser kurzen Mitteilung an den venezianischen Geheimdienst zeigt der Spitzel, daß ihm die Maske des beamteten Moralwächters perfekt saß. Doch stand Casanova im Secret Service einer eher pragmatischen Staats-Vernunft, die nur mehr den Skandal zu vermeiden suchte und die geheimen Lüste nicht mehr unbedingt verfolgte. Der Staat wollte nur exklusiv über die Orte und Handlungen der Prostituierten unterrichtet sein. Leider legte Casanova selbst über diese Zeit keine Erinnerungen nieder. Seine *Lebensgeschichte* endet gerade mit der Rückkehr nach Venedig im Jahre 1774. In den wenigen erhaltenen Dokumenten aus seiner Geheimdiensttätigkeit sorgt sich der kühne Libertin mit der wahnhaften Detailgenauigkeit aller Spione über Gefahren im Mikrokosmos der Körper und Seelen: über jugendliche Schüler, die in der Malerakademie an lebenden Modellen das Zeichnen von Akten erlernen; über den Verkauf freigeistiger Literatur, die man doch besser den Flammen übergeben sollte; und über Kirchenanwälte, die die Scheidungsgesetze nicht nach ihrem Geist anwandten und so für Libertinage und Verwilderung der Sitten sorgten.[3] Mit Recht fragte Juvenal bereits in seiner bösartigen 6. Satire über die Sitten in Rom: »Doch wer bewacht die Wächter?«[4]

Auf welche Art der Libertin im Dienst der eigenen Lust seine sexuellen Inquisitionen betrieb, schildert Casanova in einer Erzählung über die erotische Affäre mit der Tochter seines jüdischen Reisegefährten Mardochai in dessen Haus in Ancona. Lia erregt ihn durch ihre schöne Gestalt. Er sucht sie zu erweichen, ihm die Spionage ihres Körpers zu gestatten. Er würde gerne ihre Brust mit den »schönsten Busen der Welt« vergleichen, die er ihr auf ein paar galanten Miniaturen und Stichen zeigt. Was aber erfährt er dabei?

Ich nahm das Bild einer auf dem Rücken liegenden, ganz nackten Frau, die sich selbst befriedigte; ich bedeckte es mit einem Taschentuch bis zum Nabel und zeigte es ihr in meiner Hand. Sie meinte, das sei ein Busen wie jeder andere; ich könne auch das übrige aufdecken. Ich gab ihr nun die Miniatur und sagte, das stoße mich ab. Lia begann zu lachen und erklärte, das sei gut gemalt; aber für sie sei das nichts Neues, das täten alle Mädchen, wenn auch heimlich, bevor sie heirateten.[5]

Das ist die vollkommene Spionage-Technik: das Geheimnis verdekken, um es zu erlangen, Empörung simulieren, um Erregung zu ernten. In dieser Geschichte ist die Absicht offensichtlich; was aber bezweckt der Staat mit seinen bis zum Nabel reichenden Taschentüchern und Verdunkelungsmaßnahmen?

Wie und warum der alte Staat seine Untertanen ausspionierte, berichtet der Herzog von Saint-Simon in seinen *Memoiren* über das Leben am Hof Ludwigs XIV.:

Ludwig XIV. legte größten Wert darauf, über alles, was sich auf öffentlichen Plätzen sowie in Privathäusern zutrug, unterrichtet zu werden, er wollte wissen, mit was sich der Gesellschaftsklatsch befaßte, wollte Auskünfte über Familienverhältnisse und intime Beziehungen haben. Er verfügte über zahlreiche und ganz verschiedene Spione und Berichterstatter; viele von ihnen wußten nicht einmal, daß ihre Mitteilungen und Auskünfte bis zu ihm gelangten, andere wiederum wußten es sehr genau (...).
Aber das schlimmste Auskunftsmittel, dessen sich der König bediente, war das Öffnen der Privatbriefe; dies geschah lange Zeit, ohne daß man das geringste davon ahnte, und die Ignoranz und Unvorsichtigkeit vieler Leute arbeiteten ihm dabei ständig in die Hände. Es ist schier unglaubhaft, mit welchem Geschick und welcher Geschwindigkeit man hierbei verfuhr. Der König bekam einen Auszug aus all jenen Briefen, die irgend etwas enthielten, was den Postdirektoren und dem Postminister wichtig genug erschien, übermittelt zu werden; auch ganze Briefe wurden dem König vorgelegt, sofern ihr Inhalt oder ihr Absender von besonderer Bedeutung waren. Die hohen Postbeamten waren somit in der Lage, jedem Beliebigen, der ihnen mißfiel, etwas anzuhängen, und da schon eine Geringfügigkeit ausreichte, um jemanden unwiderruflich zugrunde zu richten, brauchten sie nicht erst Intrigen zu ersinnen und auszuspinnen. Ein abfälliges Wort über den König oder über die Regierung, ein Witz, eine aus dem Zusammenhang gerissene Bemerkung, irgendwelche speziellen Zitate genügten, um den Schreiber hoffnungslos schuldig zu sprechen (...). Das Geheimnis blieb streng gewahrt, es kostete den König keinerlei Überwindung, zu schweigen und gar sich zu verstellen.[6]

Nach der Konstruktion der mittelalterlichen Juristen trug der König, der über zwei Körper – einen sterblichen und einen unsterblichen – verfügte, »alle Gesetze im Schrein seiner Brust.«[7] Desgleichen nannte man ihn den »höchsten Philosophen«[8], mithin die oberste Instanz weltlichen Wissens. Dies hat sich in der Epoche des Absolutismus keineswegs geändert; nur ist ein Archiv hinzugekommen. Mit der Hinwendung der Wissenschaften zur Empirie übernahm der König auch die Zentrale aller wissenswerten akzidentellen Daten. Die von Saint-Simon beschriebene Praxis zeigt, daß der Staat im Gedächtnis des Königs über sein wichtigstes Archiv verfügt. Alle Nachrichten sind erst einmal an ihn adressiert. Es gibt auch kein Geheimnis, das durch den Körper des Königs hindurchdringt, denn Ludwig behält jede Information für sich: Auch das ist Souveränität. Die neuzeitliche Fiktion der absolutistischen Macht will, daß der König tatsächlich alles weiß. Aber sein Interesse ist nicht königlich, sondern menschlich: Intimitäten und Sottisen interessieren ihn wie jede Waschfrau und jeden Geheimagenten am meisten. Dabei lebt der König in der gleichen Spaltung wie alle Untertanen: Er repräsentiert in der Sphäre des Scheins (des Betrugs) die allgemeinen Tugenden. So empfiehlt es jedenfalls Machiavelli.[9] Er trägt seinen zweiten Körper über seinem ersten. Insgeheim jedoch verfolgt er seine Interessen, unterwirft er sich seinem Begehren. Darum auch verlangt er unersättlich nach Informationen über die geheimen (privaten) Angelegenheiten seiner Subjekte. Besser als alle anderen kennt er die Masken der öffentlichen Handlungen und Reden. Allerdings lebt der König als Zentralperspektive des staatlichen Wissens in einer neuen Fiktion. Früher verwalteten Juristen seinen zweiten, ewigen Körper; jetzt sind es Geheimagenten. Bereits im 17. Jahrhundert begannen staatliche Behörden damit, im Namen der königlichen Souveränität, aber auf eigene Rechnung die Untertanen systematisch auszuspionieren. Was man heute über die Tätigkeit des *cabinet noir*, den von Richelieu eingerichteten Geheimdienst, weiß, exzerpieren die Historiker vor allem aus Mitteilungen der Zeitgenossen. Saint-Simon irrte, als er annahm, daß die Untertanen des Königs nichts von der Interzeption ihrer Briefe geahnt hätten. Der Historiker des französischen Geheimdienstes und der französischen Post, Eugène Vaillé, trug darüber zahlreiche Belege zusammen.[10] Nicht selten sprachen die Briefschreiber in ihrer Korrespondenz gleich die Zensurbeamten an und baten höflich um rasche Bearbeitung. Überall in Europa gab es »schwarze Kabinette«. Selbst Friedrich der Große wußte, daß seine private Korrespondenz von Geheimdienstleuten durchschnüffelt wurde.[11] Der zivile und der königliche Alltag traten bereits zu dieser Zeit in riesigen Datenmengen ihren Weg in die Geheimarchive an.

Der Spion ist ein Voyeur. Da der neugierige begehrende Blick und der Spionageblick sich wechselseitig ersetzen oder neutralisieren, bleiben sie auch für den Beobachter der Beobachtung ununterscheidbar. Einen bezeichnenden Beleg hierfür bietet die erste Begegnung des Erzählers mit Monsieur de Charlus in Prousts *Suche nach der verlorenen Zeit*:

Als ich (. . .) auf dem Nachhauseweg zum Hotel am Kasino vorbeikam, hatte ich das Gefühl, jemand, der nicht weit von mir entfernt sei, hefte seinen Blick auf mich. Ich wendete den Kopf und bemerkte einen großen und beleibten Mann, in den Vierzigern etwa, mit einem schwarzen Schnurrbart, der, während er nervös mit seinem Spazierstock auf seine Hosenbeine schlug, mich mit größter Aufmerksamkeit zu beobachten schien. Momentweise schossen aus seinen Augen Blicke von äußerster Intensität, wie sie einem Unbekannten nur solche Leute zusenden, in denen der Mensch leicht Gedanken erweckt, wie sie nicht jedem kommen – Geisteskranke und Spione zumal. Er warf mir einen letzten gleichzeitig kühnen und doch von Vorsicht gelenkten, raschen und tiefen Blick zu, welcher mich traf wie ein letzter Schuß, den man abfeuert, ehe man flieht.[12]

Erst viel später wird Marcel begreifen, daß ihn da die begehrlichen Blicke des homosexuellen Barons getroffen haben. In seiner Unschuld erschienen ihm die seltsamen Gesten des Mannes wie ungeschickte Manöver eines Geheimpolizisten; die Bedeutung der Blicke oszilliert unentscheidbar zwischen Wahnsinn und Spionage. Ähnliche Blicke wird auch der kleine Fritz von Kalb aus den Augen Hölderlins empfangen haben, wenn ihn sein Hauslehrer Tag und Nacht vor dem Unheil der Onanie zu bewahren suchte. Proust erzählt zahlreiche Szenen, die aus solchen Zweideutigkeiten bestehen. Während sich die Blicke der Geheimpolizeien, die den Erzähler verfolgen, später stets als Begehrensblicke enttarnen, lassen die verschiedenen Spionagen, die der Erzähler seinerseits anstellt, seine Augen immer an heimlichen Perversionen teilhaben. Sie gehen ihn auch in zweideutiger Weise an, denn die gesuchte Befriedigung für den Blick besteht aus Gemeinheiten und Profanierungen.

Längst hat sich die Fiktion einer Zentralperspektive des Staates, die Ludwig XIV. noch zu sein versuchte, in ein riesiges Netzwerk von Beobachtungen und Spionagen verwandelt, das alle Menschen in ihren sexuellen Beziehungen sind. Es zeichnet sich aber bereits ein Problem ab, denn der Bedarf an Geheimnissen, die den seiner Sublimation entgangenen Forscherblick ernähren, wächst ins Ungeheure. Die rasante Vermehrung der Schaulustmaschinen von Pornokinos bis hin zu Peep-Shows bilden sein Symptom in Hardware-Gestalt. Längst versucht auch die ernste Literatur ihren Beitrag zu diesem Versorgungsproblem zu leisten. Als William Lovell, eine literarische Ausgeburt der Literatursaison 1795/96, einmal durch ein Fenster beobachtet, wie ein Mädchen »schläfrig das Busentuch« auflöst, ist er einen Abend und eine Nacht von Sinnen.[13] Heute sind die Spione etwas abgebrühter. Seine kurze Erzählung *Die Frau auf dem Balkon* konstruiert Dieter Wellershoff als Beobachtung zweiten Grades. Ein

Mann schaut, selbst ungesehen, vom Speicher seines Hauses zu, wie sich eine Frau auf dem Balkon des Nachbarhauses für den unsichtbaren Blick eines Mannes im Anbau des Hauses nebenan, zwei Stockwerke tiefer, entblößt. Das geheime Spektakel bginnt stets damit, daß der Mann aus dem geöffneten Fenster seiner Wohnung Tangomusik ertönen läßt, und es endet auch mit der Musik. Nur eine Sorge kennt der Voyeur – selbst nicht gesehen zu werden:

> Die Bühne ist leer, die Musik verstummt. Das Fenster drüben im Anbau ist geschlossen worden. Auch ich werde mich zurückschleichen in meine kleine Wohnung und hoffe, daß keiner der Hausbewohner mich dabei bemerkt. Ich weiß, sie sind wachsam, sie lauern, sie wittern überall Geheimnisse, in denen sie wühlen können.[14]

Hier wird in übertragenem Sinne von Geheimnissen gesprochen, »in denen man wühlen kann«. Aber es gibt auch einen Seitenzweig der Interzeption von Briefen, wo dieses Wühlen in Geheimnissen materiell betrieben wird. Das sind die privaten Räuber und Bearbeiter unterschlagener oder unadressierbarer Geheimnisse. Ingeborg Bachmann zählt dies zu den »Letzten Dingen« und erzählt von ihnen im dritten Kapitel ihres Romans *Malina*:

> Von einem bestimmten Tag an, ohne daß er Gründe anzugeben vermochte, hat Otto Kranewitzer die Post nicht mehr ausgetragen und wochenlang, monatelang in der von ihm allein bewohnten Dreizimmer-Altwohnung die Post aufgestapelt, bis zur Decke, er hatte fast alle Möbel verkauft, um Platz zu finden für den anwachsenden Postberg. Briefe und Pakete hat er nicht geöffnet, Wertpapiere und Schecks nicht an sich genommen, keine Geldscheine von Müttern an ihre Söhne entwendet, nichts dergleichen war ihm nachzuweisen. Er konnte nur plötzlich die Post nicht mehr austragen, ein empfindlicher, zarter, großer Mann, dem die ganze Tragweite seines Unterfangens aufgegangen war (...). Nicht wurde bemerkt, daß er ins Sinnieren gekommen war, daß ihn das Staunen erfaßt hatte, das ja der Anfang alles Philosophierens und der Menschwerdung überhaupt ist (...).[15]

Ist die Neugierde gegenüber dem Geheimnis der Geschlechter nach Freud der Anfang der Wissenschaft, so bildet das Staunen über die Akkumulation des Geheimnisses für Ingeborg Bachmann den Anfang der Philosophie. Kranewitzer verkörpert die sublimierte Neugierde, die die Briefe nicht öffnet, sondern das Geheimnis für sich bestehen läßt. Aber den merkwürdigen Postboten, der wegen seiner Blockade und Anhäufung der Postsendungen vor Gericht gestellt wurde, umgibt eine zarte Aura der Heiligkeit. In jeder Hinsicht erscheint er als Antipode jenes begierigen Königs, der wie eine Spinne im Zentrum des postalischen Nachrichtennetzes saß, der alles zu wissen verlangte und sich daher die Nachrichten von den Postmeistern türmen ließ. Kranewitzer glaubt einfach alle Post, die durch seine Hände geht, an ihn gerichtet. Aber er steht in Ehrfurcht vor dem Geheimnis, und er trägt daher die unsichtbare Krone eines Königs der Philosophie. Diese höchste Weisheit läßt die Unmengen von Sinn, die der rauschende Menschenverkehr auswirft, für sich bestehen und versucht nicht, seine Geheimnisse abzubauen, den Sinn zu ernten. Die Erzählerin in *Malina* zieht aus dem Beispiel des weisen Kranewitzer die Konsequenz, das Postgeheimnis durch Verbrennen aller Briefe zu retten. In diesem Feuer reinigt sich die unphilosophische Neugierde.

Von ferne reicht der Briefträger Kranewitzer seine Hände einem anderen berühmten und einzigartigen literarischen Verwalter von blockierter Post: Herman Melvilles Bartleby. Bevor Bartleby als Schreiber in der Kanzlei des Anwalts in sein leises, aber unwiderstehliches Amt der Verweigerung eintreten konnte, weil er am blinden Verkehr des Schreibens, Kopierens und Kollationierens lieber nicht mehr teilnehmen mochte, verwaltete er einen untergeordneten Schreiberposten im Amt für unzustellbare Briefe:

Man stelle sich einen Menschen vor, den schon Natur und Schicksalsungunst für eine fahle Hoffnungslosigkeit vorbestimmen – kann es für einen solchen Menschen einen geeigneteren Beruf geben als den beständigen Umgang mit den unbestellten Briefen, den Briefen, die er für den Flammentod sortieren muß? Denn ganze Wagenladungen solcher Briefe werden alljährlich verbrannt.[16]

Ein sanfter, mönchischer Wahnsinn liegt über diesen beiden Männern und ihrem Schicksal, worin ihre Machtlosigkeit und die rätselhaften Postberge einen so ungeheuren Kontrast bilden. Die Akkumulation von Geheimnissen dient selbstverständlich ihrer Übergabe ans Feuer des Vergessens. Man muß immer dabei bedenken, daß diese Mengen ein Zeichen für das Verlangen ihrer Sammler darstellen. Aber das Verlangen, das sich selbst in der Schwebe hält, ähnelt sehr der Kunst des heiligen Antonius, die Geheimnisse des Genusses zu sehen und ihnen doch nicht nachzugeben. Ein dritter in diesem Bunde der wahnsinnigen Sammler von toten und geheimnisvollen Schriften ist Elias Canettis Kien, der Held der *Blendung*. Auch Kien betrieb seine Akkumulation von Büchertürmen als Vorbereitung für ein letztes großes Autodafé:

Der Vorraum füllt sich mit Bänden und Bänden. Er holt sich die Leiter zu Hilfe. Bald hat er die Decke erreicht. Er kehrt in sein Zimmer zurück. Regale gähnen ihn an. Vor dem Schreibtisch der Teppich brennt lichterloh. Er geht in die Kammer neben der Küche und schleppt die alten Zeitungen sämtlich heraus. Er blättert sie auf und zerknüllt sie, ballt sie und wirft sie in alle Ekken. Er stellt die Leiter in die Mitte des Zimmers, wo sie früher stand. Er steigt auf die sechste Stufe, bewacht das Feuer und wartet. Als ihn die Flammen endlich erreichen, lacht er so laut, wie er in seinem ganzen Leben nie gelacht hat.[17]

Die Könige und ihre Geheimarchive sind längst entmachtet, aber ihre Antipoden und die Heiligen des Geheimnisses leben noch und tun ihr frommes Werk, auf das das Feuer wartet. Hatte nicht auch Casanova als Spion der Lüste in Venedig die Verbrennung der freigeistigen Bücher empfohlen, damit der Staat in Ruhe sein Mahlwerk weiter drehen kann? Mag die Staatsmacht noch so dumm sein, sie verlangt nach dem Privileg des Wissens. Am Rande der Staaten und ihrer Archive leben die kleinen Gegenkönige, die großen Philosophen, die Meister einer im Feuer gereinigten Sprache des Verlangens.

Don Juan und die Listen der Vernunft

Seit dem 18. Jahrhundert kümmert sich der Staat auf völlig neue Weise um die Fortpflanzung seiner Untertanen. Michel Foucault prägte hierfür den Terminus der *Biopolitik*.[18] In der Epoche des Absolutismus beruhte die Souveränität des Fürsten darin, über den Tod zu bestimmen, während das Leben sich überlassen blieb; hingegen befiehlt der moderne Staat das Leben und gibt dem Sterben seine Freiheit zurück. Gestützt auf die neuen Datenbanken der Statistiker sorgt sich der Staat der Neuzeit auf dem Weg zur Planung seiner selbst um die Zahlen und Bedingungen der Geburten. In einer 1691 postum veröffentlichten Schrift *Political Arithmetic* unterbreitete der englische Gelehrte William Petty Vorschläge über die Einrichtung eines staatlichen Zentralamtes für Statistik.[19] In Preußen legte Johann Peter Süßmilch 1741 dem eben gekrönten Preußenkönig Friedrich II. seine *Göttliche Ordnung in den Veränderungen des Menschlichen Geschlechts aus der Geburt, Tod, und Fortpflanzung* vor.[20] Das Interesse des Staates verschob sich langsam von der Überwachung der Moralität der Untertanen hin zu einer politischen Sorge für die Zahl der Geburten. Statt um die Disziplin der Moral ging es um eine Disziplin der Gesundheit. Bereits die Pädagogen des 18. Jahrhunderts rüsteten sich in ihrem Kampf gegen die Onanie vor allem mit Gesundheitsgründen. Im 19.

Jahrhundert schwemmt dann der Buchmarkt über unzählige Traktate zu Fragen der Sexualität und Ehehygiene auch die neue Sorge des Staates in die Familien. So erschien im Jahre 1860 in Frankreich bereits die dritte Auflage eines Ehehandbuchs, das dieses Interesse unmittelbar im Titel führte: *Über die ehelichen Beziehungen unter den drei Gesichtspunkten der Bevölkerung, Gesundheit und öffentlicher Moral.*[21] Die schöne, gute, alte Moral ist an die letzte Stelle der Gesichtspunkte abgeschoben. Gibt es damit nicht allen Grund, auch den Statistiker und Amoralisten Don Giovanni als Agenten innerhalb dieser Veränderungen zu identifizieren? Als mythischer Doppelgänger des Spions Casanova und als Ethnologe der weiblichen Geschlechtseigenschaften reiht er sich ja auch ein in die Disziplin der alten akademischen und staatlichen Statistik, die seit dem 15. Jahrhundert den Reisenden detailliert ausgearbeitete Fragebögen für ihre Beobachtungen in anderen Ländern in die Hand drückte. Bereits Platon wollte jüngeren Männern das Reisen ausschließlich im Dienst des Staates erlauben.[22] Jahrhunderte später zielte die sogennannte Apodemik, die Reisekunst, auf systematisch geleitete Datenerhebung und auf geregelten Informationstransfer im Interesse des Staates. Die hierfür erstellten Fragebögen gingen bisweilen bis in die absurdesten Details.[23]

Warum halten die Frauen Don Giovanni, den Volkskundler weiblicher Sexualität, für einen Betrüger? Der Verführer gibt die Antwort selbst: »Weil sie nicht zählen können, nennen die Frauen meine gute Natur betrügerisch«.[24] Was zählt für diese gute Natur vernünftiger Zählweisen, sind Zahlen. Solange Frauen das nicht begreifen, sind sie auf Gespenster und Dämonen der alten, guten Sitte angewiesen wie auf Don Ottavio und den Komtur. Hasenfüßigen oder gebrechlichen Agenten des alten Staates überträgt die Oper das Amt, unverbindlich gewordene Schwüre, Beteuerungen, Versprechen einzuklagen. Eine gleiche Sklerose erfaßt diese feierlichen Sprechakte und ihre Polizeien. So läßt sich der alte Komtur als letzter greisenhafter Engel oder Dämon namhaft machen, der zwischen dem Reich der gesicherten Wahrheit und den zufälligen Ereignissen auf der Erde Botendienste tut.

Es gibt keinen Nachweis dafür, daß Don Giovanni im Dienste des Staates gestanden hat. Aber die neuen Staatsdienste haben mit Sicherheit sein Image verändert. Zunächst fällt auf, daß in den zahlreichen Bearbeitungen des Don Juan-Stoffes seit Tirso de Molina das Motiv der Liste erst in Texten des 18. Jahrhunderts aufgetaucht ist. Stefan Kunze, der die Opern-Versionen des 18. Jahrhunderts untersucht hat, findet dann aber beinahe in allen Libretti auch die Registerarie.[25] Sie gehörte ursprünglich zum komischen Anteil an der Bühnenfigur.

Heute gehen alle Reden über die Magie des Verführers und über die »unendliche Sehnsucht seiner Sinne«[26] auf diese keineswegs mehr für komisch gehaltene Statistik der Genüsse zurück. Was hat diesen Wandel bewirkt, wenn nicht die ubiquitäre Statistik der Lüste?

Mozart / Da Pontes *Don Giovanni* eröffnet auf der Opernbühne die Epoche neuer numerischer Gewißheiten. Der Held ist ja nichts weniger als ein strahlender Verführer. Irrtümer, Intrigen und Rückschläge machen ihm seine Arbeit sauer. Gerade zwei Augenblicke euphorischer Stimmung werden ihm eingeräumt: So genießt Don Giovanni das Zeitintervall vor dem Fest, das er für die jungen Bauern und Bäuerinnen arrangieren läßt, als sein Glück *in suspense*. Was diktiert ihm sein Textbuch über dieses Glück? Man wird trinken, tanzen, schäkern, aber tatsächlich verspricht sich der Verführer nur einen Genuß – der Seelenlaut »ah« fungiert als sein Vorbote. »Ah, morgen früh mußt du meine Liste bestimmt um zehn ergänzen.«[27] Don Giovanni seufzt nicht eben häufig. Um so bezeichnender dieses Geräusch aus den Kammern seines sonst so kühlen Herzens, da er an das Glück der zehn neuen Namen denkt. Ein solches »ah« vernimmt der Zuschauer nur noch bei zwei Gelegenheiten: einmal beim ersten Gang des festlichen Abendessens, zu dem der Komtur geladen ist, und ein zweites Mal als letzten Laut Don Giovannis überhaupt, als er von den Geistern der Hölle geholt wird. Noch einmal hat ein greiser Dämon die von Sprechakten zusammengeleimte alte Ordnung gerächt; bald werden nur noch die aus Zufall und Entropie errechneten Dämonen die Welt regieren.

Don Giovannis Vorfreude auf den Nachtrag in seiner Liste, die Seufzer seines Glücks wehen über eine neue Regulation von Verbindlichkeiten. Zwar wird es ihn eine Menge Lügen, falscher Komplimente kosten, zwar muß er die Kunststücke seiner Komödiantenreden anbringen, um jene zehn zu erlangen. Doch in seiner Bilanz verwandeln sich die betrügerischen Sprechakte und Verführungen in reine Signaturen des Genusses. Die Liste solcher Vernunft kennt keinen Betrug, sondern sie spiegelt die empirische Wahrheit in blanken Zahlen. Don Giovanni ist kein Angeber. Er nimmt die Frauen, weil sie nicht zählen können. Das Argument der Unzählbarkeit entstammt nämlich den alten Registern rhetorischer Versicherungen und hyperbolischer Mathematik. »Grausamer!« sagt Donna Elvira zu dem maskierten Leporello, den sie für Don Giovanni hält: »Wenn Ihr wüßtet, wieviel Tränen und wieviel Seufzer Ihr mich gekostet habt!«[28] Man ahnt, warum Don Giovanni nur dreimal seufzt. Auf dem Wege zum reinen Kalkül der Liebe erklärte auch Hamlet seiner Ophelia: »Ich bin schlecht im Silbenzählen, und ich habe die Kunst nicht, meine Seufzer zu addieren.«[29] Dies mag eine Anspielung auf den zeitgenössischen Dichter Samuel Daniel sein, der nach dem Ausdruck von Curtius »in das Rechnungsbuch seiner Sonette« alle Sorgen und Seufzer eingetragen hat.[30] Verseschmieden und Numerierung der Seufzer gehören der gleichen Kunst der Rhetorik an. Ihre Währungen sind stets inflationär. Seit die Kaufleute, Versicherungsagenten und Statistiker die Politik des Staates in die Hand zu nehmen beginnen, sind auch die Ansprüche an die Zuverlässigkeit buchhalterischer Zahlenwerke gestiegen. Gefälschte Bilanzen gewähren weder Gewißheit noch Genuß. Das wird auch Kant in seiner schneidenden Kritik des ontologischen Gottesbeweises erklären: Gottes Existenz aus bloßen Begriffen herzuleiten, sei ebenso verlorene Mühe wie der Versuch eines Kaufmanns, sein Vermögen zu vergrößern, indem er »seinem Kassenbestande einige Nullen« anhängt.[31] Wenn also Zahlen geeignet sind, einen Genuß zu quantifizieren (»Ah«), so darf ihn keine Manipulation gefährden. Der Genuß der Verführten ergibt sich aus Rückkopplungen von Tränenmengen, wenn Donna Elvira fragt: »Ich darf also glauben, daß meine Tränen dieses Herz besiegt haben?«[32] Der Genuß des Verführers hingegen kommentiert sich in den Worten Leporellos: Er nimmt die Fette, die Dürre, die Große, die Kleine, die Alte, die Junge, »um des Vergnügens willen, sie in die Liste einzutragen«.[33]

Von den Unterschieden bleiben nur Zahlen: Durchschnittswerte. Auch Don Giovanni nimmt an jener neuen Politik teil, die platonische Substanzen in Zahlenkolonnen umschreibt.[34] Der belgische Astronom Adolphe Quetelet, Autor der *Physique sociale* (1869) und Erfinder des »Durchschnittsmenschen«, rückte nicht nur dem Menschen, sondern auch den Genies auf den Leib. Die Produktivität der Dichter an geschriebenen Seitenzahlen zu messen, ist Quetelets Erfindung. Seitdem führen Autoren und Wissenschaftler Register ihrer Werke und Schriften. Von hier aus nahm die statistische Eudämonologie ihren Weg durch die Tagebücher und Journalbilanzen der Schriftsteller im 19. Jahrhundert. Als Sigmund Freud am 25. Mai 1897 das Inhaltsverzeichnis seiner bis dahin erschienenen Schriften an den Freund Wilhelm Fließ übersandte, da nannte er diese Liste unter Anspielung auf das Wort Leporellos sein »Verzeichnis sämtlicher Schönen«.[35] Solche Korrelation von Werken mit Liebesgeschichten stiftet ein Witz, dessen Beziehung zum Unbewußten diesmal kein Begehren steuert, sondern die Parameter einer statistischen Wissenschaft. Sie gehören seit dem 18. Jahrhundert zum Wissensbedarf staatlicher Biopolitik.

Was hat der Physikprofessor Georg Christoph Lichtenberg in seinen Tagebüchern nicht alles gezählt! Die Studenten in seinen Kollegs, die Grade auf dem Thermometer und die Werte auf dem Barometer, die Stunden des nächtlichen Leibwehs und den Status des morgendlichen Urins; seine numerischen Eintragungen erfassen die Gläser getrunkenen Biers und Weins, Einkünfte und Ausgaben, die geschriebenen Bogen für den Verleger, Selbstbefriedigungen, die ehelichen und außerehelichen Liebesakte. Chiffren verdecken nur flüchtig die penible Zählung des Verkehrs:

Früh♀ 27, sehr arg, und toll. Kalender-Mspt nach der Druckerei. Brief an Eisendecher und meinen Bruder, die aber zurückbleiben.[36]

Diese Eintragung unter dem 28. Juli registrierte den 27. ehelichen Koitus des Jahres 1794 und den Manuskript-Auswurf des laufenden Monats. Seine Bilanzen des Ehelebens hat Lichtenberg freilich genauer geführt als die seiner Autorschaft. Aber mit den regelmäßigen Eintragungen über den Urin, über die Orte und Intensitäten der Liebesakte, über Stimmung und Schlaf entwickelt der Physikprofessor die Grundzüge einer *physique sociale* des Einzelsubjekts, der Quetelet dann eine systematische Grundlage geben sollte. Ganz offensichtlich waren die Gelehrtenstuben die ersten Erhebungsorte und Datenbanken für die statistischen Staatswissenschaften. Daß Lichtenberg dabei an die eudämonistische Umsetzbarkeit seiner geheimen Aufzeichnungen dachte, belegt eine englisch abgefaßte Bemerkung in seinem Nachlaß: »Wenn ich meine persönliche Lebensgeschichte veröffentlichen könnte, Millionen würden der Tugend zurückgegeben, nur warum ich nicht selbst?«[37]

Vermutlich unter dem Einfluß der gleichen Frage betätigte sich auch der französische Historiker Jules Michelet als gewissenhafter Statistiker der eigenen Intimsphäre. Der Professor am Collège de France heiratete 1849 fünfzigjährig die zwanzigjährige Athenaïs Mialaret. Von diesem Augenblick an registrierte Michelets Tagebuch mit auffälliger Präzision Zahlenverhältnisse zwischen der Produktion seiner Feder, den Körperfunktionen der Ehefrau (Verdauung, Menstruation, Migräne) und den Kalenderdaten, Stellungen und Qualitäten der ehelichen Akte. Dank dieser Regelmäßigkeit verwandelten sich die diskreten Ereignisse beiläufig wieder in kontinuierliche Textfolgen: Zahl seiner geschriebenen Seiten, Form und Farbe ihrer Verdauung, Varianten und Intensitäten des gemeinsamen Coitus. Während die großen Geschichten, die Michelet zu Papier brachte, noch einem traditionellen narrativen Muster folgten, rückte an die Stelle seiner ehelichen *histoire* erst einmal die *statistique*, wie sie das Tagebuch registrierte, um dann wieder in ein Glück der Regelmäßigkeit überzugehen. So notierte Michelet unter dem 27. März 1866:

Ich beendete das Vorwort und damit auch den ersten Band von »Louis XV« (1724–1757). Ich hatte mit dem Schreiben im Januar 1865 begonnen (...). Ich habe also genau achtzehn Monate gebraucht. (100 Seiten in Paris, 200 in Aix, 150 in Hyères geschrieben.) (...)
Trotz ihrer Leiden bewahrte mir meine Frau weiterhin das überaus angenehme Leben, so wie es in ihr war. Sie schenkte mir wie sonst die gleichen inneren Genüsse in der erfreulichen Regelmäßigkeit, die mir seit 15 Jahren dieses harmonische Dasein bescherte (46 insgesamt für 1864, 40 insgesamt für 1865). Unsere Gemeinsamkeit hat eher noch zugenommen. Keine, überhaupt keine Veränderung während dieser 15 Jahre in unseren intimen Beziehungen: an den gleichen Tagen die Kommunion.[38]

Aus der glücklichen Regelmäßigkeit, aus der intimen Kommunion und der Produktivität ergeben sich 450 Seiten und rund 60 eheliche Vereinigungen innerhalb von achtzehn Monaten. Diese privaten Bilanzen von Schreiben und sexueller Aktivität machen den Genuß dingfest. Dennoch stehen die diskreten Daten der Regelmäßigkeit (geschriebene Seiten, verdaute Mahlzeiten, genossene Intimitäten) immer noch am Rande des alten Genusses, der sich nur als Kontinuität denken ließ: Ewigkeit, Unendlichkeit. Im September 1858 hatte Michelet gleichfalls in Hyères notiert:

Meine Frau, das Meer, mein Buch. Letzteres hinderte mich ein wenig daran, die beiden anderen zu genießen. Gegen Ende wurde es mir zur Last. Dauernd sagte ich mir: *Diese reizende Frau zu haben und sie doch so wenig zu genießen!* Indessen habe ich sie im September 58 weniger besessen als im September 57 in Fontainebleau. (...) So gab sie mir zu essen und nährte mein Buch und mein Verlangen. (...) Das Meer, die... meiner Frau: meine beiden Unendlichkeiten.[39]

Professorenleid angesichts von zwei ungenutzten Unendlichkeiten. Das Meer und das namenlose Geschlechtsorgan seiner Frau (Ort der Menstruation und des Genusses) bilden unerschöpfliche Datenreservoirs, da sie beide, wie Roland Barthes meint, der Regie der Sterne unterstehen.[40] Die abgezählten Seiten, die Forderung des Staates an den Professor (obgleich Michelet unter Napoleon III. entlassen wurde), gehören dagegen in die Ordnung der Endlichkeit, die dem Beamten den Genuß der Unendlichkeiten blockiert. Wie ein Rettungsversuch aus diesem Dilemma lesen sich die beiden kurz nach dem Tagebucheintrag von 1858 verfaßten Bücher Michelets über *Das Meer* und *Die Frau*.[41]

Einen ganz ähnlichen Kompromiß liefert die Schule des Lasters aus der Feder de Sades: *Die 120 Tage von Sodom*. Der Marquis schrieb seinen Text auf eine mehr als zwölf Meter lange Papierrolle wie eine unendliche Melodie aus Schändungen, Foltern und Morden. Die Erzählung läuft nicht nur auf dem Papier als Schriftkontinuum; die durchnumerierten 600 libertinen Ausschweifungen, die statt der Seiten den Text gliedern, tragen sich auch ein in die Zyklen des Kalenders, um die Zeit der Verbrechen als mathematische Kontrafaktur zu den zeitlosen Ewigkeiten religiöser Eudämonien zu präsentieren. Bei de Sade ersetzen keine Partialobjekte oder Mythen dieses Verlangen nach Unendlichkeit. – In Villiers de l'Isle-Adams *Eva der Zukunft* trägt die schlechte Unendlichkeit, die buchstäblich Männer verschwinden läßt, den Namen der *Frau*. Edisons künstliche Eva ist die Antwort der Wissenschaft auf das statistisch sichtbar gemachte Risiko, daß die Welt bald am Liebeselend der Männer zugrunde geht. Die Zahl der männlichen Selbstmorde zeigt alarmierende Zuwachsraten:

In Amerika und Europa weist die Statistik eine aufsteigende Norm von vielen Tausenden eben solcher und ähnlicher Fälle auf, die sich jährlich zutragen, das heißt, daß in allen Städten Beispiele sich häufen von jungen, intelligenten und tüchtigen Leuten oder reichen Müßiggängern oder vortrefflichen Familienvätern, die (...) dasselbe Ende nehmen. (...)
Die Norm, von der wir hier sprechen und die sich auf ungefähr zweiundfünfzig- bis dreiundfünfzigtausend innerhalb der letzten Jahre bezifferte, ist so sehr im Steigen begriffen, daß sich für die kommenden Jahre eine doppelte Zahl erwarten läßt (...).[42]

Seit dem 19. Jahrhundert unterwandert die statistische Allgemeinheit die alte platonische Ideenwelt. Maschinen wie Edisons Hadaly müssen her, um das politische und demographische Unglück, das aus der platonischen Erfindung *Liebe* hervorgeht, klein zu halten. Ganz ähnlich wie dieser Edison reagiert der männliche Protagonist in Strindbergs Erzählung *Ein Puppenheim*. Der Kapitän Pall muß eines Tages erkennen, daß seine Frau durch den Einfluß ihrer studierten Gesellschafterin und durch Ibsen-Lektüre auf platonische Abwege geraten ist. In ihre fröhliche sinnliche Ehe drängen sich die Gespenster der Emanzipation. Pall erfindet eine Kur, indem er sich erst einmal an die blaustrümpfige Gesellschafterin heranmacht. Der Mathematik-Unterricht, den er ihr erteilt, gibt ihm eine völlig neue Methode der Verführung ein:

Aber dann kam ich darauf zu sprechen, welch unerhörten Einfluß die Wahrscheinlichkeitsrechnung in Amerika auf die Sittlichkeitsstatistik habe. Sie habe gerade Epoche gemacht. Soo – das wüßte sie gar nicht, und das reizte sie. Ich nahm ein Beispiel und zeigte an Hand von Buchstaben und Zahlen, daß man mit einer gewissen Wahrscheinlichkeit errechnen könnte, wie viele Frauen fielen.[43]

Die Statistik bringt die alte Verführerrhetorik ans Ende. Es hat auch keinen Sinn mehr, vor dem Lesen zu warnen. Was soll aller Anstand, so muß die Platonikerin erkennen, wenn die Moral-Statistik die Daten der Unmoral längst errechnet hat und die gefallenen Engel der nächsten Saison bereits gezählt sind? Strindberg läßt hier eine Frau die erotische Mathematik erlernen. Die Zahlen-Intrige gelingt, die Eifersucht der Ehefrau erwacht, und die platonischen Gespenster sind dank der Dämonen der Wahrscheinlichkeit gebannt. Das sind nicht nur Geschichten. Die Statistik erobert die bürgerlichen Schlafzimmer. Wie Peter Gay dokumentiert hat, zogen im Laufe des 19. Jahrhunderts in vielen amerikanischen und europäischen Haushalten die Ehefrauen gemäß den Anweisungen der Statistiker und Eheberater die Buchhaltung über die Frequenz des ehelichen Verkehrs an sich.[44] Im Haus der Familie Clara und Robert Schumann war es allerdings immer noch der Ehemann, der in seiner peniblen Art seit April 1846 im gemeinsamen Haushaltsbuch Verausgabungen des Geistes und des Fleisches, Ereignisse des Tages und der Nacht notierte.[45] Man muß sehen, daß diese Statistik nicht von wenigen Don Juans, sondern beinahe überall geführt wurde. Die Biopolitik schuf sich in atemberaubender Geschwindigkeit ihre Agenten. Der schottische Schriftsteller James Boswell berichtet in seinem *London Journal* unter dem 12. Januar 1763 bereits von einer Liebesnacht mit der Schauspielerin Ms. Lewis: »Five times was I fairly lost in supreme rapture.« Die Leistung, auf die er sehr stolz ist, führt zu einer anthropologischen Erörterung. So fragt ihn seine Geliebte, ob fünf Mal nicht eigentlich die Möglichkeiten der menschlichen Natur übersteige; doch sie wird belehrt, daß eine solche Grenze erst bei zehn *raptures* überschritten sei.[46] Ausgerechnet Dichter haben sich immer wieder an dieses Jenseits eines Mannes herangetastet. Victor Hugo soll in seiner Hochzeitsnacht auf neun Liebesakte gekommen sein.[47] Guy de Maupassant will aber bisweilen sogar zwanzig gezählt haben: »Ich glaube, ich bin ein bißchen außerhalb der gewöhnlichen Sexualität«, erklärte er dem englischen Schriftsteller Frank Harris.[48] Was aber befähigt die Schriftsteller, die statistischen Limitierungen des Queteletschen Dämons *Durchschnittsmensch* so deutlich zu überschreiten? Ist Literatur vielleicht selbst ein Aphrodisiakum?

Bemerkenswert ist dabei, daß so viele Autoren die Daten ihrer Produktivität und ihre sexuelle Aktivität korrelieren und archivieren.

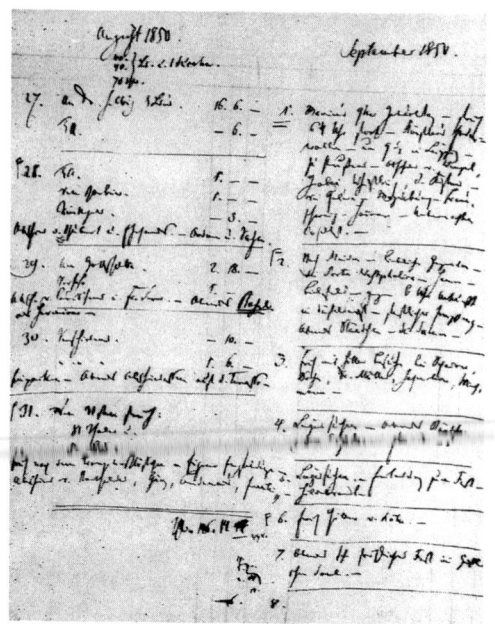

Abb. 23. Robert Schumann. Haushaltsbuch August/September 1850.
Die Verausgabungen: Der eheliche Verkehr ist mit einem »F« chiffriert.

Arthur Schnitzler beispielsweise führte über beinahe alle zählbaren Funktionen seines Lebens in der Jugend Buch: über Ausgaben, Freunde, Werke, Frauen, Sexualakte. Neben solchen Daten gingen in seine Tagebücher auch die Selbstanklagen ein, faul zu sein, desinteressiert, unproduktiv – ein ferner Widerhall der sexualpädagogischen Warnungen. Eine Explosion datiert vom Herbst 1887. Schnitzler lernt Jeanette Heeger kennen, und nun resümieren sich alle lakonischen Tagesnotizen in den Zahlen der geleisteten Liebesakte. Der Dichter reicht dabei nicht selten an die Wunder heran, die James Boswell als das Jenseits des Normalen beziffert hat. Die Zahlen 7 und 8 summieren mehrfach den Output einer Nacht im zweiten Monat Oktober seiner Liaison. Unter dem Jahresabschluß prangt bereits eine stolze 208. Die folgenden zwölf Monate treiben die Bilanzierung der ausgestoßenen Genitalsekrete auf 400. Ende 1889 steigt die Summe auf 562; aber die Buchhaltung hat sich erweitert, weil inzwischen auch die Liebesleistungen mit Mizzi (Marie Glümer) nach einer eigenen Rubrik verlangen. Die Abschlußbilanz der erotischen Beziehung mit Jeanette Heeger von Ende März 1890 beläuft sich auf 563 Nummern für ein Verhältnis, das zwei Jahre und sechs Monate gedauert hat. Das Werkregister ist inzwischen auch auf rund 30 Titel angeschwollen.[49]

Abb. 24: Arthur Schnitzler. Buchführung des Erotomanen im August 1889.

Notizbuch „August 1889". Undatierte Eintragungen am Ende des Büchleins.

Den Nutzen, den der Staat aus der Selbstkontrolle und statistischen Buchführung individueller Erregungen und Genüsse zieht, parodiert Thomas Pynchon in seinem Roman *Die Enden der Parabel.* Der amerikanische Leutnant Tyrone Slothrop verzeichnet seine erotischen Erlebnisse während des Zweiten Weltkrieges in London durch farbige Sternchen, die er auf den Stadtplan klebt. Ein Wunder des Zufalls sorgt dafür, daß exakt an diesen Punkten wenige Tage später die deutschen Raketen niedergehen. Slothrop verfügt über eine nur durch Paranoia erklärbare Vorahnung, die ihre semiotische Markierung am körperlichen Reflex der Erektion findet. Vielleicht gibt es doch diese Vorahnungen. Am 1. Januar seines Todesjahres 1799 notierte Lichtenberg in seinem Kalender auf deutsch, was er sonst nur auf englisch einzugestehen wagt: »Gestern Abend fürchterlich lange Latte. Es geht ans Leben.«[50] Kein Körperzeichen ohne Bedeutung. Es gibt allerdings nach Michelets Tagebuch auch »Erektionen des Geistes«.[51] Der Nutzen, den die Militärführung aus Slothrops Erregungen zu ziehen vermöchte, ist offensichtlich, aber auch so unwahrscheinlich, daß der englische Geheimdienst Verdacht schöpft. Dort muß man sich mit Wahrscheinlichkeiten zufriedengeben, die eben nicht so genau wie die erotische und ballistische Paranoia von Slothrops Phallus kalkulieren. Alle möglichen Theorien geistern durch die Köpfe der Secret-Service-Beamten:

Dennoch *muß* der auslösende Reiz auf irgendeine Weise die Rakete sein, ein astrales Vorzeichen vielleicht, ein Raketendouble, das sich Slothrop im Prozentsatz der lächelnden Gesichter in einem Autobus offenbart, auf mysteriösen Wegen hormonelle Zyklen steuert – was *bringt* bloß diese kleinen Flittchen dazu, daß sie's ihm umsonst besorgen? Gibt es Fluktuationen auf dem sexuellen Markt, in Pornographie oder Prostitution, die womöglich bis auf die Börsenkurse durchschlagen, ohne daß wir Saubermänner davon die geringste Ahnung haben?[52]

Die erotische Buchführung verschafft dem Geheimdienst Zugang zu den Daten, deren Hypervernunft (die untrügliche Prognose) nur dem Wahnsinn eines Paranoikers zugänglich ist. Heute würde auch dieses Wissen dank militärischer Frühwarnsysteme überflüssig: daß sich Erektionen nicht simulieren lassen, schenkt dem Staat keinen Gewinn mehr. So läßt er heute diese Domäne, wie es scheint, unbeaufsichtigt.

Dafür verlangt der alte namenlose Ort des Betrugs und der Simulation (Michelets zweite Unendlichkeit) danach, an der Mathematik und Buchhaltung der Lüste teilzunehmen. »Wieviel Orgasmen hast du zum Beispiel gezählt in der Woche mit Lozerech?« wird die Erzählerin in Benoîte Groults Roman *Salz auf der Haut* gefragt. Sie hat indessen kein Buch geführt und empfängt einen mitleidigen Blick aus den kühlen Augen der Sexualwissenschaftlerin Ellen Price.[53] Ehe die Frauen ihre Orgasmen zählen lernten, wurden erst einmal die gezählt, die wußten, was das ist:

Im Jahre 1972 erlebten 53 Prozent beim Geschlechtsverkehr einen Orgasmus, also nur etwa die Hälfte der Frauen (Ehedauer durchschnittlich fünfzehn Jahre), während die Ziffer in der Studie der Jahre 1938–1949 fünfundvierzig Prozent betrug. Der Bericht des Jahres 1972 zeigt auch, daß nur dreißig Prozent der unverheirateten Frauen mit ihrem Partner zum Orgasmus gelangten und daß etwa fünfzehn Prozent nie oder fast nie einen Orgasmus erlebt hatten.[54]

Um Orgasmen zu zählen, muß man sie haben. So gründeten statistisch ehrgeizige weibliche Sexualtherapeuten Orgasmustrainingsgruppen, deren Erfolge zahlenbasiert sind. Lonnie Garfield Barbach veröffentlichte über ihre Arbeit als Therapeutin orgasmusloser Frauen einen Bericht, der den Nutzen dieses Kalküls ermessen läßt. In dem Buch werden die Techniken und Statistiken ausgebreitet, die den Teilnehmerinnen an den »prä-orgasmatischen« Trainingsgruppen ein berechenbares Erfolgsprofil verschafften. Ein Auszug:

Seit der ersten Gruppenzusammenkunft im November 1972 haben mehrere hundert Frauen mit außerordentlichem Erfolg an dieser Art von Behandlung teilgenommen. Die (...) Statistik zeigt, daß 93 Prozent der Frauen, die an dem Programm teilnahmen und von denen viele noch nie einen Orgasmus erlebt hatten, fünf Wochen später, bei Kursende, immer zum Orgasmus kamen, gewöhnlich durch Eigenstimulation (...).

An den Statistiken wird noch gearbeitet, aber die Erfahrungen mit einer Mustergruppe von siebzehn Frauen, die nach der Teilnahme an der Gruppentherapie acht Monate lang genau festgehalten wurden, scheinen typisch zu sein. Zwölf Frauen hatten ständig Orgasmen mit einem Partner, während drei andere in mehr als 25 Prozent der Fälle mit einem Partner zum Orgasmus kamen.[55]

Von nun an kann gezählt werden. Und wenn erst einmal die Summen der weiblichen post-orgasmatischen Genüsse errechnet sind, werden die Zahlenpakete das Volumen erreichen, das Frauen einst nur beim Vergießen von Tränen erreichten. Sie werden weit über das hinausgehen, was sich als die bescheidene numerische Prosa der männlichen Ergießungen hochrechnen kann, auch wenn viele Dichter die naturgesetzten Schranken ihres Geschlechts einmal überschreiten. Aber gibt es eine natürliche Grenze für die Zahl weiblicher *raptures*? Dies wäre die Frage aus der Biopolitik des Staates, der heute jedoch keine Fragen mehr stellt, weil sich sein Wissensbedarf gesättigt hat und weil der Betrug seine Sache nicht mehr ist. Wofür also die Geheimnisse noch zählen?

Das Zwitschern des Fleisches (2)

Interessierte sich der Staat je für die kleine, verächtliche Linguistik der Lust? Jedenfalls wird sie aufgeschrieben und bewohnt in vielfältiger Gestalt die Bibliotheken. Doch wenn das Zwitschern für Gottes Ohr erklingt, dann ist es indirekt auch an seine alten königlichen Stellvertreter gerichtet. Die Literatur kennt nur wenige Beispiele dafür, daß die Lust unmittelbar den König oder Staat anspricht (der besondere Fall des bayerischen Königs Ludwig II. wird weiter unten behandelt[56]). Doch fand das Zwitschern viele bereitwillige Notare. Nur erleidet es bei der Niederschrift eine merkwürdige Spaltung; die Zeichen der Lust werden von einer Doppeldeutigkeit überwältigt, die den Spionen immer wieder zu rätseln gibt. Im 18. und 19. Jahrhundert gingen die Rufe der Lust beinahe ausschließlich an Gott. Andrea de Nerciat läßt in seinen galanten »Thali-priapeïschen Fragmenten« mit dem Titel *Les Aphrodites* aus dem Jahre 1793 die junge Violette bei ihrer Entjungferung durch den Code der kleinen und großen Familie wandern. Erst ruft sie: »Mama!... Ah!... O! (Noch lauter und heftiger): Mama!«; dann aber wirft sie sich an den Hals des Mannes mit den Worten: »O, mein Gott! Mein Gott! Mein

Erlöser!«[57] In Eça de Queiros' Roman *Vetter Basilio*, einer 1878 erschienenen portugiesischen Version von *Madame Bovary*, begeht die junge hübsche Luiza den Ehebruch mit ihrem Vetter. Ehe sie in seinen Armen eine ekstatische Ohnmacht umfängt, stammelt sie noch die Nachricht an den Himmel: »O Gott! Nein! Nicht!«[58]

Das 19. Jahrhundert überliefert uns aber auch erste deutliche Dokumente für neue Adressen in den Rufen der Lust. Erst leise, dann immer lauter ersetzen die Frauen im Psalm ihrer Ekstasen den Namen Gottes durch den ihres Liebhabers. Das scheint diesen zu gefallen. Flaubert gesteht das diskret in einem Brief an Louise Colet, worin er ihre Gedichte lobt:

Was sind die Verse schön, die Du mir schickst! Ihr Rhythmus ist so zart wie die Liebkosungen Deiner Stimme, wenn Du meinen Namen in Dein zärtliches Zwitschern mischst.[59]

Da aber die Lust im 20. Jahrhundert unter dem strengen Gesetz der Steigerung steht, spielen die Frauen unserer Tage den Gesang ihres Genusses in höheren Lautstärken ein als die sanften Dichter-Mätressen vor 150 Jahren. Erik Grawert-May zitiert in seinem *Lob der Prüderie* einen Bericht aus einer Frauenzeitschrift:

Mit jedem tiefen Atemzug ließ sie sich weiter auf das Meer ihrer Leidenschaft hinaustragen, wissend, daß sie dadurch die Wogen anlocken konnte, auf denen sie, die Wellenreiterin weiblicher Sexualität, kraftvoll zum Orgasmus surfte. Sie stöhnte vor Leidenschaft, trieb den Rhythmus voran, stöhnte lauter, schrie seinen Namen, brüllte ihre Lust heraus.[60]

Damit soll die gemeinsame Lust ihr abruptes Ende gefunden haben. Für Gott gehalten zu werden, stabilisiert eine Erektion, aber von der Höhe der Lust mit Schreien beim Namen gerufen zu werden, verbreitet offenbar lähmenden Schrecken. Die Zweideutigkeit von Lust und Befehl in einer solchen ekstatischen Apostrophe führt den Zusammenbruch herbei. Dabei verzweifeln die Linguisten schon seit ältester Zeit an der doppeldeutigen weiblichen Signatur der Lust. Bereits ein Werk des 17. Jahrhunderts mit dem reizvollen Titel *Die Rhetorik der Huren* spricht davon, daß der Geburtsschmerz die Frauen mit den gleichen Zeichen überfällt wie die Liebeslust. Doch der Ruf der Ekstase irritiert mit einer neuen Zweideutigkeit. Ist er Simulation oder Wahrheit?[61] Was Liebestheoretiker von Ovid bis Chesser[62] empfehlen, den weiblichen Betrug zur Steigerung des männlichen Vergnügens, verwandelt sich im Auge der asketischen Philosophen in ein Dilemma. Der Kampf gegen die Zweideutigkeit vereint Denker von

Augustinus bis Heidegger.[63] Dagegen traute sich der Philosoph Otto Weininger durchaus zu, zwischen dem Wollustschrei von Müttern und Dirnen zu unterscheiden: »Der Schrei der Mutter ist darum ein kurzer, mit schnellem Schluß; der der Prostituierten ist langgezogen«.[64] Von einer anderen Zweideutigkeit berichtet Proust, der seinen Ich-Erzähler die Zärtlichkeiten des Barons Charlus mit dem Ladenbesitzer Jupien belauschen läßt:

Denn nach dem zu schließen, was ich zu Anfang von Jupiens Seite her vernahm und was einzig in unartikulierten Lauten bestand, vermute ich, daß die beiden nur wenig Worte wechselten. Allerdings waren diese Töne so stark, daß ich, wären sie nicht immer wieder eine Oktave höher von einer parallel verlaufenden Klage aufgegriffen worden, hätte meinen können, neben mir erwürge eine Person eine andere, hinterher aber nähmen der Mörder und sein wiedererstandenes Opfer ein Bad (...). Ich zog später daraus den Schluß, daß etwas so geräuschvoll ist wie der Schmerz, nämlich die Lust (...).[65]

Der Unterschied zwischen Lust und Schmerz wird geraubt; dafür gibt das Zwitschern den homosexuellen Körpern, die an dieser klagenden Lust beteiligt sind, wenigstens musikalisch den Unterschied zurück: Im Oktavabstand klingt dieses Duett der Ekstase tatsächlich wie der elegische Gesang zweier Geschlechter. Warum Lust und Schmerz in ihrer physiologischen Mechanik gleich sind und daher auch die gleichen Originalzeichen auswerfen, erklärt der Marquis de Sade in den *120 Tagen von Sodom*:

»Kann man schreien, kann man so brüllen beim Entladen, wie du es tust?« sagte der Herzog zu Curval, als er ihn am 23. morgens sah, »was, zum Teufel, hattest du, um so zu schreien? Ich habe niemals Entladungen von solcher Heftigkeit beobachtet!« – »Ah, der Kuckuck«, antwortete Curval, »du bist der Richtige, mir solche Vorwürfe zu machen! Diese Schreie, mein Freund, kommen von der extremen Empfindlichkeit des Organismus. Die Objekte unserer Phantasie geben den elektrischen Fluiden, die in unsern Nerven schwimmen, eine so heftige Schwingung. Der von den animalischen Geistern, die diese Fluiden zusammensetzen, empfangene Stoß ist ein so heftiger, daß die ganze menschliche Maschine erschüttert wird, daß man bei diesen fürchterlichen Stößen der Wollust seine Schreie ebensowenig zurückhalten kann, wie man bei der mächtigen Erschütterung des Schmerzes kann.«[66]

Physiologisch sind Schmerz wie Lust Erschütterungen der menschlichen Maschine, und der Schrei faßt diese Schwingungen unter einem Sammelzeichen zusammen. Der Schrei gehört daher noch nicht zur

Ordnung des Denkens und der Sprache und stellt ein Risiko dar, vor dem Hegel warnte. Wer nämlich in unaussprechlichen Zeichen denkt, der unterliegt der Gefahr des Wahnsinns:

Wir (...) haben nur dann bestimmte, wirkliche Gedanken, wenn wir ihnen die Form der *Gegenständlichkeit*, des *Unterschiedenseins* von unserer *Innerlichkeit*, also die Gestalt der *Äußerlichkeit* geben. (...) Ein so innerliches Äußerliches ist allein der *artikulierte Ton*, das *Wort*. Ohne Worte denken zu wollen, wie Mesmer einmal versucht hat, erscheint daher eine Unvernunft, die jenen Mann, seiner Versicherung nach, beinahe zum Wahnsinn geführt hätte. (...) Denn obgleich man gewöhnlich meint, das *Unaussprechliche* sei gerade das Vortrefflichste, so hat diese von der Eitelkeit gehegte Meinung doch gar keinen Grund, da das Unaussprechliche in Wahrheit nur etwas Trübes, Gärendes ist (...).[67]

Im Kampf gegen den Wahnsinn läuft tatsächlich die ganze Wissenschaft vom Zwitschern darauf hinaus, aus dem zumeist unartikulierten akustischen Material, das die Lust Göttern, Partnern und Spionen zuspielt, Unterschiede herauszuhören und Differenzen zu erarbeiten, die das Trübe und Gärende des Unsagbaren kulturisieren. So kommen die Abstände zwischen Gottes- und Menschenname, Zwitschern und zärtlichem Appell, Schrei und Ruf, Lust und Schmerz, Wahrheit und Simulation, Dirne und Mutter zustande. Oder auch der feine Unterschied von Vokal und Hauch. Als der Dichter-Spion Robert Musil aus den Geräuschen im Nebenzimmer eines Hotels die Ereignisse dort halluziniert, teilt er auch das Signal der Lust in ein artikuliertes und ein trübes Element:

Währenddessen sagt er etwas leiser zu ihr, sie kichert mit einer Altstimme; etwas daran läßt mich sofort erraten. Es wird nach einer Weile leiser, ich höre Küsse; acht, neun; drei vier davon rasch hintereinander. Sie tun stumm ihr Werk. Leises Anschlagen des Eisenbetts gegen die Wand. Dann in der Dauer einer halben Sekunde der Weibeslaut, halb Vokal, halb Hauch.[68]

Aber die Unterscheidung reicht stets nur bis zur einfachen Differenz zweier Bedeutungen oder zur Basisunterscheidung von Geräusch und Laut oder Zeichen: Die Linguistik des Zwitscherns stößt immer wieder auf den Anfang der Sprache oder, was das gleiche ist, auf den Anfang aller Unterscheidungen überhaupt: von Leben und Tod. So hält Musil an anderer Stelle seines Tagebuchs fest: »*Coitus*: Das Brechen des Auges, das zuckende Sichlassen des Körpers, die aufgebrochenen Lippen, zwischen denen sich der Atem fortschleicht, dieser ganze Mimus ist verwandt mit dem der Katastrophe.«[69] Der Augenblick des Todes, der in den unter das Zwitschern gemischten Worten des 18. Jahrhunderts (»ich sterbe«) beschworen wird, ist nach alter Anschauung der Augenblick der Wahrheit, der alle Zweideutigkeiten bereinigt. Aber gerade weil in der erotischen Ekstase nur ein Schein des Todes spricht, fallen die in seinem Namen geäußerten Worte gleich wieder in die Gewalt des Doppeldeutigen. Daher der schlechte Ruf der Frauen. Mit wenigen Ausnahmen überliefern die Protokolle der Ekstase ja lediglich Äußerungen von Frauen. Nur sie selbst können bezeugen, daß sie durch die Passage des Todes gegangen sind. Oder vielmehr durch die des Lebens. Denn nach alter Anschauung, die von Galen ausgeht und sich bis ins 19. Jahrhundert hinein gehalten hat, ist die Frau nur dann an der Zeugung beteiligt, wenn sie einen Orgasmus hat.[70] Der Ruf der höchsten Lust meldete die weibliche Zeugung an. Der Augenblick der Ekstase ist also bei denjenigen, die zu sterben vermeinen, in die gleiche Doppeldeutigkeit (Sterben/Leben) eingetragen wie die Nachrichten, die sie hiervon geben. Aber diese auf den Seufzern reitenden Zeichen scheinen bereits zur Zeit Galens ähnlich geschillert zu haben wie zur Zeit Prousts oder Musils. Juvenal spricht in seiner 6. Satire über die römische Sexualmoral sehr indigniert davon, daß sich auch ältere Männer und Frauen jenes Idioms bedienten, das der erotische Code der Epoche ist: des Griechischen. Was seufzte die Römerin im Delirium der höchsten Lust? Sie hauchte »zoä kai psychä«.[71] Wenn *zoä* im allgemeinen soviel wie »Leben« heißt, so ist der sexuelle Doppelsinn des Zeichens nicht klar. Aber er ergibt sich aus der sexuellen Bedeutung von *psychä*, die nur für fromme Geister »Seele« bedeutet. Wie zuletzt Hans Leisegang gezeigt hat, bezeichnet *psychä* das »namenlose« Geschlechtsteil der Frau.[72] Selbst die aufgeklärten Brüder Goncourt wußten nicht, was das Wort, das auf dem Kamm des Zwitscherns schwebte, tatsächlich bedeutet:

Die römische Liebe hat sich den griechischen Seufzer der Liebe angeeignet. Er hauchte sich aus in diesem ersterbenden Ausruf der Lust, in diesem zugleich geflügelten und pochenden Wort, das stets am Rande der Lippen erstirbt: Psychä. »Meine Seele«.[73]

Zweideutigkeit zwischen Tod und Leben: Das ist der unsterbliche betrügerische Charakter der sich artikulierenden weiblichen Lust. Aber mit Hegel (dem Staatsphilosophen) darf gesagt werden: Besser als das Trübe ist das Doppeldeutige allemal; dieser Betrug führt nicht in den Wahnsinn.

Geheimnisse II: Chiffrierte Sekrete

Da die Lust, auch wenn sie dem Herrscher und dem Staat gemeldet wird, ein Geheimnis ist, wurde sie nicht nur in zweideutige Formeln, sondern auch in Kryptogramme gebannt. Allerdings brachte zuallererst der Bedarf der staatlichen Diplomatie die Geheimschriften hervor. Seit im 15. Jahrhundert die Wissenschaft von den Geheimsprachen und Chiffrierungen systematisch betrieben wurde, gehörte diese Lehre bald selbst zu den Geheimnissen. Einer der Gründe ist klar:

Es könnte fortan keine eheliche Treue mehr bestehen, denn die Frau könnte, auch ohne die geringste Kenntniß des Lateinischen, durch heilige und züchtige Worte in jeder Sprache vollkommen belehrt, die verwerfliche und unkeusche Neigung ihres Liebhabers kennenlernen, wobei der Ehemann noch den Ueberbringer machen und den Inhalt loben würde. Auf eben dieselbe Weise könnte die Frau ganz unbesorgt ihre Wünsche in beredten Worten zurücksenden.[74]

Der Abt Johannes Trithemius, dessen Sorge und Worte hier erinnert werden, entwickelte in seiner *Steganographia* (um 1500 verfaßt) eine Chiffriermethode, die Verschlüsselungen anhand eines beliebigen Textes erarbeitete; dieser brauchte nicht verstanden zu werden. Die Kenntnis des Schlüssels genügte, um Geheimnachrichten zu verschlüsseln und dann wieder in Klartexte zu verwandeln.[75] Also mußte selbst ungebildeten Frauen der Zugang zu den kryptologischen Geheimnissen verschlossen werden. Doch zeigt die Geschichte der chiffierten weiblichen und männlichen Genüsse, daß ihre Codes keineswegs die gleiche Komplexität erreichten wie die der diplomatischen Profis. Dennoch mußten sich Literaturwissenschaftler, die mit der Entzifferung von verschlüsselten Passagen in den von ihnen bearbeiteten Tagebüchern oder Briefen zu tun hatten, immer wieder an die staatlichen Behörden wenden, um sich die Klartexte für die Welt der Leser erstellen zu lassen.[76]

Als der Literaturwissenschaftler Christoph Siegrist in den siebziger Jahren Johann Kaspar Lavaters *Geheimes Tagebuch* von 1771 sowie die *Unveränderten Fragmente aus dem Tagebuch* von 1773 für einen Reprint in der Reihe »Schweizer Texte« vorbereitete, stieß er auf ein Geheimnis im Geheimnis. Lavater hatte nämlich manche Passagen seiner intimen Diarien in Geheimschrift notiert.[77] Offenbar unsicher, ob diese verschlüsselten »Schweizer Texte« nicht schutzwürdige Staatsgeheimnisse versiegelten, wandte sich Siegrist an die Sektion für Kryptologie und Chiffrierwesen im Militärdepartement Bern, wo Lavaters Sekrete von Staats wegen entziffert wurden. Die Kryptogramme basierten auf einem einfachen Code, der mit wenigen willkürlichen Zeichen sowie mit unregelmäßigen Verschiebungen von Buchstaben und Tilgungen von Wortgrenzen arbeitete. Aus dem Halbdunkel der Verschlüsselungen tauchte dann beispielsweise ein solcher Klartext empor: »Suum cuique – eine zufälliger Weise entblößte Brust einer Wärterin zerstreuete mich ein wenig, doch riss ich mich bald wieder los.«[78] So erfuhr die Eidgenossenschaft mit einer Verspätung von 205 Jahren, daß einer der Ihren durch eine zufällig entblößte weibliche Brust beinahe seine Kräfte zerstreut hätte.

Sie hätte es allerdings auch schon früher erfahren können. Kürzlich entdeckte Stefan Rieger[79] in einem Buch über *Anfangsgründe der Entzifferungskunst* aus der Feder des Jobsiadendichters Carl Arnold Kortum Dokumente darüber, daß bereits 1782 ein geschickter Kryptograph die geheimen Mitteilungen Lavaters entziffert hatte: Kortum selbst. Außerdem teilte Kortum später in seiner Autobiographie Auszüge aus seinem Briefwechsel mit Lavater mit, in dem er sich erneut als Decodierungskünstler einer viel komplizierteren Geheimschrift des Schweizer Pfarrers und Physiognomen bewährt hatte. Bewährt hatte er zuvor auch schon seine Diskretion, als er in seinem Buch über Entzifferungskunst besonders indiskrete Geständnisse Lavaters nicht decodiert hatte, sondern nur zu verstehen gab, daß er über den Schlüssel dazu verfüge. Was damals verschwiegen wurde, ist heute bekannt: Lavater gestand in einer verschlüsselten Bemerkung seines Tagebuchs von 1771, gegen die Gesetze der Pietät verstoßen zu haben, als er während der Trauerzeit für einen eben verstorbenen Freund mit seiner Frau Verkehr hatte und Samen vergoß.[80]

Nun verfügt die Schweiz nicht nur über einst geheime und heute entzifferte Dokumente über unbeherrschte Lüste; bisweilen fungiert sie selbst als ein dunkles Chiffrierwesen. So finden sich in Victor Hugos intimen *Notizbüchern* zahlreiche Eintragungen, in denen das kryptische Zeichen *Suisse* firmiert. Unter dem Datum des 9.1.1868 steht: »Anne: nouvelle vue de Suisse«, oder unter dem 15.8.1869: »Philomène: Lever des deux Suisses.« Welche Schweiz kommt hier zur Ansicht, und welche beiden SchweizerInnen werden enthüllt? Der Biograph und Herausgeber der *Notizen* Victor Hugos, Henri Guillemin, verwaltete auch das Amt der Entschlüsselung: *Suisse* heißt im erotischen Geheimcode des französischen Klassikers die weibliche Brust, die er in unzähligen Varianten inspiziert hat.[81] Hugo betrieb systematisch Spionage des anderen Geschlechts, und sein Dichter-Genie schenkte ihm die schönen Metonymien zur kryptischen Entstellung seiner gewonnenen Erkenntnisse. Die Namen der

Mädchen und Frauen, die sich seinen optischen, taktilen, oralen und genitalen Begierden darboten, chiffrierte er ebenso wie die observierten Körperregionen, und die dabei bezahlten Geldbeträge tarnte er als milde Gaben. In seinen so als Caritas maskierten Eros hat Hugo beachtliche Summen investiert. Anhand der peniblen Eintragungen konnte der Herausgeber der *Notizbücher* errechnen, daß Hugo beispielsweise während seines Exils in Guernsey 1852 bis 1870 rund ein Drittel seiner Einkünfte für die Zerstreuung seiner Blicke und genitalen Sekrete aufgewendet hat. Der französische Staat, der dem Dichter 1885 eine pompöse Begräbnisfeier bereitete, erfuhr so ebenfalls erst mit großer Verspätung von diesen Geheimnissen seines Klassikers. Doch eine frühere Offenlegung der erotischen Buchhaltung hätte keineswegs das Staatsbegräbnis des Nationaldichters im Panthéon verhindert. Denn noch heute müssen französische Schulkinder Hugos Verse auswendig lernen, um diplomierte Franzosen zu werden, obgleich der Kultusminister längst weiß, daß das Genie bis ins hohe Alter hinein Staatsgelder, nämlich königliche Dotationen, Abgeordnetendiäten und Senatorengehälter, an Grisetten, Schauspielerinnen, Hausmädchen, Witwen verschleudert hat, um deren Geschlechtseigenschaften zu studieren. Hugo verfügte jedoch ausdrücklich, daß alle seine Papiere in der staatlichen Bibliothèque Nationale deponiert würden. Die Nation sollte aus Texten und Chiffren erkennen, wer er war. Oder will der Staat davon nichts wissen? Aber für wen sonst versiegelte Hugo die detailgenauen Notizen von seinen Augenlüsten und genitalen Entladungen? Für wen hält das Tagebuch unter dem 18. Juni 1861 ein Erlebnis mit einer Holländerin namens Helena fest? Auch hier ist der metonymische Stil der Chiffrierung aufschlußreich. Die Eintragung lautet: »Helena nuda, Rubens. Anniversaire de Waterloo. Bataille gagnée.«[82] Die Verschlüsselung dient zunächst der Irreführung; der eifersüchtige Spionageblick der Gefährtin Juliette Drouet soll abgleiten, indem die Zeichen sie glauben machen, daß der Dichter den Jahrestag der Schlacht von Waterloo für einen unschuldigen Museumsbesuch genutzt hat. Tatsächlich protokollierte Hugo, daß er am Gedenktag der französischen Niederlage gleichfalls auf belgischem Territorium seine genitalen Kräfte siegreich eingesetzt hatte. Der historische, staatspolitische Code der Verschlüsselung gibt indexikalisch den Adressaten des Vermerks zu erkennen. Wem anders als dem Staat galten die Klartexte der geheimen Eintragungen? Der Staat (und nicht die Geliebte, die sich als Empfängerin aller Sekrete wähnen sollte) mußte wissen, daß der Dichter unzählige weibliche Körper bis ins Detail ausspioniert hat: Strumpfbänder, Brüste, Genitalbehaarungen, Körperöffnungen. Dem Staat eröffnete der Dichter durch Markierung mit einem Kreuz in seinem *Journal*, daß er einenhalb Monate, bevor ihn der große Tod holte, seinen letzten kleinen genossen hat.[83]

Dichter sind zwar Autoren von Texten, doch die Nachwelt behandelt sie als paradigmatische Menschen. Sie sind so paradigmatisch für die kulturelle Orientierung und für das allgemeine Wissen wie der Queteletsche Dämon des Durchschnittsmenschen. Das ist allerdings paradox. Denn die Daten, die die Genies als Werke und Geständnisse hinterlegen, beweisen vielmehr, daß eben die paradigmatischen Künstler-Menschen alle Normen sprengen. Das ist ein Geheimnis, aber es muß doch heraus. Denn niemand weiß, welches Geheimnis sich hinter den geheimen Daten verbirgt. Ganz wie der große Hypochonder Lichtenberg die unzähligen Körperdaten in der Absicht beobachtete und aufschrieb, Prognosen auf die Dauer seiner Sterblichkeit zu stellen, so versuchte sich auch der große Sadist de Sade an einer aus zufälligen Daten sowie chiffrierten genitalen Entladungen gespeisten Hochrechnung seiner Lebenserwartung. Vermutlich seit 1813 empfing der vom Staat in Gewahrsam genommene greise Marquis in seinem Zimmer im Hospital von Charenton regelmäßig Besuch eines eben siebzehnjährigen Mädchens namens Magdeleine Leclerc, und de Sades Tagebuch hält in verschlüsselten Zeichen die Frequenzen ihres Kommens und ihrer Sexspiele fest. Die Herausgeber der fragmentarischen Journale de Sades wollten die umfangreichen Zahlennotizen und Berechnungen, seine Haruspizien aller sich einstellenden Nummern als Versuche entziffern, das Ende der Gefangenschaft zu kalkulieren. Dabei skandiert de Sade in diesen dunklen Zahlenreihen einfach die Restzeiten seines Lebens: »Am 2. kam Mgl. und machte ihren 80. im ganzen und ihr 64. Zimmer«, heißt es unter dem 2. September 1814, und gut drei Wochen später: »Am 25. der 90. von Magl.: sie kam zum Frühstück, aber sie fühlte sich ganz krank, sie bat um 3. Stücke. (...) Sie schien eine Untersuchung von meinen Papieren zu fürchten etc.«[84] Der alte Mann chiffrierte die Aufzeichnungen von den Besuchen und den sexuellen Gefälligkeiten, die ihm Magdeleine erwies, so sorgfältig, daß ihm erst seine späteren Editoren auf die Spur kamen. Aber de Sade wußte auch, daß man die Adresse des Staates am sichersten erreicht, wenn man »verbotene« Bücher schreibt oder indem man chiffrierte, geheime Texte ohne Adresse verfaßt. Und was teilt er dem Staat mit? Daß er kein *homme moyen* ist. Das Gespenst, das der Staat zwischen den Existentialien Geburt, Heirat, Tod vagieren läßt, ist eine Fiktion, die an den Körperdaten der Dichter zerbirst.

Endlich, im Jahre 1948, erfuhr der Staat aus gut fundierten Untersuchungen, aus welchen Zahlen das Phantom der männlichen Sexualität montiert ist. Alfred C. Kinseys *Sexual Behavior in the Human Male* war fertig gerechnet. Doch kann man sehen, daß zwischen den intimen Kryptogrammen der sexuellen Aktivität, die Autoren und Künstler wie Lichtenberg, Stendhal, E. T. A. Hoffmann, Jules Michelet, Robert Schumann, Victor Hugo, Arthur Schnitzler und unzählige andere in ihren Tagebüchern oder Kalendern niedergelegt hatten, und Kinseys Erhebungen kein genereller Unterschied besteht. Es geht um sexuelles Geheimwissen für den Staat und dessen »Biopolitik«. Denn auch die Befragung von mehreren tausend amerikanischen Männern und Frauen zu ihrem Geschlechtsleben erfolgte über strenge Geheimhaltungsmaßnahmen und hochelaborierte Chiffrierungen. Der Staat muß wissen, aber sein Wissen darf nur über Politik zu den ausgeforschten Körpern zurückführen. Die Geheimcodes mußten Kinseys Mitarbeiter auswendig lernen. Im Vorbericht zum ersten Band von *Sexual Behavior* heißt es dazu: »Die Chiffrierung wurde mit Hilfe eines erfahrenen Fachmannes für Geheimschriften ausgearbeitet, wobei zur Erschwerung einer möglichen Entschlüsselung gleichzeitig mehrere Methoden zur Anwendung kamen.«[85] Wer ist nun der erste wirkliche »homme moyen« der amerikanischen Lüste? Der statistische Dämon der ehelichen und außerehelichen Sexualakte, der aus Kinseys chiffriertem Material schließlich in die Staatsakten hinübergeisterte, war ein Mann, der in der Lebenszeit von 16 bis 65 Jahren durchschnittlich 2,5 mal pro Woche Geschlechtsverkehr hat; hingegen bewegte sich, bezogen auf den Untersuchungszeitraum der vierziger Jahre, die Rate der Befriedigung, die er seiner weiblichen Gefährtin gönnte, bei einer Durchschnittsmarke von 0,5 zählbaren Erlebnissen pro Woche. Allerdings ist ihr kleiner Unterschied damit statistisch noch keineswegs vollständig markiert. Die sexuellen Lebenslinien, die Kinsey aus Zahlen in Kurven übertrug, verliefen völlig unterschiedlich. Während sich Kinseys Frauen auf einer gleichmäßigen numerischen Höhe durch die Jahre der sexuellen Aktivität bewegten, liefen die männlichen Jahre durch eine dramatische Kurve von Klimax und Antiklimax. (Nur verheiratete Frauen teilen dieses Schicksal.) Die erotische Buchhaltung der männlichen Diaristen reiht darum auch ihre Zahlen nicht selten in einem neurotischen Countdown.

Was aber geschieht, wenn der Staat nicht nur Empfänger, sondern auch Absender von Geständnissen über Exzesse ist? Was geschieht, wenn der Staat masturbiert oder pervers wird? Die Geschichte kennt auch diesen Fall; er ist gut dokumentiert. Er führt außerdem vor Augen, daß der Staat auch die an ihn selbst gerichteten Nachrichten über seine geheimen Lüste als diplomatisches Geheimnis behandeln sollte. Der junge König Ludwig II. von Bayern erteilte sich in seinem Tagebuch immer wieder selbst den Befehl, die Vergeudung des Samens einzustellen. Geständnisse und Befehle blieben zumeist unverschlüsselt: »Nicht mehr im Januar, nicht mehr im Februar, überhaupt ist das Ganze so viel als nur irgend *möglich* abzugewöhnen; Mit Gottes u. Königs Kraft! – Die *Unmöglichkeit* wirklichen Falles ist somit ausgesprochen. – Geschworen, so wahr Gottes heiliger Wille nicht (!) mich schütze u. des Königs erhabenes Wort. – Ludwig.«[86] Sich selbst gegenüber glaubt der Staat völlig offen sein zu können. Mit Gottes Willen und dem Wort des Königs gegen die Lüste des Königs. Doch beginnen gerade die Komplikationen, wenn der Staat in Gestalt seines Königs seine eigenen Befehle mißachtet und seine eigenen Schwüre bricht. Ist dies der Wahnsinn des armen Ludwig? Wäre der König noch der alte Souverän mit den zwei Körpern[87] und mit der von Machiavelli empfohlenen gespaltenen Natur, so könnte der Gesetzeskörper dem begehrenden Königs-Leib Befehle geben, ohne die Grenzen der juristischen Vernunft zu verlassen. Ludwig war auch keineswegs wahnsinnig in irgendeinem klinischen Sinne; vielmehr prophezeite dem Verschwender von Samen und Gütern eine mythische Psychiatrie den Wahnsinn. Die Großartigkeit dieser königlichen Vernunft ermißt sich daran, daß Ludwig nicht wie andere Herrscher Kriege führte, um sich zu bereichern, sondern den Befehl erteilte, in Banken in Paris, Berlin, Frankfurt und Stuttgart einzubrechen, um die Staatsfinanzen zu sanieren.[88] Wer wird nicht die weise kriegerische Zurückhaltung des Königs loben! Ludwig II. täuschte sich nur selbst: Er verkörperte nicht mehr den Staat allein, da dieser längst über einen gesetzgebenden Körper verfügte. Seine Schwüre und Befehle gingen nicht nur an seine Adresse, sondern liefen auch über die Tische seiner Minister und Ärzte. Ein König, der masturbiert, seine Domestiken küßt, seinen eigenen Befehlen nicht gehorcht, der Tresore knacken will, statt Kriege zu führen, der provoziert den Teil des Staates, der er selbst nicht mehr ist. So liegt sein Fehler darin, daß er seine Geständnisse eben nicht als Geheimnisse chiffriert hat, sondern im Klartext an sich selbst schickte. Das Tagebuch enthält auch diesen Befehl:

> Au Roy
> In diesem Briefe ist der *Befehl* und
> hiemit auch die Nothwendigkeit u.
> Möglichkeit zu gänzlicher Erhaltsam-
> keit, selbst des Küssens gegeben, ana-
> *thema* in *aeternum!* (...).[89]

Befehl der Enthaltsamkeit, Fluch des Küssens – der arme König mobilisierte noch die alten magischen Sprechakte gegen das Verlangen, statt es für sich aufzuschreiben und den staatlichen Archiven zu übergeben. Unterdessen beobachteten ihn die Minister und Ärzte, um ihn zuletzt dem Wahnsinn anheimzugeben, vor dem er sich selbst durch Einsatz der königlichen Macht zu retten suchte. Doch resultierte die Verzweiflung des Königs aus einem ganz anderen Unglück als dem seines vergeblichen Verlangens nach Keuschheit. Sein Unglück war das Stocken des Geldes für seine Bauten.

Stockungen (5): Die Traumnummer

Um den Wahnsinn des Königs zu denunzieren, zitierten die von der Regierung beauftragten Mediziner in ihrem Gutachten über den Geisteszustand des Herrschers vom Juni 1886 auch aus einem Schreiben Ludwigs II. an seinen Marstallfourier Heßelschwerdt. Über Heßelschwerdt gab der König seinem Ministerialdirektor Ziegler die Order, die Minister, die Kammer und eigentlich auch das Volk auszutauschen, damit das Geld wieder flösse:

Sprich eingehend mit Ziegler. Sage ihm, daß die jetzigen Minister weg müßten, sie haben sich bei mir unmöglich gemacht. (...) sind die Kammern verstockt, dann auflösen, andere her und das Volk sehr bearbeiten. Schnell aber. – Sage ihm, außer den Rückständen, (...) ein paar Millionen dazu, die andern schaffe Du herbei. Sage ihm, daß die Bauten, die *Hauptlebensfreude* sind, daß ich, seit alles schändlich stockt, ganz *unglücklich* bin, an Abdanken, Selbsttödtung stets denke, daß der Zustand aufhören *muß*, daß die Bauten nicht mehr stocken dürfen (...).[90]

Die Bewegungen in der Welt der Subjekte wie auch in der des Königs bestehen aus Stockungen und Flüssen; ihre Abfolge, ihr Verhältnis bestimmen das Glück. Wenn die Bauten stocken, wenn sich die Kammern bei der Bewilligung verstockt zeigen, dann denkt der König an Selbstmord. Oder er denkt daran, die Geldströme, die stocken, durch Knacken von Banktresoren wieder ins Fließen zu bringen. Die Literatur und die psychiatrischen Akten kennen sehr verschiedene Ausdrucksformen der Stockungsneurose und ihres fließenden Komplements. Der unglückliche Cesare Pavese bekräftigte mehrfach in seinem Tagebuch die Ansicht, daß dauernde *ejaculatio praecox*, das unzeitige Ende einer Stockung der Genitalsekrete, ein »Gebrechen [sei], um dessentwillen sich umzubringen der Mühe wert ist«.[91] Kafkas ganzes Leben läßt sich in der Antinomie von Stocken und Fließen analysieren: Das Ideal des Schreibens schenkte ihm die Erfahrung in der Nacht, da *Das Urteil* entstand: »wie ich in einem Gewässer vorwärtskam.«[92] Aber so floß es nur selten; das Tagebuch hallt wider von Klagen über das Stocken der Arbeit.[93] Auch der Briefwechsel mit Felice muß durch tägliche Ankunft von Briefen in Fluß bleiben. Sie soll jeden Samstag vormittag einen Brief einwerfen: »Damit ich nicht mehr warten muß, damit die Zeit nicht so stockend und langsam vergeht (...).«[94] Der Liebestheoretiker Paolo Mantegazza erörtert die gleiche Antimonie von Stockung und Fließen als physiologische Störung beim begehrenden Jüngling:

Die Furcht in allen ihren Arten trocknet den Mund und den Rachen aus, hebt die *Schleim- und Speichelsecretion* fast plötzlich auf, so daß manchen das Sprechen physisch unmöglich wird, ebenso verwirrt eine tiefe Verstörung der Gedanken die Begriffe und die Wörter, so daß die Rede absolut stockt (...). Jener Liebesstumme jedoch wird, in sein stilles Kämmerlein zurückgekehrt, plötzlich ein neuer Demosthenes, und schleudert in den Raum und aufs Papier die Ströme einer warmen Beredtsamkeit (...).[95]

Es gibt auch diverse Arten des Fließens: das Ausgießen »in ganzem Strome«[96] Kafkas, Mantegazzas »Strom der Beredsamkeit«; oder aber jenes Fließen des Verlangens, das sich aus der vollendeten Stummheit ergibt, wie sie Erica Jong in ihrem unerfüllten Ideal einer »Traumnummer« unterlegt:

Der schnelle Ablauf des Intermezzos hat die komprimierte Dichte eines Traumes und zieht anscheinend keinerlei Reue oder Schuldgefühl nach sich, da weder über ihren verstorbenen Ehemann noch über seine Verlobte gesprochen, noch die Ratio bemüht wird – da überhaupt nicht gesprochen wird. Die Traumnummer oder der Spontanfick ist von äußerster Reinheit (...).[97]

Wenn der Kanal zwischen den Leibern nur Gesten und Blicke verteilt, bleibt die Macht jenes Dritten neutralisiert, der sich in alle Verhältnisse, in alle sprachbasierten »Intermezzi« einmischt. Im Stocken, so wurde an vielen Aktenstücken und Dichter-Worten gezeigt, meldet sich die Wahrheitsmacht der Sprache selbst. Die kleinen qualvollen Intervalle aus Stille, durch die allenfalls harte Atemzüge gehen, gehören wie Hoheitszeichen dem Anderen, der in allem Sprechen wirksam ist. Nur Komödianten und Soldaten (Zitate, Befehle) entgehen den Unterbrechungen des Stockens, sofern sie nicht versagen. Wer aber der Wahrheit das Wort geben will, ohne zu zitieren, ohne Bekanntes zu wiederholen, spürt den schweren beharrlichen Gegendruck der Sprache am ganzen Körper. Daher gebührt nach Nietzsche demjenigen, der eine höhere Erkenntnis gegen den Willen des Anderen zum erstenmal ausspricht, »wie sehr auch seine Zunge gestolpert haben mag«[98], der Titel des Heiligen. Nur eine ganz bestimmte Konstellation vermag diese Macht zu neutralisieren: Wenn es in der Psychoanalyse gelingt, für diesen Anderen das Unbewußte selbst sprechen zu lassen. Die Worte leicht werden lassen, fordert die Regel der Analyse. Oder in der kurzen Formel Lacans: »sagen, egal was (...), das ist [es], was zum *Lustprinzip* führt.«[99]

Wie in der »Traumnummer« artikuliert sich im »Sagen, egal was« das Verlangen unbekümmert um jene Maschinerie konventioneller Regeln und Erwartungen, wie die paradoxe Erwartung der Wahrheit. Eben die Wahrheit stürzt unweigerlich ins Leere des Stockens, weil das Verlangen nur als Verlangen wahr ist und niemals als Rede. Doch schenkte die Kultur dem Verlangen eine winzige Variante, die Möglichkeit zu rochieren. Es ist die Chance, wie Kafka sagte, »das Menschengericht zu betrügen, allerdings ohne Betrug«.[100] Das ist ein Sprechen, das den Schatten des Anderen für kurze Zeit aus der Rede verbannt.

Der Betrug des Anderen

Der Andere läßt sich betrügen durch einen befristeten Wechsel des Sprachregisters. Dies scheint etwas Vertrautes, doch hat es noch niemand ausgesprochen. Eine fremde Sprache wird von einer anderen Macht bewohnt, die mich nicht so leicht zur Rechenschaft zieht. Heinrich Heines Briefe aus der »Matratzengruft« an seine späte Liebe Elise Krinitz, die er nach dem Emblem ihres Briefsiegels französisch »Mouche« nannte, nutzen in virtuosen Zügen die Entlastungen durch den Wechsel im Sprachregister. Offensichtlich spielt der Dichter mit der durch das Französische gegebenen Lizenz. Er rochiert, um die Möglichkeit des Flirts zu erkunden:

Auch ich freue mich, Sie bald wieder zu sehen et de poser une empreinte vivante sur les traits suaves et quelque peu souabes – ach! wäre ich noch ein Mann, diese Phrase bekäme eine minder platonische Tournüre.[101]

Der bescheidene Wunsch des gelähmten und halbblinden Dichters – »empreinte vivante« nutzt die Konnotation des Siegels, um das Verlangen nach einem Kuß auszudrücken – trägt die Maske des Französischen. Der Kommentar kehrt hingegen zurück ins Deutsche, indem er sagt: Es ist ein platonischer Wunsch, da ich krank und gelähmt bin, aber eigentlich ist es kein platonischer Wunsch, denn das Begehren arbeitet unabhängig vom Können des Körpers. Und so läßt sich aus dem kryptischen fremdsprachigen Satz der Klartext gewinnen: Ich betriebe eigentlich gerne die Erosion des Berührungstabus.

Jede Sprache verfügt über eine Semantik des Registerwechsels. Einem solchen zeitlich befristeten und nicht durch Zitation motivierten Übergang in ein anderes Sprachsystem gibt sie eine bestimmte Bedeutung. Die Literatur bietet hierzu lehrreiche Beispiele. Bereits aus dem oben angeführten Beleg aus der 6. Satire Juvenals geht hervor, daß sich die römische Lüsternheit gerne griechisch maskierte. Offenbar steht der Registerwechsel schon lange als semantisches Element zur Verfügung.[102] Fliegen wir noch einmal durch die Zeit: Eine neue Lage ergab sich nämlich in der Epoche der schriftlichen Geständnisse und Tagebücher mit dem Wissensbedarf des Staates. Kryptographie und Registerwechsel, die beiden Rochademöglichkeiten vor der Macht des Anderen, lassen sich dort nicht immer genau unterscheiden. Lichtenberg und E. T. A Hofmann notierten ihren Alkoholgenuß gerne auf griechisch. Victor Hugo wechselte lieber ins Spanische, wenn er das tägliche erotische Pensum festzuhalten hatte. Der junge Graf von Platen – ein ungewöhnlich polyglotter Autor – trug im Jahre 1819 seine homoerotischen Erlebnisse mit dem nachmaligen Juraprofessor Eduard Schmidtlein erst auf spanisch, dann auf französisch in sein Journal ein, mit der gleichen Genauigkeit übrigens, wie er auch seine Lektüren protokollierte.[103] Cesare Pavese wiederum bediente sich des Französischen, wenn seine Träume eine Grenze der Schicklichkeit im Italienischen überschritten. In Thomas Manns *Zauberberg* wagt es der fiebernde und leicht angetrunkene Hans Castorp unter dem Vorzeichen der karnevalesken Saturnalien, der Russin Madame Chauchat auf französisch die Liebeserklärung zu machen, die schon seit Wochen seine Zunge bewohnt und auf den günstigen Augenblick lauert, um das Ohr der Schönen zu überfallen. Der Kairos heißt Karneval. Zunächst nutzt Castorp die Freiheit des Festes und spricht Clawdia mit »Du« an. Schon der Wechsel der Anrede verändert sichtbar die Beziehung ihrer Körper im Raum. Tatsächlich berühren sich die Stirnen der beiden, während Madame Chauchat Hans das kleine phallische Wunder ihres Drehbleistiftes erklärt, um den er sie gebeten hatte. Erst nach diesem flüchtigen Kontakt – die Frucht des »Du« – wechselt Castorp in das andere Sprach-Register. Und ohne zu zögern, erklärt er ihr den Grund:

parler français, c'est parler sans parler, en quelque manière, – sans responsabilité, ou comme nous parlons en rêve.[104]

Dieses »Sprechen, ohne zu sprechen« oder dieses »traumhafte Sprechen ohne Verantwortung« führt unmittelbar heran an die Grenze, die beim Registerwechsel überschritten wird: Ohne daß die Macht des Anderen, die Verantwortung wirksam werden, nimmt die Rede ihre Wendung ins Traumsprachliche, ins Materielle, in das »Sagen, egal was«.

Daß aber auch in bequemer Lage auf der Couch der Weg zum Lustprinzip nicht ohne Komplikationen eingeschlagen werden kann, erläutert ein merkwürdiger Abschnitt in Freuds *Bruchstück einer Hysterie-Analyse*. An entscheidender Stelle wirft Freud das Sprach-Problem auf, wie bei schambesetzten Themen innerhalb des psychoanalytischen Prozesses gesprochen werden soll. Der Fall ist ja besonders heikel. Seine Patientin Dora litt neben einer ganzen Reihe wechselnder Symptome an Husten und Stimmlosigkeit. Im Verlauf der Analyse kam nun heraus, daß diese Symptome eine gut lesbare, im Verständnis der Jahrhundertwende jedoch perverse Bedeutung trugen. Offensichtlich hatte sich Dora in Phantasien vorgestellt, daß ihr Vater mit seiner Geliebten eine, wie es bei Freud heißt, »sexuelle Befriedigung *per os*«[105] genossen habe. Da aber diese Vorstellung allein im Verein mit Verdrängung und Widerstand nicht hätte zu den erwähnten Symptomen führen können, mußte die Vermutung aufkommen, daß Dora nicht bei der Phantasie über die Aktivität der anderen stehengeblieben war. Ihre Vorstellung hatte sie selbst aktiv in eine solche Szene versetzt. Die symptomatische Veränderung ihres Sprechens, hysterische Aphonie, Husten waren die Folge. Hierher gehört die Erinnerung, daß die Patientin Josef Breuers, Anna O., sogar zeitweilig die Fähigkeit verlor, deutsch zu sprechen. Die Hysterie arbeitet bisweilen unbewußt mit der kryptischen Semantik des Registerwechsels. Doras imaginäre orale Erotik gab nun Freud die Frage auf, ob Gespräche mit Mädchen und Frauen über solche »heiklen und abscheulichen Themen« in der Psychoanalyse nicht ein Wagnis bedeuteten und, wenn es denn notwendig sei, in welcher Sprache sie geführt werden sollten:

Die beste Art, von den Dingen zu reden, ist die trockene und direkte; sie ist gleichzeitig von der Lüsternheit, mit welcher die nämlichen Themata in der »Gesellschaft« behandelt werden und an die Mädchen wie Frauen sehr wohl gewöhnt sind, am weitesten entfernt. Ich gebe Organen wie Vorgängen ihre technischen Namen und teile dieselben mit, wo sie – die Namen – etwa unbekannt sind. »*J'appelle un chat un chat*«.[106]

Das Zitat – es entstammt einem völlig anderen Zusammenhang in der ersten Satire Boileaus – illustriert sehr schön die Lizenz, die das

Französische der deutschen Sprache erteilen kann. Steht doch gerade die Wahl einer Benennung (der namenlosen Organe) zur Entscheidung, die sich im Vollzug der Falldarstellung ganz offensichtlich wiederholt. Was Freud seiner Patientin eröffnet, muß ja auch einem für den hysterischen Rachenkatarrh hochdisponierten Publikum erst einmal nahegebracht werden. Nun verkünden aber der Grundsatz der psychoanalytischen Namengebung, nämlich »trocken und direkt« den Organen wie Vorgängen ihren »technischen Namen« zu geben, und Freuds Boileau-Diktum nicht ganz dieselbe Regel. Ausgerechnet dort, wo er die Vorschrift noch einmal bekräftigt, wechselt er ins Französische und gibt damit zu erkennen, daß das tautologische Prinzip *J'appelle un chat un chat* doch nicht immer eingehalten werden kann. Daß der Wechsel des Sprachregisters den Vorteil einer offenen linguistischen Wahlmöglichkeit nutzt, erweist sich wenige Zeilen später, wenn Freud die unumgängliche Notwendigkeit unterstreicht, in einer Hysterie-Analyse von sexuellen Themen zu sprechen. Dort heißt es: »man sagt sich dann: pour faire une omelette, il faut casser des oeufs.«[107] Dieser sprachliche Zug, daß Freud die tautologische Namengebung, die Benutzung der technischen Begriffe für sexuelle Organe und Vorgänge, auf französisch darlegt, schmälert doch die beruhigende Suggestion der folgenden Behauptung: »Man braucht sich keinen Vorwurf daraus zu machen, daß man Tatsachen des normalen oder abnormalen Sexuallebens mit ihnen bespricht.« Die Besprechung und die Psychoanalyse sind selbst eine Übersetzung, erklärt der nächste Satz: »Wenn man einigermaßen vorsichtig ist, übersetzt man ihnen bloß ins Bewußte, was sie im Unbewußten schon wissen.«[108] Der Wechsel im Register deutsch/französisch unterstreicht das Übersetzungsdilemma, das die Psychoanalyse ist. Denn die Übersetzung ist niemals wortgetreu. Sie führt zu einer technischen Benennung, die sogar vor dem sich abzeichnenden Skandal im deutschen Satz haltmacht. Freud rochiert und sagt es seiner Dora wie seinen Lesern auf lateinisch: »Befriedigung *per os*«. Den Witz und dann auch wieder den Ernst der Sache bringt die Übersetzung ihrer Symptome ans Licht: Sie ist eine Lutscherin, sie hustet und leidet an Aphonie. Was Freud durch den Registerwechsel des Boileau-Zitats anzeigt, heißt: Dora möchte es französisch machen. Gerade dies offenbart die Unmöglichkeit, die Regel *J'appelle un chat un chat* auch zu befolgen. Das Französische dient jenseits aller lexikalischen und semantischen Differenzen als Index der Barriere im deutschen Ausdruck. Das Entlastungspotential der anderen Sprache wird allerdings genutzt, ohne dies explizit zu machen: Hier spricht das Unbewußte des Psychoanalytikers selbst.

Es lassen sich aber auch während des Traums durch Wechsel im Sprach-Register Dinge sagen, die vielleicht noch schöner sind als Erica Jongs stumme Intermezzi. Im Oktober 1939 schrieb Walter Benjamin an die vertraute Freundin Gretel Adorno einen Brief auf französisch. Er motiviert diese Registerwahl damit, daß er ihr den Traum der vergangenen Nacht erzählen möchte, auf dessen Höhepunkt der Träumende selbst einen französischen Satz sprach. Benjamin bezeichnete ihn als einen *Glückstraum*. Die Hauptereignisse dieser oneirischen Bildfolge führen den Träumenden zunächst in eine Gruppe von Frauen. Eine dieser Frauen ist damit beschäftigt, einen von Benjamin verfaßten Text graphologisch zu untersuchen. Die nähere Inspektion ergibt den Traumbefund, daß dieser Text eigentlich ein mit Bildern bedecktes Stück Stoff darstellt und nur ein einziges graphisches, also lesbares Element aufweist: Ein »d«, dessen Längen in einem spitzen Muster verlaufen. Die Form dieses Zeichens verrät nach der graphologischen Expertise der Frau eine »ungewöhnliche Bestrebung zur Geistigkeit«.[109] Im Lauf des folgenden Gesprächs äußert dann der Träumer selbst den Satz, den er zu Beginn seines Briefes ankündigte: »Il s'agissait de changer en fichu une poésie«. Benjamin gibt selbst die Übersetzung in Klammern: »Es handelte sich darum, aus einem Gedicht ein Halstuch zu machen.« Dieser Satz entwickelt nun magische Rückwirkungen auf das Traumgeschehen:

Kaum hatte ich diese Worte ausgesprochen, als sich etwas Merkwürdiges ereignete. Ich bemerkte unter den Frauen eine besonders schöne, die in einem Bett lag. Während sie meine Erklärung anhörte, machte sie eine kurze, blitzartige Bewegung. Sie schlug einen Zipfel der Decke auf, unter der sie in ihrem Bett lag. Die Geste dauerte weniger als eine Sekunde. Doch geschah dies nicht, um mir ihren Körper zu zeigen, sondern das Muster ihres Bettuchs (...).[110]

Dieses Muster entspricht nun ganz genau der Zeichnung auf dem Stück Tuch, das vom Träumer beschrieben worden war und das der graphologischen Untersuchung nur das einzige Schriftzeichen »d« zur Verfügung gestellt hatte: die Schrift im Auflösungsstadium. Die letzte Traumwahrnehmung löst dann auch den Blick auf das Bettuch in ein geistiges Erlebnis auf:

Ich weiß sehr gut, daß die Dame diese Bewegung machte. Aber was ich davon bemerkt hatte, war eine Art zusätzlicher Vision. Denn was die Augen meines Körpers angeht, so waren die ganz woanders und ich bemerkte überhaupt nicht, was mir das Bettuch zu sehen gab, als es sich flüchtig für mich geöffnet hatte.[111]

Also läßt sich nur auf französisch sagen, was der Wunsch verlangt: eine »ungewöhnliche Bestrebung zur Geistigkeit« als Eigenschaft der Schrift attestiert zu bekommen. Der Traum macht dieses Testat über die Schrift ja gleich auf zweierlei Weise wahr. Einmal bewegt sich die Schrift am Rande des Ornaments, das selbst wieder ein verwandeltes Gedicht sein sollte; und zum anderen bewegt sich das Ornament dieser Schrift am Rande eines weiblichen Körpers, der besonders schön gewesen sein soll. Ein erotischer Traum, der sich selbst aber die ungewöhnliche geistige Bestrebung bestätigt: das Erotische mit den Augen des Geistes zu erblicken. Zugleich durchziehen die Sequenzen des Traumes auch die Bewegungen von Stocken und Fließen. Denn die beiden punktuellen Daten, das »d« und der kurze Blick auf das Bettuch, eröffnen eine zweite Dimension: die Permanenz einer Umwandlung, das Fließen eines Übergangs.

In diesem Traum schenkte Benjamin sich selbst das schönste Beispiel für eine Sprache des Verlangens, die sich unter der Lizenz der anderen Sprache vor der Macht des Anderen rettet. Das Datum des Briefes erinnert daran, daß Benjamin im französischen Exil wenige Wochen zuvor die Nachricht vom Beginn des Zweiten Weltkriegs empfangen hatte. An den deutschen Anderen, der sich in Gestalt des faschistischen Staates an die Weltzerstörung machte, konnte ein solch zartes Geschenk nicht mehr gerichtet werden. Aber überhaupt legt dieses Dokument den Gedanken nahe, daß der Traum in die kryptische Sprache der Entstellungen und Verschiebungen eintritt, um sein Geheimnis für den wachen Anderen im Träumer zu verschließen. Während des Traums versteht jeder Träumende seinen Traum.

Jenseits des Traums, unter Bedingungen, die ein »Sagen, egal was« nicht gestatten, bevorzugt das Unbewußte die Fremdsprache. Nicht nur die römische Erotik, sondern auch der Wahnsinn stärkt diese Erkenntnis. Zahlreiche Besucher des armen wahnsinnigen Hölderlin im Tübinger Turm konnten erleben, daß der kranke Dichter bei bestimmten Wendungen des Gesprächs ins Französische verfiel. Der Dichter Wilhelm Waiblinger berichtet von seinem ersten Besuch im Jahre 1822, den er in Begleitung eines Freundes namens Wurm unternahm:

Die schreckliche Gestalt brachte mich in Verwirrung, ich trat auf ihn zu, und richtete eine Empfehlung von Hofrath Haug und Oberfinanz-Rath Weißer aus. Hölderlin lehnte seine rechte Hand auf einen an der Thüre stehenden Kasten, die linke ließ er in den Hosentaschen stecken, ein verschwitztes Hemd hieng ihm über den Leib und mit seinem geistvollen Auge sah er mich so mitleids- und jammerwürdig an, daß mirs eiskalt durch Mark und Bein lief. Er redete mich nun *Eure Königliche Majestät* an und seine übrigen Töne waren theils unartikulirt, theils unverständlich und mit Francösisch durchworfen. Ich stand da, wie ein Gerichteter, die Zunge starrte (...) o sollte man da nicht Gott anklagen? Wurm war gefaßter, als ich, und fragte ihn, ob er den Hofrath Haug kenne. Er war genau mit ihm bekannt. Hölderlin neigte sich und aus dem unvernehmlichen Tonmeer klangen die Worte: *Eure Majestät* – hier sprach er wieder französisch, sah einen an, und machte Complimente – Eure königliche Majestät – *das kann, das darf ich ihnen nicht beantworten.*[112]

Vier Sprachen kommen über die Lippen des Dichters: Hölderlin spricht das Unartikulierte, das Unverständliche, das Französische und das Deutsche. Gegenüber anderen, die er offenbar als Mächtige identifiziert und durch unaufhörliche Komplimente und Verneigungen günstig zu stimmen sucht, gerät Hölderlin insbesondere dann, wenn er bestimmte Fragen gestellt bekommt, an Grenzen oder Schwellen seiner Rede; die Not der Antwort droht ihm die Kontrolle über Zunge und Lippen zu entreißen. Nur auf französisch kann er sagen, daß er etwas nicht sagen darf. Unabhängig von der unlösbaren Frage, welcher Wahn dieses Verbot erläßt, drängt sich der Eindruck auf, daß Hölderlin in ein artikulationsloses Sprechen verfällt, wenn ihm die Besucher Respekt einflößen und wenn ihm ein Thema mit Redeverboten belegt zu sein scheint. Erheben sich seine Worte wieder aus dem Gemurmel und Wortsalat, dann springen sie ins Französische. Ein geheimes Gesetz untersagt ein »Sagen, egal was« in diesem Wahnsinn; sichtlich erleidet Hölderlin die dunklen Interventionen einer fremden Macht, der der Kranke auch durch ständige Komplimente seine Reverenz erweist. Das Französische gestattet nur, die Gesetze und Verbote zu benennen. Oder es gibt die Möglichkeit, die Szene zusammenbrechen zu lassen. Berühmt sind Hölderlins Wutanfälle, mit denen er unerwünschte Besucher aus dem Haus warf. Es sind kurze Augenblicke, in denen er fluchend und schimpfend die Macht der Sprache seinen Worten einverleibt. Mit Sätzen die Welt (des Zimmers) ordnen heißt soviel wie: »unser Herrgott« werden.[113]
Während der Turiner Euphorie Ende 1888 sprach und lebte Nietzsche imaginär als ein solcher Anderer: In dieser Phase, da alle Sätze des Philosophen als richterliche Urteile ergingen oder als herrscherliche Feststellungen, schrieb Nietzsche an Heinrich von Köselitz im Postskriptum eines Briefes, den er außer mit seinem Namen mit N. (Napoleon) unterzeichnet hatte, den Satz: »Man wird deutsch an meinem Hofe sprechen, *denn* die höchsten Werke der M[ensch]h[eit] sind deutsch geschrieben...«[114] Der Hof, an dem Cäsar, Napoleon, Christus, Moses regieren werden, ist der Hof der deutschen Sprache. Das wunderbare Paradox gab Nietzsche bereits zuvor in seinem Schreiben an Jean Bourdeau zu Protokoll, indem er dort erklärte: »man sagt

mir, ich schreibe im Grunde französisch, obschon ich vielleicht mit
der deutschen Sprache besonders in meinem Zarathustra, etwas in
Deutschland selbst Unerreichtes erreicht habe.«[115] Nur indem sie »im
Grunde« französisch wird und dann auf die Lippen Zarathustras wandert, läßt sich die deutsche Sprache überbieten. Doch der Preis für
diese einzigartige Schöpfung war der Eintritt in die psychiatrische
Klinik des Professors Binswanger, wo Nietzsche einem nicht mehr
kontrollierten »Sagen, egal was« anheimfiel. Als Gekreuzigter macht
er zwar die babylonische Zerstreuung rückgängig, aber nur für sich
allein. Aus dem Protokoll der Klinik in Jena über den Patienten Nietzsche vom 19. Januar 1889:

Der Gesichtsausdruck ist sicher u. selbstbewußt, oft selbstgefällig u. affek-
tiert. Er gestikuliert u. spricht fortwährend in affektiertem Ton und hochtra-
benden Worten, und zwar bald Italienisch, bald Französisch. (...) Während
des Sprechens grimassiert er fast unausgesetzt. Auch in der Nacht ging sein
zusammenhangloses Geplauder fast ununterbrochen fort.[116]

Es gibt also auch Grenzen für den Betrug am Anderen. Nicht alles
läßt sich sagen in dem anderen Register, wenn erst einmal die Entscheidung getroffen wurde, alles zu sagen. Aber vielleicht besteht
doch der große Genuß des großen Anderen einfach darin, ewig nur
Nachrichten an sich selbst einzugeben.

9. Kleine Geschichte der Betrugsvorsorgen

Der Betrug des Fleisches und die Gerichte

Schon in ältester Zeit errichteten Gesetzgeber und Priester gerichtliche Kontrollstationen gegen den Betrug der sexuellen Körper. Wie aber lenkt das Gesetz das Auge der Gerechtigkeit? Das Fleisch der Geschlechter läßt sich nur durch unmittelbare Inspektion auf seine Aufrichtigkeit hin prüfen. Als die Juristen begannen, ihre Regeln ins Fleisch der Geschlechter zu schreiben, mußten sie wohl auf die Unterschiede an den Körpern der Eheleute Rücksicht nehmen. Zwar sollten sich die Paare ihr Fleisch wechselseitig reservieren. Doch im Zeichen dieser Regel verpflichtete das jüdisch-christliche Gesetz die Ehefrauen auf eine andere Art von Treue als ihre Männer: Bei ihr kontrollierte man die Blockade des Verlangens gegenüber anderen Männern; bei ihm hingegen unterlag das Zeichen seiner Virilität dem prüfenden Blick der Experten. Sie mußte rein und er potent sein. Gerichte wurden zu Prüfung aufgerufen, wenn zwischen Ehepartnern der Betrugsvorwurf erhoben wurde. Wie aber lassen sich moralische Reinheit und sexuelle Potenz kontrollieren?

Lange bevor das germanische und frühmittelalterliche Recht die Prozeduren des Gottesurteils ausbildeten, das eine weibliche Treue oder eine männliche Potenz erhärten sollte, begründete das jüdische Gesetz ein rituelles Verfahren, um den Verdacht auf einen ehelichen Betrug der Frau zu prüfen. Das 5. Kapitel des 4. Buchs Mose legte dieses Verfahren detailgenau fest. Der Mann, der seine Frau verdächtigte, mußte zur Eröffnung des Verfahrens dem Priester zunächst ein Opfer von einem Zehntel Epha Gerste (rund 10 Kilo) abliefern. Daraufhin führte der Geistliche mit der Beschuldigten im Tempel die Probe mit dem Fluchwasser durch. Für diesen Probetrank mischte der Priester zunächst heiliges Wasser mit einer Handvoll Staub vom Boden ihrer Wohnung (später des Tempels). Anschließend reicherte er die Flüssigkeit mit symbolischen Spuren aus der Thora an, indem er ein Blatt Papier befeuchtete, auf dem zuvor die Bestimmungen über die »Verunreinigung« eigens niedergeschrieben worden waren. Die so aufgelösten Buchstaben gab er dem Fluchwasser wieder bei. Das Gesetz besagte, daß der Trank der Beschuldigten nicht schadete, sofern sie rein geblieben war. Im Falle der Untreue jedoch sollte das Fluchwasser ihre »Hüfte schwinden« und ihren »Bauch schwellen« lassen. Das also heißt alttestamentarisch: Inspektion des Fleisches. Nachdem der Priester das »Eiferopfer« des Mannes auf dem Alter dargebracht und einen Teil davon verbrannt hatte, gab er der Frau das Wasser zu trinken.

Die Vorschriften über das Eiferopfer und das Fluchwasser aus dem 4. Buch Mose kommentiert wiederum das Buch »Sota« des *Talmud*. Darin erläutern Schriftgelehrte die einzelnen Vorschriften der Thora und erweitern zugleich das Ritual um eine Reihe beschämender Elemente:

> Man führt sie vor das hohe Gericht in Jerusalem und da schüchtert man sie ein, wie man Zeugen in Todesstrafsachen einschüchtert. (...) Der Priester erfaßt sie am Gewande, wenn es zerreißt, so ist nichts dabei, wenn es sich auftrennt, so ist nichts dabei, sodaß er ihr den Busen entblößt, und löst ihr das Haar auf. R. Jehuda sagt, wenn sie einen schönen Busen hat, so entblöße er ihn nicht, und wenn sie schönes Haar hat, so löse er es nicht auf. Ist sie weiß gekleidet, so kleide er sie schwarz, hat sie goldenen Schmuck an, Halskette, Ohrringe, Fingerringe, so nimmt er sie ihr ab, um sie zu verunzieren. Hierauf holt er einen Baststrick und bindet ihn ihr oberhalb der Brüste um. Wer sie anschauen will, komme und schaue sie an, ausgenommen ihre Sklaven und ihre Mägde, weil durch sie ihr Herz ermutigt wird.[1]

Das Verfahren deskulturisiert den in Verdacht geratenen Körper, um ihn zur Offenbarungsstätte der Wahrheit zu machen. Damit sieht sich die Verdächtigte unter erheblichen Druck gesetzt. Trotz aller zweifellos suggestiven Maßnahmen zur Einschüchterung, bleiben der geprüften Frau immerhin rein physisch Chancen, sowohl den Beweis der Wahrheit wie auch die Verheimlichung eines Betruges zu überleben. Anders im germanischen Ordal, wo die Beweisbedingungen zumeist so formuliert waren, daß sie (unabhängig von Unschuld oder Schuld) nur unter Beihilfe eines Wunders bestanden werden konnten. Das juristische Verfahren des germanischen Ordals setzte in frommer Grausamkeit voraus, daß Gott dem unschuldigen Körper unter allen Umständen beistehen würde; das betrügerische Fleisch hingegen überließ es der verzehrenden, verschlingenden Gewalt der Elemente Feuer und Wasser. Die jüdische Konzeption des Beweises arbeitete dagegen ohne unmittelbare Appelle an Gott. Ihre Wahrheit wohnte allein in den heiligen Gesetzesformeln, und alle Aufmerksamkeit und Vorsicht galten dem Risiko, daß die Schrift materiellen Schaden leiden und damit ihr Sinn ruiniert werden könnte. Die Wahrheitstheorie des Fluchwassers setzt voraus, daß sich Wasser, Staub und Schriftspuren im Kontakt mit betrügerischem Fleisch verwandeln und pathologisch auf die Betrügerin zurückwirken: »Das Fluchwasser gleicht nur einem trockenen [Gift]pulver, das man auf das lebende Fleisch legt; ist da eine Wunde vorhanden, so dringt es zerstörend ein, wenn da aber keine Wunde vorhanden ist, so ist es wirkungslos.«[2] Die talmudischen Gelehrten erörtern in ihrer peniblen Vorsicht auch die Frage, ob für die Niederlegung der Fluchformel, die dann in der Flüssigkeit aufgelöst wird, wie üblich Vitriol der Tinte beigemischt werden darf. Warum wird der Tinte Vitriol zugesetzt? Damit sich keine Fliege auf der feuchten Schrift niederläßt; sie könnte ja ein Zeichen verwischen und den Sinn aus der Bahn bringen. Wenn aber das Fluchwasser mit dem Buchstaben und dem Sinn des Thorapassus über die Ehebruchsverdächtigen gesättigt wird, indem das Wasser zur Auflösung der Schrift benutzt wird, darf kein Vitriol in der Tinte sein; sonst könnte womöglich das Fluchwasser bereits chemisch vergiftet sein.[3] Es soll aber nur ein virtuelles Gift enthalten, das seine Kraft allein in unkeuschem Fleisch entfaltet. Sobald die Schrift in einen betrügerischen Organismus eintritt, zwingt die Tinte den Körper, seine Wahrheit zu schreiben. Die Talmud-Gelehrten haben ihren schlechten Ruf als Juristen (bei den Christen) wahrlich nicht verdient.

Die christlichen Kirchenväter und ihre Rechtsgelehrten schon eher. Immerhin bekämpften sie ebenso heftig wie vergeblich bereits in frühester mittelalterlicher Zeit die Gottesurteile aus der jüdischen wie germanischen Tradition. Der temperamentvolle Bischof von Lyon, Agobard, der bereits als Gegner der *conceptio per aurem* gewürdigt wurde[4], verfaßte im 9. Jahrhundert zwei polemische Schriften gegen das *judicium dei*, die aber erst mit großer Verspätung Wirkung zeigten.[5] Sein Amtsbruder Hinkmar, Erzbischof von Reims, befürwortete noch in einem Gutachten zum Scheidungsprozeß zwischen König Lothar II. und seiner Gemahlin Theutberga Mitte des 9. Jahrhunderts wortstark den Einsatz des Gottesurteils.[6] Theutberga hatte indessen die Probe mit dem heißen Wasser (ein Gegenstand mußte mit bloßer Hand aus einem Topf mit kochendem Wasser geholt werden) bestanden; allerdings konnte sie für dieses Gottesurteil einen Stellvertreter benennen.[7] Doch diente Lothar die Anklage der Untreue nur als Vorwand zur Scheidung. Die Ehe war kinderlos, und darum hätte Lothar gerne seinen Sohn Hugo aus einer Friedelehe mit Waldrada legitimiert. Der Prozeß über die Treue der Königin brachte gleich die gesamte mittelalterliche Rechtsordnung aus dem Gleichgewicht. Papst Nikolaus I. setzte die Bischöfe von Trier und Köln kurzerhand ab, als sie dem Trennungsbegehren des Königs stattgaben. In der Falte eines weiblichen Körpers wohnt der Frieden eines Kontinents. Erst die großen Kanonisten Huguccio und Gratian, die im 12. Jahrhundert ihre mächtigen Rechtskompendien zusammenstellten, verwarfen grundsätzlich die Gottesurteile; doch ließen auch sie Ausnahmen zu. Ausgerechnet bei der Anklage auf Ehebruch wollte Gratian eine Regelung der Synode von Seligenstadt in Kraft belassen, die für diesen Sonderfall das Gottesurteil in Reserve hielt. Allerdings sollte man dabei nicht auf die jüdische Vorschrift über das Fluchwasser zurückgreifen dürfen.[8] Schließlich setzte Papst Innozenz III. auf dem IV. Laterankonzil von 1215 die Bestimmung durch, daß Geistliche von Gerichtsentscheidungen, bei denen Blut vergossen wurde, ausgeschlossen blieben. Dies galt ebenso für Gottesurteile mit nur einer beteiligten Person wie für den gerichtlichen Zweikampf.[9] Dennoch finden sich noch in den weltlichen Gesetzesbüchern des *Sachsenspiegels* und des *Deutschenspiegels* sowohl das Ordal mit dem glühenden Eisen oder dem heißen Wasser als auch der Zweikampf für bestimmte Streitfragen vorgeschrieben und geregelt.[10]

Die meisten Formen des mittelalterlichen Ordals ließen den Beschuldigten keine gute Chance. (Das galt selbst für den Fall, daß ein Stellvertreter die Probe auf sich nahm.) Um so rührender lesen sich dann die sagenhaften und legendären Überlieferungen, wonach der Himmel den unschuldig verdächtigten Frauen seine wunderbare Hilfe gewährte. Nicht zufällig geht es immer wieder um das Fleisch von Königinnen, in dem die Ruhe der Welt ihre schöne Heimstatt hat. Die Erzählung vom erfolgreich durchgestandenen Gottesurteil der Gemahlin Karls III., Richardis, in der sogenannten *Kaiserchronik* (um 1150), verarbeitet wohl den historischen Fall der Theutberga, die sich erst durch die Probe mit dem kochenden Wasser, dann durch einen Eid und zuletzt noch durch eine Beichte gereinigt haben soll.[11] Die Richardis der *Chronik* jedoch ging, nur mit einem einfachen, zuvor in Wachs getauchten Hemd bekleidet, unverletzt durch einen brennenden Holzstoß.[12] Nach der gleichen legendären *Chronik* konnte auch Kunigunde, die Gemahlin Heinrichs II., in einer Feuerprobe mit dem Wachshemd ihre Unschuld beweisen. Der Verfasser einer anderen Version ließ sie mit bloßen Füßen über zwölf glühende Pflugscharen gehen. Die Legenden des Mittelalters verzeichnen mehr bewährte imperiale Frauen-Tugenden als die Gerichtsakten der gleichen Zeit. Sogar die Unschuld eines Mannes soll durch eine Frau bewiesen worden sein. Die Geschichte vom Grafen von Antwerpen, den die Gemahlin Kaiser Ottos III. erst erfolglos verführte und dann aus Rache zu Unrecht anklagte, hielten Hans Sachs in einem Drama und Dirk Bours auf einem Gemälde fest. Mit dem vom Scharfrichter abgetrennten Haupt ihres Gatten unterm Arm, tritt die Gräfin vor den Kaiser und verlangt von ihm, den Beweis auf die Unschuld des Hingerichteten erbringen zu dürfen:

So wil ich tragen das glüend eysen
Auß diesem saal, auff bloser Hand,
Wie der brauch im gantzen land,
Das ohn schuldt sey gericht mein mann.
Habt ir denn ein genügen dran?[13]

Sie trägt das glühende Eisen, ohne Schaden zu nehmen, und ohne Zögern übergibt der Kaiser daraufhin seine Frau dem Henker. Historisch ist jedoch der Fall einer anderen Kaiserin. Judith, die schöne zweite Gemahlin Ludwigs des Frommen, wurde 831 von zwei Grafen des Ehebruchs mit dem Grafen von Toulouse bezichtigt; sie reinigte sich durch einen Eid und der Graf durch eine Herausforderung zum Zweikampf von dem Vorwurf. Die Sage machte hieraus die herzbewegende Geschichte von der Kaiserin und dem edlen Ritter Galmy, der der bedrängten Unschuld beisteht, obgleich er gar nicht in den Skandal verwickelt ist. Die früheste literarische Bearbeitung dieser Geschichte floß aus der Feder des elsässischen Humanisten Jakob Wimpfeling (um 1470); weitere Versionen verfaßten der Pionier des deutschen Prosaromans, Jörg Wickram (1539), und schließlich der romantische Dichter Friedrich de la Motte Fouqué (1806).[14] Unter den vielen rührenden Geschichten, in denen getreue Ritter die Unschuld und das Leben verfolgter Frauen verteidigen (wie z. B. in Kleists Erzählung *Der Zweikampf*), verdient eine sehr alte, in ganz Europa verbreitete Sage Erwähnung, da sie dem alten Notar der *high fidelity* zu einem großartigen Auftritt verhilft. Die unglückliche Heldin dieser Erzählung ist Sibylle, eine legendäre Gattin Karls des Großen, die von ihrem Eheherrn verstoßen worden sein soll. (Selbst der Biograph Karls des Großen, Einhard, weiß nichts Genaues über sie[15].) Zunächst ging die Geschichte in einer *chanson de geste* durch Europas Unterhaltungen, später wurde sie dann als Volksbuch bearbeitet und in mehreren Ländern auch gedruckt.[16] Sibylle ist die schöne Tochter des Kaisers von Konstantinopel. Kaum hat sie mit dem fränkischen Kaiser die Ehe geschlossen, da fällt der Verdacht der Untreue auf sie. Ausgerechnet mit einem häßlichen schwarzen Zwerg soll sie die Ehe gebrochen haben. Nur weil sie mit einem zukünftigen Ludwig schwanger geht, sieht der Kaiser von ihrer Hinrichtung ab und weist sie außer Landes. Immerhin gibt er ihr den treuen Ritter Aubry de Mondidier für drei Tagereisen zum Schutze mit. Aubry ist der Herr des Hundes, auf den die Heldenrolle wartet. Doch Sibylle, Aubry und Hund werden von dem geilen Chevalier Macaire, der längst schon ein Auge auf die Kaiserin geworfen hatte, heimlich verfolgt und eingeholt. Als Macaire der traurigen Sibylle, die eben im Wald

Abb. 25: Dirk Bouts, *Eisen-probe der Gräfin vor Otto III,* zwischen 1468 und 1475. Das Haupt des Gemahls (rechts) und das glühende Eisen (links).

von Bondy eine Ruhepause einlegt, Gewalt antun will, verteidigt Aubry seine Schutzbefohlene tapfer, aber er erliegt zuletzt dem heimtückischen Macaire. Sibylle kann während des Kampfes noch schnell auf ihrem Esel davonreiten; nur Aubrys Hund verharrt als Zeuge des Verbrechens bei der Leiche seines Herrn. Nach sechs Tagen taucht das weiße Windspiel an Karls Hof auf, wo man wegen Aubrys langem Ausbleiben besorgt ist. Sein treuer Hund, den jeder kennt, springt über die Tafel, beißt Macaire ein Stück aus der Schulter und nimmt sich von der Tafel ein Brot zwischen die Zähne, um dann allein zu seinem toten Herrn zurückzukehren. Als das Tier ein zweites Mal am Hofe erscheint und nach Macaires Fleisch schnappt, rät man dem Kaiser, dem Hund zu folgen. So gelangt man auf die Spur des Verbrechens an Aubry. Der Verdacht fällt auf den Ritter, dem der Hund als einzigem immer wieder nachstellt. Schließlich muß Macaire zu einem öffentlichen Zweikampf mit Aubrys weißem Windspiel antreten. Er unterliegt, nachdem ihm das Tier Nase, Unterlippe, Kinn und noch ein Stück der Brust abgebissen hat. Als der Hund bereits sein Gebiß um die Gurgel des Gegners schließen will, bittet Macaire durch ein Zeichen darum, dem König noch seine Schandtaten beichten zu dürfen.[17] Die Sage von dem high-fidelity-Hund machte auch noch deutsche Literaturgeschichte. Denn als im Jahre 1817 eine dramatisierte Version der Sibyllen-Sage aus der Feder des Dichters René-Charles Guilbert de Piréxécourt[18] unter dem Titel *Der Hund des Aubry de Mont-Didier oder der Wald bei Bondy* auf dem Weimarer Hoftheater gespielt werden sollte, gab es einen Eklat. Die Darstellerin der Sibylle und Geliebte des Großherzogs, Karoline Jagemann, bestand darauf, daß der Titelheld des Stücks auch in der rassischen Variante eines Pudels auf der Bühne erscheinen müßte. Daraufhin nahm der Leiter des Theaters, der Minister von Goethe, ein notorischer Hundefeind, der Pudel überdies für den Teufel hielt, seinen Abschied vom Amte des Intendanten.

Die Legenden, Sagen und Romane von den Gottesurteilsproben berichten fast ausschließlich von Verfahren gegen edle Frauen, deren Fleisch unter den Verdacht des Betrugs gestellt wurde. Die gerichtliche Praxis sah freilich anders aus, denn es wurden vor allem Personen niederen Standes den Proben unterworfen. Standespersonen ließen sich allenfalls auf Zweikampfentscheidungen ein, wie es ritterlicher Brauch oder Standessitte erlaubten. Ging es um Proben auf die Ehrlichkeit von Abhängigen, so war bereits der Verdacht entehrend genug. Nach den überlieferten Rechtsvorschriften brachte man glühende Gegenstände in Kontakt mit dem Fleisch der Verdächtigen, oder man unterzog sie der Wasserprobe: Mit gefesselten Händen und Füßen warf man sie in einen Fluß oder Teich und beobachtete, ob sie untergingen (Beweis der Unschuld) oder auf der Oberfläche schwammen.[19]

Die Ungewißheit über den Betrug des Fleisches, die in der juristischen Theorie der Kanonisten ebenso wie in der literarischen Überlieferung die Kasuistik der Gottesurteile belieferte, galt als Wahrheits-Frage schlechthin. Was gab der *high fidelity* des Fleisches eine solche herausragende Stellung? Der Körper der Frau gehörte nach den kanonischen Regularien der Ehe zwar dem Mann; doch erwies sich das als ein heikler Besitz, denn gemäß einem sonst ganz ungewöhnlichen Egalitarismus gehörte auch sein Leib ihr.[20] Wie aber ratifiziert sich ein solcher Besitz-Titel, den der scholastische Theologe Duns Scotus zu Beginn des 14. Jahrhunders definierte als »wechselseitige Übertragung der Macht über den Körper«?[21] Nur die Rechtsdogmatik vermag die Paranoia der Ordalsproben zu erklären. Die Macht der Frau über den Körper des Mannes verfügte nämlich über ein Emblem: den

Phallus. Wo der Phallus regelmäßig fehlte, dort war die Ehe scheidungsreif. Der Ehevertrag zwischen den Geschlechtern legte also die Verfügung über das Zeichen der Macht ganz auf die Seite der Frau. Für die Souveränität des Mannes gab ihr Körper kein Zeichen her, sofern sie es nicht freiwillig lieferte (wie das Zwitschern). Doch deklarierten die Kirchenmänner des Mittelalters wie der späteren Jahrhunderte das weibliche Verlangen ausdrücklich als unbewußt, zumindest aber als stumm. Der Jesuit Thomas Sanchez, der einflußreichste Ehelehrer des 17. Jahrhunderts, befand daher, daß der »Mann besser als sie merkt, ob sie den Verkehr wünscht«.[22] Daher kann der Ehemann nur die »Reinheit«, Stummheit, Unwissenheit, Zeichenlosigkeit seiner Frau einklagen. Die paradoxe Anforderung, diesem Nichts Zeichen zu entlocken, führt zu der sinnlosen Prozedur des Gottesurteils als Bestandteil des Rechtssystems und der kollektiven Phantasie. Später wird man die Frau in einem Klageverfahren wegen nicht vollzogener Ehe fragen, woher sie denn wüßte, daß irgend etwas gefehlt habe, wenn nicht aus der Ehe selbst, womit ja gerade ihre Klage widerlegt sei.[23] Angesichts der Unmöglichkeit, von ihr Zeichen der zeichenlosen Unschuld zu erlangen, veranstaltete das Gottesurteil eigentlich ein Reinigungsverfahren und keine Prozedur oder Methode, um die Wahrheit selbst ans Licht zu bringen. Denn auch mit dem Ende des Ordals verschwanden ja nicht die Entscheidungsverfahren über Unschuld und Ehre. Das Duell, das noch im 20. Jahrhundert Ehrenhändel entschied, brachte keine Erkenntnisse, sondern allenfalls Tote. Und die Ehebruchsromane des 19. Jahrhunderts, die die Übeltäterinnen sterben lassen, übernehmen den Aberglauben des Gottesurteils in das Feld literarischer Gerechtigkeit.

Nicht nur die weibliche Reinheit, sondern auch die männliche Potenz konnten gerichtlich überprüft werden. Die Grundlage hierfür erstellten gleichfalls die mittelalterlichen Juristen, indem sie aus der *datio voluntaria potestatis corporis pro potestate corporis*, wie sie die Ehe definierten, einen gerichtlich durchsetzbaren Anspruch herleiteten.[24] Bereits das Justinianische Gesetz sah Fristen vor, innerhalb derer eine Ehe vollzogen sein mußte; nach drei Jahren ohne Beiwohnung konnte die Verbindung annulliert werden. Die kanonische Gesetzgebung über die Frage der männlichen Ehefähigkeit läßt sich bis auf das Konzil von Compiègne (757) zurückverfolgen. Impotenz des Mannes gab dort bereits einen rechtlichen Grund zur Auflösung der Ehe. Allerdings oblag zunächst der Frau die Beweispflicht. Innerhalb des römischen Kirchenrechtsgebietes wurde hierfür der Beweis der *septima manus* anerkannt, der also sieben Schwurhände von Verwandten verlangte. In Frankreich hingegen blieb die Entscheidungsprozedur noch an die Zufälle des Gottesgerichts gebunden: Dort wurde der sogenannte Kreuzbeweis angewandt. Zwei Zettel, von denen einer mit einem Kreuz gezeichnet war, wurden auf dem Altar niedergelegt, vom Priester gemischt und den streitenden Parteien zum Ziehen gegeben. Wer in dem Losverfahren den Zettel mit dem Kreuz zog, hatte den Prozeß gewonnen.[25] Im Unterschied zu Darmon beschreibt Jacob Grimm das Kreuzurteil als körperliche Probe. Die streitenden Parteien mußten »*mit auferhobnen händen unbeweglich* an einem kreuze *stehen*, welcher von ihnen der erste zu boden sank, die hände rührte oder niederfallen ließ, hatte verloren«.[26] Allerdings bestätigt Grimm mit einem Beleg, daß die kirchliche Gerichtsbarkeit dieses *iudicium crucis* zur Entscheidung bei einer Klage der Ehefrau auf unerfüllte eheliche Pflichten des Mannes vorsah.

Im 16. Jahrhundert nimmt die Beweisprozedur über die körperliche Ehefähigkeit des Mannes definitiv wissenschaftliche Formen an. Voraus geht jedoch eine Kampagne von Juristen, die die Impotenz eines verheirateten Mannes in den Rang des schweren Betruges erheben. Die empörte Stimme eines Anwaltes aus dem Jahre 1598:

Impotente sind Spötter und Beleidiger, die das Verbrechen des Hypothekenschwindels begehen, weil sie gefälschte Güter als echt angeboten und damit betrogen haben.[27]

Der Verfasser der *Causes célèbres*, Gayot de Pitaval, schlägt im 18. Jahrhundert noch den gleichen hohen Ton an: »Gibt es einen Menschen, der solche Fallen wie der Impotente legt, die keine Gegenwehr gestatten? Unter dem schönsten Anschein der Welt verführt er ein Mädchen, indem er einen Ehevertag mit ihr abschließt.«[28] Die juristische Empörung bereitet das Feld für ein neues gerichtliches Untersuchungsverfahren. Bei einer Klage der Ehefrau auf Impotenz mußte der Mann die Inspektion seiner Genitalien zulassen; sollten dabei weiter Zweifel offen bleiben, so hatte er die Erektionsprobe auf sich zu nehmen.[29]

Die Akten und Zeugnisse zeigen seit dem 16. Jahrhundert eine enorme Zunahme der Ehescheidungen wegen männlicher Impotenz. Eine juristische Abhandlung aus dem Jahre 1611 mit dem Titel *Traité de l'impuissance* beklagt diese Entwicklung lebhaft.[30] Die Zahl der Prozesse im Frankreich des 17. Jahrhunderts schätzt ein Jurist zweihundert Jahre später auf etwa 10000. Mehr als 20 Prozent dieser Verfahren werden von Adligen angestrengt, und die Akten über die Befragungen, Inspektionen und über die Erektionsbeweise, die Pierre Darmon untersucht hat, geben ebenso groteske wie grausame Daten an die Nachwelt weiter. Man darf davon ausgehen, daß viele Frauen dieses beinahe unfehlbare Instrument einfach genutzt haben, um sich auf die einzige vom Gesetz eingeräumte Weise eines ungeliebten Mannes zu entledigen. Daß bei der Anklage auf Betrug durch Impotenz auch wieder weiblicher Betrug im Spiele sein könnte, scheint nur selten vermutet worden zu sein. Die Befragungs-Protokolle enthalten mit einer gewissen Monotonie den vom Kirchengericht geäußerten Verdacht, die »Impotenz« des Mannes sei auf Betrug mit einer anderen Frau zurückzuführen.[31] Daß die Untersuchung diese Richtung einzuschlagen habe, ordnete bereits Papst Honorius III. an. Im System der kanonischen Gleichheiten entsprach also die Kohabitationsunfähigkeit des Mannes exakt dem Reinheitsverbrechen der Frau. Und Darmon weist mit gutem Recht darauf hin, daß das Beweisverfahren wegen vermuteter Impotenz ganz wie die Gottesgerichte gegen angeblich untreue Ehefrauen abgewickelt wurde. Sowohl beim Erektionsbeweis wie auch beim sogenannten *congressus* waren die Chancen, erfolgreich zu sein, sehr gering.[32] In Gegenwart des großen Anderen (zuständig war die Kirche) unterläuft den Probanden zumeist das »Fiasko«, wie es Stendhal nannte.[33] Viermal unterzog sich der unglückliche Marquis de Gesvres zwischen 1712 und 1714 der Inspektion durch eine Kommission aus zwei Chirurgen und zwei Ärzten, die seine Virilität im Zuge einer Klage seiner Frau wegen Impotenz zu begutachten hatte. Die Expertise fiel vernichtend aus und schloß ausdrücklich den Verdacht des Betruges ein. Aus einem der Gutachten über den Beweis der phallischen Leistungsfähigkeit des Marquis:

Die Experten, die im Jahre 1714 die Untersuchung führten, fanden sie [die Erektion] in etwa dem gleichen Zustand, den sie bereits 1713 beschrieben haben. (...) Eine gewisse Belebung war zu erkennen, aber doch entsprach die Erektion im Hinblick auf Spannung, Härte und Dauer nicht den geforderten Eigenschaften... Und diese Feststellung erfolgt ohne Rücksicht auf die bedeutenden, schwerwiegenden Gründe, die die Vermutung erlauben, daß diese Erektion selbst doch nur eine künstliche Imitation des natürlichen Vorgangs war... Alle Ansichten stimmen darin überein, daß diese Art von Erektion, die M. de Gesvres vorführte, nicht als echtes Hartgeld angesehen werden konnte.[34]

Die Expertise faßt zusammen, daß unter den Parametern Stärke, Festigkeit und Stabilität die Männlichkeit des Marquis den Tatbestand der Falschmünzerei zu erfüllen schien. Vergeblich wandte der Beklagte ein, daß seine Erektion stets unter den prüfenden Blicken der Experten zusammenbrach; die Niederlage in seinem Prozeß zeichnete sich ab. Daraufhin gab sich seine Frau mit hohen Entschädigungen und kostspieligen Sonderrechten zufrieden und bestand nicht mehr auf der Annullierung der Ehe. – In einem anderen Fall, den Darmon aus den Akten berichtet, wartete eine Kommission im Hause eines Probanden zwei Tage und zwei Nächte, ehe sich der Mann aus seinem Schlafzimmer meldete und eine Schwellung seines Gliedes vorführte, die aber den Maßstäben der Experten nicht genügen konnte, weil sie trotz ständiger Manipulation kaum eine halbe Minute Bestand zeigte.[35]

Mit dem Erektionsbeweis erschöpften sich noch keineswegs die prozessualen Möglichkeiten bei der Klage auf Annullierung der Ehe wegen Impotenz des Mannes. Der beispielhafte Wille zur Wahrheit, der die Kirchenjuristen beseelte, legte auch noch den *congressus* in die Hände der Richter. Angeblich wurde er bereits 1434 vom Papst institutionalisiert und im folgenden Jahrhundert von ärztlicher Seite kommentiert.[36] Die Akten wissen davon, daß die Kirchenrichter des 16. Jahrhunderts in Frankreich, Spanien, Italien den *congressus* als Beweismittel forderten. Unter den Augen einer Expertengruppe hatte der Mann, auf dem der Verdacht der Impotenz lastete, das Triptychon der Ehefähigkeit zu durchmessen: Erektion, Intromission, Emission. Die prozedurale Vorschrift verlangte selbstverständlich, daß der Verdächtigte diesen Beweis bei seiner Frau, die gerade gegen ihn klagte, erbringen konnte. In Frankreich wurde der *congressus* als Beweismittel 1677 wieder abgeschafft. Das halböffentliche Spektakel stieß bei zu vielen Beteiligten und Beobachtern auf Widerstand. Aber der Staat, dessen Verlangen nach Informationen unersättlich ist, schien daran eine Zeitlang großes Interesse gefunden zu haben. Als der Baron Charles de Quellenec im Jahre 1572 auf die Klage seiner Frau hin den *congressus* in Blois mit dem unvermeidlichen Fiasko absolvierte, fand sich auch der hugenottische Admiral Coligny als Zeuge ein. Nachdem aber kurz darauf der Baron de Quellenec (ebenso wie Coligny) in der Bartholomäusnacht erschlagen worden war, regte sich auf höchster Ebene ein Klärungswunsch des Staates, die Männlichkeit des Freiherrn postum zu evaluieren. Nach dem Zeugnis Pierre Bayles im *Dictionnaire historique et critique* (1695–97) ließ Katharina von Medici die Leiche des toten Barons suchen, um die Genitalien des angeblich impotenten Mannes im Kreise ihrer Hofdamen zu inspizieren. Dabei soll es großes Gelächter gegeben haben.[37]

Die Abschaffung des Erektions-Ordals für Männer brachte in Frankreich erst die Französische Revolution mit ihrem neuen Scheidungsgesetz von 1792. Die Ehe stand nicht mehr unter dem Grundverdacht eines wechselseitigen Betruges. Betrug der Reinheit, Betrug der Potenz. Für eine ganze Epoche, die ja auch die Epoche der Wahrheitsbeweise durch Folter gewesen ist, wohnte die Wahrheit im Fleisch des Subjekts. Es mußten nur Mittel und Wege gefunden werden, ihr zur Erscheinung zu verhelfen. Die Wahrheit sollte sich aus der sterblichen Hülle und aus der Verborgenheit der Maskierungen zur augenfälligen Evidenz erheben. Dabei zeigt sich rückblickend, daß der Bedarf an Zeichen, die eine Epoche für ihre Gewißheit reklamiert, starken Veränderungen unterliegt. Überzeugungen wurzeln offenbar in Codes von Juristen.

Kaum hatte Frankreich die Erektionsbeweise abgeschafft, da erinnerte Hegel im Jahre 1806 daran, daß sich in der Differenz zwischen einfachem Glied und erigiertem Phallus dem Auge nicht nur ein akzidenteller, sondern ein substantieller Gegensatz darbietet. Wo die Erektion fehlt, da fehlt die Wahrheit. Die *Phänomenologie des Geistes* enthält ein großartiges Kapitel, worin sich Hegel mit der zeitgenössischen Schädellehre auseinandersetzt. Diese von dem Hirnphysiologen Franz Joseph Gall in Zusammenarbeit mit Johann Caspar Spurzheim entwickelte Theorie gab Anleitungen, wie an der Form und Gestalt des Schädels mentale und psychische Eigenschaften des Subjekts abgelesen werden könnten. Ausgeprägte moralische oder intellektuelle Qualitäten erzeugten nach Gall/Spurzheim materielle Veränderungen jener Bereiche in der Hirnhemisphäre, wo ebendiese Eigenschaften ihr physiologisches Substrat haben. Hegel bedachte diese Doktrin von der Materialität des Geistes mit dem vollen sprachmächtigen Spott, dessen er fähig war. Den Geist mit einem Knochen zu verwechseln, das heißt Tiefe und Unwissenheit ineinander werfen. Wie aber gehen Tiefe und Unwissenheit zusammen?

Das *Tiefe*, das der Geist von innen heraus, aber nur bis in sein *vorstellendes Bewußtsein* treibt und es in diesem stehenläßt, – und die *Unwissenheit* dieses Bewußtseins, was das ist, was es sagt, ist dieselbe Verknüpfung des Hohen und Niedrigen, welche an dem Lebendigen die Natur in der Verknüpfung des Organs seiner höchsten Vollendung, des Organs der Zeugung, und des Organs des Pissens naiv ausdrückt. – Das unendliche Urteil als unendliches wäre die Vollendung des sich selbst erfassenden Lebens; das in der Vorstellung bleibende Bewußtsein desselben aber verhält sich als Pissen.[38]

Gelangt der Geist, wie es die Schädellehre vorführt, nicht über das vorstellende Bewußtsein hinaus und weiß auch dieses Bewußtsein nichts von seiner Unwissenheit, so ergibt sich der merkwürdige Befund, daß in diesem Wissen das Hohe des Geistes und das Niedrige der Unwissenheit an die gleiche Instanz gebunden sind. Dieses Spiel treibt die Natur auch sonst, wenn sie beispielsweise die beiden Funktionen Zeugung und Pissen an ein einziges Organ vergibt. Dennoch sind es zwei Welten, die sich an diesem anrüchigen Ort zusammenlegen lassen: die Welt der Wahrheit (des unendlichen Urteils) und die Sphäre des Trugs (des vorstellenden Bewußtseins). Das philosophische Tribunal der *Phänomenologie* bestätigt in seiner Sentenz die Gültigkeit des Erektionsbeweises. Der Zustand des Organs, das nur zum Pissen taugt und weder die Form noch die Härte oder die Dauerhaftigkeit eines Phallus annimmt, wenn es dazu aufgerufen wird, ist ein Betrug.

Maschinen der totalen Kontrolle

Die Kritik am Beweisverfahren der Gottesurteile zieht sich nicht nur durch die Kommentare der Juristen, sondern geht auch in die Literatur ein. Auf der einen Seite gaben Autoren wie Gottfried von Straßburg ihren Unmut über diese Institution als Erzählung von einem linguistischen Betrug wieder; solche betrügerischen Ordale kennt die Literatur in beachtlicher Zahl.[39] Andererseits spricht das gleiche Ungenügen aus einer reichen Überlieferung von phantastischen Konzepten zur Kontrolle der Herzen und Gehirne. In der Mitte des 2. Jahrhunderts ließ der griechische Schriftsteller Lukian in seinem Dialog *Hermotimos* den ewigen Nörgler Momos zu Wort kommen. Momos beurteilte dort die Konstruktion des Menschen, die ihm als handwerkliche Arbeit des Hephaistos vorgeführt wurde. In seiner Expertise bemängelte Momos jedoch, daß der Meister »an der Brust seines Menschen keine Fenster angebracht habe, durch welche man in den Sitz seiner Gedanken und Gesinnungen hineinsehen und sich also immer überzeugen könnte, ob das, was er sage, Verstellung oder seine wahre Meinung sei«.[40] Die Idee des kleinen Momos tauchte nach einer langen Geschichte juristischer Behelfe durch Gottesurteile, Verhöre, Foltern und Beichten erst im 18. Jahrhundert bei manchen Schriftstellern wieder aus seiner Vergessenheit empor. In Laurence Sternes *Tristam Shandy* (1760–67) beispielsweise spinnt ein phantasievoller Kopf die Möglichkeiten einer solchen Hypersichtbarkeit aus:

Wenn das Fenster des Momus wirklich nach der vorgeschlagenen Verbesserung dieses Erzkritikers in die Brust des Menschen eingesetzt worden wäre, so würde (...) nichts weiter vonnöten sein (...), um den Charakter eines Menschen zu erkennen, als einen Stuhl zu nehmen, ganz leise hinzugehen

(...) und hineinzugucken, die Seele ganz nackt zu besehen, alle ihre Regungen und Machenschaften zu beobachten, allen ihren Grillen von der Zeugung bis zum Auskriechen nachzuspüren (...), Feder und Tinte zur Hand zu nehmen und nur das niederzuschreiben, was sie mit ihren eigenen Augen gesehen haben und beschwören können.[41]

Was die mythisch-technische Utopie nicht vermag, das soll einem Exzeß der Aufrichtigkeit gelingen, den Jean-Jacques Rousseau in seinen *Bekenntnissen* der Welt präsentiert:

Ich möchte es fertigbringen, meine Seele gewissermaßen durchsichtig für den Leser zu machen, und deshalb suche ich sie ihm unter allen Gesichtspunkten zu zeigen, sie in allen Beleuchtungen darzustellen, zu erreichen, daß nichts darin vorgeht, was er nicht bemerkt, damit er von sich selbst aus über die wirkenden Grundursachen urteilen kann.[42]

Der Leser, der die Schrift des Autors zur Hand nimmt, soll sich in der Illusion wähnen, vor dem Fenster des Momos zu stehen. Ihm wird sogar die Arbeit erleichtert. Der Beobachter muß sich die Zeichen der Seele nicht erst übersetzen, sondern sie enthüllen sich seinem Blick gleich in Schrift und Kopie. Die Epoche unterwirft nun die gesamte empfindsame Welt dem Gesetz der Intimität und verpflichtet sie, durch aufrichtiges Schreiben die Freunde, Geliebten und Leser ins eigene Herz blicken zu lassen. Die Regel etabliert sich um 1800 so fest, daß sogar ihr paranoischer Rückschlag die Psychiater in Alarm versetzte. Innerlichkeiten und Herzensschriften sind bisweilen Minenfelder. Der beliebte Unterhaltungsautor Christian Heinrich Spieß, dessen Bücher Clemens Brentano für das Unglück der jungen Amalie Welsch verantwortlich machte, veröffentlichte in seinen *Biographien der Wahnsinnigen* (1795/96) auch den traurigen Fall des »gläsernen Ökonomen«. Einen wohlhabenden und erfolgreichen Hofpächter bringt die unglückliche Liebe zu einem »gefallenen Mädchen« um einen Teil seines Verstandes. Der erotische Wahnsinn der Empfindsamkeit tobt sich nicht in rasenden Leidenschaften aus, sondern schlägt den armen Pächter mit der Zwangsvorstellung, daß die anderen in seinem Herzen lesen können. Anders vermag er den Gedanken nicht zu fassen, daß die Freunde und Anverwandten seine heimliche Absicht errieten, die junge Frau, die er liebt, trotz ihres schlechten Rufes zu heiraten. So verfällt er dem Wahn, daß er ein Fenster in der Brust trägt, durch das alle in seinem Herzen lesen können.[43] Gegen diese empfindsame Paranoia war noch kein Psychopharmakon gewachsen, und so versuchte es der Arzt mit einer üblichen Heilmethode, nämlich den Wahn mit seinen eigenen Waffen zu schlagen. Man setzte dem verrückten Ökonom ein riesiges Pflaster auf die Brust, um die offene Stelle zu kurieren. Doch nach kurzer Besserung überwältigte die erste psychologische Bemerkung die schwachen Kräfte der Vernunft und öffnete wieder das Fenster zum Herzen des Kranken. Schließlich starb der gläserne Ökonom mit der letzten Bitte auf den Lippen, seinen Sarg nicht zu öffnen, »damit die Leute nicht in meinem Herzen lesen können.«[44] Gleich ob authentisch oder empfindsame Erfindung, die Geschichte vom gläsernen Ökonom schreibt eine virulente Metapher der Epoche um ins Pathologische. Die gleiche kleine Maschine, erklärte Freud, benutzt auch die Hysterie bei der Symptombildung, »wenn sie für ihre stärkeren Innervationen den ursprünglichen Wortsinn wiederherstellt«.[45] Leidenschaft im Herzen einzuschließen, ihr das Symbol verweigern, führt dazu, daß sie den Weg körperlicher Zeichen wählt, um der Welt die Wahrheit zu offenbaren. Dies vermag sie aber nur unter Beihilfe der Literatur, die solche Zeichen erfindet.

Die Utopie einer Lesbarkeit der Herzen überwältigte bereits im 18. Jahrhundert Leser und Schreiber und entfachte im 19. und 20. Jahrhundert wahre Exzesse der Selbstoffenbarung. Bereits um 1800 gaben imaginäre Maschinen den Grad an Genauigkeit vor, in dem die Herzensschrift der Autobiographie niedergelegt werden sollte.[46] Zu diesem Zeitpunkt ließ Ludwig Tieck einen seiner Romanhelden im *William Lovell* ausrufen:

Oh, wenn wir doch Teleskope erfinden könnten, um in das tiefe Firmament unsrer Seele zu schauen, die Milchstraße der Ahnungen zu beobachten, die nie unserm eigentlichen Geiste näherrücken (...).[47]

Es dauerte nicht einmal hundert Jahre, bis dieser literarische Wunsch das Herz eines Autors von Trivialromanen erweichte. Der Verfasser der *Physiologie der Liebe*, deren Lektüre Freuds Dora zu einigen ihrer hysterischen Symptome anregte, Paolo Mantegazza, veröffentlichte im Jahre 1880 seinen futuristischen Roman *Das Jahr 3000.* Paolo und Maria reisen im Jahre 3000 durch Europa und inspizieren unter ständigem Rückblick auf das 19. Jahrhundert den Kontinent. Paolo, die Romanfigur und prekäres Doppel seines Erfinders, nimmt den Roman, dessen Held er ist, mit auf die Reise, um sich mit den »seltsamen Phantasien dieses uralten Schriftstellers« zu unterhalten.[48] Die Unterhaltung absorbiert nicht alle Geisteskräfte von Autor und Held, denn zuletzt beteiligt sich Paolo erfolgreich an einem Wettbewerb der Akademie von Athropolis, die alle zehn Jahre die drei größten Erfindungen prämiert. Der dritte Preis fällt auf einen Bohrer, mit dem man den gesamten Erdball perforieren kann; den zweiten Preis erhält ein Fernrohr, das den Kontakt zu den Bewohnern der nächsten Planeten herstellt. Den ersten Preis aber gewinnt Paolo: Er hat heimlich, sogar unbemerkt von seiner Braut, ein Psychoskop entwickelt, das endlich alle Geheimnisse und jeden Betrug aus den Beziehungen der Menschen verbannen wird. Die Laudatio auf die Erfindung legt das klar:

> Die Akademie hat einstimig entschieden, mit dem ersten Preise Herrn Fortunati zu krönen; denn während die beiden ersten Erfindungen die Grenzen der Erkenntnis erweitern, verspricht uns das Psychoskop ein neues Zeitalter der Moralität und der Aufrichtigkeit unter den Menschen.
> ... Wenn wir alle wissen werden, daß jeder in unserm Gehirn lesen kann, werden wir bestrebt sein, daß unsere Handlungen und Gedanken einander nicht widersprechen, und unser Denken wird dieselbe gute Richtung nehmen, wie wir sie für unsere Handlungen suchen. Es ist zu hoffen, daß durch das Psychoskop die Lüge von der Erde verbannt oder wenigstens eine seltene Erscheinung wird (...).[49]

Als Paolo dann das Psychoskop, das die Form eines Opernglases hat, an die Augen setzt, nehmen die Teilnehmer an der Akademie-Sitzung erschrocken Reißaus, weil sie fürchten, daß der Erfinder ihre geheimen Gedanken lesen würde; nur Paolos Verlobte Maria hat nichts zu verbergen außer Tränen der Rührung. Sie nimmt ihren Paolo in die Arme, und alle Zeugen der Szene sind sich einig, daß die Umarmung der höchste Preis für die unsterbliche Erfindung sei. Mit diesem Schluß, in dem sich das seelenvolle Hoffen des 19. Jahrhunderts eine triviale Apotheose bereitet, endet der Roman. Das Psychoskop, so wird dem Leser in dieser Revue aus dem Poesiealbum der Menschheiträume gesagt, ist eine utopische Liebesmaschine, die durch Totalisierung der Kontrolle den anderen in den Bann der Aufrichtigkeit zieht. – Doch wird das längst nicht genügen. Zur gleichen Zeit begann Sigmund Freud in den Herzensschriften der stockenden Patientenbeichten die Buchstaben des Unbewußten zu entziffern. Das Psychoskop der Analyse erlaubte nun den Kontakt des ärztlichen Wissens mit einem bisher unbekannten Verlangen, das noch verborgener und verschwiegener war. Hat die Kenntnis des Unbewußten, das Wissen von den geheimen, wilden, perversen Begierden aber die Welt der Paare bereichert?

Mantegazza gibt einer utopischen Maschine zu lesen, was die Literatur über eine Mimikri an die verschiedenen Maschinen, die das Reale speichern oder übertragen, zu schreiben versucht. Die Herzensschriften des 20. Jahrhunderts zeichnen sich durch solche Anpassungen aus: Prousts autobiographische Texte wollen die Genauigkeit der Photographien übertreffen; Benjamins *Berliner Kindheit* halluziniert aus einem akustischen Gedächtnis die authentischen Daten von Telephongeräuschen; Sartre unterwirft seine Bekenntnisse in den *Wörtern* dem Rauschen und der Präzision von Bildern im Kino, und Leiris würde seine *Spielregel* gerne als Schallplatte laufen lassen.[50] Die Literatur-Maschinen des 20. Jahrhunderts messen sich nicht mehr an einem höchsten Grad der Aufrichtigkeit, sondern an einem technischen Paradigma der Genauigkeit. Es ist zugleich der Versuch, einer solchen Macht der Inspektionen zu entgehen, wie sie der paranoische Präsident Schreber, ein irrer Geistes-Bruder des »gläsernen Ökonomen«, erleiden mußte. Ihm widerfuhr eben das, was sich der Autor des *Tristam Shandy* noch gefahrlos als Spionage durch das Fenster des Momos ausgemalt hatte:

Man unterhält *Bücher oder sonstige Aufzeichnungen*, in denen nun schon seit Jahren alle meine Gedanken, alle meine Redewendungen (...) *aufgeschrieben* werden. Wer das Aufschreiben besorgt, vermag ich ebenfalls nicht mit Sicherheit zu sagen. Da ich mir Gottes Allmacht nicht als aller Intelligenz entbehrend vorstellen kann, so vermuthe ich, daß das Aufschreiben von Wesen besorgt wird, (...), die aber ihrerseits des Geistes völlig entbehren und denen von den vorübergehenden Strahlen die Feder zu dem ganz mechanisch von ihnen besorgten Geschäfte des Aufschreibens sozusagen in die Hand gedrückt wird (...).[51]

Während alle Moralisten, die Ärzte, Priester und Richter, von Lesehilfen wie Mantegazzas Psychoskop träumen, verwandeln sich diese Maschinen im Geiste der Liebenden in eine furchtbare Heimsuchung durch den Anderen. Denn der Senatspräsident war ein Liebender, wenn er es auch selbst nicht wahrhaben wollte und konnte. Rousseau schrieb entzückt an seine Altersliebe Sarah: »Du liest in meinem Herzen, junge Sarah«[52], und Elisabeth Barrett konnte Robert Browning damit schmeicheln, daß sie einst angenommen hatte, er vermöchte ihre Gedanken zu lesen, »wie Du die Zeitung liest«[53]; doch stehen diese Schmeicheleien eben unter der Voraussetzung, daß sich in der Liebe nur ideale Oberflächen mit Augen und Fingerspitzen abtasten. Dies gilt ja auch für das System der verliebten Wünsche, die keine Psychoskope benötigen, weil sich im erotischen Zustand jedes Begehren an den Oberflächen ablesen läßt. Da solche Liebenden nur aus Wünschen bestehen, deren Geheimnis keineswegs abgrundtief ist, kann sich die Vorstellung entwickeln, daß das Spiel der Offenbarungen und Aufrichtigkeiten, des Verlangens und der Wünsche in der Liebe selbst als Modell aller sozialen Kommunikationen eingerichtet werden sollte. Dies wiederum sind Wünsche des Staates, vorsichtig gesprochen: des totalen Staates. Aber der totale Staat ist das logische Evolutionsziel eines jeden Staates. Der Held in George Orwells Roman *1984*, Winston Smith, erhält eines Tages von einer jungen Frau, der er schon mehrfach begegnet ist, heimlich einen Zettel zugesteckt. Unter den Lebensbedingungen in Ozeanien, wo eine allgegenwärtige Gedankenpolizei und die ständige Kontrolle durch den Televisor alle spontanen Handlungen ersticken, ist dieses Zeichen erst einmal beängstigend:

Was immer auf dem Papier geschrieben stand, mußte eine Art politischer Bedeutung haben. Soweit er beurteilen konnte, gab es zwei Möglichkeiten. Die eine, wahrscheinlichere, bestand darin, daß das Mädchen, ganz wie er befürchtet hatte, eine Agentin der Gedankenpolizei war. (...) Aber es gab noch eine andere, noch tollere Möglichkeit (...). Daß nämlich die Nachricht überhaupt nicht von der Gedankenpolizei kam, sondern von einer Art Untergrundbewegung.[54]

Auf dem Zettelchen steht die Nachricht »Ich liebe Sie«, das Zauberwort der empfindsamen Gedankenpolizeien und romantischen Untergrundbewegungen. Julia, die Absenderin des Geständnisses, gehört weder der einen noch der anderen Gruppe an; das Liebeszeichen und der spätere Liebesakt entwickeln durch die Umgebung, die sonst die Kontrolle über alle zu sichern sucht, Züge eines regelrechten Staatsstreichs: »Es war ein gegen die Partei geführter Schlag. Ein politischer Akt.«[55] Aber selbst im totalen Staat macht die Liebe stets das, was die Macht begehrt. Denn der Staat sorgt dafür, daß das, was er verlangt, »Liebe« heißt. Nachdem Winston mit der Untergrundorganisation Kontakt aufgenommen hat und dabei in eine Falle des Staates selbst gegangen ist, wird er dazu gebracht, den »Großen Bruder« doch zu lieben. Die Umschrift seiner Einstellung erfolgt im »Ministerium der Liebe«. Die gräßliche Anti-Utopie Orwells schreibt die Gegebenheiten in den Worten der brutalen Macht nieder. Die Paranoia erfindet nichts, sondern nimmt Metaphern wörtlich. Schrebers Wahn erklärt daher buchstäblich, daß das, was aus seinem Gehirn kopiert wird, vorher bereits dort eingetragen wurde. Das ist die komplexe Maschine der Kontrolle. In einem Science-fiction-Roman der vierziger Jahre mit dem deutschen Titel *Gedanken-Vampire* wird wieder einmal die Welt von außerirdischen Wesen heimgesucht, die selbst nur als Energiequanten existieren. Erst nach der Erfindung eines Mittels, das die menschliche Sehfähigkeit in den Infrarotbereich hinein erweiterte, wurden diese Vitonen entdeckt. »Die Wesen [sind] seit jeher imstande, uns zu durchschauen, während wir sie nicht sehen können. Sie gebrauchen auch die Gedankenübertragung anstelle von Stimmbändern und Hörorganen. «[56] Da diese höheren Intelligenzen über die Fähigkeit verfügen, menschliche Gedanken zu lesen und auf sie einzuwirken, ermordeten sie gleich alle Wissenschaftler, die die neuen Sehmöglichkeiten nutzten und auf ihre Spur kamen. Die Vitonen leben von der menschlichen Seelen- und Gedankenenergie und sind daher besonders daran interessiert, daß zwischen den Bewohnern der Erde ewig Konflikte bestehen und Kriege toben, um sie zu ernähren. Die Vitonen vermögen sogar wie in Ozeanien die Gedanken einzelner Menschen zu lenken und sie zu Sklaven ihrer Befehle zu machen. Wenn die Vernichtung dieser gefährlichen Schmarotzer gelänge, zeichnete sich auch der ewige Frieden in der Welt ab. Nachdem der Geheimdienstler Graham aus diversen Beobachtungen scharfsinnig geschlossen hat, daß die Vitonen mit Hilfe von polarisierter Strahlung in der Frequenz von einem halben Meter erfolgreich bekämpft werden könnten, und nachdem mit dieser rasch entwickelten Waffe die Feinde verjagt sind, bricht jedoch nicht der ewige Friede aus, sondern der Held erhält die Frau, nach der es ihn schon längst gelüstet. Denn die Liebe ist die triviale Miniatur des Friedens. Die Angst vor der Einwirkung von außen auf die eigenen Gedanken (als Phantasie wie als Wahn) spricht von der Kulturmacht, der jeder unterliegt, als bösem Feind. Schrebers Wahn will, daß es Schreiber, geistlose Kopisten sind, die das tun. Der Staat (oder Gott) überläßt es seinen Organen: Eltern, Lehrern, Professoren, Journalisten. Sie sind es, die mit Recht erwarten, daß ihre Reden wörtlich wiederholt werden. Denn die Homogenität kultureller Systeme besteht aus diesen Wiederholungen.

Stockungen (6): Revolutionäre

Über seine Organe, Behörden, Polizeien, Parlamente, mischt sich der Staat in die Affären der Geschlechter ein; er verfügt daneben noch über eine viel tiefergreifende Einrichtung: das Wissen. Auf ein Wissen von der Liebe kann niemand verzichten, weil jeder für die Erwartung der anderen einen Anhaltspunkt benötigt. Bereits der alte Staat wußte ja, wie hart eine Erektion sein muß oder wer über das Verlangen der Frauen den besten Bescheid besitzt. Der moderne Staat kennt bereits alle intimen Dateien des »Durchschnittsmenschen«, und er verteilt sie über schulische Sexualpädagogik oder soziale Beratungsstellen. Doch eine blinde Rückkopplung des alten literarischen Wissens will den Staat und die Gesellschaft auch noch nach diesem Liebeswissen funktionieren lassen. Neben den Utopien Rousseaus, Fouriers, der »wahren Sozialisten« oder gar Mantegazzas, die das Sprechen der Bürger im vollkommenen Staat wie die romantische Beziehung der Geschlechter einrichten wollten, truglos und aufrichtig, hält die erotische und politische Tradition zwei weitere Kommunikationsmodelle für die Liebe und den Staat in Bereitschaft. Beide vermeiden das Stocken und seine gebrochene Wahrheit. Das eine Modell verspricht den erotischen Genuß ohne das Geräusch der Sprache; das andere richtet die gute Hoffnung auf eine vollkommene Kommunikation, die alle Informationen ohne Widerstand und Täuschung fließen läßt.

Sexuelle Kontakte ohne Sprache erfand nicht erst Erica Jong im oneirischen Delirium ihrer »Traumnummer«; es ist überhaupt ein alter Traum der Literatur. Bereits der erste Troubador aus den Anfängen des 12. Jahrhunderts, Wilhelm IX. von Aquitanien, hinterließ ein deftiges Lied, das den Titel seines ersten Verses trägt: *Farai un vers, pos mi sonelh* (»Ich werde ein Gedicht machen, weil ich schlafe«). Darin läßt der Dichter einen (anscheinend somnambulen) Pilger von einem galanten Abenteuer mit zwei Damen erzählen. Weil er eine Sprachstörung simuliert und nur gestammelte Laute hervorbringt, halten ihn die Frauen für einen Stummen. Sie führen ihn in ihre Gemächer, geben ihm zu essen, zu trinken und feiern eine Orgie mit dem vermeintlichen Kretin. Auch dieser Pilger enttäuscht nicht die Erwartung, daß sein Phallus zulegt, was der Zunge versagt blieb. (Bei seiner Abschlußrechnung über die Liebesnacht mit den zwei Damen kommt der Sänger auf die herkulische Summe von 128 Nummern.) Zuvor jedoch mußte der Pilger einen Test auf die Truglosigkeit seines Sprachfehlers bestehen, indem die zwei Frauen seinen Rücken von den scharfen Krallen einer Katze bearbeiten ließen; aber er hielt still und gab keinen Laut von sich; das gemeinsame Vergnügen findet statt unter der (falschen) Voraussetzung, daß der sprachlose Mann das Erlebnis nicht bezeugen kann.[57] Die Geschichte von dem Stummen, der die Gelüste höfischer oder frommer Damen befriedigt, zieht sich durch die Literatur des Mittelalters und der Neuzeit. Der Mangel der Zunge wird nicht nur wie in *Fanny Hill* als Orakel der phallischen Potenz genommen, sondern als Bedingung einer Lust, die nicht immer durch die Gitter der Sprache und Konvention getrieben werden möchte. Viel mehr als für die Sprache der Lüste galt dies für die Idee einer reinen Sprache der Liebe, wie sie Rousseau seinen Emile sprechen oder eigentlich nicht sprechen lassen wollte. Emile wurde durch eine wohldurchdachte Politik der Zeichen und des Wissens auf die Liebe vorbereitet: Er lebt in kristallreiner Ignoranz. Denn durch »gewissenlose Aufklärung«, erklärt sein Erzieher Rousseau, läßt sich kein »menschliches Herz regieren«.[58] Voraussetzung der Regierbarkeit ist nämlich die Unschuld, und davon besitzt Emile jede Menge:

Er lebt in aller Unbesonnenheit und Unschuld; er ist rücksichtslos natürlich; er weiß noch nicht, wozu man betrügen sollte. Nichts geht in seiner Seele vor, das sein Mund oder seine Augen nicht verrieten (...).[59]

Damit auch alles weiterhin ganz natürlich scheint, arrangiert der Erzieher die Begegnung mit der für ihn ausersehenen Braut Sophie als Zufall. Der Erzieher und die Mutter Sophies sind übereingekommen, ihre Zöglinge, die sie verheiraten wollen, wie zwei Automaten zu lenken und sie dabei sorgfältig zu beobachten. Die Liebe ist nicht mehr die Wahrheit, sondern ein Datenreservoir. Die experimentelle Anordnung will, daß Emile in seiner Unschuld »wie ein Schlafwandler« den Gefahren entgeht, die überall auf ihn lauern.[60] Die Steuerungen durch die gemeinsame »Regierungskunst« gelingen vollkommen, da die Regisseure mit aller Vorsicht vorgehen. Erst einmal sollen sich die beiden nur kurz sehen. Am folgenden Tag entwickelt sich dann alles nach Programm:

Am nächsten Tag versammelt man sich wohlvorbereitet. Es sind kaum zwölf Stunden vergangen, seit sich unsere jungen Leute gesehen haben; sie haben nicht ein Wort miteinander gesprochen, und schon sieht man, daß sie einander verstehen. Ihre Begegnung hat nichts Vertrauliches; er ist verlegen, schüchtern; sie sprechen nicht miteinander; ihre niedergeschlagenen Augen scheinen einander auszuweichen, und eben das ist ein Zeichen dafür, daß sie einander verstehen; sie weichen einander aus, aber in gegenseitigem Einverständnis; sie spüren schon das Verlangen nach dem Geheimnis, bevor sie miteinander gesprochen haben.[61]

Ganz im Sinne der pädagogischen Politik beginnt die Liebe mit einem mehr als zwölfstündigen Intervall des Schweigens. Die Regierung fördert das Stocken, denn die Stummheit oder das Schweigen hüllen die beiden bereits in den Äther vollkommener Verständigung, die nicht mehr übertroffen werden kann. Das Schweigen ist die Latenzphase der später ausbrechenden Seelenharmonie.

Aus Rousseaus Konzeption der idealen Verständigung formten Literatur, Philosopohie und Politik nacheinander und miteinander ihre hermeneutischen Traumgedanken. Heine glaubte sich beim Tode der verehrten Freundin Rosa Maria Assing zu erinnern: »Wir, wir verstanden einander durch bloße Blicke, wir sahen uns an und wußten, was in uns vorging – diese Augensprache wird bald verloren sein.«[62]

Aber sie hörte nicht auf, gesprochen oder vielmehr als romantischer Diskurs ersehnt zu werden. Selbst der »redselige« Thomas Mann suchte, wie Reinhard Baumgart meint, Zuflucht zu einer vom Bann der Konvention erlösten Kommunikation. Sein Beleg dafür stammt aus dem *Felix Krull*:

> Nur an den beiden Polen menschlicher Verbindung, dort, wo es noch keine oder keine Worte mehr gibt, im Blick und in der Umarmung, ist eigentlich das Glück zu finden, denn nur dort ist Unbedingtheit, Freiheit, Geheimnis und tiefe Rücksichtslosigkeit. Alles, was an Verkehr und Austausch dazwischenliegt, ist flau und lau, ist durch Förmlichkeit und bürgerliche Übereinkunft bestimmt, bedingt und beschränkt.[63]

So läßt also Thomas Mann seinen größten Betrügerhelden Felix Krull den alten romantischen Traum weiterspinnen und von einem »wortlosen Urzustand« der Liebe singen. In der Kunst greift der Bürger demgegenüber nur zu einem Behelf. Denn auch die Glätte und Eleganz der Prosa Thomas Manns kommt nicht aus einer ursprünglichen Fülle und natürlichen Beredsamkeit. Dies stellte einmal Klaus Mann befriedigt fest, als er den Vater im Zimmer nebenan der Mutter diktieren hörte: »Zauberer nebenan M. Weimarer Vortrag diktierend (...); interessant zu hören, wie stockend die Sätze sich bilden.«[64]

Was sich zwischen dem ersten Blick und der Umarmung – gewiß nicht den Polen, sondern den beiden Grenzen menschlichen Verkehrs – abspielt, das ist das Stocken vor der Unmöglichkeit der Wahrheit. Rettung verspricht hier die Literatur, die ihre Befriedigung aus einem Spiel der Nachträglichkeit bezieht; hat erst einmal die Zeit den entscheidenden unmöglichen Augenblick verschlungen, dann läßt sich in Ruhe alles schreiben. Dagegen verschreiben sich noch manche Philosophen und Politiker dem Verlangen, den Augenblick des Realen zu heiligen und die Menschen durch Sprachen der vollkommenen Verständigung zu erlösen. Der Wunsch nach widerstandslosen Verständigungsprozessen, die Hoffnung auf ein Ende des Stockens, ist das revolutionäre Verlangen schlechthin. Ob sich nun Rousseau nach einer Sprache nur aus Gesten und Melodien zurücksehnt[65]; oder ob Heine einer natürlichen Verständigung durch »einen einzigen Laut, eine einzige Miene, eine einzige stumme Bewegung«[66] nachtrauert; oder ob Benjamin dem Traum einer Unmittelbarkeit nachhängt, der heißt: »die Aura dieser Berge, dieses Zweiges atmen«[67]; stets soll der Widerstand der Sprache, die Härte der Zeichen selbst verschwinden. Exakt dieser Widerstand stellt sich dem Fluß der Gedanken entgegen, denn er bringt zugleich die Macht und die Ohnmacht ins Spiel, die das Verstehen zum unberechbaren Zufall machen.[68] Diese alten

Träume von einer Verständigung ohne Stockungen und ohne Mißlingen wetterleuchtet heute noch durch die Brust der Philosophie. Kann der Staat durch gute Gesetze und durch Gerechtigkeit dafür sorgen, daß sich seine Untertanen besser verstehen? Oder kann gar der Staat von seinen Untertanen verlangen, daß sie sich im Zeichen des gemeinsamen Wohls von allem Streit und von allen Konflikten verabschieden? Ist überhaupt das Verstehen aller mit allen wünschenswert? Dies ist ein sehr alter Streit, dem bereits Georg Büchner in seinem Revolutionsdrama *Dantons Tod* die Bühne erschlossen hat. Das gleiche Revolutionstheater inszeniert Jürgen Habermas heute noch im Namen eines Begriffs der Sprache, der das »Telos der Verständigung innewohnt«; wenn er etwa gegen Odo Marquard, der mit guten Gründen vor dem »hermeneutischen Totschlag«[69] durch die eindimensionale Doktrin des Verstehens warnt, das politische Argument ins Feld führt, solche Warnung stünde in der deutschen Tradition des »ehrwürdigen Kampfes gegen die Ideen der französischen Revolution«[70], dann verkennt Habermas die bessere deutsche Tradition. Bereits Büchner rückte ebendiesen Konflikt zwischen Danton, dem Fatalisten des Zufalls, und Robespierre, dem Terroristen der Verständigung, ins Zentrum seines Dramas. Nur schwerlich wird man aber den Autor des *Hessischen Landboten* einer solchen deutschen Tradition des Kampfes gegen die »Ideen der französischen Revolution« zurechnen können. Ohne an Odo Marquard die Statur eines Danton abzumessen, entspricht doch der Gegensatz zwischen einer »Apologie des Zufälligen« und einer »Teleologie der Verständigung« dem Konflikt zwischen Danton und Robespierre (in Büchners Drama). Historisch gefaßt, ist es der Gegensatz zwischen Rousseau und Mirabeau. Was macht die *Theorie des kommunikativen Handelns* mit einem solchen Dialog aus Büchners Drama:

> CAMILLE. Was sagst du Lucile?
> LUCILE. Nichts, ich seh dich so gern sprechen.
> CAMILLE. Hörst mich auch?
> LUCILE. Ey freilich.
> CAMILLE. Hab ich recht, weißt du auch, was ich gesagt habe?
> LUCILE. Nein, wahrhaftig nicht.[71]

Ganz ohne Zweifel versteht sich dieses Paar nicht und lebt doch in schönster Eintracht. Lucile begreift nichts von Camilles »Geltungsansprüchen«, sondern liebt seinen sprechenden Körper: das politische Männerzwitschern. Dabei ist keineswegs gleichgültig, was Camille sagt, die Stimme muß die Geschlechtseigenschaften zur Geltung bringen. Es ist der Körper im Zustand des Verlangens. Natürlich wird die *Theorie des Kommunikativen Handelns* an diesem Beispiel nicht scheitern; aber der kleine Dialog verbindet sich mit anderen Szenen des Dramas zur Theater-Revue der scheiternden menschen-freundlichen Politik, mit der Danton / Büchner die revolutionäre Ge-sellschaft davor bewahren will, in Robespierre / Rousseaus »antedilu-vianische Gesellschaft«[72] zurückzufallen. Dieses System realisierte eben das Ideal einer präverbalen Sprache, die aus Gesten und Musik besteht: eine grauenerregende Gespenstergesellschaft aus präsumti-ver Unmittelbarkeit. Sobald Verständigungsideale in Politik / Ge-setze gefaßt werden sollen, rücken sie hart an den Rand des Terrors. Sie züchten Naturautomaten, die eben doch von »Herzensschriften« gesteuert werden. Rousseaus Emile bewegt sich als Unschuldiger »wie ein Schlafwandler«, und auch Büchners Robespierre fragt sich, ob »wir nicht Nachtwandler«[73] sind: durch Natur auf den richtigen Weg geführte Monstren der Intuition. Die menschenfreundliche Poli-tik anerkennt dagegen melancholisch und entschieden das Betrugsdi-lemma des Sprache. So antwortet Danton auf Julies Bemerkung: »Du kennst mich Danton«, mit der brüsken Zurückweisung der her-meneutischen Illusion: »Einander kennen? Wir müßten uns die Schä-deldecken aufbrechen und die Gedanken einander aus den Hirnfasern zerren.«[74]

Aus dem Frankreich der revolutionären Epoche kommen aber auch noch andere als nur rousseausche Träume von einem Verkehr zwischen den Menschen, ohne Blockaden, ohne Störungen, ohne In-tervalle. Es gibt auch Utopien, weitab von diesem hermeneutischen Terror. Am Vorabend der großen bürgerlichen Revolution erdachte bereits einer ihrer mächtigsten Redner eine andere perfekte Kommu-nikation. Der Graf Mirabeau veröffentlichte im Jahr 1783 sein *Erotika Biblion*, ein im Turmgefängnis von Vincennes verfaßtes Manifest li-bertiner Philosophie. Die Schrift befaßt sich in polemischer Absicht mit den Lastern der Onanie, Tribadie, Sodomie, Nymphomanie bei den Alten und vor allem im Alten Testament. Keine Heroisierung und romantische Verklärung der Vergangenheit, sondern Aufklärung über die Monstrositäten der alten Kulturen. Während Mirabeaus Ro-man *Der gelüftete Vorhang* eine libertine Variante von Rousseaus *Emile* entwickelt[75], präsentiert das *Erotika Biblion* im ersten Kapitel ein physikalisch gegründetes utopisches Kommunikationsideal. Ein Unbekannter erzählt von einer Reise in den Ring des Saturn. Das Ma-nuskript dieses Reiseberichts, so erklärt der Herausgeber, wurde an-geblich in Herkulanum bei Ausgrabungen gefunden. Es gab also be-reits in der Vergangenheit Kontakte mit außerirdischen Welten. Im Ring des fernen Planeten lebt eine ideale Gesellschaft, doch ihr perfektes Sozialsystem verdankt sich nicht hohen Standards von Tugend und edler Sitte. Vielmehr ist es eine Welt, in der dank zufälliger natürlicher Gegebenheiten vollkommene Bedingungen für die Kommunikation herrschen:

Er stellte fest, daß das Gedächtnis in den Saturnwesen nicht erlosch. Die Gedanken teilten sie sich untereinander ohne Worte und Zeichen mit. Keine Sprache und folglich auch keine Schrift, keine Dokumentation; und wie viele Zugänge waren damit der Lüge und dem Irrtum verschlossen! (...) Sie verfügten über alle nur denkbaren Annehmlichkeiten, um ihre Gedanken zu übertragen und um ihrer Ausführung eine unvorstellbare Geschwindigkeit zu verleihen und um jeden Fortschritt ihres Wissens zu beschleunigen; anscheinend vollzog sich bei dieser bevorzugten Art alles instinktmäßig und mit blitzartiger Geschwindigkeit.

Da das Gedächtnis aller Verstorbenen erfolgte die Überlieferung unendlich viel gründlicher, genauer und zuverlässiger, als es die Unmengen umständlicher Mittel zulassen, die wir um uns ansammeln, ohne damit tatsächlich auch irgendeine Gewißheit zu erlangen. (...)

Im Saturnring übertrug man alles Wissen über ganz beträchtliche Entfernungen hinweg durch die Luft, und zwar auf dem gleichen Wege wie das Sonnenlicht, das uns bekanntlich innerhalb von sieben Minuten erreicht. Unterschiedliches Einatmen oder Aushauchen genügte, um einen Gedanken mitzuteilen. So ergab sich ein großartiger Wettstreit unter den riesigen Völkerschaften, die sich dank dieser Intelligenz, dank dieser Harmonie, die den gesamten Ring erfüllten, ausschließlich mit ihrem gemeinsamen Wohlergehen befaßten, das auf diese Weise niemals in Widerspruch mit dem Glück des Einzelnen geraten konnte.[76]

Keine Einbußen bei der Speicherung, kein Widerstand bei der Übertragung, nur immaterielles Gleiten und verlustlose Aufzeichnung aller Informationen. Lediglich *eine* Blockade kennt diese utopische Welt, und die verhindert den Betrug. Eines der Geheimnisse, die diesen Traum eines irdischen Häftlings möglich machen, ist das physikalische Wunder, daß alle Körperemanationen erhalten bleiben: keine Konflikte, keine Reibungen, keine Entropie. Das Sozialsystem der Saturngesellschaft verdankt seine himmlischen Eigenschaften weder einer »antediluvianischen« Sprache noch der Moralität einer Gesellschaft, die vom Sündenfall verschont blieb; alles Glück ruht darin, daß unter den anderen physikalischen Bedingungen die Saturnwesen auch eine andere Mitteilungsweise entwickeln durften. Als könnten sich hier die Pneumata der Körper oder der Gedanken sogleich auf den Weg zum Empfänger begeben, ohne den beschwerlichen Transport durch Wörter, Postkutschen, elektrische Wellen oder Laserenergien. Zwar schrieb Mirabeau das Wunder physikalisch noch der

Elektrizität zu, aber zugleich dachte er bereits an einen immateriellen Gedankenverkehr. Unter den Parametern von Gedächtnis, Übertragungsgeschwindigkeit und Übertragungskapazität träumt der kommende größte Redner der Französischen Revolution hier von physikalischen Bedingungen der Kommunikation, die wir heute durch Aufrüstung aller Sinne realisiert haben. In ihrer technischen Ausrichtung unterscheidet sich die Utopie Mirabeaus von allen Entwürfen harmonischer Verständigung, die seit 1789 in den Philosophenköpfen heranreiften. Heute entmaterialisieren unerschöpfliche Speicher und absolute Geschwindigkeiten nach und nach, was noch zu stocken übrig bleibt.

Psychologien und Tests

Der Betrug ist das Werk der Sprache. Doch nicht nur die Sehnsüchte der Liebenden, die Phantasmen der Begehrenden, die Utopien der Philosophen umkreisen die Lexika und Grammatiken mit dem wilden Wunsch, die Sprache aus ihrem Verkehr zu ziehen, um nur noch die reine Luft der Gewißheiten zu atmen. Gegen den Betrug der Worte und kulturellen Zeremonien begehren auch die neuzeitlichen Profis der Menschenwahrheit auf, die als Richter und als deren psychologische Helfer arbeiten. Ihre bis heute gültige Hypothese setzt voraus, daß zwar die Sprache lügt, nicht aber die Natur. Selbst der größte Meister der Verstellung, so glauben sie, kann die Natur nicht daran hindern, durch einen unkontrollierbaren Kanal den Trug zu melden oder an einer verdeckten Stelle in einem vielleicht noch unentzifferten Code die Wahrheit zu verraten.

Seit römischer Zeit vertrauen die abendländischen Richter zwei Methoden, um den Diskurs der Angeklagten und der Zeugen auf einer anderen Zeichenebene zu kontrollieren: durch methodische Beobachtung und durch Folter. Beide Verfahren kamen wieder in Gebrauch, nachdem sich die romantische Epoche der Gottesurteile geschlossen hatte. Folter und methodisch geleitete Beobachtung gründen sogar in einer gemeinsamen Theorie, wie sich die Natur jenseits des Diskurses zum Sprechen bringen läßt. Ein unbekannter, wenn auch nicht namenloser Theoretiker der Folter war Augustinus. Im einundzwanzigsten Buch des *Gottesstaates* erörtert der Kirchenvater ausführlich die näheren Umstände der ewigen Qualen im Fegefeuer. Anders als die irdischen Torturen kennen die Höllenqualen keine Todesgrenze. Wird beim Lebenden die Qual zu groß, entflieht die Seele dem Körper. Anders im ewigen Feuer: »Der erste Tod treibt die Seele wider Willen aus dem Leibe, der zweite Tod hält sie wider Willen im Leibe fest. «[77] Da der Schmerz der strafende Schatten des Begehrens ist, wie Augustinus zuvor erklärt hat, und da auch die vom Irdischen gereinigte Seele immer noch begehrt, wird der Schmerz dieses Begehrens, die Strafe des Begehrens immerfort empfunden. Begehren und Qual sind die von Gott verhängten Mnemotechniken, die den Verlust des Paradieses niemals aus dem Gedächtnis fallen lassen. Augustinus legt die ganze Unbarmherzigkeit des ewigen Richters dar, der seine Gnade überdies nach unkalkulierbaren Prinzipien vergibt. Die augustinische Theorie der Folter will nun aber sicher wissen, daß der Schmerz, der dem Sünder zugefügt wird, nicht im Körper, sondern in der Seele empfunden wird. Der Körper ist nur der Leiter oder Kanal des Schmerzes.[78] Und ebenso ist das Fleisch nur der Ort, wo sich das Verlangen der Welt anwendet. Die von Augustinus freilich nicht explizit ausgesprochene Konsequenz lautet: Damit das Begehren gestanden wird, muß die Seele durch das postparadiesische Doppel des Verlangens, durch den Schmerz (auf der Folter), zum Sprechen gebracht werden.

Ein zweiter, unbekannter Theoretiker der Folter ist der große Francis Bacon. In *The Advancement of Learning*, einer ersten, kleinen Anleitung zur methodischen Datenerhebung aus dem Jahre 1605, gibt Bacon den Weg frei zur Erforschung der Wahrheit ohne Rücksicht auf den Schmerz der Kreatur. Verlangen und Schmerz sind geradezu die trügerischen Hindernisse, um das Geheimnis zu erfahren:

Denn da die wahre Gesinnung eines Menschen nicht richtig erkannt werden kann, ehe er ins Kreuzverhör genommen wird, und da auch Proteus stets seine Gestalt wechselte, bis er zuletzt gestreckt und festgehalten wurde; so können auch die Übergänge und Varianten der Natur nur in ihrer vollen Freiheit erscheinen, wenn ihr der Prozeß gemacht und sie der Folter unterworfen wird.[79]

Damit die Wahrheit, das Gesetz, die Seele der Dinge erscheint, muß über die Leitungen der physischen Erscheinung und ihrer akzidentellen Varianten die Sprache erfahren und erlauscht werden. Bacons Beispiel des greisen Königs Proteus, den Menelaos auf Anraten der Nymphe Eidothea mit Gewalt daran hinderte, sich dem Wissenswunsch der Griechen durch immer wechselnde Gestalten zu entziehen, gibt einen schlüssigen Kommentar. Proteus verfügt über die Gabe der Prophezeiung und soll unter Zwang und Schmerz sein Wissen über die Götter preisgeben.

In Gerichtsszenen sammeln die abendländischen Mächte die Wahrheit ein. Nach Augustinus wird jeder Einzelseele und der gesamten

Menschengemeinde der Prozeß gemacht. Dort antwortet auf den Zufall der Individuation der Zufall der Gnade. Bacon unterwirft die gesamte Natur einem *Prozeß* der Erkenntnis. In beiden Gerichtsszenen verschwinden Zufälle und Unterschiede durch Einsatz von Zwang und Folter. Das gleiche forensische Szenario eröffnet dem geschulten Blick den Zugang zu jenen Geständnissen, die die menschliche Natur in heimlichen Zeichen und oft gegen die Absicht des Sprechers ablegt. Bereits Quintilian empfahl, bei den Befragungen vor Gericht darauf zu achten, ob der Zeuge »ängstlich, wankelmütig oder unüberlegt« erscheint.[80] Die gleiche Formulierung nimmt die *Carolina*, Strafgesetz und Strafprozeßordnung von 1532, in ihren Artikel 71 auf, indem sie dort zugleich die Zeichenebene benennt, auf der die geheime Sprache der Seele gelesen werden kann: in den Gesten. Die Kommentare zur *Carolina* schreiben dann diesen gestischen Code näher aus: Es sind Stocken, Erröten, Erbleichen, die altbekannten verräterischen Signale des Verlangens. Da sie ihr Subjekt stets für schuldig erklären, zitieren auch sie nur aus den Akten des ewigen Richters. Später machen die Mediziner den Richtern eine ganze Wissenschaft von den »Zeichen der unfreien Zustände« zum Geschenk. In seinem *System der psychisch-gerichtlichen Medizin* (1825) klassifiziert Johann Christian August Heinroth diese Zeichen in drei großen Gruppen: Anomalien des Blicks, des Sprechens und des Verhaltens. Ob bestimmte Signale als Anomalien zu lesen sind, das entscheidet stets der Kontext: »Stockendes Sprechen, wenn es nicht das Zeichen eines bösen Gewissens ist, deutet auf Unfähigkeit, die Gedanken zu sammeln, auf Geistesschwäche hin.«[81] Die Theorie dieser »unfreien Zustände« stimmt Heinroth wieder auf die augustinische Lehre ab, wenn er erklärt: »Unfreiheit ist die Frucht der Schuld; und die Folge der Schuld ist die Strafe.«[82] Erneut wird klar: Die Natur läßt sich nicht betrügen, sondern meldet durch Entstellung des Blicks, durch Zerreißen der Rede und durch unwillkürliche Gesten die Schuld. Allerdings erklärt sich die Natur in einer auf den ersten Blick sehr zweideutigen Weise. Denn auch das unschuldige Verlangen bekennt sich (mit Augustinus zu sprechen) in den Zeichen der Schuld. Nimmt man Heinroth beim Wort, dann ist das Verlangen eine Schuld, weil es eine Unfreiheit ist. Die Natur spricht also doch unmißverständlich. Der berühmte Docteur Venette liefert in seinem zum ersten Mal 1654 erschienenen und bis 1955 immer wieder aufgelegten Standardwerk *Tableau de l'amour conjugal* das Porträt des verliebten (unfreien) Jünglings, der zwangsläufig die Natur betrügt: »das Gesicht ist bleich, die glanzlosen Augen blicken aus tiefen Höhlen, die Lippen farblos, die Stimme stockend, und Seufzer bringen den Atem aus seinem Rhythmus.«[83] Dieser Zeichensatz umfaßt das Lexikon einer betrogenen Natur, die sich in diesem Fall noch versöhnen lassen wird; doch die gleiche Semiotik verheißt ein irreparables Unglück, wenn sie ein fehlgeleitetes Verlangen ausspricht, das Rousseau als »Betrug an der Natur«[84] bezeichnete. Es ist der Betrug der »Selbstbefleckung«. Der Pädagoge und Schriftsteller Oest liest aus den Krankenblättern eines solchen Betrügers: »Seine rothen Wangen fiengen an zu verbleichen und schlaff zu werden. Sein volles blaues Auge trat zurück und lag in einer tiefen Höle. Seine Lippen waren blaß und mit einer trockenen Haut überzogen. Seine Hände wurden zitterhaft.«[85] Die betrogene Natur meldet in erregter immergleicher Sprache: Entfärbung, Anomalie des Blicks und Tremor (Oszillation) der Hände. Der pädagogische Beobachter, der als geschickter Semiotiker dieses Lasters arbeitet, muß von seinem kleinen Deliquenten nun noch das Geständnis einfordern.[86] Dann rundet sich auch diese Gerichtsszene vollständig ab.

Doch beherrscht das Gericht nicht nur die Menschenzeit schlechthin, wie Augustinus meint, oder die Szene der Erkenntnis, wie Bacon sie entwirft, oder die Erziehung, wie es die Pädagogen wollen; die forensischen und medizinischen Inquisitoren begeben sich auf jeden Schauplatz des Betrugs und schließen ihre alten und neuen Maschinen an die unter Verdacht geratenen Körper. Allmählich verwischen sich dabei die Unterschiede von Beobachtung und Folter. Oben wurde im Abschnitt über die Betrugsvorsorge durch gerichtliche Gottesurteile auch das sogenannte »Kreuzurteil« beschrieben. Es ermöglichte einen Beweisgang im Rahmen der Klage einer verheirateten Frau, die bei ihrem Mann vergeblich die ehelichen Pflichten einforderte. Sofern der Mann widersprach, mußten die beiden zur Entscheidung unter einem Kreuz ihre Arme so lange ausstrecken, bis einer von ihnen die erste Schwäche zeigte. Exakt die gleiche Probe, die das Mittelalter auf den Betrug des Fleisches ansetzte, führte Jean Martin Charcot im vergangenen Jahrhundert in der Pariser Salpêtrière ein, um unter seinen kataleptischen Patientinnen die echte Hysterika und die Simulantin zu unterscheiden. Auch sie mußten die Probe mit dem ausgestreckten Arm überstehen. Dabei vertraute der Testleiter nicht auf eine ungleiche Zeit der Ausdauer zwischen Betrug und Wahrheit; vielmehr wurde der ausgestreckte Arm mit einer Mareyschen Trommel verbunden, die kontinuierlich die Armbewegungen aufzeichnete, während ein gleichzeitig an der Brust befestigter Pneumograph die Kurve der Atmung niederschrieb.[87] Die Scheidung von Betrug und Wahrheit vollzog sich anschließend auf dem Papier. Die Kurven der echten Kataleptikerin zeigten einen gleichmäßi-

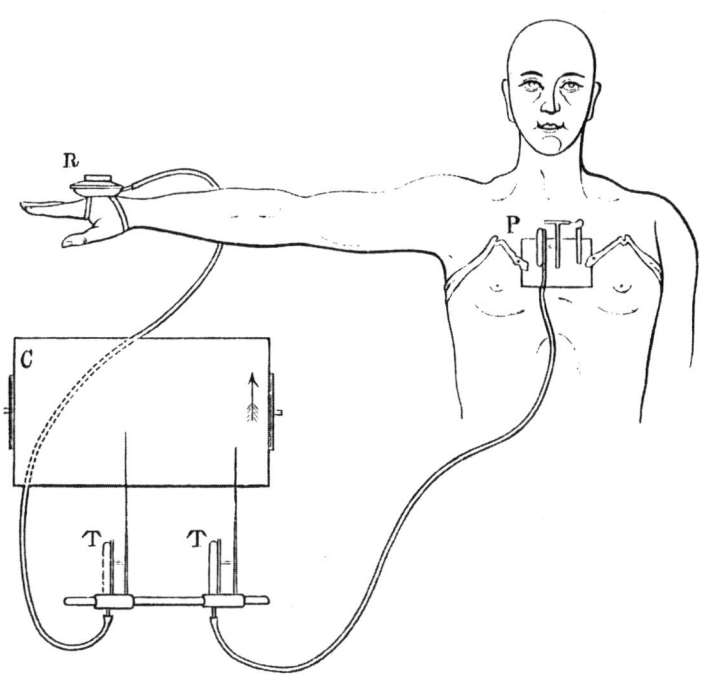

Abb. 26: Charcots Maschine gegen den hysterischen Betrug: Atmung und Oszillation der Hand werden aufgeschrieben.

gen Verlauf, während die Simulantin Stockungen des Atems und Oszillationen der Hände zu Protokoll gab. Die Natur läßt sich nicht betrügen und noch weniger die kataleptische Natur. Gott, den die Neuzeit seines pneumatischen Kanals beraubt hat, testete nun mit Pneumographen den Atem seiner Subjekte auf Gleichlauf und Wahrheit.

Doch nicht nur das Arrangement der alten Gottesurteile lebte in den psychiatrischen Kliniken wieder auf; auch die Settings für die gerichtliche Untersuchung männlicher Erektionsfähigkeiten holten Wissenschaftler aus den Requisiten des klassischen Zeitalters erneut in ihre Labors. In den Untersuchungsräumen der Sexualforscher William H. Masters und Virginia E. Johnson ging es indessen nicht mehr um den Betrug des Fleisches; wie einst dem vielgestaltigen Proteus sollte jetzt der menschlichen Sexualität ihr Geheimnis mit sanfter Gewalt abgelauscht werden. Männer und Frauen streckten sich in den fünfziger und sechziger Jahre unter den prüfenden Blicken der Experten auf den Versuchsliegen aus und produzierten Erregungszyklen,

Sekretionen, Erektionen, Spasmen, Ejakulationen zur Messung und Datierung. Auch hier öffnete sich der Schauplatz für den Kampf gegen den Betrug der Diskurse. Was ließ sich nicht früher alles über den Sex behaupten und sagen! Endlich kennt die Welt auch den *homme moyen* der endokrinen Drüsen. Aber es ist ein künstlicher Mensch, oder vielmehr: ein artifizieller Mann. Ungestört blüht die Erektion nur im natürlichen Ambiente der Schlafzimmer. Die Dinge liefen nämlich in den Labors von Masters/Johnson ganz ähnlich wie im »Tribunal de l'impuissance« des 17. oder 18. Jahrhunderts. Männer und Frauen taten ihre Pflicht unter großer Störungsanfälligkeit. Und dabei stellte sich wieder heraus, daß an den Versuchsunfällen zu 65,1 % die Männer beteiligt waren.[88] Ließ sich hier die proteische Natur der Sexualität nicht so einfach auf die Testfolter legen, oder war es das Verlangen, das sich nicht täuschen ließ?

Denn auch dies glaubt die Sexualwissenschaft zu wissen: Die Natur begreift bisweilen sehr viel besser, was den Menschen frommt, als ihre törichten Diskurse sagen. Dies mag schon nicht mehr überraschen; doch längst bekannte eine geschickt auf die Folter gelegte Natur auch den Selbstbetrug des Verlangens ein. Die englische Sexualforscherin Patricia Gillan führte nämlich mit Frauen ein beweiskräftiges Experiment über die Zeichen sexueller Erregungen auf den beiden Ebenen des Körpers und des Bewußtseins durch. Zu diesem Zweck deponierte sie bei ihren Versuchspersonen eine Sonde in der Vagina, die empfindlich auf Veränderungen des Blutdrucks reagiert. Anschließend wurden die Frauen erotisch stimuliert, erst durch Erzählungen von einem Kassettenrecorder, dann durch Filmvorführungen verschiedener sexueller Aktivitäten und zuletzt durch Applikation eines Vibrators in der Frequenz von 80 Hertz auf die Klitoris. Die Probandinnen mußten dabei anhand einer Skala die verschiedenen Abstufungen ihrer jeweiligen Empfindung zwischen den Extremwerten »erregend« und »abstoßend« anzeigen, während die Sensoren ihre unbestechliche stille Arbeit taten. Die Auswertung der Tests zeigte nun, daß die meisten Versuchspersonen die Wahrnehmung ihrer physiologischen Erregung durchaus in Korrelation mit den Daten der Vaginaldurchblutung anzugeben vermochten. Doch gab es auch eine Gruppe von Frauen, die sich von der unbestechlichen Natur ihrer Vaginalschleimhäute des Selbstbetruges überführt sahen; auf ihren Skalen bezeichneten die Probandinnen beispielsweise eine filmische Fellatio-Szene als »abstoßend«, während die Sensoren in den Gefäßen verstärkte Aktivität registrierten.[89] Übereinstimmend jedoch empfanden die Frauen die Oszillationen durch den Vibrator als am meisten stimulierend. Hier gerät die Welt dann

398

doch in Verwirrung. Während sonst das Zittern, die Oszillationen (bei den Masturbierenden, bei den Simulantinnen) und das Stocken bei den Zeugen vor Gericht als dramatische Indikatoren des Betruges gelten, meldet die sonst so untrügliche Natur beim Oszillator höchste Lust. Wie überhaupt dieser Versuch, der den Selbstbetrug im Verlangen mancher Frauen offenbarte, die Weisheit des Kirchenvaters Augustinus unterstreicht: Die postparadiesische Quelle aller Verbrechen und allen Betruges, das Verlangen, läßt sich nirgendwo verleugnen. Selbst wenn es sich zu maskieren sucht, muß es sich von den verborgenen Zeichen des Fleisches sagen lassen, daß es in Nebengeräuschen des Diskurses stets zu vernehmen ist. Mag das Verlangen aus eigenem Antrieb auch erklären, daß es die Fellatio nicht will; von den Sensoren oder von den Plastikpenissen, die Masters / Johnson konstruiert haben, wird es überführt, daß es nicht nur die Welt, sondern auch sich selbst belügt. Die Folter der Experimente bringt stets die Schuld ans Tageslicht. Sogar der Sexualmörder Jürgen Bartsch, der von sich behauptete, daß er homosexuell sei, mußte sich im Zuge eines Tests, der seine Reaktion auf verschiedene Darstellungen von Sexualität abfragte, korrigieren lassen, daß seine Natur durchaus ebenso auf Frauen und Mädchen reagierte wie auf sadistische Szenen.[90] Die unbestechliche Kurve eines Phallogramms brachte die dokumentarische Gewißheit ans Licht, daß sogar ein Sexualverbrecher, der angeblich willenlos dem Verlangen seines Fleisches gehorcht, in blinder Täuschung über die Wahrheit dieses Verlangens lebt.

Der Fortschritt will, daß sich die Richter und die Ärzte immer näher an das Zentrum aller Geheimnisse herantasten, dorthin nämlich, wo die Natur ihre Wahrheit unaufhörlich sagt: im nervösen System des physiologischen Apparates selbst. Freilich erleben die Wissenschaftler auch Rückschläge bei ihrer technischen Aufrüstung der Richteraugen. Den größten Triumph und den größten Reinfall im Krieg gegen den Betrug erlebte die forensische Wahrheit mit dem Lügendetektor. Was die alten Richter und Staatsanwälte aus dem diskontinuierlichen Strom der Worte und aus den kontinuierlichen Zeichen auf der Körperoberfläche heraushören und -lesen sollten, das wurde der Maschine übertragen, die während des Verhörs laufend physiologische Daten wie Blutdruck, Puls, Atmung, Hautreflexe sowie möglichen Tremor registrierte. Schließlich wurde diese Apparatur noch mit dem System einer Befragung verbunden, die erst Galton erfunden und dann C. G. Jung verfeinert hatte, mit dem Assoziationstest. Bereits die Mareysche Trommel und der Pneumograph, die Charcot seinen Hysterikerinnen an Arm und Brustkorb befestigte, war eine Art von Lügendetektor; doch wurde diese Maschine erst im

20. Jahrhundert zur Serienreife und zur Anwendung gebracht.[91] Heute scheint die Enttäuschung groß; die theoretische Basis aller dieser Maschinen ist zerbrochen: Manche Menschen nämlich werden auch von der Wahrheit erregt, und andere leben in der herzlichsten physiologischen Eintracht mit der Lüge. Zu viele Irrtümer wurden aktenkundig. Sogar C. G. Jung erstattete auf Ersuchen des Schwurgerichts des Kantons Zürich im Jahre 1934 bei einem Mord-Verfahren auf der Grundlage eines Assoziationstests ein psychologisches Gutachten über den Angeklagten. Der Zahntechniker Hans Näf wurde beschuldigt, seine Frau Luise ermordet und den Mord als Unfall ausgegeben zu haben, um die Prämie einer kurz zuvor gemeinsam abgeschlossenen Unfallversicherung zu kassieren. Die Frau war zweifelsfrei durch ausströmendes Gas zu Tode gekommen. Als Frauenheld, vorbestrafter Dieb, als Abtreiber, Steuerhinterzieher und gelegentlicher Rauschgifthändler war der Angeklagte ein in vielerlei Hinsicht verdächtiger Mann. Der von Jung durchgeführte Assoziationstest ergab, daß Näf bei den kritischen Reizwörtern jene auffälligen Reaktionen wie Lachen, Zucken im Gesicht, Stottern zeigte: das kryptische Vokabular, worin sich die Schuld deklariert. Außerdem vollführte der Verdächtige auch noch bei 81 % der Reaktionen auf kritische Reizwörter eine kleine Bewegung des linken Zeigefingers. Diese und viele andere Daten erlaubten dem Psychologen den Schluß, daß die experimentell erforschte »psychologische Situation des Exploranden in keinerlei Weise derjenigen entspricht, die man bei einem sich als unschuldig bewußten Menschen erfahrungsgemäß erwarten könnte.«[92] Anomale Mimik, Stocken, Oszillationen meldeten den Widerspruch der Natur gegen die Behauptung der Unschuld. Der Angeklagte Hans Näf wurde 1936 zu lebenslänglichem Zuchthaus verurteilt. Erst ein drittes Revisionsverfahren befreite dann Näf von der Mordanklage, da eine große Zahl von Zeugen die Möglichkeit eines Selbstmordes der Frau wahrscheinlich machte. Näf hatte nur versucht, den Selbstmord als Unfall zu maskieren.[93] Doch ehe Ärzte und Richter wegen der offenbaren Unzulänglichkeiten ihrer Tests und ihrer Maschinen, die den Betrug erweisen sollen, ihr Haupt verhüllten, fanden die sensiblen Geräte doch noch eine Verwendung: Mossos Plethysmograph und Scientific craddle, Lombrosos Hydrosphygmograph oder Darrows »Behaviour Research Photopolygraph«[94] räumten die Büros der Staatsanwälte und zogen triumphierend in die Labors der Sexualforscher ein. Wenn sich schon nicht das Verlangen des Verbrechers restlos von den Erregungen der Unschuld unterscheiden ließ, so sollte wenigstens das Verlangen der Frauen in der Differenz zu ihrem Diskurs erkennbar werden. Der

Stand der Dinge lautet: Was Verlangen ist, wo sich die Lust meldet, das sagt nicht unbedingt das Subjekt, wohl aber der Plethysmograph. Vor allem Frauen genießen den Segen dieser neuen Vorsorge gegen den Betrug. Lonnie Barbach berichtet von Untersuchungen, die Julia Heimann durchgeführt hat: Versuche mit der Versuchung. Die Probandinnen erhielten erotische Geschichten über Tonband erzählt, während sie an einen Photoplethysmographen angeschlossen wurden, der im Inneren der Vagina Blutdruck und Schleimabsonderung ermittelte.[95] Bei der Befragung im Zuge der Auswertung erklärte beinahe die Hälfte der Frauen, die besonders auffällige Reaktionen gezeigt hatten, daß sie bei sich selbst keinerlei körperliche Reaktionen feststellen konnten. Lonnie Barbach kommentiert, daß entweder die soziale Prägung die Frauen daran hinderte, ihre Erregung zu gestehen, oder aber daß sie den Kontakt zu ihrem Körper verloren hätten.[96] Erst unter dem technischen Druck des Lügendetektors gestand ihr Körper dann doch die geheime, verborgene Wahrheit seines Verlangens, das dem Diskurs entging. So sahen sich die betrügerischen Frauen ebenso wie die unwissenden Frauen der Vergangenheit der höheren Wahrheit ihrer physiologischen Signale überantwortet, die eine neue Polizei des Sexes aus ihren Leibern fischt.

Bereits im 19. Jahrhundert gab ein besessener Gynäkologe namens L.F.E. Bergeret in einem Buch über den *Betrug in den Fortpflanzungsfunktionen*[97] seinen Patientinnen, die ihm alle möglichen Leibesübel klagten, den stereotypen Rat, eine bestimmte betrügerische Praxis des ehelichen Verkehrs oder die Masturbation einzustellen; statt dessen sollten sie eine Schwangerschaft anstreben. Mit gleicher Monotonie schloß Doktor Bergeret seine Falldarstellungen in der triumphalen Feststellung, daß die Schwangerschaft alle zuvor geklagten Symptome beseitigt habe. Denn die Natur läßt sich nicht betrügen. Am Ende des 19. Jahrhunderts hing vielleicht nur ein Denker dem Glauben an, daß auch die Natur zum Betrug begabt sei; es war der Kriminologe Cesare Lombroso, der in seinem Wahn, das Verbrechen in der Natur selbst zu entdecken, sogar den Fall einer Ameise mitteilt, die aus Ungeduld über eine Blattlaus wütend wurde und sie auffraß.[98] Noch großartiger ist Lombrosos Geschichte von einem verbrecherischen Hund, die an dieser Stelle erzählt werden muß. Lombroso gibt den Fall als Beobachtung eines Militärtierarztes wieder. Der Hund war in den Verdacht geraten, des Nachts heimlich Hammel zu rauben und zu verzehren, obwohl er stets einen Maulkorb trug. Eine unauffällige Beobachtung ergab, daß der Hund für seine nächtlichen Raubzüge den Maulkorb abstreifte, nach Vollendung des Verbrechens sein Maul im Wasser abspülte und sich anschließend den Maulkorb wieder aufsetzte, um weiter die Maske eines unschuldigen Tieres zu tragen.[99] Sollte also doch in der Natur, wo Diebstahl, Raub, Mord, Kindermord, Inzest, Sodomie, Kannibalismus zu beobachten sind, auch der Betrug seinen Ursprung haben? Der Fall wirft einen düsteren Schatten auf das *high-fidelity*-Image des Hundes. Der Kirchenvater Augustinus hinterließ der Welt keine Auskunft darüber, ob vielleicht auch Hunde im ewigen Feuer geröstet werden.

Im Kampf gegen den Betrug sorgen heute Fortschrittsglaube und Resignation für eine gespaltene Lage. Im Jahre 1977 wurde bei der Reform des Ehescheidungsrechts die Eheverfehlung (der Betrug) als Scheidungsgrund gestrichen. Ein später augustinischer Triumph, denn die Schuld ist total, und das Verlangen, so sagen heute die Sexualforscher, ist es auch. Der Triumph des Wissens über die artikulierte Sprache des Begehrens scheint vollkommen. Liebe und Betrug scheinen endgültig eine Privatsache geworden zu sein.

Die Erlösung durch Technik

Während uns die Träume, Fiktionen und Regularien der Liebe auf immer neuen Wegen erreichen, scheint der Betrug allmählich aus der Welt geräumt zu werden. Und wenn er nicht völlig verschwindet, so soll doch wenigstens der Selbstbetrug des Verlangens aufhören. Gegen Ende des 19. Jahrhunderts formierte sich die große Front der Aufklärer, die das erotische Geschehen nicht mehr als trügerische oder wahre Sprache des Verlangens beschrieben; da das Verlangen des Körpers so wenig von sich selbst weiß, wie noch die Sexologie der letzten Jahrzehnte beweist, muß dem Körper erst einmal seine Sprache zurückgegeben werden. Die Geschlechter verlangen, um ihrem Verlangen nachzugehen, detailliertes Wissen über Funktionen, über reizbare Zonen und Erregungszyklen, über das Natürliche und das Unnatürliche ihrer Natur. Das erlösende Wort, das alle von den Instinkten vergessenen und nun ins Wissen gehobenen Aktivitäten zusammenfaßt, heißt *Technik*.

Die *Technik* umfaßt die Erweiterung und Präzisierung eines Wissens, das in ähnlich ausgearbeiteter Form bereits von den christlichen Juristen niedergelegt worden war. Anders jedoch als die Regularien, die im ehelichen Schlafzimmer das Erlaubte und das Verbotene trennten, um die Ehe fruchtbar und gottgefällig zu machen, steht die Technik im Zeichen des Erfolgs. Das technische Wissen kann seine Ziele immer nur als Funktionieren definieren. Doch stellt auch das Funktionieren eine außerordentlich effektive Regulierung dar. Die Um-

stellung der geschlechtlichen Handlungen von einer Normierungs-
moral zu einer Gelingensmoral schenkt den Paaren zwar wichtige
Entlastungen; aber sie bürdet ihnen mit dem unablässig sich differen-
zierenden Wissen auch neue Rücksichten und Aufmerksamkeiten auf.
Dies bringt die emphatische Rede von der Befreiung, wie Foucault
gezeigt hat[100], in Schwierigkeiten. So liest man beispielsweise in einer
Abhandlung aus dem vergangenen Jahrhundert mit dem Titel *Brevier
der Liebeswissenschaft* folgende apodiktische Feststellungen: »Die Wissenschaft und die Kunst der Fortpflanzung gehören wegen der Anatomie, Physiologie und Hygiene ausschließlich in das Gebiet der Medizin.«[101] Im folgenden spricht die Medizin ganz esoterisch »über die
Vereinigung des positiven und negativen Sinnes«. Das nämlich ist der
Koitus. Da er ein Ereignis des Sinns ist, benötigt er eine Sprache.
Denn wenn die Sinne der beiden noch nicht gesprochen haben, bleibt
nicht selten der Vaginalkanal verschlossen. Doch geben die Autoren
dieses Breviers keine Blütenlese zärtlicher Formeln, die dann zu sprechen sind, sondern rezitieren das kleine Lexikon der Griffe und Zonen, das die handgreifliche Sprache des Vorspiels enthält. Und wie
heißen diejenigen, die diese wunderbare Sprache der Öffnungen
nicht lernen wollen?

Jeder Mann, jeder Ehemann, der ohne Wissen dieser Gegebenheiten handelt,
ist lächerlich und verächtlich.
Jeder Mann, jeder Ehemann, der in vollem Wissen gegen diese Regeln verstößt, begeht einen Anschlag auf die Scham.
Jede Frau, die ohne Liebe, ohne Begehren, ohne Bedürfnis den Mann in Erregung versetzt, ist eine Prostituierte.[102]

Da die Ärzte schon seit Jahrhunderten mit Theologen und Juristen
zusammenarbeiten, kommt ihnen die Sprache der Gesetzgeber leicht
von den Lippen. Die Technik und die Regeln des Genusses setzen eine
neue Institution in Kraft. Alles Wissen spielt in der Unmittelbarkeit
der Körper, und alle Kunst richtet sich auf die Vernichtung des Betrugs, des Betrugs am Genuß. Aber wer beherrscht schon flüssig das
wahre technische Vokabular, das den Betrug am Genuß aus der Welt
verjagt? In einem der unzähligen Ehehandbücher aus den vierziger
Jahren, *Liebe ohne Furcht* von Eustace Chesser, stehen die Stichworte
gleich auf der ersten Seite und legen den alarmierenden Stand der
Dinge offen:

Nicht *ein* Ehemann unter einem Dutzend weiß genug über die Liebestechnik, um auch nur die Hälfte des Genusses vermitteln und empfangen zu können, der aus der geschlechtlichen Vereinigung gewonnen werden sollte.

Nicht *einer* von hundert hat durch Studium, Praxis oder Erfahrung gelernt, wie man ein Höchstmaß an Genuß erlangen kann.[103]

Die Welt lebt in einer Katastrophe erotischer Verluste. Mit rabiatem Reformeifer ersetzt hier eine Ethik der Technik und des Genusses die alte Ethik der Verbote. Eine neue Gesetzestafel bringen die Propheten vom Berge Sinai ins flache Land der Völker ohne erotische Gebote. Auch Doktor Chesser bläut seinen Lesern immer wieder in Regeln und Kommentaren das neue Gesetzeswerk der Liebe und der Liebestechnik ein.[104] Zur Verbreitung des Evangeliums von den sexuellen Techniken unternahm der Gynäkologe Theodor Hendrik van de Velde den ersten entscheidenden Schritt, als er seinem 1926 erschienenen Buch *Die vollkommene Ehe* den vollkommeneren Untertitel gab: »Die in physiologisch-technischer Hinsicht zu größerer Vollkommenheit gebrachte Ehe«.[105] Die neuen technischen Doktrinen brachten dann eine einzigartige Poesie der Regulierung hervor. So lehrte die Medizin in der von Freud erfundenen »trockenen und direkten Sprache«, was zu wissen sei, und gab »Organen wie Vorgängen ihre technischen Namen«[106], um alle Lüsternheit zu vermeiden, von der die Rede war. Welche Sensationen schenkte etwa die von van de Velde intensiv beschriebene Technik des Körperkusses?

Bei dieser Art des Küssens spielt sogar die Beschnüffelung eine dem primitiven Schnuppern weit ähnlichere Rolle als beim oben beschriebenen typischen Liebeskuß. (...) Denn die eigentümlichen Gefühlseindrücke, welche die Haut beim Beschnüffeltwerden aufnimmt (der unregelmäßig intermittierende und damit eine Art pneumatischer Massage ausübende Luftstrom – der dazu noch Temperaturschwankungen zeigt, indem die Einatmung eine kältere, die Ausatmung eine wärmere, besonders wirksame Strömung erzeugt – ist dabei zweifelsohne das wichtigste Agens), werden sicher in jedem Falle, wenn auch häufig unbewußt, als bedeutende Reize empfunden (...).[107]

Doktor van de Velde vergißt auch nicht den Hinweis, daß zu der »normalen Technik« des Körperkusses auch kleine Bisse gehören. Schnüffeln und Beißen: Kynologie mischt sich unübersehbar in die physiologische Erörterung der menschlichen Prokreation. Sie gehört auch hierher. Denn die Hunde bleiben trotz aller kriminologischen Angriffe auf ihr *high-fidelity*-Wesen die einzigen natürlichen Notare der Körperwahrheit, die sonst nur Maschinen eruieren können. Ohne daß sie dem Trug von Namen anheimfallen, finden Hunde allein Zugang zu jener Eigenart der Subjekte, die erst seit dem 18. Jahrhundert Identität heißt. Jeder Liebende sollte also den anderen immer erst genau beschnüffeln und ihn der pneumatischen Massage aussetzen, um jenseits der betrügerischen Sprache die Verständigung der Leiber zu sichern.

Die Technik der erotischen Praktik brachte für ein knappes Jahrhundert die Erlösung von der Sprache. Könnten sich der große Jean-Jacques Rousseau, der Erfinder der Liebesanbahnung ohne Sprache, und ein Theodor van der Velde zu einer Autorengemeinschaft vereinen, dann erführe die Welt vielleicht doch noch jenes Glück, die Anbahnung der Paarung vom ersten Blick bis zum Beschnüffeln des Leibes allein in der Sprache der Natur zu realisieren. Dabei sind Rousseau und van de Velde zwei Dichter, die auf dem Wege der Literatur den Betrug der Sprache ausrotten möchten. Das ist keine Paradoxie, wenn man den Ursprung der Literatur aus dem Stocken bedenkt und die erotischen und sexuellen Semiotiken Erröten, Berührungen, Küsse, Pneumata, Sekrete als truglose, nämlich rein physische Marken begreift. Allerdings verschwindet mit der verbalen Sprache der Zungen und Lippen nicht nur der Betrug, sondern die Liebe selbst, die nichts ist als ein Sprechen.

So erhob auch schon vor mehr als fünfzig Jahren ein Dichter seinen Protest gegen die Eliminierung der Sprache durch die Techniken trugloser Kommunikation. Es war der unglückliche Cesare Pavese. Unter dem 29. März 1940 notierte er in sein Tagebuch:

Du mußt erkennen, daß die großartigen Versprechen der Wissenschaft für die Zukunft dich entsetzen und du gern sähest, daß sie fehlgeboren würden. Nicht aus dem Grunde, daß die Wissenschaft todbringende Kriegsrüstungen schafft (...), sondern weil die Wissenschaft eines Tages derartige Mittel zur Kontrolle über das innere Leben und über das physische Leben des Individuums wird liefern können (*sincerity test*, Sterilisierung usw.) oder Ersatzmöglichkeiten für das Individuum selbst (*robots*) oder Einmischung in die innere und physische individuelle Tätigkeit (künstliche Einführung von Sperma, mechanische Einordnung der natürlichen Anlagen, statistische Kontrolle der Gesten à la Taylor usw.), daß das Leben nicht mehr der Mühe wert sein wird, gelebt zu werden. Der typische Schluß der Zukunfts-Romane ist in der Tat, nach einer Beschreibung des genauestens kontrollierten Mechanismus dieses Lebens, eine *climax* gegenseitiger Stinkwut, weswegen die Massen lostoben (...).[108]

Die Klimax, von der Pavese spricht, scheint eine Lesefrucht aus Thea von Harbous Roman *Metropolis* zu sein, denn der Aufstand der Massen gehört sonst nicht zur wichtigsten Thematik der Science-fiction-Romane. Aber die Schlußwendung dieser Eintragung, die *Stretta* der melancholischen Überlegung bildet eben die Verbindung zwischen der technischen Evolution und der Literatur. Doch wo immer die Literatur spricht, selbst in der schrecklichsten Version einer technologischen Zukunft, kommt sie nicht ohne die Liebe aus. Das ist unrettbar ihre Bindung an den Betrug.

10. Endspiele um Liebe oder Betrug

Das Ende des Stockens: Disco

Ein Endspiel in der Geschichte von Liebe und Betrug könnte beginnen, wenn die Erlösung von der Sprache auch die blinde Macht des Stockens beseitigte. Allerdings ist das Stocken gerade ein solches Ende, eine momentane Implosion des Sprechens, weil die »Menge des zu Sagenden«, wie sich Kafka, ein Held der Stockungen, ausdrückte, Zungen und Federn lähmt. Das Stocken ist ein Zögern vor dem Übergang in ein anderes Sein, denn durch den Sprung über die Schwelle eines einzigen Wortes verwandelt sich der Sprechende in einen anderen: in einen Liebenden, in einen Ekstatiker, in einen Verbrecher oder in einen Toten. Mit der Gefahr, die Sprache zu verlieren, beginnt immer ein Endspiel. – Neben verschiedenen Liturgien des Endspiels, worin Worte abgestreift oder einbüßt werden, verfügen alle Kulturen über ein Repertoire von Sonderzeichen, die eine gleitende Erlösung aus den Fesseln der Sprache versprechen; diese Zeichen ersetzen die Schwingungen der Worte durch eine rhythmische Bewegung des Körpers: den Tanz.

Diese einzige codierte nichtverbale Sprache des Verlangens spricht der Körper allein im Verbund mit anderen. Trotz aller Einwendungen des heiligen Augustinus gibt es keine andere Residenz des Verlangens als den sexuellen Körper. Kontinuierliche rhythmische Bewegungen versetzen den Organismus des Tanzenden in einen anderen Zustand, in den Zustand des Verlangens, das selbst den Gesang seiner physiologischen Transformation anstimmt. In seinem ebenso unterhaltsamen wie gelehrten Buch zur Geschichte der Tanzregularien, *Die Passion, ein anderer zu sein*, verfolgt der französische Rechtshistoriker Pierre Legendre die Bemühungen der mittelalterlichen Theologen, das Tanzen aus der neuen christlichen Kultur der Liebe und der abgeräumten Gesetze zu tilgen.[1] Der Heilige Cäsar, Bischof von Arles, legte im 9. Jahrhundert das Problem offen, indem er erklärte: »Selbst wenn die Christen in die Kirche gehen, kommen sie als Heiden wieder heraus, denn die von den Heiden übernommene Gewohnheit des Tanzens ist noch nicht verschwunden.«[2] Die Christen erbten den Tanz als heidnische Sitte, und diese Herkunft genügte für den bischöflichen Verdacht, daß er die neue christliche Instituierung der Geschlechter unterlaufe. Ein striktes Verbot des Tanzes und des körperlich betonten Gesangs stieß indessen auf Schwierigkeiten, weil die mittelalterlichen Bischöfe bei ihrer Inspektion der Sterne (sie inspizierten, indem sie Aristoteles und Ptolemäus lasen) feststellten, daß Gott offenbar selbst den Kosmos in rhythmische Bewegungen versetzt hatte: Philosophen und Dichter beschrieben die Bewegungen der Himmelssphären und Planeten als ästhetisches Zusammenspiel von leuchtenden Körpern und Bahnen in majestätischen Zirkulationen zu erhabener Sphärenmusik. In Dantes »Paradiso« bewegen sich auch die heiligen und weisen Bewohner des Jenseits in Reigenform durch die astralen Räume. Gottes gesamte Liegenschaften schwingen und drehen sich in einer feierlichen Choreographie von der Hand des Schöpfers selbst. Gott, der Weltenmeister, ist auch ein Tanzmeister. Der festliche Chorus auf Erden stimmt sich daher in zeremoniellen Miniaturen symbolisch auf die Schwingungen der großen himmlischen Ordnung ein. So erklärt es jedenfalls Honorius von Autun im 12. Jahrhundert. Honorius entzifferte in den Tanzreigen das ptolemäische Libretto:

Durch die Kreisbewegung wollte man die himmlischen Umdrehungen (firmamenti revolutionem) sichtbar werden lassen; durch das Reichen der Hände die Verbindung der Elemente; durch die Musik des Gesangs die Sphärenharmonie; durch die Gebärden des Körpers die Bewegungen der Tierkreiszeichen; durch das Klatschen der Hände oder Klappern der Füße das Krachen des Donners.[3]

Die Semiotik des Tanzes leugnet ihre Kontakte mit der heidnischen Kultur, indem sie auf vielfältige Weise die Sprache des Himmels imitiert. Doch läßt sich die Bedeutung des Tanzes als rituelle Verbindung und Trennung der begehrenden sexuellen Körper nicht so leicht vergessen. Im Tanz präparieren sich die Leiber der Geschlechter in einem mehr oder minder ausgeprägten ästhetischen Code allein für die visuelle Konfrontation mit den anderen. Rudolf zur Lippe folgt in seiner Untersuchung über die Hofballette im 16. und 17. Jahrhundert, *Naturbeherrschung am Menschen*, einer falschen Spur, wenn er die komplizierten zeremoniösen Bewegungen und Figuren des Gesellschaftstanzes als Sublimations-Codes analysiert, die den sexuellen Körper lediglich disziplinieren sollten. Die »stumme Rhetorik« des Tanzes, wie man Ende des 16. Jahrhunderts sagte[4], die Elemente von Pose, Metrik, Memoria sollten vielmehr den Körper vorteilhaft zur Geltung zu bringen: ihn begehren und begehrenswert machen.[5] Zur Lippe betont die Tatsache, daß sich die Hofballette für eine Ostentation aristokratischer Unterschiede gegenüber der »Menge« zusätzliche Regeln auferlegten; doch das Spiel läßt sich nur unter großen Verrenkungen als ästhetische Legitimierung lesen, als ob die »Herrschenden vor den Beherrschten als Träger des Gattungsfortschritts«

erscheinen wollten[6]; vielmehr sollten die Zuschauer gerade durch Bewunderung / Begehren die Distanz zu den Mächtigen genießen. Die tanzenden Herrscher drehten und reihten sich ihrerseits wieder als Repräsentanten der Höchsten Macht. In seinem Buch über die *Passion, ein anderer zu sein*, betont Legendre, daß die Verankerung der Tanzsemiotik im Jenseits (am Ort des Anderen) für die ekstatische Technik des Tanzes unbedingt notwendig war. Der tanzende Körper wurde, wie sonst nur beim Ordal, selbst zum sprechenden Organ Gottes erhoben.[7] In dieser Funktion öffneten der Reigen, seine Semiotik und die dazugehörige Musik einen »Kanal Gottes«, wie die Rocksängerin Nina Hagen so schön sagt.[8] Man kann in den Libretti der Hofballette und in den Tanz-Traktaten sehr genau verfolgen, wie die Konjunktion von Ballett und Astronomie bis ins 17. Jahrhundert hinein ungebrochen fortbestand. Zur Lippe führt in diesem Zusammenhang einen zeitgenössischen Kommentar an: »jene schönen und unterschiedlichen Bahnen, gerade und gebogene, die mit so viel Anmut gezogen werden, sind dieselben Konjunktionen und Oppositionen (...), die fast täglich zwischen den Planeten und ihren Sphären am Himmel auftreten.«[9] Die künstliche Sprache der astronomischen Semiotik dient keineswegs allein dazu, zwischen den sonst beziehungslosen Personen elitäre Verbindungen zu knüpfen. Alles Wissen, alle Wissenschaften des Mittelalters waren kosmologisch verortet. Doch bleibt es eine Besonderheit der Tanzregel, daß die Verbindung zum Kosmos bis heute nicht verlorengegangen ist.

Unabhängig von seiner an Norbert Elias angelehnten These, daß die komplizierten Figuren der höfischen Ballette zur epochalen Evolution des Triebverzichts gehörten und den Unterschied zur derben, grobsinnlichen, bisweilen auch manischen Tanzwut des Volkes suchten, belegt zur Lippe auch, daß der stumme sprachlose Code dieser Tänze die erotische Kommunikation der Körper eröffnete. In einer Stelle des Traktates *Orchésographie* von Thoineau Arbeau (1589) heißt es: »ohne Worte sage der Tänzer zu der von ihm geliebten Frau: ›liebe mich, begehre mich‹.«[10] Auf dem Weg von der höfischen Gemessenheit der festlichen Ballette zur Discokultur unserer Tage verlor die Sprache des Tanzes keineswegs ihre guten astronomischen Beziehungen, sondern fuhr munter fort, Begehrenszustände im kosmischen Code anzuzeigen. Allerdings erlebte auch diese Sprache Revolutionen (Drehungen der Bedeutungs-Sphären), die ihre Zeichen und ihre Regeln einem trügerischen Ideal von Unmittelbarkeit und Wahrheit annäherten. Man höre einen Tanzbericht aus dem Jahre 1772. Lotte und Werther tanzen erst Menuett und dann Walzer:

Nun gings, und wir ergötzten uns eine Weile an manchfaltigen Schlingungen der Arme. Mit welchem Reize, mit welcher Flüchtigkeit bewegte sie sich! Und da wir nun ans Walzen kamen, und wie die Sphären umeinander herumrollten, gings freilich anfangs, weils die wenigsten können, ein bißchen bunt durcheinander. Wir waren klug und ließen sie austoben, und wie die Ungeschicktesten den Plan geräumt hatten, fielen wir ein und hielten mit noch einem Paare, mit Audran und seiner Tänzerin, wacker aus. Nie ist mirs so leicht vom Flecke gegangen. Ich war kein Mensch mehr. Das liebenswürdigste Geschöpf in den Armen zu haben und mit ihr herumzufliegen wie Wetter, daß alles ringsumher verging und – Wilhelm um ehrlich zu sein, tat ich aber doch den Schwur, daß ein Mädchen, das ich liebe, auf das ich Ansprüche hätte, mir nie mit einem andern walzen sollte als mit mir (...).[11]

Kosmologie, Erotik, Ekstase. Der neue Tanz der Jugend, der Walzer, revolutionierte um 1770 die Bewegungskultur[1], aber er veränderte nicht den alten Code des Tanzes, der das Verlangen durch die Bewegung der Planeten schwingen ließ. Wenn Werther und Lotte »wie die Sphären herumrollten«, dann reihten sie sich ein in die »firmamenti revolutio« des Honorius von Autun. Der gestirnte Himmel über ihnen und die Sprache des Verlangens in ihnen. Die Verstärkerwirkung, die diese einzige wortlose Sprache des Verlangens auf das Verlangen selbst ausübt, treibt das tanzende Subjekt weit über die alltäglichen kleinen Gefühle hinaus. Wie beim Mystiker, der seinen Körper durch Lektüre, Gebet, Gesang auf die Resonanz der Himmelsworte abstimmte, spricht durch den ekstatisch geladenen Leib des Tänzers der imaginäre Ursprung der Worte selbst. Kein Wunder, daß die Pädagogen der Aufklärung das Vergnügen des Walzertanzens mit schrillen Warnungen bekämpften. Seit Schließung des Geistkanals galt der ekstatische Narzißmus, dem Tänzer huldigen, als eine Form des Wahnsinns. Der Glaube an himmlische Mitteilungen in diesem Zustand war zusammengebrochen. Der narzißtische Körper teilte sich über Spiegelungen sein Verlangen selbst mit, und das hatte eine Revolution der irdischen Dinge zur Folge.

Im Jahre 1842 beobachtete Heinrich Heine in Paris das nächste Stadium in der Evolution der Tanzkultur. Die neuen Tänze schienen ein Endspiel der alten Ordnungen und Hierarchien einzuleiten, denn in den Pariser Gesellschaften tanzte nur noch das Volk mit sichtbarem Vergnügen. Die alte Klasse verfügte über keine Geheimnisse mehr, die sie in Allegorien feierlicher oder erregter Bewegungen mitteilte. Der neue Beschleunigungstanz, der Cancan, brachte zunächst nur das Begehren in obszöne Sichtbarkeit; doch las Heine diese allzu verständliche Sprache auch als drohende Revolution der politischen und kulturellen Wertsysteme:

Es sind aber nicht bloß die geschlechtlichen Beziehungen, die auf den Pariser Bastringuen Gegenstand ruchloser Tänze sind. Es will mich manchmal bedünken, als tanze man dort eine Verhöhnung alles dessen, was als das Edelste und Heiligste im Leben gilt (...), jede Art von Begeisterung, die Vaterlandsliebe, die Treue, den Glauben, die Familiengefühle, den Heroismus, die Gottheit.[13]

In greller Deutlichkeit verraten die Bewegungen der Körper hier die Zustände des Verlangens. Die Tanzenden verlassen den rhythmischen Gleichklang mit der ewigen Revolution der Gestirne; ihre Bewegungen kündigen vielmehr in einer Pantomime die künftige Revolution der irdischen Ordnung an. Auch den Gesellschaftstänzen in den Pariser Kneipen liegt ein Text zugrunde, eine stumme Rede, doch die Schwingungen und Bewegungen der Körper und Glieder artikulieren ein Verlangen nach Umschrift der Bewegungsgesetze im alten sozialen Kosmos.

Trügt der Anschein nicht, so stehen die Pädagogen unserer Tage in einem noch viel heftigeren (und aussichtsloseren) Kampf mit den Astralleibern der tanzenden Jugendlichen als ihre Kollegen im 18. Jahrhundert. In ihren Protokollen kommt Endzeitstimmung auf. Alle besorgten Pädagogen und Soziologen, die sich mit der Kultur der Discotheken auseinandersetzen, beklagen den Einbruch der verbalen Kommunikation, der dort zu beobachten ist.[14] Ein ganz neuer Selbstbetrug der Natur macht sich auf der Szene in den Discos breit. Daher analysiert ein Mediziner besorgt die Steigerung der Aktivität des vegetativen Nervensystems unter der Einwirkung extremer Beschallung und rhythmischer Effekte. Sie beeinflussen »Atmung, Puls, Blutdruck, Muskelspannung, Hautwiderstand und hirnelektrische Aktivitäten.«[15] Durch maschinelle Einwirkung verschieben sich die Daten exakt auf den Meßgeräten, die auch Lügendetektoren an die Organe anlegen. Signifikante Steigerungen dieser physiologischen Daten melden nach der kriminologischen Lesart des wahren Körperzustandes den organischen Selbstbetrug. Dieser Betrug ist aber das Ziel (Sinn). Die Kids steigen in die Discotheken, um durch rhythmische Schwingungen, durch Oszillationen des vegetativen Systems und Soundwellen in Trance oder Ekstase zu geraten. Schon die Mediziner der Antike beobachteten solche Veränderungen bei den korybantischen Riten oder bei der bacchantischen Mania.[16] Es genügte damals, wie Alkibiades im *Symposion* erklärt, den Klang der Pansflöte zu vernehmen, um in die korybantische Ekstase hinüberzuschwingen. Der bacchantische Tanz umfaßte ein kleines Repertoire von kollektiven Bewegungen und rhythmischen Mustern, die rasch den Zustand der Mania herbeiführten. Auch die dionysischen Tänze stimmten sich in kosmische Schwingungszustände ein. In den *Bacchen* des Euripides heißt es: »Schwinge des Narthex/ Mutwilligen Stengel!/ Bald wird die ganze Erde/ Im Tanze wirbeln!/ Bromios führt alle Reigen an,/ Hat die Scharen der Frauen/ Aufgescheucht von Webstuhl und Spindel. «[17] Die modernen Discotheken steuern bereits durch elektronische Verstärker die Musik in einem Bereich von 80 bis 120 Dezibel und erzeugen, wie die kritischen Pädagogen entsetzt feststellten, allein durch diese akustische Massage eine »kathartische Wirkung«; der antike Besucher der dionysischen Theaterfeste kassierte erst nach Stunden auf steinernem Sitz die kathartische Prämie von tragisch erlebtem »Jammer und Schrecken«. Heute fände auf dem Theater der Jugend nur noch »Stummfilmkommunikation« statt, beklagte Lienhard Wawrzyn.[18] Erst entziehen sich die Heranwachsenden der elterlichen Disziplin und anschließend der Kulturmacht der Sprache. Heftiger noch verdammen zeitgenössische Soziologen und Pädagogen, daß der Discotanz gar nicht mehr auf geordnete Paarbildungen abziele, sondern zu narzißtischen Selbstdarstellungsexzessen verlocke.[19] Andere rücken den Disco-Genuß in die Nähe der Onanie-Schrecken, bei denen die Erzieher seit Anfang des 18. Jahrhunderts das Gruseln erlernten. Sogar der SPIEGEL verfiel in die Klage der Autoren der *Allgemeinen Revision* von 1780, als er den Disco-Tanz als »genuinen Ausdruck des kurzgeschlossenen, masturbatorischen Vibrator-Sex unserer Zeit« bezeichnete.[20]

Darf sich ein junger Mensch künstlich erregen? Die Discos sind artifizielle Stimulations-Maschinen und reißen die jungen Leute weg von den alten subtilen Geistes-Ekstasen der Musiken, Bücher und Gesellschaftstänze. Die große Gefahr wittern Jugendwächter zumal in der Bedeutungslosigkeit dieser Erregung. Ist die Ekstase ohne Kontakt zum Großen Sinn nicht einfach eine Art von Droge wie sexueller Genuß ohne Liebe? Was schon bei Heine anklang: Glaube, Familie, Vaterland, Heldentum und Gott dürfen die Menschen in Erregung versetzen; nicht aber nichts. Die physiologischen Erregungen der Disco-Tänzer unterbrechen aber keineswegs alle Kommunikationen und Bedeutungen. Vielmehr verabreichen die Discos ihre ekstatischen Schübe trotz revolutionärer Technik unter ganz traditionellen Zeichen. Eine gleiche Semiotik von Drehungen der Tanzflächen (Revolutionen) und bewegten Spotlights (Sternen) sowie Lichtorgeln (Planetenbewegungen) hält die Erinnerung an die alten kosmischen Codes des Tanzes wach. Die Discotechnik erlaubt es heute auch, die Seligkeiten in Dantes »Paradiso« als psychedelische Licht- und Soundeffekte zu erkennen.

Und viele starke und lebendige Lichter
Sah ich, die um uns einen Kranz geschlungen;
Noch süßer war ihr Ton als hell ihr Leuchten.
(...)
Und also singend sind die Glutensonnen
Dreimal um uns im Kreis herumgezogen
Wie Sterne, nahe ihrem festen Pole.
Sie schienen mir wie Frauen, die vom Tanze
Zwar nicht sich lösen, aber schweigend harren,
Bis sie die neuen Töne wieder hören.[21]

Musik, Reigen, Lichtorgeln, Trancezustände – das Paradies ist eine
himmlische Disco, der damals auf Erden kein Ballett-Libretto zu
gleichen vermochte. Heute versuchen sie es. Wie Pausch berichtet,
warb die Berliner Discothek *Jet Power* bereits in den siebziger Jahren
mit Assoziationen an Jumbo Jets. Jeden Abend leitete dort der Disc-
Jockey das Musikprogramm mit Richard Strauss' *Zarathustra* ein, der
Titelmusik aus Stanley Kubricks *Space Odyssey*.[22] Aber heute noch
hypnotisieren Discos ihr Publikum mit Technologie-Simulakren.
Darin erschöpft sich ihre Faszination längst nicht. An diesem Ort läßt
sich exklusiv das Verlangen als Schwingungs-Zustand *zeigen*. Der
Soundeffekt der Musikmaschinen, der die Besucher an Preßlufthäm-
mer erinnert[23], erzeugt physikalisch das erotische Körpergefühl;
rhythmische Repetitionen produzieren ebenso mentale Ausnahmezu-
stände. Der romantische Psychiater Johann Christian Reil berichtet
von einer angeblich wahnsinnigen Patientin, die mehr als 160 Jahre
vor der ersten Disco bereits fünf Monate ohne Unterbrechung auf ihr
Knie hämmerte.[24] Unsere Kids könnten gar nicht mehr leben und
denken ohne die getrommelten Stimuli aus Kassettenrecordern und
Radios. Unter dem rhythmischen Schirm des Disco-Sounds wird
auch eine stockungslose Kommunikation möglich. Dies ließe sich als
technisch simulierter Demosthenes-Effekt bezeichnen.[25] Demosthenes führte seine Sprechübungen unter dem Rauschen des Meeres
durch, um dem störenden Feedback-Effekt des Sich-selbst-Hörens
(Ursprung des Stotterns) zu entgehen. Ebenso suchen die Jugendlichen günstige Kommunikationsbedingungen in den Discos. Der
Sound mildert alle Hemmungswirkungen, die das Über-Ich an der
Zunge auslösen kann. Sound und Ekstase reduzieren die Verantwortung für die eigene Rede.[26] Wolfgang Scherer, der das bislang einzige
Buch über die symbolischen und mentalen Sound-Effekte vorgelegt
hat, feiert die elementare Wirkung des Sounds auf die Sinne als »Auslöschung der buchstäblichen Ordnung«.[27] Allerdings läßt sich unter
den Revolutionen der Disco-Maschinen nicht ewig jede Rede ver-

meiden. Das endgültige Endspiel findet auch dort nicht statt. Zuletzt gilt dann doch wieder, daß die richtige Sprache gesprochen werden muß. Irgendwann kehrt der Betrug zurück. Spürbar überziehen Gänsehäute die Schriftrücken der Disco-Pädagogen, wenn sie die Worte einer Rocker-Braut zitieren, die die modernen Derivate der alten Werther-Sprache nicht mehr hören mochte, weil sie die für betrügerisch hält: »Die Typen, die Rocker, die sind nämlich unheimlich ehrlich. (...) Und, weeste, bei so 'nem Typ, der sagt, Alte, ich hab Bock auf dich, stehste viel mehr druff, als wenn er zu dir sagt, Mäuschen, ich liebe dich.«[28] Unter der Regie des vollendeten Kulturverfalls laufen die Anbahnungen in der Disco leichter und schneller, ohne daß komplexe Begehrenssprachen beherrscht werden müssen. Das Ergebnis: Temposteigerung auch hier durch Eliminierung der anspruchsvollen Codes. Allerdings registrieren die Pädagogen mit Befriedigung, daß die raschen Genüsse der Disco-Kids auch ihren Preis haben, und sie führen dafür die alten Belege ins Feld. Mit oder ohne Sprache gilt: *post ekstasin omne animal triste*.[29]

Die kritischen Reden von der Ekstase, vom Narzißmus, von der Unterwanderung der Sprache durch den Tanz fallen den Erziehern nicht als Geschenk der Disco in die Hände, sondern sie drehen sich im Recycling patristischer Satzungen. Allerdings machen die neuen Musikmaschinen auch Geschenke: die Befreiung vom Diskurs bei der wechselseitigen Kontaktierung der Geschlechterkörper. Kleidung, Tanz, Habitus sind zwar reduzierte, aber ausgeprägte, schnell wechselnde Codes der Moden, der Werbung, bisweilen aber auch subkultureller Sprachen. Für den sexuellen Kontakt liefern sie die Informationen und Illusionen. Die Körper der Geschlechter können sich so in der Discothek zum erstenmal allein über optische Abtastungen zum sexuellen Kontakt vorarbeiten. Im Ritual der Partnerwahl werfen die Tänzer den Ballast der Sprachstörungen ab, die vor allem die jungen Männer hemmen. Jetzt basiert die Wahl auf dem Trug einer schillernden Poetik von Körperzeichen. Sie funktioniert aber auch nur so lange, wie die alte Sprache der sexuellen Anbahnung, die konventionelle, buchstäbliche, verbale Sprache, zur konventionellen Regulierung des Verlangens, im Zustand des Erbleichens fortexistiert. Denn die Poesie ist ein Stadium der Sprache oder vielleicht der linguistische Prozeß, worin die Worte kaum merklich ihren regulativen Charakter ablegen. Andererseits bringen die Discotheken keine Dichter mehr hervor. Die Fluktuation der notwendigen Informationen funktioniert ohne die Deklaration, ohne die Verführerrede. So zerfällt die Notlage jener Dichter, die durch die »Menge des zu Sagenden«, durch die Komplexität dessen, was sie den Worten anvertrauen möchten, ins Stocken geraten. Dafür erscheint am Horizont, wo diese alte Männernot versinkt, eine neue Poesie, die aber von den Resten der anderen Poesien lebt. Allerdings benötigt jedes Paar, um den Weg von der sprachlos eingeleiteten Paarung zur Beziehung zu finden, zuletzt doch die Rede. Wer aber produziert die wahren Worte unserer Tage? Immer noch reagieren Frauen mit Liebesbereitschaft auf Dichter und Texte. Welche Gewißheit versprechen sich diese altmodischen Leserinnen vom verblichenen Charme der literarischen Rede? Oder verfügt der Autor über Macht? Welche Verbindlichkeiten tragen heute Dichter-Sätze? Oder Dichterinnen-Sätze, denn offenbar wird der Beruf, die Liebe zu preisen, heute vor allem von Frauen ausgeübt. Doch müssen immer noch die großen Beziehungen durch Männersätze begründet werden. Ihren Wortlaut diktieren Dichter nicht mehr. Aber ihren eigenen Wert als Zeichen vor der Schwelle, als Probe auf das Endspiel findet sich bisweilen in Verse gebannt, wie sie der Lyriker Gottfried Benn niederlegte: »du kannst nur diese Hand, die schmale fassen/ und diesmal noch das tiefe Wort erneun.«[30]

Der Aufstand gegen die Differenz

Unser Fin de siècle erlebt noch ein anderes Endspiel gegen das Stokken, das an der Grenze der Geschlechter aufkommt. Nicht die Erlösung von der Sprache, sondern die Erlösung von der Differenz. Der Geschlechterunterschied ist wie alle Unterschiede für sich allein völlig bedeutungslos. Aber in der Art aller Unterschiede treibt er unkontrollierbar Bedeutungen hervor. Begreiflich sind daher die Versuche unserer Tage, den kulturellen Unterschied der Geschlechter zu tilgen, ihn aus jeder willkürlichen Zuschreibung herauszuschälen. Sie sind ebenso begreiflich wie vergeblich. Tatsächlich lassen sich alle empirischen Unterschiede der Geschlechter nur statistisch fassen. Sie sagen über niemanden etwas aus. Stets muß man von vorn beginnen, will man festhalten, was diese Frau, was dieser Mann als Geschlechtswesen ist. Ein philosophisch dekretierter »Ursinn der Geschlechter«[31] ist Unsinn; nur als biologische Funktion hat die sexuelle Verschiedenheit eine Basis: daß sie Wahlen ermöglicht. Die Prozedur der Wahlen, die durch künstliche, gewaltsame, illusionäre, betrügerische, zufällige Ereignisse gesteuert werden, erwies sich in der Natur ganz offensichtlich als ein vorteilhaftes Verfahren.[32] Der menschliche Evolutionserfolg beruht auf der sexuellen Vermehrung, die Neukombinationen von Erbmaterial erlaubt. Evolution entspricht einer Wendung der Natur selbst. Die Urgeschichte des menschlichen Vorläufers, der ein Zwitter war, läßt sich noch in der Entwicklung des Embryos beobachten. Bis in die achte Woche hinein bleibt der menschliche Fötus ohne Geschlecht.[33] Seine Ausrüstung könnte ihn für beide sexuellen Entwicklungen optieren lassen, hätte darüber nicht schon zuvor die im Augenblick der Zeugung festgelegte Chromosomenkombination entschieden. Nach acht Wochen beginnen unter Einwirkung des Y-Chromosoms die Hoden das Hormon Testosteron abzusondern, das das männliche genetische Fatum festlegt, während die Entwicklung des weiblichen Geschlechts durch das Hormon Östradiol gesteuert wird. Geschlecht ist Schicksal. Und wer das Schicksal nicht anerkennt, wird unglücklich. Während sich das biologische Geschlecht eines Subjekts durch Operationen und Hormone umformen läßt, bleibt das kulturelle Geschlecht ein nur schwer manipulierbares Produkt der Umwelt. Unvermeidlich führte die Aufteilung der biologischen Funktionen bei den Menschen zu unterschiedlichen kulturellen Rollen. Mit Recht lehnt sich die feministische Theorie und Politik gegen alle Versuche auf, in solch unterschiedlich verlaufenen Evolutionen der sozialen Geschlechter-Rollen eine biologische Gegebenheit zu erblicken.[34] Dennoch erscheint es als eine Art von Windmühlenkampf, die durch universelle kulturelle Prägung ausgebildeten statistischen Differenzen der Geschlechter zu leugnen. Allerdings wird diese Leugnung ihr faktisches (statistisches) Verschwinden beschleunigen. Ist aber nicht die literarische und kulturelle Mythologie der Geschlechter eine höchst effektive Illusion? Wollte man nämlich die Evolution der letzten beiden Jahrhunderte mit der Erfindung der Liebe korrelieren, so datiert allerdings der rasante kulturelle und technische Fortschritt des Westens von dem Zeitpunkt, da die Liebe empfindsamen Charakters die weibliche Partnerwahl zuließ. Während die Verbindung in der traditionellen Ehe durch elterliche Auswahl zustande kam, veranlaßte die moderne Ehe die Frauen, über Codes, die unter die trügerischen Sprachen der Liebe freilich genügend zweckgerichtete Selektionen mischten, bestimmte männliche Typen zu privilegieren. Der Mann, den Feministinnen aus der Liste des künftigen Phänotyps streichen möchten, entstammt mütterlichen Erziehungen und weiblichen Wahlen. Noch heute zeigen sich deutliche Unterschiede im Profil der Eigenschaften, die der Wunschpartner der beiden Geschlechter aufweisen soll.[35] Was verfolgen die weiblichen und männlichen Feministinnen für eine (biologische) Strategie, wenn sie eben die sexuellen Differenzen noch zulassen, alle weiteren Unterschiede in Kognition, Emotionalität, körperlicher Leistungsfähigkeit etc. nicht anerkennen, obgleich die doch alle stets nur statistischen Wert haben? Es gibt genügend

Frauen, die größer sind als der Durchschnittsmann, intelligenter, technisch begabter, die besser Tennis spielen oder bessere Romane schreiben können. Es geht im Kampf der Frauen (und weniger Männer) gegen die als natürlich verklärten Unterschiede um die sozialen Folgen der Geschlechtermythen. Es gibt keinen Unterschied, der nicht auch Mythen fabrizierte: Das gilt für Rassenunterschiede wie für nationale Unterschiede. Tatsächlich würde die Verdrängung von kulturellen Unterschieden zu einer neuen Erforschung der sexuellen Differenzen führen. Aber was soll das Ziel dieser Politik sein? Elisabeth Badinter sagt es klar: Die Evolution möge zum Stillstand kommen.[36]

Das neue Endspiel soll die Entwicklungslogik der Natur in ihren Bann nehmen. Durch Auslöschung des Betrugs (der Liebe), durch Verwischen der Differenzen halten sich die Geschlechter auf einem Niveau, das sie wieder ihrer embryonalen Frühgeschichte zurückgibt. Die Embleme beider Geschlechter zu tragen wäre die Erlösung nicht nur vom Trug der Sprache (vielleicht wird es auch nur noch ein grammatisches Geschlecht geben!), es wäre die Erlösung vom Bann der Fortpflanzung. Endlich könnte ich mich mit meinem Spiegelbild paaren, das mir nicht mehr das Imaginäre bringt, sondern die universelle Gleichheit. Schöner Endspiel-Traum! Nur durch härteste Gesetzgebung könnten die Geschlechter dazu gebracht werden. Denn die irreversible Entwicklung, die Frauen nun den Zugang zu allen symbolischen und sozialen Funktionen eröffnet, führt geradezu in die entgegengesetzte Richtung. Es werden sich völlig neue Kulturen (und Mythen) der Differenz etablieren. Es gibt sie ja bereits, wie man noch sehen wird. Und in dem Maße, wie sich für Frauen und Männer die Freiheiten der Wahl, die Mengen der Zufälle vergrößern, bei denen sie sich entscheiden können, werden die Entscheidungen immer schwieriger. Die Konjunkturen der Geschlechter-Eigenschaften wechseln immer rascher. Jede Saison kündigt eine neue Frau und einen neuen Mann an. Die Erfahrung ist banal: Freiheiten machen das Leben komplizierter.

Nicht unbedingt auch die Geschichte. Gegenwärtig rückt an die Stelle der alten Geschlechter-Mythen der Unterdrückungs-Mythos. Die ganze Geschichte reißt sich die Maske vom Gesicht und wendet jetzt den Historikern ihre patriarchalische Fratze zu. Während das Emblem der Unterdrückung alle Blicke auf sich zieht, läßt sich um so leichter die Revision betreiben. Diese Revision erfolgt durch Maßnahmen des Gesetzgebers. Auch die von feministischer Seite gewünschte Überlagerung des Geschlechter-Unterschieds durch den individuellen Unterschied läßt sich nur mit Gewaltmaßnahmen einer neuen Moral herbeiführen. Das wäre eine Moral des Bisexuellen.[37] Die alte Politik des Sexuellen, sexueller Reize und Anreizungen macht jedoch heute noch einen großen Teil der Dynamik in den westlichen Gesellschaften aus. Gerade der Zusammenbruch der alten (Geschlechter)Mythen läßt Macht und Liebe als wichtigste Steuerung in den Gesellschaften sichtbar werden. Vor allem auch, daß Frauen als Mütter immer schon Macht ausgeübt haben. Diese Macht ist heute allerdings nicht mehr attraktiv, aber ebensowenig eine neue Väter-Macht. Sollten je die Kultur-Zwitter und Kultur-Transsexuellen, von denen Feministinnen zu träumen behaupten, das Licht der Kultur erblicken, sie werden noch mehr verspottet werden als die Mutanden einer endgültigen Endzeit.

Elisabeth Badinter, die hier als Kronzeugin dieser feministischen Philosophie fungiert, erklärt sehr genau, daß die wünschenswerte Gleichheit der Geschlechter in ihren Paarbeziehungen nur über Assimilationen und damit über Reduzierung der wechselseitigen Anziehung erreicht werden könnte. Daher soll die Passion verschwinden und der Zärtlichkeit Platz machen. Ihre Hypothese lautet: »Die Leidenschaft ist dabei auszusterben, ebenso wie der sinnliche Rausch.«[38] Charakteristisch ist dabei, daß sie von der Leidenschaft nur als Literatur weiß und ausgerechnet Denis de Rougemonts Hypothesen über die höfische Liebe zitiert, die dieser aus Romanen zusammengelesen hat. Nach dem heutigen Stand der Dinge können nur noch Reden, nicht aber Affekte oder gar Schicksale über kulturelle Normen reguliert werden. Und die Reden lassen sich auch nicht mehr homogenisieren – selbst durch Wissenschaft nicht mehr. Die Wissenschaft vermag über die Geschlechter heute auch nichts Verbindliches mehr zu sagen, außer daß die Lage komplex ist.[39] Nur gewaltsame Politik vermöchte aus dem Inventar der Unterschiede die sexuelle Differenz zu eliminieren. Dabei bauen alle Kulturen auf dieser Differenz auf, und das Verlangen, dessen Sprachen heute so unübersehbar wuchern, kommt allein aus dieser Differenz, wie groß oder klein sie auch sein mag. So schön die Vision von brüderlichen Paarbeziehungen und von Symbiosen (statt Leidenschaften) sein mag, keine Weisheit ist in der Lage, die Menschen vor dem Verlangen nach Leidenschaften zu bewahren. Wie Elisabeth Badinter am Ende ihres Buches andeutet, läßt sich eine Neutralisierung des Sexes nur von der Technologie der Fortpflanzung oder gar der genetischen Mutation erhoffen. Und immer bleibt offen, wer erfolgreich sein wird.

Auch der feministische Traum von einem Endspiel der Differenz, von einer radikalen Gleichstellung der Geschlechter wünscht einzig, den Betrug aus dieser Welt zu räumen. Eine Beziehung der Geschlechter ohne Illusion, ohne Betrug, ohne wenigstens kurzzeitige Idealisierung des anderen, ohne die Hypnose der Verliebtheit setzt voraus, daß die Sprache und damit auch das Unbewußte abgeschafft wären. Zwar verschwinden unablässig Zeichen aus den Repertoires der Paarungsspiele, wie etwa die weibliche Sprödigkeit, die eine Art von Testverfahren auf die Geduld und Zuverlässigkeit des Mannes war. Dafür sind neue Prüfungen im Spiel, die zur Abstimmung körperlicher und psychologischer Eigenschaften dienen. Die Zukunft macht es wahrscheinlich, daß das Wünschen mehr hilft bei der Suche nach einem Partner als die Suche. Die Differenzierung der erotischen Codes machen es immer schwieriger, das gewünschte Objekt auch zu finden. Statt dessen erhöht sich die Rate des Zufalls und verführt immer weiter dazu, der Gewalt der Illusion zu verfallen, um dann anschließend nach der Läuterung durch Besuche von Frauen- und Männergruppen auch noch in die Illusion der geschwisterlichen Partnerschaft zu stürzen.

Beide Endspiele können nicht laufen: die Evolution anhalten und die Technik fortschreiten lassen. Das eine hieße ja: Liebe und Macht auf ein Minimalniveau hinuntersteuern; damit entfallen jedoch auch alle Anreize, durch Investition von Lebenszeit und Lebenskraft die Realisierung der eigenen Wünsche innerhalb einer immer komplexer werdenden Umwelt zu verfolgen. Der sozialistische Evolutionsstop war ein Fiasko wegen der Wünsche der Leute. So komplex die Welt auch werden mag, alle Wünsche laufen weiter über die (erotischen) Codes von Geld, Macht und Prestige. Die brüderliche Gesellschaft der Zwitter, Transsexuellen Elisabeth Badinters will sich aber rüsten mit Brutapparaten und schwangeren Männern. Sie wird keine Verwendung mehr finden für schöne Frauen und Genies. Im Kampf gegen den Betrug kann nur der größere Betrug erfolgreich sein.

Die Liebe ist eine kulturelle Ausformung der durch die Natur vorgegebenen sexuellen Vermehrung. Da jedes Individuum eigentlich nur den Auftrag hat, die Erhaltung der Art sicherzustellen, und da weiter nichts von ihm verlangt wird, sind alle Spiele und Sprachen der Liebe eine sehr aufwendige Angelegenheit im Vergleich zur einfachen und elementaren Funktion der Vermehrung. Allerdings gehört der Aufwand, den die Menschen bei ihrer Partnersuche betreiben, die vielen Sprachen und Zeichen, die Machtformen und Wahrheitstests, zur Logik der Evolution, die jedem Subjekt die Mission auferlegt, nur solche Nachkommen zu zeugen, die gute Überlebenschancen haben. Dies kann ich allein durch die Wahl des Geschlechtspartners beeinflussen. Es ist daher nicht erstaunlich, daß mit der Komplexität der Welt auch die Komplexität der Codes wächst, die bei solchen

Entscheidungen helfen sollen. Es wäre wenig wahrscheinlich, daß sich zu diesen differentiellen Codes, die sich in den vergangenen beiden Jahrhunderten mit der rasanten Evolution der Kulturen angehäuft haben wie Alter, Herkunft, Intelligenz, Bildung, Charakter, Gesundheit, Attraktivität, Vermögen etc., einfach solche egalitären hinzugesellten wie Ähnlichkeit, Gleichheit, Dualität. Sie können nur in sozialen Klassen funktionieren, deren Unterschiedenheit zu den anderen hinreichend sichergestellt ist. Zwar sind alle Kulturen in der Lage, auch fundamentale Unterscheidungen zu beseitigen – wie die zwischen Gott und Mensch, oder Adel und Bürger –, sie vermögen aber keine natürlichen Unterschiede definitiv auszuräumen: außer durch Manipulation.

Das feministische Konzept von der neuen oder künftigen bisexuellen Kultur, von den Zwillingspartnerschaften stößt, wie Elisabeth Badinter anerkennt, auf geringe Resonanz bei den Männern (während sie die Zustimmung der Frauen wohl voraussetzt). Woran liegt es? Die Antwort schenkt ihr ein Psychoanalytiker, der zur großen soziokulturellen Rede von der Krise der Identitäten auch die von der männlichen Identitätskrise beisteuert. Den Frauen macht es nichts, männliche Funktionen zu übernehmen, meint Frau Badinter, während jedoch Männer keine traditionell weiblichen Funktionen in ihr sexuelles Selbstbild aufnehmen möchten. Der Grund liegt im männlichen Unbewußten. Was soll ein Psychoanalytiker auch anderes sagen? Da das männliche Privileg nur durch Reservate (Unzulässigkeit für Frauen) definiert sei, gerate diese Identität unbewußt ins Schwanken. Bringen wir also das Unbewußte des Mannes durch definitive Tilgung von Unterschieden in Ordnung! Die klugen Psychoanalytiker, die diesen Wackelkontakt in der Männerseele entdeckt haben, sind indessen nicht klug genug. Das Unbewußte, das mit dem Verschwinden von Unterschieden zu kämpfen hat, sagt nicht: Ich bin kein Mann mehr, sondern: das ist keine Frau mehr. Und damit haben nicht Männer zu kämpfen, sondern die Frauen, die diesen Verlust an »Identität« stets durch Gewinn an Macht oder durch andere Befriedigungen ausgleichen können. Das Unbewußte sagt dies aber nur so lange, bis es sich durch andere Symbolisierungen darüber beruhigt hat, daß der Unterschied weiterhin existiert. Die Identität des Subjekts ist nicht durch Verschiebungen eines Codes gefährdet, sondern durch Mangel an Affirmation durch andere. Erst wenn die Frauen die Kraft zu dem paradoxen Sprechakt aufbringen werden und ihrem männlichen Gegenüber sagen: Du bist nur dann ein Mann, wenn du eine Frau bist, dann wird der Traum von den Zwillingspartnerschaften in Erfüllung gehen. Das Endspiel der Geschichte könnte beginnen.

Das kynologische Geheimnis

Hier folgt erst ein Endspiel der kryptischen Zeichen! Es gilt noch ein kleines Geheimnis zu lüften, das durch dieses Buch hindurch mitgeschwungen ist. Das *high-fidelity*-Geheimnis der Hunde. Warum sind alle großen Liebesgeschichten von kynologischen Affären durchzogen? Hunde, die die Rückkehr des Ehegatten oder Geliebten melden wie Argos in der *Odyssee* und Husdent in den *Folies Tristan*. Hunde wie Gardeviaz aus Wolfram von Eschenbachs Fragment *Titurel*, der als Bote ein Paar verbindet und ein zweites auseinanderreißt. Oder Hunde, die Jupiter als Ehemann melden wie in Kleists *Amphitryon*, oder Hunde, die die Anwesenheit des Geistes anzeigen wie auf Jan van Eycks Porträt der Arnolfinis. Hunde, die ihren Namen für die Dialektik hergeben müssen oder für eine Position im sexuellen Verkehr, denn beides verachten die Kirchenväter und beschimpfen die Dialektik wie die Paarung *a tergo* als Hundeart (mos caninus).[40] Was bedeuten alle diese treuen *high-fidelity*-Hunde, die der Stimme von Herr und Herrin lauschen, oder die Betrüger-Hunde, die ihren Maulkorb abnehmen und wieder anlegen, um den Betrug in der Natur zu beweisen?[41]

Der Hund ist ein bewährter Notar und durch biblische Quellen in seiner Unbestechlichkeit bestätigt. Die apokryphen *Petrus-Akten* bewahren ein fabelhaftes Beispiel für die unkorrumpierbare Natur des Hundes. Als Petrus nach Rom kommt, klagt dort die christliche Gemeinde über den »Verführer« Simon, der von sich behauptet, die Kraft Gottes selbst zu sein. Da Simon aber den Apostel nicht zu sich lassen will, nimmt Petrus die Kraftprobe auf. Er kündigt ein Wunder an, und gleich darauf tritt ein Hund zu ihm, der wie ein Mensch sprechen kann. Ihm erteilt Petrus den Auftrag, zu Simon zu eilen und ihm mitzuteilen, daß der Apostel seinetwegen nach Rom gekommen ist. Simon, »der Gottloseste und Verführer einfältiger Seelen«, solle hervortreten. Als ihm der Hund diese Nachricht vorträgt, ist Simon zunächst sprachlos. Doch nachdem er seine Stimme wiedergefunden hat, versucht er den Hund zu überreden, er soll dem Petrus einfach melden, er sei nicht zu Hause. Daraufhin hält ihm der Hund eine Predigt: »Du Gottlosester und Schamloser, du Feind aller Lebewesen und derer, die an Christus Jesus glauben, zu dir ist ein stummes Tier gesandt worden, das menschliche Stimme annahm, um dich als platten Betrüger zu erweisen und zu bestätigen.«[42] Der namenlose Hund, aufgerufen, einen Betrüger namhaft zu machen, ist durch keine Worte, selbst durch die Worte eines Verführers nicht von seinem Weg abzubringen. Das ist seine mythische Eigenschaft. Er verfügt aber auch über Qualitäten, die diesen Mythos der Unverdorbenheit und Treue erst fett gemacht haben.

Der Rechtshistoriker Pierre Legendre stellt in seinem erwähnten Buch über die *Passion, ein anderer zu sein*, auch die schwerwiegende Frage, ob ein Hund, der die Freude über das Wiedersehen oder das Wiederhören seines Herrn in den bekannten Ritualen der Hundesitte, durch Bellen, Springen, Oszillationen des Schwanzes offenbart, vielleicht tanzt.[43] Jedenfalls tanzen die Musikhunde in Kafkas Erzählung *Forschungen eines Hundes* wie die Weisen in Dantes »Paradiso«.

Sie redeten nicht, sie sangen nicht, sie schwiegen im allgemeinen fast mit einer großen Verbissenheit, aber aus dem leeren Raum zauberten sie die Musik empor. Alles war Musik, das Heben und Niedersetzen ihrer Füße, bestimmte Wendungen des Kopfes, ihr Laufen und ihr Ruhen, die Stellungen, die sie zueinander einnahmen, die reigenmäßigen Verbindungen, die sie miteinander eingingen (...).[44]

Tatsächlich sind Hunde, sofern sie in der Menschenwelt Anerkennung finden, durch unzählige Anthropomorphismen entstellt.

Doch das Geheimnis des Hundes ruht in der unbezweifelbaren Tatsache, daß er in die Lücke getreten ist, die die Evolution in die Kommunikation der Menschen gerissen hat: Aus dem Verkehr der Menschen ist die Orientierung durch den Geruch verschwunden. Niemand anders als der Hund erinnert durch seine unbeirrbare Treue zu einem individuellen Körperaroma, durch sein untrügliches olfaktorisches Gedächtnis an diese längst verschlossene Vorwelt der menschlichen Erfahrung. Der Hund der alltäglichen Anagnorisis ist eine schweifwedelnde oszillierende *memoria*. Den klarsten Beweis für den längst erfolgten Ausschluß des Geruchs bildet die Tatsache, daß es in allen Lexika der Welt nur wenige Einträge gibt, um Geruchs- und Geschmacksdifferenzen zu bezeichnen. Das olfaktorische Tagebuch, das der schreckliche Held von Patrick Süßkinds Roman *Das Parfum*, Jean-Baptiste Grenouille, geführt haben soll, muß aus völlig neuen Wörtern bestanden haben.[45] Der Verlust des Zugangs zum Universum der olfaktorischen Differenzen hängt zusammen mit der Entscheidung in der menschlichen Phylogenese für den aufrechten Gang und für den Verzicht auf die Identifikation des anderen durch genitalen und analen Geruch. Die Barriere zu den absoluten Unterschieden im olfaktorischen Kosmos markiert die Kulturinstitution des Ekels. Der gleichen Verdrängung fiel auch lange Zeit die wissenschaftliche Erforschung der neuronalen Wege und der Hirnaktivitäten bei Geruchswahrnehmungen zum Opfer.[46] Die chemische Basis der Geruchsunterschiede wurde daher noch nicht erfolgreich erforscht. Gegenwärtig vermuten die Wissenschaftler, daß die organischen Gerüche im sogenannten HLA-System zu Hause sind, das die Selbstdefinition der Organismen realisiert. Es sind riesige Moleküle, die für die dauerhafte Selbstidentität des Körpers sorgen und die Tolerierung oder Abstoßung des fremden Gewebes bei Organtransplantationen steuern. Oder anders gesprochen: Die HLA-Antigene sind die Hunde des Körpers. In ihnen residiert ein Großteil dessen, was wir Identität nennen. Durch Vergleich von HLA-Merkmalen wird gegenwärtig auch der Nachweis der Vaterschaft geführt. Es ist ein Antibetrugs-System. Tierversuche erhärten neuerdings die Vermutung, daß diese in den Zellmembranen aller kernhaltigen Körperzellen vorhandenen HLA-Moleküle auch die Körpergerüche erzeugen. Wie tief aber die Geruchswahrnehmung im Unbewußten residiert, konnten amerikanische Psychologen nachweisen, die ihren Probanden bestimmte Konzentrationsleistungen unter Einwirkung von (bewußt) nicht wahrnehmbaren Duftstoffen abverlangten. Im Vergleich mit entsprechenden Problemen, die sie ohne diese Geruchsbelästigung gelöst hatten, benötigten sie unter olfaktorischer Reizung die doppelte Zeit für ihre Aufgaben.[47] In *Das Parfum* entwickelt Süßkind die großartige Idee, seinen Helden Grenouille sich selbst nicht riechen lassen zu können. Diese Anomalie sucht ihn in dem Doppelsinn heim, daß er im Traum Ekel vor seinem eigenen Körpergeruch empfindet, im wachen Zustand hingegen trotz seiner genialen Nase buchstäblich nichts von sich wahrnimmt. Das ist eine HLA-basierte, plausible Erklärung für die Psychologie des Mörders. Ein Mensch, der tatsächlich keine organische Identität mehr besitzt.

Die Liebe zum Hund ist die Nostalgie der olfaktorischen Kommunikation. Mit unermüdlicher Geduld testieren Hunde die Identität ihrer Herren und schenken diesen die Lust, sich riechen zu lassen. Die hündischen HLA-Experten, die täglich durch den Tanz der Freude und durch den Schweif-Oszillator erstellt werden, bilden aber auch zwischen Liebenden jene Selbsterkenntnis-Lust ab, die in den unzähligen Geschichten vom Hund als stummem Dritten durchgespielt werden. Daneben erneuern die kynischen Embleme das populäre Wissen, daß sich Liebende besonders gut riechen können. Das Geheimnis ihrer körperlichen Intimität ist der Niedergang der Ekelschwelle bei allen Spielen, die die ihrer Sprache und ihrer Scham entkleideten Körper der Liebenden miteinander genießen. Die Tatsache, daß schwangere Frauen eine erhöhte Geruchssensibilität entwickeln, hat mit dem Bedarf an zusätzlicher Stabilität und Truglosigkeit im Kontakt mit dem anderen zu tun: Der Geruch und die Treue sind das gleiche. Das dachte auch der Geheimdienst des alten SED-Staa-

Abb. 27: Karl Kraus und Bobby. Der Hund als Zeuge.

Abb. 28: Gertrude Stein und ihr Notar (lebend und und im Porträt).

tes, der Geruchsproben von Zehntausenden von DDR-Bürgern, unter Glas luftdicht verschlossen, in Archiven deponierte. Staatsfeinde, die keine anderen Spuren hinterließen, sollten über solche olfaktorischen Träger und mit Hilfe eigens für die Identifizierung dressierter Hunde aufgespürt werden können. Die olfaktorische und kriminalistische Ausstattung des Hundes ist der menschlichen weit überlegen. Die physiologische Welt der hündischen Truglosigkeit entfaltet sich auf einer sechsmal größeren Oberfläche der Nasenschleimhaut. Sie ist überdies bei Menschen nur 0,006 mm dick, während sie beim Hund eine Stärke von 0,1 mm aufweist.[48]

Warum haben sich unzählige Maler mit einem Hund an der Seite porträtiert? Warum haben sich unzählige Künstler mit einem Hund an der Seite photographieren lassen? Die Antwort findet sich zum Beispiel in der Autobiographie von Gertrude Stein, die den kecken Titel *Jedermanns Autobiographie* trägt. Dort liest man immer wieder Bemerkungen folgender Art:

Wieder eingelebt in Bilingin machte ich mir Gedanken über Identität und erinnerte mich an Mother Goose, ich bin ich weil mein kleiner Hund mich

kennt und ich war mir nicht sicher außer darin daß das nur bewies daß der Hund eben der Hund ist aber nicht daß ich auch ich bin.[49]

Dieser Satz »ich bin ich weil mein kleiner Hund mich kennt« ist eines der Leitmotive der Autobiographie wie auch von Gertrude Steins *Geographischer Geschichte Amerikas*. Dort findet sich weiter eine Reihe rhetorischer Fragen, die das Geheimnis der Hunde auf so vielen Kunstwerken anspricht: »Was für eine Rolle spielt ein Meisterwerk wenn kein Hund mehr da ist. Kein Hund kann allein sein. Kann ein Meisterwerk allein sein. Man sagt es aber ist es so.«[50] Die kynologische Funktion gegenüber dem Kunstwerk besteht in der ewigen Arbeit, die Autorschaft zu feiern: Organisches Freuen und Schweifwedeln der Historiker wie Interpreten. Die Welt der Künstler-Identitäten ist eine Meta-Welt der Gewißheit, voller trügerischer Gerüche und illusionärer Identitäten. Aber es ist eine Welt der Liebe.

Hans, der Held in Klaus Hoffers Roman *Bei den Bieresch*, empfängt in dem merkwürdigen Dorf Zick, wo er, der Sitte gemäß, in die Kleider und Rolle seines verstorbenen Onkels schlüpfen muß, einen neuen Namen. Dieser Name wird ihm nach einem Tag von dem Stotterer Zerdahel verkündet: Es ist der Name des toten Hundes »Halbwegs«. Zugleich wird dem so initiierten Halbwegs zum Zeichen seiner neuen Identität ein Hund geschenkt. Während der Krankheit, die ihn während des Übergangs in das soziale Sein des anderen Namens heimsucht, liest Halbwegs seinem Hund aus Büchern vor.

Wenn ich das Tier ansah, wie es so dalag und stumm zu mir aufblickte, dann hatte ich das seltsame Gefühl, die beiden ersten Tage meines Aufenthaltes in Zick wären gleichsam in ihm zu Fleisch geworden, es wäre ein lebendiges Denkmal oder denkmalgewordener Frühzustand meines Ichs (...).[51]

Hunde dienen als Zeugen, als Denkmäler, als stumme, allenfalls tanzende Notare, die dafür einstehen, daß organische Spuren identisch sind. Und weil sie allein – bis zur Entdeckung der HLA-Moleküle, bis zur Entdeckung des »genetischen Fingerabdrucks« – bezeugen konnten, daß aus vermeintlich zwei Personen ein Fleisch geworden ist, dienen Hunde als freundliche Hausgötter der Liebespaare. Mit den neuen Technologien der Identifizierung – vom Fingerabdruck bis zu den absoluten Unterschieden des genetischen Codes – begann auch das Endspiel der kynologischen Kommissare.

Das Erbleichen des Gesetzes: Die Poesie

Eine ungesicherte Anekdote erzählt von einem Rabbiner, der in seiner Gemeinde unablässig mit der Anklage des Ehebruchs befaßt wurde. Nach dem mosaischen Gesetz war der Priester ja dafür auch zuständig.[52] Aber soviel Staub, um täglich Fluchwasser für mehrere Treueproben anzurühren, warf der Boden in der Synagoge dieses Rabbiners nicht ab. Wie rettete er sich aus dem Dilemma? Er steigerte den Anspruch an die Indizien und verlangte folgende Beweise für die Vermutung der Untreue: Erstens sollten zwei Zeugen die beiden Ehebrecher *in flagranti* erblickt haben; und zweitens sollten die beiden Zeugen beim obligatorischen Versuch, zwischen den aufeinanderliegenden Leibern der Verdächtigten eine längsgespannte Schnur hindurchzuziehen, gescheitert sein.

Wenn das Gesetz erbleicht, dann schlägt die Stunde der Poesie. Die talmudische Regelung zum Gesetz vom Fluchwasser soll etwa noch bis in die sechziger Jahre des ersten Jahrhunderts unserer Zeit in Kraft gewesen sein.[53] Die Paralyse des Gesetzes, die offenbare Unmöglichkeit, die Talmud-Vorschriften präzise zu verstehen, wuchs auf dem Gebirge der Rabbiner-Logik. Im Buch *Sota*, das die Kommentare der Rabbis zur Fluchwasser-Zeremonie bewahrt, wird am Anfang ausführlich das Problem der Verdächtigung erörtert. Welche Verhaltensweise der Frau erlaubt die Vermutung des Ehebruchs? Die Antwort der Talmudisten: wenn sich die Frau mit einem anderen Mann verborgen hat oder wenn sie, von der Welt ungesehen, mit einem anderen als ihrem Ehemann zusammen war. Doch nun beginnt die entscheidende Erörterung? Wie lange? Die präzise Beantwortung dieser Frage stößt in der Zeit der Sonnenuhren auf begreifliche Schwierigkeiten, und die Rabbiner gaben sehr unterschiedliche temporäre Äquivalente für das Zeitmaß und die Maßlosigkeit des Ehebruchs:

– Wieviel beträgt die Dauer des Sichverbergens? – Die Dauer der Verunreinigung, das ist die Dauer des Beischlafes, das ist die Dauer der Anschmiegung, das ist die Dauer der Umkreisung einer Dattelpalme – so R. Jismael. R. Elieser sagt, die Dauer des Einschenkens eines Bechers. R. Jehosua sagt, als man ihn trinken kann. Ben Azaj sagt, als man ein Ei backen kann. R. Aqiba sagt, als man ein solches schlürfen kann. R. Jehuda b. Bethera sagt, als man drei Eier hinter einander schlürfen kann. (...) R. Eleazar b. Jirmeja sagt, als ein Weber einen Faden zusammenknotet. R. Asi fragte: Entfernt oder nahe? – Dies bleibt unentschieden. Hanin b. Pinhas sagt, als sie die Hand in den Mund stecken und ein Spänchen entfernen kann. R. Asi fragte: Ein eingepreßtes oder loses? – Dies bleibt unentschieden. Pelemo sagt, als sie mit der Hand in den Korb langen und ein Brot nehmen kann. R. Asi fragt: Ein eingepreßtes oder ein loses [Brot]? Ein neuer oder ein alter [Korb]? Ein warmes oder ein kaltes [Brot]? Aus Weizen oder aus Gerste? Ein weiches oder ein hartes? – Dies bleibt unentschieden.[54]

Die Frage der Zeit, die die beiden allein gewesen sein müssen, um die Vermutung des Ehebruchs zu begründen, verliert sich in einer infinitesimal verzweigten Erörterung. Unentschieden bleibt nicht nur die Methode, wie das lange oder kurze Intervall zu messen sei, sondern auch die materielle Beschaffenheit der Gegenstände, die das mechanische Äquivalent zur Zeit des verbotenen Genusses abgeben sollen. Die Gerechtigkeit ohne Uhr stürzt beim Versuch, die Wahrheit des Unmöglichen untrüglich sicherzustellen, in den Abgrund der Genauigkeit.

Statt dessen hinterlassen uns die Rabbiner in diesem Dokument ihres unersättlichen Bedarfs an Präzisierungen ein wunderbares Gewebe theokratischer Selbstlähmung: die Poesie in geradezu unwiderstehlicher Schönheit. – Von solchen Infarkten des Gesetzes erzählt mit gleicher Kunst der Erfindung der Talmud-Leser Franz Kafka. In dem kleinen Text *Fürsprecher* löst sich das Problem des Gesetzes in einer Streuung von Möglichkeiten auf, die den Sprecher aus aller Gewißheit treibt:

(...) das Gericht spricht sein Urteil nach dem Gesetz, sollte man annehmen. Sollte man annehmen, daß es hierbei ungerecht oder leichtfertig vorgehe, wäre ja kein Leben möglich, man muß zum Gericht das Zutrauen haben, daß es der Majestät des Gesetzes freien Raum gibt, denn das ist seine einzige Aufgabe, im Gesetz selbst ist aber alles Anklage, Fürspruch und Urteil, das selbständige Sicheinmischen eines Menschen wäre hier Frevel. Anders aber verhält es sich mit dem Tatbestand eines Urteils, dieser gründet sich auf Erhebungen hier und dort, bei Verwandten und Fremden, bei Freunden und Feinden, in der Familie und in der Öffentlichkeit, in Stadt und Dorf, kurz überall. Hier ist es dringend nötig, Fürsprecher zu haben, Fürsprecher in Mengen, die besten Fürsprecher, einen eng neben dem andern, eine lebende Mauer, denn die Fürsprecher sind ihrer Natur nach schwer beweglich, die Ankläger aber, diese schlauen Füchse, diese flinken Wiesel, die unsichtbaren Mäuschen, schlüpfen durch die kleinsten Lücken, huschen zwischen den Beinen der Fürsprecher durch.[55]

Das Gesetz ist unerschütterlich und wahr, nur die Tatbestände bringen die Ungewißheit. Denn überall, wo das Leben Spuren hinterläßt, liegt schon ein Artikel der Anklageschrift bereit, und es bedarf einer ganzen Armee von Gegenzeugen. Der kleine Passus weist die gleiche Struktur wie der angeführte Talmud-Kommentar auf. Wie läßt sich gegenüber dem Gesetz das Reale bezeugen? Zerstreut wie die Daten sind die Worte, die Anklagen und die Fürsprachen. Anhebt ein Endspiel des Gesetzes. Das ist unvermeidlich, wenn dem Akzidentellen und dem Zufälligen der Zugang zu den ewigen Statuten der Gesellschaft eröffnet wird. Die Dinge und die Zeiten lassen sich klein und kleiner mahlen, nicht aber die Gerechtigkeit. – Jorge Luis Borges erzählt eine solche schleichende Katastrophe in seiner Geschichte *Die Lotterie in Babylon*. Einst nur eine plebejische Belustigung, ist die Lotterie von Babylon zu einer Einrichtung geworden, die ihr Netz über alle Mitglieder der Gesellschaft geworfen hat. Alle müssen sich beteiligen, und Gewinne wie Verluste zahlen sich in sprunghaften Veränderungen des sozialen Status. Als Prämien waren nämlich nicht nur einfache Geldsummen zu gewinnen, sondern auch hohe Ämter, die Verhaftung eines Feindes oder eine Liebe; der unglückliche Ausgang des Spiels konnte so schlimme Dinge bringen wie Verstümmelung, Schande oder Tod. Da sich alle Bürger in das Spiel eingeschlossen sahen, blieb jedes soziale Schicksal dem Zufall anheimgegeben. Doch bald war man unzufrieden mit dieser Einmaligkeit des Zufalls; das Akzidentelle mußte totalisiert werden, ins wahrhaft Unendliche getrieben:

Stellen wir uns eine erste Ziehung vor, die den Tod eines Menschen verfügt. Zur Vollstreckung veranstaltet man eine weitere Ziehung, die (sagen wir) neun mögliche Vollstrecker vorschlägt. Von diesen Vollstreckern können vier eine dritte Ziehung einleiten, die den Namen des Henkers erbringen soll, zwei können an die Stelle des schwarzen Spruchs einen glücklichen treten lassen (etwa die Auffindung eines Schatzes), ein anderer kann die Todesstrafe verschärfen (...). Kein Entscheid ist endgültig, alle verzweigen sich in andere. Die Unwissenden sind der Meinung, daß unendliche Ziehungen eine unendliche Zeit erfordern; in Wahrheit braucht die Zeit nur unendlich teilbar zu sein, wie das berühmte Gleichnis vom Wettlauf mit der Schildkröte lehrt. Diese Unendlichkeit stimmt mit den gekrümmten Zahlenreihen des Zufalls und mit dem Himmlischen Archetyp der Lotterie, den die Platoniker anbeten, überein (...).[56]

In der Totalisierung des Zufalls verbirgt sich eine absolute Gerechtigkeit. Aber das Gesetz verliert eben dadurch, daß man in sein Herz – in seine unerschütterliche Allgemeinheit – den Zufall einnistet, alle Kraft. Dafür verschwindet zugunsten des Zufalls die Ungerechtigkeit. Auch wenn man die Frage schuldig oder unschuldig durchs Los entscheidet, wird statistisch die Zahl der Fehlurteile die der gerechten Richtersprüche nicht übersteigen. Und das läßt sich ins Unendliche fortspinnen. Die babylonische Lotterie trägt einen Pyrrhussieg über den Betrug davon.

Die talmudischen Rechtsgelehrten scheiterten an der Frage, wie lange die Zeit der vermuteten »Anschmiegung« gedauert haben muß, um den Verdacht des Ehebetrugs zu begründen. Präzise messende Chronometer konnten das Wissen von der Dauer der Anschmiegung inzwischen bis in den Sekundentakt hinein festigen. Doch verhalf das der Probe mit dem Fluchwasser zu keiner Erneuerung. Mit den Gesetzen erbleichen auch ihre Staatsanwälte. Nicht nur Sonnenuhren und ähnliche vortechnische Aporien verursachten den Infarkt im Herzen des Gesetzes; viele Leichenzüge von Statuten und Vorschriften verdankt die Welt der Wissenschaft und Technik. Die vielzitierte technische Reproduzierbarkeit pornographischer Bilder und Aufnahmen, verstärkt noch durch die jedermann zugänglichen Porno-Videos, trug nachhaltiger zur Desmystifizierung der Sexualität bei als alle furchtlosen Schriftsteller und aufgeklärten Gesetzgeber. Die sogenannte Porno-Debatte, die vor einigen Jahren eine Handvoll Feuilletonisten beschäftigte, ist angesichts dieser technischen Standards so produktiv wie die Frage, warum die Reichen so viel Geld haben. Die körperliche Intimsphäre (die Verborgenheit) eines Subjekts, die schutzwürdig ist, bedeckt nicht mehr primäre und sekundäre Geschlechtsmerkmale, sondern sie liegt in der individuellen Erbsubstanz, der DNS, die in jeder Zelle des Körpers niedergelegt ist. Diese Verschiebung des Geheimnisses von einer verdeckten Partialfläche des Körpers hin zu einem in den Zellkernen verborgenen Kryptogramm, ist eine Wirkung der Wissenschaft, gegen die keine Morallehre mehr effektvoll aufbegehren kann. Und selbst wenn viele Gespenster dagegen protestieren: Auch das alte Tabu der Fötusabtreibung wird diesen Weg gehen. Eine von keinem Konsens mehr getragene Moral verändert sich mit den Transformationen des Wissens und der Technik: Die chemische Substanz, die ohne chirurgische Eingriffe den Abortus auslöst[57], enthebt die Juristen der Unmöglichkeit zu definieren, von welchem Augenblick des embryronalen Lebens an ein Mensch seinen Gattungsnamen tragen darf und Anspruch auf den Schutz der Gesetze erheben kann. Das embryonale Leben ist in die Hand der Erzeuger zurückgegeben.

Die Macht des Staates hat zugenommen, die Macht seiner Bürger über ihren eigenen Körper auch. Die Macht wächst unaufhörlich. Die Bürger können ihren Leib stählen, vergiften, unfruchtbar machen, tätowieren, liften, aushungern und auf hundert Arten manipulieren, so daß sich die Biopolitik des Staates hier auf die Existentialien Gebären und Sterben beschränken muß. Wo die Wissenschaft die Gesetze schwächt, könnte der Staat nur noch seine Gewaltmittel spielen lassen. Das Äquivalent der alten Staatsmacht an den Körpern bildet heute jedoch die Wissenschaft. Die pharmazeutische Industrie konnte gegen die Lehrmeinung der katholischen Kirche die Ovulationshemmer allen Frauen an die Hand geben und läutete das Endspiel einer bereits von der Zeit aufgezehrten Morallehre ein. Ist nicht alle Medizin ein Betrug der Natur? Die Geschichte der Empfängnisverhütung lehrt ebenso wie die Aids-Katastrophe unserer Tage, daß Geschlechtsmoral eine in Gewohnheit genommene Vorsichtsmaßnahme ist.[58] Sie stellt den mehr oder minder gewalttätigen Ausdruck empirischer Risiken dar. Sind die Risiken lange genug verschwunden, bricht die Prävention mitsamt ihren Wissenschaften zusammen und verfällt dem Charme aller Gesetze, die nur noch für Erzählungen taugen.

Das Endspiel der Richter

Die Ereignisse der Vergangenheit lassen sich längst nicht mehr bewältigen, ohne die Prozeduren des Gerichts. Das ist der Sinn der Rede von der Geschichte oder der Zivilisation als *Prozeß*. Vor den Gesetzen, die der heutige Tag uns schenkt, müssen die Schatten der Vergangenheit immer wieder ihre Schuld bekennen. Vermutlich lassen sich die Phantome der Historie und der Wahrheit nicht anders in die Akten treiben als durch wiederholte Gerichtstermine mit den Helden und Übeltätern. Die forensische Bearbeitung der Wahrheit und der Geschichte beginnt mit der Philosophie Platons. Bereits Quintilian empfahl den Anwälten, die sokratischen Dialoge zu studieren, um die Technik des Gerichtsverhörs zu erlernen.[59] Wir haben alle unseren Platon studiert und wissen, wie wir aus Zeugen und Dokumenten die kriminelle Wahrheit hervorlocken. Denn immer wollten uns die Mächtigen der Vergangenheit um das betrügen, was uns jetzt zu gehören scheint: um die Freiheit, um das Wissen, um die Wahrheit. Wer vermag noch die Evolution des Denkens selber zu denken ohne Hilfe von Richtern und Staatsanwälten? Wir laden Platon vor Gericht, Augustinus, Descartes, die Aufklärung, die Wissenschaft, die Vernunft, die Technik, die Menschen, die Herrscher, die Macht und hetzen die Staatsanwälte unseres frischen Wissens auf sie. Haben sie uns denn nicht alle betrogen? Unvermeidlich jedoch beginnt mit dem nächsten Prozeß auch der nächste Betrug. Selbst wer das weiß, möchte wenigstens einen Atemzug lang den Illusionen entkommen: Die Zunge, die ein Urteil fällt, schmeckt wahnhaft den Honig der Gerechtigkeit.

Der letzte Prozeß, das neueste Verfahren, das eben läuft, macht uns auch mit der jüngsten Richterelite bekannt. Ihr gehört das Endspiel der Richter. Auf der Anklagebank sitzt der Mann; das Amt der Richter und Staatsanwälte teilen sich Feministinnen und feministische Psychologen. Im Mann, im Männlichen lassen sich die vergangenen und zukünftigen Katastrophen der Welt anklagen; auf ganz gleiche Weise, wie sich früher einmal in den Juden, in der Aristokratie, in den Kapitalisten, in der technischen Rationalität denunzieren ließ, was von Übel war.

Das Ziel des Verfahrens ist klar: Frauen wollen ihre Version der Geschichte so abfassen, daß sich ihre Unschuld gegenüber dem Bösen erweisen läßt, das ihnen die biblische Mythologie im Namen Evas auf die Schultern lud. Auf diesem Gerichtsweg sollen sich die ungleichen Machtverhältnisse verändern: Nichts ist vertrauter als der Wunsch nach mehr Macht, denn das ist der Kern eines jeden Verlangens. Doch arbeitet dieses letzte Gericht mit trügerischen Versprechungen. Und die uralten Geschäftspraktiken der Erlöser fallen in das Ressort einer Historie von Liebe und Betrug. Als Beispiel möge hier nur ein Gerichtsherr aus der Seelenkunde angeführt werden: Wilfried Wieck, der Autor des Buches *Männer lassen lieben*.[60] Das Buch ging bereits auf erfolgreichen Seelenfang, da es innerhalb nur eines Jahres mehr als zweihunderttausend Käufer gefunden hat. Die Verlockung liegt in dem Versprechen, durch eine Revolution der Männer den Frieden in der Welt herbeizuführen: Sind erst die Männer Frauen geworden, dann realisieren sich die Kommunikationsideale, die die Menschheit seit mehreren tausend Jahren mit sich schleppt; natürlich weiß das der Hoffnungshändler und Gerichtsherr nicht; ebensowenig, daß es diese Ideale sind, in deren Namen sich die Menschheit schon lange drangsaliert, unterdrückt und mordet. Diese gleichen Ideale wohnen jetzt nicht mehr bei Christus, nicht mehr in der Liebe, nicht mehr auf dem Saturnring, nicht mehr beim Volk, nicht im Sozialismus, sondern bei der Frau:

Weibliche Gespräche zeichnen sich dadurch aus, daß sie emotional, intuitiv und konkret sind. Sie verzichten auf Schwarz-weiß-Denken, Freund-Feind-Gefühle und Sieg-Niederlage-Motive. Bündnisse mit lebensbejahenden Männern werden nicht ausgeschlossen. Weibliche Gespräche führen zur Berücksichtigung subtilerer Aspekte der Realität und zu größerer Offenheit, zu der Fähigkeit, Minderwertigkeit, Trauer und Schwäche zu fühlen und anderen das gleiche zu ermöglichen. Nicht der Gehorsam, sondern die Entwicklung bleibt höchstes Kooperationsprinzip. Nicht die Gewalt, sondern Zartheit und Sanftmut sind höchste Werte.[61]

Jesus ist in Röcke geschlüpft und tut sein sanftes Menschenwerk im Exil des Weiblichen. Hier beginnt das Endspiel der Endspiele. Alle müssen Frauen werden, damit die Welt endlich jenen Frieden erringt, der ihr immer schon verheißen war. Allerdings müssen auch die Frauen erst solche Frauen werden; selbst die edelsten Feministinnen stehen noch vor der Schwelle der Heiligkeit. Aber weiß man nicht, daß die Idealisierung die höchste Form der Verachtung ist? Sie hat auch ihre bewährte Logik. Eine unerledigte christliche Tradition gewährleistet, daß das Vollkommene in der Gestalt des Opfers für das Bewußtsein unwiderstehlich ist. Erst werden Frauen zum Opfer der Geschichte gekrönt, dann sind sie reif für die lähmende Idealisierung. Aber sind Opfer bessere Menschen? Glitten die Wilden, die Proletarier, die Juden und jetzt die Frauen nicht immer über die Seife unseres schlechten Gewissens auf den Thron der Menschheits-Ideale? Die Opfer haben vielmehr Anspruch darauf, als die ernstgenommen zu werden, die sie waren oder sind: Subjekte mit Ängsten, Hoffnungen, Wünschen, kleinen Bestialitäten, Tugenden, Gemeinheiten und Größen, die ein schrecklicher Zufall in seine Gewalt nahm. Eine ganze lange Geschichte vertrieb sich die Zeit damit, Frauen alle möglichen Qualitäten zuzuschreiben; nun sollen sie auch noch die besseren Menschen sein. Das neueste Recycling der alten Ideale der Kommunikation verlangt, daß sich beide Geschlechter am geweihten Ort des Weiblichen versammeln, um endlich das Wunder der Geschichte zu vollbringen: »wahre Gefühle«, echte Kommunikation, tiefe Betroffenheit, allgemeiner Friede – für alle.[62]

Das Endspiel der Endspiele. Könnten wir die Welt nach dem Modell der Therapiegruppen richten, in denen unglückliche Männer rituell ihren Phallus anklagen, so könnte Rettung winken. Aber werden sich alle Männer kastrieren lassen? Man muß ihnen nur immer wieder im Kollektiv den Prozeß machen, bis sie sich vor die Bildsäule des heiligen Origenes werfen und den therapeutischen Schauprozeß verlangen. Und man muß ihnen klarmachen, daß ihre Schuld und ihr Unglück dann von der gleichen Schamanen-Hand bereinigt werden. Wilfried Wieck stärkt die Welt auch in dem Glauben, daß man sogar Goethes Werther hätte therapieren können. Das wäre allerdings nicht einfach gewesen: »Wir wissen, daß eine große Anzahl schwieriger und anstrengender Gespräche mit Dritten, geduldige Toleranz und mannigfache Bereitschaften gegenseitigen Entgegenkommens nötig gewesen wären, um Werther aus seiner selbst mitverschuldeten Depression zu holen.«[63] Schöner sanfter Wahn, der die Demiurgen der universellen Therapie umfängt! Ahnten sie nur in ihrer maskierten Frauen-Seele, welche Schuldgefühle sie in den Götzendienst an weiblichen Phantomen treiben. Die künstlichen Paradiese der therapeutischen Symbiosen können keine Heilspläne für die Welt entwerfen, erst recht nicht dann, wenn diese Pläne bereits auf den Papieren der frühesten Christen gestanden haben. Den furchtbaren Zufällen, den schrecklichen Ereignissen und brutalen Helden der Geschichte mit dem Kleingeld solcher Psychologie heimzuzahlen, erfordert vielleicht Mut, es ist aber Mut aus einem trüben Sinn. Wer Offenheit und Aufrichtigkeit fordert, der muß auch die Bilanzen der Menschennatur offenlegen und zur Kenntnis nehmen, daß das Mißverstehen das Normale ist und Harmonie stets voraussetzt, daß nur einer oder eine spricht. Robin Norwood, die Autorin eines anderen Lebenshilfebuches, *Wenn Frauen zu sehr lieben*, möchte Literatur, Theater, Film und Popmusik umschreiben, »weil es in den Medien kaum Beispiele für reife Liebe und gesunde Kommunikationsformen gibt.«[64] Sie meint, die Kommunikationsstörungen kämen aus dem Fernsehen. Doch nirgendwo als in der Trivialliteratur und in filmischer Massenware werden die Kulissenwelten der »gesunden Kommunikationsformen« hochgezogen: kein Betrug, der nicht aufgedeckt, keine Lüge, die nicht bestraft, keine Täuschung, die nicht geahndet würde. Die idealen und »gesunden Kommunikationen« stecken den Menschen in den Knochen, und die Moral, die sich dem verschreibt, ist eine Maschine, die krumme Knochen geradebiegt. Eben das Triviale läßt sich an der unbeirrbaren Bahn, die das Wahre und Gute darin einschlägt, erkennen. Erst die neuere Literatur nahm sich des Betrugs, des Mißlingens, des Paradoxen, der Grausamkeiten in den Beziehungen der Menschen an. Darin steckt eine heilsame Lehre, die den Blick näher an die Tatsachen heranleitet als alle Doktrinen der Aufrichtigkeit.

Die Entkriminalisierung des Betruges heißt: Täuschung als unvermeidliche Bedingung allen Sprechens anerkennen, das Macht und Verlangen ins Spiel bringt; das ist keine Philosophie oder Lehre, die irgendeinen Trost oder gar eine Lebenshilfe verspricht. Tröstung wäre allerdings ein betrügerischer Betrug, während der normale Betrug wie der normale Bankrott nur die Offenbarung der Bilanzen betreibt. Der Betrug ist also keine Lüge, sondern die Anerkennung der Unmöglichkeit, in der Sprache zur Wahrheit zu kommen. Das Leben der Sprechenden ist provisorisch; vermutlich fällt der nächste Satz besser aus als der vorhergehende. Nur Sätze, die das Paradoxe, das Unmögliche, das Vieldeutige, das Changierende der Sprache selbst in Bewegung halten, sind mehr wert als der Atem, der sie trägt. Der Betrug verlangt das Spiel im Alltag. Auch in der Liebe sind nicht die großen Reden, sondern allein die spielerischen Künste, die das symbolische Geflecht der Situation überschreiten, wirksam und dauerhaft. Aus kleinen Schrecken und Bezauberungen des Sprechens erwachsen die schwankende Welt der Liebenden und die irritierenden Wunder der Poesie. Das Gericht der Gerichte muß seine Verhandlungen schließen mit dem Freispruch des Spiels, das der Betrug ist.

Die Lage der Dinge ist nämlich so kompliziert, daß eine Rettung der alten Liebe aus Aufklärungen, Ehehandbüchern, psychologischen Ratgebern, sexuellem Training, Frauen- oder Männergruppen allein nicht mehr erwachsen kann. Es gibt keine gemeinsame Sprache mehr; es gibt vor allem keine falsche Sprache mehr, die vor den Richterstuhl eines besseren Wissens gehörte. Was noch besser zu wissen ist, entspricht viel mehr der Lage der Dinge, die das Ehepaar Beck als das »ganz normale Chaos der Liebe« bezeichnet hat.[65] Da es also den Subjekten selbst aufgegeben ist, ihren Weg aus dieser ungeordneten Welt der Geschlechterbeziehungen zu suchen, muß ihnen auch reiner Wein eingeschenkt werden. Die alten Ideale helfen niemandem mehr. In dem Maße, wie die Kultur ihre traditionellen Normen und Einstellungen abwirft, bringt sie alle in die schwere Lage, mit dem einzigen und äußerst schwierigen Instrument des Sprechens die verlorene Ordnung für sich wiederherzustellen. Der Verlust an Ordnung in der Gegenwart lenkt nicht zufällig den Blick in die Vergangenheit und in die Überlieferung: Schenken die alten Mythen, Geschichten und Erzählungen nicht das Verlorene zurück? Sollten wir nicht freiwillig die alten Psalmen wieder anstimmen? Es gibt keinen Gemeindegesang mehr. Es gibt kein Zurück, und das Studium der alten Texte und Urkunden bietet dem Wunsch nach Orientierung nur eine lange Geschichte von Unternehmungen, das Chaos durch Betrug an der Sprache zu bändigen. Heute zeigt sich aber, daß die Freiheit die fröhliche Hölle im Diesseits der Unordnung ist. Es gibt keine Tabus mehr, keine Verbote, die es erlaubten, den Helden der Überschreitungen zu spielen. Die Jenseits-Hölle für die Messalinas und die Don Juans ist verrammelt. Ungestraft können Bindungslügen und Partnerverschleiß betrieben werden; keine Perversion, kein abwegiger Sexualgeschmack (außer Verbrechen) bringt noch Gerichts-Opfer hervor. Eine ungeheuerliche Normalität umschließt die Blumen der bösen Lüste. Diese Freiheit wäre so schön und so furchtbar, wie alle Freiheiten sind, überfielen nicht Heerscharen von Rettern die armen Zeitgenossen, die eben vom Chaos schmecken wollen, mit Ratgebern, Therapien, vor allem jedoch mit priesterlichen und richterlichen Parolen, wie jeder in seinem Innern die Macht der abgeräumten Normen wieder einsetzen könnte.

Der große Michel Foucault, den einer der traurigen Zufälle des Schicksals an Aids sterben ließ, gab in seinen Analysen der Vergangenheit und der Gegenwart dem Problem der veränderten Lage die richtige Formel: Was diese Freiheit benötigt, ist keine private Theologie oder Psychologie, sondern eine *Lebenskunst*. Sie wäre das zeitgemäße Äquivalent zu den verlorenen Gesetzen in der Liebe, in den sexuellen Beziehungen der Leute. Zunächst einmal müßte aber den Subjekten ihre verlorene Klugheit zurückerstattet werden – vielleicht beim Blättern durch die literarischen Liebes-Akten des Abendlands: Dies erlaubte eine erste Besinnung. Und dann müßte sinnbildlich der kluge Odysseus aus den Händen seiner Richter gerissen werden, in die ihn eine Tradition von Dante bis zu Adorno überantwortet hatte. Das Endspiel der Richter verbannt die Gerichtsherren der alten Mächte aus allen Liebesgeschichten und überläßt es einer künftigen Kunst, die Regeln zu erfinden. Das erforderte die Wiederkehr der Klugheit in den Künsten von Liebe und Betrug.

Anhang

Anmerkungen

Einleitung

1 Sartre (1984), S. 10f.
2 Hegel (1969–71), Bd. 2, S. 548f.
3 Rousseau (1988a), Bd. 1, S. 441.
4 Pynchon (1985), S. 110.
5 Kafka (1982), S. 564.

1. Die Unmöglichkeit des Anfangens

1 Stendhal (1987), S. 133.
2 Zur Sprechakttheorie der Verführung vgl. Felman (1980).
3 Nietzsche (1980), Bd. 6, S. 31.
4 Mme d'Aulnoy (1956), S. 120.
5 Freud (1988), S. 11.
6 Gorki (o.J.), S. 117.
7 Jones (1984), Bd. 1, S. 137.
8 Freud (1988), S. 11.
9 Jones (1984), Bd. 1, S. 139.
10 Th. Mann (1961), S. 45.
11 Duby (1989), S. 81ff.
12 Gorki (o.J.), S. 76.
13 Joyce (1975), S. 1015.
14 Goeppert/Goeppert (1975), S. 192f.
15 Goethe (1966), Hamburger Ausgabe, Bd. 3, S. 43f.
16 Kafka (1983a), Der Prozeß, S. 30f.
17 Kafka (1983a), Erzählungen, S. 211.
18 Kafka (1983a), Beschreibung eines Kampfes, S. 185.
19 Platon (1957–59), Bd. 3, S. 117, Philebos 47a.
20 Lampedusa (1959), S. 29.
21 Mutzenbacher [Salten] (1988), S. 29.
22 Platon (1957–59), Bd. 2, S. 231ff.(201 ff.).
23 Vgl. Gaylin (1987). Zur Rede von der Befreiung der Sexualität s. Foucault (1977).
24 R. Wagner (1978), S. 239f.
25 Vgl. hierzu Schneider (1990a).
26 Z. B. an Liszt am 17. 1. 1854: »Wenn ich an Opfer denke, und Opfer heische, so ist diess nur für dieses Werk«. R. Wagner (1979ff.), Bd. 6, S. 50.
27 Capellanus (1924).
28 Vgl. Benton (1961) sowie die Monographie von Pernoud (1979).
29 Ovid (1985).

30 Capellanus (1924), S. 339 ff.
31 Capellanus (1924), S. 287 f., 338 ff.
32 Hippokrates (1839–61 / 1973–82), Bd. 7, S. 431 ff.
33 Capellanus (1924), S. 126.
34 Capellanus (1979).
35 Brost (1974), S. 134 ff.
36 Vgl. hierzu Innis (1972), McLuhan (1968), McLuhan (1968a), Eisenstein (1979), Ong (1987), Goody (1990).
37 Musil (1952), S. 892.
38 Musil (1952), S. 888.
39 Musil (1983), Bd. 2, S. 1202.
40 Kinsey (1970, 1970a), Masters / Johnson (1970), Hite (1977, 1978).
41 Barbach (1982), S. 5.
42 Vgl. hierzu Evard, in: Kamper / Wulf (1988), S. 254 ff.
43 Freud (1940–1968), Bd. VI; dort Kap. 5: »Der Witz als sozialer Vorgang«.
44 Homer (1989), S. 102, VIII, 329.
45 Kafka (1983a), Der Prozeß, S. 30.
46 Homer (1989), S. 102, VIII, 335 ff.
47 Tiemann / Tiemann (1962), S. 14 f.
48 Tiemann / Tiemann (1962), S. 5.
49 Tiemann / Tiemann (1962), S. 14.
50 Goethe (1774 / 1957), S. 17 f.
51 Freud (1940–1968), Bd. XI, 11. Vorlesung.
52 Goethe (1774 / 1957), S. 24.
53 Goethe (1774 / 1957), S. 101.
54 Goethe (1774 / 1957), S. 7.
55 Brentano (1951), S. 110.
56 Goethe (1774 / 1957), S. 63.
57 Vgl. hierzu Nicolai (1983) und Scherpe (1970).
58 Tschechow (1985), S. 368 f.
59 Homer (1989), S. 211, XVI, 160 ff. Bächthold-Stäubli (1927–42), Bd. IV, Sp. 470 ff. – Zur divinatorischen Begabung der Hunde vgl. Aelian (1971 f), Peri zoon idiotetos, Bd. 2, S. 31, Buch II, 16, sowie Cicero (1967–75), De divinatione, Bd. 20, S. 297, I, 66.
60 Kleist (1962), Bd. 2, S. 196 ff.
61 Vgl. hierzu Harbison, in: Renaissance Quarterly, (1990), 249 ff.
62 Chrysostomos, zitiert nach Calvin (1963), S. 949 (Buch IV, 17, 12).
63 Goethe (1966), Hamburger Ausgabe, Bd. 3, S. 42 ff.
64 Goethe (1966), Hamburger Ausgabe, Bd. 9, S. 163.
65 Goethe (1966), Hamburger Ausgabe, Bd. 9, S. 168.
66 Goethe (1966), Hamburger Ausgabe, Bd. 9, S. 170 f.
67 Goethe (1966), Hamburger Ausgabe, Bd. 9, S. 168.
68 Goethe (1966), Hamburger Ausgabe, Bd. 3, S. 78.
69 Goethe (1966), Hamburger Ausgabe, Bd. 3, S. 79.
70 Rostand (1991).
71 Rostand (1991), S. 26 ff.

2. Universelle Sprachen

1   Lukrez (1973), S. 332f., IV,1057.
2   Capellanus (1924), S. 66.
3   Laclos (1976), S. 89f.
4   Calzabigi (1762). Die deutsche Version, Gluck (1986), ist ausgerechnet um den hier zitierten Passus gekürzt.
5   Knigge (1796/1978), S. (339).
6   Vgl. Gutzmann (1888), S. 35; Scharr (1897), S. 3; Nadoleczny (1926), S. 92f.; Bindel (1987), S. 56.
7   Bindel (1987), S. 20, dort auch ein Forschungsreferat, u. S. 64.
8   Vgl. Zuckrigel (1964) und Bindel (1987).
9   Flaubert (1951), Bd. 1, S. 466. Meine Übersetzung.
10 Flaubert (1951), ibid.
11 Bindel (1987), S. 18ff.
12 Plutarch (1964f.), Bd. V, S. 232.
13 Nach Blass (1874ff./1979), Bd. III,1, S. 24.
14 Plutarch (1964ff.), Bd. V, S. 236.
15 Plutarch (1964ff.), Bd. V, S. 231.
16 Shakespeare (1970), S. 1073.
17 Shakespeare (1970), S. 1074: »I cannot heave / My heart into my mouth«.
18 Pockels (1797–1801), Bd. 3, S. 199.
19 Strindberg (1964), S. 66.
20 Lacan (1986), S. 158.
21 Goethe (1986), Bd. I, S. 212.
22 Zitiert nach Viviani (1986), S. 131.
23 Wagner, C. (1976), Bd. 1, S. 21.
24 Mann, Th. (1961), S. 56.
25 Luhmann (1984), S. 172.
26 Heine (1968–76), Bd. I, S. 593.
27 Heine (1968–76), Bd. I, S. 595.
28 Zur Tradition und Semiotik des Rätsels vgl. Schultz (1914), Hain (1966), Schittek (1989).
29 Proust (1981–84), In Swanns Welt, S. 234–36.
30 Kafka (1982), S. 163.
31 Vgl. hierzu Schneider (1990b).
32 Kafka (1983a), Tagebücher, S. 291.
33 Kafka (1983a), Hochzeitsvorbereitungen, S. 59.
34 Colli (1981).
35 Colli (1981), S. 59.
36 Belege bei Schneider (1990b).
37 Vgl. hierzu Hain (1966), S. 11ff.
38 Droste-Hülshoff(1985), Bd. I,1, S. 78.
39 Zitat nach Hain (1966), S. 40f.
40 Kafka (1982), S. 52.
41 Kafka (1983a), Tagebücher, S. 208

42 Kant (1968), Bd. XII, S. 649.
43 Vgl. hierzu Kofman (1980).
44 Goncourt/Goncourt (1872–96), Bd. 1, S. 317.
45 Zitat nach Praz (1981), S. 221.
46 Zitat nach Praz (1981), S. 221.
47 Praz (1981), S. 220ff.
48 Wittgenstein (1984), Bd. 7, S. 81 (Nr. 381).
49 Vgl. den übernächsten Abschnitt: Hypnose oder: Wie man eine Frau programmiert, S. 76ff.
50 Mann, Th. (1963), S. 74.
51 Zitat nach Quiguer (1979), wo die illustrierte Version abgebildet ist, zwischen S. 64 und 65.
52 Quiguer (1979), S. 111–113.
53 Rilke (1982), S. 71.
54 Freud (1940–68), Bd. V, S. 95; Bd. VII, S. 20ff., S. 175.
55 Freud (1940–68), Bd. XII, S. 258f. Vgl. hierzu auch Schneider/Kittler (1990).
56 Kierkegaard (1983), S. 25.
57 Tieck (1963–65), Bd. III, S. 580ff. Vgl. hierzu Rehm (1949),S. 174ff.
58 Nietzsche (1980), Bd. 3, S. 352. Vgl. hierzu vor allem Manthey (1983).
59 Capellanus (1924), S. 60.
60 Ovid (1985), S. 73 (2,162ff.).
61 Platon (1957–59), Bd. 4, S. 193. Sophistes 222c. Vgl. hierzu auch Barthes (1988), S. 22f.
62 Z. B. bei Cicero, Quintilian, oder Erasmus von Rotterdam (1963): De utraque verborum ac rerum copia. Zum Zusammenhang vgl. auch Certeau (1982), S. 202f.
63 Gorgias (1989), S. 11f.
64 Platon (1957–59), Bd. 4, S. 205f. Sophistes 234c-d.Vgl. hierzu auch Derrida (1974).
65 Vgl. hierzu Schneider (1988).
66 Platon (1957–59), Bd. 2, S. 243, Symposion 215e.
67 Shakespeare (1979), S. 705. Übers. von A. W. Schlegel.
68 Zum Potlatsch: Mauss (1974–75), Bd. 2, S. 14ff. Zur Ökonomie der Verausgabung: Bataille (1975), S. 9ff.
69 Bataille (1975), S. 19.
70 Ovid (1987), S. 399 (VI,462f.).
71 Dies gilt auch für Tiefenpsychologien der Verführung. Vgl. hierzu Sibony (1986).
72 Ein Beispiel für viele: Marañon (1954).
73 Canetti (1976), Bd. 2, S. 137.
74 Enzensberger (Hg.) (1988), S. 7.
75 Solche Szenen finden sich allenthalben: In Rousseaus »Nouvelle Héloïse« empfängt Saint-Preux einen Kuß von Julie, die daraufhin halb ohnmächtig wird. Rousseau (1988), S. 64. Dies ist der Anfang der wechselseitigen Verführung, ibid. S. 356. Der Autor gibt für die Illu-

stration dieser Szene die Anweisung: »Das ganze Bild muß eine trunkene Wollust atmen, welche eine gewisse Sittsamkeit noch anrührender macht«, ibid. S. 881 f. In Choderlos de Laclos' »Liaisons dangereuses« gibt die Präsidentin dem Verführer, Vicomte de Valmont, gleichfalls im Zeichen einer Ohnnacht nach. Der Vicomte ist sich zunächst unsicher, ob er nicht erschrecken muß. Der Umstand, daß die Frau erst nach seinem »Sieg« wieder erwacht, gibt ihm aber die Sicherheit wieder. Laclos (1976), S. 387. – Der Graf F. könnte auch die »Liebesabenteuer des Chevalier Faublas« von Jean-Baptiste Louvet de Couvray gelesen haben, die im Jahre 1787 erschienen und ein großes Lesepublikum in ganz Europa fanden. Ohnmachten gehören zur Rhetorik der Verführung in diesem Roman. Nur zwei Belege: Couvray (1984), Bd. 1, S. 68, 332.

76 Kleist (1962), Bd. 2, S. 143.
77 Ovid (1985), S. 49 (I,615).
78 Kafka (1983a), Tagebücher, S. 411 f.
79 Kafka (1982), S. 753.
80 Quiguer (1979), S. 27 f.
81 Vgl. hierzu Warner (1989).
82 Z. B. in Dramen Calderóns wie »Die kluge Närrin« oder »Der Arzt seiner Ehre«.
83 Goethe (1966), Hamburger Ausgabe, Bd. 1, S. 29 f.
84 Vgl. hierzu: Kultermann, in: artibus et historiae 22 (1990) S. 129 ff.
85 Vgl. Certeau (1982), S. 261.
86 Proust (1981–84), Die Gefangene, S. 89 f.
87 Kraus (1974), Bd. 1, S. 336.
88 Kafka (1982), S. 118. Vgl. auch auf den Seiten 180 f., 359, 501. Sowie in einem Brief an Milena, Kafka (1983), S. 8.
89 Derrida (1982/87), 1. Lfg., S. 113.
90 Vgl. McLuhan (1968), S. 37, sowie Rutschky, M. (1981), S. 206, Anm. 4.
91 Goethe (1961), dtv-Gesamtausgabe, Bd. 1, S. 54.
92 Zu Mesmer vgl. Ellenberger (1973), Bd. I, S. 89 ff. Schott (1985).
93 Vgl. hierzu Ellenberger (1973), Bd. 1, S. 113 ff.
94 Darstellung bei Darnton (1968).
95 Encyclopédie (1765), Bd. 15, S. 340 ff.
96 Vgl. die photographischen Versuche in der Salpêtrière: Duchenne de Boulogne (1862). Dazu s. Didi-Hubermann (1982).
97 Young (1854/1968), Bd. II, S. 552.
98 Goethe (1966), Hamburger Ausgabe, Bd. 10, S. 80 f. Goethe wiederholt diese Darlegung im Gespräch mit Eckermann am 14.3.1830. Er bedauert, daß ihm die Manuskripte solcher »in der Diagonale geschriebenen« nachtwandlerischen Gedichte »nach und nach abhanden gekommen« sind: Biedermann (1909–11), Bd. IV, S. 230 f.
99 Beleg zu »Werther«: Goethe (1966), Bd. 9, S. 587. Zu »Wilhelm Meister (...) so wie meine[n] übrigen Sachen« im Brief vom 16.3.1814: Goethe (1986), Briefe, Hamburger Ausgabe, Bd. III, S. 266.

100   Beleg bei Ellenberger (1973), Bd. I, S. 255.

101   Goethe (1949–64), Cotta-Ausgabe, Bd. II, 14, S. 781.

102   Vgl. Ellenberger (1973), Bd. I, S. 115.

103   Jean Paul (1960–77), Bd. II,2, S. 953.

104   Zum Komplex Jean Paul und der Mesmerismus s. Müller, in: Schott (1985), S. 185–99.

105   Jean Paul (1960–77), Bd. I,5, S. 176.

106   Arnim (1959–61), Bd. I, S. 485.

107   Goethe erklärt dies gegenüber dem Kanzler von Müller am 10. 2. 1830: Biedermann (1909–11), Bd. IV, S. 207.

108   Goethe (1966), Hamburger Ausgabe, Bd. 6, S. 462f.

109   Reinhard an Goethe am 16.2.1810: Goethe (1986), Briefe an Goethe, Hamburger Ausgabe, Bd. 2, S. 38. Goethe an Reinhard am 21. 2. 1810: Goethe (1986), Goethes Briefe, Hamburger Ausgabe, Bd. 3, S. 119f.

110   Zitat nach Goethe (1966), Hamburger Ausgabe, Bd. 6, S. 646.

111   Cixous (1977), S. 19f.

112   Beleg in: Goethe (1966), Hamburger Ausgabe, Bd. 6, S. 646.

113   Kittler (1987).

114   R. Wagner (1982), S. 66, 111, 148.

115   Meige (1893).

116   Villiers de l'Isle-Adam (1984), S. 161.

117   Nietzsche (1980), Bd. 3, S. 422ff.

118   Kawabata (1982), S. 68f.

119   Tanizaki (1971).

120   Duras (1986), S. 27f.

121   Platon (1957–59), Bd. V, S. 117. Philebos 47a,b. Überarbeitete Übersetzung.

122   Ovid (1985), S. 169ff. (3,793–804).

123   Talmud (1980–91), Bd. V, Kethuboth, S. 234.

124   Nerciat (1986), Bd. 3, S. 16.

125   Nerciat (1988), Bd. 2, S. 73.

126   Nerciat (1986), Bd. 1, S. 318.

127   Nerciat (1986), Bd. 3, S. 114.

128   Schlegel, Fr., (1958ff.), Bd. 16, S. 329.

129   Rousseau (1984), S. 120f.

130   Rousseau (1984), S. 133.

131   Darstellung nach Borst (1957–63), Bd. III/2, S. 1550.

132   Vgl. hierzu Kittler (1987), S. 46.

133   Kraus (1977), Bd. 1, S. 211.

134   Kraus (1974), Bd. 6, S. 54ff.

3. Die Namen der Liebenden

1 Mit Ausnahme von Warner (1989), S. 132 ff.

2 Horatius (1982), S. 140 ff. Epistulae I,2, V. 17–22.

3 Dante (1988), Bd. I, S. 325. Inferno 27,116: »Consiglio frodolente«. Vgl. auch Friedrich (1942), S. 149 f.

4 Vgl. hierzu den Dante-Kommentar von H. Gmelin in: Dante (1988), Bd. IV, S. 380.

5 Adorno / Horkheimer (1971), S. 380.

6 Belege für den Gebrauch von *polymäthis* in der Odyssee finden sich in V. 9,1 sowie in Athenes Lob 13,295 ff.

7 Vgl. Gmelin, in: Dante (1988), Bd. IV, S. 388 ff.

8 So Michel Serres (1980), S. 32.

9 Vgl. hierzu Kittler (1987), S. 355 ff.

10 Ovid (1987), S. 395 ff., Buch IV,424. Die älteste Version findet sich bei Thukydides II,29. Vgl. weiterhin Apollodoros III,14,8, sowie Pausanias I,41,8. Vgl. auch die Erzählung von Nonnos (o.J.), S. 75, IV,320 ff. Sie wird noch weiter unten angeführt.

11 Adorno / Horkheimer (1971), S. 56.

12 Platon (1957–59), Bd. 2, S. 134. Kratylos 391a.

13 Wilhelm Grimm (1857). Vgl. hierzu den Appendix der Herausgeber zur Edition der Bibliothek des Apollodorus, in: Apollodorus (1970), Bd. II, S. 404 ff.

14 Vgl. Kap. 1, Anm. 59.

15 Dies darf keineswegs erstaunen, da die hündische Erkenntnisweise, das Riechen, die indogermanische Wurzel des Griechischen *nus* bildet. Hochdeutsche Nasenaktivitäten wie schnauben, schnuppern gehen auf das gleiche Grundwort zurück wie das intellektuelle *noeo*. Vgl. Schwyzer (1926).

16 Hinweis bei Murnaghan (1987), S. 116 f. Vgl. auch das schöne Kap. »Die Narbe des Odysseus« bei Auerbach (1977), S. 5 ff.

17 Pindar (o.J.), S. 137 ff., 4. u. 5. pythische Ode. Herodot IV, 154 ff. Pausanias X,15.

18 Plutarch (1964 ff.), Bd. V, S. 230.

19 Hippokrates (1846 / 1978), Bd. 5, S. 129. Epidemien, Buch 2, Sektion 5, Abs. 1.

20 Hippokrates (1839–61 / 1973–82), Bd. 7, S. 471.

21 Aristoteles (1962), Bd. 19. Problemata physica, Buch XI,38 bzw. IV,20.

22 Pape (1908), Bd. I, S. 1273.

23 Galen (1976), S. 109 ff.

24 Aristoteles (1987), S. 106. Rhetorik, Buch II,1384, B 21.

25 Galen (1976), S. 195.

26 Galen (1968), S. 661.

27 Cleland (1987), S. 185 ff.

28 Vgl. Flandrin (1981), S. 129, sowie Campe (1785–92 / 1979), Bd. 7, S. 44 ff.

29 Bernhardus Silvestris (1978), S. 154, XIV,167f.
30 Melville (1962). Die Übersetzung folgt frei Melville (1984).
31 Melville (1962), S. 52, 94.
32 Melville (1962), S. 99.
33 Melville (1962), S. 124.
34 Melville (1962), S. 124.
35 Sade (1987), Justine, S. 410f.
36 Th. Mann (1980), S. 74f.
37 Büchner (1974), Bd. 1, S. 44. Es handelt sich um ein Originalzitat. Vgl. Jansen (Hg.) (1969), S. 82.
38 Blixen (1990), S. 44.
39 Boethius, in: Migne PL 64 (1860), Sp. 393 ff. Dort heißt es: »Vox est aeris per linguam percussio«. Die Formel vom Plektron der Zunge findet sich als Zitat in einem Boethius-Kommentar des Roger Bacon. Beleg bei Thomas (1980), S. 150: »Vox est sonus ab ore animalis prolatus, plectro lingue formatus, idest plectro quod est lingua; et dicitur plectrum, quia sicut in musicis instrumentis plectro temperantur corde ad faciendam consonanciam, ita linguam habemus ad faciendum voces quasi plectrum.« Weiter Belege bei Borst (1957–63), Bd. II,1, S. 375, 393 u. passim.
40 Abaelard (1987), S. 9. Migne PL 178 (1855), Sp. 115.
41 Alle Belege bei Abaelard (1987), S. 10–18. Migne PL 178 (1855), Sp. 114–126.
42 Vgl. zum folgenden auch die neuere Abaelard-Monographie von Podlech (1990).
43 Foucault (1989), S. 172.
44 Platon (1957–59), Bd. 6, S. 101f., Nomoi IV, 721b,c.
45 Abaelard (1987), S. 19. Migne PL 178 (1855), Sp. 127.
46 Abaelard (1987), S. 82f.
47 Abaelard (1987), S. 31.
48 Abaelard (1987), S. 133. Migne PL 178 (1855), Sp. 207.
49 Abaelard (1987), S. 44. Migne PL 178 (1855), Sp. 152f.
50 Abaelard (1987), S. 251. Migne PL 178 (1855), Sp. 260ff.
51 Beleg nach: John W. Baldwin: Masters (1970), Bd. 2, S. 131, Anm.133. Hinweis von Horst Wenzel, Essen.
52 Abaelard (1987), S. 80f.
53 Zur Semiotik und Semantik bei Abaelard vgl. Gombocz, in: Thomas (1980), S. 153–164.
54 Abaelard (1987), S. 55. Migne PL 178 (1855), Sp. 163.
55 Vgl. oben Anm. 39.
56 Beleg bei Reiners (1910), S. 25ff.
57 Abaelard (1987), S. 253.
58 Vgl. im folgenden Kapitel den Abschnitt »Götter: Wünsche oder Gesetze«, S. 210ff.
59 Augustinus (1960²), S. 609. 11. Buch, 3,5.
60 Beleg bei Borst (1957–63), Bd. II,1, S. 433.

61 Chrysostomos. Zitat nach Calvin (1963), S. 949.

62 Vgl. oben Anm. 39.

63 Als Ausnahme verweise ich auf Schindele (1971).

64 Gottfried (1967), S. 250, V. 8970–72.

65 Diese Variante findet sich in der Tristan-Erzählung des deutschen mittel-
    alterlichen Dichters Eilhart von Oberg (1969) und zwar in einer frühen
    Version: »er sneit im uz die zungen/und stah si in sin hosin« (Rm V.
    1672/73). Der Übersetzer schreibt in unbegreiflicher Diskretion: »Er
    steckte sie in die Tasche, in den Beutel.«

66 Theweleit (1977–78), Bd. 1, S. 121 ff.

67 Eilhart (1877/1973), S. 100 f., V. 1854 ff.

68 Vgl. hierzu Flashar (1956).

69 Bei Eilhart wählt er das Pseudonym Prô. Eilhart (1877/1973), S. 73,
    V. 1182.

70 Vgl. hierzu Schindele (1971), S. 30 ff. Zur Bedeutungsvielfalt des Zei-
    chens »Zunge« in den Tristan-Überlieferungen vgl. auch Wenzel (1989),
    S. 357–367.

71 Nonnos (o.J.), IV,329 f.

72 Ovid (1987), S. 415, VI,515.

73 Vgl. J. Grimm (1899/1974), Bd. II, S. 297 f.

74 Radbruch (Hg.) (1984), S. 119, Art. 198.

75 Belege bei Borst (1957–63), Bd. I, S. 164.

76 Gregorius in: Migne PL 76 (1857), Sp. 145 f. Moralia XX,6.

77 Zur Heilkraft der Hundezunge »Lingua canis sanat vulnus« im medizi-
    nischen wie geistlichen Sinne bringt Wirth (1979), S. 100, Anm. 85,
    zahlreiche Belege. Vgl. auch in der Naturkunde der Hildegard von Bin-
    gen (1980) den Abschnitt über den Hund, S. 131.

78 Vgl. hierzu Bumke (1990), Bd. 1, S. 282 ff., vor allem jedoch Walter
    (1989), passim.

79 Ich verweise auf Meyer (1914), Keferstein (1936), Kerth (1978).

80 Vgl. hierzu Seelmann (1911), S. 148, der die Bedeutung »ein Urteil
    schelten« für »blasphemare« in einer Anordnung Karls des Großen be-
    legt; weitere Nachweise für das französische Recht Warnkönig/Stein
    (1846), Bd. 3, S. 238. Für das deutsche Recht siehe J. Grimm (1899/
    1974), Bd. 2, S. 501 f.

81 Beleg bei Reiners (1910), S. 25 ff. Boethius unterscheidet in den bereits
    angeführten Belegen (vgl. Anm. 37) allerdings genauer zwischen dem
    »flatus vocis«, den das Zungenplektron zerfällt, und einem artikula-
    tionslosen Hauch von der Art des Hustens. Der heißt lediglich »so-
    nus«, in: Migne 64 (1860), Sp. 393.

82 Reiners (1910), S. 17 f. Vgl. auch Borst (1957–63), Bd. II,1, S. 375, 393.

83 Thomas (1960), S. 123 f. Fragment Douce, V. 935 ff.

84 Hoepfner (Hg.) (1949), S. 59, V. 508–517.

85 Hoepfner (Hg.) (1943), S. 55, V. 212.

86 Wirth (1979), S. 75.

87 Basilius (1968), S. 501 ff., 9. Homilie, 84c-d.

88 Wirth (1979), S. 76.
89 Zur sexuellen Bedeutung von »more canino« und ihrer Bewertung in der kirchlichen Sexualdoktrin vgl. Flandrin (1981), S. 127ff., sowie Flandrin, in: Ariès, Béjin, Foucault (1984), S. 153.
90 Vgl. Schneider (1989).
91 Zur Zeit in *Romeo und Julia* vgl. Transell, in: Shakespeare Quarterly 15 (1964), sowie Kleinschmidt (1986/87).
92 Shakespeare (1979), S. 93. II,5, V. 1ff. Im Folgenden die Zitate, wenn nichts anderes erwähnt wird, nach dieser Ausgabe.
93 Belege für »groan«: II Chorus, V. 3 sowie II,4, V. 86.
94 Proust (1981–84), Bd. 1, S. 545.
95 Siehe hierzu Leisegang (1922/1970), S. 132f.
96 So z. B. Kakar/Ross (1986), S. 40.
97 Kant (1968), Bd. XII, S. 530.
98 Goethe (1774/1957), S. 8. Im Folgenden alle Belege nach dieser Ausgabe der ersten Werther-Fassung.
99 Herder (1877/1967), Bd. 1, S. 394f.
100 Klopstock (1989), Bd. 1, S. 133–137. Vgl. in Kap. 1, S. 36.
101 Goethe (1966), Hamburger Ausgabe, Bd. IX, S. 426ff.
102 Goethe (1966), Hamburger Ausgabe, Bd. IX, S. 587.
103 Goethe (1966), Hamburger Ausgabe, Bd. IV, S. 399.
104 Goethe an Charlotte von Stein am 8. 4. 1780: »Verzeihen Sie mir meine gestrige lezte Dunckelheit, ich bin bey solchen Gelegenheiten, wie ein Nachtwandler dem man zuruft. ich falle gleich alle Stockwercke herunter.« Goethe (1908), Bd. 1, S. 231.
105 Freud (1988), S. 11; Goethe (1774/1957), S. 17.
106 Brown (1970), S. 126.
107 Belege im Kommentar zu *Werthers Leiden*, in: Goethe (1966), Hamburger Ausgabe, Bd. VI, S. 578ff.
108 Beleg nach dem Kommentar zum *Werther*, in: Goethe (1966), Hamburger Ausgabe, Bd. VI, S. 524.

4. Die Wahrheit der Liebe und ihre Recyclings

1 Goethe (1774/1957), S. 14f., 55.
2 Zum Redner und Sophisten Lysias vgl. Blass (1887–98/1962–79), Bd. I, S. 339ff.
3 Vernant (1965), S. 51ff.
4 Platon (1957–59), Bd. 4, S. 32 (251d). Im Folgenden alle Zitate nach der Stephanus-Zählung.
5 Platon (1957–59), Bd. 4, S. 206, Sophistes 234 c.
6 Nonnos (o.J.), S. 72f., IV. Gesang, 261ff.
7 Wieland (1987), S. 33.
8 Derrida (1972), S. 71–198.

9 Derrida (1972), S. 123.
10 Vgl. hierzu Bignone (1976), S. 513. Zu Isokrates als Redner und Lehrer: Blass (1887–98 / 1962–79), Bd. II.
11 Platon (1957–59), Bd. 6, S. 204 (838b-839a). Vgl. auch Derrida (1972), S. 176 ff.
12 Platon (1957–59), Bd. 3, S. 152, Politeia 425a.
13 Platon (1957–59), Bd. 6, S. 247 ff., Nomoi 887a-891a.
14 Vgl. Anm. 10.
15 Matth. 23,17: »Stulti et caeci«; Matth. 23,23: »Pharisaei hypocritae, quia decimatis mentam et anethum et cymium (. . .)«; Matth. 23,27: »Vae vobis, scribae et pharisaei hypocritae, quia similes estis sepulcrae dealbatis (. . .)«.
16 Vgl. hierzu Schmitt (1984), Kantorowicz (1990), Legendre (1974) und Legendre (1988).
17 Gregorius I., Liber Moralium XX, 6, 15, in: Migne (1857), Bd. 76, Sp. 145.
18 Chrysostomos (1915ff.), Bd. VIII, S. 132.
19 Augustinus (1960), S. 363 ff. Buch VIII.
20 Augustinus (1960), S. 425, Buch IX, 2,2.
21 Augustinus (1960), S. 77, Buch II, 4,9.
22 Augustinus (1985), Buch II, S. 203.
23 Arendt (1929), S. 56 f.
24 Augustinus (1960), S. 71, Buch II, 2,4.
25 Arendt (1929), S. 68.
26 Vgl. hierzu Legendre (1989).
27 Luther (1983), Bd. 2, S. 121.
28 Rousseau (1977), S. 60.
29 Robespierre, in: Fischer (1974), S. 342 f.
30 Robespierre, ibid., S. 344.
31 Rousseau (1924–1934), Bd. XX, S. 46. Vgl. hierzu auch: Starobinski (1988), S. 127 f., und Schneider (1986).
32 Vgl. hierzu Kittler (1987).
33 Rousseau (1959ff.), S. 1153 f.
34 Hegel (1969–71), Bd. 3, S. 548.
35 Ibid., S. 549.
36 Sade (1973), Bd. IX, S. 417; ders. (1987), Juliette, VI. Teil, S. 196. Ergänzung der Übersetzung von mir.
37 Vgl. hierzu Klossowski, in: Dieckmann / Pescatore (1981), S. 49 ff.
38 Diogenes Laertius (1970), Bd. II, S. 384 f., Buch VIII,69. Vgl. hierzu auch Schneider (1990).
39 Sade (1973), Bd. VII, S. 48 f.; ders. (1987), Justine, III. Teil, S. 249. Ergänzung der Übersetzung von mir.
40 Vgl. Lacan (1975), S. 133 ff.
41 Sade (1978), S. 92.
42 Zu den sprechenden Namen bei Sade vgl. Barthes (1974), S. 190 f.
43 Augustinus, zitiert nach Arendt (1929), S. 7. Sade (1973) Bd. VIII, S. 484; ders. (1987), Juliette, III. Teil, S. 350.

44 Sade (1973), Bd. VIII, S. 401 f.; ders. (1987), Juliette, III. Teil, S. 289 f.

45 Sade (1973), Bd. VIII, S. 309; ders. (1987), Juliette, II. Teil, S. 206.

46 Vgl. die entsprechende Bezeichnung in der »Geschichte Juliettes«, Sade (1973), Bd. VIII, S. 440 f.

47 Sade (1973), Bd. VIII, S. 379.

48 Die Taufe des Petrus (Fels) wird einmal als »calembourg« verurteilt: Sade (1973), Bd. VI, S. 189; und einmal als »logographe«: Sade (1973), Bd. IX, S. 153 f.

49 Sade (1973), Bd. VIII, S. 175; ders. (1987), Juliette, I. Teil, S. 94.

50 Belege aus de Sade (1973): Kindermord, Bd. VI, S. 262 ff.; Diebstahl, Bd. VIII, S. 117 ff.; Verbrechen, Bd. VIII, S. 175 ff.; Despotismus, Bd. VIII, S. 305 ff.; Liebe, Bd. VIII, S. 480 ff.; Mord, Bd. IX, S. 186 ff. Belege aus Sade (1978): Grausamkeit, S. 88 ff.; Sodomie, S. 115 f., 180 f.; Inzest, S. 178 f., Mord, S. 189 ff.

51 Sade (1973), Bd. IX, S. 494; ders. (1987), Juliette, IV. Teil, S. 237.

52 Sade (1973), Bd. IX, S. 518; ders. (1987), Juliette, VI. Teil, S. 244.

53 Sade (1973), Bd. IX, S. 521; ders. (1987), Juliette, VI. Teil, S. 245.

54 Zum Vulkanismus bei de Sade vgl. Tort (1988), S. 108 ff., sowie Thüsen (1991).

55 Sade (1973), Bd. VIII, S. 286, sowie Bd. IX, S. 62; ders. (1987), Juliette, II. Teil, S. 187, sowie IV. Teil, S. 30.

56 Zu Platon vgl. oben; zur christlichen Dogmatik vgl. Denzler (1988), S. 181 ff.; zur Aufklärung vgl. Foucault (1977), passim, sowie die wichtige Quellensammlung von Katharina Rutschky (1977).

57 Barthes (1974), S. 37.

58 Sade (1973), Bd. IX, S. 150 f.

59 Schiller (1967), Bd. V, S. 251.

60 Zitat nach Borst (1957–1963), Bd. II/1, S. 398.

61 Sade (1973), Bd. IX, S. 583 f.; ders. (1987), Juliette, VI. Teil, S. 268.

62 Sade (1973), Bd. VIII, S. 584; ders. (1987), S. 268. Vgl. zu dieser Stelle auch Dubost (1988), S. 223 ff.

63 Schivelbusch (1989), S. 121 ff.

64 Für diese Geschichte vgl. Fischer-Homberger (1975).

65 F. Schiller (1967 ff.), Bd. V, S. 306.

66 Fischer-Homberger (1975), S. 9, 60, 63.

67 Schivelbusch (1989), S. 123 ff.

68 Fischer-Homberger (1975), S. 16 ff.

69 Vgl. Benjamin (1974 ff.), Bd. I,2, S. 612 ff.

70 Sade (1973), Bd. VIII, S. 298. Vgl. auch oben die bereits angeführte Stelle: Sade (1978), S. 86 f.

71 Freud (1950), S. 390 f.

72 Zur Kategorie des *Plötzlichen* vgl. Bohrer: Plötzlichkeit (1981).

73 Freud (1940–1968), Bd. XIII, S. 36 f. Im Folgenden werden alle Belege dieser Ausgabe mit Seitenzahlen angeführt.

74 Fischer-Homberger (1975), S. 37.

75 Lacan (1980), S. 113 ff.
76 Nietzsche (1980), Bd. 3, S. 469.
77 Miller (1987), S. 272.
78 Auch die moderne Biologie betont, daß die Einführung der Sexualität und des Todes (statt ungeschlechtlicher Teilung und Unsterblichkeit) ins Leben die Bedingung der Evolution darstellt. Vgl. hierzu den (heftig gegen Freud polemisierenden) Biologen Jacques Ruffié (1990).
79 Schiller (1967 ff.), Bd. 5, S. 310.
80 Kafka (1983a), Tagebücher, S. 411.
81 Freud (1940–1968), Bd. XIII, S. 376.
82 Sade (1987), S. 129.
83 Sade (1978), S. 71; ders. (1987), Juliette, IV. Teil, S. 92.
84 Vgl. Derrida (1972), S. 127.
85 Zu den Quellen vgl. Biedermann (1909–1911), Bd. IV, S. 150 f., 158 ff., sowie Collard (1932).
86 Quetelet (1870).
87 John (1884 / 1968).
88 Goethe (1966), Hamburger Ausgabe, Bd. 1, S. 403 ff.
89 Horváth (1980).
90 Vgl. hierzu Süßmilch (1741 / 1977), S. 33; John (1884 / 1968), S. 164 ff.
91 Beadle (1656), unpag. Vorwort.
92 Calvin (1963), passim.
93 Dante (1988), Paradiso, V. 130–35, Bd. 3, S. 353.
94 Pseudo-Dionysius Areopagita (1986), S. 62 f.
95 Süßmilch (1762), zitiert nach John (1884 / 1968), S. 248.
96 Süßmilch (1741 / 1977), S. 11.
97 Schlözer (1793 / 1804), zitiert nach John (1884 / 1968), S. 102.
98 Galton (1907 / 1973), S. 6 ff. Vgl. hierzu auch Lorenz (1987).
99 G. T. (1990), in: Spektrum der Wissenschaft 7 (1990), S. 24. Vgl. hierzu auch den Leserbrief von A. Noe, in: Spektrum der Wissenschaft 5 (1991), S. 8. Noe macht darauf aufmerksam, daß bereits Kant im § 17 der »Kritik der Urteilskraft« darauf verweist, daß Durchschnittsmengen die Form liefern, »welche die unnachlaßliche Bedingung aller Schönheit ausmacht.«
100 Vgl. hierzu Gould / Gould (1990), S. 265.
101 Gould / Gould (1990), S. 247 ff.
102 Karl Pribram: Languages of the Brain (1971).
103 Vgl. zur Diskussion dieses Modells unter Neurologen Gardner (1989), S. 298 ff.
104 Vgl. hierzu Sno / Linszen (1990).
105 Siehe hierzu Poggio (1987).
106 Solche Bücher, die die Liebe zurückrufen, gibt es in unendlicher Zahl. Als ein Beispiel unter vielen: Gaylin (1987).

5. Nachrichtenverkehr I: Sender

1 Freud (1940–1968), Bd. XIII, S. 43.
2 Derrida (1976).
3 Vgl. Virilio (1980) u. (1986).
4 Virilio (1986), S. 104 ff.
5 Freud (1940–1968), Bd. V, S. 102.
6 Erica Jong (1979), S. 23 ff.
7 Brown (1970), S. 36.
8 Louvet de Couvray (1984), Bd. 1, S. 12 f.
9 Racine, Phèdre, I, 3.
10 Vgl. hierzu die neuere Untersuchung über die Kontaktreaktionen bei Begegnungen von Männern und Frauen, und »wie es ist, wenn ein Mensch sich verliebt«, daß nämlich »der Atem stockt, das Herz klopft, die rechten Worte sich nicht einstellen wollen«, in: Doermer-Tramitz (1990), S. 173.
11 Klein / Kleinschrodt (1798), S. 106 ff.
12 Roß (1834), S. 11.
13 Galton (1907 / 1973), S. 133 ff.
14 Galton (1907 / 1973), S. 136.
15 Jung (1906).
16 Münsterberg (1913), S. 113 ff.
17 Büchner (1974), Bd. 1, S. 44.
18 Nietzsche (1980), Bd. 4, S. 404.
19 Augustinus (1985), Bd. I, S. 406. Gottesstaat 8, 21.
20 Augustinus (1985). Bd. I, S. 407. Gottesstaat 8, 21.
21 Augustinus (1985), Bd. I, S. 408. Gottesstaat 8, 21.
22 Cicero (1978), S. 106 f. Vom Wesen der Götter, I, 92.
23 Cicero (1978), S. 215. Vom Wesen der Götter, II, 64.
24 Zitiert nach Cicero (1978), Anhang, S. 489.
25 Migne (1853), Patrologia Graeca, Bd. 29, Sp. 533.
26 Augustinus, zitiert nach Borst (1957–63), Bd. II / 1, S. 393.
27 Gregor der Große, zitiert nach Borst (1957–63), Bd. II / 1, S. 433.
28 Darstellung nach Scholem (1981), S. 47.
29 Zitiert nach Leisegang (1922 / 1970), S. 124 f.
30 Irenäus (1922), Bd. I, S. 239 (III, 11). Daß Maria lediglich der Kanal des Logos gewesen sei, bildete eine von den Kirchenvätern allenthalben heftig befehdete häretische (gnostische) Ansicht. Vgl. Chrysostomos (1923), Bd. I, S. 63.
31 Bouché-Leclercq (1879–82).
32 Cicero (1967–75), Bd. 20, S. 347. Über die Prophetie I, 114.
33 Leisegang (1922 / 1970), S. 23 f.
34 Lacan (1986), S. 83.
35 Andreas-Salomé (1990), S. 90 ff.
36 Brentano / Mereau (1981), S. 250.
37 Flaubert (1976), S. 258.

38   Mirabeau (1976), S. 40.
39   Theresa von Avila (1984), S. 37.
40   Certeau (1982), S. 258.
41   Certeau (1982), S. 239.
42   Derrida (1988), S. 125.
43   Joyce (1975), S. 1015.
44   Miller (1988), S. 411.
45   Kleist (1962), Bd. I, S. 250.
46   Kleist (1962), Bd. I, S. 274 (V. 880 ff.).
47   Maeterlinck (1984), S. 23.
48   Nietzsche (1980), Bd. 2, S. 455.
49   Machiavel / Friedrich II. (1745 / 1978), S. 312.
50   Machiavelli (1977), S. 44 f.
51   Vgl. Colli (1981).
52   Platon (1957–59), Bd. 2, S. 243, Symposion 215d-e.
53   Zitat nach: Leclercq (1963), S. 259.
54   Platon (1957–59), Bd. 2, S. 20, Menon 80a.
55   Platon (1957–59), Bd. 2, S. 21, Menon 80c.
56   Platon (1957–59), Bd. 1, S. 22, Apologie 31d.
57   Nietzsche (1980), Bd. 6, S. 185.
58   Nietzsche (1986), Bd. 6, S. 508. Ähnliche Formulierungen auf S. 506, 510.
59   Nietzsche (1980), Bd. 6, S. 273, 291 et pass.
60   Nietzsche (1986), Bd. 6, S. 119, 135, 137, 140.
61   Nietzsche (1980), Bd. 5, S. 131 f.
62   Nietzsche (1980), Bd. 6, S. 345.
63   Nietzsche (1980), Bd. 6, S. 365.
64   Nietzsche (1980), Bd. 6, S. 339.
65   Nietzsche (1986), Bd. 6, S. 449.
66   Nietzsche (1986), Bd. 6, S. 506.
67   Nietzsche (1986), Bd. 6, S. 185.
68   Nietzsche (1986), Bd. 6, S. 221.
69   Nietzsche (1980), Bd. 6, S. 126.
70   Andreas-Salomé (o. J.), S. 222.
71   Vgl. die Anm. des Hg. in Andreas-Salomé (1974), S. 236.
72   Nietzsche (1986), Bd. 6, S. 195.
73   Burton (1988), S. 121.
74   Nietzsche (1980), Bd. 6, S. 442.
75   Nietzsche (1980), Bd. 6, S. 399 f.
76   Vgl. oben in Kap. 3 die Anm. 88 f.
77   Nietzsche (1986), Bd. 6, S. 504 f.
78   Nietzsche (1980), Bd. 6, S. 287.
79   Schopenhauer (1977). Beleg für Phallus bzw. Genitalien: Bd. II, S. 348;
     Bd. IV, S. 601. Beleg für Herz: Bd. III, S. 285.
80   Schopenhauer (1977), Bd. II, S. 350.
81   Zum Begriff und zur Sache der »Junggesellenmaschine« vgl. den Kata-
     log der Ausstellung von Clair / Szeemann (1976).

82   Aristoteles (1982), 1. Halbband, S. 172f., Metaphysik 1012a.

83   Hegel (1969–71), Bd. 3, S. 572.

84   Hegel (1982), S. 143.

85   Hegel (1969–71), Bd. 3, S. 26.

86   Hegel (1969–71), Bd. 9, S. 518f.

87   Leclercq (1963), S. 259.

88   Marx (1974), S. 226.

89   Flaubert (1980–84), Bd. 1, S. 376.

90   Derrida (1982/87), 1. Lfg. , S. 122.

91   Gottfried (1967), S. 133, V. 4758.

92   Duby (1989), S. 81ff.

93   Bumke (1990), S. 713ff.

94   Vgl. oben, Kap. 3, S. 125.

95   Montaigne (1962), S. 609.

96   Er trägt den Titel: Letters Written to and for Particular Friends, on the Most Important Occasions. Directing Not Only the Requisite Style and Forms to Be Observed in Writing Familiar Letters; But How to Think and Act Justly and Prudently, in the Common Concerns of Human Life, London 1741.

97   Beleg bei Eaves/Kimpel (1971), S. 119ff.

98   S. Richardson (1986), Bd. 1, S. 219f.

99   Eaves/Kimpel (1971), S. 120.

100 Rousseau (1981), S. 116ff.

101 Gellert (1988ff.), Bd. IV, S. 111. Vgl. hierzu auch Nickisch (1969), S. 189ff.

102 Rousseau (1925), Bd. 1, S. 257.

103 Goethe (1966), Bd. 6, S. 526.

104 Goethe (1986), Bd. 1, S. 176.

105 Goethe (1986), Bd. 1, S. 192.

106 Flaubert (1973), Bd. 1, S. 301.

107 Flaubert (1973), Bd. 1, S. 342.

108 Brentano/Mereau (1981), S. 189.

109 Darstellung nach Schneider (1980), S. 152ff.

110 Keats (1986), S. 39.

111 Keats (1986), S. 87.

112 Keats (1972), S. 369.

113 Vgl. das andere Sonett »On Fame«: Keats (1972), S. 369.

114 Keats (1986), S. 28. Vgl. zum Bild »ins Wasser schreiben«: Curtius (1963), S. 308.

115 Vgl. Kafka (1982), S. 53, 394; Kafka (1983a), Tagebücher, S. 217f.

116 Kafka (1982), S. 156f.

117 Kafka (1982), S. 382.

118 Kafka (1982), S. 400f.

119 Kafka (1983), S. 231.

120 Brod (1966), S. 114.

121 Platon (1957–59), Bd. 4, S. 56f., Phaidros 276c.

122 Curtius (1963), S. 306 ff.
123 Leclercq (1963), S. 141.
124 Vgl. Kap. 4, Anm. 55.
125 Lichtenberg (1968ff.), Bd. 1, S. 349 f. (Sudelbücher E 35).
126 Schiller (1965ff.), Bd. 5, S. 264.
127 Wezel (1773–76 / 1971), Bd. 1, S. 62 f.
128 Wezel (1773–76 / 1971), Bd. 1, S. 70 f.
129 Wezel (1773–76 / 1971), Bd. 1, S. 88 ff.
130 Wezel (1773–76 / 1971), Bd. 4, S. 303.
131 Die Belege hierzu finden sich bei Marggraff (1837).
132 Freud (1940–68), Bd. XIV, S. 116.
133 Pope (1963), S. 96.
134 Schneider (1985), S. 28.
135 Diderot (1967), Bd. 2, S. 505.
136 Diderot (1967), Bd. 2, S. 487.
137 Diderot (1967), Bd. 2, S. 534.
138 Bacon (1985), S. 88.
139 Rousseau (1988), Bd. 1, S. 415.
140 Rousseau (1988), Bd. 1, S. 440.
141 Rousseau (1988), Bd. 1, S. 441.
142 Jean Paul (1960–77), Bd. 3. S. 730.
143 Jean Paul (1960–77), Bd. 3, S. 734.
144 Sartre (1954), S. 34.
145 Schopenhauer (1977), Bd. I, S. 248.
146 Schopenhauer (1977), Bd. IV, S. 473.
147 Sartre (1968), S. 17 ff.
148 Flaubert (1980–84), Bd. 1, S. 380.
149 Sartre (1977), Bd. 2, S. 244.
150 Flaubert nach Sartre (1977–80), Bd. 2, S. 287.
151 Nietzsche (1980), Bd. 13, S. 31.
152 Reil (1803), S. 127.
153 Kafka (1982), S. 198.
154 Kafka (1982), S. 233.
155 Proust (1981–84), Bd. 1, S. 529.
156 Mantegazza (1891), S. 61.
157 Flaubert (1980–84), S. 284.
158 Barthes (1986), S. 136 ff.
159 Schopenhauer (1977), Bd. III, S. 247.
160 Klossowski (1986), S. 372.
161 Dieser Satz ist nur mündlich überliefert, gleichwohl völlig wahr-
    scheinlich. Vgl. das Schreiben vom (vermutlich) 3.1.1889 an die
    »Prinzeß Ariadne, meine Geliebte«. Verecchia, der die Authentizität
    der direkten Liebesdeklaration anzweifelt, weiß nur die Unglaubwür-
    digkeit der Kronzeugin Elisabeth Förster ins Feld zu führen. Daß, wie
    er weiter meint, Cosima Wagner von »allen anderen Zetteln, die ihr zu-
    gegangen waren, gesprochen hat«, ist durch nichts belegt. Verrecchia

(1986), S. 228. Es gibt vielmehr Indizien für das Gegenteil. Vgl. Lampl (1990).

162 Nietzsche (1986), Bd. 6, S. 244.
163 Nietzsche (1980), Bd. 6, S. 365.
164 Artaud (1979), S. 80.
165 Schiller (1965ff.), Bd. 5, S. 310.
166 Laclos (1976), S. 389.
167 Flaubert (1980–84), Bd. 1, S. 380.
168 Vgl. Verrecchia (1986), S. 334.
169 Freud erklärte in der Untersuchung gegen den österreichischen Psychiater Julius Wagner-Jauregg wegen der Elektroschock-Behandlung von Kriegsneurosen im Jahre 1920: »Alle Neurotiker sind Simulanten, sie simulieren, ohne es zu wissen, und das ist ihre Krankheit.«, in: Eissler (1979), S. 54.
170 Plutarch (1961ff.), Bd. IX, S. 379, Moralia 761 B.
171 Napoleon (1979), S. 60f.
172 Napoleon (1979), S. 23ff.
173 Napoleon (1938), S. 30.
174 Stendhal (1987), S. 124.
175 Rougemont (1987), S. 316.
176 Bankl (1990), S. 86.
177 Virilio (1986), S. 25.
178 Ein Beispiel aus dem Brief vom 30.6.1884: »Wie es immer Kampf gab zwischen uns (...). (...) und ich ging davon wie ein Soldat, der weiß, daß er einen verlorenen Posten verteidigt (...). (...) als ob ich doch Sieger bleiben sollte (...)«, in: Freud (1988), S. 86.
179 Heidegger (1952), S. 267.
180 Vgl. Plutarch (1961ff.), Bd. IX, S. 373f.
181 Canetti (1976), S. 9f.
182 Jelinek (1989), S. 33, 55.
183 Apollinaire (1985), S. 101.
184 Sade (1987), Teil 2, S. 153.
185 Blixen (1990), S. 11f.
186 Jünger (o.J.), Werke Bd. 2, S. 287.
187 Z.B. Friday (1987), Barbach/Levine (1988), Geißler (1990).
188 Gaddis (1988), S. 297f.
189 Freud (1940–68), Bd. X, S. 142.

6. Nachrichtenverkehr II: Kanäle

1 Agobard, De correctione Antiphonarii, in: PL 104, Sp. 332. Agobards Formel lautet: »angelicorum sono verborum sacram Virginem Dei Filium concepisse«. Weitere Belege bei Jones (1970), S. 39, 113.
2 Vgl. hierzu Hauschild (1972) sowie Courth (1988).

3   Chrysostomus, Homilia 1,1 in Matthäum, in: PG 57, Sp. 15.

4   Jaeger (1913), S. 43 ff.

5   Descartes (1955).

6   Vgl. hierzu Hopfner (1928), in: Pauly/Wissowa, Bd. 27, Sp. 1258 ff. (Art. mantikä).

7   Nestle (1906), S. 272; ders. (1906), S. 95 f.

8   Papst Johannes Paul II. (1986), S. 27.

9   Borges (1980 ff), Bd. 5/1, S. 61 f.

10   Vgl. Kaczynski (1974), S. 285.

11   Courth (1988), S. 215.

12   Vgl. Sheldrake (1990).

13   Augustinus, De Trinitate XV 19, 37.

14   Sales (1969), S. 370.

15   Zur Schrift vgl. Chrysostomus (1915 f), Bd. 1, S. 202 f. Zur Dämonenaustreibung finden sich reichlich Belege bei Leisegang (1922/1970), S. 104, 107.

16   Zitat nach Kaczynski (1974), S. 33.

17   Zapperi (1984).

18   Zitat nach Borges (1980 ff.), Bd. 5/I, S. 58.

19   Weininger (1932), S. 299, 449.

20   Müller (1987).

21   Balzac (1951 ff.), Bd. I, S. 408.

22   Balzac (1951 ff.), Bd. I, S. 431.

23   Balzac (1951 ff.), Bd. I, S. 403.

24   Dante (1988), S. 9.

25   Kalb (1882), S. 32.

26   Schumann/Schumann (1984–87), Bd. II, S. 663.

27   Schumann/Schumann (1984–87), Bd. II, S. 664.

28   Cosima Wagner (1976), Bd. 1, S. 140.

29   Kraus (1977), Bd. 1, S. 37.

30   Schnitzler (1967), S. 302.

31   Proust (1981–84), Bd. 1, S. 540 f.

32   Pynchon (1973), S. 62, 77.

33   Pynchon (1973), S. 93.

34   Pynchon (1973), S. 145.

35   Kafka (1982), S. 101.

36   Cosima Wagner (1976), Bd. 2, S. 1114.

37   Zitiert nach Borges (1980 ff.), Bd. 7, S. 59.

38   Artemidorus (1753/o.J.), S. 229 f.

39   Balzac (1951 ff.), Bd. I, S. 549.

40   Freud (1940–68), Bd. XI, S. 158 f. – »Auch Stoffe sind Symbole des Weibes, das *Holz*, das *Papier*, und Gegenstände, die aus diesen Stoffen bestehen, wie der *Tisch* und das *Buch.*«

41   Vgl. in Kap. 2 den Abschnitt: »Wie man eine Frau programmiert«, S. 76 ff..

42   Pavese (1987), S. 261 f.

43 Manganelli (1982), S. 18.
44 Melville (1960), S. 133.
45 Nietzsche (1980), Bd. 5, S. 346.
46 Cosima Wagner (1976), Bd. 2, S. 1106.
47 Nachweise bei Aschoff (1981). Den Hinweis verdanke ich B. Siegert, in: Lange u. a. (1989), S. 344.
48 Proust (1981–84), Teil III, 1, S. 175.
49 Z. B. Holtgrewe, in: Becker (Hg.) (1989), S. 206.
50 Zum Thema Telephon und Literatur vgl. Campe (1987), Genth/Hoppe (1987), Gold, in: Becker (Hg.) (1989), sowie Siegert, in: Lange u. a. (1989).
51 Wellershoff (1982), S. 104.
52 Wellershoff (1982), S. 140.
53 McLuhan (1968a), S. 289 ff.
54 Sandrock/Schnitzler (1983), S. 58.
55 Sandrock/Schnitzler (1983), S. 58.
56 Goffman (1982), S. 294 ff.
57 Tomeo (1988) S. 99.
58 Tomeo (1988), S. 12, 19, 35.
59 Tomeo (1988), S. 104.
60 Tomeo (1988), S. 100 ff.
61 Maurice Renard, Der Mann und die Muschel (1907). Vgl. hierzu: Kittler (1986), S. 82 ff.
62 Vgl. hierzu G. Schoefer (1989) und Gumpert, in: Becker (1989).
63 So beide Autoren: Schoefer (1989) und Gumpert, in: Becker (1989).
64 Broder (1990).
65 Wenders/Shepard (1984), S. 95.
66 Cocteau (1988), Bd 5, S. 45.
67 Verne (1977), S. 62.
68 Sandrock/Schnitzler (1983), S. 66.
69 Derrida (1988a), S. 70 f.
70 Kafka (1982), S. 134.
71 Vgl. die Nacherzählung dieser Geschichte durch Natalie Zemon Davis, *Die wahrhaftige Geschichte von der Wiederkehr des Martin Guerre*, München 1983.
72 Musil (1952), S. 1154 f.
73 Wittgenstein (1984), Bd. 1, S. 27.
74 Villiers de l'Isle-Adam (1984), S. 86.
75 Brecht (1967), Bd. 8, S. 112 f.
76 Leiris (1985), S. 81.
77 Strindberg (1988), S. 254.
78 Derrida (1982/87), Bd. 1, S. 84.
79 Derrida (1988), S. 62.
80 Hegel (1969–71), Bd. 3, S. 590.
81 Hegel (1969–71), Bd. 3, S. 591.
82 Jelinek (1983), S. 278.
83 Moravia (1989), S. 80.
84 Moravia (1989), S. 207.
85 Pynchon (1973), S. 34 f.

7. Nachrichtenverkehr III: Empfänger

1 Vgl. Blumenberg (1981).
2 Theresa von Avila (1984), S. 64.
3 »Les miracles sont la voix de Dieu«. Diese Formel stammt von Carré de Montgerons, der die hysterische Epidemie von Saint-Médard zwischen 1727 und 1732 beschrieben hat. Das Zitat nach Didi-Huberman (1984), S. 132 f.
4 Farin (Hg.) (1989), S. 232.
5 Vgl. hierzu die Darstellungen von Jules Michelet, in: Farin (Hg.) (1989), S. 273 ff., sowie: Certeau: La possession de Loudun (1970).
6 Farin (Hg.), S. 174, 180.
7 Farin (Hg.), S. 207.
8 Le Brun (1988), S. 29.
9 Le Brun (1987), S. 261.
10 Vgl. hierzu Certeau (1982), S. 257.
11 Angelus Silesius (1924), S. 76 (II, 137). Zitiert nach Certeau (1982), S. 220.
12 Vgl. hierzu bei Scherer (1987), S. 177, die Schilderung einer akustischen Übertragung: »Darauf sah ich eine vom Licht ganz durchglänzte Luft. Aus ihr ertönten mir wundersam gemäß den Zeichen, die ich bisher geschaut hatte, mannigfaltige Musiken (diversum genus musicorum) entgegen.«
13 Freud / Breuer (1970), S. 188.
14 Vgl. Certeau (1982), S. 258.
15 Theresa von Avila (1984), S. 64.
16 Justinus Kerner, *Die Seherin von Prevorst*, Stuttgart 1963.
17 Plutarch (1961 ff.), Bd. V, S. 275 f.
18 Brentano (1975 ff.), Bd. X, S. 27.
19 Brentano (1975 ff.), Bd. X, S. 20.
20 Rosenkranz (1844 / 1963), S. 426.
21 Kerner (1914 / 1974), Bd. 1, Teil 1, S. 143.
22 Strauß (1982), S. 234.
23 Lenau (1971), Bd. II, S. 1149.
24 Lenau (1971), Bd. II, S. 1153.
25 Schiller (1965 ff.), Bd. 1, S. 224 ff.
26 Lenau (1971), Bd. II; S. 1120.
27 Lenau (1971), Bd. II, S. 1155.
28 Lenau (1971), Bd. II, S. 434.
29 Lenau (1971), Bd. II, S. 1156.
30 Lenau (1971), Bd. II, S. 1154.
31 Hölderlin (1943 ff.), Bd. 2, S. 119.
32 Hölderlin (1943 ff.), Bd. 2, S. 669.
33 Hölderlin (1975 ff.), Bd. 9, S. 456.
34 Vgl. Häussermann (1961), Kudzus (1969), Jakobson (1976), Lübbe-Grothues (1983).

35 Hölderlin (1975ff.), Bd. 9, S. 108.
36 Hölderlin (1943ff.), Bd. 6, S. 147f.
37 Christoph Theodor Schwab fand bei seinem Besuch Hölderlins im Tübinger Turm Joachim Heinrich Campes »Moritz... ein Beitrag zur Erfahrungsseelenkunde« (1789) unter den Büchern des Dichters.
38 Campe (1785–92/1979), Bd. 6, S. 162ff.
39 Campe (1785–92/1979), Bd. 6, S. 578.
40 Campe (1785–92/1979), Bd. 6, S. 347.
41 Hölderlin (1975ff.), Bd. 6, S. 292.
42 P. Villaume, Über die Unzuchtsünden in der Jugend. Eine gekrönte Preisschrift, in: Campe (1785–92/1979), Bd. 7, S. 42ff.: »Der Same ist, nach der Lehre aller geschicktesten Ärzte, ein Auszug aus den feinsten und nötigsten Säften in dem ganzen Körper und vornehmlich aus dem Gehirn und Rückenmark.«
43 Kleist (1962), Bd. 2, S. 560f.
44 Oest, in: Campe (1785–92/1979), Bd. 6, S.363f.
45 Hölderlin (1943ff.), Bd. 6, S. 153.
46 Belege bei Peters (1982), S. 91ff.
47 Campe (1785–92/1979), Bd. 6, S. 357.
48 Rousseau (1981), S. 110.
49 Hölderlin (1975ff.), Bd. 9, S. 128.
50 Hölderlin (1975ff.), Bd. 9, S. 150.
51 Hölderlin (1975ff.), Bd. 9, S. 150.
52 Oest, in: Campe (1785–92/1979), Bd. 6, S. 208.
53 Belege bei Bertaux (1981), S.288f., sowie das Zeugnis Vischers, in: Hölderlin (1975ff.), S. 320.
54 Bertaux (1981).
55 Hölderlin (1943ff.), Bd. 2, S. 252.
56 Schreber (1985), S. 36ff.
57 Schreber (1985), S. 47.
58 Nachweise bei Gregor-Dellin (1980), S. 748ff.
59 Vgl. den Bericht von Johann Georg Fischer, in: Hölderlin (1975ff.), Bd. 9, S. 429.
60 Zeugnis Ch. Th. Schwabs, in: Hölderlin (1975ff.), Bd. 9, S. 334 bzw. 456. Zu den anderen Namen vgl. S. 425, 429.
61 Artaud (1979a), S. 85.
62 Nietzsche (1986), Bd. 8, S. 572f.
63 Andreas-Salomé (o.J.), S. 169.
64 Nietzsche (1980), Bd. 6, S. 147.
65 Vgl. zu dieser Episode Verrecchia (1986), S. 266ff.
66 Diese Beobachtung stammt von Anacleto Verrecchia in seinem Buch »La catastrophe di Nietzsche a Torino«, Torino 1978. Sie wurde jedoch nicht in die deutsche Version (Graz, Wien 1986) übernommen.
67 Dostojewski (1986), S. 82ff.
68 Beleg bei Gilman (1981), S. 336.

69 Bei Hölderlin vgl. die Briefe nach 1806, in: Hölderlin (1943 ff.), Bd. 6, S. 443 ff. Für Nietzsche vgl. Gilman (1981), S. 336.
70 Artaud (1979a), S. 85.
71 Richardson (1962–68), Bd. IV, S. 544.
72 Wezel (1773–76/1971), Bd. 4, S. 303.
73 Laclos (1976), S. 121 ff.
74 Klopstock (1975 ff.), Abt. Briefe: I, S. 1.
75 Keats (1986), S. 39.
76 Alewyn (1978), S. 121.
77 Rousseau (1988), S. 6.
78 Goethe (1986), Bd. 1, S. 22 f.
79 Vgl. Cornelia Goethe (1990), S. 43.
80 Tieck (1965), Bd. I, S. 287.
81 Freud (1940–68), Bd. VIII, S. 66–77.
82 Vgl. hierzu die Monographie von Gabriele Brandstetter (1986).
83 Brentano (1975 ff.), Bd. 29, S. 126.
84 Brentano (1975 ff.), Bd. 29, S. 128 f.
85 Enzensberger (Hg.) (1988), S. 36 f.
86 Enzensberger (Hg.) (1988), S. 67 f.
87 Th. Mann (1961), S. 56.
88 Turgenjew (1967), S. 41.
89 Stendhal (1987), S. 338.
90 Flaubert (1976), S. 221.
91 Brentano (1975 ff.), Bd. 16, S. 125.
92 Dante (1988), Bd. I, S. 66. Dort heißt es: »dolci pensier« und »disio«.
93 Didi-Huberman (1982), S. 138.
94 Fischer-Homberger (1975), S. 105 ff.
95 Haberland, Pehnt (1961), S. 158.
96 Goethe (1966), Bd. 6, S. 457.
97 Goncourt (1872–96), Bd. II, S. 64.
98 Flaubert (1980–84), Bd. I, S. 218.
99 So reichlich, daß sie fünf Bände sartrescher Analyse füllt: Sartre (1977–80).
100 Flaubert (1980–84), Bd. I, S. 279.
101 Brentano/Mereau (1981), S. 306.
102 Freud/Breuer (1970), passim.
103 Freud/Breuer (1970), S. 148.
104 Freud/Breuer (1970), S. 220.
105 Mantegazza (1891), S. 44, 214 ff.
106 Freud (1940–1968), Bd. V, S. 263 ff.
107 Freud (1940–1968), Bd. V, S. 220.
108 Vgl. hierzu die u.a. von Freud übersetzten Vorlesungen und Vorträge Charcots (1886–95) sowie die ersten Jahrgänge der berühmten »Iconographie photographique de la Salpêtrière«.
109 Vgl. hierzu und zum folgenden: Schneider (1985a).

110   Richardson (1962–68), Bd. 3, S. 446.

111   Richardson (1962–68), Bd. 3, S. 409.

112   Brentano / Mereau (1981), S. 276.

113   Beleg nach Veith (1965), S. 211.

114   So Anna O. in: Freud / Breuer (1970), S. 39.

115   Berger (1896 / 1933), S. 288.

116   Berger (1897), S. 71 ff.

117   Bahr (1904), S. 23 f.

118   Grillparzer (1964), Bd. 3, S. 148.

119   Hofmannsthal (1937), S. 384.

120   Alle diese Belege nach: Urban (1978), S. 35 ff.

121   Schnitzler (1967).

122   Freud (1940–1968), Bd. V, S. 203, sowie Freud (1968), S. 266 f.

123   Weininger (1932), S. 350.

124   Vgl. hierzu Schneider (Hg.) (1988), S. 136 ff.

125   Die Formel findet sich sowohl bei den Malaien, vgl. Spores (1988),
      S. 71 passim, als auch bei nordamerikanischen Indianern, vgl. Dever-
      eux (1982), S. 80 passim.

126   Spores (1988), S. 6 f.

127   Devereux (1982), S. 73 ff.

128   Codet (1927).

129   Vgl. auch Schmidt / Godin (1974).

130   Vgl. van Bergen (1951), S. 228, sowie Jaccard (1983), S. 30.

131   Nach einem Bericht der Süddeutschen Zeitung vom 18. 10. 1986.

132   Nach einem Bericht der Frankfurter Allgemeinen vom 21. 8. 1987.

133   Süddeutsche Zeitung sowie Neue Ruhr Zeitung vom 15. 11. 1990.

134   Neue Ruhr Zeitung vom 8. und 9. Dezember 1990.

135   Die Presse vom 10. 9. 1990 sowie profil Nr. 38 vom 17. 9. 1990.

136   Spores (1988), S. 11 ff.

137   Zweig (1990), S. 92.

138   Zweig (1990), S. 104.

139   King (1985), S. 174.

140   King (1985), S. 319.

141   Van Wulfften-Pahlte (1933), S. 983 ff. Hier zitiert nach van Bergen
      (1951), S. 228.

142   King (1985), S. 482.

8. Archive des Genusses: Der Staat und das Geheimnis

1   Freud (1940–1968), Bd. VII, S. 381 ff.,
      2   Casanova (1964a), S. 29.

3   Casanova (1964a), S. 44–51.

4   Juvenal (1969), S. 114 (VI, O 30 f): » sed quis custodiat ipsos custodes
    (…)?«

5 Casanova (1964), Bd. X, S. 182.
6 Saint-Simon (1979), Bd. 3, S. 291 f.
7 Kantorowicz (1990), S. 168 u. passim. Der vielzitierte Grundsatz lautet: »omnia iura in eius pectore sunt inclusa«.
8 Kantorowicz (1990), S. 448.
9 Machiavelli (1986), S. 138 f.
10 Vaillé (1950).
11 Belege bei Fontius (1988).
12 Proust (1981–84), Bd. 2,2, S. 429.
13 Tieck (1963–66), Bd. 1, S. 412.
14 Wellershoff (1989), S. 276.
15 Bachmann (1980), S. 253 f.
16 Melville (1988), S. 94 f.
17 Canetti (1982), S. 515.
18 Foucault (1990), S. 155 ff.
19 John (1884/1968), S. 180 ff.; vgl. auch Kennedy (1985), S. 49.
20 Süßmilch (1741/1977).
21 Alexandre Mayer, Des rapports conjugaux considérés sous le triple point de vue de la population, de la santé et de la morale publique, quatrième édition Paris 1860.
22 Platon (1957–59), Bd. VI, S. 306 ff. Nomoi 949–953e.
23 Rassem/Stagl (1980), S. 11 ff.
24 Mozart (1981), S. 110: »Le donne poi che calcolar non sanno,/ Il mio buon natural chiamano inganno«.
25 Kunze (1972), S. 63 ff.
26 So Walter Felsenstein in: Mozart (1981), S. 262 ff.
27 Mozart (1981), S. 88 f.
28 Mozart (1981), S. 116 f.
29 Shakespeare (1970), S. 1041: »(...) I am ill at these numbers. I have no art to reckon my groans.« Meine Übersetzung.
30 Curtius (1963), S. 335.
31 Kant (1968), Bd. III,2, S. 536.
32 Mozart (1981), S. 114 f.
33 Mozart (1981), S. 60 f.
34 Vgl. oben in Kap. 4 den Abschnitt »Jenseits des Jenseits: Fortsetzung des Platon-Recyclings«, S. 195 ff.
35 Freud (1950), S. 215.
36 Lichtenberg (1968 ff.), Bd. 2, S. 813.
37 Mautner (1957), S. 39.
38 Michelet (1960 ff.), Bd. II, S. 378 f.
39 Michelet (1960 ff.), Bd. III, S. 423.
40 Barthes (1980), S. 168.
41 Michelets Buch »Die Frau« erschien 1859, »Das Meer« 1861.
42 Villiers de l'Isle-Adam (1984), S. 133 f.
43 Strindberg (1981), S. 29.
44 Gay (1986), S. 453 f.

45 Schumann (1971–82), Bd. III,1, S. 276ff. In reizender Pietät setzt der überaus verdienstvolle Hg. der Haushaltbücher statt des völlig eindeutigen F, mit dem Robert den ehelichen Verkehr anzeigt, eine Sechzehntelnote. Wie weit die Welt noch von der Erkenntnis der wahren Sachverhalte entfernt ist, zeigt die Anm. des Hg. zu Roberts F(ornicatio) oder F(ick)-Signatur, worin er schreibt: »Es ist (...) für Schumanns Zeit ungewöhnlich, daß er das Sexualleben – als wesentlich für sein Wohlbefinden – registriert.« Bd. III,2, S. 730, Anm. 389.

46 Boswell (1950), S. 139.

47 Guillemin (1954), S. 13.

48 Harris (1963), S. 445ff.

49 Schnitzler (1987), S. 222ff.

50 Lichtenberg (1968ff.), Bd. 2, S. 854.

51 Michelet (1960ff.), Bd. II, S. 336.

52 Pynchon (1981), S. 141.

53 Groult (1989), S. 152.

54 Barbach (1982), S. 10.

55 Barbach (1982), S. 15f.

56 Vgl. den folgenden Abschnitt »Geheimnisse II«.

57 Nerciat (1988), Teil 2, S. 71.

58 Eça de Queiroz (1989), S. 183.

59 Flaubert (1980–84), Bd. 1, S. 301.

60 Grawert-May (1991), S. 49.

61 Beleg nach Camporesi (1991), S. 120.

62 Chesser (1958), S. 139.

63 Heidegger hat einen ganzen Paragraphen (§ 37) von »Sein und Zeit« der Zweideutigkeit gewidmet.

64 Weininger (1932), S. 298.

65 Proust (1981–84), Bd. 4,1, S. 18.

66 Sade (1909/1979), Bd. 2, S. 91.

67 Hegel (1969–71), Bd. 10, S. 280.

68 Musil (1983), Bd. 1, S. 283.

69 Musil (1983), Bd. 1, S. 408.

70 Galen (1968), Bd. 2, S. 620ff. (= Buch XIV). Vgl. zu dieser Überlieferung in der christlichen Sexualdoktrin: Flandrin (1981), S. 131ff. Für das Fortwirken dieser Doktrin gibt Gay (1986), S. 97, einen deutlichen Beleg.

71 Juvenal (1969), S. 98, VI,195.

72 Leisegang (1922/1970), S. 46ff.

73 Goncourt (1872–96), Bd. 1, S. 224.

74 Zitat nach Strasser (1988), S. 29.

75 Strasser (1988), S. 39ff.

76 Vgl. die Tagebücher von Leisewitz (1916–20/1976), Bd. 1, S. IX.

77 Lavater (1773/1978).

78 Lavater ([1771] 1773/1978), S. 104. Vgl. die Anm. 122 des Hg. Zur gleichen Zeit veröffentlichte Claus O. Lappe die Klartexte von Lavaters Geheimschriften, in: Seminar XIII (1977), S. 76–87.

79   Stefan Rieger: Literatur – Kryptographie – Physiognomik, im Druck.
80   Rieger: ibid.
81   Guillemin (1954), S. 72
82   Guillemin (1954), S. 81.
83   Guillemin (1954), S. 134. Hugo starb am 22. Mai 1885. Die letzte Eintragung über einen Liebesdienst, der ihm erwiesen wurde, stammt vom 5. April.
84   Sade (1972), S. 67f.
85   Kinsey (1970), S. 52.
86   Ludwig II. (1925), S. 11.
87   Vgl. oben Anm. 7f.
88   Vgl. das »Ärztliche Gutachten über den Geisteszustand seiner Majestät des Königs LudwigII. von Bayern«, in: Ludwig II. (1925), S. 154.
89   Ludwig II. (1925), S. 69.
90   Ludwig II. (1925), S. 152.
91   Pavese (1987), S. 57, 58, 74.
92   Kafka (1983a), Tagebücher, S. 214.
93   Kafka (1983a), Tagebücher, S. 319, 321, 336.
94   Kafka (1982), S. 374.
95   Mantegazza (1891), S. 146f.
96   Kafka (1982), S. 176.
97   Jong (1979), S. 25.
98   Nietzsche (1980), Bd. 5, S. 79.
99   Lacan (1986), S. 91.
100 Kafka (1982), S. 756.
101 Heine (1972ff.), Bd. 23, S. 434.
102 Juvenal (1969), S. 98, VI, 195. Vgl. oben Anm. 70.
103 Platen (1896–1900/1969), Bd. II, S. 215ff.
104 Th. Mann (1981), S. 474.
105 Freud (1940–68), Bd. V, S. 207.
106 Freud (1940–68), Bd. V, S. 208.
107 Freud (1940–68), Bd. V, S. 209.
108 Freud (1940–68), Bd. V, S. 209.
109 Benjamin (1978), Bd. 2, S. 830: »une aspiration extrême vers la spiritualité«.
110 Benjamin (1978), Bd. 2, S. 830.
111 Benjamin (1978), Bd. 2, S. 830.
112 Hölderlin (1975ff.), Bd. 9, S. 284f.
113 Hölderlin (1975ff.), Bd. 9, S. 456.
114 Nietzsche (1986), Bd. 8, S. 566.
115 Nietzsche (1986), Bd. 8, S. 533.
116 Verrecchia (1986), S. 333.

9. Kleine Geschichte der Betrugsvorsorgen

1 Talmud (1980–81), Bd. 6, S. 23.
2 Talmud (1980–81), Bd. 6. S. 24.
3 Talmud (1980–81), Bd. 6, S. 74.
4 Vgl. oben, Kap. 6, den Abschnitt »Geist: Röhren und Matrizen«, S. 265 ff.
5 Migne (1857–66), PL CIV, Sp. 113–126 sowie 249–268.
6 Migne (1857–66), PL CXXV, Sp. 619–772.
7 So die Darstellung durch den Erzbischof Hinkmar. Migne (1857–66) PL CXXV, Sp. 629.
8 Vgl. hierzu Baldwin (1961), S. 619.
9 Baldwin (1961), S. 613.
10 Eckhardt (Hg.) (1971), S. 251, 282 ff. Weitere Belege finden sich bei J. Grimm (1899 / 1974), Bd. 2, S. 563 ff.
11 Hinkmar, in: Migne (1857–66), PL CXXV, Sp. 629.
12 Kaiserchronik (1968–74).
13 Sachs (1870–1902 / 1974), Bd. 8, S. 123.
14 Belege nach Wickram (1901 / 1974), Bd. 1, S. V ff. (Vorwort der Hg.).
15 Einhard (1911 / 1965), S. 22, Kap. 18.
16 Tiemann (Hg.) (1977), S. 9 ff.
17 Tiemann (Hg.) 1977), S. 226 f.
18 Sie trug den Titel »Le chien de Montargis ou la forêt de Bondy« (1816).
19 J. Grimm (1899 / 1974), Bd. 2, S. 563 ff.
20 Vgl. Brandl (1955), S. 153.
21 Zitat nach Dauviller (1933), S. 81.
22 Zitat nach Flandrin (1981), S. 129.
23 Darmon (1979), S. 108 f. Es handelt sich um die Befragung der Frau im Verfahren gegen den Baron de Quellenec. S. weiter unten.
24 Dauviller (1933), S. 145.
25 Darstellung nach Darmon (1979).
26 J. Grimm (1899 / 1974), Bd. 2, S. 568.
27 Darmon (1979), S. 74.
28 Darmon (1979), S. 74 f.
29 Vgl. hierzu auch Fischer-Homberger (1988), S. 177 ff.
30 Der vollständige Titel: »Traité de l'impuissance de l'homme et de la femme auquel est déclaré ce que c'est qu'impuissance empeschant et séparant le mariage, comment elle se sognoist et ce qui doit estre observé aux procès de séparation pour cause d'impuissance, conformément aux saincts canons et décrets et à ce qu'en ont escrits les théologiens et canonistes, par Vincent Targereau Angevin«, Paris 1611.
31 Darmon (1979), S. 144.
32 Darmon (1979), S. 211.
33 Stendhal (1987), S. 285 ff.
34 Darmon (1979), S. 200.
35 Darmon (1979), S. 204.

36 Fischer-Homberger (1988), S. 52.
37 Zitat nach Darmon (1979), S. 108.
38 Hegel (1969–71), Bd. 3, S. 262.
39 Vgl. hierzu Frenzel (1988), Art. »Gottesurteil«.
40 Lukian (1981), Bd. 3, S. 19.
41 Sterne (1963), S. 77.
42 Rousseau (1981), S. 175.
43 Spieß (1976), S. 48 f.
44 Spieß (1976), S. 61.
45 Freud / Breuer (1970), S. 148.
46 Vgl. Schneider (1986).
47 Tieck (1963–66), Bd. 1, S. 469.
48 Mantegazza (1897), S. 2. Mit Dank an Jürgen Ritte.
49 Mantegazza (1897), S. 177.
50 Vgl. Schneider (1986).
51 Schreber (1985), S. 90.
52 Viviani (1986), S. 56.
53 Viviani (1986), S. 132.
54 Orwell (1976), S. 99 f.
55 Orwell (1976), S. 117.
56 Russel (1972), S. 56. Hinweis von Thomas Bauer.
57 Darstellung nach Stanesco (1989).
58 Rousseau (1976), S. 648, 650.
59 Rousseau (1976), S. 649.
60 Rousseau (1976), S. 651.
61 Rousseau (1976), S. 834.
62 Heine (1970 ff.), Bd. 21, S. 346.
63 Th. Mann (1985), S. 92. Vgl. hierzu Baumgart (1989), S. 297.
64 Klaus Mann (1989), S. 41.
65 Rousseau (1984), S. 138.
66 Heine (1968–76), Bd. II, S. 213.
67 Benjamin (1974 ff.), Bd. I,2, S. 479.
68 Vgl. zum Kontext der revolutionären Kommunikationsideale im deut-
    schen Vormärz auch Schneider (1980).
69 Marquard (1986), S. 108 f.
70 Habermas (1988), S. 171 ff.
71 Büchner (1974), S. 37 f.
72 Büchner (1974), S. 10.
73 Büchner (1974), S. 28.
74 Büchner (1974), S. 9.
75 Vgl. hierzu Chaussinand-Nogaret (1982), S. 89.
76 Mirabeau (1783–1868), S. 12 f.
77 Augustinus (1985), Bd. 2, S. 677.
78 Augustinus (1985), Bd. 2, S. 677.
79 Bacon (1986), S. 73.
80 Quintilianus (1988), Bd. 1, S. 529, Buch V 7, 10.

81 Heinroth (1825), S. 289.

82 Heinroth (1825), S. 333.

83 Venette (1942), S. 219.

84 Rousseau (1981), S. 110.

85 Oest, in: Campe (1785–92/1979), Bd. 6, S. 301.

86 Vgl. Oest, in: Campe (1785–92/1979), Bd. 6, S. 162: »Wie wird man hinlänglich gewiß, ob ein Kind mit der Selbstschwächung angesteckt ist? Wie bringt man sie zum Geständniß, und wie hat man sich gegen den Verbrecher zu verhalten?« Oder: Villaume, in: Campe (1785–92/1979), Bd. 7, S. 189: »Das Geständniß der Sünde ist in allen Fällen nötig (...).«

87 Charcot (1886), S. 15 ff.

88 Masters/Johnson (1970), S. 270.

89 Gillan, in: Forleo/Pasini (1980), S. 279 ff.

90 Moor (1991), S. 419 f.

91 Vgl. hierzu Trovillo (1939) sowie Lee (1953).

92 Falldarstellung durch Spiegel (1937). Das Gutachten durch Jung (1937).

93 Baechi (1940).

94 Bezeichnungen nach Trovillo (1939).

95 Julia Heimann: Physiology of Erotica: Women's Sexual Arousal, in: Psychology Today 8 (1975), zitiert nach: Barbach (1988), S. 25.

96 Barbach (1988), S. 25.

97 L. F. E. Bergeret, Des fraudes dans l'accomplissement des fonctions génératrices. Causes, dangers et inconvéniants pour les individus, la famille et la société. Remèdes, Paris 1868.

98 Lombroso (1887), S. 16.

99 Lombroso (1887), S. 23 f.

100 Foucault (1977).

101 Guyot (1942), S. 490.

102 Guyot (1942), S. 492.

103 Chesser (1958), S. 11.

104 Z. B. die sechs Regeln für den Erfolg in der Ehe, in: Chesser (1958), S. 24 ff. Oder die zehn Gebote der Liebe, S. 62 f.

105 Van de Velde (o. J.), S. 5.

106 Freud (1940–68), Bd. V, S. 208.

107 Van de Velde (o. J.), S. 132.

108 Pavese (1987), S. 183.

10. Endspiele um Liebe oder Betrug

1 Legendre (1978).

2 Zitat nach Legendre (1978), S. 135.

3 Migne (1878–90), PL 172, Sp. 587. Nach Legendre (1978), S. 135.

4 Thoineau Arbeau, Orchésographie (1589). Zitiert nach Lippe (1974), Bd. II, S. 62.
5 Lippe (1974), Bd. I, S. 159 ff.
6 Lippe (1974), Bd. I, S. 110.
7 Legendre (1978), S. 241 ff.
8 Müller (1987).
9 Lippe (1974), Bd. II, S. 177.
10 Zitat nach Lippe (1974), Bd. II, S. 216.
11 Goethe (1774/1957), S. 21 f.
12 Vgl. Schneider (1981).
13 Heine (1968–76), Bd. 5, S. 394 f.
14 Vgl. Neißer/Mezger/Verdin (1979), S. 30 f., 40, sowie Pausch (1974), S. 201.
15 Neißer/Mezger/Verdin (1979), S. 31.
16 Vgl. Flashar (1956), S. 21 f. u. 29 ff.
17 Euripides, Bacchai, V. 113 ff.
18 Zitat nach Neißer/Mezger/Verdin (1979), S. 32.
19 Zum Beispiel Pausch (1974), S. 211.
20 Zitat nach Neißer/Mezger/Verdin (1979), S. 30.
21 Dante (1988a), Bd. III, S. 119 ff. X,63 ff.
22 Pausch (1974), S. 188 f.
23 Vgl. Franz/Hennes u. a. (1980).
24 Reil (1803), S. 132.
25 Vgl. oben im Kap. 2, S. 50 ff., den Abschnitt »Stockungen (2): Stottern«.
26 Vgl. Schilling (1986), S. 22, der meint, daß Jugendliche sich in Discotheken durchaus unterhalten können, weil sie noch über bessere Fähigkeiten zur Trennung von Geräusch und Sprachzeichen verfügen.
27 Scherer (1983).
28 Neißer/Mezger/Verdin (1979), S. 56 f.
29 Neißer/Mezger/Verdin (1979), S. 53 ff.
30 Benn (1959–61), Bd. 3, S. 443.
31 Vgl. Reisner (1986).
32 Vgl. Wickler/Seibt (1990), S. 30 ff.
33 Vincent (1990), S. 334.
34 Vgl. Fausto-Sterling (1985).
35 Gould/Gould (1990), S. 264.
36 Badinter (1988), S. 192.
37 Badinter (1988), S. 208 ff.
38 Badinter (1988), S. 252.
39 Das ist auch die wichtigste Erkenntnis bei Fausto-Sterling (1985).
40 Vgl. Wirth (1979).
41 Vgl. Lombroso (1887), S. 23 f.
42 Schindler (1989), S. 607.
43 Legendre (1978), S. 146.
44 Kafka (1983a), Beschreibung eines Kampfes, S. 183

45 Süßkind (1985), S. 174.
46 Richardson, Zucco (1989).
47 Kirk-Smith / Toller / Dodd (1983), vgl. auch Lorig (1989).
48 Most / Brückner (1936), S. 10.
49 Stein (1986), S. 328.
50 Stein (1988), S. 167.
51 Hoffer (1983), S. 184 f.
52 Nach Bietenhard (1956), S. 8, soll das »Eiferopfer« nach dem 4. Buch
    Moses 5,11 ff. auch wegen zu vieler Ehebrecher abgeschafft worden
    sein.
53 Bietenhard (1956), S. 8.
54 Talmud (1980–81), S. 11 ff.
55 Kafka (1983a), Beschreibung eines Kampfes, S. 104 f.
56 Borges (1980 ff.), Bd. 3/I, S. 136.
57 Vgl. den Artikel »Ein moralischer Skandal«, in: DER SPIEGEL Nr. 39
    vom 23. September 1991, S. 40 ff.
58 Vgl. hierzu auch Lautmann (1984).
59 Quintilianus (1988), Bd. 2, S. 535, Buch V,7, 28.
60 Wieck (1990).
61 Wieck (1990), S. 202.
62 Vgl. hierzu Wieck (1990), passim.
63 Wieck (1990), S. 155.
64 Norwood (1990), S. 86.
65 Beck / Beck-Gernsheim (1990).

Literaturverzeichnis

Abaelard (1987): Die Leidensgeschichte und der Briefwechsel mit Heloise. Übertragen und herausgegeben von Eberhard Brost. Mit einem Nachwort von Walter Berschin. München.

Adorno, Theodor W. / Horkheimer, Max (1971): Dialektik der Aufklärung. Philosophische Fragmente. Frankfurt / M.

Aelian (1971 f): On the Characteristics of Animals. 3 vol. With an English Translation by A. F. Scholfield. London, Cambridge (Mass.).

Alewyn, Richard (1978): Klopstocks Leser. In: Festschrift für Rainer Gruenter. Herausgegeben von Bernhard Fabian. Heidelberg. S. 100–121.

Andreas-Salomé, Lou (1974): Lebensrückblick. Grundriß einiger Lebenserinnerungen. Herausgegeben von Ernst Pfeiffer. Frankfurt / M.

Andreas-Salomé, Lou (1990): Das »zweideutige« Lächeln der Erotik. Texte zur Psychoanalyse. Herausgegeben von Inge Weber und Brigitte Rempp. Freiburg i. Br.

Andreas-Salomé, Lou (o. J.): Friedrich Nietzsche in seinen Werken (Neudruck der Ausgabe Wien 1894). Dresden.

Angelus Silesius [d. i. Johann Scheffler] (1924): Cherubinischer Wandersmann. Sinnliche Beschreibung der vier letzten Dinge. Herausgegeben von Hans Ludwig Held. München.

Apollinaire, Guillaume (1985): Les onze mille verges, dt.: Die elftausend Ruten. Übersetzt von Lothar Klünner. München.

Apollodorus (1970): The Library, vol. 2. With an English Translation by Sir James George Frazer. Edited by E. H. Warmington u. a. London, Cambridge (Mass.).

Arendt, Hannah (1929): Der Liebesbegriff bei Augustin. Versuch einer philosophischen Interpretation. Berlin.

Ariès, Philippe / Béjin, André / Foucault, Michel, u. a (1984): Sexualités occidentales. Paris 1982, dt.: Die Masken des Begehrens und die Metamorphosen der Sinnlichkeit. Zur Geschichte der Sexualität im Abendland. Übersetzt von Michael Bischoff. Herausgegeben von Philippe Ariès und André Béjin. Frankfurt / M.

Aristoteles (1987): Rhetorik. Übersetzt, mit einer Bibliographie, Erläuterungen und einem Nachwort von Franz G. Sieveke. München.

Aristoteles (1962): Werke in deutscher Übersetzung. Herausgegeben von Ernst Grumbach. Bd. 19: Problemata Physica. Übersetzt von Hellmut Flashar. Darmstadt.

Aristoteles (1982²): Metaphysik. Griechisch-deutsch. Übersetzt von Hermann Bonitz. Neu bearbeitet, mit Einleitung und Kommentar herausgegeben von Horst Seidl. Griechischer Text in der Edition von Wilhelm Christ. Hamburg.

Arnim, Bettina von (1959–61): Werke und Briefe. 5 Bde. Herausgegeben von Gustav Konrad. Frechen / Köln.

Artaud, Antonin (1979): Le théâtre et son double, suivi de: Le théâtre de Sé-
raphin. Paris 1964, dt.: Das Theater und sein Double. Das Théâtre de Sé-
raphin. Übersetzt von Gerd Henniger. Frankfurt/M.

Artaud, Antonin (1979a²): Van Gogh, der Selbstmörder durch die Gesellschaft und Texte über Baudelaire, Coleridge, Lautréamont und Gérard de
Nerval. Ausgewählt und übersetzt von Franz Loechler. München.

Aschoff, Volker (1981): Drei Vorschläge für nichtelektrisches Fernsprechen
aus der Wende vom 18. zum 19. Jahrhundert. In: Deutsches Museum. Abhandlungen und Berichte 49, H. 3, S. 4–9 und 12–21.

Auerbach, Erich (1977): Mimesis. Dargestellte Wirklichkeit in der abendländischen Literatur. München.

Augustinus (1960²): Confessiones. Bekenntnisse. Lateinisch und deutsch.
Eingeleitet, übersetzt und erläutert von Joseph Bernhart. München.

Augustinus (1985²): Vom Gottesstaat. 2 Bde. Übersetzt von W. Thimme.
München.

Aulnoy, [Marie Catherine] Madame d' (1956): Les contes des fées. Illustration de Berthold Mahn. Paris.

Bachmann, Ingeborg (1980): Malina. Frankfurt/M.

Bächthold-Stäubli, Hanns (Hg.) (1927–42): Handwörterbuch des Deut-
schen Aberglaubens. 10 Bde. Herausgegeben von Hanns Bächthold-
Stäubli unter besonderer Mitwirkung von E. Hoffmann-Krayer. Berlin,
Leipzig.

Bacon, Francis (1985): The Essays. Edited by John Pitcher. Harmondsworth.

Bacon, Francis (1986): The Advancement of Learning. Edited by G. W. Kit-
chin. London, Melbourne.

Badinter, Elisabeth (1988): L'un et l'autre. Des relations entre hommes et
femmes. Paris 1986, dt.: Ich bin Du. Die neue Beziehung zwischen Mann
und Frau oder die androgyne Revolution. Übersetzt von Friedrich Griese.
München, Zürich.

Baechi, W. (1940): Der Mordfall Näf-Zürich. Verurteilung im Schwurge-
richtsverfahren. Freispruch und 25 000 Franken Entschädigung im Wieder-
aufnahmeverfahren. In: Archiv für Kriminologie. Bd. 107. S. 5–13, 93–
97, 119–120.

Bahr, Hermann (1904): Dialog vom Tragischen. Berlin.

Baldwin, John W. (1961): The Intellectual Preparation for the Canon of 1215
against Ordeals. In: Speculum. Vol. 36, No. 4. S. 613–636.

Balzac, Honoré de (1951ff): La comédie humaine. Texte établi par Marcel
Bouteron. Paris (Bibliothèque de la Pléiade).

Bankl, Hans (1990): Viele Wege führten in die Ewigkeit. Schicksal und Ende
außergewöhnlicher Menschen. Wien, München, Berlin.

Barbach, Lonnie (1982): For Yourself. The Fulfillment of Female Sexuality,
dt.: For Yourself. Die Erfüllung weiblicher Sexualität. Übersetzt von Wilhelm Thaler. Frankfurt/M., Berlin.

Barbach, Lonnie (1988): For Each Other. Sharing Sexual Intimacy. New
York 1982, dt.: Mehr Lust. Gemeinsame Freude an der Liebe. Übersetzt
von Karin Petersen. Reinbek bei Hamburg.

Barbach, Lonnie / Levine, Linda (1988): Shared Intimacies, dt.: Der einzige Weg Oliven zu essen und andere intime Geständnisse. Übersetzt von Peter Borg. Frankfurt / M., Berlin.

Barthes, Roland (1974): Sade, Fourier, Loyola. Paris 1971, dt.: Sade, Fourier, Loyola. Übersetzt von Maren Sell und Jürgen Hoch. Frankfurt / M.

Barthes, Roland (1980): Michelet. Übersetzt von Peter Geble. Frankfurt / M.

Barthes, Roland (1986): Fragments d'un discours amoureux. Paris 1977, dt.: Fragmente einer Sprache der Liebe. Übersetzt von Hans-Horst Henschen. Frankfurt / M.

Barthes, Roland (1988): L'aventure sémiologique. Paris 1985, dt.: Das semiologische Abenteuer. Übersetzt von Dieter Hornig. Frankfurt / M.

Basilius (1968): Homélies sur l'hexaéméron. Texte grec, introduction et traduction de Stanislas Giet. Paris.

Bataille, Georges (1975): Das theoretische Werk. Bd. 1: Die Aufhebung der Ökonomie. Übersetzt von Traugott König und Heinz Abosch. Herausgegeben von Gerd Bergfleth. München.

Baumgart, Reinhard (1989): Selbstvergessenheit. Drei Wege zum Werk: Thomas Mann, Franz Kafka, Bertolt Brecht. München.

Beadle, John (1656): The Journal or Diary of a Thankful Christian. London.

Beck, Ulrich / Beck-Gernsheim, Elisabeth (1990): Das ganz normale Chaos der Liebe. Frankfurt / M.

Becker, Jörg (Hg.) (1989): Telefonieren (Hessische Blätter für Volks-und Kulturforschung, Bd. 24). Marburg.

Benjamin, Walter (1974ff): Gesammelte Schriften. Unter Mitwirkung von Theodor W. Adorno und Gershom Scholem herausgegeben von Rolf Tiedemann und Hermann Schweppenhäuser. Frankfurt / M.

Benjamin, Walter (1978): Briefe. 2 Bde. Herausgegeben und mit Anmerkungen versehen von Gershom Scholem und Theodor W. Adorno. Frankfurt / M.

Benn, Gottfried (1959–61): Gesammelte Werke in vier Bänden. Herausgegeben von Dieter Wellershoff. Wiesbaden.

Benton, John F. (1961): The Court of Champagne as a Literary Center. In: Speculum. A Journal of Mediaeval Studies. Vol. XXXVI, No. 4, S. 551–591.

Bergen, Gerhard van (1951): Betrachtungen über Amok, unter Berücksichtigung der eigengesetzlichen, schwer verständlichen seelischen Äußerungsformen der Bevölkerung im Raum seines Auftretens. In: Zeitschrift für Psychotherapie und medizinische Psychologie 1. S. 226–231.

Berger, Alfred Freiherr von (1896 / 1933): Chirurgie der Seele. In: Wiener Morgen-Presse (2. Februar 1896), zit. nach: Almanach der Psychoanalyse 1933.

Berger, Alfred Freiherr von (1897): Wahrheit und Irrtum in der Katharsis-Theorie des Aristoteles. In: Theodor Gompertz (Hg. u. Übers.), Aristoteles' Ästhetik. Leipzig.

Bernhardus Silvestris (1978): Cosmographia. Edited with Introduction and Notes by Peter Dronke. Leiden.

Bertaux, Pierre (1981): Friedrich Hölderlin. Frankfurt / M.

Biedermann, Flodoard Frhr. von (Hg.) (1909–11): Goethes Gespräche. Gesamtausgabe in fünf Bänden. Neu herausgegeben von Flodoard Frhr. von Biedermann. Leipzig.

Bietenhard, Hans (1956): Die Mischna. Herausgegeben von D. Rengstorf und D. Rost. III. Seder: Naschim. 6. Traktat: Sota. Die des Ehebruchs Verdächtigen Text, Übersetzung und Erläuterung nebst einem textkritischen Anhang von Hans Bietenhard. Berlin.

Bignone, Ettore (1976): Die ethischen Vorstellungen des Sophisten Antiphon (Auszug). In: Sophistik. Herausgegeben von Carl Joachim Classen. Darmstadt. S. 493–518.

Bindel, Rolf (1987): Stottern als dialogische Fehlentwicklung. Göttingen, Toronto, Zürich.

Blass, Friedrich (1887–98 / 1962–79): Die attische Beredsamkeit. 3 Bde. Nachdruck der Ausgabe Leipzig. Hildesheim, New York.

Blixen, Tania (1990): Babettes Fest. Übersetzt von W. E. Süskind. Zürich.

Blumenberg, Hans (1981): Die Lesbarkeit der Welt. Frankfurt / M.

Borges, Jorge Luis (1980ff.): Obras completas. Buenos Aires 1974, dt.: Gesammelte Werke. Übersetzt von Karl August Horst u.a. München, Wien.

Borst, Arno (1957–63): Der Turmbau von Babel. Geschichte der Meinungen über Ursprung und Vielfalt der Sprachen und Völker. 4 Bände. Stuttgart.

Boswell, James (1950): London Journal 1762–1763. Edited by Frederick A. Pottle. New York, London, Toronto.

Bouché-Leclerq, Auguste (1879–82): Histoire de la divination dans l'antiquité. Paris.

Brandl, Leopold (1955): Die Sexualethik des heiligen Albert Magnus. Regensburg.

Brandstetter, Gabriele (1986): Erotik und Religiosität. Eine Studie zur Lyrik Clemens Brentanos. München.

Brecht, Bertolt (1967): Gesammelte Werke in 20 Bänden. Herausgegeben vom Suhrkamp Verlag in Zusammenarbeit mit Elisabeth Hauptmann. Frankfurt / M.

Brentano, Clemens (1951): Briefe. Bd. 1: 1793–1809. Herausgegeben von Friedrich Seebaß. Nürnberg.

Brentano, Clemens (1975 ff.): Sämtliche Werke und Briefe. Historisch-kritische Ausgabe. Herausgegeben von Jürgen Behrens, Konrad Feilchenfeld u. a. Stuttgart.

Brentano, Clemens / Mereau, Sophie (1981): Lebe der Liebe und liebe das Leben. Der Briefwechsel von Clemens Brentano und Sophie Mereau. Herausgegeben von Dagmar Gersdorff. Frankfurt / M.

Brod, Max (1966): Über Franz Kafka. Frankfurt/M.

Broder, Henryk M. (1990): König Telephon. Amerikas neue Droge: Wenn kommunizieren zur Sucht wird. In: DIE ZEIT Nr. 30 vom 20. 8., S. 38.

Brost, Eberhard (Hg.) (1974⁵): Carmina Burana. Lieder der Vaganten. Lateinisch und deutsch. Nach Ludwig Laistner herausgegeben von Eberhard Brost. Heidelberg.

Brown, William Hill (1970): The Power of Sympathy. New Haven.

Büchner, Georg (1974): Sämtliche Werke und Briefe. Historisch-Kritische Ausgabe mit Kommentar. Herausgegeben von Werner L. Lehmann. Bd. 1: Dichtungen und Übersetzungen. Mit Dokumentationen zur Stoffgeschichte. München.

Bumke, Joachim (1990): Höfische Kultur. Literatur und Gesellschaft im hohen Mittelalter. 2 Bde. München.

Burton, Robert (1988): The Anatomy of Melancholy. Oxford 1621, dt.: Anatomie der Melancholie. Über die Allgegenwart der Schwermut, ihre Ursachen und Symptome sowie die Kunst es mit ihr auszuhalten. Übersetzt von Ulrich Horstmann. Zürich, München.

Calvin, Johannes (1963²): Instituitio Christianae Religionis, dt.: Unterricht in der christlichen Religion. Übersetzt und bearbeitet von Otto Weber. Neukirchen/Vluyn.

Campe, Joachim Heinrich (Hg.) (1785–92/1979): Allgemeine Revision des gesamten Schul- und Erziehungswesens von einer Gesellschaft praktischer Erzieher. Herausgegeben von J. H. Campe. Unveränderter Neudruck der Ausgabe Wolfenbüttel. Vaduz.

Campe, Rüdiger (1987): Pronto! Telefonate und Telefonstimmen (57322). In: Diskursanalysen 1: Medien. Herausgegeben von Friedrich A. Kittler u. a. Opladen. S. 68–93.

Camporesi, Piero (1991): I balsami di Venere. Mailand 1989, dt.: Geheimnisse der Venus: Aphrodisiaka vergangener Zeiten. Übersetzt von Karl F. Haubner. Frankfurt/M., New York.

Canetti, Elias (1976²): Masse und Macht. 2 Bde. München.

Canetti, Elias (1982⁶): Die Blendung. München.

Capellanus, Andreas (1924): Über die Liebe. Herausgegeben und übersetzt von H. M. Elster. Dresden.

Capellanus, Andreas (1979): De amore. Frühneuhochdeutsche Übersetzung unter dem Titel: Des armen Schoffthors Warnung an hartherzige Frauen: Dialogus D. Herausgegeben von Alfred Karnein. Berlin.

Casanova, Giacomo (1964): Histoire de ma vie, dt.: Geschichte meines Lebens (12 Bde. in 3). Übersetzt von Heinz Sauter. Herausgegeben von Erich Loos. Frankfurt/M.

Casanova, Giacomo (1964a): Vermischte Schriften. Gesammelte Briefe. Übersetzt von Heinz von Sauter und Enrico Straub. Frankfurt/M.

Certeau, Michel de (1982): La Fable mystique. XVIᵉ-XVIIᵉ siècle. Paris.

Charcot, Jean Martin (1886): Neue Vorlesungen über die Krankheiten des Nervensystems, insbesondere über Hysterie. Autorisierte deutsche Ausgabe von Sigmund Freud. Leipzig, Wien.

Chaussinand-Nogaret, Guy (1982): Mirabeau. Paris.

Chesser, Eustace (1958[23]): Love without Fear. A Plain Guide to Sex Technique for Every Married Adult, London, dt.: Liebe ohne Furcht. Psychologie und Praxis der Liebe. Übersetzt von Gertrud Arntz-Winter. Stuttgart.

Chrysostomus, Johannes (1915ff.): Des Heiligen Kirchenlehres Johannes Chrysostomus ausgewählte Schriften. 8 Bde. (Bibliothek der Kirchenväter) Aus dem Griechischen übersetzt. Herausgegeben von O. Bardenhewer, K. Weyman, J. Zellinger. München.

Cicero (1967–75): [Works in] Twenty-Eight Volumes. With an English Translation by H. Rackham [vol. 19] and William Armistead Falconer [vol. 20]. Cambridge (Mass.), London.

Cicero (1978): Vom Wesen der Götter (De natura deorum). Drei Bücher, lateinisch-deutsch. Herausgegeben, übersetzt und erläutert von W. Gerlach und K. Bayer. München.

Cixous, Hélène (1977): Die unendliche Zirkulation des Begehrens. Weiblichkeit in der Schrift. Übersetzt von Eva Meyer und Jutta Kranz. Berlin.

Clair, Jean / Szeemann, Harald (Hg.) (1976): Junggesellenmaschinen. Les machines célibataires. Ausstellungskatalog. Venezia.

Cleland, John (1987): Memoirs of a Woman of Pleasure, dt.: Die Memoiren der Fanny Hill. Übersetzt von Franz Blei. Frankfurt / M.

Cocteau, Jean (1988): Werkausgabe in zwölf Bänden. Herausgegeben von Reinhard Schmidt. Frankfurt / M.

Codet, H. (1927): Psychonévroses exotiques: L'amok et le lattah des Malais. In: Le Progrès Médical, No. 7, S. 241–242.

Collard, A. (1932): Goethe et Quetelet. Leurs relations de 1829 à 1832. In: ISIS Vol 22,2. No. 59. S. 427–435.

Colli, Giorgio (1981): La nascita della filosofia, Mailand 1975, dt.: Die Geburt der Philosophie. Übersetzt von Reimar Klein. Mit einem Nachwort von Gianni Carchia und Reimar Klein. Frankfurt / M.

Courth, Franz (1988): Trinität in der Schrift und Patristik. (Handbuch der Dogmengeschichte, Bd. 2. Herausgegeben von Michael Schmauss et. al.). Freiburg, Basel, Wien.

Curtius, Ernst R. (1963[4]): Europäische Literatur und lateinisches Mittelalter. Bern, München.

Dante Alighieri (1988): Die göttliche Komödie. Italienisch und deutsch. 6 Bde. Übersetzt und kommentiert von Hermann Gmelin. München.

Dante Alighieri (1988a): Vita nova. Das neue Leben. Italienisch und Deutsch. Übersetzt von Anna Coseriu und Ulrike Kunkel. München.

Darmon, Pierre (1979): Le tribunal de l'impuissance. Virilité et défaillances conjugales dans l'Ancienne France. Paris.

Darnton, Robert (1968): Mesmerism and the End of the Enlightenment in France. Cambridge.

Dauviller, Jean (1933): Le Mariage dans le droit classique de l'église. Paris.

Denzler, Georg (1988): Die verbotene Lust. 2000 Jahre christliche Sexualmoral. München.

Derrida, Jacques (1972): La dissémination. Paris.

Derrida, Jacques (1974): De la grammatologie. Paris 1967, dt.: Grammatologie. Übersetzt von Hans-Jörg Rheinberger und Hanns Zischler. Frankfurt/M.

Derrida, Jacques (1976): La différance. Die différance. Übersetzt von Eva Pfaffenberger-Brückner.In: Ders.: Randgänge der Philosophie. Frankfurt/M., Berlin, Wien. S. 6–37.

Derrida, Jacques (1982/87): La carte postale de Socrate à Freud et au-delà. Paris 1980, dt.: Die Postkarte von Sokrates bis an Freud und jenseits. 1. u. 2. Lieferung. Autorisierte Übersetzung von Hans-Joachim Metzger. Berlin.

Derrida, Jacques (1988). A Number of Yes. In: Qui Parle. A Journal of Literary Studies. Vol. 2, No. 2 (»Silence and Intervention«). S. 120–133.

Derrida, Jacques (1988): Ulysse gramophone. Paris 1987, dt.: Ulysses Grammophon. Übersetzt von Elisabeth Weber. Berlin.

Descartes, René (1955): Les passions de l'âme. Paris.

Devereux, Georges (1982). Normal und anormal. Aufsätze zur allgemeinen Ethnopsychiatrie. Übersetzt von Thomas Lindquist. Frankfurt/M.

Diderot, Denis (1967): Ästhetische Schriften. 2 Bde. Übersetzt von Friedrich Bassenge und Theodor Lücke. Herausgegeben von Friedrich Bassenge. Berlin, Weimar.

Didi-Hubermann, Georges (1982): Invention de l'hystérie. Charcot et l'iconographie photographique de la Salpêtrière. Paris.

Didi-Hubermann, Georges (1984): Postface: Jean Martin Charcot et Paul Richer. Les démoniaques dans l'art. Paris.

Dieckmann, Bernhard/Pescatore, François (Hg.) (1981): Lektüre zu de Sade. Herausgegeben und übersetzt von Bernhard Dieckmann und François Pescatore. Basel, Frankfurt/M.

Diogenes Laertius (1970): Lives of Eminent Philosophers. 2 vol. With an English Translation by R. D. Hicks. London, Cambridge (Mass.)

Doermer-Tramitz, Christiane (1990): Auf den ersten Blick. Über die ersten dreißig Sekunden einer Begegnung von Mann und Frau. Opladen.

Dostojewski, Fjodor Michailowitsch (1986): Prestuplenie i nakazanie. 1867, dt.: Schuld und Sühne. Übersetzt von Herman Röhl. Frankfurt/M.

Droste-Hülshoff, Annette von (1985): Historisch-kritische Ausgabe. Werke, Briefwechsel. Herausgegeben von Winfried Woesler. Bd. 1: Gedichte zu Lebzeiten. Bearbeitet von Winfried Theiss. Tübingen.

Dubost, Jean-Pierre (1988): Eros und Vernunft. Literatur der Libertinage. Frankfurt/M.

Duby, Georges (1986²): Le chevalier, la femme et le prêtre. Le mariage dans la France féodale. Paris 1981, dt.: Ritter, Frau und Priester. Die Ehe im feudalen Frankreich. Übersetzt von Michael Schröter. Frankfurt/M.

Duby, Georges (1989): Die Frau ohne Stimme. Liebe und Ehe im Mittelalter. Übersetzt von Gabriele Ricke und Ronald Voullié. Berlin.

Duras, Marguerite (1986): Die Krankheit Tod. La maladie de la mort. Zweisprachige Ausgabe. Übersetzt von Peter Handke. Frankfurt/M.

Eaves, Duncan/Kimpel, Ben (1971): Samuel Richardson. A Biography. London.

Eça de Queiroz, José Maria (1989): O primo Basílio. Porto 1878, dt.: Vetter Basilo. Übersetzt von Rudolf Krügel. München.

Eckhard, Karl August (Hg.) (1971): Studia iuris teutonici. Deutschenspiegel. Herausgegeben von Karl August Eckhard. Aalen.

Eilhart von Oberge (1969): Tristrant. Synoptischer Druck der ergänzten Fragmente mit der gesamten Parallelüberlieferung. Herausgegeben von Hadumod Bußmann. Tübingen.

Eilhart von Oberge (1877/1973): Herausgegeben von Franz Lichtenstein. Nachdruck der Ausgabe Straßburg und London. Hildesheim, New York.

Einhard (1911[6]/1965): Vita Karoli Magni. Herausgegeben von O. Holder-Egger. Nachdruck der Ausgabe Hannover. Hannover.

Eisenstein, Elizabeth (1979): The Printing Press as an Agent of Change: Communications and Cultural Transformations in Early-Modern Europe. 2 Bde. New York.

Eissler, Kurt E. (1979): Freud und Wagner-Jauregg vor der Kommission zur Erhebung militärischer Pflichtverletzungen. Wien.

Ellenberger, Henry F. (1973): The Discovery of the Unconscious. The History and Evolution of Dynamic Psychiatry, dt.: Die Entdeckung des Unbewußten. Bd. 1 und 2. Übersetzt von Gudrun Theusner-Stampa. Bern, Stuttgart, Wien.

Enzensberger, Hans Magnus (Hg.) (1988): Requiem für eine romantische Frau. Die Geschichte von Auguste Bussmann und Clemens Brentano. Nach gedruckten und ungedruckten Quellen überliefert von Hans Magnus Enzensberger. Berlin.

Erasmus [von Rotterdam] (1963): De utraque verborum ac rerum copia. On Copia of Words and Ideas. Translated with an Introduction by Donald B. King and H. David Rix. Milwaukee.

Fantel, Hans (1984): At Age 100, Nipper is still Listening. In: International Herald Tribune vom 27. 12.

Farin, Michael (Hg.) (1989): Soeur Jeanne. Memoiren einer Besessenen. Herausgegeben von Michael Farin. Nördlingen.

Fausto-Sterling, Anne (1985): Myths of Gender. Biological Theories About Women and Men. New York 1985, dt.: Gefangene des Geschlechts? Was biologische Theorien über Mann und Frau sagen. Übersetzt von Brigitte Stein. München, Zürich.

Felman, Shoshana (1980): Le scandale du corps parlant. Paris.

Fischer, Peter (Hg.) (1974): Reden der Französischen Revolution. München.

Fischer-Homberger, Esther (1975): Die traumatische Neurose. Vom somatischen zum sozialen Leiden. Bern, Stuttgart, Wien.

Fischer-Homberger, Esther (1988): Medizin vor Gericht. Zur Sozialgeschichte der Gerichtsmedizin. Darmstadt.

Flandrin, Jean-Louis (1981): Le sexe et l'occident. Evolution des attitudes et des comportements. Paris.

Flashar, Hellmut (1956): Die medizinischen Grundlagen der Lehre von der Wirkung der Dichtung in der Griechischen Poetik. In: Hermes 84. S. 12–48.

Flaubert, Gustave (1951): Œuvres. Texte établi et annoté par A. Thibaudet et R. Dumesnil. Paris (Bibliothèque de la Pléiade).

Flaubert, Gustave (1976): Madame Bovary. Übersetzt von Arthur Schuring. Frankfurt / M.

Flaubert, Gustave (1980–84): Correspondance. 2 tomes. Edition établie par Jean Bruno. Paris (Bibliothèque de la Pléiade).

Fontius, Martin (1988): Post und Brief. In: Materialität der Kommunikation. Herausgegeben von Hans Ulrich Gumbrecht und K. Ludwig Pfeiffer. Frankfurt / M. S. 267–279.

Forleo, Romano / Pasini, Willy (Hg.) (1980): International Congress of Medical Sexology, 3d, Rome, 1978. Edited by Romano Forleo and Willy Pasini. Amsterdam, New York, Oxford.

Foucault, Michel (1977): Histoire de la sexualité. Vol. 1: La volonté de savoir, Paris 1976, dt.: Sexualität und Wahrheit. Bd. 1: Der Wille zum Wissen. Übersetzt von Ulrich Raulff und Walter Seitter. Frankfurt / M.

Foucault, Michel (1989): Histoire de la sexualité. Vol. 2: L'usage des plaisirs, Paris 1984, dt.: Sexualität und Wahrheit. Bd. 2: Der Gebrauch der Lüste. Übersetzt von Ulrich Raulff und Walter Seitter. Frankfurt / M.

Foucault, Michel (1990): Difendere La Società. Dalla guerra delle razze al razzimo di stato(Lezioni al collège de France, Libro VI. 1975–1976). Testo stabilito e tradotto da Mauro Bertani e Alessandro Fontano. Firenze.

Franz, Hartmut / Hennes, Georg, u.a. (1980): Wie hinterm Preßlufthammer, nur unheimlich schöner! Discokultur in Jugendhäusern. Wiesbaden.

Frenzel, Elisabeth (1988[3]): Motive der Weltliteratur. Ein Lexikon dichtungsgeschichtlicher Längsschnitte. Stuttgart.

Freud, Sigmund (1940–1968): Gesammelte Werke. Chronologisch geordnet. Unter Mitwirkung von Marie Bonaparte, Prinzessin Georg von Griechenland. Herausgegeben von Anna Freud u. a. Frankfurt / M.

Freud, Sigmund (1950): Aus den Anfängen der Psychoanalyse. Briefe an Wilhelm Fliess, Abhandlungen und Notizen aus den Jahren 1887–1902. Herausgegeben von Marie Bonaparte, Anna Freud und Ernst Kris. London.

Freud, Sigmund (1968[2]): Briefe 1873–1939. Ausgewählt und herausgegeben von Ernst und Lucie Freud.Frankfurt / M.

Freud, Sigmund (1988): Brautbriefe. Briefe an Martha Bernays aus den Jahren 1882 bis 1886. Ausgewählt, herausgegeben und mit einem Vorwort versehen von Ernst L. Freud. Frankfurt / M.

Freud, Sigmund / Breuer, Josef (1970): Studien über Hysterie. Frankfurt / M.

Friday, Nancy (1987): My Secret Garden. Women's Sexual Fantasies, dt.: Die sexuellen Phantasien der Frauen. Übersetzt von Antonia Rühl. Reinbek bei Hamburg.

Friedrich, Hugo (1942): Die Rechtsmetaphysik der Göttlichen Komödie. Frankfurt / M.

G. T (1990): Was ist Schönheit? In: Spektrum der Wissenschaft, H. 7. S. 24.

Gaddis, William (1988): Carpenter's Gothic. New York 1985, dt: Die Erlöser. Übersetzt von Klaus Modick. Reinbek bei Hamburg.

Galen (1968): On the Usefulness of the Parts of the Body. 2 Vol. Translated from the Greek by Magaret Tallmadge May. New York.

Galen (1976): On the Affected Parts. Translation from the Greek Text with Explanatory Notes by Rudolph Siegel. Basel, New York.

Galton, Francis (1907/1973): Inquiries into Human Faculty and its Development. Reprinted from the Edition London and New York. New York.

Ganoczy, Alexandre (1968): Calvin. Théologien de l'église et du ministère. Paris 1964, dt.: Ecclesia ministrans. Dienende Kirche und kirchlicher Dienst bei Calvin. Übersetzt von Hans Sayer. Freiburg, Basel, Wien.

Gardner, Howard (1989): The Mind's New Science. A History of the Cognitive Revolution. New York 1985, dt.: Dem Denken auf der Spur. Der Weg der Kognitionswissenschaft. Übersetzt von Ebba D. Drolshagen. Stuttgart.

Gay, Peter (1986): The Bourgeois Experience. Victoria to Freud. Vol. I. Education of the Senses. Oxford 1984, dt.: Erziehung der Sinne. Sexualität im bürgerlichen Zeitalter. Übersetzt von Holger Fließbach. München.

Gaylin, Willard (1987): Rediscovering Love. 1986, dt.: Von der Wiederkehr der Liebe. Übersetzt von Elke vom Scheidt. Bern, München, Wien.

Geißler, Sina-Aline (1990): Mut zur Demut. Erotische Phantasien von Frauen. Rastatt.

Gellert, Christian Fürchtegott (1988 ff): Gesammelte Schriften. Kritische, kommentierte Ausgabe in sechs Bänden. Herausgegeben von Bernd Witte. Berlin, New York.

Genth, Renate/Hoppe, Joseph (1987): Telephon! Der Draht an dem wir hängen. Berlin.

Gilman, Sander L. (1981): Friedrich Nietzsche's »Niederschriften aus der spätesten Zeit« (1890–1897) and the Conversation Notebooks, 1889–1895. In: Psychoanalytische und psychopathologische Literaturinterpretationen. Herausgegeben von Bernd Urban und Winfried Kudszus. Darmstadt. S. 321–346

Gluck, Christoph Willibald (1986): Orpheus und Euridike. Oper in drei Aufzügen. Italienischer Originaltext von Ranieri Calzabigi. Deutsche Übersetzung nach J. D. Sander. Eingeleitet und herausgegeben von Wilhelm Zentner. Stuttgart.

Goeppert, Sebastian/Goeppert, Herma C. (1975): Redeverhalten und Neurose. Reinbek.

Goethe, Cornelia (1990): Briefe und correspondance secrète 1767–1769. Herausgegeben und übersetzt von Melanie Baumann, Marion Benz u. a. Freiburg i. Br.

Goethe, Johann Wolfgang [von] (1774/1957): Die Leiden des jungen Werthers. Wiesbaden.

Goethe, Johann Wolfgang [von] (1908): Goethes Briefe an Charlotte von Stein. Herausgegeben von Julius Petersen. Leipzig.

Goethe, Johann Wolfgang [von] (1949–1964): Gesamtausgabe der Werke und Schriften in 22 Bänden (Cotta-Ausgabe). Stuttgart.

Goethe, Johann Wolfgang [von] (1961): dtv-Gesamtausgabe. Bd. 1: Sämtliche Gedichte. Erster Teil. Mit einem Nachwort von Adalbert Elschenbroich. München.

Goethe, Johann Wolfgang [von] (1966): Goethes Werke. Hamburger Ausgabe in 14 Bänden. Herausgegeben von Erich Trunz. München.

Goethe, Johann Wolfgang [von] (1986³): Briefe. Hamburger Ausgabe in vier Bänden. Herausgegeben, textkritisch durchgesehen und mit Anmerkungen versehen von Karl Robert Mandelkow unter Mitarbeit von Bodo Morawe. München.

Goffman, Erving (1982): Relations in Public. Microstudies of the Public Order. 1979, dt.: Das Individuum im öffentlichen Austausch. Mikrostudien zur öffentlichen Ordnung. Übersetzt von R. und R. Wiggershaus. Frankfurt/M.

Goncourt, Edmond et Jules de (1872–96): Journal. Mémoires de la vie littéraire. 9 Tomes. Paris.

Goody, Jack (1990): The Logic of Writing and the Organization of Society. Cambridge 1986, dt.: Die Logik der Schrift und die Organisation von Gesellschaft. Übersetzt von Uwe Opolka. Frankfurt/M.

Gorgias von Leontinoi (1989): Reden, Fragmente und Testimonien. Herausgegeben, übersetzt und kommentiert von Th. Buchheim. Hamburg.

Gorki, Maxim (o. J.): Meister-Erzählungen. Übersetzt von Bodo von Lossberg. München, Zürich.

Gottfried von Straßburg (1967): Tristan. Text, Nacherzählung, Wort- und Begriffserklärung. Herausgegeben von Gottfried Weber in Verbindung mit Gertrud Utzmann und Werner Hoffmann. Darmstadt.

Gould, James, u. Gould, Carol C. (1990): Sexual Selection. New York 1989, dt.: Partnerwahl im Tierreich: Sexualität als Evolutionsfaktor. Übersetzt von Karl-Hans Taake. Heidelberg.

Grawert-May, Erik (1991): Lob der Prüderie. Die Erlösung von der Sexualität. München.

Gregor-Dellin, Martin (1980): Richard Wagner. Sein Leben, sein Werk, sein Jahrhundert. München, Zürich.

Grillparzer, Franz (1964): Sämtliche Werke. Ausgewählte Briefe, Gespräche, Berichte. Herausgegeben von Peter Frank und Karl Pörnbacher. Darmstadt.

Grimm, Jacob (1899⁴/1974): Deutsche Rechtsaltertümer. 2 Bde. Unveränderter Nachdruck der durch Andreas Heusler und Rudolph Hübner besorgten 4., vermehrten Auflage, Leipzig. Darmstadt.

Grimm, Wilhelm (1857): Die Sage von Polyphem. Berlin.

Groos, Friedrich (1829): Ideen zur Begründung eines obersten Prinzips für die psychische Legalmedizin. Heidelberg.

Groult, Benoîte (1989): Les vaisseaux du coeur. Paris 1988, dt.: Salz auf unserer Haut. Übersetzt von Irène Kuhn. München.

Guillemin, Henri (1954): Hugo et la Sexualité. Paris.

Gutzmann, Albert (1888): Das Stottern und seine gründliche Beseitigung durch ein methodisch geordnetes und praktisch erprobtes Verfahren. Nebst einem Anhang über das Stottern. Berlin.

Guyot, Jules (1942): Bréviaire de l'amour expérimental. Paris. In: Trois livres complets en un seul: Venette, Tableau de l'amour conjugal. Jaf & Caufeynon, Sécurité des deux sexes en amour. Guyot, Bréviaire de l'amour expérimental. Paris 1942.

Haberland, Helga/Pehnt, Wolfgang (1961): Frauen der Goethezeit. In Briefen, Dokumenten und Bildern. Von der Gottschedin bis zu Bettina von Arnim. Stuttgart.

Habermas, Jürgen (1988²): Nachmetaphysisches Denken. Philosophische Aufsätze. Frankfurt/M.

Hain, Mathilde (1966): Rätsel. Stuttgart.

Harris, Frank (1963): My Life and Loves. Herausgegeben von J. F. Gallagher. New York.

Hauschild, Wolf-Dieter (1972): Gottes Geist und der Mensch. Studien zur frühchristlichen Pneumatologie. München.

Häussermann, Ulrich (1961): Hölderlins späteste Gedichte. In: GRM 42. S. 99–117.

Hegel, Georg Wilhelm Friedrich (1969–71): Theorie- Werkausgabe in zwanzig Bänden. Auf der Grundlage der Werke von 1832–1845 neu edierte Ausgabe. Redaktion: Eva Moldenhauer und Karl Markus Michel. Frankfurt/M.

Hegel, Georg Wilhelm Friedrich (1978): Der Geist des Christentums. Schriften 1796–1800. Herausgegeben von Werner Hamacher. Frankfurt/M., Berlin, Wien.

Hegel, Georg Wilhelm Friedrich (1982): Weltgeist zwischen Jena und Berlin. Briefe. Herausgegeben von Hartmut Zinser. Frankfurt/M., Berlin, Wien.

Heidegger, Martin (1952²): Holzwege. Frankfurt/M.

Heine, Heinrich (1968–76): Sämtliche Schriften. Herausgegeben von Klaus Briegleb. München.

Heine, Heinrich (1970ff): Werke, Briefwechsel, Lebenszeugnisse. Säkularausgabe. Herausgegeben von den Nationalen Forschungs- und Gedenkstätten der Klass. dt. Lit. in Weimar und dem Centre National de la Recherche Scientifique in Paris. Berlin, Paris.

Heinroth, Johann Christian August (1825): System der psychisch-gerichtlichen Medizin, oder theoretisch-praktische Anweisung zur wissenschaftlichen Darstellung der krankhaften persönlichen Zustände, welche vor Gericht in Betracht kommen. Leipzig.

Herder, Johann Gottfried (1877–1913/1967): Sämtliche Werke. Herausgegeben von Bernhard Suphan. Nachdruck der Ausgabe Berlin. Hildesheim.

Hildegard von Bingen (1980): Naturkunde. Das Buch von dem inneren Wesen der verschiedenen Naturen in der Schöpfung. Nach den Quellen übersetzt und erläutert von Peter Riethe. Salzburg.

Hippokrates (1839–61/1973–82): Œuvres complètes. Traduction nouvelle avec le texte grec en regard par E. Littré. Amsterdam.

Hite, Shere (1977): The Hite Report. A Nationwide Study of Female Sexuality, dt.: Hite Report. Das sexuelle Erleben der Frau. Überarbeitete Ausgabe. Übersetzt von Karin Peters. München.

Hite, Shere (1978): The Hite Report on Male Sexuality, dt.: Hite Report II. Die sexuellen Vorlieben und Praktiken des männlichen Geschlechts. Übersetzt von Gerhard Aschenbrenner und Ulrike von Sobbe. München.

Hoepfner, Ernest (Hg.) (1943): La Folie Tristan d'Oxford. Publiée avec commentaire par Ernest Hoepfner. Paris.

Hoepfner, Ernest (Hg.) (1949): La Folie Tristan de Berne. Publiée avec commentaire par Ernest Hoepfner. Paris.

Hoffer, Klaus (1983): Bei den Bieresch 1. Frankfurt/M.

Hofmannsthal, Hugo von (1937): Briefe 1900–1909. Wien.

Hölderlin, Friedrich (1943 ff): Sämtliche Werke. Herausgegeben von Friedrich Beissner. Stuttgart.

Hölderlin, Friedrich (1975 ff): Sämtliche Werke. Historisch-kritische Ausgabe (Frankfurter Ausgabe). Herausgegeben von Dietrich E. Sattler. Frankfurt/M.

Homer (1989): Die Odyssee. Übersetzt von Wolfgang Schadewaldt. Hamburg.

Hopfner, Th. (1928): Mantike. In: Pauly/Wissowa (Hg.): Realencyclopädie der classischen Altertumswissenschaft, 27 Halbband. Herausgegeben von Wilhelm Kroll. Sp. 1255–88.

Horatius Flaccus, Quintus (1982): Sämtliche Werke. Lateinisch und Deutsch. Teil I herausgegeben von Hans Färber. Teil II übersetzt und zusammen mit Hans Färber bearbeitet von Wilhelm Schöne. München.

Horváth, Robert (1980): Statistische Deskription und nominalistische Philosophie. In: Statistik und Staatsbeschreibung in der Neuzeit, vornehmlich im 16.–18. Jahrhundert. Bericht über ein interdisziplinäres Symposion in Wolfenbüttel, 25.–27. September 1978. Herausgegeben von Mohammed Rassem und Justin Stagl. Paderborn, München u. a. S. 37–52.

Innis, Harold A. (1972): Empire and Communications. Revised by Mary Q. Innis. Foreword by Marshall McLuhan. Toronto.

Irenäus (1912): Fünf Bücher gegen die Häresien. Übersetzung von E. Klebba. 2 Bde. München (Bibliothek der Kirchenväter).

Jaccard, Roland (1983): La folie. 1979, dt.: Der Wahnsinn. Übersetzt von Donald Watts Tuckwiller. Frankfurt/M., Berlin, Wien.

Jaeger, W. W. (1913): Das Pneuma im Lykeion. In: HERMES 48, S. 29–74.

Jakobson, Roman (1976): Hölderlin, Klee, Brecht. Zur Wortkunst dreier Gedichte. Frankfurt/M.

Jansen, Josef (Hg.) (1969): Georg Büchner: Dantons Tod. Erläuterungen und Dokumente. Stuttgart.

Jean Paul (1960–77): Sämtliche Werke. Herausgegeben von Norbert Miller und Wilhelm Schmidt-Biggemann. München.

Jelinek, Elfriede (1983): Die Klavierspielerin. Reinbek bei Hamburg.

Jelinek, Elfriede (1989): Lust. Reinbek bei Hamburg.

John, Victor (1884/1968): Geschichte der Statistik. Ein quellenmäßiges Handbuch für den akademischen Gebrauch wie für den Selbstunterricht. Erster Teil: Von dem Ursprung der Statistik bis auf Quetelet. Nachdruck der Ausgabe Stuttgart. Wiesbaden.

Jones, Ernest (1970): Zur Psychoanalyse der christlichen Religion. Frankfurt/M.

Jones, Ernest (1984): The Life and Work of Sigmund Freud. New York 1953, dt.: Sigmund Freud. Leben und Werk. 3 Bände. Übersetzt von Katherine Jones. München.

Jong, Erica (1979): Fear of Flying. New York, Chicago, San Francisco 1973, dt.: Angst vorm Fliegen. Übersetzt von Kai Molving. Frankfurt/M.

Joyce, James (1975): Werke. Frankfurter Ausgabe. Bd. 3.1 und 3.2: Ulysses. Übersetzt von Hans Wollschläger. Frankfurt/M.

Jung, Carl Gustav (1906): Die psychopathologische Bedeutung des Assoziationsexperiments. In: Archiv für Kriminalanthropologie und Kriminalistik. Herausgegeben von Hans Gross. Leipzig.

Jung, Carl Gustav (1937): Zur psychologischen Tatbestandsdiagnostik. Das Tatbestandsexperiment im Schwurgerichtsprozeß Näf. In: Archiv für Kriminologie. S. 123–130.

Jünger, Ernst (o. J.): Werke in 10 Bänden. Stuttgart.

Juvenal (1969): Satiren. In: [Works of] Juvenal and Persius. Translated by G. G. Ramsay. London, Cambridge (Mass.).

Kaczynski, Reiner (1974): Das Wort Gottes in Liturgie und Alltag der Gemeinden des Johannes Chrysostomus. Freiburg, Basel, Wien.

Kafka, Franz (1982): Briefe an Felice und andere Korrespondenz aus der Verlobungszeit. Herausgegeben von Erich Heller und Jürgen Born. Frankfurt/M.

Kafka, Franz (1983): Briefe an Milena. Herausgegeben von Jürgen Born und Michael Müller. Frankfurt/M.

Kafka, Franz (1983a): Gesammelte Werke. Taschenbuchausgabe in sieben Bänden. Hg. v. Max Brod. Frankfurt/M.

Kakar, Sudhir/Ross, John (1986): Tales of Love, Sex and Danger. Oxford 1986, dt.: Über die Liebe und die Abgründe des Gefühls. Übersetzt von Udo Rennert. München.

Kalb, Charlotte von (1882): Brief an Jean Paul und dessen Gattin. Herausgegeben von P. Nerrlich. Berlin.

Kamper, Dietmar/Wulf, Christoph (Hg.) (1988): Das Schicksal der Liebe. Weinheim, Berlin.

Kant, Imanuel (1968): Werke in zwölf Bänden. Herausgegeben von Wilhelm Weischedel. Frankfurt/M.

Kantorowicz, Ernst H. (1990): The King's Two Bodies. A Study in Medieval Political Theology. Princeton 1957, dt.: Die zwei Körper des Königs. Eine Studie zur politischen Theologie des Mittelalters. Übersetzt von Walter Theimer. München.

Kawabata, Yasunari (1982): House of the Sleeping Beauties and other Stories. With an Introduction by Yukio Mishima. Translated by Edward G. Seidensticker. New York.

Keats, John (1972): Poetical Works. Edited by H. W. Garrod. London.

Keats, John (1986): Briefe eines Liebenden. Übersetzt von Adolf Girschick u. a. München.

Keferstein, Georg (1936): Die Entwertung der höfischen Gesellschaft im »Tristan« Gottfrieds von Straßburg. In: GRM 24 (1936). S. 423–440.

Kennedy, Gavin (1985): Invitation to Statistics, dt.: Einladung zur Statistik. Übersetzt von Jürgen und Claudia Ritsert. Frankfurt/M., New York.

Kerner, Justinus (1914/1974): Werke. 2 Bde. Herausgegeben, mit Einleitung und Anmerkung von Raimund Pissin. Nachdruck der Ausgabe Berlin. Hildesheim, New York.

Kerth, Thomas A. (1978): With God on her Side. Isolde's ›Gottesurteil‹. In: Colloquia Germanica 11 (1978) H. 1, S. 1–18.

Kierkegaard, Sören (1983): Tagebuch des Verführers. Übersetzt von Helene Ritzerfeld. Frankfurt/M.

King, Stephen (1985): The Shining. 1977, dt.: Shining. Übersetzt von Harro Christensen

Kinsey, Alfred C., u. a. (1970a): Sexual Behavior in the Human Female, Philadelphia 1953, dt.: Das sexuelle Verhalten der Frau. Übersetzt von M. Baacke u. a. Frankfurt/M., Hamburg.

Kinsey, Alfred C., u. a. (1970): Sexual Behavior in the Human Male. Philadelphia 1948, dt.: Das sexuelle Verhalten des Mannes. Übersetzt von M. v. Eckardt-Jaffé u. a. Frankfurt/M., Hamburg.

Kirk-Smith, M. D./Toller, C. van/Dodd, G. H. (1982): Unconscious Odour Condotioning in Human Subjects. In: Biological Psychology Vol. 17, No. 1. S. 221–231.

Kittler, Friedrich A. (1986): Grammophon, Film, Typewriter. Berlin.

Kittler, Friedrich A. (1987²): Aufschreibesysteme. 1800/1900. München.

Klein, Ernst F./Kleinschrod, Gallus Aloys (Hg.) (1789): Archiv des Kriminalrechts. Halle.

Kleinschmidt, Harald (1986/87): Zeitmessung und Zeitbegriff bei Shakespeare. Bemerkungen zum Quellenwert des elisabethanischen Dramas. In: Archiv für Begriffsgeschichte 30, S. 138–157.

Kleist, Heinrich von (1962): Sämtliche Werke und Briefe. Herausgegeben von Helmut Sembdner. 2 Bde. Darmstadt.

Klopstock, Friedrich Gottlieb (1889): Oden. 2. Bde. Herausgegeben von F. Muncker u. J. Pawel. Stuttgart.

Klopstock, Friedrich Gottlieb (1975 ff): Werke und Briefe. Historisch-kritische Ausgabe. Herausgegeben von Horst Gronemeyer, Elisabeth Höpker-Herberg u. a. Berlin, New York.

Klossowski, Pierre (1986): Nietzsche et le Cercle vicieux. Paris 1975, dt.: Nietzsche und der Circulus vitiosus deus. Übersetzt von Ronald Vouillé. München.

Knigge, Adolph (1796/1978): Sämtliche Werke. Bd. 10: Moralphilosophische Schriften. Über den Umgang mit Menschen. Nachdruck der Ausgabe Hannover. Herausgegeben von Paul Raabe. Nendeln/Liechtenstein.

Kofman, Sarah (1980): L'énigme de la femme. La femme dans les textes de Freud. Paris.

Kraus, Karl (1974): [Werke.] Paperback-Ausgabe in zehn Bänden. Herausgegeben von Heinrich Fischer. München.

Kraus, Karl (1977): Briefe an Sidonie Nádherný von Borutin 1913–1936. 2 Bde. München.

Kudszus, Winfried (1969): Sprachverlust und Sinneswandel. Zur späten und spätesten Lyrik Hölderlins. Stuttgart.

Kunze, Stefan (1972): Don Giovanni vor Mozart. Die Tradition der Don-Giovanni-Opern im italienischen Buffa-Theater das 18. Jahrhunderts. München.

Lacan, Jacques (1975): Ecrits. Paris 1966, dt.: Schriften II. Übersetzt von Chantal Creusot, Wolfgang Fietkau u. a. Ausgewählt und herausgegeben von Norbert Haas. Freiburg i. Br.

Lacan, Jacques (1980): Le séminaire de Jacques Lacan. Livre II (1954–1955): Le Moi dans la théorie de Freud et dans la technique de la psychanalyse. Paris 1974, dt.: Das Seminar von Jacques Lacan. Buch 2 (1954–1955): Das Ich in der Theorie Freuds und in der Technik der Psychoanalyse. Olten, Freiburg i. Br.

Lacan, Jacques (1986): Le séminaire de Jacques Lacan. Livre XX (1972–1973): Encore. Paris 1975, dt.: Das Seminar von Jacques Lacan. Buch 20 (1972–1973): Encore. Textherstellung durch Jacques-Alain Miller. Übersetzt und herausgegeben von Norbert Haas u. a. Weinheim, Berlin.

Laclos, Choderlos de (1976): Gefährliche Liebschaften. Vollständige Ausgabe, in der Übertragung von Hans Kauders, mit einem Nachwort von Peter Ameling, mit den Illustrationen von Gérard, Fragonard und Monnet zur Ausgabe von 1796 (London). Wiesbaden.

Lampedusa, Giuseppe Tomasi di (1959): Il Gattopardo. Mailand 1958, dt.: Der Leopard. Übersetzt von Charlotte Birnbaum. München.

Lange, Ulrich, u. a. (Hg.) (1989): Telefon und Gesellschaft. Beiträge zu einer Soziologie der Telefonkommunikation. Berlin.

Lautmann, Rüdiger (1984): Der Zwang der Tugend. Die gesellschaftliche Kontrolle der Sexualitäten. Frankfurt/M.

Lavater, Johann Kasper (1773/1978): Unveränderte Fragmente aus dem Tagebuche eines Beobachters seiner Selbst. Nachdruck der Ausgabe Leipzig. Bern, Stuttgart.

Le Brun, Jacques (1987): Das Geständnis in den Nonnenbiographien des 17. Jahrhunderts. In: Selbstthematisierung und Selbstzeugnis: Bekenntnis und Geständnis. Herausgegeben von Alois Hahn und Volker Kapp. Frankfurt/M. S. 248–264.

Le Brun, Jacques (1988): Rêves de religieuses. Le désir, la mort et le temps. In: Revue des sciences humaines, 82. S. 27–47.

Leclercq, Jean (1963): L'amour des lettres et le désir de Dieu. Paris 1957, dt.: Wissenschaft und Gottverlangen. Zur Mönchstheologie des Mittelalters. Übersetzt von Johannes und Nicole Stöber. Düsseldorf.

Lee, Clarence D. (1953): The Instrumental Detection of Deception. The Lie Test. Springfield.

Legendre, Pierre (1974): L'amour du censeur. Essai sur l'ordre dogmatique. Paris.

Legendre, Pierre (1978): La passion d'être un autre. Etude pour la danse. Paris.

Legendre, Pierre (1988): Leçons VII: Le désir politique de Dieu. Etude sur les montages de l'état et du droit. Paris.

Legendre, Pierre (1989): »Die Juden interpretieren verrückt.« Gutachten zu einem klassischen Text. In: Psyche 43, H. 1. S. 20–39.

Leiris, Michel (1985): La règle du jeu 2: Fourbis. Paris 1955, dt.: Die Spielregel 2: Krempel. Übersetzt von Hans Therre. München.

Leisegang, Hans (1922/1970): Pneuma Hagion. Der Ursprung des Geistbegriffs der synoptischen Evangelien aus der griechischen Mystik. Nachdruck der Ausgabe Leipzig. Hildesheim, New York.

Leisewitz, Johann Anton (1916–20/1976): Tagebücher. 2 Bde. Nach den Handschriften herausgegeben von Heinrich Mack und Johannes Lochner. Nachdruck der Ausgabe Weimar. Hildesheim, New York.

Lenau, Nikolaus (1971): Sämtliche Werke und Briefe. 2 Bde. Frankfurt/M.

Lichtenberg, Georg Christoph (1968 ff.): Schriften und Briefe. Herausgegeben von Wolfgang Promies. München.

Lippe, Rudolf zur (1974): Naturbeherrschung am Menschen. 2 Bde. Frankfurt/M.

Lombroso, Cesare (1887): L'uomo delinquente, in rapporto all' antropologia, alla giurisprudenza ed alle discipline carcerarie. Mailand 1876, dt.: Der Verbrecher. In anthropologischer, ärztlicher und juristischer Beziehung. In deutscher Bearbeitung von O. Fraenkel. Hamburg.

Lorenz, Thorsten (1987): Der kinematographische Un-Fall der Seelenkunde. In: Diskursanalysen 1: Medien. Herausgegeben von Friedrich A. Kittler u. a. Opladen. S. 108–128.

Lorig, Tyler S. (1989): Human Eeg and Odor Response. In: Progress in Neurobiology, Vol. 33. S. 387–398.

Louvet de Couvray, Jean-Baptiste (1984): Les amours du Chevalier de Faublas, 1787, dt.: Die Liebesabenteuer des Chevaliers Faublas, 2 Bde. Deutsche Fassung nach einer anonym erschienenen Übersetzung. Vorrede und Anmerkungen von Eberhard Wesemann. München.

Lübbe-Grothues, Grete (1983): Grammatik und Idee in den Scardanelli-Gedichten Hölderlins. In: Philosophisches Jahrbuch 90. S. 83–109.

Ludwig II. (1925): Tagebuchaufzeichnungen. Herausgegeben von Edir Grein. Schaan/Lichtenstein.

Luhmann, Niklas (1984⁴): Liebe als Passion. Zur Codierung von Intimität. Frankfurt/M.

Lukian (1981²): Werke in drei Bänden. Übersetzt von Christoph Martin Wieland. Herausgegeben von Jürgen Werner und Herbert Greiner-Mai. Berlin, Weimar.

Lukrez (1973): De rerum natura. Welt aus Atomen. Lateinisch und deutsch. Übersetzt und mit einem Nachwort herausgegeben von Karl Büchner. Stuttgart.

Luther, Martin (1983): Die reformatorischen Grundschriften. 4 Bde. Neu übertragene und kommentierte Ausgabe von Horst Beintker. München.

Machiavel, Niccolò/Friedrich II. (1745/1978): Regierungskunst eines Fürsten. Mit Herrn Ammelots de la Houssaye historischen und politischen Anmerkungen, und dem Leben des Machiavels. Nachdruck der Ausgabe Frankfurt, Leipzig.

Machiavelli, Niccolò (1977[2]): Discorsi: Gedanken über Politik und Staatsführung. Übersetzt von Rudolf Zorn. Stuttgart.

Machiavelli, Niccolò (1986): Il Principe. Der Fürst. Italienisch und deutsch. Übersetzt und herausgegeben von Philipp Rippel.

Maeterlinck, Maurice (1984): L'oiseau bleu. Paris 1909, dt.: Der blaue Vogel. Märchenspiel in sechs Akten und zwölf Bildern. Mit Illustrationen von Karin Fischer-Doverne. Übersetzt von Stefan Gross. Bad Wörishofen.

Manganelli, Giorgio (1982): Amore. Mailand 1981, dt.: Amore. Übersetzt von Iris Schnebel-Kaschnitz. Berlin.

Mann, Klaus (1989): Tagebücher 1931 bis 1933. Herausgegeben von Joachim Heimannsberg u. a. München.

Mann, Thomas (1961): Briefe 1889–1936. Herausgegeben von Erika Mann. Frankfurt/M.

Mann, Thomas (1980): Doktor Faustus. Das Leben des Deutschen Tonsetzers Adrian Leverkühn erzählt von einem Freunde. Gesammelte Werke in Einzelbänden. Herausgegeben von Peter de Mendelssohn. Frankfurt/M.

Mann, Thomas (1981): Der Zauberberg. Gesammelte Werke in Einzelbänden. Herausgegeben von Peter de Mendelssohn. Frankfurt/M.

Mann, Thomas (1981a): Frühe Erzählungen. Frankfurt/M.

Mann, Thomas (1985): Bekenntnisse des Hochstaplers Felix Krull. Gesammelte Werke in Einzelbänden. Herausgegeben von Peter de Mendelssohn. Frankfurt/M.

Mantegazza, Paolo (1897[2]): Das Jahr 3000. Übersetzt von Willy Alexander Kastner. Jena.

Mantegazza, Paul (1891): Die Physiologie der Liebe. Übersetzt von Karl Kolberg. Berlin.

Manthey, Jürgen (1983): Wenn Blicke zeugen könnten. Eine psychohistorische Studie über das Sehen in Literatur und Philosophie. München, Wien.

Marañon, Gregorio (1954): Don Juan. Legende und Wirklichkeit. Übersetzt von Heinz Schmiedt. Darmstadt, Genf.

Marggraff, Hermann (1837): J. K. Wezel, der Sonderling von Sondershausen. In: Ders.: Bücher und Menschen. Bunzlau.

Marquard, Odo (1986): Apologie des Zufälligen. Stuttgart.

Marx, Karl (1974): Ökonomisch-philosophische Manuskripte. Leipzig.

Masters, William H., und Johnson, Virginia E. (1970): Human Sexual Response. Boston/Mass. 1966, dt.: Die sexuelle Reaktion. Übersetzt von V. Sigusch und D. J. Wilson. Reinbek.

Mauss, Marcel (1974–75): Sociologie et Anthropologie, précédé d'une introduction à l'oeuvre de Marcel Mauss par Claude Lévi-Strauss. Paris 1950, dt.: Soziologie und Anthropologie, 2 Bde. Mit einer Einleitung von Claude Lévi-Strauss. Übersetzt von Henning Ritter. München.

Mautner, Franz H. (1957): Lichtenbergs ungedruckte Tagebücher. Bericht und Anfänge einer Deutung. In: EUPHORION 51. Band. S. 23–41.

McLuhan, Marshall (1968): The Gutenberg Galaxy. Toronto 1962, dt.: Die Gutenberg-Galaxis. Übersetzt von Max Nänny. Düsseldorf, Wien.

McLuhan, Marshall (1968a): Understanding Media. 1964, dt.: Die magischen Kanäle. Understanding Media. Übersetzt von Meinrad Amann. Düsseldorf, Wien.

Meige, Henry (1893): Le juif-errant à la Salpêtrière. Etude sur certains névropathes voyageurs In: Salpêtrière. Nouvelle iconographie de la Salpêtrière. Paris. S. 191–204.

Melville, Herman (1960): The Letters of Herman Melville. New Haven, dt.: Briefe. Übersetzt von Eugen Gürster. Herausgegeben von Merrell R. Davis und William H. Gilman. Hamburg.

Melville, Herman (1988): Bartleby. New York 1853, dt.: Bartleby. Übersetzt von W. E. Süskind. Frankfurt/M.

Melville, Hermann (1962): Billy Budd. Sailor. Edited from the Manuscript with Introduction and Notes by Harrison Hayford and Merton M. Sealts. Chicago, London.

Melville, Hermann (1984): Billy Budd, dt.: Billy Budd. Übersetzt von Richard Möring. Stuttgart.

Meyer, J. J. (1914): Isoldes Gottesurteil in seiner erotischen Bedeutung. Berlin.

Michelet, Jules (1960 ff): Journal. 4 Bde. Herausgegeben von Paul Viallaneix. Paris.

Migne, J. P. (Hg) (1857–66): Patrologia Graeca. 161 Bde.

Migne, J. P. (Hg) (1878–90): Patrologia Latina. 221 Bde.

Miller, Henry (1987): Tropic of Capricorn, Paris 1939, dt.: Wendekreis des Steinbocks. Übersetzt von Kurt Wagenseil. Hamburg.

Miller, Henry (1988): Sexus. Paris 1947, dt.: Sexus. Übersetzt von Kurt Wagenseil. Reinbek bei Hamburg.

Mirabeau, Honoré G. (1976): Le Libertin de qualité. Ou ma conversation. Paris.

Mirabeau, Honoré-Gabriel [Riqueti Comte de] (1783–1868): Erotika Biblion. Brüssel.

Modick, Klaus (1990): Elektronische Nervosität. Über ein Motiv im amerikanischen Gegenwartsroman. In: Merkur 44, H.4. S. 298–312.

Montaigne (1962): Œuvres Complètes. Textes établis par Albert Thibaudet et Maurice Rat, introduction et notes par Maurice Rat. Paris.

Moor, Paul (1991): Jürgen Bartsch: Opfer und Täter. Das Selbstbekenntnis eines Kindermörders in Briefen. Reinbek bei Hamburg.

Moravia, Alberto (1989): Il viaggio a Roma. Mailand 1988, dt.: Die Reise nach Rom. Übersetzt von Dora Winkler. München.

Most, K. / Brückner, G. H. (1936): Über Voraussetzungen und den derzeitigen Stand der Nasenleistungen von Hunden. Leipzig.

Mozart, Wolfgang Amadeus (1981): Don Giovanni. Texte, Materialien, Kommentare. Herausgegeben von Attila Csampai und Dietmar Holland. Reinbek.

Müller, André (1987): Ich bin der Kanal Gottes. Ein Gespräch mit der Rocksängerin Nina Hagen. In: DIE ZEIT Nr. 20, 8. 5., S. 57.

Münsterberg, Hugo (1913): On the Witness Stand. Essays on Psychology and Crime. New York.

Murnagham, Sheila (1987): Disguise and Recognition in the Odyssey. Princeton.

Musil, Robert (1952): Der Mann ohne Eigenschaften. Gesammelte Werke in Einzelausgaben. Hamburg.

Musil, Robert (1983): Tagebücher. 2 Bde. Herausgegeben von Adolf Frisé. Reinbek bei Hamburg.

Mutzenbacher, Josefine [d.i. Salten, Felix] (1988): Die Lebensgeschichte einer wienerischen Dirne, von ihr selbst erzählt. Vorbemerkung von K.H. Kramberg. Im Anhang »Beiträge zur Ädöologie des Wienerischen« von Oswald Wiener. Reinbek bei Hamburg.

Nadoleczny, Max (1926): Kurzes Lehrbuch der Sprach- und Stimmheilkunde. Mit besonderer Berücksichtigung des Kindesalters. Leipzig.

Napoleon (1938): Briefe an Frauen. Aus der gesamten Korrespondenz herausgegeben von Gertrude Aretz. Olten u. a.

Napoléon Bonaparte (1979): Œuvres littéraires. Edition établie par Alain Coelho. Nantes.

Neißer, Horst/Mezger, Werner/Verdin, Günter (1979): Jugend in Trance? Diskotheken in Deutschland. Heidelberg.

Nerciat, [Robert-André] Andréa de (1988): Les aphrodites. 1793, dt.: Les aphrodites. Oder die Abenteuer einer erotischen Geheimgesellschaft. Übersetzt von E. D. Loty. Nördlingen.

Nerciat, [Robert-André] Andréa de (1986): Le diable au corps, Paris 1803, dt.: Den Teufel im Leibe. 3 Bde. Übersetzt von Georg Cordesmühl. Herausgegeben nach dem französischen Original, neu durchgesehen und mit einem Vorwort von Eberhard Wesemann. Leipzig, Weimar.

Nestle, E. (1906): Der süße Geruch als Erweis des Geistes. In: Zeitschrift für die neutestamentliche Wissenschaft und die Kunde des Urchristentums 7, S. 95–96.

Nickisch, Reinhard M. G. (1969): Die Stilprinzipien in den Deutschen Briefstellern des 17. und 18. Jahrhunderts. Göttingen.

Nicolai, Christoph Friedrich (1983): Vertraute Briefe von Adelheid B. an ihre Freundin Julie S. Ein Roman. Werther-Parodien, zeitgenössische Rezensionen und Schmähungen. Herausgegeben und mit einem Nachwort versehen von Günter de Bruyn. Frankfurt/M.

Nietzsche, Friedrich (1980): Sämtliche Werke. Kritische Studienausgabe in 15 Bänden. Hg. v. Giorgio Colli und Mazzino Montinari. München.

Nietzsche, Friedrich (1986): Sämtliche Briefe. Kritische Studienausgabe. Herausgegeben von Giorgio Colli und Mazzino Montinari. München.

Nonnos (o. J.): Dionysika. Übersetzt von Thassilo von Scheffer. Wiesbaden.

Norwood, Robin (1990): Women Who Love too much! When You keep Whishing and Hoping He'll Change. Los Angeles 1985, dt.: Wenn Frauen zu sehr lieben. Die heimliche Sucht, gebraucht zu werden. Übersetzt von Sabine Hedinger. Reinbek bei Hamburg.

Ong, Walter J. (1987): Orality and Literacy. The Technologizing of the Word,

London 1982, dt.: Oralität und Literalität. Die Technologisierung des Wortes. Übersetzt von Wolfgang Schömel. Opladen.

Orwell, George (1976): Nineteen Eighty-Four, dt.: Neunzehnhundertvierundachtzig. Übersetzt von Kurt Wagenseil. Frankfurt/M., Berlin, Wien.

Ovid[ius Naso, Publius] (1985): Liebeskunst. Ars Amatoria. Lateinischdeutsch. Herausgegeben und übersetzt von Niklas Holzberg. München, Zürich.

Ovid[ius Naso, Publius] (1987): Metamorphosen. Epos in fünfzehn Büchern. Herausgegeben und übersetzt von Hermann Breitenbach. Zürich, München.

Pape, Weiland (1908³): Handwörterbuch der Griechischen Sprache in vier Bänden. Dritte Auflage bearbeitet von W. Sengebusch. Braunschweig.

Papst Johannes Paul II. (1986): Über den heiligen Geist im Leben der Kirche und der Welt. Enzyklika »Dominum et Vivificantem« vom 18. Mai 1986. Leutesdorf.

Pausch, Rolf (1974): Diskotheken. Kommunikationsstrukturen als Widerspiegelung gesellschaftlicher Verhältnisse. In: Segmente der Unterhaltungsindustrie. Frankfurt/M. 1974. S. 177–214.

Pavese, Cesare (1987): Il mestiere di vivere. Turin 1952, dt.: Das Handwerk des Lebens. Tagebuch 1935–1950. Übersetzt von Charlotte Birnbaum. Frankfurt/M.

Pernoud, Régine (1979): Aliénor d'Aquitaine. Paris 1965, dt.: Königin der Troubadore. Eleonore von Aquitanien. Übersetzt von Rosemarie Heyd. München.

Peters, Uwe Henrik (1982): Hölderlin. Wider die These vom edlen Simulanten. Reinbek bei Hamburg.

Pindar (o.J.): Siegesgesänge und Fragmente. Griechisch und deutsch. Herausgegeben und übersetzt von Oskar Werner. München.

Platen, August Graf(1896–1900/1969): Die Tagebücher des Grafen August von Platen. Aus der Handschrift des Dichters. Herausgegeben von Georg Laubmann und Ludwig Scheffler. 2 Bde. Nachdruck der Ausgabe Stuttgart. Hildesheim, New York.

Platon (1957–59): Sämtliche Werke. Herausgegeben von Ernesto Grassi. Übersetzt von Friedrich Schleiermacher. Hamburg.

Plutarch (1961 ff): Moralia. In sixteen volumes. With an English Translation by Edwin L. Minar u.a. Cambridge (Mass), London.

Plutarch (1964 ff): Lebensbeschreibungen. Gesamtausgabe in sechs Bänden. München.

Pockels, Carl Friedrich (1797–1801): Versuch einer Charakteristik des weiblichen Geschlechts. Ein Sittengemälde des Menschen, des Zeitalters und des geselligen Lebens. Vier Bände. Hannover.

Podlech, Adalbert (1990): Abaelard und Heloisa oder die Theologie der Liebe. München.

Poggio, Tomaso (1987²): Wie Computer und Menschen sehen. In: Wahrnehmung und visuelles System. Mit einer Einführung von Manfred Ritter. Heidelberg. S. 78–89.

Pope, Alexander (1963): Collected Poems. Edited by Bonamy Dobrée. London, New York.

Praz, Mario (1981²): La carne, la morte e il diavolo nella letteratura romantica. Florenz 1930, dt.: Liebe, Tod und Teufel. Die schwarze Romantik. Übersetzt von Lisa Rüdiger. München.

Proust, Marcel (1981–84): A la recherche du temps perdu. Paris, dt.: Auf der Suche nach der verlorenen Zeit. Übersetzt von Eva Rechel-Mertens. Frankfurt/M.

Pseudo-Dionysius Areopagita (1986): Über die himmlische Hierarchie – Über die kirchliche Hierarchie. Eingeleitet, übersetzt und mit Anmerkungen versehen von Günter Heil. Stuttgart.

Pynchon, Thomas (1973): The Crying of Lot 49. London 1967, dt.: Die Versteigerung von No. 49. Übersetzt von Wulf Teichmann. Reinbek bei Hamburg.

Pynchon, Thomas (1981): Gravity's Rainbow. New York 1973, dt.: Die Enden der Parabel. Übersetzt von Elfriede Jelinek und Thomas Piltz. Reinbek bei Hamburg.

Pynchon, Thomas (1985): Slow Learner. Boston, Toronto 1984, dt.: Spätzünder. Frühe Erzählungen. Übersetzt von Thomas Piltz und Jürg Laederach. Reinbek bei Hamburg.

Quetelet, [Lambert, Adolphe, Jacques] (1870): Anthropométrie ou mesure des différentes facultés de l'homme. Leipzig, Gand.

Quiguer, Claude (1979): Femmes et Machines de 1900. Lecture d'une obsession modern style. Paris.

Quintilianus, Marcus Fabius (1988²): Institutionis Oratoriae Libri XII. Ausbildung des Redners. 12 Bücher. Lateinisch und deutsch. Herausgegeben und übersetzt von Helmut Rahn. Darmstadt.

Radbruch, Gustav (Hg.) (1984⁶): Die Peinliche Gerichtsordnung Kaiser Karls V. von 1532 (Carolina). Herausgegeben und erläutert von Gustav Radbruch. 6., durchgesehene Auflage, herausgegeben von Arthur Kaufmann. Stuttgart.

Rassem, Mohammed/Stagl, Justin (1980): Statistik und Staatsbeschreibung in der Neuzeit vornehmlich im 16.–18. Jahrhundert. Bericht über ein interdisziplinäres Symposion in Wolfenbüttel, 25.-27. September 1978. Herausgegeben von M. Rassem und J. Stagl. Paderborn, München u. a.

Rehm, Walther (1949): Kierkegaard und der Verführer. München.

Reil, Johannes Christian (1803): Rhapsodien über die Anwendung der psychischen Curmethode auf Geisteszerrüttungen. Halle.

Reiners, Joseph (1910): Der Nominalismus in der Frühscholastik. Ein Beitrag zur Geschichte der Universalienfrage im Mittelalter. Nebst einer neuen Textausgabe des Briefes Roscelins an Abälard. Münster.

Reisner, Erwin (1986): Vom Ursinn der Geschlechter. o. O.

Richardson, John T. E./Zucco, Gesualdo M. (1989): Cognition and Olfaction: A Review. In: Psychological Bulletin Vol. 105, No. 3. S. 352–360.

Richardson, Samuel (1962–68): Clarissa Or, the History of a Young Lady. 4 Vol. London, New York.

Richardson, Samuel (1986): Pamela. 2 vol. London, Melbourne.

Rilke, Rainer Maria (1982): Die Aufzeichnungen des Malte Laurids Brigge. Frankfurt/M.

Rosenkranz, Karl (1844/1963): Georg Wilhelm Friedrich Hegels Leben. Nachdruck der Ausgabe Berlin. Darmstadt.

Rostand, Edmond (1991): Cyrano de Bergerac. Comédie héroïque en cinq actes en vers, 1897, dt.: Cyrano von Bergerac. Romantische Komödie in fünf Aufzügen. Übersetzt von Ludwig Fulda. Stuttgart.

Roß, Christian (1834²): Gründliche Anleitung für Kriminal-, Stadt- und Landrichter, Justizbeamte, Assessoren etc. als Untersuchungsrichter auch für Actuarien und Defensoren zur Verwaltung ihres Amtes in Kriminalfällen und zu Straferkenntnissen; Zugleich auch als Entwurf zu einer zweckmäßigen Kriminalgerichtsordnung zu benutzen. Ein Beitrag zur Verbesserung der Rechtspflege und Gesetzgebung. Rudolstadt.

Rougemont, Denis de (1987). L'amour et l'occident. Paris 1939, dt.: Die Liebe und das Abendland. Übersetzt von Friedrich Scholz und Irène Kuhn. Zürich.

Rousseau, Jean-Jacques (1924–34): Correspondance générale de J.-J. Rousseau. 20 Bde. Herausgegeben von Pierre-Paul Plan. Mit Anmerkungen versehen und kommentiert von Théophile Dufour. Paris.

Rousseau, Jean-Jacques (1959ff): Œuvres complètes. 5 Bde. Herausgegeben von Bernard Gagnebin und Marcel Raymond. Paris (Bibliothèque de la Pléiade).

Rousseau, Jean-Jacques (1965–1975): Correspondance complète. Edition critique, établie et annotée par R. A. Leigh. Oxfordshire

Rousseau, Jean-Jacques (1976): Emile ou de l'education. Den Haag, Amsterdam 1762, dt.: Emil oder über die Erziehung. Übersetzt von Eleonore Sckommodau. Herausgegeben von Martin Rang. Stuttgart.

Rousseau, Jean-Jacques (1977): Du contrat social; ou principes du droit politique, dt.: Vom Gesellschaftsvertrag. Oder Grundsätze des Staatsrechts. In Zusammenarbeit mit Eva Pietzcker neu übersetzt und herausgegeben von Hans Brockard. Stuttgart.

Rousseau, Jean-Jacques (1981): Les confessions. Genf 1782–1789, dt.: Die Bekenntnisse. Übersetzt von Alfred Semerau. München.

Rousseau, Jean-Jacques (1984): Musik und Sprache. Ausgewählte Schriften. Übersetzt von Dorothea Gülke und Peter Gülke. Wilhelmshaven.

Rousseau, Jean-Jacques (1988): Julie ou la nouvelle Héloïse. Lettres de deux amans, habitans d'une petite ville au pied des Alpes. 1761, dt.: Julie oder die neue Héloïse. Briefe zweier Liebenden aus einer kleinen Stadt am Fuße der Alpen. Übersetzt von Johann Gottfried Gellius. Mit Anmerkungen und einem Nachwort von Reinhold Wolff. München.

Rousseau, Jean-Jacques (1988a): Schriften. 2 Bde. Herausgegeben von Henning Ritter. Frankfurt/M.

Ruffié, Jacques (1990): Le sexe et la mort. Paris 1986, dt.: Lieben und Sterben. Zur Evolution von Sexualität und Tod. Übersetzt von Hainer Kober. Reinbek bei Hamburg.

Russel, Eric Frank (1972): Sinister Barrier. 1939, dt.: Gedanken-Vampire. Übersetzt von Otto Kühn. Frankfurt/M., Berlin,, Wien.

Rutschky, Katharina (1977): Schwarze Pädagogik. Quellen zur Naturgeschichte der bürgerlichen Erziehung. Frankfurt/M., Berlin, Wien.

Rutschky, Michael (1981): Lektüre der Seele. Eine historische Studie über die Psychoanalyse der Literatur. Frankfurt/M., Berlin, Wien.

Sachs, Hans (1870–1902/1964): [Werke in 25 Bänden]. Herausgegeben von Adelbert von Keller. Nachdruck der Ausgabe Stuttgart. Hildesheim.

Sade, Donatien Alphonse François Marquis de (1909/1979): Les 120 journées de Sodome ou l'école du libertinage. Berlin 1904, dt.: Die hundertzwanzig Tage von Sodom oder die Schule der Ausschweifung. Übersetzt von Karl von Haverland. Nachdruck der Ausgabe Leipzig. Dortmund.

Sade, Donatien Alphonse François Marquis de (197?): Journal inédit. Paris 1970, dt.: Der Greis in Charenton. Letzte Aufzeichnungen und Kalkulationen. Übersetzt von Marion Luckow. München.

Sade, Donatien Alphonse François Marquis de (1973): Œuvres complètes. 16 tomes. Edition établie sur les originaux imprimés ou manuscrits, accompagnée d'études de plusieurs écrivains et précédée de la vie de l'auteur, avec un examen de ses ouvrages par Gilbert Lely. Paris.

Sade, Donatien Alphonse François Marquis de (1978²): Philosophie im Boudoir. München.

Sade, Donatien Alphonse François Marquise de (1987): La nouvelle Justine ou les malheurs de la vertu. Suivie de l'histoire de Juliette, sa soeur, 1797, dt.: Justine oder die Leiden der Tugend. Gefolgt von Juliette oder die Wonnen des Lasters. Übersetzt von Raoul Haller. Herausgegeben von Michael Farin und Hans-Ulrich Seifert. Nördlingen.

Saint-Simon, Louis de Rouvroy Duc de (1979): Die Memoiren des Herzogs von Saint-Simon. 4 Bde. Herausgegeben und übersetzt von Sigrid von Massenbach. Frankfurt/M., Berlin, Wien.

Sales, Saint François de (1969): Œuvres. Présentés et annotés par André Ravier. Paris.

Sandrock, Adele/Schnitzler, Arthur (1983): Geschichte einer Liebe in Briefen, Bildern und Dokumenten. Herausgegeben von Renate Wagner. Frankfurt/M.

Sartre, Jean Paul (1968): Les mots. Paris, dt.: Die Wörter. Übersetzt von Hans Mayer. Reinbek bei Hamburg.

Sartre, Jean-Paul (1954): Kean ou désordre et génie. Paris, dt.: Kean oder Unordnung und Genie. Übersetzt von Marianne Wentzel. Hamburg.

Sartre, Jean-Paul (1977–80): L'Idiot de la famille. Gustave Flaubert de 1821 à 1857, Paris 1971–72, dt.: Der Idiot der Familie. Gustave Flaubert 1821 bis 1857. Fünf Bände. Übersetzt von Traugott König. Reinbek bei Hamburg.

Sartre, Jean-Paul (1984): Briefe an Simone de Beauvoir und andere. Bd. 1: 1926–1939. Übersetzt von Andrea Spingler. Herausgegeben von Simone de Beauvoir. Reinbek bei Hamburg.

Scharr, Julius (1897): Der Sprechorganismus, die wichtigsten Sprechfehler (Stottern u. Stammeln) und deren Heilung durch die Schule. Ein Hilfsbuch in der Anthropologie und Lautlehre für Lehrer und Seminaristen. Wien, Leipzig.

Scherer, Wolfgang (1983): Babbelogik. Sound und die Auslöschung der buchstäblichen Ordnung. Basel, Frankfurt/M.

Scherer, Wolfgang (1987): Hildegard von Bingen. Musik und Minnemystik. Freiburg i. Br.

Scherpe, Klaus R. (1970): Werther und Wertherwirkung. Zum Syndrom bürgerlicher Gesellschaftsordnung im 18. Jahrhundert. Bad Homburg v.d.H., Berlin, Zürich.

Schiller, Friedrich (1965 ff.[4]): Sämtliche Werke. Herausgegeben von Gerhard Fricke und Herbert G. Göpfert. München.

Schilling, Johannes (1986): Disko im Jugendhaus. Begründung und Praxishilfen für Diskotheken in der Jugendarbeit. München.

Schindele, Gerhard (1971): Tristan. Metamorphose und Tradition. Stuttgart, Berlin, Köln, Mainz.

Schindler, Alfred (Hg.) (1989): Apokryphen zum alten und neuen Testament. Herausgegeben, eingeleitet und erläutert von Alfred Schindler. Zürich.

Schittek, Claudia (1989): Flog ein Vogel federlos. Was uns die Rätsel sagen. München, Wien.

Schivelbusch, Wolfgang (1989): Geschichte der Eisenbahnreise. Zur Industrialisierung von Raum und Zeit im 19. Jahrhundert. Frankfurt.

Schlegel, Friedrich (1958 ff.): Kritische Ausgabe. Herausgegeben von Ernst Behler. München, Wien u. a.

Schlegel, Friedrich (1980): Literarische Notizen 1797–1801 = Literary Notebooks. Herausgegeben, eingeleitet und kommentiert von Hans Eichner. Frankfurt/M., Berlin, Wien.

Schmidt, Karl/Godin, Jean (1974): La psychiatrie »sauvage«. In: La Recherche, 51. S. 1054–1061.

Schmitt, Carl (1984): Römischer Katholizismus und politische Form. Stuttgart.

Schneider, Manfred (1980): Die kranke schöne Seele der Revolution. Heine, Börne das »Junge Deutschland«, Marx und Engels. Frankfurt/M.

Schneider, Manfred (1981): Der Traum der Signora Paganini. Künstlerkarriere um 1800. In: Literaturmagazin 14: Die Literatur blüht im Tal. Gespräche, Essays, Neue Prosa und Lyrik. Redaktion: Günter Kunert, Jürgen Manthey, Delf Schmidt. Reinbek bei Hamburg. S. 40–54.

Schneider, Manfred (1985): Die Kinder des Olymp. Der Triumph der Schaulust. Texte, Dokumente, Kommentare. Unter Mitarbeit von Irmelin Sansen, Eva Striewe und Ferdinand Fries. Frankfurt/M.

Schneider, Manfred (1985a): Hysterie als Gesamtkunstwerk. In: Ornament und Askese. Herausgegeben von Alfred Pfabigan. S. 212–229.

Schneider, Manfred (1986): Die erkaltete Herzensschrift. Der autobiographische Text im 20. Jahrhundert. München, Wien.

Schneider, Manfred (Hg.) (1988): Jean Martin Charcot und Paul Richer. Die

Besessenen in der Kunst. Herausgegeben und mit einem Nachwort von Manfred Schneider, in Zusammenarbeit mit Wolfgang Tietze. Übersetzt von Willi Hendrichs. Göttingen.

Schneider, Manfred (1989): Das Gift der Verführer und Richter. Eine Kasuistik. In: Merkur 43, H. 2 (Nr. 480). S. 103–113.

Schneider, Manfred (1990): Empedokles und die Politik des Verschwindens. Über Löcher, Spalten, Krater, Gruben und Abgründe der Philosophie. In: ARGO 2. S. 5–11.

Schneider, Manfred (1990a): Nachrichten aus dem Unbewußten. Richard Wagners letzter Traum. In: Jahrbuch der Bayerischen Staatsoper 1990/91 (XIII). München, S. 69–80.

Schneider, Manfred (1990b): Kafkas Lockung: Hochzeitsvorbereitung auf unbrauchbaren Blättern. In: Das Subjekt der Dichtung. Festschrift für Gerhard Kaiser. Herausgegeben von Gerhard Buhr u.a. Würzburg. S. 99–117.

Schneider, Manfred/Kittler, Friedrich A. (1990): Das Beste, was du wissen kannst. In: Diskursanalysen 2: Institution Universität. Herausgegeben von Friedrich A. Kittler u.a. Opladen. S. 129–151.

Schnitzler, Arthur (1967): [Theaterroman 1896–1931]. In: Literatur und Kritik H. 13, II. S. 135–183.

Schnitzler, Arthur (1987): Tagebuch. 1879–1892. Herausgegeben von der Kommission für literarische Gebrauchsformen der Österreichischen Akademie der Wissenschaften, Obmann: Werner Welzig. Wien.

Schoefer, C. (1989): Sex ohne Berührung. In: Tageszeitung vom 20.6.

Scholem, Gershom (1981³): Zur Kabbala und ihrer Symbolik. Frankfurt/M.

Schopenhauer, Arthur (1977): Werke in zehn Bänden. Zürich.

Schott, Heinz (Hg.) (1985): Franz Anton Mesmer und die Geschichte des Mesmerismus. Beiträge zum internationalen wissenschaftlichen Symposion anläßlich des 250. Geburtstages von Mesmer, 10.–13. Mai 1984 in Meersburg. Herausgegeben von Heinz Schott. Stuttgart.

Schreber, Daniel Paul (1985): Denkwürdigkeiten eines Nervenkranken. Herausgegeben von Peter Heiligenthal und Reinhard Volk. Frankfurt/M.

Schultz, W. (1914): Rätsel. In: Paulys Realenzyklopädie der Klassischen Altertumswissenschaften, Bd. IA, 1. Sp. 62 ff. München.

Schumann, Clara/Schumann, Robert (1984–87): Briefwechsel. Kritische Gesamtausgabe in zwei Bänden. Herausgegeben von Eva Weissweiler. Basel, Frankfurt/M.

Schumann, Robert (1971–82): Tagebücher. 3 Bde. Herausgegeben von Gerd Nauhaus (Bd. 1, herausgegeben von Georg Eismann). Leipzig.

Schwyzer, Eduard (1926): Beiträge zur griechischen Wortforschung. In: Festschrift für Universitäts-Professor Hofrat Dr. Paul Kretschmer. Beiträge zur griechischen und lateinischen Sprachforschung. Wien, Leipzig, New York. S. 244–251.

Seelmann, Walther (1911): Der Rechtszug im ältern deutschen Recht. In: Untersuchungen zur deutschen Staats- und Rechtsgeschichte, Heft 107. Herausgegeben von Otto Gierke. Breslau.

Serres, Michel (1980): Mythischer Diskurs und erfahrener Weg. In: Jean-Marie Benoist (Hg.): Identität. Ein interdisziplinäres Seminar unter Leitung von Claude Lévi-Strauss. Stuttgart. S. 22–47.

Shakespeare, William (1970): The Complete Works. Edited with an Introduction and Glossary by Peter Alexander. London, Glasgow.

Shakespeare, William (1979): Romeo and Juliet. Romeo und Julia. Englisch und deutsch. Übersetzt und herausgegeben von Herbert Geisen. Stuttgart.

Sheldrake, Rupert (1990): The Presence of the Past. 1988, dt.: Das Gedächtnis der Natur. Das Geheimnis der Entstehung der Formen der Natur. Übersetzt von Jochen Eggert. Bern, München, Wien.

Sibony, Daniel (1986): Le féminin et la séduction. Paris.

Sno, Herman / Linszen, Don (1990): The Déjà Vu Experience: Remembrance of Things? In: The American Journal of Psychiatry , H. 12 (Nr. 147).

Spiegel, Hans Wilhelm (1937): Der Fall Näf. Mord und Versicherungsbetrug, Selbstmord oder Unfall. In: Archiv für Kriminologie Bd. 100, S. 98–122.

Spieß, Christian Heinrich (1976): Biographien der Wahnsinnigen. Ausgewählt und herausgegeben von Wolfgang Promies. Darmstadt, Neuwied.

Spores, John C. (1988): Running Amok: An Historical Inquiry. Ohio.

Stanesco, Michel (1989): L'étrange aventure d'un faux muet: blessures symboliques et performances sexuelles dans un poème de Guillaume IX d'Aquitaine. In: Cahiers de civilisation médiévale. Vol 32 , No 2, Avril-Juin. S. 115–124.

Starobinski, Jean (1988): La transparence et l'obstacle. Paris 1971, dt.: Rousseau. Eine Welt von Widerständen. Übersetzt von Ulrich Raulff. München, Wien.

Stein, Gertrude (1986): Everybody's Autobiography. 1937, dt.: Jedermanns Autobiographie. Übersetzt von Marie-Anne Stiebel. Frankfurt / M.

Stein, Gertrude (1988): The Geographical History of America or the Relation of Human Nature to the Human Mind. New York 1936, dt.: Die geographische Geschichte von Amerika oder die Beziehung zwischen der menschlichen Natur und dem Geist des Menschen. Übersetzt von Marie-Anne Stiebel. Frankfurt / M.

Stendhal (1987): De l'amour, dt.: Über die Liebe. Übersetzt und mit einer Einführung von Friedrich von Oppeln-Bronikowski. Frankfurt / M., Berlin.

Sterne, Laurence (1963): The Life and Opinions of Tristam Shandy Gentleman. New York, London 1759–1781, dt.: Das Leben und die Meinungen des Tristam Shandy. Übersetzt von Siegfried Schmitz. München.

Strasser, Gerhard F. (1988): Lingua Universalis. Kryptologie und Theorie der Universalsprachen im 16. und 17. Jahrhundert (Wolfenbüttler Forschungen Bd. 38). Wiesbaden.

Strauß, Botho (1982²): Triologie des Wiedersehens. Groß und klein. München.

Strindberg, August (1964): Ur ockulta dagboken. Stockholm 1963, dt.: Okkultes Tagebuch. Die Ehe mit Harriet Bosse. Übersetzt von Tabitha von Bonin. Herausgegeben von Torsten Eklund. Hamburg.

Strindberg, August (1981²): Das Puppenheim und andere Erzählungen. Übersetzt von Klaus Möllmann. Frankfurt/M.

Strindberg, August (1988): Aus dem Blaubuch. Herausgegeben von Petra und Uwe Nettelbeck. Nördlingen.

Süskind, Patrick (1985): Das Parfüm. Die Geschichte eines Mörders. Zürich.

Süßmilch, Johann Peter (1741 / 1977): Die göttliche Ordnung in den Veränderungen des menschlichen Geschlechts, aus der Geburt, Tod, und Fortpflanzung desselben. Nachdruck der Ausgabe Berlin. Berlin.

Talmud babli = Der babilonische Talmud (1980–81). Nach der ersten zensurfreien Ausgabe unter Berücksichtigung der neueren Ausgabe und handschriftlichen Materials neu übertragen durch Lazarus Goldschmidt; 12 Bde. Königstein/Ts.

Tanizaki, Iunichiro (1971): Der Schlüssel. Übersetzt von Sachiko Yatashishiro und Gerhard Knauss. Reinbek bei Hamburg.

Theresa von Avila (1984): Conceptos del Amor de Dios. Brüssel 1611, dt.: Von der Liebe Gottes. Herausgegeben und mit einem Nachwort versehen von André Stoll. Frankfurt/M.

Theweleit, Klaus (1977–78): Männerphantasien. Bd. 1: Frauen, Fluten, Körper, Geschichte. Bd. 2: Männerkörper – Zur Psychoanalyse des Weißen Terrors. Frankfurt/M.

Thomas (1960): Les fragments du roman de Tristan. Poème du XIIe siécle. Édités avec un commentaire par Bartina H. Wind. Genève, Paris.

Thomas, Rudolf (Hg.) (1980): Petrus Abaelardus (1079–1142). Person, Werk und Wirkung. Herausgegeben von Rudolf Thomas in Verbindung mit Jean Jolivet. Trier.

Thüsen, Joachim von der (1991): Juliette und der Vulkan. Überlegungen zu Marquis de Sade. In: Merkur 45, H. 3. S. 221–232.

Tieck, Ludwig (1963–65): Werke in vier Einzelbänden. Herausgegeben von Marianne Thalmann. München.

Tieck, Ludwig (1963–66): Werke in vier Bänden. Herausgegeben sowie mit Nachworten und Anmerkungen versehen von Marianne Thalmann. München.

Tiemann, Franziska, u. Tiemann, Hermann (Hg.) (1962): Geschichte der Meta Klopstock in Briefen. Bremen.

Tiemann, Hermann (Hg.) (1977): Der Roman von der Königin Sibille. In drei Prosafassungen des 14. und 15. Jahrhunderts. Herausgegeben von Hermann Tiemann. Hamburg.

Tomeo, Javier (1988): El cazador de leones. Barcelona, 1987, dt.: Der Löwenjäger. Übersetzt von Elke Wehr. Berlin.

Tort, Michel (1988): Der Sade-Effekt. In: La pensée de Sade [Tel Quel 28 (1967)], dt.: Das Denken des Marquis de Sade. Beiträge von Roland Barthes, Hubert Damisch, Pierre Klossowski, Philippe Sollers, Michel Tort. Übersetzt von Marion Luckow, Sigrid von Massenbach u. a. Frankfurt/M.

Trovillo, Paul V. (1939): A History of Lie Detection. In: Reprint from the American Journal of Police Science incorporated in the Journal of Criminal Law and Criminology, April.

Tschechow, Anton (1990[8]): Meistererzählungen. Übersetzt von Ada Knipper, Hertha von Schulz u. a. Berlin.

Turgenjew, Iwan (1967): Erzählungen 1857–1883. Gedichte in Prosa. Übersetzt von Ena von Baer, Marion Gras-Racic u.a. München.

Urban, Bernd (1978): Hofmannsthal, Freud und die Psychoanalyse. Quellenkundliche Untersuchungen. Frankfurt/M., Bern, Las Vegas.

Urban, Peter (Hg.) (1985): Das Cechov Lesebuch. Herausgegeben, kommentiert und mit einem Vorwort von Peter Urban. Zürich.

Vaillé, E. (1950): Le cabinet noir. Paris.

Van de Velde, Th. H. (o. J.): Die vollkommene Ehe. Eine Studie über ihre Physiologie und Technik. München.

Veith, Ilza (1965): Hysteria. The History of a Disease. Chicago.

Venette, Nicolas (1942): Tableau de l'amour conjugal. Paris. In: Trois livres complets en un seul: Venette, Tableau de l'amour conjugal. Jaf & Caufeynon, Sécurité des deux sexes en amour. Guyot, Bréviaire de l'amour expérimental. Paris 1942.

Vernant, Jean Pierre (1965): Mythe et pensée chez les grec. Etudes de psychologie historique. Paris.

Verne, Jules (1977): Les tribulations d'un Chinois en Chine. Paris 1879, dt.: Die Leiden eines Chinesen in China. Übersetzt von Erich Fivian. Zürich.

Verrecchia, Anacleto (1986): La catastrofe di Nietzsche a Torino. Torino 1978, dt.: Zarathustras Ende. Die Katastrophe Nietzsches in Turin. Übersetzt von Peter Pawlowsky. Wien, Köln, Graz.

Villiers de l'Isle-Adam, Jean-Marie (1984): L'Eve future. Paris 1886, dt.: Die Eva der Zukunft. Übersetzt von Annette Kolb. Mit einem Nachwort von Peter Gendolla. Frankfurt/M.

Vincent, Jean-Didier (1990): Biologie des Passions. Paris 1986, dt.: Biologie des Begehrens. Wie Gefühle entstehen. Übersetzt von Hainer Kolbe. Reinbek bei Hamburg.

Virilio, Paul (1980): Vitesse et politique. Paris 1977, dt.: Geschwindigkeit und Politik. Ein Essay zur Dromologie. Übersetzt von Ronald Voullié. Berlin.

Virilio, Paul (1986): Esthétique de la disparition. Paris 1980, dt.: Ästhetik des Verschwindens. Übersetzt von Marianne Karbe und Gustav Roßler. Berlin.

Viviani, Annalisa (Hg.) (1986): »In tausend Formen magst du dich verstekken«. Erotische Briefe der Weltliteratur. Frankfurt/M.

Wagner, Cosima (1976[2]): Die Tagebücher. 1869–1872, 2 Bde. Ediert und kommentiert von Martin Gregor-Dellin und Dietrich Mack. München, Zürich.

Wagner, Richard (1978): Die Musikdramen. Vollständige Ausgabe. München.

Wagner, Richard (1979 ff): Sämtliche Briefe. Herausgegeben im Auftrage der Richard-Wagner-Stiftung Bayreuth von Gertrud Strobel und Werner Wolf. Leipzig.

Wagner, Richard (1982): Parsifal. Herausgegeben von Michael von Soden. Frankfurt/M.

Walter, Philippe (1989): La mémoire du temps. Fêtes et calendriers de Chrétien de Troyes à La Morte Artu. Paris, Genève.

Warner, Marina (1989): Monuments & Maidens. The Allegory of the Female Form. London 1985, dt.: In weiblicher Gestalt. Die Verkörperung des Wahren, Guten und Schönen. Übersetzt von Claudia Preuschoft. Reinbek bei Hamburg.

Warnkönig, L. A. / Stein, L. (1846): Französische Staats- und Rechtgeschichte. Bd. 3: Strafrecht und Process. Basel.

Weininger, Otto (1932): Geschlecht und Charakter. Eine prinzipielle Untersuchung. Berlin.

Wellershoff, Dieter (1982): Die Sirene. Frankfurt/M.

Wellershoff, Dieter (1989): Die Körper und die Träume. Frankfurt/M.

Wenders, Wim / Shepard, Sam (1984): Paris, Texas. Berlin.

Wenzel, Horst (1989): Die Zunge der Brangäne oder die Sprache des Hofes. In: Buschinger, Danielle (Hg.): Sammlung – Deutung – Wertung. Ergebnisse, Probleme, Tendenzen und Perspektiven philologischer Arbeit (Fs. Wolfgang Spiewok). Stuttgart.

Wezel, Johann Carl (1773–76/1971): Faksimiledruck nach der Ausgabe 1773–1776. 4 Bde. Stuttgart.

Wickler, Wolfgang / Seibt, Uta (1990): Männlich weiblich. Ein Naturgesetz und seine Folgen. München.

Wickram, Georg (1901/1974): Werke. Acht Bände in vier. Herausgegeben von Johannes Bolte und Willy Scheel. Nachdruck der Ausgabe Tübingen. Hildesheim.

Wieck, Wilfried (1990): Männer lassen lieben. Die Sucht nach der Frau. Frankfurt/M.

Wieland, Wolfgang (1987): Platons Schriftkritik und die Grenzen der Mitteilbarkeit. In: Literatur und Philosophie. Herausgegeben von Volker Bohn. Frankfurt/M. S. 24–44.

Wirth, Karl-August (1979): Die kolorierten Federzeichnungen im Cod. 2975 der Österreichischen Nationalbibliothek. Ein Beitrag zur Ikonographie der Artes Liberales im 15. Jahrhundert. In: Anzeiger des Germanischen Nationalmuseums Nürnberg. S. 67–110.

Wittgenstein, Ludwig (1984): Werkausgabe in acht Bänden. Herausgegeben von G. E. M. Anscombe und G. H. von Wright. Frankfurt/M.

Young, Edward (1854/1968): The Complete Works. Poetry and Prose. Edited by James Nichols. With a Life of the Author by John Doran. Nachdruck der Ausgabe London. Hildesheim.

Zapperi, Roberto (1984): L'uomo incinto. Rom 1979, dt.: Der schwangere Mann. Männer, Frauen und die Macht. Übersetzt von Ingeborg Walter. München.

Zuckrigel, Alfred (1964): Sprachschwächen. Der Dysgrammatismus als sprachheilpädagogisches Problem. Villingen.

Zweig, Stefan (1990): Der Amokläufer. Herausgegeben von Knut Beck. Frankfurt/M.

Peter von Matt
Liebesverrat
Die Treulosen in der Literatur
1989. 440 Seiten. Leinen.

»...Literarische Erzählungen vom Liebesverrat, einer besonderen
Variante des Liebesleids, hat der Züricher Literaturwissenschaftler
Peter von Matt in einer großen Studie untersucht, die umfassend,
animierend und manchmal auch beklemmend um Liebe und Leid
kreist. ›Liebesverrat‹ ist eine unermeßliche Fundgrube für alle, die
sich, weshalb auch immer, für die ›Treulosen in der Literatur‹ interessieren. Wo von Treulosigkeit und Liebesverrat gesprochen werden
kann, muß es ein Vorher der Treue und der Liebe geben. Doch Matt
bezieht sich weniger auf den positiven Pol seiner titelbildenden Sub-
stantive, die nach dem selben Muster gebildet sind, sondern auf den
negativen: er betrachtet den Mangelzustand... So bezieht er sich
sinnvoll auf ausgewählte Texte, wobei intensive Lektüre sich doppelt
bemerkbar macht... Was bleibt, ist eine Ausweglosigkeit, und die
mag in der Tat eine anthropologische Grundkonstante sein. Wer sich
den Ordnungsstrukturen, die den Affekt zähmen und kanalisieren
sollen, beugt, verrät das Lohen unbedingter Liebe; wer seine Liebe
bedingungslos lebt, auch gegen gesellschaftliche Normen und Regel-
systeme, lebt sich vielleicht, analog dem Urbild der Ottilie aus
Goethes ›Wahlverwandtschaften‹, zu Tode.«

Brigitte Haberer, *Süddeutsche Zeitung*

Nicolaus Sombart
Die deutschen Männer und ihre Feinde
Carl Schmitt – ein deutsches Schicksal
zwischen Männerbund und Matriarchatsmythos
1991. 400 Seiten. Leinen

»... Es geht um Carl Schmitt, den politischen Theoretiker, den Staatsrechtler, den Ideologen der deutschen Rechten. Sein Werk und die Verflechtung von Werk und Biographie hat Nicolaus Sombart in diesem Buch in bisher nicht erreichter Genauigkeit vor dem Hintergrund seiner Zeit nachgezeichnet. Aber zugleich geht es darum, ›eine Antwort auf die Frage nach der deutschen Fehlentwicklung‹ zu finden, eine Anwort – so der Anspruch des Autors –, die tiefer in die Gewebe der Geschichte eindringt, als es mit dem üblichen geschichtswissenschaftlichen und politökonomischen Begriffsapparat möglich ist ... Sombarts Buch ist zweifellos ein bedeutendes Werk, das uns nicht nur den mit Abstand wichtigsten Denker der deutschen Rechten in neuem, klarerem Licht erscheinen läßt, sondern uns am Beispiel Carl Schmitts auch eine ganze Epoche der deutschen Geschichte gründlicher verstehen lehrt. Daß das Buch darüber hinaus gut, manchmal brillant geschrieben ist, macht die Lektüre trotz der schwierigen Materie zu einem Vergnügen ... «

Johano Strasser, *Deutsches Allgemeines Sonntagsblatt*

Peter Brown
Die Keuschheit der Engel
Sexuelle Entsagung, Askese und
Körperlichkeit am Anfang des
Christentums
Aus dem Amerikanischen von Martin Pfeiffer.
1991. 605 Seiten. Gebunden.

»... ›Die Keuschheit der Engel‹ überbrückt einen tiefen Abgrund
zwischen Menschen und Zeiten, ohne die Fremheiten aufzuheben.
Peter Brown bringt Stimmen von verketzerten Minderheiten wieder
in Hörweite. Er lockt auf Nebenpfade, knüpft Vernetzungen, die den
Hauptstrom erst wirklich verständlich machen.«

Barbara Beuys, *Die Zeit*